Forschungsinstitut der Friedrich-Ebert-Stiftung
Reihe: Politik- und Gesellschaftsgeschichte, Band 51

Herausgegeben von Dieter Dowe und Michael Schneider

Thomas Albrecht

Für eine wehrhafte Demokratie

Albert Grzesinski und die preußische Politik in der Weimarer Republik

Verlag J. H. W. Dietz Nachfolger

Für Annika

Die Deutsche Bibliothek – CIP-Einheitsaufnahme

Albrecht, Thomas
Für eine wehrhafte Demokratie : Albert Grzesinski und die
preußische Politik in der Weimarer Republik / Thomas Albrecht. -
Bonn : Dietz, 1999
(Reihe: Politik- und Gesellschaftsgeschichte ; Bd. 51)

ISSN 0941-7621
ISBN 3-8012-4094-0

Copyright © 1999 by Verlag J.H.W. Dietz Nachf. GmbH
In der Raste 2, 53129 Bonn
Lektorat: Prof. Dr. Michael Schneider
Umschlaggestaltung: Manfred Waller, Reinbek
Druck und Verarbeitung: Saarbrücker Druckerei und Verlag
Alle Rechte vorbehalten
Printed in Germany 1999

Inhalt

I. Einleitung

1 Fragestellung und methodologische Überlegungen

Ein bedeutsames Symptom für die politische Krise der Weimarer Republik war der schnelle Wechsel der Regierungen. Nicht weniger als 20 Reichsregierungen, darunter zahlreiche Minderheits- und Präsidialkabinette, versuchten sich zwischen 1919 und 1933 an der Lösung der drängenden außen-, wirtschafts-, finanz- und sozialpolitischen Probleme.

Demgegenüber waren die Verhältnisse im mit Abstand größten deutschen Land von einer bemerkenswerten Kontinuität gekennzeichnet: Im Freistaat Preußen, wo 38 der 62 Millionen deutscher Staatsbürger lebten, wurden die Staatsgeschäfte von stabilen parlamentarischen Regierungen geführt. Mit einer kurzen Unterbrechung im Jahre 1921 bildeten von 1919 bis 1932 die SPD, die linksliberale DDP und die katholische Zentrumspartei (die „Weimarer Koalition") den Kern eines Regierungsbündnisses, das zwischen 1921 und Anfang 1925 um die großbürgerlich-wirtschaftsliberale Deutsche Volkspartei zur Großen Koalition erweitert wurde. Erst der offene Staatsstreich des Reichskanzlers von Papen am 20. Juli 1932 beendete die Ära der parlamentarischen Regierungen in Preußen. Offensichtlich war es unter den politisch-kulturellen und sozialen Bedingungen der Zwischenkriegszeit in Deutschland sehr wohl möglich, funktionsfähige demokratische Regierungen zu etablieren. Vor dem Hintergrund der ganz anders verlaufenen Entwicklung auf der Reichsebene stellt sich daher für den Politikwissenschaftler und Zeithistoriker die Frage nach den Gründen der politischen Stabilität Preußens, und denen wird in der vorliegenden Arbeit nachgegangen: Es geht um Konstitutionsbedingungen und Funktionsweise des preußischen Parlamentarismus und um die Personen, die ihn trugen. Wenn es zutrifft, daß das politische System der Weimarer Republik nicht an Preußen krankte, sondern von dort aus Stützung erfuhr[1], muß weiterhin gefragt werden, welche Restriktionen es verhindert haben, daß das preußische Modell zu einer entscheidenden Stabilisierung des politischen Systems von Weimar geführt hat.

Die beinahe ununterbrochene Regierungsbeteiligung der SPD in Preußen läßt sich mit einem gängigen Vorurteil nicht in Einklang bringen, der Behauptung nämlich, daß der erste Versuch der Deutschen mit der Demokratie unter anderem auch daran gescheitert sei, daß „der SPD" ein realistisches Verhältnis zur Macht gefehlt habe.[2] Diese Feststellung mag für die Aktionen von Parteivorstand und Reichstagsfraktion einen gewissen Erklärungswert besitzen, für die Analyse der

---

1 Möller, Parlamentarismus, S. 597f.
2 Besonders einflußreich und pointiert: Matthias, Die Sozialdemokratie und die Macht im Staate, S. 78 (1962).

Verhältnisse im Freistaat Preußen taugt sie nicht. Denn in Preußen leitete fast die ganzen 14 Jahre der Weimarer Republik hindurch eine parlamentarische Regierung unter Führung der SPD die Staatsgeschäfte. Neben dem Ministerpräsidenten Otto Braun und dem Fraktionsvorsitzenden Heilmann agierten die langjährigen preußischen Innenminister Carl Severing (1920/21-26; 1930-32) und Albert Grzesinski (1926-30) so machtbewußt, daß man sich fragt, wie ein solches Urteil überhaupt zustande kommen konnte. Den Zeitgenossen, und zwar Gegnern und Parteigängern, wäre ein solches Verdikt jedenfalls nicht eingefallen.

Gleichwohl blieb der Topos von der machtscheuen Sozialdemokratie wirksam. Das preußische Gegenbeispiel wurde von der Forschung lange Zeit nicht gewürdigt, sondern als zu vernachlässigende Anomalie, als Episode abgehandelt. Das lange Bestehen der Weimarer Koalition wurde nicht ihren Protagonisten angerechnet, sondern einer Reihe von glücklichen Umständen, wie z. B. Wahlterminen, Wahlrecht und Verfassungsbestimmungen.[3] Damit wurden die Politiker des Weimarer Preußens unausgesprochen als im Grunde nicht weiter beachtenswerte Randfiguren abqualifiziert, die sich zufällig wegen günstiger Umstände lange an der Macht gehalten hatten.

Demgegenüber liegt dieser Untersuchung eine andere Arbeitshypothese zugrunde: *Die Stabilität der preußischen Regierungsverhältnisse hing ganz entscheidend vom Personal ab, von den verantwortlichen Politikern, die bereit und in der Lage waren, sich auf die Erfordernisse eines parlamentarischen Regierungssystems einzustellen, die – in sozialwissenschaftlicher Terminologie – über ein funktionales Parlamentarismusverständnis verfügten, die Macht bewußt anstrebten und die darüber hinaus ihre politische Praxis an klarer republikanisch-demokratischer Programmatik ausrichteten, also keineswegs lediglich theorielose Pragmatiker waren.*

Die Entscheidung, den sozialdemokratischen Parlamentarier, Fraktionsvorsitzenden, Berliner Polizeipräsidenten und preußischen Innenminister Albert Grzesinski (1879-1947) in das Zentrum der Untersuchung zu stellen, hat mehrere Gründe:

(1) Grzesinski ist, obgleich ein herausragender demokratischer Politiker der Weimarer Zeit, heute weitgehend vergessen. Es gilt nach wie vor das Urteil Robert Kempners (der seine Laufbahn im preußischen Staatsdienst im Innenministerium unter Grzesinski begonnen hatte) aus dem Jahr 1983, daß über Grzesinski keiner mehr spricht, „weil man ihn nicht kennt".[4] Diesem Defizit soll die vorliegende Studie abhelfen.

An Grzesinskis Beispiel lassen sich die Bedeutung demokratischer Führung und die „in der Regel unterschätzte Frage der Personen" in der preußischen Politik[5]

---

3 Vgl. z. B. Gerhard Schulz: Verfassung, Regierung und politisches System der Republik, S. 39f.

4 Kempner, Ankläger, S. 169.

5 Schulze, Stabilität und Instabilität, S. 427; Kohler, The Successful German Center-Left, S. 315f.: „[...]we know little about the role which leadership played in sustaining the resilient Prussian coalition."

ergründen. Gleichzeitig wird damit einem weiteren Desiderat der Forschung Rechnung getragen: Trotz der großen Zahl von Untersuchungen über die Weimarer Republik fehlen nach wie vor „Arbeiten, die sich [...] mit dem Regierungshandeln von Sozialdemokraten" angesichts der Bedrohung der Republik beschäftigen;[6] ebenso steht die „biographische Aufarbeitung gerade der sozialdemokratischen Führungsschicht, die zum Träger Weimars wurde", noch am Anfang.[7]

(2) Nach Herkunft und Sozialisation ist Grzesinski ein typischer Repräsentant der sozialdemokratischen Führungsschicht im Preußen der Weimarer Republik. Er wuchs in einfachen Verhältnissen auf, absolvierte eine Handwerkslehre als Metalldrücker und stieg durch Energie, organisatorisches und politisches Geschick vor dem Ersten Weltkrieg zum hauptamtlichen Gewerkschaftsbevollmächtigten und damit zu einer Führungsperson der sozialdemokratischen Solidargemeinschaft im lokalen Rahmen auf. Ähnliche Karrieren als Gewerkschafts- oder Parteisekretäre hatten viele (nicht nur sozialdemokratische) Mitglieder des preußischen Landtags hinter sich.[8] Da hier die These vertreten wird, daß die Stabilität der preußischen Regierungsverhältnisse nicht in erster Linie auf Zufällen beruhte, sondern auf der Koalitionsfähigkeit und -willigkeit der von pragmatisch denkenden Politikern geprägten Regierungsfraktionen, geht es in der Arbeit auch um die lebensgeschichtlichen Prägungen und den sozialgeschichtlichen Hintergrund, die Einfluß auf die politische Einstellung dieser Gruppe hatten.

Am Beispiel Grzesinskis werden die prägenden persönlichen und politischen Erfahrungen analysiert, die Orientierungen für das spätere Leben boten. Dazu reicht es nicht aus, Erlebnisse der Jugend und Adoleszenzphase bloß zu referieren. Die biographischen Informationen entfalten ihren vollen Aussagewert erst, wenn sie im Kontext von Gesellschaft, Kultur und Ökonomie interpretiert werden und wenn zusätzlich die spezifischen Generationserfahrungen, die Sozialisation in der Parteikultur der SPD sowie die regionalen und sozialen Milieus, von denen Grzesinski geprägt wurde, in den Blick genommen werden. Mittels der methodischen Verzahnung und Integration individuellbiographischer, sozialgeschichtlicher und mentalitätshistorischer Zugriffe soll ein möglichst nuanciertes und facettenreiches Persönlichkeitsbild gezeichnet werden. Dabei geht es nicht um Biographie um der Biographie willen, vielmehr wird die Untersuchung stets auf die Weimarer Zeit fokussiert. Ein Beispiel: Wenn Grzesinskis Erfahrungen mit dem wilhelminischen Obrigkeitsstaat, sein Weg in die Metallarbeitergewerkschaft und in die SPD nachgezeichnet werden, so geschieht das unter dem Blickwinkel, in welcher Weise die vor dem Krieg eingeübte und für die sozialdemokratische Solidargemeinschaft

---

6 Pyta, Gegen Hitler, S. 17.
7 Alexander, Carl Severing, S. 11.
8 Ernst Heilmann stellte bereits 1920 fest, daß ein Drittel der Parlamentarier Gewerkschafts- oder Parteisekretäre waren oder gewesen waren. SB PrLV, 7.7.1920, Sp. 11711.

konstitutive Disziplin und Solidarität die Politik der sozialdemokratischen preußischen Landtagsfraktion beeinflußt haben?

(3) Grzesinskis Lebensgeschichte bietet darüber hinaus Anknüpfungspunkte für die Analyse politischer Institutionen. Da er lange Jahre einer der Vorsitzenden der SPD-Fraktion im preußischen Landtag war, ist es selbstverständlich, daß der preußische Landtag und seine Parteien in dieser Arbeit genauer untersucht werden. Welche Rolle spielten sie im politischen System Preußens und was haben sie für das Funktionieren des preußischen Parlamentarismus geleistet bzw. unterlassen?

Grzesinski hat der Weimarer Republik in verschiedenen staatlichen Ämtern gedient. Den Höhepunkt bildet zweifellos die Zeit als preußischer Innenminister von Oktober 1926 bis Februar 1930. Im Streit um die Amtsführung des preußischen Innenministers bündelten sich die Konfliktlinien, die durch die Gesellschaft verliefen und sie fragmentierten: Den demokratischen Parteien galt das preußische Innenministerium optimistisch als Ansatzpunkt für die „Demokratisierung" der Gesellschaft und die Sicherung der Republik, während die extreme Rechte glaubte, dort die „Ausgangsposition für die innere Machtergreifung"[9] gefunden zu haben.

Als stärkste der preußischen Parteien behielt sich die SPD den Zugriff auf das Ministerium des Innern vor, eines zentralen Machtinstruments im politischen Gefüge nicht nur Preußens, sondern der Weimarer Republik. Wenn auch im Einzelfall die Machtfülle des Ministers durch Koalitionsrücksichten eingeschränkt wurde, die Bedeutung des preußischen Innenministeriums ergab sich schon aus der schieren Größe und der dominierenden Stellung Preußens unter den deutschen Ländern: 60 Prozent der deutschen Bevölkerung, 38 Millionen Menschen, lebten auf preußischem Gebiet. Da die Weimarer Reichsverfassung den Ländern weitreichende exekutive Befugnisse eingeräumt hatte, war die preußische Verwaltung im Gegensatz zur Reichsverwaltung im Alltag der Menschen präsent. Das Ministerium hatte die Möglichkeit, in Absprache mit den anderen Ministern, Beamte in den Provinzen (Oberpräsidenten, Regierungspräsidenten, Landräte) und in den Ministerien (Staatssekretäre, Ministerialdirektoren und Ministerialdirigenten) ein- und bei Versagen abzusetzen. Hierin sahen die demokratischen Parteien einen entscheidenden Ansatzpunkt, republiktreue Beamte an die Schaltstellen der staatlichen Macht zu bringen und auf diese Weise die Fundamente der Republik abzusichern. Darüber hinaus hatte der Preußische Minister des Innern die Befehlsgewalt über mehr als 80.000 preußische Polizisten, davon 55.000 bewaffnete und z. T. kasernierte Schutzpolizisten.

Die Schlüsselrolle des preußischen Innenministeriums im politischen System der Weimarer Republik wurde bereits von den Zeitgenossen klar erkannt. Gleichwohl gab es bisher noch keine wissenschaftliche Analyse des preußischen Ministeriums des Innern als politischer Institution. Diese Analyse wird vor dem Hinter-

---

9 So etwa Göring vor dem Militärgerichtshof in Nürnberg. In: Prozeß gegen die Hauptkriegsverbrecher, Bd. 9, S. 282.

grund der Organisationsreform, die Grzesinski unmittelbar nach seinem Amtsantritt in Angriff nahm, in Kapitel IV 2 unternommen. Die Leitfragen lauten dabei: Wie waren Aufgabenverteilung und Organisationsstruktur im Ministerium geregelt? Welche Abteilungen und welche Beamten bearbeiteten welche Aufgaben? Läßt sich die Qualität der geleisteten Arbeit bewerten? Welchen Parteien neigten die Spitzenbeamten zu, welche Beziehungen persönlicher Art bestanden zu wichtigen Parlamentariern, und welchen Einfluß hatte das auf die Politik des Ministeriums? Wie war überhaupt das Verhältnis zwischen Legislative und Exekutive?

(4) Zum funktionalen Parlamentarimusverständnis gehörte es, daß die preußischen Politiker Ämter bewußt angestrebt haben. Die an den Wahlurnen errungene politische Macht wollten sie in staatliche Macht umwandeln und zur Verwirklichung ihrer politischen und sozialen Reformpläne einsetzen. Unter dieser Perspektive stand die Tätigkeit Grzesinskis im Preußischen Innenministerium. Das Ziel seiner Reformpolitik war, die Legitimität der Republik zu stärken, den Bestand der Republik zu schützen und den Graben, der nach wie vor zwischen Staat und Arbeiterschaft bestand, zu überbrücken. Grzesinskis Ministerschaft bietet die günstige Gelegenheit zu analysieren, wie die Schlagworte von der „Demokratisierung der Verwaltung" und dem „Schutz der Republik" jeweils interpretiert und in konkrete Politik umgesetzt wurden. Zu diesem Zweck werden in Kapitel IV 3 die Reformansätze auf den Gebieten Verwaltungsreform, Personalpolitik und Polizeireform eingehend untersucht. Die Grundfrage lautet: Inwieweit ließen sich die Reformvorhaben gegen welche Widerstände durchsetzen, wo scheiterten sie und welche Rolle spielte dieses Scheitern für den Auflösungsprozeß und schließlichen Untergang der Weimarer Republik?

Dabei interessiert zunächst die historische Dimension: Es wird gefragt, wo die politischen Zielvorstellungen und Reformideen Grzesinskis verwurzelt waren und welche Erfahrungen (etwa mit der Verwaltung und der Polizei des Kaiserreichs) dabei eine Rolle spielten. Ein Beispiel: Das politische Ziel, zu verhindern, daß die Verwaltung jemals wieder als Instrument gegen die Arbeiterschaft eingesetzt werden könne, speiste sich zu einem guten Teil auch aus Grzesinskis eigener Erfahrung, im Kaiserreich wegen seines Einsatzes für die Freien Gewerkschaften für einige Tage im Gefängnis eingesperrt gewesen zu sein.

Eine zweite – gewissermaßen „taktische" – Dimension der Politik offenbart sich, wenn man die Mittel analysiert, mit denen politische Ziele durchgesetzt werden sollten, kurz: wenn man nach der für Grzesinski charakteristischen „politischen Technik" fragt. Wie hat Grzesinski versucht, die Reformziele in praktische Politik umzusetzen? Wie bezog er die Mehrheitsverhältnisse im preußischen Landtag in seine Politik ein? Versuchte er, etwa auf dem Gebiet der Verwaltungsreform, den „großen Wurf" oder eher die Lösung von Teilfragen? Wie ging er beim unglaublich schwierigen, von vielerlei Hemmnissen und Obstruktionsversuchen begleiteten Umbau des preußischen Staatsapparates vor? Welche Erfahrungen mit Bürokratien, etwa aus der Revolutionszeit als Vorsitzender des Arbeiter- und Soldatenrates, als Unterstaatssekretär im Preußischen Kriegsministerium oder als Polizeipräsident waren entscheidend? Welche Schlüsse zog er aus den Erfolgen und Mißerfolgen seiner Amtsvorgänger Heine und Severing? Welche Vorbilder haben Grzesinski beeinflußt, in seinem Amt der unbestrittene „Chef" sein zu wollen?

Grzesinski hat an exponierter Stelle, sowohl als Innenminister bis 1930, wie auch als Berliner Polizeipräsident 1930 bis 1932, den rasanten Aufstieg des Nationalsozialismus und den Untergang der Weimarer Republik erlebt. Am 20. Juli 1932, als Reichskanzler von Papen die verfassungsmäßige preußische Regierung kurzerhand ihres Amtes enthob, gehörte der Berliner Polizeipräsident Grzesinski zu den ersten Staatsbeamten, die abgesetzt und kurzzeitig arrestiert wurden. Papen und seine politischen Freunde wollten die Bewegungsfreiheit der NSDAP in Preußen wiederherstellen, die durch administrative Maßnahmen Severings und Grzesinskis in einem Maße eingeschränkt worden war, das in den anderen Ländern keine Entsprechung fand. Daran knüpft sich die Frage, wie Grzesinski, der im Februar 1932 in öffentlicher Rede gefragt hatte, warum man Hitler nicht „mit der Hundepeitsche" davonjage[10], und kurz zuvor Vorbereitungen für dessen Ausweisung aus Deutschland getroffen hatte, auf die Bedrohung durch den Nationalsozialismus reagiert hat, wie er die nationalsozialistische Bewegung eingeschätzt hat und mit welchen politischen und exekutiven Mitteln er hoffte, erfolgreich gegen sie bestehen zu können. Existierte eine adäquate und erfolgversprechende Abwehrstrategie gegen den Nationalsozialismus und wenn ja, welche Widerstände stellten sich ihrer Umsetzung entgegen?

2 Forschungsstand, Literatur- und Quellenlage

Obwohl die Weimarer Republik von jeher im Zentrum des Interesses der Zeitgeschichtsforschung stand, ist die Geschichte des demokratischen Preußen vergleichsweise stiefmütterlich behandelt worden. Wohl gab es seit Ende der 50er Jahre Studien über die preußische Beamtenpolitik in der Weimarer Republik;[11] gleichwohl fehlte es lange Zeit an Untersuchungen, die gleichgewichtig Preußens Parlamentarismus und seine Protagonisten, die Verfassung und die Verwaltung einer gründlichen Analyse unterzogen hätten. Auch die überraschende Tatsache, daß der preußische Parlamentarismus über lange Jahre verhältnismäßig reibungslos funktionierte, hat keine politikwissenschaftlichen Studien anregen können. Erst seit den 70er Jahren ist ein gestiegenes Interesse am Weimarer Preußen zu konstatieren, einen Markstein bildet dabei die beispielhafte Otto-Braun-Biographie von

---

10 Leipziger Volkszeitung v. 8.2.1932.
11 Pikart, Preußische Beamtenpolitik; Runge, Politik und Beamtentum.

Hagen Schulze.[12] Ein weiteres wichtiges Standardwerk ist Horst Möllers material-reiches Buch über den preußischen Parlamentarismus.[13] Andere Studien behandel-ten vor allem die Spätphase des Freistaates Preußen in der Weimarer Republik.[14] Eine zweibändige, instruktive Überblicksdarstellung des Weimarer Preußens ist inzwischen in zwei Bänden in den USA vorgelegt worden.[15] Weiterhin sind wichti-ge Monographien über die preußische Zentrumsfraktion, den langjährigen preußi-schen Innenminister Carl Severing sowie die preußische Schutzpolizei erschienen.[16] Gleichwohl konnte die „klaffende Lücke in der Erforschung des demokratischen Preußen", die 1980 beklagt wurde[17], noch nicht geschlossen werden. Es besteht nach wie vor Bedarf an gründlichen empirischen Studien, zumal über das Füh-rungspersonal der demokratischen Parteien. Zunächst mag dieser summarische Literaturnachweis genügen; da die Arbeit sowohl zeitlich als auch thematisch einen großen Bogen spannt, würde der Versuch eines vollständigen Literaturüber-blicks an dieser Stelle zu einem unübersichtlichen Bild führen. Die Auseinanderset-zung mit der vorliegenden Literatur wird im Verlauf dieser Arbeit dann geführt, wenn es inhaltlich sinnvoll und passend erscheint.

Von der vorhandenen Literatur können Forschungen über Albert Grzesinski nur begrenzt profitieren; es gibt über ihn nur einen einzigen Aufsatz, der in Deutschland jedoch nicht rezipiert wurde.[18] Beim geringen Interesse der Wissen-schaft an Grzesinskis Person spielte Verdrängung eine wichtige Rolle: Politiker, die in verantwortlichen Positionen den Aufstieg des Nationalsozialismus erlebten und ihn nicht verhindern konnten, wurden pauschal für den sang- und klanglosen Ab-schied der ersten deutschen Republik mitverantwortlich gemacht, ohne daß ihr politisches Handeln empirisch nachgeprüft worden wäre. Hinzu kam, daß die erste Generation der Nachkriegshistoriker von überlebenden Zeitzeugen eine Sichtweise übernommen hat, die im folgenden (Kap. V) als „bürgerlich-liberaler Wider-standsmythos" charakterisiert wird und deren Kern in der Behauptung besteht, am 20. Juli 1932 habe es nennenswerten Spielraum für Widerstandsaktionen gegeben. Diese Argumentation wurde auch von jenen Sozialdemokraten unterstützt, die am 20. Juli noch keine Verantwortung zu tragen hatten. Daß die sozialdemokratisch geführte preußische Staatsregierung am 20. Juli dem Staatstreich des Reichskanz-

---

12 Schulze, Otto Braun.
13 Möller, Parlamentarismus. Formalen Fragen der Verfassung wird hier ein sehr hoher Erklärungswert für das Funktionieren des preußischen Parlamentarismus beigemessen; eher beiläufig und nicht systematisch-strukturiert werden die politischen, psychologischen und sozialen Faktoren behandelt, die in erster Linie die Verfassungswirklichkeit bestimmen.
14 Ehni, Bollwerk; Höner, Zugriff.
15 Orlow, Weimar Prussia 1918-1925; ders., Weimar Prussia 1925-1933.
16 Hömig, Zentrum; Alexander, Carl Severing; Leßmann, Schutzpolizei.
17 Möller in seiner Rezension der Otto-Braun-Biographie von Hagen Schulze, in: Jb. f. d. Geschichte Mittel- u. Ostdeutschlands 29 (1980), S. 113-119; hier S. 114.
18 Glees, Albert C. Grzesinski. In: English Historical Review 89 (1974).

lers von Papen nicht mit Gewalt entgegengetreten war, entwertete offensichtlich auch alles, was zuvor an positiver Arbeit geleistet worden war.

Auch war es verständlich, daß sich Politikwissenschaftler der jüngeren Generation lieber mit sozialistischen Theoretikern als mit sozialdemokratischen Politikern in Regierungsämtern beschäftigten: Die Interpretation theoretischer Schriften hatte gegenüber der Politikanalyse den nicht zu vernachlässigenden Vorteil, daß an die Aussagen der zu interpretierenden Schriften nicht die Meßlatte der Realisierbarkeit angelegt zu werden brauchte. Demgegenüber steht man bei einer Untersuchung über Minister und parlamentarische Verantwortungsträger der Weimarer Sozialdemokratie vor einer doppelten Herausforderung: Man muß die im politischen Schrifttum der Hauptfiguren niedergelegten politischen Grundhaltungen herausfiltern *und* ihren Niederschlag in der politischen Praxis herausarbeiten.

Auf diesem Weg waren wegen der fehlenden Vorarbeiten umfangreiche Quellen- und Archivstudien notwendig.[19] Besondere Bedeutung hatten Grzesinskis Nachlaß im Internationalen Institut für Sozialgeschichte in Amsterdam und ein im Landesarchiv Berlin gebildeter Teilnachlaß.[20] Darüber hinaus war die amtliche Überlieferung des preußischen Innenministeriums im Geheimen Staatsarchiv Preußischer Kulturbesitz von großem Wert, zumal seit die ehemaligen Merseburger Bestände wieder allgemein zugänglich sind. Eine weitere zentrale Quelle bilden Grzesinskis autobiographische Schriften: Im Exil in Frankreich hat er im Jahre 1933 ein aus 360 Blättern bestehendes Manuskript mit dem Titel „Im Kampf um die deutsche Republik" fertiggestellt.[21] Sein großer Wunsch, diese Schrift in ihrer deutschen Urform herauszugeben, erfüllte sich nicht.[22] Gekürzte Versionen des Manuskriptes wurden in französischer und schwedischer Sprache veröffentlicht, und auch das in Amerika erschienene Buch „Inside Germany" geht in Teilen auf das gleiche Manuskript zurück.[23] Zum Verfahren, in der vorliegenden Arbeit die deutsche „Urfassung" zu benutzen, gab es keine Alternative: Zum einen, um Übersetzungsfehlern aus dem Weg zu gehen, zum anderen wurden aus den fremdsprachigen Veröffentlichungen ausgerechnet die für unseren Zusammenhang wichtigen Passagen über Preußen gestrichen.[24] Darüber hinaus zeigen weitere Streichungen im Manuskript, welche Passagen Grzesinski als für die Veröffentlichung nicht ge-

---

19 Siehe dazu das Verzeichnis der Archive im Quellen- und Literaturverzeichnis, Tl. I.

20 Ein privater Teilnachlaß befindet sich im Deutschen Exilarchiv 1933-1945 in der Deutschen Bibliothek Frankfurt am Main. Er enthält lediglich Material aus der letzten Phase der Emigration, das für unsere Fragestellung nicht von Gewicht ist.

21 Ein Exemplar im BA Koblenz, Kl. Erw. 144; ein anderes im IISG Amsterdam, Nl. Grzesinski, Nr. 2457. Beide tragen handschriftliche Korrekturen von Grzesinskis Hand.

22 Über die Gründe siehe unten Kap. V 3.

23 La Tragi-Comédie de la République Allemande, Paris 1934; I kamp för den tyska republiken, Stockholm 1934; Inside Germany, New York 1939.

24 Grzesinski an Otto Braun, 25.8.1934. LA Berlin, Rep. 200, Acc. 3983, Nr. 3.

eignet ansah, etwa einige besonders kritische Passagen über Ebert, Bauer und Hermann Müller.

Grzesinski und seine Mutter, Bertha Grzesinski (1883)   aus: Grzesinski, Inside Germany, 1939

Rathaus Treptow a.d. Tollense (Rückseite) © Privat
In einem der Zimmer unter dem Dach kam Albert Grzesinski am 28. Juli 1879 zur Welt.

II. Lebensgeschichtliche Prägungen und politische Lehrzeit

1 Herkunft und Kindheit (1879-1900)

1.1 „Im Hause des Juden Cohn geboren"

Bereits die Geburt Albert Karl Wilhelm Grzesinskis am 28. Juli 1879 in Treptow an der Tollense (Preußen, Provinz Pommern) kann als Beispiel dafür gelten, wie ein lebensgeschichtlicher Ansatz nicht nur vergangene, für sich genommen wenig aussagekräftige Fakten zu Tage fördert, sondern darüber hinausweist und mitten in die politischen Auseinandersetzungen der Weimarer Republik hineinführt.

Zunächst die Fakten[1]: Uneheliche Geburt als Albert Ehlert, Sohn des Hausmädchens Bertha Ehlert (1856-1926) und des Metzgergesellen Albert Lehmann (1853-1902). Albert Grzesinski hat seinen leiblichen Vater nie kennengelernt. Er wuchs bei den Großeltern in Treptow an der Tollense auf, damals ein kleines Landstädtchen[2], das in der Nähe von Neubrandenburg liegt und heute Altentreptow heißt. 1884 heiratete Alberts Mutter den Stellmacher Thomas Grzesinski. Mit der Familiengründung nahm sie auch ihren Sohn zu sich, der nun bei Mutter und Stiefvater in Spandau aufwuchs. 1892 durfte sich Albert mit offizieller Genehmigung des Potsdamer Regierungspräsidenten nach seinem Stiefvater Grzesinski nennen.

Was soll ein solcher, nicht besonders außergewöhnlicher Lebensweg nun mit den politischen Kämpfen der Weimarer Republik zu tun haben?

Zum 50. Geburtstag des preußischen Innenministers am 28. Juli 1929 veröffentlichte das „Berliner Tageblatt", eine angesehene liberale Tageszeitung, einen Artikel Grzesinskis („Kapitel aus einem Arbeiterleben"), in dem es hieß: „Beginnen wir ganz vorn – und zwar schon deswegen, weil meine politischen Gegner über meine Herkunft zum Zwecke der Verleumdung und Herabsetzung das blödeste Zeug zusammengeschrieben und -geredet haben [...] Ich sei, so behaupten meine Gegner, um mich gleichzeitig durch Verletzung des Andenkens meiner Mutter zu treffen, in Treptow a. d. Tollense in Vorpommern – diesen Ort kann man ja nicht wegleugnen! – im Hause des Juden Cohn geboren, bei dem meine Mutter in Stellung gewesen sei. Davon ist kein Wort wahr und alles aus den antisemitischen Fingern gesogen! Meine Mutter ist nie bei einem Herrn Cohn, nie überhaupt in Treptow selbst in Stellung gewesen. Meine beiden Eltern sind durchaus arischen

---

1 Zur biographischen Information am ausführlichsten: Grzesinski, Im Kampf (Ms.), Bl. 4ff. Außerdem: Ders., Inside Germany, S. 17-31 sowie der NDB-Artikel von S. Bahne.
2 Grzesinski, Im Kampf (Ms.), Bl. 4.

Ursprungs. [Es folgen Belege.] Auf die Welt gekommen bin ich in der Wohnung meiner Großeltern, der Eltern meiner Mutter, im Rathause in Treptow a. d. Tollense, wo mein Großvater sehr angesehen, lange Jahre als Ratsdiener tätig war. Der spätere Mann meiner Mutter, Thomas Grzesinski, war auch kein ‚polnischer Schnitter‘, sondern ein aus der Provinz Posen stammender Stellmachergeselle, der seit 1884 in der damaligen königlichen Artilleriewerkstatt in Spandau beschäftigt war.“

Grzesinski wurde demnach in der Weimarer Zeit von seinen politischen Gegnern unterstellt, Stiefsohn eines „polnischen Schnitters“ und „im Hause des Juden Cohn geboren“ worden zu sein. Grzesinski hätte dem Rat von Freunden folgen und über die unwahren Behauptungen hinweggehen können in der Hoffnung, daß dadurch die Sache für seine Gegner an Interesse verliere und sich totlaufe. Grzesinski tat jedoch das Gegenteil: Er strengte Prozesse an und setzte bald nach der ersten öffentlichen Behauptung seiner angeblich jüdischen Abkunft[3] einen Kriminalsekretär in Marsch, der aus den amtlichen Unterlagen die tatsächliche Herkunft Grzesinskis recherchieren sollte.[4] Auch in den autobiographischen Schriften finden sich lange Passagen, in denen Grzesinski anhand von Auszügen aus Melderegistern und Kirchenbüchern die Propagandalügen der Nazis bezüglich seines Namens und seiner Herkunft widerlegt.[5] Warum hat er so massiv auf die angeführten Unwahrheiten reagiert und ihnen durch Gerichtsverhandlungen unerwünschte Publizität verschafft?

Dietz Bering hat in einem bemerkenswerten Aufsatz darauf hingewiesen, daß die Namenpolemik ein zentrales Kampfmittel der Nationalsozialisten gegen Grzesinski war, der wegen seines energischen Durchgreifens gegen Staatsfeinde den Anhängern Hitlers besonders verhaßt war. Sein Name sollte auf allen sprachlichen Ebenen systematisch zerstört („destruiert“) werden[6], beispielsweise indem er in nationalsozialistischen Hetzblättern als „unaussprechlich“ etikettiert wurde, absichtlich falsch (mit -y) geschrieben und mit falschen Bedeutungen versehen wurde. Mit namenpolemischen Mitteln wollte man Grzesinski „zu einem fantasmagorischen jüdischen Unhold, der alle Negativa in sich vereinigt“, stilisieren.[7] Das Ziel war die Ausgrenzung des Namensträgers aus der deutschen „Volksgemeinschaft“, seine Charakterisierung als (gesellschaftlich besonders verachteter) „galizischer Ost-Jude“.[8]

---

3 Vgl. die völkische „Standarte“ v. 24.7.1927. IISG Amsterdam, Nl. Grzesinski, Nr. 2319.

4 Bericht des Kriminalsekretärs Stenzel v. 28.11.1927. IISG Amsterdam, Nl. Grzesinski, Nr. 2327. Auf diesen Bericht gehen die entsprechenden Passagen in „Im Kampf“ (Ms., z. B. S. 5 unten) und den anderen autobiographischen Schriften zurück.

5 Am ausführlichsten: Im Kampf (Ms.), Bl. 5 (in die gedruckten Ausgaben nicht übernommen) und Bl. 8. Außerdem: Inside Germany, S. 18; Kapitel aus einem Arbeiterleben. In: Berliner Tageblatt v. 28.7.1929.

6 Bering, Geboren, S. 28.

7 Bering, Geboren, S. 40.

8 Bering, Geboren, S. 34.

Es waren jedoch nicht erst die Nationalsozialisten, die sich von der konsequenten Mißachtung sittlich-moralischer Mindeststandards die Förderung ihrer Ziele versprachen. Bei der Namendestruktion handelte es sich weder um eine Erscheinung aus der Spätphase der Weimarer Republik noch um eine nationalsozialistische Erfindung. Vielmehr war diese Methode in der gesamten Rechtspresse, ob völkisch oder deutschnational, anzutreffen. So wurde bereits die allererste Rede Grzesinskis vor dem Reichstag im Dezember 1920, die er als Abwicklungskommissar beim Reichsfinanzminister hielt, von der „Deutschen Zeitung" folgendermaßen kommentiert: „Zur Sache selbst spricht [...] ein Jude mit unaussprechlich polnischem Namen".[9]

Ebenso perfide wie die Namenpolemik war die nationalsozialistische Erfindung, Grzesinski sei „im Hause" des Juden Cohn geboren worden, denn sie enthielt, indem sie unausgesprochen den Hausherrn als Kindsvater reklamierte, eine doppelte Unterstellung: Unehelich und jüdischer Abkunft zu sein.[10] Grzesinski schritt dagegen scharf ein, nicht weil er sich „einer jüdischen Abstammung etwa geschämt hätte"[11], sondern weil er die Systematik durchschaut hatte, die hinter den Angriffen gegen seinen Namen stand. Es ging nur vordergründig um die Klärung von Geburtsort und Abstammung; in Wahrheit war das Ziel, den preußischen Innenminister planmäßig und konsequent durch die ständige Wiederholung – ein bevorzugtes Mittel der Propaganda – der nachweislich falschen Behauptungen über Namen und Abkunft herunterzuziehen und lächerlich zu machen.

Grzesinski wehrte sich heftig, weil er ganz richtig empfand, daß es nicht nur gegen ihn persönlich, sondern auch und vor allem gegen die Republik, den von rechts als „Judenrepublik" geschmähten Weimarer Staat ging. Wie darauf angemessen zu reagieren sei, war letztendlich auch eine Charakter- und Temperamentsfrage. Grzesinskis Vorgänger Severing hat bei verleumderischen Behauptungen zumeist von der Anrufung der Gerichte abgesehen und ist seinem Wahlspruch „lass' schwatzen" gefolgt.[12] Denn die Gerichtsprozesse bargen unter den herrschenden Verhältnissen politische Risiken, weil die inkriminierten Behauptungen auflagenschwacher Krawallblätter überhaupt erst einer größeren Öffentlichkeit bekanntgemacht wurden. Darüber hinaus war die nachlässige Bestrafung der Beleidiger für jeden aufmerksamen Beobachter der Justizverhältnisse vorauszusehen. Und tatsächlich zeigte sich die Justiz auch in Grzesinskis Fall, wo die Fakten doch eindeutig waren, nicht in der Lage, die Würde der Republik und die Ehre eines Ministers angemessen zu schützen. Die Verfahren endeten mit lächerlichen Geldstrafen für

9 Grzesinski zitiert diese Passage in einem Brief an Scheidemann vom 17./18.12.1920. IISG Amsterdam, Nl. Grzesinski, Nr. 304; vgl. auch RT, Sten. Ber., Bd. 346, S. 1820.
10 Die Unterstellung, unehelicher Abkömmling eines jüdischen Vaters zu sein, war ein typisches Kampfmittel der Nazis, das sie z. B. noch posthum gegen Matthias Erzberger anwandten. Epstein, Erzberger, S. 495.
11 Grzesinski, Im Kampf (Ms.), Bl. 8.
12 Vgl. z. B. pr. Innenmin. Severing an Bieligk (Redakteur der Volks-Ztg. für das Vogtland), 27.3.1926. AdsD Bonn, Nl. Severing, M. 258.

die Angeklagten. Die Beschimpfung „Judenbastard" durch einen NSDAP-Stadtverordneten wurde mit 600 Mark geahndet, aber das Geld wurde wegen einer Amnestie im Dezember 1932 nie gezahlt; Goebbels, der den preußischen Innenminister mehrfach als „Grzesinski-Cohn" tituliert hatte, wurde zu 400 und 300 Mark Strafe verurteilt.[13] Trotz der vorhersehbaren Justizfarce und trotz aller politischen Bedenken entschied sich Grzesinski bewußt für ein offensives Vorgehen, aus Gründen der persönlichen Ehre, der Autorität des Staates und auch aus psychologischen Gründen, um sowohl einer sich immer dreister gebärdenden reaktionären Propaganda als auch einem immer verzagteren demokratischen Lager das Vorbild eines selbstbewußten und mutigen Republikaners entgegenzusetzen.

1.2 Kindheit in Kleinstädten: Treptow an der Tollense und Spandau

Grzesinskis Mutter war zu stolz, den Vater ihres Kindes zu heiraten. Sie zog die gesellschaftliche Diskriminierung der Heirat mit einem treulosen Mann vor. Ihre enttäuschte Liebe hat sie allem Anschein nach auf den Sohn projiziert: Sie gab ihm den Vornamen des Vaters, Albert war „ihr Ein und Alles".[14] Trotzdem zwangen sie ökonomische Gründe, bald nach der Geburt wieder einen Dienst anzutreten und Albert der Obhut der Großeltern in Treptow zu überlassen. Der Großvater war ursprünglich Maurer und in städtische Dienste als Ratsdiener und Ausrufer aufgestiegen, wobei das Ansehen seiner Stellung jedoch kein Äquivalent in der Bezahlung fand. Diese scheinbaren Nebensächlichkeiten weisen auf dreierlei hin:

Erstens, Grzesinski wuchs in einfachsten Verhältnissen auf. Dennoch zeigt sich – zweitens –, daß in dieser Umgebung und in dieser Familie kein Anknüpfungspunkt für Grzesinskis spätere Entscheidung für die Freien Gewerkschaften und die Sozialdemokratie vorhanden war. Trotz magerer Entlohnung war der Großvater durch sein Amt (noch dazu mit Wohnung im Rathaus) städtische Respektsperson und Teil des monarchischen Staates. Drittens knüpft sich an den Beruf des Großvaters die Pointe, daß ein Ratsdiener auch eine Art kommunaler Polizeibeamter war, was der Enkel, der inzwischen Polizeipräsident und Innenminister gewesen war, ironisch kommentierte: „Ich stamme also sozusagen aus einer Polizeifamilie und bin wohl daher etwas ‚erblich belastet'."[15]

In der Hauptsache kümmerte sich die jüngste Schwester der Mutter um die Erziehung des kleinen Albert. „Es waren glückliche Kinderjahre, die ich bei meinen

---

13 Vgl. Bering, Geboren, S. 51f. Insgesamt hat Grzesinski gegen mindestens 76 Beleidiger Strafanträge gestellt. Undat. Aufstellung in: IISG Amsterdam, Nl. Grzesinski, Nr. 2445.

14 Grzesinski, Im Kampf (Ms.), Bl. 10.

15 Grzesinski, Im Kampf (Ms.), Bl. 5.

Großeltern verbrachte", schrieb Grzesinski rückblickend über die Zeit in der pommerschen Kleinstadt.[16]

Im Sommer 1884 kam Albert zu seiner Mutter und seinem Stiefvater nach Spandau. Hier verbrachte er den Großteil seiner Kindheit, die mit dem Eintritt in die Lehre 1893 endete. Spandau war zu jener Zeit vor der Eingemeindung nach Berlin noch eine kleine, von Festungsmauern eingeschnürte selbständige Stadt, geprägt durch das Militär und die Rüstungsbetriebe, die der preußische Staat seit 1855 hier zusammengezogen hatte.[17] Neben der Zivilbevölkerung, die von 27.500 (1885) bis zur Jahrhundertwende auf knapp 60.000 ansteigen sollte, lebten ständig 4.000 bis 6.000 „Militärpersonen" in Spandau.[18] Neben den Soldaten bestimmten die Rüstungsarbeiter die Bevölkerungsstruktur. Der Charakter der Stadt ist in einer Untersuchung als wirtschaftlich und kulturell rückständig (also „kleinstädtisch" im negativen Sinne) beschrieben worden.[19] Die wirtschaftliche Rückständigkeit erklärt sich daraus, daß der industriellen Entwicklung der Stadt durch die bis 1903 bestehenden Festungsmauern enge Grenzen gezogen waren. Die einseitige Dominanz der staatlichen Rüstungswerkstätten führte zu einer unausgewogenen Wirtschaftsstruktur. Von der Konjunkturlage in diesen Betrieben war die Bevölkerung wirtschaftlich abhängig – in der Hochkonjunktur konnten bis zu 12.000 Arbeiter beschäftigt werden, so daß, wenn man Familienangehörige mitrechnet, weit über die Hälfte der Bewohner direkt von den Rüstungsbetrieben abhing.[20] Allerdings gab es auch Zeiten, in denen die Zahl der Beschäftigten bis auf 3.000 zurückgehen konnte; ein extremes Auf und Ab.[21] Daß Alberts Stiefvater Thomas Grzesinski im Jahre 1884 in der Königlichen Artilleriewerkstatt ständige Arbeit fand[22] und damit ökonomisch zur Familiengründung in der Lage war, kann direkt auf das Ende einer zyklischen Krise in den Rüstungsbetrieben, die von 1875 bis 1883 gedauert hatte,[23] zurückgeführt werden.

Die junge Familie bezog eine Wohnung in einem der staatlichen Häuser, die der Militärfiskus in den Jahren 1874 bis 1877 für die Stammarbeiter der Rüstungsbetriebe errichtet hatte.[24] Grzesinski wuchs als Einzelkind auf, trotzdem wurde er äußerst streng erzogen. Auf die Erziehung nahm der Vater keinen Einfluß. Als entscheidende Charaktereigenschaften, die er durch Abstammung geerbt und durch Erziehung erworben habe, nannte Grzesinski Starrköpfigkeit, Stolz, Unbeugsamkeit, Willensstärke, Offenheit und Geradheit, Selbstachtung und Ordnungs-

---

16 Grzesinski, Im Kampf (Ms.), Bl. 9.
17 Büsch, Festungsstadt, S. 168.
18 Zahlen aus: Ribbe, Slawenburg, S. 252.
19 Ribbe, Slawenburg, S. 267.
20 Büsch, Festungsstadt, S. 168.
21 Büsch, Festungsstadt, S. 169.
22 Grzesinski, Im Kampf (Ms.), Bl. 9.
23 Büsch, Festungsstadt, S. 169.
24 Ribbe, Slawenburg, S. 253.

sinn[25], und es besteht, wenn man auf sein künftiges Leben vorausblickt, kein Anlaß, von dieser Aufzählung etwas abzuziehen. Gleichwohl soll nicht verschwiegen werden, daß diese zum großen Teil positiven Charaktereigenschaften, die Grzesinski sich hier selbst zuschreibt, bei ihm immer auch die Gefahr des Umschlagens in ihr negatives Extrem in sich bargen: Die Grenzen zwischen Stolz und Überheblichkeit, Ordnungssinn und Pedanterie, Willensstärke und Brutalität, Offenheit und persönlicher Verletzung sind fließend.

Alles in allem ging vom Elternhaus kein Anreiz für eine spätere politische Aktivität Grzesinskis aus. Dafür sind mehrere Ursachen verantwortlich zu machen. Besonders die Mutter, obwohl als Dienstmädchen von ihrer Klassenlage her durchaus dem Proletariat zuzurechnen, konnte ihre Herkunft aus dem protestantisch-monarchistischen Milieu einer pommerschen Kleinstadt (dazu als Tochter des Ratsdieners) nicht ablegen. Auch der Stiefvater stammte aus Ostelbien; er war aus der Provinz Posen zugewandert. So war Grzesinskis Elternhaus eher von kleinbürgerlichem als proletarischem Bewußtsein erfüllt, die Kärglichkeit des Verdienstes bildete keinen Anlaß zu Forderungen, sondern man versuchte, mit Fleiß, Bescheidenheit[26] und äußerster Sparsamkeit über die Runden zu kommen, mietete „eine kleine bescheidene Wohnung" und führte den Haushalt „immer propper [sic], ordentlich und stets peinlich sauber".[27]

Politik spielte im Elternhaus Grzesinskis keine Rolle, man war „völlig ‚unpolitisch', sogar uninteressiert".[28] Zur persönlichen Disposition der Eltern kam hinzu, daß sozialdemokratische Bestrebungen in den staatlichen Rüstungsunternehmen nicht geduldet wurden. Wer dort arbeiten wollte, mußte nachweisen, daß er kein Sozialdemokrat war. Entsprechend schwach war die sozialdemokratische Bewegung Spandaus entwickelt.[29] Selbstverständlich waren auch Stiefvater und Mutter Grzesinski keine Sozialdemokraten, im Gegenteil, Sozialdemokraten waren bei ihnen „nicht beliebt".[30] Hinzuzufügen ist, daß auch ihr Sohn zunächst ähnlich dachte. Über das Anwachsen der Arbeiterbewegung oder ihre Ziele erfuhr Grzesinski von seinen Eltern nichts.

Für die Versäumnisse des Elternhauses in bezug auf die politische Bildung sprang der Staat (genauer: die Schule) in die Bresche. Die staatliche Intervention hatte allerdings andere als die erhofften Effekte und bietet insofern ein gutes Beispiel dafür, wie kontraproduktiv sich der „Klassenkampf von oben" auswirken konnte. Im Schulunterricht hatte ein Lehrer Grzesinskis vor der Reichstagswahl

---

25 Grzesinski, Im Kampf (Ms.), Bl. 10f.

26 „Sie war fleißig, ehrlich und bescheiden" hieß es in einem Zeugnis, das Grzesinskis Mutter 1882 von einer „Herrschaft" erhalten hatte. Grzesinski, Im Kampf (Ms.), Bl. 9.

27 Grzesinski, Im Kampf (Ms.), Bl. 10.

28 Ebd., S. 18. Die beiden letzten Worte wurden für die Veröffentlichung gestrichen.

29 Knaack/Rückert, Ein Weg, S. 999. Der „Sozialdemokratische Arbeiterverein für Spandau und Umgebung" hatte im Jahre 1899 ganze 133 Mitglieder. Rückert, Geschichte der Arbeiterbewegung, S. 49.

30 Grzesinski, Im Kampf (Ms.), Bl. 11.

von 1893 die Sozialdemokratische Partei pauschal verurteilt, ohne eine Begründung zu geben. Dadurch hatte er die aufgeweckteren Schüler nachdenklich und neugierig gemacht.

Das bedeutet nicht, daß Albert Grzesinski unverzüglich der Sozialdemokratischen Partei beigetreten wäre, im Gegenteil: „Im Anschluss an solche ‚Aufklärungsstunden‘ diskutierten wir dann unter uns recht eifrig die Ziele der Sozialdemokraten, wie wir sie auffaßten. Ich stand im allgemeinen den sozialdemokratischen Bestrebungen skeptisch gegenüber".[31] Seine vom Elternhaus übernommene Skepsis legte Grzesinski erst nach dem Ende seiner Lehrzeit schrittweise ab, Ende 1897 trat er dem Metallarbeiterverband bei, der Sozialdemokratischen Partei im Jahre 1900 in Offenbach.

Aus der Kinder- und Schulzeit ist mit einer Ausnahme sonst nichts überliefert, was für die weitere Untersuchung von Bedeutung sein könnte. Der weitere Lebensweg kann deshalb in aller Kürze dargelegt werden:

Albert Grzesinski wurde wegen körperlicher Schwäche spät eingeschult und erhielt von 1886 bis 1893 in der V. Gemeindeschule (Volksschule) in Spandau eine einfache Schulbildung. Er war ein guter Schüler mit den Lieblingsfächern Geschichte und Geographie. „Trotz unserer Armut und der meist unerfreulichen Schule habe ich auch bei meiner Mutter in Spandau eine schöne Jugend verlebt", zog Grzesinski das Fazit seiner Kinderzeit, die mit Schulentlassung und Konfirmation im September 1893 endete.[32] Seinen evangelischen Glauben hat Grzesinski zunächst beibehalten; damit gehörte er zu einer Minderheit innerhalb der sozialdemokratischen Fraktion im preußischen Landtag.[33] Er hielt an ihm wohl aus Anhänglichkeit und aus Respekt vor seinen Vorfahren fest, handlungsleitend ist er nicht geworden.

Ein wichtiges Merkmal der Kinderjahre, das ein bezeichnendes Licht auf Grzesinskis Persönlichkeit wirft und im Laufe der Untersuchung noch Bedeutung gewinnen wird, ist seine Eigenbrötelei. Grzesinski sprach darüber ganz unbefangen: „Schon als Knabe war ich gern für mich allein und vermochte mich sehr schwer anzuschließen; hatte deshalb nur wenige Kameraden. Oft gab es im Elternhause, besonders zwischen meiner sehr energischen Mutter und mir, Differenzen, wenn ich bei Ausflügen, bei Zusammenkünften anderer Art es vermied, mich den unbekümmert spielenden Kinderscharen anzuschließen. Und wie ich es als Knabe getan, so habe ich es auch später gehalten. Ich war eigentlich trotz vieler kollegialer Beziehungen als Gewerkschaftssekretär immer allein, hatte stets nur wenige richtige

---

31 Grzesinski, Kapitel aus einem Arbeiterleben. In: Berliner Tageblatt v. 28.7.1929.
32 Grzesinski, Im Kampf (Ms.), Bl. 12f.
33 So waren z. B. während der 3. WP von 1928-32 von 136 SPD-Abgeordneten nur 19 evangelisch/protestantisch, 85 bezeichneten sich als Dissidenten/Freidenker/freireligiös, 20 machten keine Angabe. Handb. PrLT, 3. WP (1928), S. 492. Im Handb. der 4. WP (1932, S. 436) bezeichnet sich Grzesinski dann als „religionslos", möglicherweise ist er in Zusammenhang mit seiner Scheidung und Neuverheiratung 1930 aus der Kirche ausgetreten.

Freunde. Meine Zurückgezogenheit behielt ich, obwohl ich als Gewerkschaftsführer häufig gesellige Zusammenkünfte und Festlichkeiten zu veranstalten hatte."[34]

An anderer Stelle schrieb er: „Als Kind schon war ich nicht sehr gern in Gesellschaft anderer."[35] Es ist schwer vorstellbar, daß das, was Grzesinski hier als selbstgewählte Lebensform vorstellt, nämlich das ständige Alleinsein, eine bewußte Entscheidung des jungen Albert war. Vielmehr scheint es plausibel, daß er aus irgendwelchen Gründen, die sich nicht mehr ermitteln lassen[36], keinen Anschluß an eine Gruppe fand und sich dieses Defizit später zum Gerne-allein-sein umbog. Für diese These läßt sich als Beleg eine Antwort anführen, die Grzesinski auf die Frage nach einem „Lebensprinzip" gegeben hat: „Ich würde einem jungen Menschen [...] antworten, daß es vor allem darauf ankomme, *niemals allein zu stehen*. Alles Glück, das Menschen auf Erden erringen können, kann nur die *Gemeinschaft* geben und ein gemeinschaftliches Werk."[37] Wenn man weiß, daß Grzesinskis eigenes Leben ganz anders verlaufen ist, kann man diese Antwort als Aufforderung lesen, es besser zu machen, seinen Fehler nicht zu wiederholen. Vor diesem Hintergrund wird auch der Eintritt in die Gewerkschaft 1897 erklärbar als der Wunsch, dazuzugehören, Kameraden und Kollegen zu finden, Solidarität und Nestwärme zu erfahren.

1.3 Prägende Erlebnisse als Lehrling und junger Arbeiter

Bei der Berufswahl kam für Grzesinski das Naheliegende, der Eintritt in die preußischen Rüstungswerkstätten von Spandau, nicht in Frage, obwohl viele seiner Mitschüler diesen Weg gingen. Die vermeintliche Freiheit und Sicherheit, die eine handwerkliche Ausbildung bot, zog er vor. Aber den Beruf seines Stiefvaters, der Stellmacher war, wollte er auch nicht erlernen. So begann er im Anschluß an die Schule im September 1893 bei Ludwig Krebs, „Metallwaren-Fabrik", in der Mariannenstraße in Berlin eine Ausbildung zum Metalldrücker und Gürtler. Die Lehrlinge wohnten im Haus des Meisters, was für Grzesinski die Trennung von der Mutter bedeutete, die ihm offensichtlich nicht ganz leicht fiel.[38]

Welches waren die bestimmenden Eindrücke, die sich Grzesinski während seiner Lehrzeit, dem ersten Schritt zum Erwachsenwerden, besonders einprägten? Darüber enthalten die autobiographischen Aufzeichnungen einige Hinweise:[39]

---

34 Grzesinski, Ein ungeselliger Mensch. In: Berliner Tageblatt v. 26.6.1927. Vgl. auch: Ders., Im Kampf (Ms.), Bl. 11f.; ders., Inside Germany, S. 19.

35 Grzesinski, Im Kampf (Ms.), Bl. 11.

36 Man könnte spekulieren, ob es an körperlicher Schwäche lag (dafür würde die verspätete Einschulung sprechen) oder am gesellschaftlichen Makel der unehelichen Geburt.

37 Berliner Volkszeitung v. 24.5.1931; Hervorhebungen original.

38 Grzesinski, Im Kampf (Ms.), Bl. 14f.

39 Die folgende Darstellung stützt sich auf Grzesinski, Im Kampf (Ms.), Bl. 13-18, dort finden sich auch die Zitate. Vgl. außerdem: Ders., Inside Germany, S. 19-21.

– Eine neue Erfahrung war für Grzesinski die langandauernde schwere körperliche Arbeit, nicht selten bis nach 10 Uhr abends, dazu unter gefährlichen Arbeitsbedingungen. Durch einen Arbeitsunfall büßte er die Beweglichkeit des rechten Zeigefingers ein. Sein späteres Interesse an Fragen des Arbeiterschutzes[40] beruhte daher sicher auch auf persönlicher Betroffenheit. Trotz allem arbeitete er gern und bezog sein Selbstwertgefühl zu einem beachtlichen Teil aus dem Bewußtsein, ein guter Handwerker zu sein.

– Grzesinskis Lehrherr war ein „Ausbeuter", der mit den Lehrlingen „keine Rücksicht und Schonung kannte", „ein in seinem Fach sehr tüchtiger Mensch, aber im übrigen völlig haltlos, verbummelt, dabei sehr jähzornig." Grzesinskis Stolz und das ausgeprägte Ehrgefühl konnte auch die strenge Lehre nicht brechen: „Manchmal setzte es Schläge von meinem Lehrmeister. Dagegen war ich sehr empfindlich und wehrte mich; denn Schläge und Schimpfworte verletzten mein Ehrgefühl." Die Konflikte mit dem Meister gipfelten darin, daß Grzesinski aus der Lehre fortlief, von seiner Mutter aber wieder zurückgeschickt wurde. (Auch Carl Severing war bei einem solchen Exemplar der Spezies „Chef" in der Lehre, und es ist nicht abwegig, daß auch bei ihm die entwürdigende Behandlung während der Lehrzeit bei dem Entschluß, sich dem Metallarbeiterverband anzuschließen, eine Rolle gespielt hat.)

– Obwohl der Lehrbetrieb sich unbescheiden „Metallwaren-Fabrik" nannte, handelte es sich doch um einen handwerklich geprägten Kleinbetrieb mit einem ständig präsenten Chef. Hier waren die Organisationsbedingungen für die Gewerkschaften sehr schwierig. Hinzu kam, daß das Jahr 1893, als Grzesinski seine Lehre begann, einen absoluten Tiefpunkt der Gewerkschaftsbewegung markiert. Daher ist es nicht verwunderlich, daß es noch nicht zu Kontakten mit der Arbeiterbewegung kam. Diese ergaben sich erst Ende 1897 auf der nächsten Arbeitsstelle, in einem größeren Betrieb, als Grzesinski bereits Geselle war.

Nach beendeter Lehre blieb Grzesinski nur noch 4 Wochen bei seiner alten Firma, am 31. Juli 1897 schied er im Streit aus.

Die kurze Zeit der Arbeitslosigkeit, die sich anschloß, beeindruckte Grzesinski tief, weil sie ihn die materiellen und psychischen Belastungen der Erwerbslosigkeit am eigenen Leib spüren ließ: Ohne Geld und auf die Unterstützung durch die Eltern angewiesen (was den Unwillen des Stiefvaters hervorrief), gelang es ihm trotz intensiver Suche erst nach vier Wochen, eine neue Anstellung zu finden. Rückblickend ist das nur eine kurze Episode, die aber von einigem Einfluß auf den jungen Grzesinski war, weil sein Optimismus und sein Vertrauen in die eigene Kraft einen Dämpfer erhielten. Es wurde ihm vor Augen geführt, daß es selbst bei guter Konjunktur für einen jungen Handwerker nicht ganz einfach war, Arbeit zu finden. Seit dieser Zeit wird er über die im Elternhaus vertretene Meinung, „daß

---

40 Vgl. Grzesinski, Im Kampf (Ms.), Bl. 27.

nur die Faulen arbeitslos seien"[41], kritisch gedacht haben. Das Verhältnis zu den Eltern scheint sich aber bis auf diese kleine Trübung nach wie vor harmonisch gestaltet zu haben: Für zwei Jahre, von Himmelfahrt 1897 bis Mitte 1899, also vom 18. bis 20. Lebensjahr, lebte Grzesinski wieder in der Wohnung der Eltern, obwohl er, nachdem er eine Stelle gefunden hatte, sich ein eigenes Zimmer hätte leisten können. Daß er 1899 auszog, ist auch nicht auf ein Zerwürfnis, sondern den Beginn politischer Aktivitäten zurückzuführen.

Nach seiner kurzen Arbeitslosigkeit arbeitete Grzesinski von August 1897 bis Juni 1898 bei der Firma Ebel & Lohmann auf dem Gesundbrunnen. Der Betrieb war größer und die Arbeitsmethoden und -verhältnisse (Akkordarbeit) waren anders als alles, was Grzesinski bis dahin kennengelernt hatte. Entscheidend war jedoch, daß Ebel & Lohmann als größerer Betrieb Ziel der Agitation des Deutschen Metallarbeiter-Verbandes (DMV) war, was letztendlich zum Beitritt Grzesinskis führte. Die Berliner Ortsverwaltung des Metallarbeiterverbandes hatte im Jahre 1898 13.000 Mitglieder. Sieben Jahre später waren es schon über 25.000.[42] Reichsweit hatte nach dem Ende der Großen Depression mit der wirtschaftlichen Belebung Mitte der 90er Jahre das erstaunliche Wachstum der Gewerkschaften begonnen. Nach dem Tiefstand von 1893 mit 220.000 Mitgliedern gab es 1898, dem Jahr nach Grzesinskis Beitritt, bereits knapp 500.000 organisierte Arbeiter; 1913 sollten es über 2,5 Mio. sein.[43] Weil Grzesinskis Bericht über seinen Beitritt zum DMV durchaus als repräsentativ und typisch für Tausende von Arbeitern zu Beginn des großen Aufschwungs der Gewerkschaftsbewegung angesehen werden kann, sei er hier wiedergegeben: „Anfang Dezember 1897 wurde auch für die Arbeiter und Arbeiterinnen der Firma Ebel u. Lohmann, bei der ich beschäftigt war, eine Betriebsversammlung abgehalten, die ich selbstverständlich besuchte. Redner war Paul Litfin. Er sprach davon, daß die Arbeiter sich in großen Verbänden selbständig zusammenschließen müßten, um gegenüber den Arbeitgebern ihre Interessen besser wahrnehmen zu können, als der einzelne Arbeiter dazu in der Lage wäre. Das leuchtete mir sehr ein, denn ich hatte schon allerhand Erfahrungen gesammelt. Doch dann redete Litfin auch über die ökonomischen Ziele der Arbeiterbewegung und vom Sozialismus. Er illustrierte die Schädlichkeit des Privatbesitzes an den Produktionsmitteln und versuchte den Nachweis, daß Grund und Boden und die Erdschätze, Kohle und Eisen, aus dem Privatbesitz in den Besitz der Gesellschaft überführt werden müßten. Nur so könne die Ausbeutung der Arbeitskraft des Arbeiters durch den Privatunternehmer wirksam bekämpft werden, der Ertrag seiner Arbeit ihm selbst und der Allgemeinheit voll zugute kommen. Diese Ausführungen waren mir etwas ganz Neues, davon hatte ich noch nie gehört. Bei meinem kritischen Sinn und meiner Einstellung auf das Praktische erschienen mir

41 Grzesinski, Im Kampf (Ms.), Bl. 21.
42 Bernstein, Berliner Arbeiterbewegung, S. 260.
43 Zahlen nach Steinberg, Arbeiterbewegung, Dok. 6, S. 195.

Litfins Ausführungen stark phantastisch. Ich lehnte sie als undurchführbar ab und hielt den Redner für verrückt. Aber ich trat doch dem Metallarbeiterverbande bei. Die Vereinigung aller Arbeiter zur wirksamen Wahrnehmung ihrer Interessen schien mir zweckmäßig und geboten [...] Der Beginn meiner Mitgliedschaft im Deutschen Metallarbeiterverband datiert vom 27. Dezember 1897. Seitdem bin ich ununterbrochen, 35 Jahre lang, bis zur ‚Gleichschaltung‘ der Gewerkschaften am 2. Mai 1933 durch die Nationalsozialisten Mitglied des Deutschen Metallarbeiterverbandes gewesen.“[44]

In die Sozialdemokratische Partei trat Grzesinski zwei Jahre später ein, als er bereits in Offenbach lebte. In den Jahren 1898 bis 1900 gab es offensichtlich Ereignisse, die für diese Entscheidung ausschlaggebend gewesen sind.

Bedeutsam war sicher, daß die Ausführungen, die in der geschilderten Versammlung über den Sozialismus gemacht wurden (es scheint sich dabei um eine Paraphrase des ersten Teils des Erfurter Programms der SPD von 1891 gehandelt zu haben), trotz aller spontan-instinktiven Ablehnung auch Grzesinskis Neugier erregten. Der Irritation, die diese erste bewußte Begegnung mit sozialistischen Gedanken ausgelöst hatte, folgten der Wunsch, diese Ideen zu verstehen, der Ansporn, sich autodidaktisch weiterzubilden. Anhand von Parteiliteratur, Zeitungen und Broschüren wollte Grzesinski sich informieren und eine eigene Meinung bilden.

Von noch größerer Bedeutung für Grzesinskis Beitritt zur SPD war m. E. die tägliche Anschauung und persönliche Erfahrung des „Klassenkampfes von oben“. Dazu einige Beispiele:

– Grzesinski schrieb 1933, „Maßregelungen durch die Arbeitgeber wegen meines Eintretens für meine und die Interessen meiner Berufskollegen“ hätten eine Rolle bei seiner Entscheidung für die Sozialdemokratie gespielt.[45] Was Grzesinski hier nur verklausuliert ausdrückt („Maßregelungen“), ist in Wahrheit der Umstand, daß er infolge seiner gewerkschaftlichen Betätigung auf der sog. „Schwarzen Liste“ des Vereins Berliner Metallindustrieller stand![46] Dadurch lassen sich auch die häufigen Wechsel der Arbeitsstellen (zwischen Juni 1898 und Januar 1900 viermal[47]) und letztlich auch der Abschied von Berlin erklären.

– Ein in seiner Wirkung ähnliches Vorkommnis ereignete sich 1899: Grzesinski und ein Freund, ebenfalls Sohn eines Rüstungsarbeiters, hatten eine sozialdemokratische Versammlung besucht. Die Polizei hatte den Freund, der in der Versammlung kurz das Wort ergriffen hatte, notiert und der Direktion der Königlichen Artilleriewerkstatt gemeldet, worauf dessen Vater zum Direktor zitiert wurde. Dort wurde er verwarnt und ihm eröffnet, daß, wenn er nicht entlassen

---

44 Grzesinski, Im Kampf (Ms.), Bl. 24f.
45 Grzesinski, Im Kampf (Ms.), Bl. 26.
46 IISG Amsterdam, Nl. Grzesinski, Nr. 2456, I. Abschn., Art. 1, S. 4.
47 Grzesinski, Im Kampf (Ms.), Bl. 21.

werden wolle, sein Sohn die elterliche Wohnung sofort zu verlassen habe und sie nie wieder betreten dürfe. Grzesinskis Stiefvater wurde mitgeteilt, daß der weitere Umgang Alberts mit dem Betreffenden nicht erwünscht sei. Das „brutale Vorgehen", über das Grzesinski empört war, führte dazu, daß auch Grzesinski bei seinen Eltern auszog, um ihnen keine Schwierigkeiten zu bereiten. Rückblickend sah Grzesinski diesen Tag als Beginn seiner intensiven gewerkschaftlichen und politischen Tätigkeit an.[48]

Wie in vielen anderen Fällen, so hatte sich auch hier der Klassenstaat seine Gegner selbst herangezogen: „Was das Elternhaus an Erziehung zur Politik ‚versäumte', wurde durch die Kenntnis solcher Vorgänge nachgeholt."[49] Die täglichen Erfahrungen mit dem wilhelminischen Repressionssystem und die Beobachtungen im Alltag und bei der Arbeit liefen Grzesinskis Ehrbegriff und seinem Gerechtigkeitsempfinden zuwider und ließen den im Grunde „kleinbürgerlich" sozialisierten Grzesinski am Ende bei den Sozialdemokraten landen.

Zu klären bleibt die Frage, wie die Faktoren „Lektüre" und „eigene Erfahrung" in ihrer Bedeutung für Grzesinskis Weg zur Sozialdemokratie zu gewichten sind. Grzesinski selbst legte 1933 eine falsche Fährte aus: „Die Lektüre der Schriften von Ferdinand Lassalle, Eduard Bernstein, Karl Kautsky, Franz Mehring usw., der Zeitungen und Broschüren, die Partei und Gewerkschaften herausgaben, meine Beobachtungen auf meinen Arbeitsplätzen und meine Erfahrungen im täglichen Leben, Maßregelungen durch die Arbeitgeber wegen meines Eintretens für meine und die Interessen meiner Berufskollegen, ließen mir dann auch die Parteiziele in einem anderen Lichte erscheinen."[50]

Diese Darstellung suggeriert durch die parataktische Verbindung (mit „und") die Gleichrangigkeit von Lektüre und Erfahrung. Plausibler, weil unmittelbarer und anscheinend ohne langes Nachdenken niedergeschrieben, erscheint jedoch die Darstellung von 1929. Zum einen gibt Grzesinski hier ausdrücklich zu, durch das „Sehen" zur Sozialdemokratie gekommen zu sein, zum anderen schwingt implizit die Feststellung mit, zu gründlicher theoretischer Lektüre gar nicht genug Zeit gehabt zu haben: „Ich sah sehr viel und kam dadurch zur Sozialdemokratie. Zum Lesen und zum Studium von Büchern hatte ich natürlich nur die Zeit nach Arbeitsschluß bis tief in die Nacht hinein zur Verfügung."[51]

Nach allem bisher Gesagten ergibt sich für die Zeit Ende 1899/Anfang 1900 eine entscheidende Zäsur in Grzesinskis Leben. Er war 20 Jahre alt, hatte dem Elternhaus den Rücken gekehrt, wohnte zunächst möbliert in Berlin und begann

---

48 Ausführlichste Schilderung der Vorgänge in Grzesinski, Kapitel aus einem Arbeiterleben. In: Berliner Tageblatt v. 28.7.1929.
49 Grzesinski, Im Kampf (Ms.), Bl. 18.
50 Grzesinski, Im Kampf (Ms.), Bl. 25f.
51 Berliner Tageblatt v. 28.7.1929.

seine intensive, angeblich sehr radikale politische und gewerkschaftliche Tätigkeit.[52] (Wie diese konkret aussah, darüber gibt es allerdings kaum Informationen.) Ende 1899 versuchte er zum ersten Mal, in einer Versammlung das Wort zu ergreifen, wegen Lampenfiebers endete der Versuch aber im Fiasko: Nach der Anrede „Kolleginnen und Kollegen" verhaspelte sich der Nachwuchsredner hoffnungslos und mußte unverrichteterdinge und „tief beschämt" Platz nehmen.[53]

Das neue Jahrhundert scheint bei Grzesinski eine Aufbruchstimmung erzeugt zu haben. Er verließ Berlin, nicht zuletzt bedingt durch die Eintragung in die „Schwarze Liste" und die Schwierigkeit, Arbeit zu finden. Auffällig ist eine gewisse Unrast in dieser Lebensphase: Arbeit in Berlin bis 12. Januar 1900, Abreise, Arbeit in Leipzig vom 19. Januar bis 22. Februar, Wanderschaft von Leipzig über Thüringen nach Offenbach in Hessen, dort im März bereits wieder in neuer Stellung, SPD-Beitritt am 24. März und (endlich) dauernde Arbeit in Frankfurt am Main seit Mai 1900. Die „Wanderschaft" kann höchstens 4 Wochen gedauert haben. Trotzdem wurde sie für Grzesinski wichtig, weil sie den ersten Schritt aus dem gewohnten Lebensumfeld und die endgültige Abnabelung von den Eltern, besonders der Mutter, bedeutete. Dabei hat es auch die unvermeidlichen, zur Persönlichkeitsbildung nötigen Friktionen und Konflikte gegeben. Darauf deutet hin, daß Grzesinski aus Berlin abreiste, ohne seine Eltern darüber in Kenntnis zu setzen. In der mythisch überhöhten Schilderung des Lebens als wandernder Handwerksbursche spürt man den bleibenden Eindruck, den die Zeit finanzieller Unsicherheit und großer persönlicher Freiheit bei Grzesinski hinterlassen hat.[54]

Am 24. März 1900 wurde Grzesinski in Offenbach Mitglied der SPD, und es macht den Eindruck, als wollte er die Phase des suchenden Umherirrens mit dem Eintritt in die sozialdemokratische Solidargemeinschaft abschließen, als habe er damit eine bewußte Entscheidung für den weiteren Verlauf seines Lebens getroffen. Mit dem Beitritt zur SPD dokumentiert sich in viel weitergehendem Maße als durch den Eintritt in die Gewerkschaft die Abkehr von der „bürgerlichen" Welt der Eltern. Indem Grzesinski sich zu den Zielen und Idealen der Sozialdemokratie bekannte, ließ er sein bisheriges Leben hinter sich. Statt sich wie die Eltern anzupassen, wollte Grzesinski sich an der Veränderung der bestehenden Verhältnisse versuchen. Untrennbar verquickt mit diesem Engagement war aber das Bedürfnis aufzusteigen und im gesellschaftlichen Subsystem der sozialdemokratischen Solidargemeinschaft jene Anerkennung zu finden, die ihm von der wilhelminischen Gesellschaft vorenthalten wurde.

Wenn man das Neue und Aufregende dieser Situation bedenkt, Grzesinskis Jugend, die Ablösung von den Eltern, die befreiende Erfahrung, auf niemanden mehr Rücksicht nehmen zu müssen sowie einen gewissen Renegaten-Eifer, verwundert

---

52 Grzesinski, Kapitel aus einem Arbeiterleben. In: Berliner Tageblatt v. 28.7.1929.
53 Grzesinski, Im Kampf (Ms.), Bl. 26.
54 Grzesinski, Im Kampf (Ms.), Bl. 22f.

es nicht, daß Grzesinski seine politische und gewerkschaftliche Tätigkeit in den ersten Jahren nach 1899 rückblickend als „sehr radikal"[55] bezeichnete. Dabei kann es sich aber nur um eine sehr kurze Phase der jugendlichen „Linksabweichung" gehandelt haben, wie im folgenden Abschnitt gezeigt wird.

2 Vom wandernden Handwerksgesellen zum Gewerkschaftsfunktionär – Offenbach am Main 1900-1907

„Die Offenbacher Zeit – sie dauerte vom März 1900 bis November 1907 – war meine gewerkschaftliche und politische Lehrzeit. In diesen 6 ½ Jahren [richtig: 7 ½] habe ich auf allen Gebieten des politischen und gewerkschaftlichen Lebens und der Organisationsarbeit ungemein viel gelernt. Daß ich gewissermaßen ‚von der Pike auf gedient‘ hatte, ist mir in meinem späteren Leben sehr zustatten gekommen."[56]

Diese Beurteilung der Offenbacher Zeit, von Grzesinski selbst vorgenommen, wird man ernst nehmen müssen. Daß man in der Lehrzeit aber auch (um im Bild zu bleiben) Lehrgeld bezahlen muß, unterschlägt Grzesinski in seiner Autobiographie; dort erfährt man nur etwas über die Erfolge, von der Reorganisation der Partei bis zu erfolggekrönten Arbeitskämpfen. Insofern leidet auch diese Autobiographie unter dem grundsätzlichen Schwachpunkt der Gattung, ihren affirmativ-rechtfertigenden oder unkritisch-beschönigenden Tendenzen, die dazu führen, daß unangenehme oder peinliche Erinnerungen mit Schweigen übergangen werden. Oft geschieht das nicht einmal bewußt, sondern ist das Resultat eines Verdrängungsprozesses. Zur Annäherung an die historische Wirklichkeit muß deshalb Grzesinskis Schilderung seiner Offenbacher „Erfolge" mit anderem Material kontrastiert werden.

An diesem Punkt stößt man auf ein Quellenproblem: Für die sich anschließende Kasseler Zeit ist die sozialdemokratische Lokalpresse eine wichtige Quelle. Diese Quellengattung fällt für die Offenbacher Zeit aus, denn ausgerechnet die entscheidenden Jahrgänge 1903 bis 1907 des „Offenbacher Abendblattes" sind weder in Bibliotheken noch in Archiven nachzuweisen.[57] Gleichwohl ist genug Material vorhanden, um zu zeigen, daß Grzesinski in Offenbach nicht nur Erfolge erzielte, sondern – und in dieser Hinsicht wären seine autobiographischen Schilderungen zu ergänzen – auch Niederlagen einstecken und Konflikte durchstehen mußte.

Komplett unterschlagen wird in den Erinnerungen das Privatleben. Wegen der vielfältigen Belastungen Grzesinskis an der Arbeitsstelle, in Gewerkschaft und

---

55 Grzesinski, Kapitel aus einem Arbeiterleben. In: Berliner Tageblatt v. 28.7.1929.

56 Grzesinski, Im Kampf (Ms.), Bl. 29f.

57 Frdl. schriftl. Mitteilung des Hessischen Staatsarchivs Darmstadt v. 24.5.1991.

Partei war es vermutlich nicht sehr ausgedehnt, vielleicht auch nicht einmal besonders erfreulich. Alles, was wir darüber wissen ist, daß er im Februar 1901 in Offenbach die fast gleichaltrige Dorothea Schardt heiratete und daß aus dieser Verbindung zwei Töchter hervorgingen.[58] Schon vor dem Ersten Weltkrieg war die Ehe zerrüttet. Daß Dorothea sich bis 1930 weigerte, in eine Scheidung einzuwilligen, war eine Ursache für Grzesinskis Rücktritt als preußischer Innenminister im Februar 1930.[59]

2.1 Der Aufstieg Grzesinskis in Partei und Gewerkschaft

Offenbach unterschied sich in mehrfacher Hinsicht von der Umgebung, in der Grzesinski bis dahin gelebt hatte. Es war eine aufstrebende Industriestadt mit rund 55.000 Einwohnern (um 1900) und mit einer starken und selbstbewußten Sozialdemokratischen Partei, der sich viele Arbeiter angeschlossen hatten.[60]

Die Bevölkerungsstruktur (56 Prozent Arbeiter) begünstigte sozialdemokratische Wahlerfolge: Der Reichstagswahlkreis Offenbach-Dieburg wurde seit 1890 (mit Ausnahme der Wahl von 1903) von Carl Ulrich, der bestimmenden Figur in der Offenbacher Sozialdemokratie, gehalten. In Stadt und Landkreis Offenbach erhielt die Partei regelmäßig über 60 Prozent der Stimmen.[61] Aber auch auf kommunaler Ebene verbuchte die Partei Erfolge. Zeitweise konnte sie die Mehrheit in der Stadtverordnetenversammlung erringen, so von 1904 bis 1907. Im Kaiserreich war dies die absolute Ausnahme und hatte seinen Grund weniger in der Sozialstruktur als vielmehr in der Verfassung. Das Großherzogtum Hessen war neben Elsaß-Lothringen und Oldenburg der einzige Gliedstaat des Reiches, in dem das Kommunalwahlrecht eine sozialdemokratische Mehrheit nicht von vornherein ausschloß. Außer Offenbach war Mülhausen im Elsaß das einzige Beispiel einer größeren Stadt, in der Sozialdemokraten vor 1914 die Mehrheit im Stadtparlament erringen konnten.[62]

Wenn man den Versuch unternimmt, Aussagen über die Eigenarten der Arbeiterbewegung in Offenbach zu machen, wird das etwas liberalere Klima zur Erklärung mit hinzugezogen werden müssen: Die Sozialdemokraten kämpften in erster Linie nicht gegen den „Staat", der in Gestalt der großherzoglichen Regierung nicht so offen repressiv gegen die Sozialdemokratie Stellung bezog wie in Preußen, son-

---

58 Grzesinski, Im Kampf (Ms.), Bl. 31.

59 Siehe unten Kap. IV 4.

60 Der Organisationsgrad war vergleichsweise hoch; auf 100 SPD-Wähler kamen 27,7 SPD-Mitglieder. Michels, Sozialdemokratie, S. 482.

61 Kurt, Wahlen und Wähler, S. 38-50.

62 In den anderen Gliedstaaten herrschten komplizierte Dreiklassen- oder Pluralwahlrechte, oder die Aufnahme als Bürger (und damit das kommunale Wahlrecht) war mit hohen Kosten verbunden. Vgl. Huber, Sozialer Wandel, S. 11 u. 23.

dern gegen konkrete politische Gegner. Die Offenbacher Atmosphäre war für die Durchsetzung einer radikalmarxistischen, revolutionären politischen Praxis nicht sonderlich günstig, denn die Sozialdemokratie blieb nicht allein auf Organisations- und Agitationsarbeit beschränkt, sondern konnte über die Stadtverordnetenversammlung tatsächlich politischen Einfluß ausüben. Mit den praktisch-politischen Einwirkungsmöglichkeiten einher ging eine harsche Ablehnung übertriebener theoretischer Reflexion. Zu dieser Einsicht gelangt man jedenfalls, wenn man Äußerungen des führenden Offenbacher Sozialdemokraten Carl Ulrich als repräsentativ für eine Mehrheit in der Offenbacher Partei ansieht, und das ist zulässig, da Ulrich sowohl bei Reichstags- wie bei Stadtverordnetenwahlen Spitzenkandidat war. Auf dem SPD-Parteitag 1902 führte er aus: „Die Spintisiererei der einzelnen Genossen findet bei der breiten Masse keinen Resonanzboden. Wenn die Autoren, die da meinen, Artikel von welterschütternder Bedeutung geschrieben zu haben, hören könnten, wie die Massen darüber denken, so würden sie von ihrer Bedeutung nicht mehr so fest überzeugt sein. (Lebhafte Zustimmung) [...] Man sollte einfach alle Theoretiker gemeinsam einsperren, bis sie sich gegenseitig aufgefressen haben."[63] Das ging gleichermaßen gegen die Revisionisten wie ihre zentristischen Gegner und verrät, daß der Revisionismusstreit an der Basis nur als intellektueller Disput ohne Bedeutung für die praktische Politik wahrgenommen wurde. Ähnlich wurden die Auseinandersetzungen um die richtige Kommunalpolitik empfunden. Zumindest werden die Offenbacher „Massen", auf die Ulrich sich offensichtlich bezog, so gedacht haben, und sicher ist das auch nicht ohne Einfluß auf Grzesinski geblieben, der ja seine politische Tätigkeit vor dem Wechsel nach Offenbach noch als „radikal" bezeichnet hatte. Aber Grzesinski war kein Grübler und kein Theoretiker und wird sich deshalb auch in diesen Disput nicht allzu sehr hineingesteigert haben. Vielmehr stand er solchen Diskussionen wegen seines aufs Praktische gerichteten Naturells und vermutlich auch wegen Bildungsdefiziten verständnislos gegenüber. Daß marxistische Theoretiker wie der von ihm als doktrinärer „Parteipapst" geschmähte Karl Kautsky für zukünftige Situationen schon jetzt, ohne die genauen Umstände zu kennen, Programme und Handlungsanleitungen entwerfen und ausgeben konnten, die sich dazu noch an Schriften aus der Mitte des 19. Jahrhunderts orientierten, war ihm unbegreiflich und lief seiner eigenen Lebenserfahrung zuwider.[64] Die gleiche Geringschätzung der Theorie, die aus den oben zitierten Worten Ulrichs spricht, findet sich später auch bei Grzesinski, und es kann vermutet werden, daß sich diese Haltung in Offenbach unter dem Einfluß Ulrichs wenn nicht gebildet, so doch ausgeprägt und verstärkt hat. „Männer ohne Theorien [...] die handeln können und wollen, wie es die gegebene Situation erfordert"

---

63 Prot. SPD-PT 1902, S. 143f. (Kontroverse über Kautskys „Neue Zeit" und Bernsteins „Sozialistische Monatshefte").
64 Grzesinski an Tejessy, 10.5.1936. LA Berlin, Rep. 200, Acc. 3983, Nr. 3.

gehörten nach Grzesinskis fester Überzeugung an die entscheidenden Positionen[65], und zweifellos hat Grzesinski sich selbst dazu gezählt.

In der SPD in Offenbach und im ganzen Großherzogtum Hessen war seit 1875 der aus Braunschweig zugewanderte Buchdrucker Carl Ulrich die dominierende Persönlichkeit. Ulrich, dessen „überragendes Prestige vor allem auf seiner Stellung als Reichstags- und Landtagsabgeordneter sowie als Herausgeber des Offenbacher Abendblattes beruhte", duldete in Führungspositionen keine selbständigen Geister und ging mit Konkurrenten recht rabiat um, bis hin zur Einleitung von Parteiausschlußverfahren.[66] Dem Offenbacher Ortsverein saß Ulrich zwar nie persönlich vor, der Vorsitz im Wahlkreisverein und in der Landesorganisation war ihm wichtiger. Trotzdem beherrschte er den Ortsverein vollständig und hievte treue Vasallen, die ihm zumeist auch noch geistig unterlegen waren, auf die Vorstandspositionen. Dieses Ergebnis der Untersuchung von Huber ist wichtig, weil im Jahre 1905 Grzesinski nach eigenen Angaben Vorsitzender des Offenbacher Ortsvereins wurde: „1905 wählte man mich schon zum Vorsitzenden des Ortsvereins. In dieser Eigenschaft führte ich zusammen mit Hermann Weinschild [...] eine Reorganisation des Parteiapparates durch, der sich bei der letzten Stadtverordnetenwahl als sehr mangelhaft erwiesen hatte."[67]

Diese Äußerung gibt einige Rätsel auf. R.G. Huber, der sich eingehend mit der Offenbacher SPD vor dem Ersten Weltkrieg beschäftigt hat, berichtet darüber nichts, bei ihm firmiert Grzesinski als führendes Mitglied der Pressekommission.[68] Allerdings hat er auch Grzesinskis Lebenserinnerungen nicht als Quelle benutzt, so daß sein Schweigen in dieser Hinsicht wohl auf die Überlieferungslücke des „Offenbacher Abendblatts" von 1903 bis 1907 zurückzuführen ist. Ein Irrtum Grzesinskis bei einem so wichtigen Ereignis scheint unwahrscheinlich. Offen muß allerdings die Frage bleiben, ob Grzesinski 1. oder 2. Vorsitzender war. Aus einer Verwechslung schließlich resultiert Grzesinskis Aussage, der Parteiapparat habe sich bei der „letzten" Stadtverordnetenwahl als sehr mangelhaft erwiesen. Bei der letzten Stadtverordnetenwahl war 1904 der SPD ein überzeugender Sieg mit absoluter Mehrheit gelungen. Grzesinskis Bemerkung bezieht sich offensichtlich auf die Reichstagswahl im Jahre 1903, bei der die SPD erstmals seit 1890 unterlegen war.

An einen Aufstieg an die Spitze der Offenbacher SPD war nur mit Billigung und Förderung durch Carl Ulrich zu denken, und offensichtlich erfuhr Grzesinski diese Unterstützung. Das zeigt sich auch an Ulrichs Bemühen, seinen Schützling auf die Kandidatenliste für die Stadtverordnetenwahl im Jahre 1907 zu bringen. Daß dieses

---

65 Grzesinski an Tejessy, 5.12.1943. LA Berlin, Rep. 200, Acc. 3983, Nr. 3. Das Zitat bezieht sich auf den Wiederaufbau Deutschlands nach dem 2. Weltkrieg.

66 Huber, Sozialer Wandel, S. 110-113, Zitat S. 110.

67 Grzesinski, Im Kampf (Ms.), Bl. 26. Wie lange er dieses Amt behielt, wird nicht mitgeteilt, vermutlich jedoch nur 1 oder 2 Jahre.

68 Huber, Sozialer Wandel, S. 223.

Vorhaben schließlich scheiterte, ist wohl weniger auf politische Differenzen als vielmehr auf jene Ressentiments der Einheimischen gegenüber Zugereisten zurückzuführen, die häufig in der lokalen Parteipolitik eine Rolle spielen. Grzesinskis Enttäuschung, nicht als Stadtverordnetenkandidat aufgestellt worden zu sein, hat seine Solidarität mit den Offenbacher Sozialdemokraten nicht erschüttert. Im Wahlkampf setzte er sich – ganz loyaler Parteisoldat – noch einmal mit all seiner Kraft für seine Partei ein und verschob deshalb seine bereits feststehende Übersiedlung nach Kassel.[69]

Parallel zum Aufstieg in der Offenbacher SPD verlief Grzesinskis Karriere in der Metallarbeitergewerkschaft. Im Jahre 1903 arbeiteten in Offenbach 2.655 Metallarbeiter. Sie bildeten damit innerhalb der Arbeiterschaft nach den ungelernten Arbeitern (19,6 %) die zweitgrößte Gruppe (18,1 %).[70]

Grzesinskis Aufstieg in Metallarbeiterverband und Sozialdemokratischer Partei vollzog sich in der Zeit des außergewöhnlichen Anwachsens der Freien Gewerkschaften. Das enorme quantitative Wachstum – zwischen 1900 und 1907 wuchs die Zahl der Mitglieder um 1,18 auf über 1,86 Mio.[71] – zog gewaltige Anstrengungen auf organisatorischem Gebiet nach sich. Ein Hauptproblem war dabei die Verringerung der teilweise erschreckend hohen Fluktuation.[72] Diesem Ziel dienten Organisationsreformen sowie der Aufbau eines Apparates von Vertrauensleuten und besoldeten Bevollmächtigten, also jene im Nachhinein vielkritisierte Entwicklung, die nach Michels zur „Oligarchisierung" führte.

Die Ausdifferenzierung der gewerkschaftlichen Organisation spiegelte sich in Grzesinskis Karriere. Das schnelle Mitgliederwachstum fand seine Entsprechung im raschen, ja rasanten Aufstieg Grzesinskis in der Gewerkschaft. Die erste Nachricht, die Grzesinski als Amtsträger ausweist, stammt vom Dezember 1902. Die Generalversammlung der Offenbacher Verwaltungsstelle des DMV wählte ihn zum 2. Bevollmächtigten.[73] Genaue Mitgliederzahlen aus dieser Zeit fehlen, es werden wenige hundert gewesen sein. Während Grzesinskis Amtszeit wurden 1903 erstmals Vertrauensleute des DMV in Offenbacher Betrieben eingesetzt. Die Mitgliederzahlen stiegen daraufhin schnell: 1904 waren 613 Offenbacher Metallarbeiter Mitglied im DMV; das entsprach einem Organisationsgrad von 23 Prozent. Das nächste Jahr brachte einen Anstieg um über 100 Prozent auf 1.576 Mitglieder, was den Organisationsgrad auf 59 Prozent steigerte.[74]

---

69 Volksblatt Kassel v. 29.10.1907.
70 Huber, Sozialer Wandel, S. 102.
71 Steinberg, Arbeiterbewegung, Dok. 6, S. 195.
72 Vgl. IISG Amsterdam, Nl. Grzesinski, Nr. 2140.
73 Offenbacher Abendblatt v. 11.12.1902.
74 Berechnet auf der Basis der Anzahl der Metallarbeiter im Jahre 1903. Die Gesamtzahl der Metallarbeiter wird sich aber seit 1903 erhöht haben, so daß ein etwas geringerer Organisationsgrad anzunehmen ist. Zum Vorangegangenen siehe Berger, 100 Jahre, S. 44-47.

Bei der Vorstandswahl 1903 fehlt Grzesinskis Name;[75] ob er nicht wiedergewählt wurde oder aus freien Stücken pausierte, ist unbekannt. Aus dem Jahre 1904 sind keine Nachrichten überliefert.

Die Jahre 1905 bis 1907 brachten entscheidende Veränderungen. 1905 – im selben Jahr wird er Ortsvorsitzender der SPD – hatte Grzesinski die Spitze des Offenbacher Metallarbeiterverbandes erklommen, er wurde Erster Bevollmächtigter.[76] Im gleichen Jahr kam es im März auf der Konferenz des 8. DMV-Bezirks, an der Grzesinski als Delegierter für Offenbach teilnahm, zu einer scharfen Auseinandersetzung mit dem Bezirksleiter, der keinen Bericht über das vergangene Jahr erstatten wollte, weil noch nicht alle Abrechnungen der Ortsverwaltungen eingegangen seien. Grzesinski, Statuten- und Organisationsfachmann, beanstandete, der Bezirksleiter hätte „unter allen Umständen" seinen Bericht abgeben müssen. Als Retourkutsche wurde den Offenbachern vorgeworfen, daß es bei ihnen nicht vorwärts gehe, was wiederum Grzesinski zurückwies. Die Offenbacher Fraktion setzte sich auf dieser Bezirkskonferenz auch mit einem Antrag gegen eine geplante Kürzung des Reisegeldes durch.[77]

Ebenfalls im ereignisreichen Jahr 1905 (wohl zum 1.5.) wurde aufgrund des gestiegenen Arbeitsanfalls erstmals ein hauptamtlicher Geschäftsführer für die Offenbacher Geschäftsstelle eingestellt.[78] Im Jahre 1906 schließlich gab es eine einschneidende Organisationsreform, und es liegt nahe, Grzesinski als Bevollmächtigtem der Offenbacher Metallarbeiter einen entscheidenden Anteil daran zuzuschreiben: Sieben DMV-Verwaltungsstellen benachbarter Orte wurden mit der Offenbacher Verwaltungsstelle verschmolzen. Dadurch wuchs die Zahl der zu betreuenden Mitglieder auf 3.140, und es mußte ein zweiter hauptamtlicher Mitarbeiter eingestellt werden. Bei der Wahl gewann Grzesinski knapp gegen einen Konkurrenten und wurde am 1. Juli 1906 als besoldeter Geschäftsführer der Ortsverwaltung Offenbach des Deutschen Metallarbeiterverbandes berufen. Damit war der Schritt vom Arbeiter zum „Gewerkschaftsbeamten", wie man damals sagte, vollzogen; nach sechsjähriger Betriebszugehörigkeit mußte Grzesinski seine Arbeit bei einer Frankfurter Laternenfabrik, wo er gern beschäftigt gewesen war, kündigen.[79]

---

75 Deutsche Metallarbeiter-Zeitung v. 26.12.1903.

76 Berger, 100 Jahre, S. 47.

77 Bericht über die Konferenz in: Deutsche Metallarbeiter-Zeitung v. 18.3.1905; vgl. auch Berger, 100 Jahre, S. 46f.

78 J. Käppel (auch Keppel). Deutsche Metallarbeiter-Zeitung v. 13.5.1905.

79 Vgl. Im Kampf (Ms.), Bl. 23.

Exkurs: „Funktionär" der Arbeiterbewegung

Grzesinski wurde mit 27 Jahren besoldeter „Funktionär" der Arbeiterbewegung und es bietet sich an, eine kurze Betrachtung über diesen Typus einzuschalten. Wenn ein Sündenbock gesucht wird, dem alle Defizite sozialdemokratischer Politik in der Weimarer Republik aufgebürdet werden können, dann waren und sind es die Gewerkschaftsbeamten, die besoldeten Parteifunktionäre und -sekretäre. Sie hatten meist eine handwerkliche Lehre hinter sich, wobei handwerkliche Lehre als Indiz für nicht-proletarische Herkunft angesehen werden kann. Sie standen fast ausnahmslos auf dem rechten Flügel der Partei, wie z.B. Noske, Sollmann, Severing, Ebert und eben auch Grzesinski. Der „Typus des handwerklichen Arbeiterführers" wurde dafür verantwortlich gemacht, „den revolutionären Elan der sozialistischen Bewegung in Deutschland gehemmt und zur Ermattung gebracht" zu haben. Begründet wird das damit, daß „der Gesichtspunkt des eigenen Wohlergehens [...] eine über Gebühr große Rolle" gespielt habe, daß das „Sekuritätsbedürfnis, geistig wie wirtschaftlich, in den Vordergrund gestellt wurde".[80] Dieses Argument hat eine lange Tradition und fand in den Schriften Robert Michels' bereits vor dem Ersten Weltkrieg seine klassische Ausprägung: Die Sozialdemokratie diene „gewissen Schichten der Lohnarbeiterschaft als [...] Klassenerhöhungsmaschine". Der Arbeiter „in gehobener Lebensstellung" habe weder die „moralische Kraft", „den Reizen der neuen Umgebung zu widerstehen" noch die „sozialpolitische Bildung [...] um den Einflüssen der veränderten Lebensstellung zu entgehen". Belege oder Beispiele für seine Unterstellungen bringt Michels jedoch nicht; stattdessen wird die Autorität August Bebels herangezogen und – wieder ohne Beleg – behauptet, dieser sei derselben Meinung gewesen.[81]

Was bei Michels noch vergleichsweise differenziert entwickelt worden war, mündete bald in eine linkspopulistische Kritik an – so die Schlagworte – Verbonzung, Verspießerung, Bürokratisierung und Hierarchisierung in Partei und Gewerkschaften. Diese traf sich in der Weimarer Republik auf verhängnisvolle Weise mit der Nazi-Propaganda über die „roten Bonzen". Gegen diese Kritik hat Grzesinski sich in seiner Autobiographie 1933 zur Wehr gesetzt: „Die Tätigkeit eines deutschen Gewerkschaftssekretärs ist eine äußerst vielseitige. Die Herabsetzung, die sie in den politischen Kämpfen der letzten Jahre erfahren hat, ist sehr ungerecht; sie war von Unkenntnis und blindem politischen Haß diktiert [...] In allen Fragen, die sie bedrücken, kommen die Arbeiter oder Arbeiterinnen zunächst zu dem Vertrauensmann ihrer Berufsorganisation [...] Die Wahrnehmung der Berufsinteressen seiner Mitglieder zwingt den Gewerkschaftsbeamten, sich in die wirtschaftlichen Zusammenhänge zu vertiefen, die soziale Lage zu erforschen und sich politisch auf

---

80 Siemann, Arbeiterführer, S. 86-88. Belege für die Behauptung werden nicht angeführt. Vgl. demgegenüber
z. B. Severing, Lebensweg I, S. 84.
81 Michels, Sozialdemokratie, S. 543.

dem laufenden zu halten. Es gibt kaum einen Zweig des Rechts, mit dem er sich nicht beschäftigen muß, ganz zu schweigen von der sozialen Gesetzgebung und Rechtsprechung. Da ihn seine Arbeit sehr oft mit den Behörden zusammenbringt, muß er sich natürlich auch Kenntnisse der staatlichen und kommunalen Verwaltung aneignen [...] Zeit seines Lebens muß er lernen und immer wieder lernen. Will er die Interessen der Arbeitnehmer wirksam vertreten, muß er auch mehr wissen als diejenigen, die ihm am Verhandlungstische gegenübersitzen. Vor allem aber muß er ein Organisator sein."[82]

In Grzesinskis Argumentation wird eine Kategorie eingeführt, von der in der Diskussion über Verbonzung und Hierarchisierung gewöhnlich abgesehen wird, nämlich die Interessen der Arbeiter. Bei der Wendung gegen den handwerklich-kleinbürgerlichen Typus schwingt implizit immer das kommunistische Stereotyp vom „Arbeiterverrat" der SPD mit: Bremsende Funktionäre hätten die Interessen der im Grunde revolutionär eingestellten Basis verraten. Welche Interessen aber die „Basis", die Arbeiterschaft oder „die Massen" konkret gehabt haben, entzieht sich letztendlich der exakt-empirischenen Analyse. Anders ausgedrückt: Den „Massen" revolutionäre Gesinnung zu unterstellen, ist genauso spekulativ wie die gegenteilige Annahme. Zumindest ein Teil, wenn nicht die Mehrheit der Mitglieder muß sich vom handwerklichen Typus des Arbeiterführers adäquat repräsentiert gefühlt haben.[83]

Um nicht mißverstanden zu werden: Der Erkenntniswert der idealtypischen Konstruktion des „handwerklich geprägten Arbeiterführers" kann und soll nicht bestritten werden. Es geht nur darum, Sensibilität für den Unterschied zwischen der soziologischen Kategorie und dem Kampfbegriff aus der politischen Auseinandersetzung („Funktionär", „Bonze") zu wecken. Für die vorliegende Untersuchung bedeutet dies, daß nicht automatisch „Arbeiterverrat" mitzudenken ist, wenn vom handwerklich geprägten Funktionär die Rede ist. Gleichzeitig sollte der Blick auch auf die Grenzen dieses Konzepts gerichtet werden. So handelt es sich bei dem genannten Typus trotz ähnlicher Sozialisation keineswegs um eine homogene Gruppe mit identischen politischen Einstellungen. Das ist auch gar nicht überraschend, wenn man bedenkt, daß dazu Partei- und Gewerkschaftssekretäre ebenso wie Zeitungsredakteure und -herausgeber gehörten. Es konnte einen gravierenden Unterschied in der politischen Orientierung bedeuten, ob ein Gewerkschaftsfunktionär einer Einzelgewerkschaft oder dem Gewerkschaftskartell (dem Zusammenschluß aller Gewerkschaften) auf lokaler Ebene vorstand, oder ob er Redakteur an einer Parteizeitung war. Außerdem spielten regionale Unterschiede sowie die Organisationsebene, auf welcher der einzelne Funktionär tätig war, eine Rolle.

---

82 Im Kampf (Ms.), Bl. 30f.

83 In dieser Richtung argumentiert z. B. Hedwig Wachenheim (Jg. 1891), die einer jüngeren Generation als die erwähnten Arbeiterführer angehörte und im preußischen Landtag von 1928 bis 1933 Fraktionskollegin Grzesinskis war: Vom Bürgertum, S. 131f.

2.2 Berufung oder Flucht? Der Abschied von Offenbach 1907

Den „vielseitigen Anforderungen, die an mich im Laufe der Jahre gestellt worden sind, habe ich, glaube ich, entsprechen können. Deswegen berief mich meine Organisation auch sehr bald in einen größeren Wirkungskreis. Am 20. November 1907 zog ich mit meiner Familie nach Kassel."[84]

So harmonisch und bruchlos schilderte Grzesinski das Ende seiner Tätigkeit in Offenbach. Er suggerierte, daß der DMV ihn nach Kassel berufen habe, etwa so, wie das Militär einen Soldaten an einen neuen Standort kommandiert. Das ist jedoch nicht ganz präzise, vielmehr hatte Grzesinski sich auf eine ausgeschriebene Stelle beworben und war nach einem Auswahlverfahren von den Kasseler Metallarbeitern auf den neuen Posten „mit übergroßer Mehrheit" gewählt worden.[85] Was mag Grzesinski bewogen haben, sich bereits nach rund einem Jahr Funktionärstätigkeit in Offenbach auf einen neuen Posten zu bewerben? Da war zum einen die Enttäuschung, nicht als Kandidat zur Stadtverordnetenversammlung aufgestellt worden zu sein. Aber auch in der Gewerkschaft hatte Grzesinski seit Mitte 1907 einen schweren Stand. Das hing mit dem unglücklichen Ausgang eines siebenwöchigen Streiks in der Maschinenindustrie im Frühjahr 1907 zusammen. Die Mitgliedschaft hatte sich geweigert, dem Verhandlungsergebnis der Gewerkschaft zuzustimmen.[86] Der lange Streik und sein nur bedingt erfolgreicher Abschluß bedeuteten für Grzesinski einen beträchtlichen Ansehens- und Prestigeverlust, und zwar auf lokaler wie auf überregionaler Ebene. Möglicherweise kam er mit seinem Wechsel nach Kassel nur einer Niederlage bei der nächsten Vorstandswahl des Offenbacher DMV zuvor; jedenfalls ist von einer gewissen Unzufriedenheit in der Metallarbeiterschaft mit dem erreichten Ergebnis auszugehen.[87] Auf der überörtlichen Ebene mußte Grzesinski sich gegen die Kritik Robert Dißmanns an der Offenbacher Streiktaktik zur Wehr setzen.[88]

Wenn man resümieren will und dabei Grzesinskis Aussage berücksichtigt, die Offenbacher Zeit sei seine gewerkschaftliche und politische Lehrzeit gewesen, muß vor allem danach gefragt werden, was genau er in Offenbach gelernt hat und welche Erfahrungen sich ihm eingeprägt haben.

---

84 Grzesinski, Im Kampf (Ms.), Bl. 31.

85 Volksblatt Kassel v. 2.9.1907.

86 Deutsche Metallarbeiter-Zeitung v. 22.6.1907.

87 Berger, 100 Jahre, S. 47. Daß Grzesinski nicht wieder zum Bevollmächtigten gewählt wurde, lag nicht, wie Berger ohne Beleg behauptet, an der Unzufriedenheit der Arbeiter, sondern an der einfachen Tatsache, daß Grzesinski zur Zeit der Vorstandswahlen (normalerweise im Dezember) schon in Kassel war und deshalb gar nicht mehr zur Wahl stand.

88 Die Kritik des Frankfurter Delegierten Dißmann wurde dadurch hervorgerufen, daß „seine" Frankfurter Arbeiter die Hauptlast der Aussperrungen zu tragen hatten. Prot. der 8. Generalversammlung des DMV 1907 in München, S. 212f.

- Zunächst ist in diesem Zusammenhang auf die intime Kenntnis des Partei- und Gewerkschaftslebens „von der Pike auf" zu verweisen, die Grzesinski in Offenbach vermittelt bekam; ebenso wie das Wissen um die politischen Verhältnisse an der Basis und die Sorgen der Arbeiter.
- In Offenbach stellte sich die SPD als unideologische, pragmatische und mehrheitsfähige politische Alternative zu den „Bürgerlichen" dar. Staatliche Repression trat selten offen in Erscheinung.
- Der Mißerfolg von 1907 führte zu der Erkenntnis, daß Streiks und Lohnbewegungen gut vorbereitet sein mußten und wegen der vielen Unwägbarkeiten auch nicht zu häufig eingesetzt werden durften.
- Organisationsausbau und -reform erwiesen sich als offensichtlich erfolgreiche Mittel zur Gewinnung der Arbeiter.
- Ein Beispiel machtbewußter und robuster politischer Führung bot der Offenbacher SPD-Politiker Carl Ulrich.

3 Grzesinski in Kassel vor dem Ersten Weltkrieg (1907-1914)

Am 29. August 1907 hatten die Kasseler Metallarbeiter beschlossen, Albert Grzesinski die ausgeschriebene Stelle eines zweiten Geschäftsführers ihrer DMV-Verwaltungsstelle zu übertragen. Von seiner bisherigen Tätigkeit in Offenbach habe die Prüfungskommission einen günstigen Eindruck gewonnen.[89] Die neue Stelle trat Grzesinski aber auf Wunsch der Offenbacher SPD erst nach den Stadtverordnetenwahlen in Offenbach an, die bis zum 18. November dauerten.[90]

In diesem Kapitel soll die Tätigkeit Grzesinskis in Kassel dargestellt und analysiert werden. Wie wirkten die Kasseler Verhältnisse auf Grzesinski und wie beeinflußte oder veränderte Grzesinski die Kasseler Verhältnisse? Welche Erfahrungen wurden für die spätere Amtsführung als Minister wichtig?

Die Übersiedlung nach Kassel markiert eine deutliche Zäsur in Grzesinskis Leben. Zunächst bedeutete sie für den 28jährigen – auch in seiner eigenen Einschätzung – das Ende der gewerkschaftlichen und politischen Lehrzeit.[91] Die Verantwortung war größer geworden und damit auch die Angst vor Fehlern.

Der Charakter Kassels vor dem Ersten Weltkrieg war von zwei Faktoren geprägt: Zum einen war Kassel Beamten- und Militärstadt (als Sitz der preußischen Provinzialbehörden und eines Armeekorps) und hatte aus der Zeit der Kurfürsten von Hessen-Kassel noch Residenzstadtflair, zum anderen bestand eine seit den 90er Jahren extrem stark expandierende Maschinenbau-Industrie. Die Lokomotivenfa-

89 Volksblatt Kassel v. 2.9.1907.
90 Volksblatt Kassel v. 29.10.1907.
91 Grzesinski, Im Kampf (Ms.), Bl. 29f.

brik Henschel war mit Abstand der größte Arbeitgeber am Ort. Zur Zeit, als Grzesinski seine Arbeit in Kassel aufnahm, beschäftigte die Firma, die jährlich 800 Lokomotiven herstellen konnte, ca. 5.500 Arbeiter. Davon waren 4.500 Metallarbeiter. Weiterhin bestanden zwei bedeutende Waggonfabriken mit insgesamt fast 1.800 Beschäftigten.[92]

In der Hochindustrialisierungsphase, die in Kassel relativ spät eingesetzt hatte, stieg die Einwohnerzahl von 82.000 im Jahre 1895 auf 153.000 um 1910.[93] Der alte Residenzstadtcharakter trat mehr und mehr zurück, er blieb aber – bedingt durch den hohen Anteil aktiver und pensionierter Beamter an der Bevölkerung – nach wie vor spürbar. Der Konfliktkurs dieser konservativen Schicht gegenüber der Sozialdemokratie prägte das politische Leben. Der „Reichsverband gegen die Sozialdemokratie" fand starken Rückhalt, Kassel bildete mit angeblich 5.000 Mitgliedern die stärkste Ortsgruppe.[94] Der Wahlkreis Kassel-Melsungen wurde im Reichstag von 1903 bis 1912 von einem Antisemiten vertreten. Erst 1912 wurde das Reichstagsmandat vom Kandidaten der SPD, dem Bauarbeiterführer Hüttmann aus Frankfurt, knapp in der Stichwahl gewonnen, obwohl die SPD bereits seit 1890 stärkste Partei war.[95] Daß die Umsetzung des vorhandenen Potentials – über die Hälfte der Einwohner waren Arbeiter – in politische Erfolge so schwer fiel, lag an der indifferenten Haltung eines Teils der Kasseler Arbeiter, die Partei und Gewerkschaften vor große Mobilisierungsprobleme stellten.[96]

In der von den Nationalliberalen dominierten Stadtverordnetenversammlung konnten die Sozialdemokraten aufgrund des Dreiklassenwahlrechts keinen dauernden Einfluß erringen. 1908 waren zwar vorübergehend 9 der 58 Stadtverordneten sozialdemokratisch, dieser Stand sank jedoch in den folgenden Jahren im Zeichen eines verschärften „Klassenkampfs von oben" deutlich ab, bis die Partei bei der Wahl Anfang 1913 auch ihre letzten 3 Mandate in der 3. Wählerklasse verlor. Grzesinski hatte sich 1912 vergeblich um einen Sitz im Stadtparlament beworben.[97]

Die Kasseler Arbeiterbewegung stand in der Tradition des ADAV und Ferdinand Lassalles. Diese Traditionslinie verband sich später mit gewerkschaftlichen Positionen zu einer Mischung, die allgemein die „gewerkschaftlich-reformistische

---

92 Volksblatt Kassel v. 22.2.1909.
93 Summa, Kasseler Unterschichten, S. 365 (Tab.1).
94 Scheidemann, Memoiren, Bd.1, S. 93.
95 Volksblatt Kassel v. 22.1.1912; die SPD erreichte 50,9 % der Stichwahl-Stimmen. 1907 hatte der Stimmenanteil in der Stichwahl noch 45,6 % betragen. Vgl. Höpken, Geschichte, S. 68f.
96 Gleichwohl waren die strukturellen Voraussetzungen für die Sozialdemokratie nicht schlecht. Das zeigte Grzesinski im Jahre 1912 mit einer eigenen Statistik: Sie wies über 44 Prozent der Wahlberechtigten als „Arbeiter in Privatbetrieben aller Art" aus, dazu kamen noch über 6 Prozent Arbeiter im öffentlichen Dienst. In seiner Interpretation wies Grzesinski die „landläufige Auffassung, daß die soziale Gliederung des Kreises Cassel-Melsungen eine der sozialdemokratischen Partei ungünstige" sei, als irrtümlich zurück. Volksblatt Kassel v. 29.6.1912.
97 Volksblatt Kassel v. 20.2.1908, v. 11.3.1914 u. v. 1.2.1912.

Richtung" innerhalb der Sozialdemokratie genannt wird. Eine solche Haltung war nicht nur aus Gründen der Tradition verbreitet, sie spiegelte auch die Lebenssituation der Kasseler Arbeiter wider. Eine dezidiert „revolutionäre" Politik hätte deren Bewußtseinslage sicher verfehlt. Beispielsweise fand die Opposition der „Jungen" anfangs der 90er Jahre außer bei einigen jüngeren zugereisten Arbeitern in Kassel keinen Rückhalt.[98]

Charakteristisch für Kassel war die enge Verbindung mit dem Umland. So bestand die Kasseler Arbeiterschaft zum großen Teil aus ehemaligen Bewohnern des näheren Umlandes, die entweder noch Verbindungen zu ihren Heimatorten und deren konservativ-religiös geprägten Milieus hatten oder dort noch wohnten und womöglich Kleineigentum besaßen.[99] Diese Arbeiter waren in der Mehrzahl von der sozialdemokratischen Agitation kaum zu erreichen. Allenfalls schlossen sie sich für einen gewissen Zeitraum einer Gewerkschaft an.[100] Sie sahen in erster Linie die offensichtlichen materiellen Vorteile einer solchen Mitgliedschaft; vor dem Schritt, sich der SPD anzuschließen, schreckten aber die meisten zurück. Die sehr schleppende Entwicklung des Kasseler Sozialdemokratischen Vereins spiegelt diesen Zusammenhang wider: 1894 hatte er nur 58 Mitglieder, 1904 war die Zahl auf 500 gestiegen, und erst 1909 waren es über 3.000.[101] Demgegenüber hatte das Gewerkschaftskartell für Kassel und Umgebung (christliche und Hirsch-Dunckersche Gewerkschaften spielten keine Rolle) zu dieser Zeit bereits 13.000 Arbeiter organisiert.[102]

Aber auch die Entwicklung der Gewerkschaften ließ noch Wünsche offen. Als Beispiel dafür kann die Kasseler Filiale des Deutschen Metallarbeiterverbandes dienen. Obwohl es fast 7.000 Metallarbeiter in Kassel gab, waren 1907 erst 1.746 von ihnen gewerkschaftlich organisiert[103]; das ist ein Organisationsgrad von ungefähr 25 Prozent, mit dem die Ortsverwaltung nicht zufrieden sein konnte. Zum Vergleich: In Bielefeld – ein Extrembeispiel – waren unter Severing nach der Jahrhundertwende 85 Prozent der Metallarbeiter Mitglied im DMV.[104] Als Hauptgrund für den geringen Organisationsgrad sah die Kasseler Ortsverwaltung die „große Teilnahmslosigkeit" der Kasseler Arbeiter an. Außerdem behinderte das in den Großbetrieben herrschende Vorarbeitersystem, bei dem die einzelnen Arbeiter unter ständiger Kontrolle standen, eine gewerkschaftliche Tätigkeit. Die Kasseler

---

98 Summa, Kasseler Unterschichten, S. 255. Zur sog. „Opposition der Jungen" vgl. Lehnert, Sozialdemokratie, S. 80ff.

99 Summa, Kasseler Unterschichten, S. 256. Zum Verhältnis von Eingesessenen und den „Nahwanderern": Ebd., Tab.15.

100 Zu den Mobilisierungsproblemen der Gewerkschaften bei Arbeitern aus ländlichen Regionen vgl. Schönhoven, Expansion und Konzentration, S. 379.

101 Volksblatt Kassel v. 14.8.1909.

102 Volksblatt Kassel v. 21.11.1907 u. 9.1.1914.

103 Volksblatt Kassel v. 24.2.1909.

104 Ditt, Probleme gewerkschaftlicher Organisierung, S. 226.

Arbeiter durch verstärkte Agitation aus ihrer Lethargie herauszureißen, war auch der Grund für die Berufung Grzesinskis als „Agitationsleiter" nach Kassel. Über diese Berufung heißt es in einem Rückblick des Kasseler Metallarbeiterverbandes in genitivgesättigtem Funktionärsdeutsch: „Zum Zwecke der systematischen Betreibung der Agitation stellte man einen zweiten Beamten als Agitationsleiter in der Person des Kollegen Grzesinsky [sic] an."[105] Einen hauptamtlichen Kassierer hatten die Kasseler Metallarbeiter bereits seit 1904.

3.1 Partei- und Gewerkschaftsfunktionär

a) Grzesinski als Bevollmächtigter des DMV in Kassel

Die Hoffnungen, die sich mit der Anstellung Grzesinskis, der sich selbst für einen guten „Organisator" hielt[106], verbunden hatten, wurden zunächst voll erfüllt. Die Mitgliederzahl der Kasseler Metallarbeiterorganisation stieg um 36 Prozent von 1.746 (1907) auf 2.387 (1908)[107], um dann allerdings im Zeichen der Krise im Lokomotivenbau und großer Arbeitslosigkeit in Kassel in den folgenden Jahren unter 1.900 zu sinken. Erst 1911 hatte der Kasseler Metallarbeiterverband wieder über 2.000 Mitglieder[108], vor Kriegsausbruch waren es dann schon 3.046; der Organisationsgrad stieg auf 41 Prozent.[109] Für einen hohen DMV-Mitgliederstand, notfalls auf Kosten anderer Gewerkschaften, trat Grzesinski innerhalb seiner Organisation mit der ihm eigenen „Rücksichtslosigkeit" ein.[110]

Das ist die äußere Seite der Tätigkeit Grzesinskis im Kasseler Metallarbeiterverband. Hinter den nüchternen Zahlen verbirgt sich harte Arbeit in der Agitation, der ständige Besuch von Versammlungen und intensive Vortragstätigkeit. Grzesinski mußte die ganze Palette sozialpolitischer Themen behandeln und entsprechend auch beherrschen, von Arbeiterschutz und Arbeitslosigkeit über Gesundheitswesen, Steuern und Streik bis zu den Wohlfahrtseinrichtungen. Das letztgenannte Thema bildete in der ersten Zeit einen gewissen Schwerpunkt seiner Tätigkeit, weil diese Frage in Kassel durch die diversen Wohlfahrtseinrichtungen der Fa. Henschel, die von manchen Arbeitern als „Wohlfahrtsplage" verspottet wurden, besonders akut war. Auf einer Metallarbeiterversammlung am 22. Februar 1908 sprach Grzesinski vor 1.800 Zuhörern über diese sogenannten „Wohlfahrtseinrichtungen", und in einer Artikelserie im Volksblatt griff er das Thema nochmals auf.[111] Entge-

---

105 Volksblatt Kassel v. 22.2.1909.
106 Grzesinski, Im Kampf (Ms.), Bl. 31.
107 Volksblatt Kassel v. 24.2.1909.
108 2.169 Mitgl. am 31.12.1911. Volksblatt Kassel v. 12.3.1912.
109 Volksblatt Kassel v. 19.2.1914.
110 Vgl. Grzesinskis Beitrag auf der 11. Generalversammlung des DMV 1913 in Breslau, Prot., S. 151.
111 Volksblatt Kassel v. 23.2., 14.11. u. 16.11.1908.

gen dem Mythos, der sich auch heute noch um die betrieblichen Wohlfahrtseinrichtungen (z. B. bei Krupp) rankt, waren diese Institutionen nicht aus unternehme-
rischer Philanthropie entstanden. Der Pferdefuß der betrieblichen Invaliditäts-,
Witwen- und Waisenkassen war, daß die geleisteten Zwangsbeiträge beim Ausscheiden aus dem Betrieb nicht zurückgezahlt wurden und so in der Praxis auch
den Zweck erfüllten, den Arbeiter an das Unternehmen zu binden und vom Wechsel in einen anderen, möglicherweise besser zahlenden Betrieb abzuhalten, da sonst
die Ansprüche verfielen. Diesen Mißstand prangerte Grzesinski an. Den Ausweg
sah er in einer reichsgesetzlichen Regelung, die dem Arbeiter beim Arbeitsplatz-
wechsel wenigstens einen Teil seiner bisher gezahlten Beiträge sichern sollte. Das
waren aber keineswegs originäre Gedanken Grzesinskis, vielmehr folgte er der
Parteilinie, wie sie die Sozialpolitiker der SPD im Reichstag vertreten hatten.

Zur Verbesserung der Agitation wurde 1909 eine organisatorische Neuerung
eingeführt. Ab sofort sollten – zunächst versuchsweise – in den einzelnen Stadttei-
len Bezirks-Mitgliederversammlungen abgehalten werden; die Gewerkschaft kam
also direkt in die Wohnquartiere der Arbeiter.[112] Diese Innovation wird verständlich, wenn man sie der oben angesprochenen Mitgliederbewegung gegenüberstellt:
Es handelte sich um den Versuch der Gewerkschaftsführung, den durch die Wirtschaftskrise verursachten Mitgliederrückgang aufzuhalten.

Solche Bezirks-Mitgliederversammlungen waren aber gleichzeitig auch die Voraussetzung für die durchgreifende Organisationsreform, die 1912 stattfand, nämlich
die Einführung des Delegiertensystems. Bis dahin wurden alle anstehenden Fragen
auf den Quartals-Generalversammlungen diskutiert und entschieden, zu denen
jedes Mitglied Zugang hatte. Wenn jetzt der Schritt von einem basisdemokrati-
schen hin zu einem repräsentativen System unternommen werden sollte, hatte das
aber zur Voraussetzung, daß es noch eine Ebene unterhalb der Generalversammlung gab, wo sich das „normale" Mitglied artikulieren konnte, und das waren eben
die 1909 eingeführten Bezirks-Mitgliederversammlungen.

Den Mitgliedern versuchte Grzesinski das Delegiertensystem dadurch schmackhaft zu machen, daß er ein Mehr an Demokratie versprach. Durch das Delegiertensystem würden alle Mitglieder vertreten, und nicht – wie bisher – nur die, die sich
zum Besuch einer allgemeinen Mitgliederversammlung entschlossen. Vor allem
aber werde so die Benachteiligung der Landbevölkerung, die ja wegen der langen
Anreise in der Regel nicht an den Quartalsversammlungen teilnahm, beseitigt.[113]
Der Hauptnutznießer der Einführung des Delegiertensystems war aber – und das
versucht Grzesinskis Argumentation zu verschleiern – die Gewerkschaftsleitung
selbst. Denn die Zufälligkeit der Zusammensetzung der allgemeinen Mitgliederver-
sammlungen war ein Schreckgespenst für die an Kontinuität und Berechenbarkeit
interessierte Ortsverwaltung.

---

112 Volksblatt Kassel v. 17.5.1909.
113 Volksblatt Kassel v. 1.10.1912.

Von einigen punktuellen Erfolgen bei der Verbesserung der Arbeitsbedingungen abgesehen, schlug sich Grzesinskis Agitations- und Organisationsarbeit erst spät in konkreten Verbesserungen für eine größere Anzahl von Arbeitern nieder. Bei verbesserter Konjunkturlage konnten im Jahre 1912 für ungefähr 800 und im Jahre 1913 für 916 Arbeiter ohne Streiks Arbeitszeitreduzierungen oder Lohnerhöhungen erreicht werden. Grzesinskis Resümee über die bescheidenen Erfolge lautete: „An Bewegungen um Verbesserung der Arbeitsbedingungen konnten vor dem Kriege nur solche geringfügiger Art durchgeführt werden, obwohl die Arbeitsverhältnisse keineswegs die besten waren".[114] Die Offenbacher Streikerfahrungen hatten Grzesinski zu vorsichtigem Agieren veranlaßt.

b) Grzesinski und die Kasseler SPD

Wenn Grzesinski in seiner Autobiographie schreibt, er habe sich in Kassel erst „nach einigen Jahren angestrengter Organisations- und Agitationsarbeit auf gewerkschaftlichem Gebiete" wieder der politischen Arbeit in der SPD gewidmet, so ist das nur die halbe Wahrheit.[115] In den ersten Kasseler Jahren mußte Grzesinski sein Hauptaugenmerk in der Tat auf die Verbesserung der Metallarbeiterorganisation richten. Das bedeutete jedoch nicht, daß er sich überhaupt nicht in der SPD engagiert hätte. Von 1908 (ein halbes Jahr nach seiner Ankunft) bis 1913 saß er im Vorstand des SPD-Wahlkreisvereins Kassel-Melsungen, der das „politische Zentrum" des nordhessischen Agitationsbezirks bildete, weil er zwei Drittel der Mitglieder stellte.[116] Aber das Amt eines „Revisors" und „Beisitzers", das er bekleidete, entsprach wohl nicht seinen Ambitionen und fand deshalb in der Autobiographie keine Erwähnung – ebenso wenig wie seine Tätigkeit im Vorstand des nordhessischen Parteibezirks.[117]

Erst seine Kandidatur bei der Reichstagswahl 1912 im Kassel benachbarten Wahlkreis Rinteln-Hofgeismar-Wolfhagen fand Grzesinski wieder erwähnenswert. Die Kandidatur im ländlich geprägten Wahlkreis war nicht erfolgversprechend, mit großem agitatorischen Aufwand erreichte Grzesinski immerhin einen Anstieg des sozialdemokratischen Stimmenanteils um 30 Prozent. In der Stichwahl unterlag er

---

114 Redemanuskript von 1924/25. IISG Amsterdam, Nl. Grzesinski, Nr. 2140.
115 Grzesinski, Im Kampf (Ms.), Bl. 42.
116 Frenz/Schmidt, Wir schreiten, S. 71. Dort auch Hinweise zur Organisationsstruktur nach dem neuen Organisationsstatut von 1905: Über den Ortsvereinen standen die auf Wahlkreisebene organisierten Kreiswahlvereine (6 in Nordhessen: Kassel-Melsungen, Rinteln-Hofgeismar-Wolfhagen, Eschwege-Witzenhausen-Schmalkalden, Fritzlar-Homberg-Ziegenhain, Hersfeld-Hünfeld-Rotenburg, Waldeck-Pyrmont), die wiederum zu einem Parteibezirk gehörten, in diesem Falle zum Parteibezirk (früher: Agitationsbezirk) Kassel. Über den Parteibezirken stand die „Landesorganisation der Sozialdemokratischen Partei in Hessen-Nassau".
117 Volksblatt Kassel v. 13.5.1908, 5.9.1911, 7.8.1913 u. 8.10.1913.

dem antisemitischen deutsch-sozialen Kandidaten allerdings deutlich mit 7.600 gegen 11.900 Stimmen.[118]

Die Agitation für die Sozialdemokratie brachte Grzesinski auch einmal für drei Tage hinter Gitter, weil er im Mai 1910 eine Versammlung gegen das preußische Dreiklassenwahlrecht unter freiem Himmel abgehalten hatte, die vorher vom Polizeipräsidenten nicht genehmigt worden war. 1913 wurde wegen einer Gewerkschaftsveranstaltung ein weiterer Strafbefehl von einer Woche Haft gegen Grzesinski verhängt, auf seinen Einspruch jedoch in eine Geldstrafe umgewandelt.[119] Für den mit bürgerlichen Moralvorstellungen aufgewachsenen Grzesinski war die Tatsache, im Gefängnis zu sitzen, nach seiner „ganzen Erziehung und Einstellung […] etwas Schreckliches".[120] Diese Erfahrung hatte Grzesinski sicher noch im Kopf, wenn er es in der Weimarer Zeit als Ziel seiner Reformen bezeichnete, zu verhindern, daß der Staatsapparat jemals wieder als Instrument gegen die Arbeiterschaft benutzt werden könne.[121]

3.2 Grzesinskis Position in der Vorkriegssozialdemokratie

Aus Grzesinskis schriftlichen Äußerungen und seinen Reden läßt sich ein klar umrissenes politisches Profil nicht entwerfen. Als Praktiker beschäftigte er sich mit allen anstehenden, zumeist sozialpolitischen Themen. Das war sicher genau das, was die Mitglieder von ihm erwarteten und weshalb sie ihn immer wieder wählten. Für die vorliegende Untersuchung hat die Konzentration auf gewerkschafts- und sozialpolitische Tagesfragen den Nachteil, daß sich Grzesinskis allgemein-politische Ansichten nicht scharf abzeichnen. Hinzu kommt, daß er auf den wenigen SPD-Parteitagen, an denen er teilgenommen hat, nur Zuhörer war.[122] Um eine Annäherung an die politischen Grundeinstellungen und an die Persönlichkeit Grzesinskis zu versuchen, erschien es als der methodisch aussichtsreichste Weg, anhand einiger „Lieblingsthemen" dem Bild Konturen zu verleihen.

a) Verwaltung – Geschäftsordnung – Statistik

Das besondere Interesse Grzesinskis galt Aufgaben und Funktionen der Verwaltung. Bemerkenswert ist dies vor allem deshalb, weil er damit in seiner Partei vor

---

118 Volksblatt Kassel v. 13.01., 22.1. u. 25.1.1912.
119 Volksblatt Kassel v. 5.7. und 8.8.1913.
120 Grzesinski, Im Kampf (Ms.), Bl. 44; vgl. auch Volksblatt Kassel v. 13.5. und 3.6.1910.
121 Grzesinski, Verwaltungsreform in Preußen. In: Volksstimme Frankfurt/M. v. 26.10.1929.
122 Grzesinski nahm an den SPD-Parteitagen 1911 und 1924, an der „Reichskonferenz" 1916 sowie den Preuß. Parteitagen 1910 und 1913 teil, jeweils ohne Redebeitrag. Vgl. die Präsenz- und Rednerlisten der entsprechenden Parteitags-Protokolle.

dem Ersten Weltkrieg und auch noch in der Weimarer Republik ziemlich allein stand.

In einem ausführlichen Referat auf dem preußischen Parteitag hatte Karl Liebknecht 1910 die preußische Verwaltung als Haupthindernis für liberale und demokratische Reformen bezeichnet. Die eigentliche Macht im Staate werde, so Liebknecht, von der Verwaltung ausgeübt: „Ich bin fest überzeugt, man gibt uns viel eher ein demokratisches Wahlrecht, als eine demokratische Verwaltung, weil man genau weiß, daß bei der Verwaltung schließlich doch die Macht liegt."[123] Diese Überlegungen hatten in der breiten Parteiöffentlichkeit kein großes Echo gefunden.[124] Grzesinski beschwerte sich in der Rückschau, daß die „Bedeutung und der Einfluß, den die Verwaltung und die Verwaltungsbehörden im öffentlichen Leben des Landes besaßen, [...] von den meisten, nicht zum wenigsten gerade von den sogenannten ‚Politikern' fast völlig übersehen" wurden.[125] Bei Grzesinski, der als Teilnehmer am preußischen Parteitag Liebknechts Referat verfolgt hatte[126], fielen dessen Ausführungen jedoch auf fruchtbaren Boden – in seinem Delegiertenbericht bezeichnete Grzesinski Liebknechts Analyse als „trefflich", „vorzüglich" und lebhafter Anerkennung wert und behandelte sie eingehend.[127] Daß Grzesinski Liebknechts Gedanken rezipiert hat, erweist auch eine Wahlrede zur Reichstagswahl 1912, in der er vortrug: Die „Macht der Junker beruht nicht einmal so sehr, sicher nicht allein auf dem Dreiklassenwahlrecht, als vielmehr auf ihrem Einfluß auf die Verwaltung."[128]

Letzte Zweifel, daß der gewerkschaftliche Pragmatiker Grzesinski Gedankengänge von Marx' Patenkind Karl Liebknecht übernommen hat, lassen sich anhand eines Vortrages, den Grzesinski 1928 vor Studenten hielt, zerstreuen. Hier ging er ausdrücklich auf Liebknechts Parteitagsreferat von 1910 ein und bemerkte, es habe „bleibenden Eindruck" bei ihm hinterlassen.[129]

Als ein weiterer Inspirator dieser Verwaltungssicht ist zweifellos Ferdinand Lassalle anzusprechen, dessen Schriften Grzesinski erwiesenermaßen studiert hat.[130]

---

123 Prot. SPD-PT Preußen 1910, S. 260.

124 Prot. SPD-PT Preußen 1910, S. 230-264.

125 Grzesinski, Im Kampf (Ms.), Bl. 212. Das Zitat steht im Kontext der Weimarer Republik, die kritisierte Haltung war jedoch schon im Kaiserreich anzutreffen. Groh, Negative Integration, S. 125.

126 Prot. SPD-PT Preußen 1910, Präsenzliste S. 278.

127 Volksblatt Kassel v. 21.1.1910.

128 Volksblatt Kassel v. 7.9.1911.

129 Grzesinski, Verwaltungsarbeit, S. 15. Auch in seinem Referat auf dem Preußentag der SPD im selben Jahr bezog sich Grzesinski ausdrücklich auf Liebknechts Ausführungen. Preußentag der SPD (1928), S. 13f. Vgl. auch Glees, Grzesinski, S. 817.

130 Ferdinand Lassalle hatte in seiner Rede „Über Verfassungswesen" (1862) betont, daß zu einer tatsächlichen Veränderung der Machtverhältnisse die Exekutive so umgeformt werden müsse, „daß sie sich nie wieder [...] dem Willen der Nation entgegenstellen" könne. Grzesinski dachte ähnlich, wenn er es als das Ziel seiner Reformen bezeichnete, daß „der Apparat des Staates nicht mehr als Instrument gegen die Arbeiterschaft zu benutzen ist." Grzesinski, Verwaltungsreform in Preußen. In: Volksstimme Frankfurt/M. v.

Der Kampf für die demokratische Verwaltung war also ein ganz wesentliches Anliegen Grzesinskis; von der Wichtigkeit dieser Frage war er schon früh überzeugt. Es wird zu prüfen sein, welche Folgerungen sich daraus für seine politische Praxis, vor allem als Minister, ergeben haben.

Neben der Verwaltung hat noch ein weiterer unspektakulär wirkender Bereich Grzesinski besonders beschäftigt, nämlich Fragen des formalen Rechts und der Geschäftsordnung. Um die genaue Kenntnis der Geschäftsordnungen – ob im Parlament oder in Parteiversammlungen – hat er sich stets bemüht: „In meinem späteren Leben ist mir oft die genaue Kenntnis der Bestimmungen der Geschäftsordnung sehr zugute gekommen. Als Versammlungsleiter meisterte ich dadurch auch in den stürmischsten Versammlungen – und ich habe sehr viele solche erlebt – die schwierigsten Situationen."[131] Um die eigenen politischen Ziele durchzusetzen, konnte es hilfreich sein, alle Möglichkeiten der Geschäftsordnung geschickt auszuschöpfen. Folgerichtig war Grzesinski im preußischen Landtag der Weimarer Zeit Mitglied im Geschäftsordnungsausschuß und zeitweilig dessen Vorsitzender.[132]

Damit wird ein wichtiger Zug Grzesinskis deutlich: Seine Vorliebe für Themenbereiche, die landläufig mit Attributen wie „trocken" oder „bürokratisch" belegt werden, wie eben Verwaltung oder Geschäfts- und Tagesordnungsfragen. Er sah klarer als andere, daß solche scheinbaren Formalfragen von eminenter politischer Bedeutung waren, ja sogar Machtfragen sein konnten. Zur Leitung eines Ministeriums gehörte eben nicht nur ein politischer Wille, sondern auch eine gewisse Kenntnis der Verwaltungs- und Geschäftsvorgänge, um erforderlichenfalls feststellen zu können, wo es Widerstände bei der Umsetzung politischer Entscheidungen gab.

Grzesinski tritt uns in erster Linie als verwaltungserfahrener und -interessierter Praktiker gegenüber. Ohne eine Zwangsläufigkeit seiner Karriere bis zum Minister konstruieren zu wollen, kann man doch sagen, daß ihm die angesprochenen Eigenschaften, Fähigkeiten und Interessen dabei maßgeblich geholfen haben.

Anhand eines weiteren Spezialgebiets Grzesinskis, der Statistik, läßt sich allerdings aufzeigen, daß die „bürokratische" Orientierung bei Grzesinski auch die Tendenz zur Verselbständigung in sich barg, daß das Bild des Verwaltungsfachmanns nicht vollständig ist, wenn nicht auch Züge einer gewissen Pedanterie hinzugefügt werden. Daß die Statistik wertvolle Hinweise für die politische Arbeit liefern kann, wenn die Daten richtig ausgewertet werden, ist unbestritten. Besonders die Gewerkschaften hatten statistische Verfahren genutzt, um der hohen Fluktuation auf die Spur zu kommen. Grzesinski verließ allerdings in jungen Jahren zeitweise das Gespür, wieviel Statistik er seinen politischen Freunden zumuten

26.10.1929. Lassalle, Gesammelte Reden und Schriften, Bd. 2, S. 56. Zur Lassalle-Lektüre Grzesinskis siehe Grzesinski, Im Kampf (Ms.), Bl. 25.

131 Grzesinski, Im Kampf (Ms.), Bl. 141.
132 Handb. PrLT, 2. WP (1925), S. 231.

konnte. So monierte das Volksblatt im Jahre 1914, daß die aktuelle DMV-Geschäftsberichtsbroschüre „mit statistischen Darstellungen überreich" ausgestattet sei.[133] Grzesinskis Akribie führte jedoch nicht dazu, daß die politischen Ziele aus dem Blick verschwanden. Im Kasseler Arbeiter- und Soldatenrat wie im preußischen Innenministerium achtete Grzesinski darauf, die politische Leitung in der Hand zu behalten, aber nicht mit jeder Kleinigkeit behelligt zu werden; er verstand es sehr wohl, die Arbeit aufzuteilen und zu delegieren.[134]

Für die Forschung hat Grzesinskis Interesse an Zahlen und Statistiken einen unschätzbaren Vorzug: Seine Zusammenstellungen über die personelle Zusammensetzung der preußischen Beamtenschaft bilden wichtige Quellen für die Analyse der Personalpolitik in der Weimarer Republik.[135]

b) Massenstreik

Die Haltung Grzesinskis zur Frage des politischen Massenstreiks eignet sich gut zu einer exemplarischen Analyse seines politischen Standorts, weil hierzu Äußerungen Grzesinskis überliefert sind. In den Auseinandersetzungen um den Massenstreik zeigen sich die Konfliktlinien, die vor dem Weltkrieg die Sozialdemokratie durchzogen. Darüber hinaus lassen sich auch Einblicke in das Wesen eines spezifisch gewerkschaftlichen „Praktizismus" gewinnen.

Seit der russischen Revolution von 1905 und den Wahlrechtskämpfen in Belgien war auch in der deutschen Sozialdemokratie die Frage nach der revolutionären Perspektive wieder akut geworden. Sie prägte (mit Schwerpunkten 1905/1906, 1910 und 1913) die innerparteiliche Diskussion vor dem Krieg. Es wurden folgende Positionen vertreten:

(1) Ungeachtet der ökonomischen Unterschiede zwischen dem industrialisierten Deutschland und dem rückständigen Rußland versuchten linke Theoretiker wie Rosa Luxemburg, das russische Beispiel auch als Modell für Deutschland zu propagieren. Diese Position hatte allerdings kaum Rückhalt in der Partei, weil sie Mentalität und Revolutionsbereitschaft der deutschen Arbeiter nicht zutreffend einschätzte.

(2) Den Gegenpol bildete die Haltung der Gewerkschaftsführung, die der Diskussion völlig verständnislos gegenüberstand und darin nur „Literaturstreitigkeiten" sah. Die Existenz ihrer Organisationen wollten sie nicht für „revolutionäre Experimente" aufs Spiel setzen.

---

133 Volksblatt Kassel v. 19.2.1914.
134 Vgl. unten Abschn. 5.1 sowie Kap IV 2.
135 Siehe unten Kap. IV 3.4; Grzesinski, Im Kampf (Ms.), Bl. 216f.; IISG Amsterdam, Nl. Grzesinski, Nr. 738-743.

(3) Eine dritte Position vertraten die Revisionisten, die in der Diskussion um den Massenstreik in Preußen eine Chance sahen, die Partei aus ihrer Lethargie aufzurütteln.

(4) Die Parteiführung, theoretisch repräsentiert durch Kautsky, wollte sich nicht auf eine klare Option festlegen, um die Integrationskraft der Partei nicht zu gefährden. Der Massenstreik sei ein ultimatives Kampfmittel auf Leben und Tod, das nicht im politischen Alltag verschlissen werden dürfe.

Einen vorläufigen Abschluß hatte diese Diskussion auf dem Mannheimer Parteitag von 1906 gefunden. Die Formel, daß Partei- und Gewerkschaftsführung bei Fragen wie dem politischen Massenstreik ein „einvernehmliches Vorgehen herbeizuführen" hätten, bedeutete de facto ein Veto-Recht der Gewerkschaften und war Ausdruck des gestiegenen Selbstbewußtseins der Gewerkschaftsführer aufgrund rapide gewachsener Mitgliederzahlen.[136]

Einen neuen Höhepunkt erreichte die Diskussion im Jahre 1910, als bekannt wurde, daß die Regierung im Prinzip am veralteten, komplizierten und extrem ungerechten Dreiklassenwahlrecht zum preußischen Abgeordnetenhaus festhalten wollte. Obwohl der Kaiser in einer Thronrede 1908 eine organische Fortentwicklung des preußischen Wahlrechts versprochen hatte, sah eine entsprechende Regierungsvorlage nur marginale Verbesserungen vor. Das Ziel, ein gerechtes Wahlrecht für Preußen zu erreichen (der „Wahlrechtskampf", wie man damals sagte), bot noch einmal alle Möglichkeiten für eine integrationsfördernde und erfolgversprechende Agitation der SPD. Doch bei der Diskussion der Mittel gab es Meinungsverschiedenheiten, die sich auf die Frage zuspitzten, ob zur Erreichung des gleichen Wahlrechts in Preußen auch der politische Massenstreik eingesetzt werden solle. Während die radikale Linke und einige Revisionisten wie Ludwig Frank das bejahten, wollten die Gewerkschafts- und die Parteiführung an der bisherigen Taktik festhalten und den Massenstreik nur als defensive Waffe, als ultima ratio, eingesetzt wissen.[137]

Auf dem Parteitag der preußischen Sozialdemokraten Anfang Januar 1910, an dem Grzesinski als Delegierter für den Wahlkreis Kassel-Melsungen teilnahm, stand die Wahlrechtsfrage an zentraler Stelle zur Debatte. Die einstimmig und ohne Diskussion verabschiedete Resolution, die Heinrich Ströbel entworfen hatte, vermied absichtsvoll die Worte „politischer Massenstreik" und sprach stattdessen von „allen zu Gebote stehenden Mitteln", die die Sozialdemokratie einsetzen wolle, um ein neues Wahlrecht zu erzwingen.[138] In seinem erläuternden Referat sprach Ströbel zwar auch vom Massenstreik, der zu diesen Mitteln gehöre. Um die Konsensfähigkeit nicht zu gefährden, wurden solche Formulierungen aber nicht explizit in die Resolution aufgenommen – obwohl einige Anträge an den Parteitag das

---

136 Prot. SPD-PT 1906, S. 305.
137 Schönhoven, Die Freien Gewerkschaften, S. 55.
138 Prot. SPD-PT Preußen 1910, S. 126f.

gefordert hatten.[139] Die letztendlich ohne Änderungen verabschiedete Resolution war also – obwohl vom „Linken" Ströbel eingebracht – eine relativ unverbindliche Kompromißresolution, in der sich alle Flügel wiederfinden konnten und sollten, ohne sich zu einer konkreten politischen Linie verpflichtet zu fühlen. Durch die einstimmige Verabschiedung sollte Geschlossenheit demonstriert werden.[140]

Als Beispiel dafür, daß sich die Resolution auch in das politische Weltbild „rechter" Sozialdemokraten einfügen ließ, kann die Interpretation durch Albert Grzesinski gelten, die er in seinem Delegiertenbericht über den preußischen Parteitag im heimischen Kassel lieferte: Grzesinski wandte sich dagegen, „schon jetzt" das Mittel der Massenarbeitseinstellung anzuwenden. Erst wenn die Empörung der Massen über die Wahlrechtsschmach sich bis zur Siedehitze gesteigert habe, lasse sich ein solches Kampfmittel mit Erfolg anwenden.[141] Ein Vergleich dieser Deutung mit der tatsächlichen Konzeption Ströbels, wie er sie in seinem Parteitags-Referat darlegte, ist aufschlußreich. Charakteristisch bei Ströbel ist die Passage, daß der Einsatz der schärfsten Mittel abhänge „von dem Grade der Entflammung, der durch unsere Aufklärung und Aufrüttelung in den Massen hervorgerufen wird."[142] Bei Grzesinski wird dieses aktivistische Aufrütteln umgebogen zum passiven Warten auf die „Siedehitze", zu der sich die Empörung der Massen erst steigern müsse, bevor an den Massenstreik gedacht werden könne. Wie die Empörung sich zur Siedehitze steigern läßt, wird von Grzesinski nicht gesagt, die Wortwahl legt aber nahe, daß es sich dabei um einen langen evolutionären, quasi naturgesetzlich verlaufenden Prozeß handele, der nicht entscheidend zu beeinflussen sei. Demgegenüber war es für Ströbel gerade die Aufgabe der Partei, die „Entflammung" der Massen hervorzurufen bzw. weiterzutreiben. Wie im Brennglas zeigt sich hier der Unterschied zwischen einer zielgerichteten strategischen Perspektive (ob realistisch oder nicht, ist eine andere Frage) und fatalistischem Abwarten.

Auch die Massenstreik-Debatte auf dem Jenaer Parteitag der SPD im Jahre 1913 kommentierte Grzesinski ähnlich: Ein Massenstreik gefährde die Organisationen und das bisher Erreichte. In Wirklichkeit gehe es der Linken um Putsch. Die Wahl der Kampfmittel könne man nicht vorher festlegen, sie hänge ganz von der jeweiligen Situation ab, wobei eine Situation, in welcher der Massenstreik sinnvoll sei, weit in die Zukunft verlegt wurde; allererste Aufgabe sei der Ausbau der Organisationen.[143] Das sind die bekannten Positionen, wie sie ähnlich von vielen Partei- und Gewerkschaftsfunktionären vertreten wurden. Bei Grzesinski kommt allerdings noch ein weiteres, persönliches Moment hinzu: Mehr noch als das Dreiklassen-

---

139 Anträge 4–8, Prot. SPD-PT Preußen 1910, S. 117.
140 Die gängige Auslegung sieht – m. E. unzutreffend – die Resolution als Manifestation „linker" Positionen an: Vgl. Groh, Negative Integration, S. 132.
141 Volksblatt Kassel v. 21.1.1910.
142 Prot. SPD-PT Preußen 1910, S. 228.
143 Volksblatt Kassel v. 24.9.1913.

parlament sah er, wie gezeigt wurde, die preußische Verwaltung als die eigentliche Machtposition der Herrschenden an. Er teilte nicht den Glauben (und sah sich darin durch die Erfahrungen nach 1918 bestätigt), daß sich „nach der Eroberung des demokratischen Wahlrechts notwendigerweise auch das gesamte öffentliche Leben Deutschlands" automatisch demokratisieren würde.[144] Er wußte, daß mit der Erlangung des gleichen Wahlrechts nicht schlagartig die Freiheit ausbrechen würde und nicht alle Probleme von selbst verschwänden. Darum stand für ihn die Beseitigung des Junkerparlaments nicht an erster Stelle auf seiner Prioritätenliste und rechtfertigte in seinen Augen auch nicht unbedingt den Einsatz des Massenstreiks.

c) Der Typus des „Praktikers"

Die distanzierte Haltung zum Massenstreik war nicht allein Ausdruck von Phantasielosigkeit oder des vielkritisierten „Organisationsfetischismus". Grzesinskis Ausführungen machen deutlich, daß die Schwerpunktsetzung auf Agitation und Organisationsausbau auf konkreten Erfahrungen mit der Mentalität der „Massen" beruhte und damit empirisch unterfüttert war: „Die Voraussetzung des Kampfes ist sehr gute Organisation und dann, daß die Massen auch wirklich das Kampfziel wollen. Wie sieht's aber da mit der Erringung des Wahlrechts und mit dem Interesse der Massen für dasselbe aus? Die Beteiligung an den letzten preußischen Landtagswahlen ist äußerst schlecht gewesen. Kann man da erwarten, daß die Massen heute schon für ein freieres Wahlrecht zu kämpfen geneigt sind?"[145] Diese offenbar an der Basis gewonnene, pessimistische Einschätzung der Kampfbereitschaft der Arbeiter macht auch verständlich, warum die Gewerkschaften den Konzeptionen Rosa Luxemburgs ohne jedes Verständnis gegenüberstanden: Luxemburgs Erwartung, in der Stunde der Revolution werde der Proletarier zum Gut und Leben verachtenden Revolutionär, stand den eigenen, in den Betrieben gemachten Erfahrungen diametral entgegen.

Somit wäre eine Quelle benannt, aus der sich der gewerkschaftliche Praktizismus speiste, nämlich die alltägliche Lebenserfahrung mit der Mentalität der deutschen Arbeiterschaft, die offenbar zum großen Teil eher gleichgültig („indifferent" hieß das im sozialdemokratischen Sprachgebrauch) als revolutionär eingestellt war.[146]

Ein zweites wesentliches Bestimmungsmerkmal für den Praktizismus Grzesinskis und vieler anderer Gewerkschaftsfunktionäre ist deren Unverständnis und Unwillen gegenüber Fragen der Theorie, die zweifellos durch die Lebenswirklichkeit dieser Männer bedingt waren. Nach achtjähriger Schulzeit waren sie direkt ins

---

144 Grzesinski, Im Kampf (Ms.), Bl. 211f.
145 Volksblatt Kassel v. 24.9.1913.
146 Vgl. dazu das Beispiel Kassels: oben Abschn. 3.

Berufsleben eingetreten, ihre einzigen Handreichungen zur sozialistischen Lehre erhielten sie aus den vulgärmarxistischen Parteibroschüren, wenn ihnen die Arbeit überhaupt die Zeit dazu ließ. Und wenn sich die Möglichkeit zur Weiterbildung bot, ging es allemal um Fragen wie Arbeiterschutz und Gewerbehygiene und nicht um theoretische Unterweisung.[147] Schon aus diesen Gründen standen die gewerkschaftlich geprägten Praktiker komplexeren Theoriedebatten großenteils verständnislos gegenüber.

Wenn sich Äußerungen über die Theorie des Sozialismus – z. B. bei „Sonntagsreden" – nicht vermeiden ließen, wurde mangels Alternativen bereitwillig und unreflektiert zurückgegriffen auf die parteioffizielle, evolutionistische Interpretation des Marxismus, den leicht faßlichen „Vulgärmarxismus", wie er von Bebel und Kautsky vertreten wurde.[148] Anerkanntes Dogma war, daß die Entwicklung zum Sozialismus naturnotwendig sei. Bebel war so in derartigen Vorstellungen befangen, daß er es für unmöglich hielt, „durch willkürliche Revolutionen irgendeine gesellschaftliche Entwicklungsphase überspringen zu können."[149] In den Augen der jungen Gewerkschafter konnte es darum zumindest nicht schaden, wenn man in Tagesfragen versuchte, schon unter den bestehenden gesellschaftlichen Verhältnissen konkrete Verbesserungen für die Arbeiter zu erreichen, zum Beispiel durch die Mitarbeit sozialdemokratischer Repräsentanten in Krankenkassen und Kommunalparlamenten. Daß die Sozialdemokratie trotzdem – gemessen an ihrer Wählerzahl – machtpolitisch impotent war, sollte gegenüber der Anhängerschaft durch scheinradikale Phrasen kaschiert und kompensiert werden. Eine Revision der Theorie – obwohl von einigen gefordert – wurde nicht zugelassen, weil ein Umstoßen der bis dahin gültigen Dogmen, der Zusammenbruch einer Quasi-Religion, die sich im Besitz des Schlüssels zum Verständnis der Welt wähnte, dem einzelnen große psychische Lasten auferlegt hätte. Auch Grzesinski stand im Banne vulgärmarxistischer Vorstellungen: Sozialismus sei „das Produkt einer evolutionären Entwicklung". Folgenschwer wurde diese spezifische Marx-Rezeption, als die Möglichkeit bestand, nach dem Ersten Weltkrieg die Macht im Staat zu übernehmen. Die Restriktionen des jahrzehntelangen Beharrens auf einem evolutionären Weg zum Sozialismus zeigten sich an der Entscheidung der Partei für die bürgerlich-parlamentarische Demokratie; von dieser Basis aus sollte „bei gelegener Zeit" (wann immer das sein mochte) der Sozialismus verwirklicht werden.[150] Daß sich die Bedingungen für dieses Vorhaben auch verschlechtern konnten, kam theoretisch unbedarften Praktikern wie Grzesinski in ihrer im Rückblick beinahe naiv anmutenden Fortschrittsgläubigkeit gar nicht in den Sinn.

---

147 Grzesinski, Im Kampf (Ms.), Bl. 27.
148 Steinberg, Sozialismus, S. 60.
149 Prot. SPD-PT 1899, S. 97.
150 Grzesinski, Im Kampf (Ms.), Bl. 328.

In seiner Theorieferne und der Konzentration auf Tagesfragen, die ihm allerdings auch von seiner Tätigkeit als Gewerkschaftssekretär aufgezwungen wurden, ist Grzesinski ein typischer sozialdemokratischer „Praktiker". Im Gegensatz zu Severing, der ab und zu Aufsätze in den „Sozialistischen Monatsheften", dem Organ der Reformisten, veröffentlichte, ist bei Grzesinski von einer strategischen Perspektive auf ein Endziel Sozialismus hin wenig zu bemerken. Man täte also den hochintellektuellen reformerischen Konzeptionen eines Eduard Bernstein oder Ludwig Frank unrecht, wenn man Grzesinskis Haltung als „Revisionismus" kennzeichnen wollte; bei ihm haben wir es eher mit einem Praktizismus zu tun, der in der täglichen Kleinarbeit aufging und sich nicht allzu sehr um theoretische Streitigkeiten kümmerte.[151] Es ist kein Widerspruch, daß in vielen Fällen dieser Praktizismus mit einer dezidierten, wenn nicht rabiaten Verurteilung des Revisionismus Bernsteinscher Prägung einherging; auch Grzesinski hat ihn strikt abgelehnt.[152]

Ein wichtiger Grund dafür, daß Grzesinski und andere Partei- und Gewerkschafts-"Funktionäre" der Vorkriegs-SPD für Theorie nichts übrig hatten, ist darin zu suchen, daß die meisten von ihnen bereits in jungen Jahren in verantwortungsvolle Positionen gewählt worden waren. Das ergab sich aus dem großen Funktionärsbedarfs durch das rasche Wachstum der Mitgliederzahlen. Der kollektiv- und sozialbiographisch zu konstatierende jugendliche Charakter der Vorkriegs-Arbeiterbewegung[153] hatte jedoch eine Kehrseite: Die jungen, meist nach 1875 geborenen Funktionsträger übernahmen früh eine große Verantwortung für das Schicksal vieler Menschen. Grzesinski raubte es im buchstäblichen Sinne den Schlaf, wenn er an die Verantwortung dachte, die er gegenüber seinen Kollegen übernommen hatte.[154] Das frühe In-die-Pflicht-genommen-werden hatte gravierende Folgen: Erstens unterblieb eine intensive Aneignung des sozialistischen Gedankengutes, weil die Arbeitskraft vollständig vom Tagesgeschäft absorbiert wurde.[155] Zweitens verbot sich aufgrund der Verantwortung für Menschenschicksale das für junge Leute charakteristische Suchen nach den eigenen Positionen – mit der Gefahr, sich auch einmal gründlich zu irren. Die Entscheidung für den „Praktizismus" war kein bewußtes Bekenntnis für eine bestimmte politische Praxis, sondern ist als Folge eines Theoriedefizits zu interpretieren: Durch sie intellektuell und zeitlich überfordernde Diskussionen über das sozialistische Lehrgebäude verunsichert, flüchteten sich die verantwortungsbeladenen jungen Funktionäre in die scheinbare Sicherheit der täglichen Kleinarbeit. Bei dieser Arbeit wurden sie nicht geleitet von einer sozialistisch-utopischen Geschichtsteleologie, sondern von den Ideen der Gleich-

---

151 Für die Unterscheidung zwischen reflektiertem Revisionismus und bloßem Praktizismus argumentiert besonders überzeugend: Lehnert, Reform und Revolution.
152 IISG Amsterdam, Nl. Grzesinski, Nr. 2456 (Abschn. I, Art. 1, S. 6).
153 Vgl. Lehnert, Sozialdemokratie, S. 100; Kolb, Sozialbiographie, S. 104.
154 Grzesinski, Im Kampf (Ms.), Bl. 32.
155 Zur Vielfalt der Aufgaben vgl. Grzesinski, Im Kampf (Ms.), Bl. 30.

berechtigung der Arbeiterschaft, der Abschaffung von Unterdrückung und Ausbeutung, der schrittweisen sozialen Verbesserungen.

In dieses Erklärungsmuster läßt sich Grzesinskis politische Tätigkeit in den Jahren vor dem Krieg – und auch noch danach – ohne gewaltsame Konstruktionen einpassen. Eine solche praktizistische Haltung konnte sich in Sonntagsreden ohne weiteres mit verbalradikalen Zukunftsentwürfen verbinden. Das ist nur ein scheinbarer Widerspruch und kann als Reflex auf die konkreten politischen Erfahrungen mit einem repressiven System aufgefaßt werden. Unter den besonderen politischen Bedingungen in Preußen, die stark vom „Klassenkampf von oben" geprägt waren, konnte bei realistischer Betrachtung die Ansicht, daß der Sozialismus nahe bevorstehe oder sich auf dem Reformwege erreichen lasse, keine Anhänger gewinnen. Zu deutlich standen vor aller Augen die militärische Stärke und offensichtliche Reformunwilligkeit des Obrigkeitsstaates. Trotzdem sollte der Anhängerschaft eine Perspektive geboten werden, nach der das Leiden irgendwann aufhören und sich die Opfer lohnen würden. Und hier trat der parteioffizielle vulgärmarxistische Geschichtsdeterminismus Kautskyscher Prägung auf den Plan, indem er der attentistischen Praxis des Organisationsausbaus eine revolutionäre Perspektive überstülpte[156] bzw. den praktizistischen Ausbau der Organisationen selbst zu einer revolutionären Strategie stilisierte. Die Verzagtheit angesichts der von der staatlichen Repression erzwungenen Beschränkung auf den Organisationsausbau und auf vielfach fruchtlose parlamentarische Tätigkeit sollte kompensiert werden durch die verbalradikal geäußerte Gewißheit, in den Kämpfen der Geschichte auf der richtigen Seite zu stehen. Diese Haltung fand ihren klassischen Ausdruck im verbreiteten hilflos-trotzigen Motto: „Unser der Sieg trotz alledem!"

Genau diese Haltung läßt sich bis ins Detail an einer Sonntagsrede Grzesinskis zur Maifeier 1912 exemplifizieren: Über allem steht das große Ziel „Sozialismus" sowie die Befreiung der Arbeiterklasse, die sich Grzesinski, Marx folgend, nur als das Werk dieser Klasse selbst vorstellen konnte – eine Ansicht, die durch das Fehlen eines potentiellen Bündnispartners, einer starken linksliberalen Partei, in Preußen begünstigt wurde. Zukunftsgewiß wurde der Sieg prophezeit: „Männer und Frauen, hinein in die Kampfkarrees der klassenbewußten Arbeiterschaft. Zu Hunderttausenden, zu Millionen. Und dann: Mit uns das Volk, mit uns der Sieg!"

Dieser letzte, im Original hervorgehobene Satz erweist sich als Abwandlung des oben angeführten „Unser der Sieg trotz alledem!" In Grzesinskis Mairede finden sich noch weitere Varianten: „Der Sozialismus wird kommen!" und „Wir werden unser Ziel, den Sozialismus, doch erreichen!" Besonders aufschlußreich an der zitierten Passage ist jedoch, daß der Eindruck erweckt wird, wenn man nur genügend Menschen in den sozialdemokratischen Organisationen versammle, werde sich direkt, automatisch und naturnotwendig der Sieg des Proletariats anschließen. Aber Grzesinski sagte nichts darüber, wie man sich die Herankunft des Sozialismus

---

156 Lehnert, Reform und Revolution, S. 259.

vorzustellen habe, mit welchen konkreten Schritten dieses Ziel zu erreichen sei. Allenfalls die Arbeit in den Parlamenten (Grzesinski erwähnt die Erfolge bei der Reichstagswahl und lobt die Arbeit der sechs Sozialdemokraten im preußischen Abgeordnetenhaus) und der Ausbau der Organisationen werden als Voraussetzungen für den Sieg des Sozialismus angesprochen.[157] Es fehlt aber eine Idee, wie Parlamentsmandate und Mitgliederstärke der Organisationen in politische Macht umzusetzen wären, es fehlt eine Perspektive, die zwischen täglicher Kleinarbeit und Endziel Sozialismus vermitteln könnte. Das sind indessen kritische Gedanken, die sich bei nachträglicher Betrachtung einstellen. Es spricht einiges dafür, daß solche Defizite in der Strategie damals gar nicht wahrgenommen wurden, und es bestand eigentlich auch gar kein Anlaß, sich in diesen Fragen festzulegen. Denn was immer man unternahm, so wurde der „Vulgärmarxismus" deterministisch aufgefaßt, es unterlag keinem Zweifel, daß eines Tages der Sozialismus kommen werde. Und so erweist sich diese Rede alles in allem als ein Beispiel für die zeittypische „Verbindung von Fatalismus und radikalem Pathos"[158], wobei es charakteristisch ist, daß der verbale Radikalismus, den wir sonst von Grzesinski nicht kennen, in einer solchen Sonntagsrede hervorbricht. Die politische Praxis der Partei und besonders der örtlichen „Funktionäre" wurde von diesem Scheinradikalismus jedenfalls nicht beeinflußt; er hatte, als eine Art kleinster gemeinsamer ideologischer Nenner, vor allem integrative Funktion.

4 Der Erste Weltkrieg in Kassel

An Grzesinskis 35. Geburtstag, dem 28. Juli 1914, begann mit der Kriegserklärung Österreich-Ungarns an Serbien der Erste Weltkrieg. Nachdem feststand, daß der Krieg nicht zu verhindern war, stellte sich den Sozialdemokraten in Kassel wie im ganzen Deutschen Reich die Frage der Landesverteidigung. Die Reichstagsfraktion der SPD stimmte am 4. August 1914 für die Bewilligung der ersten Kriegskredite, nachdem die Zentralvorstände der Gewerkschaften bereits zwei Tage zuvor ihre Bereitwilligkeit zu Burgfrieden und Landesverteidigung erklärt hatten.[159] Wenn die Sozialdemokraten auch mit der Staats- und Regierungsform nicht einverstanden waren, so war es dennoch ihr Land, ihre Kultur, ihre Arbeit, die sie jetzt von außen bedroht sahen, zumal der Feldzug gegen den verhaßten Zarismus als „Hort der Reaktion" eine gewisse Legitimität zu haben schien. Diese Zusammenhänge und die weiteren Gründe für die „nationale" Haltung der deutschen Sozialdemokratie (etwa der Sog der patriotischen Stimmung, die Angst vor Parteiverbot, die Hoff-

---

157 Die Rede ist abgedruckt in: Volksblatt Kassel v. 2.5.1912.
158 Steinberg, Sozialismus, S. 60.
159 Vgl. Groh, Negative Integration, S. 683.

nung auf „Belohnung" für die staatstragende Haltung) sind weitgehend erforscht[160] und brauchen hier nicht dargelegt zu werden. Wenn man allerdings Grzesinskis Rolle im Ersten Weltkrieg untersucht, stößt man auf einen Aspekt, der bei der Diskussion der Ereignisse kaum beachtet wurde: Die Fehleinschätzung führender Sozialdemokraten in bezug auf die reale Kriegsgefahr.

Die in der Literatur häufig geäußerte Ansicht, daß allgemein in der Sozialdemokratie nicht mit einem Weltkrieg als Folge der Ermordung des österreichischen Thronfolgers am 28. Juni 1914 gerechnet wurde[161], muß in diesem Zusammenhang modifiziert werden. Es läßt sich nämlich nachweisen, daß unmittelbar nach dem Attentat bedeutende Stimmen in der SPD wie in den Gewerkschaften vernehmlich auf die unmittelbare Gefahr eines Krieges hingewiesen haben.[162] Auch Grzesinski sprach davon, daß ihm (durch Vermittlung des Chefredakteurs des „Kasseler Volksblattes") bereits am 29. Juni Berliner Presseinformationen vorlagen, die einen Weltkrieg als Folge des Attentats von Sarajewo voraussagten.[163] Aber die Warnungen verhallten und machten einer sorglosen Stimmung Platz.[164] Man glaubte in der Sozialdemokratie allgemein an die Friedensbereitschaft der deutschen Regierung.[165] In ihrem Analogiedenken und im Vertrauen auf die Friedenswilligkeit der deutschen Reichsleitung hoffte die SPD, daß die Krise nicht zum Krieg führen werde. Man konnte sich darauf berufen, daß auch in den vergangenen Jahrzehnten der Krieg mehrfach in Sicht gekommen war, aber doch immer wieder hatte abgewendet werden können.

„Wir [...] konnten oder mochten an die Richtigkeit der Nachricht [vom 29.6., daß das Attentat zum Weltkrieg führen würde] nicht glauben", so beschrieb Grzesinski später die in Kassel vorherrschende Haltung.[166] Verständlicherweise waren Gewerkschaftssekretäre wie Grzesinski auf dem Gebiet der Gewerbehygiene und Krankenkassenverwaltung eher zu Hause als in Außenpolitik und Diplomatie. Darum wäre es auch ungerecht, im Nachhinein die politische Kurzsichtigkeit lokaler Arbeitervertreter zu monieren.

Anders liegt der Fall allerdings bei der Parteiführung. Daß ihr eine falsche politische Lagebeurteilung unterlief, ist dabei weniger zu kritisieren, als die Art und Weise, wie sie zustande kam – wie über unangenehme (und wie sich später herausstellte: richtige) Lageeinschätzungen hinweggesehen wurde und wie alle konkurrierenden Wirklichkeitsentwürfe ignoriert wurden. Angesichts der vorausgegangenen und friedlich beigelegten Krisen war es begreiflich, daß die warnenden Stimmen

---

160 Gleichwohl fielen die Bewertungen unterschiedlich aus. Siehe z. B. Miller, Burgfrieden und Klassenkampf; aus DDR-Perspektive: Kuczynski, Der Ausbruch.

161 Miller, Der Erste Weltkrieg, S. 303; Lehnert, Sozialdemokratie, S. 111; Kuczynski, Der Ausbruch, S. 53.

162 Groh, Negative Integration, S. 610 nennt Haase und Legien.

163 Grzesinski, Im Kampf (Ms.), Bl. 46.

164 Groh, Negative Integration, S. 610f.

165 Kuczynski, Der Ausbruch, S. 53.

166 Grzesinski, Im Kampf (Ms.), Bl. 46.

zunächst überhört wurden. Dies führte jedoch dazu, daß beinahe der ganze Juli ungenutzt verstrich. Wohl hätte sich der Krieg nicht mehr verhindern lassen, aber immerhin hätte die Zeit genutzt werden können, um die sozialdemokratische Position zu klären, eine einheitliche Haltung einzunehmen und frühzeitig gegenüber der Regierung zu vertreten. Parteiführer wie Ebert und Scheidemann unterlagen – allerdings mit weitreichenderen Folgen – denselben Restriktionen bei der Bewertung der Kriegsgefahr wie die lokalen Führungspersonen. In Anbetracht ihrer ähnlichen Herkunft und Sozialisation ist es allerdings nicht überraschend, daß auch sie die Kriegsgefahr unterschätzten – und in Urlaub fuhren.[167] Solche gravierenden Fehleinschätzungen sollten sich wiederholen; ja, man könnte fragen, ob es nicht ein gemeinsames Merkmal der entscheidenden Wendepunkte deutscher Geschichte in der ersten Hälfte des 20. Jahrhunderts ist, daß die Führer von Sozialdemokratischer Partei und Gewerkschaften solchen Situationen unvorbereitet gegenüberstanden. Den Ausbruch des ersten Weltkriegs 1914 wie die Revolution von 1918, den Kapp-Putsch 1920, den „Preußenschlag" von 1932 und die Machtübernahme Hitlers hatte man nicht erwartet und befand sich daher, als die Situation Entscheidungen verlangte, tendenziell in einer defensiven Position; man konnte nur noch reagieren, während andere die Initiative übernommen hatten.

In Kassel gab es, wie zunächst überall im Reich, allgemeine Zustimmung zur Burgfriedens- und Kreditbewilligungspolitik der Parteiführung, in der sich Kassel durch Philipp Scheidemann, aus Kassel gebürtig und ehemaliger Volksblatt-Redakteur, vertreten fühlen konnte. Die „Politik des 4. August", die Bereitschaft zu Landesverteidigung und Einhaltung des Burgfriedens, stand in Kassel nie ernsthaft zur Diskussion.[168] Gegenüber allen anderen Erwägungen, wie z. B. Forderungen nach politischer Gleichberechtigung, hatte die Landesverteidigung absolute Priorität. Das Denkmuster, das dahinter stand, lautete vereinfacht: Jeder von der SPD entfachte innenpolitische Kampf führe zur Schwächung der politisch-militärischen Position des Deutschen Reiches gegenüber den Kriegsgegnern. Die ebenso plausible Alternative, daß die völlige Mobilisierung der Massen nur durch die politische Gleichberechtigung und die damit verbundene erhöhte Partizipation des Volkes gelingen könne, wurde nicht durchdacht.[169] Anstatt ihre Macht für politische Verbesserungen einzusetzen, achteten SPD und Gewerkschaften vor allem darauf, dem Schmähwort von den „vaterlandslosen Gesellen" keine Nahrung zu geben. Auf diese Weise hatte die antisozialdemokratische Propaganda bei ihrem Adressaten ein verhängnisvolles Echo gefunden.

In der Frage der Kriegsziele gab es nach dem Eintritt Englands und den ersten Auswirkungen der Blockade eine Akzentverschiebung. War es zunächst darum

---

167 Im Parteivorstand glaubte einzig der zum Pessimismus neigende Otto Braun, daß der Krieg kommen werde. Schulze, Otto Braun, S. 171. Vgl. Groh, Negative Integration, S. 612.

168 Jahresbericht des DMV-Kassel für 1915. In: Volksblatt Kassel v. 9.2.1916.

169 Vgl. Rosenberg, Entstehung, S. 69.

gegangen, wie man damals sagte, „kosakische Horden" von deutschem Boden fernzuhalten, galt es nun (vor allem aus gewerkschaftlicher Sicht), die Angriffe des wirtschaftlichen Hauptkonkurrenten England auf die starke „Weltmarktposition der deutschen Industrie" abzuwehren.[170] Wenn dies nicht gelänge, sei wachsende Arbeitslosigkeit unter den deutschen Arbeitern die Folge. Grzesinski schrieb damals: *„Deutschlands Industrie und seine Arbeiterschaft sind auf den Weltmarkt angewiesen,* der uns jetzt durch den Krieg und insbesondere durch Englands Beteiligung am Kriege fast ganz gesperrt ist. Nicht den kleinsten Teil unseres bisherigen Absatzgebietes können wir entbehren. Würde es den mit uns im Kriege befindlichen Mächten – so wie sie es beabsichtigen – gelingen, deutsche Waren vom Weltmarkte zurückzudrängen, Arbeitslosigkeit von nie gekanntem Umfange [...] wäre auf Jahre hinaus die unausbleibliche Folge."[171]

Die kriegsbedingte Interessenidentität zwischen Unternehmern, Arbeitern und Staat, die Grzesinski hier konstruierte, hatte weitreichende Konsequenzen. Denn mit dieser Argumentationsfigur ließ sich nicht nur der Burgfrieden legitimieren; gravierender war eine andere Folgerung: Wenn man davon ausging, daß es gemeinsame Interessen gab, war es sinnvoll, gewisse gemeinsame Ziele auch durch gemeinsames Handeln, durch Kooperation zu erreichen – und genau das war der Kurs, den Grzesinski während des Krieges in Kassel steuerte.

4.1 „Sitz und Stimme in wichtigen Verwaltungskörperschaften"

Wenn Grzesinski seine Offenbacher Zeit als seine Lehrzeit auf organisatorisch-politischem Gebiet auffaßte, so sind die Kriegsjahre in Kassel in bezug auf die Kenntnis der Verwaltung als prägend und formend anzusehen. Zwar hatte Grzesinski sich auch schon vorher für Verwaltungsfragen interessiert, direkte und tiefere Einblicke in die Verwaltungs*praxis* gewann er aber erst während des Krieges. Den Verwaltungs-„Apparat" an sich (damit meinte er die Behördenorganisation) bezeichnete Grzesinski als gut; die falsche Personalauswahl des Obrigkeitsstaates habe jedoch die fatale Folge gehabt, daß den ausschließlich aus konservativen Kreisen rekrutierten Beamten die Verbindung zu den breiten Massen gefehlt habe: „Ich habe in diesen Kriegsjahren für meine spätere amtliche Tätigkeit im neuen Staat viel Nützliches erfahren und gelernt, vor allem, wie man es nicht machen dürfte. Für meine Personalpolitik später ist mir meine Tätigkeit in Kassel während des Krieges eine wertvolle Schulung gewesen."[172]

Gleichsam als Korrektiv zur Abgehobenheit der Beamtenschaft betrachtete Grzesinski seine Tätigkeit im Krieg. Zunächst hatte er die Meldung als Kriegsfrei-

---

170 Bieber, Gewerkschaften I, S. 220.
171 Grzesinski (a.g.) in: Volksblatt Kassel v. 2.6.1915; Hervorhebung original.
172 Grzesinski, Im Kampf (Ms.), Bl. 51f.

williger erwogen, meinte aber dann, der „nationalen Sache" in seinem gewohnten Wirkungskreis besser dienen zu können, zumal er keinen Wehrdienst geleistet hatte.[173] Zu seinen Ämtern als DMV-Geschäftsführer, Gewerkschaftskartellvorsitzender, Vorstandsmitglied der Bezirks-SPD und Ausschußvorsitzender der AOK kamen im Krieg noch die Mitgliedschaft in der städtischen Kriegskommission, der Lohnkommission, der Kommission zur Neuregelung des Arbeitsnachweises und der Vorsitz im (von Grzesinski selbst initiierten) Bezirksausschuß für Konsumenteninteressen hinzu. Durch die Proklamierung des Burgfriedens war jetzt auch parteioffiziell erlaubt, was vorher nur die stillschweigend geduldete reformistische Praxis gewesen war, die Zusammenarbeit mit bürgerlichen Kräften und den Staats- und Militärorganen. Die Sozialdemokraten erhofften sich von dieser Mitarbeit politische Zugeständnisse nach Kriegsende. Aber es war auch eine Möglichkeit, die Außenseiterposition zu verlassen, aus dem Ghetto auszubrechen, dazuzugehören, den Beweis anzutreten, daß man zu positiver Arbeit fähig war. Daß ihnen die Mitarbeit angeboten wurde, führten Sozialdemokraten wie Grzesinski auf ihre kompromißlose Befürwortung der Landesverteidigung zurück. Hier liegt auch ein Schlüssel zum Verständnis der Frage, warum ein Abweichen von dieser – scheinbar erfolggekrönten – Linie nicht in Frage kam: „Das unbedingte Eintreten der Partei und der Gewerkschaften für die Verteidigung des Vaterlandes hat mit vielen Vorurteilen gegen sie aufgeräumt. Ihre offiziellen Vertreter haben infolgedessen heute Sitz und Stimme und damit Einfluß in wichtigen [...] Verwaltungskörperschaften."[174] Anders formuliert: Die unzweideutige Haltung zur Landesverteidigung wurde als Vorbedingung, ja geradezu als Garant dafür angesehen, zur Mitarbeit herangezogen zu werden und zu Einfluß zu gelangen. Eine Aufkündigung der „Politik des 4. August" war deshalb ausgeschlossen, denn ein solcher Schritt hätte ja die lange entbehrte Mitarbeit wieder gefährdet. Subjektiv glaubte man, so den Interessen der unterprivilegierten Schichten während des Krieges am besten zu dienen, und zweifellos konnte sich diese Politik unter den Kasseler Verhältnissen auf eine große Mehrheit stützen.

Keine Verwaltungskörperschaften, aber immerhin wichtige Instrumente gewerkschaftlicher Interessenvertretung waren die im Gefolge des „Vaterländischen Hilfsdienstgesetzes" vom Dezember 1916 eingeführten Ausschüsse, in denen Arbeitgeber- und Arbeitervertreter bei paritätischer Besetzung über Fragen, die sich aus der Durchführung dieses Gesetzes ergaben, berieten und entschieden. Durch das Hilfsdienstgesetz, dessen Kern die Einführung einer zivilen Arbeitspflicht für Männer zwischen dem 17. und dem 60. Lebensjahr bildete, wurden die Gewerkschaften als offizielle Vertretungen der Arbeiter anerkannt. Gleichzeitig wurde aber die Freizügigkeit der Arbeiter (durch die Einführung von „Abkehrscheinen") aufgehoben. Streitfälle sollten in Betriebs- und Schlichtungsausschüssen geklärt wer-

---

173 Grzesinski, Im Kampf (Ms.), Bl. 49f.
174 Grzesinski, in: Volksblatt Kassel v. 3.1.1916.

den. Oberste Schlichtungsstelle für den Bereich des Kasseler Generalkommandos war ein Ausschuß, dem als einer von zwei Arbeitervertretern auch Albert Grzesinski angehörte. Die Konzeption, die er für die Anwendung des Gesetzes entwickelte, bestand darin, das im Hilfsdienstgesetz vorgesehene Beschwerderecht als Hebel zu benutzen, um systematisch, organisiert und planmäßig die Arbeitsverhältnisse zu verbessern. Aus diesem Grunde (und weil es die Anerkennung der Gewerkschaften brachte), begrüßte er das Gesetz. In Aufsätzen und Vorträgen versuchte er, das „Hindenburg-Programm" der Arbeiterschaft näher zu bringen.[175] Was Grzesinski im einzelnen zu diesem Themenkomplex zu sagen hatte, ist für den Fortgang der Untersuchung von geringer Aussagekraft. Wichtiger sind die Aufschlüsse, die man erhält, wenn man den Prämissen nachspürt, die Grzesinskis Konzeption für die Anwendung des Hilfsdienstgesetzes zugrunde lagen. Er ging nämlich von der Voraussetzung aus, daß „auch das sozialste Gesetz [...] ein toter Buchstabe bliebe, wenn ihm nicht durch praktische Tätigkeit Leben eingehaucht würde".[176] Dieser Vorbehalt galt selbstverständlich nicht nur für soziale Gesetze, sondern für Gesetze überhaupt. Diese für Grzesinski charakteristische Sichtweise hatte zweierlei Implikationen: (1) Den Gesetzen „Leben einzuhauchen", war in seinen Augen die eigentlich wichtige politische Aufgabe. Im staatlichen Bereich war dies der Auftrag der Verwaltung. Dadurch erklärt sich, warum er der Verwaltung – wie im letzten Kapitel gezeigt wurde – so große Bedeutung beimaß. Von dieser Grundüberzeugung hat er sich als politischer Akteur in der Weimarer Republik leiten lassen, die Wurzeln dieser Anschauung reichen aber ins Kaiserreich zurück. (2) Wenn es möglich war, durch praktisches Verwaltungshandeln auch schlechten Gesetzen positive Effekte abzugewinnen, gab es keinen Grund, beiseite zu stehen, wenn sich die Möglichkeit zur Mitarbeit in „wichtigen Verwaltungskörperschaften" ergab. Insofern stand Grzesinskis Mitarbeit in den zahlreichen Kommissionen und Ausschüssen unter einer strategischen Zielperspektive.[177]

Aufschlußreich ist in dieser Hinsicht auch Grzesinskis Tätigkeit als Vorsitzender des Bezirksausschusses für Konsumenteninteressen. Ausschüsse dieser Art gab es in vielen Städten, das Prinzip bestand darin, „alle Verbände der Konsumenten, ohne Rücksicht auf Konfession oder parteipolitische Einstellung" zusammenzufassen: „Dadurch hatte ich über Zweidrittel der Kasseler Bevölkerung, darunter auch insbesondere die Hausfrauen, unter der Führung der Gewerkschaften vereinigt. Die Wünsche und Bedürfnisse dieser nun organisierten Schichten konnte man nicht mehr übersehen. Es gab bald keine wichtige kommunale oder staatliche Stelle mehr, in der nicht ich oder ein Mitglied der Konsumentenvereinigung vertreten

---

175 A.G.: Arbeiterausschüsse nach dem Hilfsdienstgesetz. In: Volksblatt Kassel v. 8.3.1917; Referat „Vaterländischer Hilfsdienst und die Casseler Gewerkschaftsbewegung", wiedergegeben in: Volksblatt Kassel v. 30.12.1916.
176 Volksblatt Kassel v. 30.12.1916.
177 Vgl. Grzesinski, Verwaltungsarbeit, bes. S. 10.

war. Ohne meine Zustimmung geschah auf dem Gebiete der Kriegsfürsorge-Maßnahmen kaum noch etwas [...] In Kassel war die Kriegshilfe für die Zurückgebliebenen verhältnismäßig gut organisiert."[178]

Unter allseitiger Zustimmung bekräftigte Grzesinski 1916 das Leitmotiv des Konsumentenausschusses, „nach wie vor unter Ausschaltung jeglicher Parteimeinung für das Interesse der Konsumenten zu arbeiten, für eine bessere Verteilung der vorhandenen Lebensmittel einzutreten und jede Verteuerung zu bekämpfen."[179] Durch seine Tätigkeit im Namen von zigtausenden von Verbrauchern verschiedenster politischer Präferenz war Grzesinski, als die Stunde der Revolution schlug, einer der Kasseler Sozialdemokraten, die auch im bürgerlichen Lager auf eine gewisse Akzeptanz hoffen konnten.

Die Lösung der Ernährungsfragen erwartete Grzesinski ausschließlich vom starken Staat und besonders vom Militär, wobei er die Möglichkeiten der Armee überschätzte.[180] Allenfalls in Einzelfällen konnte ein Appell an das Stellvertretende Generalkommando, der „letzten Instanz" in Kriegszeiten, wirksam sein[181] – die Strukturprobleme der mangelhaften Lebensmittelversorgung ließen sich so nicht beheben. Es entspricht Grzesinskis autoritärem Staatsverständnis, daß er den Ausweg aus der Ernährungsmisere hauptsächlich in Höchstpreisfestsetzungen und rücksichtslos durchgeführten Beschlagnahmungen bei den Erzeugern sah. Von diesem Staatsverständnis ist Grzesinski nie abgekommen; wie Otto Braun vertrat er einen autoritativen Staatsgedanken, der zwar auf demokratisch-republikanischen Grundlagen ruhte, aber zu klassischen freiheitlich-liberalen Vorstellungen doch eine gewisse Distanz aufwies.[182] Als der Staat bei der Lebensmittelversorgung versagte, führte Grzesinski das nicht etwa auf die immanenten Widersprüche eines zwangswirtschaftlichen Systems zurück, sondern machte dafür – zweifellos eine zu simple Sicht der Dinge – die Sabotage der mit den landwirtschaftlichen Erzeugern versippten Landräte verantwortlich.[183] Später sollte diese Einschätzung noch politisch bedeutsam werden: In der Weimarer Republik gehörte Grzesinski zu den energischsten Fürsprechern einer rücksichtslosen Auswechslung von Landräten und anderen politischen Beamten.

Neben der Lebensmittelversorgung, die in Kassel mit Hilfe des Konsumentenausschusses einigermaßen gesichert werden konnte, sah das Gewerkschaftskartell, dem Grzesinski seit 1913 vorstand, als Hauptaufgaben die Fürsorge für Kriegerfamilien und Kriegsbeschädigte sowie den Kampf für anständige Bezahlung an.[184] Die Not der Bevölkerung gebot, für ausreichende Versorgung bei bezahlbaren Preisen

178 Grzesinski, Im Kampf (Ms.), Bl. 52f.
179 Volksblatt Kassel v. 3.3.1916.
180 Vgl. Feldman, Armee, S. 102, 106.
181 Grzesinski, Im Kampf (Ms.), Bl. 52.
182 Vgl. Schulze, Otto Braun, S. 250.
183 Grzesinski, Im Kampf (Ms.), Bl. 54.
184 Volksblatt Kassel v. 19.2.1916.

und für höhere Löhne bzw. Kriegsunterstützungen einzutreten. Gegen seiner Meinung nach zu hohe Lebensmittelpreise und zu geringe Liefermengen intervenierte Grzesinski beim Magistrat oder, wenn das nicht half, beim Stellvertretenden Generalkommando. Um mit der Inflation Schritt zu halten, kam man bei den Arbeitgebern um Teuerungszulagen ein. Dem Konsumentenausschuß und den Gewerkschaften blieben nur die Verwaltung des Mangels und der erfolglose Versuch, mit den ständig steigenden Preisen Schritt zu halten. Alle gutgemeinten Maßnahmen konnten nicht verhindern, daß sich auch in Kassel die Schere zwischen Löhnen und Preisen immer weiter öffnete; nur die kriegsbedingte Verlängerung der Arbeitszeit um ein bis zwei Stunden konnte in der Praxis den Reallohnrückgang etwas abmildern.[185] Gleichwohl waren Grzesinskis Bemühungen nicht ganz vergeblich, denn bei allen Mängeln war die Kriegsfürsorge in Kassel doch besser organisiert als in vielen vergleichbaren Städten.[186] Zudem waren der Magistrat der Stadt und der liberale Oberbürgermeister Erich Koch, der spätere Reichsinnenminister, klug genug, den ärmeren Volksschichten aus städtischen Mitteln Unterstützung zukommen zu lassen und eine städtische Arbeitslosenfürsorge einzurichten, was Grzesinski als „soziale Tat unserer Stadtväter" feierte.[187] Koch selbst sah in seinem ruhigen und versöhnlichen Auftreten gegenüber den Gewerkschaftsführern den Grund für das Ausbleiben der andernorts zu beobachtenden Radikalisierung innerhalb der Arbeiterschaft.[188]

Die Arbeiterbewegung erhielt sogar direkte finanzielle Unterstützung durch die Stadt Kassel: Das „Arbeitersekretariat", eine Art Auskunftsstelle der Freien Gewerkschaften, bekam einen monatlichen Zuschuß.[189] Ansätze zur Zusammenarbeit gab es nicht nur auf sozialem Gebiet, wie bei der Lebensmittelversorgung oder der Arbeitslosen- und Bedürftigenfürsorge, sondern auch in der Politik: Bei der Wahl zur Stadtverordnetenversammlung 1916 akzeptierte die SPD die ihr von der bürgerlichen Mehrheit freiwillig angebotenen zwei Stadtverordnetensitze in der 3. Wählerklasse und verzichtete damit auf die Feststellung der realen Stärkeverhältnisse.[190]

Immerhin trugen die relativ günstige Versorgungslage und die sozialen Maßnahmen – zusammen mit dem traditionell ländlich-reformistischen Charakter der Kasseler Arbeiterbewegung – dazu bei, daß der politische Radikalismus keinen günstigen Nährboden fand. „Die zunehmende Radikalisierung in der Arbeiter-

185 Vgl. allgemein: Bieber, Gewerkschaften I, S. 419; für Kassel: Höpken, Geschichte, S. 131. Auf die Verschlechterung der Lebensverhältnisse wies Grzesinski mit Hilfe statistischer Berechnungen in seiner Schrift über „Kriegs-Haushaltsrechnungen in Cassel" (1916) hin. Rez. in: Volksblatt Kassel v. 4.11.1916.
186 Grzesinski, Im Kampf (Ms.), Bl. 53.
187 Volksblatt Kassel v. 31.10.1914 u. 23.1.1915.
188 BA Koblenz, Nl. Koch-Weser, Nr. 10, S. 19 (Tagebucheintrag v. 31.1.1918, während des Januar-Streiks).
189 100,– M. pro Monat. Volksblatt Kassel v. 20.2.1915.
190 Vgl. Höpken, Geschichte, S. 75f.

schaft, wie sie ab 1917/18 [...] feststellbar war, erreichte in Kassel bei weitem nicht den Grad wie allgemein im Reich."[191]

4.2 Die Spaltung der Arbeiterbewegung

a) Opposition in der SPD

Die Kriegsjahre brachten einen dramatischen Mitgliederrückgang der Kasseler SPD von 4.500 im Jahre 1914 auf rund 1.000 Mitglieder im Juni 1917.[192] Als Indiz für ein Schwinden der Bedeutung und Anziehungskraft der Sozialdemokratie in Kassel kann das freilich nicht gelten, denn parallel erhöhte sich die Auflage der Parteizeitung im Vergleich zum Vorkriegsstand um 10.000 Exemplare auf 35.200 im März 1918.[193] Einberufungen und der Versuch, in wirtschaftlich schweren Zeiten die Mitgliedsbeiträge zu sparen, waren für den Mitgliederschwund verantwortlich. Oppositionelle Stimmen meldeten sich recht früh zu Wort: Auf einer Parteiversammlung im November 1914 wurde deutliche Kritik am „chauvinistischen" Ton des „Volksblattes" und an Ausführungen des Kasseler Bezirksvorsitzenden Georg Thöne geübt.[194] Die zahlenmäßige Bedeutung und der Einfluß solcher Kritiker dürfen jedoch nicht überschätzt werden. Mehrheitsfähig war und blieb einzig die Position, „dem feindlichen Ausland gegenüber die Einmütigkeit der Nation gegen jeden Angriff zu beweisen".[195] Das bedeutete: Primat der Landesverteidigung; die Lösung der großen innenpolitischen Fragen sollte auf die Zeit nach dem Krieg verschoben werden. Diese Haltung vertrat auch Grzesinski: „Wir stehen zu unserem Lande, mag man uns immer Sozialimperialisten nennen oder wie sonst die törichten Schlagworte heißen."[196] Noch weiter ging der neben Grzesinski und „Volksblatt"-Redakteur Hauschildt einflußreichste Kasseler Sozialdemokrat, der Bezirksvorsitzende Georg Thöne, der den nordhessischen Wahlkreis Eschwege im Reichstag vertrat. Er gehörte dem Parteiausschuß an und zählte zur äußersten Rechten der Sozialdemokratischen Partei, zum sog. „Heidelberger Kreis" um Eduard David.[197] In dieser Gruppierung, zu der auch Severing und prominente Gewerkschaftsführer gehörten, war man zu Beginn des Krieges sogar Annexionen gegenüber nicht grundsätzlich abgeneigt, und auch Thöne hat solche Gedanken geäu-

---

191 Höpken, Geschichte, S. 163.
192 Volksblatt Kassel v. 4.7.1914 und 14.6.1917.
193 Höpken, Geschichte, S. 64.
194 Volksblatt Kassel v. 27.11.1914. Die Aussage von Höpken (Geschichte, S. 71), es habe „nicht einmal einige wenige Gegenstimmen" gegeben, ist demnach zu korrigieren.
195 Volksblatt Kassel v. 27.11.1914.
196 Volksblatt Kassel v. 17.2.1917.
197 Vgl. Höpken, Geschichte, S. 72.

ßert.[198] Von Grzesinski sind allerdings explizit annexionsfreundliche Äußerungen nicht überliefert.

Echte Kriegsbegeisterung oder unreflektierter Hurrapatriotismus waren in der Kasseler Arbeiterschaft wenig verbreitet. Tatsächlich war die Kriegsbegeisterung, die sich in zeitgenössischen Filmaufnahmen scheinbar unwiderleglich zu dokumentieren scheint, für die Haltung breiter Schichten der Bevölkerung, zumal in der Provinz, nicht repräsentativ. Hier überwog in erster Linie die Sorge um das Schicksal der zum Kriegsdienst einberufenen Familienmitglieder. „Von sogenannter Kriegsbegeisterung war in der Provinz nichts zu spüren", schrieb Grzesinski rückblickend. Die Masse des Volkes, insbesondere die Arbeiterschaft, sei „ernst und voller Sorgen" gewesen, aber gleichwohl zur Landesverteidigung entschlossen.[199]

Die in den ersten Kriegsjahren in der Kasseler SPD herrschende Haltung kam anläßlich einer Kundgebung mit 9.000 Teilnehmern im August 1916 recht klar zum Ausdruck. Im Anschluß an eine Rede Philipp Scheidemanns wurde einstimmig eine Resolution verabschiedet, in der ein baldiger Frieden, aber nicht „um jeden Preis" (d. h. unter Erhaltung der territorialen Unversehrtheit und der „wirtschaftlichen Entwicklungsfreiheit" Deutschlands) gefordert wurde.[200]

Seit dem endgültigen Bruch in der SPD-Reichstagsfraktion im März 1916, der Gründung der „Arbeitsgemeinschaft", trat auch in Kassel eine Opposition erkennbar auf.[201] Die Parteiführung war bemüht, eine Atmosphäre der Toleranz zu erhalten, in der abweichende Meinungen geäußert werden konnten, in der es „jedermann möglich sei, gemeinsam und in kameradschaftlichem Geiste über alles zu reden, was unser aller Herz bewegt."[202] Die aufgeschlossene Haltung der Kasseler Parteileitung gegenüber der parteiinternen Opposition erkannten auch die Kritiker an.[203] Die innerparteiliche Kontroverse sollte nach Ansicht beider Lager nicht zur Spaltung führen. Im Wertesystem der vom politisch gemäßigten Klima der Kasseler Sozialdemokratie geprägten Facharbeiter hatten Solidarität und Disziplin einen viel zu hohen Stellenwert, als daß eine Abspaltung auf großen Zulauf hoffen konnte. Darüber hinaus waren es ja die Konflikte innerhalb der Reichstagsfraktion, die Mehrheit und Minderheit entzweiten, also Fragen, die nicht in Kassel entschieden wurden und die für die konkrete Politik vor Ort von geringerer Bedeutung waren. Aus dem Primat der Solidarität und der Disziplin folgte auch die Kasseler Stellungnahme zum Konflikt innerhalb der Reichstagsfraktion: Wenn dort einige

---

198 Vgl. Miller, Burgfrieden, S. 192.

199 Grzesinski, Im Kampf (Ms.), Bl. 46. Daß die undifferenzierte Sicht einer allgemeinen Kriegsbegeisterung für die Arbeiterschaft nicht zutrifft, zeigt: Ullrich, Kriegsalltag, S. 220.

200 Volksblatt Kassel v. 29.8.1916.

201 Vgl. Bericht über eine Parteiversammlung am 12.4.1916. In: Volksblatt Kassel v. 13.4.1916.

202 Volksblatt Kassel v. 13.4.1916 (Hauschildt).

203 So hat lt. „Kasseler Volksblatt" ein der Opposition zuneigender Genosse (Haupt) erklärt, „bisher seien die Anhänger der Opposition in unserem Kreise so tolerant behandelt worden, daß gar keine Veranlassung bestehe, eine Sonderorganisation zu gründen." Volksblatt Kassel v. 26.4.1917.

Intellektuelle an Abspaltung dachten, so war das zwar bedauerlich, diente jedoch der Trennung von kompromittierenden Elementen und der Wiederherstellung eines einheitlichen Auftretens und war deshalb nicht nur negativ zu bewerten.

Eine Verschärfung des Konflikts brachte auch in Kassel das Jahr 1917, zunächst durch die Konferenz der Sozialdemokratischen Arbeitsgemeinschaft vom 7. Januar und später, Anfang April, durch die Gründung der Unabhängigen Sozialdemokratischen Partei (USPD). Eine Kasseler Parteiversammlung verurteilte im Februar 1917 die Aktivitäten der Parteiopposition und billigte mit 100 gegen 33 Stimmen eine Resolution, die entsprechende vorausgegangene Parteiausschuß- und Vorstandsbeschlüsse sanktionierte. Die Opposition in der Partei habe sich durch ihre Sonderbestrebungen, besonders aber durch die Einberufung der Konferenz am 7. Januar und die dort gefaßten Beschlüsse, außerhalb der Partei gestellt: „Wer für diese Beschlüsse wirkt oder sich mit ihnen solidarisch erklärt, kann nicht Mitglied der Partei sein."[204]

Ein erster Ortsverein der USPD in Kassel entstand am 20. Mai 1917 in einem Arbeitervorort und hatte nur wenig Zulauf.[205] Insgesamt hatte die USPD in Kassel bis Mitte 1918 nur 400 Mitglieder. Überläufer von der „alten" SPD waren die Ausnahme, hauptsächlich stützte sich die USPD in Kassel auf bisher Unorganisierte, vor allem ungelernte Arbeiter, wie die Untersuchung der Sozialstruktur der Ortsteile, in denen USPD-Filialen bestanden, ergeben hat.[206] Die Schwäche der USPD in Kassel bestand vor allem darin, daß sie mit ihrer relativ gemäßigten Haltung keine glaubwürdige Alternative zur Politik der „alten" SPD (MSPD) anbieten konnte; die Unterschiede waren zu undeutlich. Meinungsverschiedenheiten gab es nur in der Frage, wie der Krieg am zweckmäßigsten zu beenden sei. Tiefgehende ideologische Differenzen waren selten; der Streit auf lokaler Ebene drehte sich vor allem darum, ob die Unabhängigen das sozialdemokratische Versammlungslokal mitnutzen dürften (ab 1918 durften sie). Lokalpolitischen Dissens gab es kaum; auch die Unabhängigen unterstützten die Position der MSPD, durch Zusammenarbeit mit Kommunal- und Militärbehörden möglichst viele konkrete soziale Verbesserungen zu erreichen. Allgemein wurde von einer Wiedervereinigung direkt nach Kriegsende ausgegangen.[207] Die geringe Bedeutung der USPD bestärkte die Kasseler SPD-Führung in ihrem Gefühl, die einzig mögliche und richtige Politik betrieben und so dem Radikalismus den Boden entzogen zu haben.

Wenngleich die Kasseler USPD im Krieg als gemäßigt und faktisch ohne große Bedeutung charakerisiert werden kann, blieb die Gründung doch nicht ohne Aus-

---

204 Volksblatt Kassel v. 19.2.1917.

205 Höpken, Geschichte, S. 79.

206 Höpken, Geschichte, S. 61.

207 Für die gemäßigte Haltung der Kasseler USPD beispielhaft sind die Anschauungen des sozialdemokratischen RT-Abgeordneten des Kasseler Wahlkreises, Hüttmann, der im Dezember 1917 zur USPD übertrat. Volksblatt Kassel v. 4.12.1917.

wirkungen, denn sie machte die MSPD sensibel für die Unzufriedenheit in der Bevölkerung aufgrund des zurückliegenden „Steckrübenwinters" und der seit 1914 katastrophal verschlechterten Versorgungslage. Verdrossenheit gab es auch angesichts der russischen Februarrevolution und des offensichtlichen militärisch-politischen Unvermögens der Reichsregierung, die den Kriegseintritt der USA nicht verhindert hatte. Alarmzeichen waren die Streiks im April 1917, die allerdings in Kassel, wo Grzesinski die Arbeiterschaft davor „gewarnt" hatte, keine Resonanz fanden.[208] Alle diese Faktoren veranlaßten die MSPD, auch und gerade in Kassel, zu einer Revision ihrer bisherigen Haltung. Bis zu dieser Zeit war die Forderung politischer Reformen auf die Zeit nach dem „siegreichen Ende" des Krieges vertagt worden. Das änderte sich im Frühjahr 1917. Nun forderte man die unverzügliche „Neuorientierung", d. h. die Neuordnung der innenpolitischen Verhältnisse sollte schon jetzt, nicht erst nach dem Krieg, in Angriff genommen werden. Hauptforderungen waren der Abschluß eines Verständigungsfriedens sowie die „Beseitigung des unerträglichen bürokratischen Regimes, weitgehende Selbstverwaltung und parlamentarisches Regime".[209] Damit lagen die politischen Forderungen auf dem Tisch, allerdings fehlte ein Konzept, wie man sie verwirklichen wollte, wenn sie nicht freiwillig erfüllt würden.

Die Friedensresolution des Reichstags vom Juli 1917, die Zusammenarbeit der MSPD mit dem Zentrum und den Linksliberalen, wurde in Kassel begrüßt, unter anderem auch deshalb, weil man die Zusammenarbeit mit den „Bürgerlichen" auf lokaler Ebene bereits vorweggenommen hatte.[210] Alle gutgemeinten Versuche, die Lage der Menschen zu verbessern, wurden jedoch durch die lange Dauer des Krieges zunichte gemacht. Zur Unzufriedenheit trugen zusätzlich das Bekanntwerden der expansiven Kriegsziele der Vaterlandspartei sowie das deutsche Auftreten gegenüber dem geschlagenen Rußland bei. Ein Ventil fand diese Mißstimmung in den Januarstreiks 1918, auf die im nächsten Abschnitt ausführlicher eingegangen wird. Hier kam es in Kassel wie in Berlin zur Zusammenarbeit zwischen USPD und MSPD bei der Streikleitung.

Das Dilemma der mehrheitssozialdemokratischen Parteiführer bestand darin, daß sie den Spagat zwischen der durch den langdauernden Krieg radikalisierten Arbeiterschaft (auch um diese nicht an die USPD zu verlieren) und der verantwortungsbewußten Mitarbeit im Staate, die partielle Kooperation mit dem „Bürgertum" einschloß, versuchen wollten. In der Kasseler MSPD stand die letztgenannte Option im Vordergrund, so daß mit dem Eintritt von Sozialdemokraten in die Regierung und der Parlamentarisierung des Reiches im Oktober 1918 die

---

208 Durch solche Streiks, „die weder mehr Brot bringen können, noch wirtschaftliche oder gar politische Vorteile", werde das ehrliche Streben der Arbeiterschaft diskreditiert. Volksblatt Kassel v. 26.4.1917.

209 Bericht des Kasseler Parteivorsitzenden (und Reichstags- sowie Parteiausschuß-Mitglieds) Georg Thöne über die entsprechenden Beschlüsse des Parteiausschusses der SPD. In: Volksblatt Kassel v. 26.4.1917.

210 Vgl. Höpken, Geschichte, S. 75f.

Hauptforderungen erfüllt waren. Die Revolution vom November kam daher überraschend.[211]

b) Die Gewerkschaften

Die bedeutende lokale Rolle, in die Grzesinski während des Krieges hineinwuchs, beruhte auf seiner Position als Vorsitzender des Gewerkschaftskartells, zu dem er 1913 gewählt worden war. Im Gegensatz zu den Einzelgewerkschaften kümmerte sich das Gewerkschaftskartell, eine Art örtlicher Dachverband der Freien Gewerkschaften, nicht primär um Lohn- und Arbeitszeitfragen, sondern vor allem um kulturelle und soziale Belange im weitesten Sinne. Es unterhielt eine Bibliothek, eine Rechtsauskunftsstelle (das „Arbeitersekretariat") und eine Herberge für durchreisende Arbeiter.[212] Als Vorsitzender des Gewerkschaftskartells war Grzesinski der Repräsentant von über 13.000 Kasseler Gewerkschaftern.[213]

Im Krieg erfuhr das Amt des Gewerkschaftskartellsvorsitzenden eine enorme Aufwertung. Schon bevor durch das „Vaterländische Hilfsdienstgesetz" vom Dezember 1916 die Gewerkschaften offiziell als Vertretungen der Arbeiterschaft anerkannt wurden, war das Gewerkschaftskartell der gegebene Ansprechpartner der Kommunal- und Militärbehörden, wenn es darum ging, die Meinung der Arbeiterschaft zu erfahren oder sie an Entscheidungen zu beteiligen. Grzesinskis Mitwirkung in zahlreichen Ausschüssen und Kommissionen beruhte vor allem auf seiner Autorität als Kartellvorsitzender. Die Heranziehung von Arbeitervertretern war natürlich auch eine populistische Maßnahme der Herrschenden, um die Verbitterung der Bevölkerung über die lange Dauer des Krieges und die Versorgungsengpässe abzulenken. Bedenken, daß ihre Beteiligung nur taktischen Charakter und Alibi-Funktion haben könnte, kamen aber den Arbeitervertretern nicht. Es überwog der Stolz und die Genugtuung darüber, von den „bürgerlichen" Honoratioren gehört und als Gesprächs- und Verhandlungspartner akzeptiert zu werden. Man rechnete diesen Erfolg der eigenen Tüchtigkeit an und fühlte die Parteilinie des Primats der Landesverteidigung bestätigt.

In den Gewerkschaften versuchte man, sich abzeichnende Spaltungstendenzen auf die Partei zu beschränken und die Einheit der Gewerkschaften unter allen Umständen zu bewahren. Niemals dürfe der in der Partei umgehende „Geist der Zerstörung sich in den Reihen der Gewerkschaft bemerkbar machen".[214] Die Strategie, die Grzesinski auf dem Weg zu diesem Ziel verfolgte, war die Beschränkung der gewerkschaftlichen Tätigkeit auf originäre Themen wie Lohnfragen sowie auf

---

211 Frenz/Schmidt, Wir schreiten, S. 102.
212 Vgl. Grzesinski, Die Kasseler Gewerkschaften im Jahre 1913. In: Volksblatt Kassel v. 14.2.1914.
213 Volksblatt Kassel v. 14.2.1914.
214 Grzesinski vor den Delegierten des Gewerkschaftskartells. Volksblatt Kassel v. 17.2.1917.

das Gebiet der Versorgung und der Fürsorge.[215] Infolgedessen gab es auch wenig Ansatzpunkte für eine oppositionelle Haltung in den Kasseler Gewerkschaften.

Eine Ausnahme bildet in dieser Hinsicht der Kasseler Metallarbeiterverband, dem Grzesinski ebenfalls vorstand. Hier bildete sich eine relativ starke Opposition, die sogar in einem Fall bei einer Abstimmung im August 1917 eine Mehrheit hinter sich bringen konnte. Dieser Sonderfall war jedoch untypisch für die übrigen Kasseler Gewerkschaften und vor allem durch die spezielle soziale Struktur der DMV-Mitgliedschaft in Kassel bedingt: Im Metallarbeiterverband war durch die verstärkte Zuwanderung von Arbeitskräften in die Rüstungsbetriebe ein starkes radikales Element hinzugekommen: Nachdem die Mitgliederzahl kriegsbedingt von rund 3.000 vor dem Krieg auf 1.100 Ende 1915 zurückgegangen war, begann im Zeichen der Ausweitung der Rüstungsproduktion ein zügiger Anstieg. Im Herbst 1917 wurde der Vorkriegsstand von 3.000 übertroffen und im Oktober 1918 war mit fast 5.000 DMV-Mitgliedern eine neue Rekordmarke erreicht.[216]

Die zugewanderten Arbeiter, die das Gros der Neuaufgenommenen stellten, waren aufgrund ihrer Lebensumstände einer Radikalisierung eher zugänglich als die traditionell gemäßigten Arbeiter aus Kassel und Umgebung. Die Entwicklung im Kasseler Metallarbeiterverband verlief analog zu Vorgängen, die reichsweit im DMV zu beobachten waren. Auf dem Verbandstag im Jahre 1917 hatte sich die Mehrheit nur knapp gegen eine oppositionelle Minderheit durchsetzen können.[217] In Kassel wurde auf einer Mitgliederversammlung im August 1917 an die Debatte des Gewerkschaftskongresses angeknüpft. Ein Resolutionsentwurf Grzesinskis, man solle sich mit den Beschlüssen des Verbandstages einverstanden erklären, fiel glatt durch. Mit 46 gegen 6 Stimmen wurde stattdessen eine „oppositionelle" Resolution angenommen. Darin wandten sich die Gewerkschafter gegen die ihrer Meinung nach allzu unkritisch-nationale Haltung der Gewerkschaftsführung, man wollte aber in erster Linie die strikte parteipolitische Neutralität der Gewerkschaft durchsetzen.[218] Ob die deutliche Abstimmungsniederlage Grzesinskis wirklich die realen Meinungsverhältnisse im Kasseler DMV widerspiegelte oder ob es sich eher um einen Zufallserfolg der Opposition handelte, ist nachträglich schwer einzuschätzen. In jedem Fall war es eine Ausnahme, denn auch in der Folgezeit konnte Grzesinski sich an der Spitze behaupten. Bei der Neuwahl des Kasseler DMV-Vorstandes im Februar 1918 wurde er ohne Gegenstimme wiedergewählt. Um die Gewichte innerhalb der Organisation auszutarieren, wurde ein kompliziertes Personalpaket geschnürt: Von den 10 Mitgliedern der neuen Ortsverwaltung neigten 4 der innergewerkschaftlichen Opposition und der USPD zu, während 6 der MSPD angehörten, von diesen hatten aber wiederum 2 zeitweilig mit der Opposition sympathi-

---

215 Volksblatt Kassel v. 19.2.1916.
216 Zahlen aus: Volksblatt Kassel, Ausgaben v. 19.2.1914; 9.2.1916; 16.10.1917; 25.10.1918.
217 Opel, Der DMV, S. 68.
218 Volksblatt Kassel v. 20.8.1917; vgl. auch Höpken, Geschichte, S. 144.

siert.[219] Man folgte damit einer Form des Ausgleichs, die in Kassel erstmals bei der Beilegung des Januarstreiks 1918 praktiziert worden war und die sich bei der Bildung des Arbeiter- und Soldatenrates wiederholen sollte, nämlich die gleichberechtigte Besetzung der Leitung mit MSPD- und USPD-Mitgliedern.

Die Streiks in Kassel am 30. und 31. Januar 1918 stellten Grzesinski und seine mehrheitssozialdemokratischen Parteigänger vor das Dilemma, wie die spontanen Arbeitseinstellungen zu kanalisieren seien. Streik war für Grzesinski in der konkreten Kriegssituation von Übel. Streik schaffe kein Brot, schwäche die Verteidigungskraft und führe zu Chaos und Anarchie. Die Arbeiterschaft habe aber ihr ganzes Verhalten so einzurichten, „daß aus Deutschland weder während noch nach dem Kriege ein Trümmerfeld werde, denn es sei gerade die Arbeiterschaft selbst, die darunter am meisten zu leiden haben würde."[220] Ähnlich äußerte sich Grzesinski rückblickend in seiner Autobiographie: „Die Arbeiterführer und auch die Arbeiter waren sich darüber klar: ein Chaos würde das arbeitende Volk am ehesten und am schlimmsten treffen."[221] Damit ist Grzesinskis Haltung zu politischen Streiks in Kriegszeiten, auch zu Umsturz und Revolution, exakt beschrieben. Vermeidung von Chaos war also nicht Selbstzweck oder Ausdruck von Ängstlichkeit oder Anpassung, sondern Grzesinski glaubte, damit den Interessen der Arbeiterschaft am besten zu dienen. Dieses Denken bestimmte seine Handlungen.

Damit war auch die Stellungnahme zu den Januarstreiks in Kassel vorgegeben. Das erklärte Ziel war, die Bewegung in geordneten Bahnen zu halten und die gefürchtete Unordnung zu vermeiden. Am Entstehen der Streiks hatten die Kasseler Gewerkschaften keinen aktiven Anteil, ihrer Linie entsprach es eher, Verbesserungen auf dem Verhandlungswege durchzusetzen. Erst „die vollendeten Tatsachen veranlaßten sie, sich an die Spitze des Streiks zu setzen."[222]

Am 30. Januar hatte die Bewegung, die im zusammenbrechenden Habsburgerreich ihren Ausgang genommen hatte, auch Kassel erreicht; am Abend waren 2.500 Kasseler Arbeiter im Ausstand. Am nächsten Tag, dem 31. Januar, streikten rund 12.000 Personen. Morgens fand eine von Grzesinski geleitete Kundgebung statt, auf der je ein Redner für die MSPD und die USPD sprach. An deren Stellungnahmen zeigte sich erneut, daß die Positionen von MSPD und USPD in Kassel recht nahe beieinander lagen. Der USPD-Redner „verwies besonders auf die erfreulicherweise festzustellende Einmütigkeit und Geschlossenheit der Bewegung."[223] Einstimmig schloß sich die Versammlung den politischen und wirtschaftlichen Forderungen an, die wenige Tage zuvor die Berliner Vertrauensleute aufgestellt

219 Volksblatt Kassel v. 19.2.1918. Die Wahl fand nicht, wie Höpken, Geschichte, S. 144 schreibt, im März, sondern am 17. Februar 1918 statt.
220 Wiedergabe einer Rede Grzesinskis im Volksblatt Kassel v. 19.7.1918.
221 Vgl. Grzesinski, Im Kampf (Ms.), Bl. 56.
222 Höpken, Geschichte, S. 139.
223 Volksblatt Kassel v. 31.1.1918.

hatten.[224] Allerdings ist es unwahrscheinlich, daß diese Resolution nach Ende des Streiks Einfluß auf die konkrete Politik in Kassel gewonnen hat; ihre Hauptfunktion war es, die Unzufriedenheit der Arbeiter zu artikulieren und ihren Zorn zu kanalisieren. Der Streik, der mit der Wiederaufnahme der Arbeit am 1. Februar sein Ende fand, war in geordneten Bahnen verlaufen.[225]

Anläßlich einer Aussprache beim Kasseler Stellvertretenden Generalkommando lobte auch der Chef des Stabes, ein Oberst, die Besonnenheit und die schnelle und ruhige Beilegung der Streiks. Allerdings wurde den anwesenden Kasseler Arbeitervertretern, unter ihnen Grzesinski, gleichzeitig klar gemacht, daß das Militär in Zukunft keine Arbeitsniederlegungen mehr dulden werde. Die Arbeitervertreter beeilten sich zu versichern, daß ihnen jede Schädigung von „Heer und Vaterland" ferngelegen habe. Das Generalkommando gewann durch diese Aussprache den Eindruck, daß man in Zukunft gemeinsam „für eine glückliche Zukunft des Vaterlandes" wirken wolle – ein weiterer Beleg für die kooperative Haltung der Kasseler Arbeitervertreter.[226]

Die Januarstreiks von 1918 waren ein deutliches Warnsignal an die MSPD, die Unzufriedenheit in der Arbeiterschaft nicht zu unterschätzen. Gleichwohl wurde die Parteiführung, in Kassel wie im Reich, vom Novemberumsturz überrascht.

5 Revolution

Im November 1918 vollzog sich in Deutschland nicht nur ein Wandel der Staatsform, sondern komplementär dazu auch eine von breiten Volksschichten getragene „Revolution von unten".[227] Dies belegen die unterschiedlichen Ausprägungen des Rätesystems in den einzelnen Städten und Regionen; auch Kassel bietet ein gutes Beispiel für eine sehr spezifische revolutionäre Entwicklung. Die Revolutionsperiode von 1918/19 war eine echte Umbruchsituation mit erheblichen Entscheidungsspielräumen für die Handelnden. Darum ist es besonders aufschlußreich, das Denken und Handeln der Verantwortlichen in dieser Periode zu beobachten. Im folgenden soll es daher weniger um eine ausführliche „Geschichte der Revolution in Kassel unter besonderer Berücksichtigung des Wirkens von Albert Grzesinski" oder um eine Aufarbeitung der Rätebewegung gehen, sondern es sollen vielmehr solche Fragen im Mittelpunkt stehen, die auch im weiteren Verlauf der Untersu-

---

224 Die Hauptforderungen waren: Verständigungsfrieden, bessere Nahrungsversorgung, Aufhebung des Belagerungszustandes, durchgreifende Demokratisierung und Reform des preuß. Wahlrechts. Höpken, Geschichte, S. 140.
225 Höpken, Geschichte, S. 141.
226 Volksblatt Kassel v. 9.2.1918.
227 Vgl. Lehnert, Die deutsche Revolution, S. 343.

chung noch Bedeutung erlangen werden. Besonders wichtig erscheint dabei der Blick auf Grzesinskis Demokratieverständnis, seine Haltung zur „Demokratisierung" von Verwaltung und Gesellschaft sowie sein Umgang mit der neuerlangten Macht. Diese Probleme sind in den Quellen gut zu fassen und sie leiten direkt über zu einigen Grundfragen der deutschen Revolution von 1918/19, unter anderem auch zu der Frage, warum versäumt wurde, die Errungenschaften der Revolution unumkehrbar zu machen und welche Denkfiguren das Handeln der Akteure bestimmten. Die Revolutionsperiode ist weiterhin von besonderem Interesse, weil Grzesinski hier erstmalig als politisch Handelnder auf der Reichsebene in Erscheinung tritt, und zwar als Mitglied im „Zentralrat der deutschen sozialistischen Republik", einer Art Reichs-Revolutionsparlament.

5.1 Grzesinski als Organisator der Revolution in Kassel

Der Wille, Chaos, Zusammenbruch und ungeordnete Zustände zu verhindern, der das Verhalten Grzesinskis bei der Beilegung der Streiks im Januar 1918 bestimmt hatte, blieb auch für seine Stellungnahme zum Ausbruch der Revolution im November 1918 bestimmend. Wieder einmal war die Sozialdemokratie von einer Entwicklung überrascht worden und mußte nun sehen, wie sie sich mit den Tatsachen arrangierte. „Nichts war vorbereitet und nichts kam erwartet", beschrieb Grzesinski im Rückblick die Tage des Umschwungs und wies damit zugleich auf die außerordentliche Bedeutung hin, die dem Improvisieren in jener Zeit zukam. Direktiven von der Parteileitung in Berlin blieben in der ersten Zeit aus: „Ich mußte mit meinen Partei- und Gewerkschaftsfreunden in unserem Bezirk ganz nach eigenem Ermessen handeln."[228]

Grzesinski erfuhr auf einem Metallarbeiterkongreß in Stuttgart von der steigenden Spannung und machte sich sofort auf den Heimweg. Frühmorgens kam er am 9. November, dem Tag der Revolution, in Kassel an.[229] Zu dieser Zeit hatten die revolutionären Ereignisse bereits ihren Anfang genommen. Am Vorabend hatten Kasseler Truppen ihren Vorgesetzten erklärt, nicht für Einsätze gegen Kameraden oder die Zivilbevölkerung, also als Bürgerkriegsarmee, zur Verfügung zu stehen.[230] Unter dem Einfluß durchreisender Soldaten und Matrosen wurde dann ein Soldatenrat gebildet. Der revolutionäre Impuls war nicht von den Sozialdemokraten ausgegangen; im Gegenteil, mit einem Umsturz des Systems hatten weder die sozialdemokratischen Parteispitzen in Berlin noch die Funktionäre vor Ort gerech-

---

228 Grzesinski, Im Kampf (Ms.), Bl. 62f.
229 Grzesinski, Im Kampf (Ms.), Bl. 58. Die abweichende Datumsangabe in ders., Inside Germany, S. 45f. ist offensichtlich ein Druckfehler.
230 Vgl. Volksblatt Kassel v. 10.11.1918; Grzesinski, Im Kampf (Ms.), Bl. 59.

net.[231] Mit entwaffnender Freimütigkeit gab das sozialdemokratische Kasseler „Volksblatt" am 9. November zu, daß die Bildung eines Soldatenrates in Kassel durch auswärtige Soldaten „einigermaßen überraschend" gekommen sei. Von der Überraschung hatte sich die Führung der Kasseler Sozialdemokratie aber offenbar rasch erholt: Noch am Morgen des 9. November war ein provisorischer Arbeiter- und Soldatenrat gebildet worden, dem außer den Mehrheitssozialdemokraten Grzesinski, Hauschildt und Thöne noch zwei Unabhängige und zwei Soldaten angehörten. Auf einer großen Volksversammlung am Nachmittag des 9. November wurde der Arbeiter- und Soldatenrat (AuSR) bestätigt.[232] Danach hatte die begeisterte Menge, zumal inzwischen die Ausrufung der Republik durch Scheidemann bekannt geworden war, einen Umzug durch die Kasseler Altstadt veranstaltet.[233] Die Ansprachen vor Zehntausenden von Menschen hielten Grzesinskis MSPD-Mitstreiter aus dem Arbeiter- und Soldatenrat, Hauschildt und Thöne, während Grzesinski bereits die Verwaltungsgeschäfte aufgenommen hatte und im Rathaus Besprechungen „wegen der noch zu ergreifenden notwendigen Maßnahmen" abhielt.[234] Die beschwerliche Verwaltungsarbeit zog er dem glänzenden öffentlichen Auftritt vor.

Es war jedoch nicht nur ein Zeichen selbstgewählter Entsagung, an der großen Siegeskundgebung der Arbeiterschaft nicht teilzunehmen. Vielmehr deutet sich hier ein Problem an, vor dem die Sozialdemokratie und auch Grzesinski selbst als Minister in der Weimarer Republik des öfteren stehen sollten: Der Mangel an geschulten, demokratisch-republikanisch gesonnenen Verwaltungsfachleuten. Der zusammengebrochene Obrigkeitsstaat hatte Wissen und Kenntnisse über den Verwaltungsbereich als Herrschaftswissen exklusiv auf die konservativen Schichten beschränkt und infolgedessen Sozialdemokraten konsequent von der öffentlichen Verwaltung ferngehalten. Unter den Kasseler Arbeitervertretern hatte sich vor allen anderen Grzesinski durch seine Tätigkeit in den verschiedenen Kriegskommissionen und -ausschüssen (gewissermaßen als Quereinsteiger) profunde Kenntnisse der öffentlichen Verwaltungspraxis angeeignet. Und diese Kenntnisse brauchte man jetzt, wenn man, wie die Kasseler Sozialdemokraten, davon ausging, daß die Lebensmittelversorgung und die Umstellung auf Friedenswirtschaft nicht ohne die Unterstützung des vorhandenen Verwaltungsapparates bewerkstelligt werden könne. Neben seiner Machtposition als Gewerkschaftskartellvorsitzender waren es also letztlich seine Verwaltungskenntnisse, die Grzesinski zum unangefochtenen obersten Leiter des Arbeiter- und Soldatenrates und damit zur wichtigsten Figur auf Kassels politischer Bühne gemacht hatten.[235] Dieser Erfolg bestärkte Grzesinski

231 Grzesinski, Im Kampf (Ms.), Bl. 62.
232 Volksblatt Kassel v. 10.11.1918; Höpken, Geschichte, S. 174.
233 Volksblatt Kassel v. 10.11.1918.
234 Grzesinski, Im Kampf (Ms.), Bl. 61.
235 Zu vergleichbaren Karrieren in anderen Städten vgl. Kolb, Arbeiterräte, S. 361.

in seiner Überzeugung, daß auch und gerade sozialdemokratische Politiker der Verwaltung ihr besonderes Augenmerk schenken sollten. Er hatte damit für sich einen Aufgabenbereich gefunden, den viele andere Sozialdemokraten vernachlässigten. Das Hineinknien in die scheinbar trockene Verwaltungsmaterie und der Versuch, „verstärkten und entscheidenden Einfluß auch auf die Verwaltung zu gewinnen", waren für ihn die Schlüssel für die Umgestaltung des Staatswesens und geradezu sein politisches Credo, auch in der Zeit der Republik.[236] Je größeren individuellen Erfolg und Aufstieg ihm dieses Konzept ermöglichte, desto beharrlicher hielt er daran fest.

Getreu dieser Grundhaltung verfuhr Grzesinski, dessen Einfluß auf die Revolution in Kassel m. E. kaum überschätzt werden kann, bei der Organisation des Kasseler Rätewesens. Schon die Forderung der großen Volksversammlung am 9. November, die „völlige Demokratisierung bis in die letzten Verwaltungsorgane" schnellstens in die Wege zu leiten, verriet seine Handschrift.[237] Weiterreichend war jedoch die politische Praxis, die sich für Grzesinski aus dieser Forderung ergab: Da er davon ausging, daß sich die Macht des Obrigkeitsstaates vor allem in der Verwaltung manifestierte, konnte er sich nicht mit der bloßen Kontrolle der überkommenen Verwaltungsorgane zufriedengeben, wie sie andernorts gehandhabt wurde.[238] Stattdessen wurde der Arbeiter- und Soldatenrat Kassel als selbständige Behörde mit eigenen verwaltenden Kompetenzen und einer Ressortverteilung organisiert.[239] Zur Durchsetzung seiner Anordnungen nutzte er „den geschäftlichen und technischen Apparat der Stadtverwaltung".[240] Mit dieser spezifischen Organisationsform zog Grzesinski die praktischen Konsequenzen aus seinen verwaltungstheoretischen Anschauungen.

Bereits die konstituierende Generalversammlung des Arbeiter- und Soldatenrates hatte Grzesinski noch am Abend des ereignisreichen 9. November mit der „obersten Leitung" sowie der Verantwortung für Verwaltungs- und Arbeiter-Angelegenheiten betraut.[241] Für diese Tätigkeit hatte er im Rathaus Quartier bezogen, und von hier aus verwaltete er die Revolution. In den Wochen und Monaten

---

236 Grzesinski, Vor 10 Jahren, S. 37.
237 Volksblatt Kassel v. 10.11.1918. Kolbs Ansicht, die Demokratisierungsforderungen der Räte seien „ausschließlich das Produkt eigener praktischer Erfahrungen seit dem 9. November 1918" gewesen (Arbeiterräte, S. 361), läßt sich demnach zumindest für Kassel nicht halten.
238 Z. B. von Severing in Bielefeld. Alexander, Carl Severing, S. 96. Vgl. auch Kolb, Arbeiterräte, S. 361. Demgegenüber war Grzesinski der Meinung, die Räte sollten nicht „reine Kontrollorgane" sein, sondern auch Befugnisse zum Eingreifen haben. Zentralrat, S. 704 (25.2.1919).
239 Höpken, Geschichte, S. 182. Grzesinski hatte zunächst die „oberste Leitung" inne und bearbeitete Arbeiter- und Verwaltungsangelegenheiten. Ab 17.11. hieß das Ressort „Vorsitz, Wirtschafts- und Arbeiterfragen, Allgemeines". Ebd., S. 185f.
240 Grzesinski, Im Kampf (Ms.), Bl. 60.
241 Volksblatt Kassel v. 10.11.1918.

nach dem 9. November verfaßte er eine Unzahl von Aufrufen, Bekanntmachungen und Anordnungen.[242]

Um die Kontrolle über die staatlichen Behörden (Regierungs- und Oberpräsidium) im Kasseler Bezirk wirksam wahrnehmen zu können, hatte sich der Kasseler Arbeiter- und Soldatenrat am 11. November in Personalunion zum Zentral-Arbeiter- und Soldatenrat (ZAuSR) für den Bereich des XI. Armeekorps und des Regierungsbezirks Kassel ernannt.[243] Faktisch bestand aber weiterhin nur ein Rat, der je nach Geltungsbereich einer Anordnung entweder als „ZAuSR" oder als „AuSR" unterzeichnete. Gleichzeitig wurde der Rat erweitert, er bestand jetzt aus je vier Vertretern der MSPD und der USPD (davon je eine Frau), sowie sechs Soldatenvertretern.[244]

Sozialdemokratie und Gewerkschaften hatten sich an die Spitze der Rätebewegung gesetzt, die sie nicht initiiert und – wegen der Gefahr des Umschlagens in gewaltsame Auseinandersetzungen – auch nicht wirklich gewollt hatten. Für sie handelte es sich lediglich um eine neue, zeitbedingte Organisationsform. Die politischen Ziele („Demokratisierung", Arbeit und Brot, Ende des Krieges) hatten sich dadurch nicht verändert. Der entscheidende Unterschied bestand darin, daß Sozialdemokraten, Gewerkschafter und Soldaten jetzt die Macht allein in der Hand hielten, wie Grzesinski in der ersten Plenarversammlung des Arbeiter- und Soldatenrates am 12. November „mit tiefer Bewegung und innerer Genugtuung" feststellen konnte.[245] Stadtverwaltung und Oberbürgermeister hatten sich dem Rat untergeordnet, ebenso Polizeipräsident und Garnisonskommandant. Auch der Oberpräsident von Hessen-Nassau, der Regierungspräsident sowie der Landeshauptmann von Kassel unterstellten sich widerspruchslos. „Widerstand gegen uns gab es nicht. Man hatte mich [...] in den verflossenen Jahren als einen ruhig denkenden und überlegt handelnden Mann kennengelernt und folgte willig den von mir getroffenen Anordnungen."[246]

Die Organisation als selbständige Behörde bedeutete nicht, daß der Kasseler Rat ständig in die reguläre Verwaltung hineinregiert hätte. Er beschränkte sich auf die politische Leitung sowie die wichtigen Fragen der wirtschaftlichen Demobilmachung, Nahrungsversorgung und öffentlichen Sicherheit. Ausdrücklich war bereits in der ersten Bekanntmachung darauf hingewiesen worden, daß „alle seitherigen zivilen und militärischen Behörden" im Amt und somit auch Ansprechpartner der Bevölkerung blieben. Der Zentral-Arbeiter- und Soldatenrat werde „nur in ganz

---

242 Die Titelseite des Volksblatts Kassel v. 25.11.1918 besteht fast ausschließlich aus solchen Verlautbarungen.

243 Der ZAuSR war nicht nur „oberste Zentralbehörde", sondern auch übergeordnetes Organ der lokalen Räte im Bezirk. Höpken, Geschichte, S. 176 und 217; Volksblatt Kassel v. 13.11.1918. In der Praxis wurden die Begriffe „AuSR" und „ZAuSR" meist synonym verwendet.

244 Volksblatt Kassel v. 13.11.1918.

245 Grzesinski, Im Kampf (Ms.), Bl. 64. Dort allerdings mit falschem Datum (13.11.). Vgl. Volksblatt Kassel v. 11.11.1918, S. 1 und v. 13.11.1918.

246 Grzesinski, Im Kampf (Ms.), Bl. 63.

dringenden Fällen, insbesondere solchen militärischer, politischer und sozialpolitischer Art, die sich aus der jetzigen schwierigen Zeit des Übergangs ergeben, selbständig eingreifen."[247] Für die „Alltagsangelegenheiten" behielt die Stadtverwaltung ihre angestammten Kompetenzen.[248] Die Aufgabentrennung zwischen Alltagsgeschäft (Stadtverwaltung) und essentiellen Überlebensfragen (ZAuSR) sollte den Rat entlasten und seiner Bürokratisierung entgegenwirken.[249] Hier offenbart sich im historischen Rückblick eine erstaunliche Sensibilität für ein grundsätzliches Problem des Rätesystems, denn üblicherweise krankten die Räte gerade an ihrer Unfähigkeit, „Wesentliches von Unwesentlichem zu trennen, Prioritäten zu setzen".[250] Der Kasseler Arbeiter- und Soldatenrat unter Grzesinski steuerte gegen, indem er von sich aus nur in wichtigen oder dringenden Fällen eingriff.

Insgesamt gesehen entwickelte sich zwischen dem Arbeiter- und Soldatenrat und der Stadtverwaltung ein spannungsarmes, kooperatives Verhältnis. Das war zum einen Ausdruck der Interessenidentität in bezug auf die Erhaltung der inneren Sicherheit und die Sicherung der Nahrungsmittelversorgung. Zum anderen merkte die Stadtverwaltung recht schnell, daß Grzesinski Durchsetzungswillen und fachliche Kompetenz besaß. Außerdem wollte Oberbürgermeister Koch mit seiner Unterstützung für den politisch gemäßigten Kasseler Arbeiter- und Soldatenrat einer Radikalisierung vorbeugen.[251] Und obwohl Koch Grzesinski ausdrücklich als Vorgesetzten anerkannte[252], scheint es – wenn man Kochs Tagebüchern glauben will – auf der persönlichen Ebene ein äußerst weitgehendes Einvernehmen zwischen den beiden gegeben zu haben. Koch bewunderte Grzesinski als kraftvolle Autorität, der es nicht auf den Schein, sondern auf die Macht ankomme. Wenngleich er Grzesinskis Bemühen um ein partnerschaftliches Verhältnis, etwa durch die hemdsärmelige Erledigung von Formalien, als Strategie durchschaute, fühlte er sich dadurch doch geschmeichelt. Die Sympathie für Grzesinski und der Wunsch, ihn weiter an der Spitze zu sehen, führte dazu, daß der Kasseler Oberbürgermeister den Arbeiter- und Soldatenrat loyal unterstützte. Das ging so weit, daß Koch Grzesinski zu energischem Handeln aufrief, wenn dessen Tatkraft zu erlahmen drohte.[253]

Resümierend stellte der Zentral-Arbeiter- und Soldatenrat Kassel im Mai 1919 fest: „Es muß gesagt werden, daß das Zusammenarbeiten mit den Verwaltungsbehörden der Stadt von Beginn der Revolution bis zum heutigen Tage ein relativ

---

247 Volksblatt Kassel v. 13.11.1918.

248 BA Koblenz, Nl. Koch-Weser, Nr. 72, S. 38.

249 Die Gefahr, daß der AuSR „bürokratisiert" und zu einer „Behörde wie alle anderen würde", konstatierte OB Koch bereits am 14.11.1918. BA Koblenz, Nl. Koch-Weser, Nr. 14, S. 124.

250 Lösche, Rätesystem, S. 77.

251 Vgl. auch Höpken, Geschichte, S. 177 sowie die Äußerung OB Kochs über den Kasseler AuSR: „Die Herren sind ganz gemäßigt." BA Koblenz, Nl. Koch-Weser, Nr. 72, S. 72 (11.11.1918).

252 BA Koblenz, Nl. Koch-Weser, Nr. 14, S. 108 (11.11.).

253 Vgl. Tagebuch-Einträge Kochs vom 9., 11., 13. und 14.11.1918. BA Koblenz, Nl. Koch-Weser, Nr. 14, S. 99, 109, 117, 131.

auskömmliches war. Das gleiche gilt von der [Bezirks-] Regierung." Abgesehen von gelegentlichen Widerborstigkeiten der Militärverwaltung bestand auch mit dem Kasseler Generalkommando „durchaus gutes Einvernehmen".[254]

Der Umschwung in Kassel war unblutig und diszipliniert vor sich gegangen; die Revolution fand am Wochenende statt, ab Montag, dem 11. November, sollte wieder gearbeitet werden. Die Hauptaufgabe des AuSR in den ersten Tagen war, sich zu „etablieren und konstituieren".[255] Neben dem Erlassen erster Verwaltungs-anordnungen bedeutete das, für die bis dahin nur als Exekutivorgane bestehenden Räte eine parlamentarisch-legislative Grundlage zu schaffen. Wenngleich der ad hoc gebildete Arbeiter- und Soldatenrat als kommunale Revolutionsregierung auf der großen Volksversammlung am 9. November bestätigt worden war, empfanden die Spitzen der Kasseler Sozialdemokratie diese Art der Legitimation offensichtlich nicht als ausreichend. Zur Exekutive gehörte nach ihrem Demokratieverständnis als Korrelat eine gesetzgebende Körperschaft. So wurde am 12. November die „Vollversammlung der Arbeiter- und Soldatenräte" aus der Taufe gehoben.[256] Die-ses vielhundertköpfige Gremium hat der Exekutive (AuSR und ZAuSR) keine Schwierigkeiten gemacht und dessen Politik immer unterstützt, denn die „Voll-versammlung" war faktisch eine Versammlung der alten Eliten der Kasseler Sozial-demokratie und der Gewerkschaften, erweitert um die Vertreter der Soldaten.[257] Obgleich das „Volksblatt" Kassel dieses Organ als „Revolutions-Parlament" zu bezeichnen pflegte, handelte es sich keineswegs um ein Repräsentationsorgan aller Bevölkerungsschichten. Aber da die Vollversammlung wie die Räte kurzfristig improvisierte Gebilde darstellten, die nur vorübergehend, bis zum Zusammentritt der Nationalversammlung, amtieren sollten, war nach mehrheitssozialdemokrati-scher Interpretation diese Beschränkung vertretbar. Aufgrund des Übergangscha-rakters hielt Grzesinski die Beteiligung „bürgerlicher" Kreise für entbehrlich; er wollte die Macht nicht teilen.[258]

Was an praktischer Arbeit auf Grzesinski und seine Mitstreiter zukam, war in erster Linie von der aktuellen Notlage diktiert. Dabei lassen sich Maßnahmen auf

---

254 ZAuSR Kassel an Zentralrat der deutschen sozialistischen Republik, 24.5.1919. IISG Amsterdam, Nl. Grzesinski, Nr. 469. Generalkommando XI. A.K. an Kriegsministerium, 13.3.1919. Ebd., Nr. 455.

255 Grzesinski, Im Kampf (Ms.), Bl. 63.

256 Volksblatt Kassel v. 11.11.1918, S. 1; Grzesinski, Im Kampf (Ms.), Bl. 63. Unklar ist die Zahl der Mitglieder. Während Grzesinski von 600 Delegierten (300 Arbeiter- und 300 Soldatenvertreter) spricht (Vor 10 Jah-ren, S. 33; vgl. auch Im Kampf [Ms.], Bl. 66) und Höpken (Geschichte, S. 183) dieser Angabe ohne weitere Prüfung folgt, waren lt. Volksblatt Kassel v. 28.11.1918 bei der zweiten Vollversammlung des AuSR die doppelte Anzahl (1.200) Vertrauensleute zugegen.

257 Volksblatt Kassel v. 11.11.1918, S. 1.

258 Eine Ausnahme bildete in dieser Hinsicht Severing, der in Bielefeld das „Bürgertum" in die Räteorganisa-tion einbezog: Alexander, Carl Severing, S. 98. In einer Bekanntmachung des Kasseler AuSR („gez. A. Grzesinski") heißt es demgegenüber, die Räte seien „weder gewillt noch befugt, die Regierungsgewalt mit irgendeiner bürgerlichen Partei oder bürgerlichen Organisationen zu teilen". Volksblatt Kassel v. 16.11.1918. Vgl. dazu auch Grzesinski, Im Kampf (Ms.), Bl. 65.

dem Gebiet der inneren Sicherheit, der wirtschaftlichen Demobilmachung sowie der Lebensmittelversorgung unterscheiden.[259] Leitgedanke war, potentielle Unruheherde zu beseitigen, weil diese die innere Sicherheit und die eigene Machtbasis gefährden konnten. Der gemäßigten Grundhaltung und Zuverlässigkeit der eingesessenen Kasseler Arbeiterschaft konnte sich Grzesinski sicher sein. Die Gefahr einer Radikalisierung kam von zugewanderten Arbeitern. Diese Lektion hatte Grzesinski in den Auseinandersetzungen mit der Opposition im Kasseler Metallarbeiterverband während des Krieges gelernt. Und jetzt, im Besitz der Macht, zog er daraus die Konsequenzen. Es waren besonders zwei Punkte im Kasseler Stadtgebiet, die als potentielle Unruheherde angesehen werden konnten: Während des Krieges war eine Munitionsfabrik mit 12.000 Arbeitskräften entstanden. Gegen den Widerstand der Heeresbürokratie und der Reichsregierung wurde sie sofort geschlossen. Bis Ende November wurde die Zahl der Beschäftigten auf 1.200 reduziert. Auswärtige Arbeiter und Arbeiterinnen wurden mit einer Abfindung in ihre Heimatorte zurückgeschickt.[260] In einem Brief an das Kriegsamt[261] bezeichnete Grzesinski seine kompromißlose Schließungsentscheidung nachträglich als „volkswirtschaftlich und finanzpolitisch unbedingt notwendig", aber das war nur ein Teil der Wahrheit. Vorrangig ging es darum, durch das Zurückschicken der ortsfremden Arbeitskräfte ein radikales Potential zu entschärfen. Gleichzeitig wurde „eine Quelle ständiger Mißstimmung" in der Bevölkerung beseitigt, indem die Nahrungsmittel- und Viehbestände der Munitionsfabrik in die allgemeine Versorgungswirtschaft der Stadt übernommen wurden.[262] Durch das Gegenbeispiel der Spandauer Rüstungswerkstätten, wo 100.000 Arbeitskräfte noch monatelang weiterbeschäftigt wurden und „ein dauernder Unruheherd für die junge Republik" waren, sah sich Grzesinski im Nachhinein bestätigt.[263] Ein Nebeneffekt war die Entspannung der Versorgungslage, die sich aus der Abreise von über 10.000 Personen ergab.

Der zweite neuralgische Punkt war der Bahnhof. Seine militärische Sperrung sollte verhindern, daß „die mit den Eisenbahnzügen aus dem Westen zurückkommenden Truppen zum Teil in Kassel aussteigen und dort einen Unruheherd bilden würden. Das hätte unsere systematische Verwaltungsarbeit sehr gestört."[264] Niemandem, der nicht aus Kassel kam, wurde das Verlassen das Bahnhofsgeländes erlaubt – in Grzesinskis Augen eine strenge, aber nicht zu umgehende Maßnahme.[265]

---

259 Über die einzelnen Maßnahmen der Räte informiert ausführlich: Höpken, Geschichte, S. 198ff.
260 Vgl. Grzesinski, Im Kampf (Ms.), Bl. 66f.; Höpken, Geschichte, S. 200f.; Volksblatt Kassel v. 28.11.1918.
261 Vom 25.4.1919. IISG Amsterdam, Nl. Grzesinski, Nr. 463.
262 Grzesinski, Im Kampf (Ms.), Bl. 66.
263 Grzesinski, Im Kampf (Ms.), Bl. 69.
264 Grzesinski, Im Kampf (Ms.), Bl. 67.
265 Volksblatt Kassel v. 13.11.1918.

Neben diesen Aufgaben war die wirtschaftliche Demobilmachung das Hauptgeschäft des Kasseler Arbeiter- und Soldatenrates. Obwohl keine gesetzliche Notwendigkeit bestand, zog der Rat sofort alle entsprechenden Aufgaben an sich, wie Umstellung auf Friedensproduktion, Regelung der Arbeitszeit und der Arbeitsbeschaffung.[266] Für alle Arbeiter sollte „Arbeit und Verdienst" geschaffen und der ökonomische Zusammenbruch verhindert werden.[267] Auch hierbei wurde nach dem Grundsatz verfahren, „daß die Orts- und Betriebsfremden wieder ihren alten Plätzen zugeführt" werden sollten.[268]

Mit der geschilderten Politik, die Quellen potentieller Unruhe aus Kassel fernzuhalten, gelang es Grzesinski, sich an der Spitze der Bewegung zu behaupten. Tendenzen der Radikalisierung, des „Weitertreibens" der Revolution zeigten sich in Kassel nicht. Auch die USPD unterstützte Grzesinskis Kurs, weil bei der Struktur der Kasseler Bevölkerung eine andere Politik keinen Rückhalt gefunden hätte. Daß Kassel allgemein als sicherer Platz angesehen wurde, zeigt auch die Entscheidung der Obersten Heeresleitung unter Hindenburg, ihr Hauptquartier zur Rückführung der Truppen bei Kassel, in Wilhelmshöhe, aufzuschlagen.[269]

Als glänzenden Erfolg und Bestätigung seiner Tätigkeit in der Kriegs- und Revolutionszeit wird Grzesinski das Ergebnis der Wahlen zur Nationalversammlung am 19. Januar 1919 angesehen haben: In Kassel-Stadt erhielt die MSPD 54,6 Prozent der Stimmen, in Kassel-Land sogar 72,1 Prozent. Das sozialdemokratische Wählerpotential war damit fast vollständig ausgeschöpft; die USPD war mit knapp über 1 Prozent bedeutungslos.[270] Grzesinski hatte sein Haus bestellt, gleichwohl war er vor der Wahl skeptisch, ob es auf Reichs- und Landesebene für eine sozialdemokratische Mehrheit reichen würde.[271]

Bei seiner unangefochtenen Stellung konnte Grzesinski es sich leisten, nach seiner Wahl in den „Zentralrat der deutschen sozialistischen Republik" im Dezember 1918 nur noch zeitweilig in Kassel anwesend zu sein und ansonsten die Kasseler Revolution per Post von Berlin aus zu verwalten. Erst als er im Juni 1919 Parlamentarischer Unterstaatssekretär im Preußischen Kriegsministerium (das zu Ab-

---

266 Höpken, Geschichte, S. 199.
267 Grzesinski vor der Vollversammlung des AuSR. Volksblatt Kassel v. 13.11.1918.
268 Grzesinski auf einer Versammlung der Gewerkschaftsvorstände. Volksblatt Kassel v. 27.11.1918.
269 Aus diesem Anlaß verfaßten Grzesinski und OB Koch einen Aufruf (Volksblatt Kassel v. 14.11.1918), der wegen seiner unreflektiert hindenburgfreundlichen Tendenz („Nie hat Hindenburg in der Größe seiner Pflichterfüllung uns näher gestanden, als heute.") im Reichspräsidentschaftswahlkampf 1925 von der Rechten herangezogen wurde, um damit die Wählbarkeit des Kandidaten Hindenburg auch für Arbeiterwähler nachzuweisen. Vgl. Grzesinski, Im Kampf (Ms.), Bl. 264ff.
270 Volksblatt Kassel v. 20.1.1919.
271 Es gibt allerdings keinen Grund zu zweifeln, daß Grzesinski eine solche Mehrheit gewünscht hat. Daß Volksbeauftragte und rechter David-Kreis eine sozialistische Mehrheit in der Nationalversammlung nicht wünschten, weil sie sonst die Sozialisierungsforderungen der Arbeiter hätten erfüllen müssen, versucht nachzuweisen: Rintelen, David-Kreis, bes. S. 27.

wicklungszwecken weiter bestand) wurde, legte er seine Ämter in den Kasseler Räten und im Zentralrat nieder.

5.2 Im Zentralrat der deutschen sozialistischen Republik

Albert Grzesinski gehörte als hessischer Delegierter dem ersten Rätekongreß an, der vom 16. bis 21. Dezember 1918 in Berlin tagte.[272] Der mehrheitssozialdemokratisch dominierte Kongreß stellte die Weichen für die parlamentarische Demokratie, indem er mit deutlicher Mehrheit Wahlen zur Nationalversammlung zum nächstmöglichen Termin, dem 19. Januar 1919, beschloß.[273] Darin sah Grzesinski das Hauptverdienst des Kongresses, dadurch sei Deutschland 1918 vor dem „Bolschewismus" bewahrt worden.[274] Die Angst vor einem bolschewistischen Umsturz war, rückblickend betracht, übertrieben; gleichwohl hatte die Bolschewismusfurcht Einfluß auf das Handeln, denn sie diente zur Rechtfertigung der Absage an rätedemokratische Experimente. Die Kongreßteilnehmer waren in der Mehrzahl, wie Grzesinski diagnostizierte, „‚gouvernemental' und alles andere als ‚revolutionär' eingestellt".[275] Die Sozialisierung der Gesellschaft sei und bleibe das Ziel, aber die soziale Revolution sei nicht eine einmalige Handlung, „sondern ein fortlaufender Entwickelungsprozeß [...], in welchem wir mitten drin stecken", hatte Grzesinski noch während des Krieges bemerkt.[276] Zum evolutionären Denken gehörte, daß man Veränderungen nur schrittweise einführen wollte. Dahinter verbarg sich eine mechanistische Auffassung des Staats-, wie des Wirtschaftslebens. Beide wurden als komplizierte Räderwerke angesehen, in welche nur äußerst behutsam eingegriffen werden dürfe, um nicht den vollständigen Zusammenbruch heraufzubeschwören.[277]

Aus diesen Überlegungen ergab sich auch die Stellungnahme zum Rätesystem: Die Räte sollten lediglich für eine kurze Übergangszeit die Errungenschaften der Revolution absichern und konterrevolutionäre Bestrebungen vereiteln.[278] Absolute Priorität hatte in der revolutionären Phase die Aufrechterhaltung von Ruhe und Ordnung. „Wenn wir nicht Ordnung halten, müssen wir verhungern!", hieß es Ende Dezember 1918 in einem Aufruf des Zentralrats der deutschen sozialistischen

---

272 Er sprach – ebenso wie auf dem zweiten Kongreß im April 1919 – nur einmal zur Geschäftsordnung. Allgemeiner Kongreß der Arbeiter- und Soldatenräte, Sp. 117; II. Kongreß, S. 80. Vgl. auch Grzesinski, Im Kampf (Ms.), Bl. 73.

273 Grzesinski selbst rechnete mit Wahlen zur Nationalversammlung bereits für den Dezember. Bekanntmachung des AuSR. Volksblatt Kassel v. 16.11.1918.

274 Grzesinski, Im Kampf (Ms.), Bl. 73.

275 Grzesinski, Im Kampf (Ms.), Bl. 71.

276 Volksblatt Kassel v. 19.7.1918.

277 Vgl. dazu Volksblatt Kassel v. 12.11.1918; Grzesinski, Im Kampf (Ms.), Bl. 71 sowie die Rede des Regierungsbeauftragten Giebel (MSPD) auf der AuSR-Vollversammlung, Volksblatt Kassel v. 28.11.1918.

278 Volksblatt Kassel v. 12.11.1918.

Republik.[279] Dem hatten sich alle weitergehenden politischen Forderungen zunächst unterzuordnen. Die disziplingewohnten Mehrheitssozialdemokraten, und vor allem ihre Anführer, hatten eine ausgeprägte Aversion gegen alles, was nach „Unordnung" aussah. Zur Begründung wurde immer wieder vorgebracht, daß unter dem Chaos, das notwendig einem Umsturz folge, die eigene Klientel am meisten zu leiden haben werde. Bei dieser Argumentation konnte man sich auf die aus Rußland gemeldeten eklatanten Versorgungsschwierigkeiten berufen.[280]

Am 18. Dezember 1918 hatte der Rätekongreß in Berlin beschlossen, einen „Zentralrat der A.- und S.-Räte" (ZR) zu bestellen, „der die parlamentarische Überwachung des deutschen und preußischen Kabinetts ausübt".[281] Die Frage, was unter „parlamentarischer Überwachung" der Regierungen zu verstehen sei, also nach den Kompetenzen des Zentralrats, war zwischen MSPD und USPD durchaus strittig. Die USPD wollte alle Gesetzesvorhaben des Rates der Volksbeauftragten grundsätzlich der Zustimmung des Zentralrats unterwerfen, konnte sich mit diesem Antrag aber gegen die MSPD-Mehrheit auf dem Rätekongreß nicht durchsetzen und beteiligte sich deshalb nicht am Zentralrat.[282] Das war insofern ein Versäumnis, als der geringe politische Einfluß des Zentralrats weniger auf fehlende formale Kompetenzen, als vielmehr auf seine personelle Zusammensetzung ausschließlich aus MSPD-Mitgliedern zurückzuführen war.[283] Mit wenigen Ausnahmen sanktionierte der 27köpfige Zentralrat nachträglich die Entscheidungen des Rates der Volksbeauftragten, weil den mehrheitssozialdemokratischen Kollegen aus dem Kabinett der Rücken freigehalten werden sollte. Grzesinski drückte es so aus: „wir wollen alle Versuche vereiteln, welche die Regierung in ihrer Arbeit stören."[284] Umgekehrt war vor allen anderen Friedrich Ebert nicht bereit, dem Zentralrat als Repräsentanten des von ihm abgelehnten Rätesystems freiwillig wichtige Kompetenzen zuzubilligen. Aber auch unter dem Kabinett Scheidemann (seit 13.2.1919) konnte der Zentralrat keine entscheidende Rolle mehr spielen; zum einen war Scheidemann ebenfalls ein erklärter Gegner der Räte, zum anderen trübten persönliche Animositäten zwischen Scheidemann und dem Zentralratsvorsitzenden Cohen das Verhältnis zwischen Regierung und Zentralrat.[285] Die historische Bedeutung des Zentralrats lag vor allem darin, daß er um die Jahreswende 1918/19 an der Lösung der durch den Austritt der Unabhängigen verursachten Kabinettskrisen im Reich wie in Preußen mitgearbeitet hatte.[286] In den kritischen Januartagen

279 Zentralrat, S. 103f.; vgl. Grzesinski, Im Kampf (Ms.), Bl. 77.
280 Volksblatt Kassel v. 28.11.1918 u. 7.2.1919.
281 Abgedr. in: Zentralrat, S. 4.
282 Vgl. dazu Kolb, Arbeiterräte, S. 245.
283 Kolb, Arbeiterräte, S. 246f.
284 Zentralrat, S. 48 (29.12.1918).
285 Briefwechsel Cohen-Scheidemann im März 1919. BA Koblenz, R 43 I, Nr. 1940, Bl. 11, 14, 15.
286 Zentralrat, Einleitung, S. LVIII.

1919, als in Berlin der offene Bürgerkrieg ausgebrochen war, hatten die Volksbeauftragten im Zentralrat eine loyale Stütze.

Aus diesen Unruhen, die sich an der Absetzung des Berliner Polizeipräsidenten Eichhorn (USPD) durch die preußische Regierung entzündeten und schließlich in der Besetzung des Zeitungsviertels und mehrerer wichtiger Zeitungen kulminierten, bezog Grzesinski die Argumente für seine grundsätzliche Stellungnahme zur Frage von Armee und Republik:[287] Der junge Staat brauchte eine zuverlässige republikanische Schutztruppe, und die bestehenden Einheiten waren dazu ungeeignet. Grzesinski kritisierte rückblickend das militärpolitische Unvermögen und die Sorglosigkeit des Rates der Volksbeauftragten, der es versäumt hatte, unmittelbar nach der Revolution eine verläßliche Schutztruppe für Berlin aufzustellen, als noch Zeit dazu gewesen wäre.[288] Deshalb war man zur Niederwerfung des Aufstandes zunächst nicht in der Lage und dann auf die Unterstützung der reaktionären, um Berlin stationierten Truppenteile angewiesen, die mit beispielloser Grausamkeit den Aufstand unterdrückten. Für eine solche Politik konnten weder Volksbeauftragte noch Zentralrat Lorbeeren erwarten; die Linke sah in der Zusammenarbeit zwischen sozialdemokratischer Regierung und reaktionären Truppen „Volksverrat", während das Bürgertum sich „für die Befreiung von Spartakus [...] nicht bei dem Rat der Volksbeauftragten, sondern bei den reaktionären Militärs" bedankte.[289]

Das alles in allem wenig selbstbewußte Agieren des Zentralrats, der nach dem Zusammentritt der Nationalversammlung als politischer Faktor zu vernachlässigen war, hatte seinen Grund auch in der Sozialbiographie seiner Mitglieder. Es handelte sich bei den 27 Mehrheitssozialdemokraten beinahe ausschließlich um Repräsentanten jenes handwerklichen, gewerkschaftlich geprägten Funktionärstypus der Geburtsjahrgänge um 1880, der bereits in jungen Jahren zur Verantwortung gekommen war. Diese Männer waren wie Grzesinski durch die Revolution und die Wahl in den Zentralrat erstmals in eine überregional bedeutende politische Position hineingekommen, waren also homines novi, was ihr Selbstbewußtsein gegenüber den Regierungen, die mit prominenten Politikern besetzt waren, nicht eben gestärkt hat.[290] Beziehungen ähnlicher Art bestanden später auch zwischen den SPD-Fraktionen im preußischen Parlament und der Staatsregierung.

---

287 Siehe dazu unten Kap III 1. Eine Schilderung der dramatischen Ereignisse vom 6. und 7. Januar, als Zentralrat und Rat der Volksbeauftragten gemeinsam in Permanenz in der Reichskanzlei tagten, enthält: Grzesinski, Im Kampf (Ms.), Bl. 78-80.

288 Grzesinski, Im Kampf (Ms.), Bl. 79.

289 Grzesinksi, Im Kampf (Ms.), Bl. 80. Zu den Januarunruhen vgl. Hirsch, Der Weg, S. 134-136; Miller, Die Bürde, S. 225-231.

290 Vgl. Kolb, Sozialbiographie, S. 99; ders., Arbeiterräte, S. 255. Der Vollständigkeit halber sei angemerkt, daß Grzesinski auch dem „zweiten" Zentralrat und dessen neunköpfigem Arbeitsausschuß, der nach dem II. Rätekongreß (8.-14.4.1919) gebildet worden war, angehörte. Zentralrat an Reichsregierung, 28.4.1919. BA Koblenz, R 43 I, Nr. 1940, Bl. 27.

In den Verhandlungen des Zentralrats dokumentierten sich entscheidende Revisionen der mehrheitssozialdemokratischen Haltung gegenüber den in der Revolution entstandenen Arbeiter- und Soldatenräten. Besonders auffällig zeigt sich diese veränderte Haltung am Beispiel Albert Grzesinskis. Dessen erste Stellungnahmen zum Rätesystem spiegelten noch ganz die rechtssozialdemokratischen Vorbehalte gegen die Räte wider. Als erste Aufgabe des Zentralrats wurde der Abbau der Arbeiter- und Soldatenräte im Lande angesehen. In Grzesinskis Perspektive waren die Arbeiter- und Soldatenräte wie auch der Zentralrat revolutionäre Provisorien, die mit dem Zusammentritt der Nationalversammlung als höchstem Souverän abzutreten hätten. Er ging sogar so weit, zu bestreiten, daß die Räte etwas mit Sozialismus zu tun hätten. Gegen eine eventuell „konterrevolutionäre" Politik der Nationalversammlung hätten nicht die Räte, sondern die sozialistischen Parteien aufzutreten.[291] Das Bestehen von Räten ließ sich in Grzesinskis ursprünglicher Konzeption aus der Zeit vor Februar 1919 nicht mit seinem Verständnis von Demokratie in Einklang bringen; die Räte seien „so schnell wie möglich zu beseitigen" und an deren Stelle „etwas Demokratischeres" zu setzen. Was damit gemeint war, ergibt sich aus dem Kontext: Es reiche nicht aus, nur die Parlamente neu zu wählen, „sondern es muß der Bevölkerung gezeigt werden, daß die reaktionären Verwaltungsorgane im Sinne der Revolution reorganisiert werden."[292] Und hier liegt der Schlüssel zu Grzesinskis Demokratieverständnis wie auch zu seiner Stellungnahme zu den Räten in dieser Phase an der Jahreswende 1918/1919: Seine Äußerungen im Zentralrat sind zu lesen als Plädoyer für eine demokratische Verwaltung ohne den Umweg über die Räte. Nach seiner Ansicht war der Umbau der Verwaltung, der wichtigen Schnittstelle zwischen Bürger und Staat, originäre Aufgabe der von den Parlamenten abhängigen Regierungen, der Exekutive. Darum hatten auch die planlos entstandenen und in Grzesinskis Augen demokratisch nicht ausreichend legitimierten Arbeiter- und Soldatenräte in dieser Konzeption keinen Platz. Statt die Verwaltungen durch die Räte zu kontrollieren, wollte Grzesinski das Problem frontal angehen und eine kraftvolle Reform in personeller und organisatorischer Hinsicht durchsetzen und „dafür sorgen, daß endlich Vertrauen in die preußische Verwaltung einzieht."[293] Aus diesem Blickwinkel waren die Räte überflüssig: Die konsequente Verwaltungsdemokratisierung war die originäre Aufgabe einer starken Exekutive. Ein solches Demokratieverständnis als „orthodox" zu bezeichnen[294], nur weil es bei der Transformation der Verwaltung auf die überkommenen Institutionen setzt, erscheint nicht einleuchtend. Es ist jedenfalls nicht belegbar, daß durch die Räte in jedem Fall mehr Demokratie in die Verwaltung eingezogen

---

291 Zentralrat, S. 483 (25.1.1919). Vgl. auch Grzesinskis Forderung, die Entscheidung über die Zukunft der Räte einem Parteitag zu überlassen: Ebd., S. 589 u. 703.
292 Zentralrat, S. 271 (9.1.1919).
293 Zentralrat, S. 453 (23.1.1919, gemeinsame Sitzung von Zentralrat und preuß. Kabinett).
294 Kolb, Arbeiterräte, S. 257.

wäre als durch konsequente exekutive Maßnahmen. Die Gegenthese (und in dieser Richtung argumentiert Grzesinski), daß ein hierarchischer, bürokratisch organisierter Apparat wie eine moderne Verwaltung am erfolgversprechendsten „von oben" reformiert werden kann, ist ebenso plausibel. Daß die Voraussetzung für diesen Plan, nämlich eine starke, durchsetzungswillige und machtbewußte Exekutive nicht vorhanden war, ist weniger Grzesinskis Konzeption als dem Versagen der Reichs- und besonders der preußischen Regierung auf diesem Gebiet anzulasten. In dem Maße, wie deren Versäumnisse offenbar wurden, änderte sich auch Grzesinskis Haltung zu den Räten.

Die grundsätzliche Stellungnahme der MSPD und der Freien Gewerkschaften zu diesem Thema ist vor dem Hintergrund des Verlaufs der russischen Revolution zu interpretieren. Die gewaltsame Vertreibung der russischen Nationalversammlung durch die Bolschewiki am 19. Januar 1918 war ein entscheidendes Ereignis, durch welches sich in mehrheitssozialdemokratischer Perspektive die Bolschewiki als Putschisten und Gewaltherrscher entpuppt und desavouiert hatten. Der spätere preußische Ministerpräsident Otto Braun forderte deshalb, einen „dicken, sichtbaren Trennungsstrich" zwischen den Bolschewiki und der deutschen Sozialdemokratie zu ziehen.[295] In der Folge unterlag alles, was irgendwie an „Rätesystem" erinnerte, der Gefahr, mit dem sowjetischen Beispiel identifiziert zu werden. „Nationalversammlung = Demokratie" versus „Rätesystem = Bolschewismus = Diktatur", so lautete die simplifizierende Formel des SPD-Parteivorstandes (publizistisch vom „Vorwärts" vertreten)[296], um zu einer schnellen Auflösung der Räte zu kommen. Diese Argumentation vernachlässigte völlig, daß die deutschen Arbeiterräte in der Mehrzahl von den eigenen Parteifreunden dominiert waren und somit die Einführung eines Rätesystems nach bolschewistischem Vorbild schon deswegen nicht zu befürchten war, weil das der demokratischen Tradition der deutschen Sozialdemokratie widersprochen hätte.

Zunächst waren auch der Zentralrat und die meisten Arbeiterräte selbst der Meinung, daß ihre Aufgabe mit dem Zusammentritt verfassunggebender Parlamente (der deutschen Nationalversammlung und der preußischen Landesversammlung) erledigt sei. Das war die ursprüngliche Position, wie sie mehrheitlich in der MSPD und im Zentralrat, zumal von Grzesinski, bis Ende Januar 1919 vertreten wurde. Seit den Januarunruhen und nach dem Bekanntwerden der Wahlergebnisse zur National- und Landesversammlung, die für die sozialdemokratischen Parteien nicht so positiv ausgefallen waren wie erhofft, deutete sich allerdings im Zentralrat eine Revision an, die im Laufe des Februar sichtbar wurde.

---

295 Vorwärts v. 15.2.1918; vgl. dazu auch: Lösche, Bolschewismus, S. 138f.; Schulze, Otto Braun, S. 217.

296 Demgegenüber wandte sich der Vorsitzende des Zentralrats, Cohen, in seinem Aufsatz „Der Rätegedanke im ersten Revolutionsjahr" gegen die Ansicht, „die Räte seien ein von Rußland übernommenes bolschewistisches Produkt". In: Der Zentralrat, 1.Jg., Nr. 10, 1.12.1919, S. 1-4; hier S. 1. Vgl. Kolb, Arbeiterräte, S. 170.

Nun vertrat der Zentralrat die Ansicht, daß Arbeiterräte und Zentralrat auch nach dem Zusammentritt der Nationalversammlung noch positive Arbeit zu leisten hätten. Politisch waren zu diesem Zeitpunkt die Räte allerdings nicht mehr zu retten; nicht zuletzt deshalb, weil der Zentralrat selbst die Notwendigkeit seines Bestehens durch das wenig selbstbewußte Auftreten gegenüber der Regierung in Frage gestellt hatte.[297]

Grzesinski, vorher ein rabiater Gegner des Weiterbestehens der Räte, vertrat jetzt die gegenteilige Ansicht.[298] Der Grund für den Sinneswandel lag offensichtlich in den Schwierigkeiten und Hemmnissen, die in der Zwischenzeit dem demokratischen Umbau der Verwaltungen in den Weg getreten waren. Hier ist in erster Linie die Untätigkeit der Regierungen zu nennen, die vor lauter Angst, das Funktionieren des „Apparates" zu gefährden, bei Bürokratie und Militär vor durchgreifenden Reformen zurückschreckten. In einer im Rückblick unverständlichen und in ihren Motiven nicht befriedigend zu erklärenden Nachlässigkeit gab man sich in Regierungskreisen, im Reich wie in Preußen, der Illusion hin, mit dem alten Personal weiterarbeiten zu können.[299] Diese falsche Einschätzung mußte besonders in den Städten und Gemeinden auf Kritik stoßen, denn gerade hier gab es die meisten Berührungspunkte mit dem „Staat" und gerade hier zeigte es sich, daß die alten konservativen Verwaltungsbeamten sich sehr schnell vom Schock der Revolution erholt hatten. Nachdem sie in einem Aufruf der preußischen Regierung vom 13. November 1918 ausdrücklich in ihren Rechten bestätigt worden waren, machten sie im alten Stil weiter, sowohl was den Umgang mit dem Publikum als auch die politische Tendenz ihrer Entscheidungen betraf. „Die Zurückdrängung und Diskreditierung der Rätebewegung durch die mehrheitssozialdemokratisch geführten Regierungen und ihr Verzicht darauf, durch die Entfernung mindestens einiger als besonders reaktionär bekannter Beamten ein Exempel zu statuieren, wirkte geradezu als Aufforderung an die Kräfte des alten Regimes, ihre anfängliche Anpassungsbereitschaft aufzugeben und ihre eigentliche Gesinnung unverhohlen zur Schau zu tragen", schrieb die Historikerin Susanne Miller.[300] Auf diese Zusammenhänge ist die veränderte Haltung des Zentralrats zum Weiterbestehen der Räte zurückzuführen. Da die Zentralratsmitglieder meist auch Vorsitzende von Arbeiterräten in ihren Heimatstädten waren und darum die Verhältnisse auf der lokalen Ebene gut kannten, wußten sie von der Unzufriedenheit der Bevölkerung über das Auftreten der alten Beamten und die Untätigkeit der Regierungen. Um die infolge der Januarunruhen gewachsene Gefahr der Radikalisierung der Massen zu bannen, mußte der Zentralrat versuchen, der gestiegenen Verdrossenheit der Arbeiterschaft Rechnung zu tragen und sich zum Sprachrohr berechtigter Beschwerden machen.

---

297 Siehe dazu Kolb, Arbeiterräte, S. 258.
298 Z. B. in der Zentralratssitzung am 6.2.1919. Zentralrat, S. 589.
299 Vgl. Kolb, Arbeiterräte, S. 359.
300 Miller, Die Bürde, S. 167.

Ein Hauptgegenstand der Diskussionen zwischen lokalen Räten, Zentralrat und preußischer Regierung, der in den 14 Jahren der ersten Republik stets aktuell bleiben sollte, war die „Demokratisierung". Die „Demokratisierung aller Verwaltungskörperschaften" war eine innerhalb der Sozialdemokratie unumstrittene Forderung, allerdings ist der Begriff so schillernd, daß eine genauere Bestimmung notwendig erscheint.

Für die meisten Sozialdemokraten war die „Demokratisierung der Verwaltung" eine Frage, die sich gleichsam von selbst durch den Zusammentritt der aus allgemeinen und gleichen Wahlen hervorgegangenen Parlamente lösen werde. Die Parlamente würden es nicht versäumen, in den Verwaltungen für demokratische Zustände zu sorgen. Demokratisierung bedeutete nicht viel mehr als die Neuwahl der Parlamente auf allen Ebenen: „Wenn die [Gemeinde- und Kreistags-] Wahlen in Preußen nicht bald zustande kommen, werden wir mit der Demokratisierung nicht weiter kommen", meinte der Zentralratsvorsitzende Robert Leinert[301], und er steht stellvertretend für viele andere, die unter Demokratisierung die Durchführung von Kommunalwahlen nach einem freiheitlichen Wahlrecht verstanden. Das war gewissermaßen der kleinste gemeinsame Nenner in der Demokratisierungsdebatte, der nur die institutionelle Ebene erfaßte. Daneben gab es jedoch die personelle Ebene und ihr wurde bis zum Kapp-Putsch allgemein wesentlich geringere Bedeutung beigemessen. Das Musterbeispiel hierfür bietet die Amtszeit des preußischen Innenministers Wolfgang Heine von März 1919 bis März 1920. Heine, der formaljuristischen Denkart verhaftet, mit antisemitischer Vergangenheit, politisch naiv, inkompetent und wegen seiner Unsicherheit im persönlichen Umgang arrogant, fehlte das Gespür für die politische Bedeutung seines Amtes.[302] Er betrachtete die höheren Beamten als apolitische Techniker ohne eigene Interessen und war damit ein Opfer der vom Obrigkeitsstaat aufgerichteten Fiktion des angeblich neutralen, über den Parteien stehenden Beamten. Entsprechend war seine Personalpolitik; sein Ministerium, in dem nach einem Wort Hellmut von Gerlachs die Reaktion Altpreußens seine Krönung fand, hatte er nicht im Griff.[303] Personalreferent war der Konservative Freiherr von Braun, der 1932 als Ernährungsminister im „Kabinett der Barone" von Papens für die Absetzung der preußischen Regierung mitverantwortlich war. Der Freiherr war stolz darauf, bei Landratsernennungen eine demokratische Personalpolitik durch „eine kleine, aber legale List" und „eine Reihe von Bremsen" sabotiert zu haben. Aber anstatt v. Braun zu entlassen, stellte sich Heine in der preußischen Landesversammlung vor seinen eigenmächtigen

---

301 Zentralrat, S. 452 (23.1.1919).
302 Vgl. Orlow, Weimar Prussia 1918-1925, S. 121 u. 131.
303 Der linksliberale v. Gerlach war bis März 1919 UStS im PrMdI und machte dort Bekanntschaft mit der passiven Resistenz beinahe des gesamten Ministeriums gegen die sozialistischen Minister. Seine Erfahrungen schilderte er im 10. Kap. seiner Broschüre: Meine Erlebnisse in der preußischen Verwaltung, Berlin 1919.

Personalreferenten und beförderte ihn im Juli 1919 zum Regierungspräsidenten von Gumbinnen in Ostpreußen – ein größerer Kontrast zu Grzesinskis Personalpolitik als Minister läßt sich kaum denken.[304] Es wird sich zeigen, daß die Personalpolitik Heines als Negativbeispiel Einfluß auf Grzesinskis spätere Amtsführung gehabt hat.

„Demokratisierung" bedeutete für Heine in erster Linie kein aktives, personal-politisch-zielgerichtetes Eingreifen zum Schutz der Republik, sondern allenfalls die Zulassung bisher ausgeschlossener Bewerber zum Verwaltungsreferendariat.[305] Letztlich gelangte er über fruchtlose Versuche, die Gesetze zu ändern, nicht hinaus. Über langwierigen und (wegen der Beteiligung des Landtages) in ihrem Erfolg fragwürdigen Gesetzesvorhaben[306] vernachlässigte er die Personalpolitik, weil er den Beteuerungen konservativer Politiker und Beamten, auf dem Boden der Republik zu stehen, glaubte und deshalb ein durchgreifendes Revirement nicht für entscheidend hielt.[307]

Der Berufung von „Außenseitern", die nicht über die formalen Qualifikationen für den höheren Verwaltungsdienst verfügten, stand Heine ablehnend gegenüber. Der liberale Reichsminister Schiffer hat einen bezeichnenden Ausspruch Heines kolportiert: „Mit Gewerkschaftssekretären und jüdischen Rechtsanwälten allein kann ich Preußen nicht regieren".[308] Gerechtigkeitshalber muß hinzugefügt werden, daß für die Versäumnisse bei der Personalpolitik und Verwaltungsdemokratisierung Heine als zuständiger Minister des Innern zwar einen Großteil der Verantwortung trägt, daß aber auch seine Kabinettskollegen und der Minsterpräsident Paul Hirsch untätig blieben und mit Ausnahme Otto Brauns, damals noch Landwirtschaftsminister, keine Anstalten machten, bei Heine auf energische Demokratisierung zu drängen.[309] Einzig aus der SPD-Fraktion der preußischen Landesversammlung sind Vorstöße gekommen, für Änderung zu sorgen oder den Minister auszuwechseln, allerdings ohne durchschlagenden Erfolg.[310] In einem Brief an die Fraktionskollegen unterzog Grzesinski die Politik Heines einer scharfen Kritik. Im preußischen Innenministerium sei man „mit Blindheit geschlagen". Besonders bemängelte er die

---

304 v. Braun, Von Ostpreußen, S. 175-177. Grzesinski warnte demgegenüber schon in seiner Antrittsrede als preuß. Innenminister seine Beamten davor, „Politik auf eigene Faust" zu machen (7.10.1926). Grzesinski, Im Kampf (Ms.), Bl. 186.

305 Vgl. Orlow, Weimar Prussia 1918-1925, S. 122.

306 Sein Lieblingsprojekt war die „Kommunalisierung" des Landrats. Die Ernennung des Landrats durch die Zentralinstanz wollte Heine ersetzen durch die Wahl des Landrats durch die Kreistage (mit anschließender Bestätigung der Wahl durch das Staatsministerium). Die Folge wäre die massenhafte Neuwahl reaktionärer Landräte, zumal in den ländlichen Gebieten östlich der Elbe, gewesen. Vgl. Behrend, Personalpolitik, S. 184.

307 SB PrLV, 7.7.1920, Sp. 11708 (Heilmann).

308 Schiffer, Ein Leben, S. 244.

309 Schulze, Otto Braun, S. 244.

310 Bereits Mitte Juni 1919 war Severing aus der Fraktion der Posten des Innenministers angetragen worden, was dieser aber aus Rücksicht auf Heine ablehnte. Severing, Lebensweg I, S. 248f; vgl. Alexander, Carl Severing, S. 126; Behrend, Personalpolitik, S. 184.

Tätigkeit des erwähnten Personalreferenten v. Braun. Trotz einer vorangegangenen Rüge der Fraktion habe sich an der Personalpolitik des Ministeriums nichts geändert: „Geeignete, von unseren Genossen in Vorschlag gebrachte Leute bleiben nach wie vor unberücksichtigt." Die politischen Folgen dieser Politik geißelte Grzesinski mit scharfen Worten: „Eine Dummheit und politische Unklugheit auf die andere geht hinaus und wird naturgemäß unserer Partei an die Rockschöße gehängt."[311] Offensichtlich dachte Grzesinski dabei an die Enttäuschung, die eine solche Politik vor allem bei den eigenen Anhängern, der Arbeiterschaft, hervorrufen mußte. Sprachrohr dieser Enttäuschung war die USPD, die im Parlament und in Wahlkampfbroschüren auf die Mißstände in der inneren Verwaltung hinwies. Hauptkritikpunkt war, daß „unser ganzes Verwaltungsleben in Preußen so rückschrittlich, so reaktionär ist, wie im alten Preußen." Im Innenministerium herrsche weiterhin „das System der alten verknöcherten Geheimräte".[312]

Wenn man einen Blick auf die personellen Veränderungen wirft, die in der preußischen Verwaltung zwischen November 1918 und Jahresende 1919 durchgesetzt wurden, so war der Erfolg für die größte Regierungspartei tatsächlich äußerst bescheiden: Nur 4 der 12 Oberpräsidenten, 3 von 36 Regierungspräsidenten und 24 der 480 Landräte waren Sozialdemokraten; am besten war die Bilanz noch bei den Polizeipräsidenten (10 von 25).[313]

Angesichts dieser objektiven Versäumnisse der preußischen Regierung wollte der Zentralrat der deutschen sozialistischen Republik die Arbeiterräte als Kontrollorgane für die Verwaltung auf Stadt-, Kreis- und Bezirksebene beibehalten. Aufgrund ihrer Erfahrungen an der Basis teilten die Zentralratsmitglieder nicht die optimistische Einschätzung der Reichs- und der preußischen Regierung, daß die Gefahr einer gegenrevolutionären Entwicklung gebannt sei. Waren bis Januar 1919 die mehrheitssozialdemokratischen Arbeiterräte selbst der Meinung, nach dem Zusammentritt von Nationalversammlung und preußischer Landesversammlung überflüssig zu sein, wurde seit Februar die Meinung vertreten, so lange im Amt zu bleiben, „bis die Demokratisierung straff durchgeführt ist."[314] In diesem Zusammenhang mußte sich Grzesinski den berechtigten Vorwurf gefallen lassen, „ein anderer geworden" zu sein.[315] Er versuchte, sich aus der Affäre zu ziehen, indem er darauf verwies, daß er zwar für den schnellen Abbau der Räte gewesen sei, „aber nicht für den Abbau der Räte unter allen Umständen, ohne daß Ersatz, die demokratische

---

311 Grzesinski an SPD-Fraktion in der PrLV, 9.5.1919. IISG Amsterdam, Nl. Grzesinski, Nr. 439.

312 SB PrLV, 17.7.1919, Sp. 3735 (Abg. Leid). Vgl. auch USPD-Bezirksverband Berlin-Brandenburg (Hg.), Preußen unter der Koalitionsregierung, Berlin o.J. [Ende 1920], S. 7.

313 SB PrLV, 16.12.1919, Sp. 8212 (Heine). Diese Zahlen beziehen sich wohlgemerkt nur auf politische Beamte, die relativ leicht ausgewechselt werden konnten. Unterhalb der Spitze, bei den 150.000 Staatsbeamten in den Behörden und Ministerien, war kurzfristig kaum eine Veränderung zu erreichen.

314 Grzesinski in der Zentralratssitzung am 25.2.1919. Zentralrat, S. 703.

315 Zentralrat, S. 725, 26.2.1919 (Knoblauch).

Verwaltung", dafür da sei.[316] Zwei Tage später wiederholte er, daß es ihm darauf ankomme, „daß wir die konservative Verwaltung in Preußen revolutionär kontrollieren müssen."[317] Aber der Sinneswandel der Zentralratsmitglieder kam zu spät, faktisch hatte der Zentralrat keine Möglichkeiten mehr, die Politik entscheidend zu beeinflussen, um ein Weiterbestehen der Räte als politische Organe sicherzustellen. Die Räte wurden auf das wirtschaftliche Gebiet abgeschoben und mußten sich damit abfinden. Grzesinskis Kasseler Arbeiterrat bestand als eine Art soziales Korrektiv auf kommunaler Ebene weiter, um die Interessen der ärmeren Schichten wahrzunehmen. Wucher und Schleichhandel zu bekämpfen, die Wohnungsnot zu lindern und die Versorgung sicherzustellen, das waren offensichtlich Aufgaben, bei deren Lösung man sich – solange die Demokratisierung noch nicht vollendet war – nicht allein auf den überkommenen Verwaltungsapparat verlassen wollte.[318] Als „Blindheit" brandmarkte Grzesinski deshalb die Weigerung des preußischen Innenministeriums und seines Parteifreundes Heine, die Gemeinden zur Übernahme der Kosten der Arbeiter- und Soldatenräte anzuhalten. Das führe dazu, daß den Räten gerade dort, wo sie besonders nötig seien, nämlich in Gemeinden mit „bürgerlich" dominierten Kommunalparlamenten, der Geldhahn zugedreht werde.[319]

Gleichwohl war Grzesinski kein Verfechter des Rätegedankens, sondern überzeugter Anhänger der parlamentarischen Demokratie: „Nach dem Frieden und nach dem Wegräumen des feudalen Schuttes aus der wilhelminischen Zeit sollte auf demokratischer Grundlage der Neuaufbau des Staates erfolgen, der eine wahrhaft soziale Republik werden sollte. Die Wirtschaft sollte in der Richtung auf das sozialistische Ziel nach Maßgabe des Möglichen gestaltet werden. Zunächst sollte aber das ganze Volk, das im Waffenrock und das in Zivil, über den staatlichen Aufbau des Deutschen Reiches durch die alsbald zu wählende Nationalversammlung selbst bestimmen."[320]

Der Übergang zur von Grzesinski stets erstrebten „wahrhaft soziale[n] Republik", auf „demokratischer Grundlage" aufgebaut, war langwieriger als zunächst erhofft. Er war, wie die Realität schonungslos offenbarte, nicht schon mit der Einberufung von Reichs-, Landes- und Kommunalparlamenten beendet. Nach den schlechten Erfahrungen mit einer reformunfähigen preußischen Regierung wollte Grzesinski, aufbauend auf seine von Karl Liebknecht inspirierte Ansicht, daß mit

---

316 Ebd., S. 726 (noch 26.2.1919). Vgl. auch Grzesinskis Rede auf der Bez.-Konferenz der Kasseler Räte. Volksblatt Kassel v. 4.6.1919.

317 Zentralrat, S. 735f. (28.2.1919).

318 ZAuSR an RP Kassel, 20.10.1919 (Aufgaben des ZAuSR in der vergangenen Zeit). IISG Amsterdam, Nl. Grzesinski, Nr. 424. RP Kassel an die Landräte im Bez., 30.3.1919 (Gründung einer Schleichhandel-Bekämpfungs-Abt. des AuSR). Ebd., Nr. 452. Vgl. auch Höpken, Geschichte, S. 188.

319 Grzesinski an SPD-Fraktion in der PrLV, 9.5.1919. IISG Amsterdam, Nl. Grzesinski, Nr. 439.

320 Grzesinski, Im Kampf (Ms.), Bl. 73; vgl. auch ders., Vor 10 Jahren, S. 38 sowie BA Koblenz, Nl. Koch-Weser, Nr. 14, S. 100.

der Errichtung parlamentarischer Herrschaft nicht augenblicklich Demokratie und Chancengleichheit herrsche, die Räte für eine Übergangszeit beibehalten wissen. Er revidierte damit die bis Januar 1919 gehegte Hoffnung, daß mit dem Zusammentritt der Parlamente die Demokratisierung der Verwaltungskörperschaften einhergehe.

Für Grzesinski war die Revolution vom November 1918 ein entscheidender Wendepunkt: Ihm bot sich die Möglichkeit, das in langen Jahren gewerkschaftlicher und politischer Aktivität erworbene Organisationsgeschick sowie die verwaltungspraktischen Erfahrungen der Kriegsjahre in konkretes, selbstverantwortliches politisches Handeln umzusetzen. Die Gewandtheit und Geschicklichkeit, mit der er dies tat, nötigte auch „bürgerlichen" Beobachtern Respekt ab.[321] „Ich ‚regierte‘, als hätte ich zeit meines Lebens nichts anderes getan", schrieb er selbst rückblickend.[322] In den Monaten nach der Revolution war er als Vorsitzender des Zentral-Arbeiter- und Soldatenrats die bestimmende politische Persönlichkeit in Kassel. Damit schuf er sich das Sprungbrett für eine Karriere in der Reichspolitik. „Wie wenig tüchtige Leute haben die Sozis doch. Jeder, der was kann, ist alsbald in der Zentrale", klagte Erich Koch, als Grzesinski im Dezember 1918 in den Zentralrat der deutschen sozialistischen Republik berufen wurde.[323] Hier erlebte Grzesinski in vorderster Linie die Schwierigkeiten, die einer durchgreifenden Demokratisierung der Verwaltung im Wege standen. In erster Linie waren es die Versäumnisse seiner eigenen Parteifreunde, denen es an Kompetenz, Energie und Durchsetzungsfähigkeit, letztlich auch an einem modernen Verständnis von parlamentarischer Herrschaft, fehlte. Diese Erfahrungen standen Grzesinski noch deutlich vor Augen, als er 1926 preußischer Minister des Innern wurde.

6 Zwischenbilanz

Das Ende der revolutionären Wirren, die Konstituierung von Reichs- und Landesparlamenten und die Einführung des parlamentarischen Regierungssystems waren entscheidende Einschnitte, die es sinnvoll erscheinen lassen, an dieser Stelle eine kurze Zwischenbilanz zu ziehen. Dabei ist jedoch weniger an eine zusammenfassende Wiederholung des bereits Gesagten gedacht; vielmehr soll es darum gehen, anhand zentraler Kategorien des Denkens und Handelns Albert Grzesinskis die bisherigen Ergebnisse aus einer anderen, analytischen Perspektive zu betrachten. Die dahinter stehende Frage lautet: Wie sah der „eiserne Bestand" Grzesinskischer

---

321 Vgl. z. B. BA Koblenz, Nl. Koch-Weser, Nr. 14, S. 109.
322 Grzesinski, Im Kampf (Ms.), Bl. 65.
323 BA Koblenz, Nl. Koch-Weser, Nr. 14, S. 199.

Grundanschauungen und Überzeugungen aus? Woraus bestand das Rüstzeug, mit dem Grzesinski an seine weiteren wichtigen politischen Aufgaben heranging?

Verwaltung

Wenn der Historiker Arthur Rosenberg 1928 mit Blick auf das Kaiserreich schrieb, „die Kraft des alten Systems lag [...] nicht in der konservativen Landtagsfraktion, sondern in der unbeschränkten Gewalt des Königs über die Armee und die Verwaltung", so formulierte er damit nachträglich gewonnene Einsichten, die in der Vorkriegssozialdemokratie noch nicht verbreitet waren.[324] Grzesinski bildet in dieser Hinsicht eine Ausnahme, weil er bereits vor dem Ersten Weltkrieg die Auffassung vertrat, daß die Macht des Staates sich vor allem in der Verwaltung manifestiere. Es ist sicher nicht übertrieben, dieses Interesse an Verwaltungsfragen als das Leitmotiv in Grzesinskis politischer Laufbahn zu bezeichnen. In Kassel kam er, besonders während des Krieges, in engen Kontakt mit der kommunalen und staatlichen Verwaltung. Bereits hier versuchte er, „verstärkten und entscheidenden Einfluß [...] auf die Verwaltung zu gewinnen", eine Aufgabe, der er sich sein Leben lang gewidmet hat.[325] Er war der Ansicht, daß zur Einführung demokratischer Zustände nicht nur eine parlamentarisch kontrollierte Regierung, sondern auch eine demokratisch eingestellte Verwaltung gehörte. Da die Verwaltung die wichtige Aufgabe hatte, den Gesetzen „Leben einzuhauchen", war es für ihn nicht schon damit getan, Gesetze zu erlassen, sondern diese mußten auch entsprechend umgesetzt werden: „Das Parlament beschließt zwar die Gesetze, aber die Ausführung liegt bei den Behörden, und zwar nicht nur bei den Zentralbehörden, sondern ebenso bei den Provinzial-, Kreis- und Lokalbehörden. Noch so gute Gesetze nützen wenig, wenn die Ausführung durch die Organe der Verwaltung schlecht oder säumig geschieht; ebenso kann ein schlechtes Gesetz in seinen Auswirkungen wesentlich abgemildert werden, wenn die ausführenden Organe es wollen."[326]

Aus diesem Grund maß Grzesinski der Verwaltung so große Bedeutung bei. Die praktischen Konsequenzen aus seinen Ansichten und Erfahrungen zog Grzesinski, als er den Kasseler Arbeiter- und Soldatenrat als selbständige Behörde mit eigenen Verwaltungskompetenzen (und nicht als reines Kontrollorgan) etablierte. Aufgrund seiner Erfahrungen während des Krieges mit den durchweg konservativen Beamten stand für ihn eine Veränderung der sozialen Struktur der höheren Beamtenschaft im Vordergrund. Damit befand er sich im Gegensatz zu den sozialdemokratischen Regierungsmitgliedern, die vor allem auf institutionelle Veränderungen setzten. Grzesinskis Leitgedanke war, geeignete Leute in die Verwaltung zu bringen, denn

---

324 Rosenberg, Entstehung, S. 140.
325 Grzesinski, Vor 10 Jahren, S. 37.
326 Grzesinski, Im Kampf (Ms.), Bl. 212f. Dieselben Gedanken vertrat Grzesinski auch schon vor dem Ersten Weltkrieg, vgl. Volksblatt Kassel v. 21.1.1910 und v. 7.9.1911.

diejenigen, „die die Gesetze ausführen sollen und wichtige Entscheidungen über die Bewohnerschaft zu treffen haben, müssen Vertrauensleute derjenigen sein, die sie regieren.“[327] Das bedeutete, den exklusiv-konservativen Verwaltungsdienst für Angehörige der republikanischen Parteien zu öffnen.

Das auffällige Interesse Grzesinskis an Verwaltungsfragen war jedoch kein Selbstzweck und erklärt sich auch nicht dadurch, daß Grzesinski etwa ein geborener Bürokrat gewesen wäre, der übermäßiges Vergnügen aus der Beschäftigung mit dieser Materie gezogen hätte; ebenso wenig ging es ihm um die reine Machtausübung. Vielmehr stand dahinter eine politische Orientierung, eine Grundüberzeugung, welche die Erfahrungen aus dem Kaiserreich und der gescheiterten Revolution von 1848 reflektierte: Das politische Ziel war, die Verwaltung durch organisatorische und personelle Maßnahmen so zu reformieren und umzuformen, daß „der Apparat des Staates nicht mehr als Instrument gegen die Arbeiterschaft zu benutzen ist.“[328]

Sozialismus

Welchen Stellenwert das sozialistische Endziel in der Gedankenwelt Albert Grzesinskis einnahm und was er darunter verstand, ist nicht leicht zu bestimmen. Er war kein Intellektueller, der seine Gedanken zu diesem Thema in ausführlichen theoretischen Ausarbeitungen dargelegt hätte. Aber gemeinsamer Nenner aller Äußerungen zu diesem Komplex ist seine Ansicht, daß es sich bei der Sozialdemokratie vor allem um eine Kulturbewegung gehandelt habe, um eine „nationaldeutsche, soziale Kulturbewegung der deutschen Hand- und geistigen Arbeiter“.[329] In dieser Auffassung spiegelt sich die Tatsache, daß Grzesinski der Weg zur Arbeiterbewegung nicht durch Marx' Schriften, sondern durch den Wunsch nach solidarischer Vertretung der eigenen Interessen gewiesen worden war. „Lassalle lag dem deutschen Arbeiter mehr als Marx und Engels“, schrieb er später.[330] Wohl hat er seine Reden als Gewerkschafts- und Parteiführer in Kassel mit den Versatzstücken der parteioffiziellen Marx-Orthodoxie garniert und in unverbindlicher verbaler Radikalität die Herankunft eines sozialistischen Endzustandes prophezeit. Aber wie man sich das vorzustellen habe und was man dafür tun könne, blieb in seinen Re-

---

327 Rede auf der Bez.-Konferenz der Kasseler Räte. Volksblatt Kassel v. 4.6.1919.

328 Grzesinski, Verwaltungsreform in Preußen. In: Volksstimme Frankfurt/M. v. 26.10.1929. Als einer der folgenschwersten Fehler der Revolutionäre von 1848 wurde in sozialistischer Perspektive (seit Marx) der Verzicht auf eine Umformung der Machtbastionen Militär, Verwaltung und Justiz angesehen; vgl. Grzesinski, Verwaltungsarbeit, S. 8 u. 33. Daß Grzesinskis Verwaltungssicht entscheidend von Karl Liebknecht und Ferdinand Lassalle inspiriert worden war, ist oben dargestellt worden.

329 Grzesinski, Im Kampf (Ms.), Bl. 119. Aus dem Zusammenhang ergibt sich, daß mit „nationaldeutsch“ nicht eine nationalistische Einstellung, sondern die Eigenständigkeit der deutschen Sozialdemokratie in Abgrenzung zum russischen Beispiel gemeint ist.

330 Grzesinski an Tejessy, 10.5.1936. LA Berlin, Rep. 200, Acc. 3983, Nr. 3.

den unklar, und es spricht einiges dafür, daß er selbst darüber keine genauen Vorstellungen hatte. Eine gründliche Auseinandersetzung mit der sozialistischen Theorie hat jedenfalls nicht stattgefunden, dazu waren die täglichen Aufgaben des Gewerkschaftssekretärs zu umfangreich. Priorität hatte die tägliche Kleinarbeit in den Organisationen, der gewerkschaftliche Praktizismus. Der gesellschaftliche Zustand „Sozialismus", von dem man nur eine vage Idee hatte, spielte in der praktischen Politik keine Rolle und wurde allenfalls in Sonntagsreden bemüht. Grzesinski sah in der Arbeiterbewegung im Kaiserreich keine Organisation zur Vorbereitung einer neuen Gesellschaftsordnung, sondern eine „wirkliche Kulturbewegung", „die verdient, als solche allgemein anerkannt und auch ganz offiziell gefördert zu werden"; die Gewerkschaften waren für ihn der „Inbegriff der Solidarität".[331]

In einem Zeitungsartikel erläuterte Grzesinski das Sozialismusverständnis, das 1918/19 in MSPD-Kreisen vorgeherrscht hatte. Dabei fällt auf, daß Sozialismus eher als Wirtschafts-, denn als Gesellschaftsordnung verstanden wird. Auf die Grundfrage, warum „die Führer der SPD in der Revolution ihre sozialistischen Aufgaben absichtlich beschränkten, sich bewußt auf den Boden einer bürgerlichen Republik stellten und sich begnügten, diese Republik zu einer gewissen demokratischen und sozialen Vollkommenheit auszugestalten, alles andere aber der Zukunft überlassend", hatte Grzesinski als Antwort im Rückblick nur die bekannten Argumente parat, die oben als Ausdruck eines mechanistischen und evolutionären Weltverständnisses charakterisiert worden sind: Die alten Richter und Beamten seien geblieben, weil man ihre Fachkenntnisse für den reibungslosen Wiederaufbau gebraucht habe, die Sozialisierung der Großbetriebe sei unterblieben, weil solch ein Eingriff die Produktion völlig zum Erliegen gebracht hätte und der Großgrundbesitz sei nicht enteignet worden, weil sonst die Nahrungsversorgung zusammengebrochen wäre.[332] Grzesinski vertrat einen reformistischen Ansatz, für ihn waren die „sozialistischen Aufgaben" der SPD nicht Selbstzweck, sondern nur dann sinnvoll durchzuführen, wenn konkrete Verbesserungen für die Menschen dabei herauskamen. Diese Bedingung war aus seiner Sicht 1918 nicht erfüllt, eine dezidiert sozialistische Politik hätte zu Chaos, Stillstand und Hunger geführt.[333] Unter diesen Umständen konnte nach Grzesinskis Auffassung der Weg zum Sozialismus nicht über die Zerschlagung des bestehenden Staatsapparates führen, sondern nur über dessen Reform. Das Reformversprechen war bei Grzesinski allerdings, im Gegensatz zu manchem anderen Mehrheitssozialdemokraten, kein Lippenbekenntnis. Die Kon-

---

331 Grzesinski, Die Casseler Gewerkschaften im Jahre 1913. In: Volksblatt Kassel v. 14.2.1914.

332 Wie wurden die Deutschen 1918 mit ihren Problemen fertig? In: Staats-Zeitung und Herold, N.Y., Sonntagsblatt, 13.7.1947 (Expl. in: LA Berlin, Rep. 200, Acc. 3983, Nr. 5).

333 Nach der Erfahrung des Scheiterns der Weimarer Republik war Grzesinski nicht mehr sicher, ob man sich nicht über solche Bedenken hätte hinwegsetzen sollen; „vielleicht wäre die gesamte Arbeiterschaft der großen Ziele wegen nun wieder zusammengeschweißt worden und hätte letzten Endes dann doch die Oberhand behalten." Grzesinski, Im Kampf (Ms.), Bl. 333; vgl. auch Grzesinski an O. Braun, 25.6.1936. LA Berlin, Rep. 200, Acc. 3983, Nr. 3.

flikte mit der Reichsspitze der SPD, die Grzesinski in den Anfangsjahren der Weimarer Republik durchzustehen hatte, belegen dies. Grzesinski setzte sich vehement und nicht immer erfolgreich für einen wirklichen, tiefgehenden Reformprozeß ein, dessen Ziel die Umformung des Staatsapparates, von Verwaltung, Polizei und Militär, in ein Machtmittel der bisher minderprivilegierten Schichten war. Von dieser Basis aus sollte dann tatsächlich, unter Wahrung demokratischer Prinzipien, zur Verwirklichung des Sozialismus geschritten werden. Bei aller Schlichtheit zeigt diese Konzeption doch, daß Grzesinski durchaus über klare politische Zielvorstellungen verfügte und nicht einfach pragmatisch-theorielos drauofloswurstelte.

Der Begriff des Sozialismus war für Grzesinski ein Orientierungspunkt, aber kein dogmatischer Fixpunkt. Kennzeichnend für Grzesinskis eklektizistisches, undogmatisches Sozialismusverständnis ist sein Rekurs auf den ansonsten von ihm wenig geschätzten Parteitheoretiker Karl Kautsky, was dem Zitat einen besonderen Stellenwert verleiht: „Nicht Sozialismus ist unser Endziel, sondern dies besteht in der Aufhebung jeder Art Ausbeutung und Unterdrückung."[334]

Soziale Republik und parlamentarische Demokratie

Grzesinski war überzeugter Anhänger der Republik. Trotzdem hielt er es aufgrund seiner Einschätzung der deutschen Mentalität keinesfalls für ausgemacht, daß mit der Abdankung Wilhelms II. die Monarchie in Deutschland endgültig abgeschafft war. „Vielleicht wäre, wenn der Abgang Wilhelms II. ein würdigerer gewesen wäre, nur ein Personenwechsel eingetreten", aber nachdem Scheidemann die Republik ausgerufen hatte, waren solche Spekulationen hinfällig geworden. Auf „demokratischer Grundlage" sollte der neue Staat als „soziale Republik" aufgebaut werden.[335]

Ebenso klar war Grzesinskis Haltung zur parlamentarischen Demokratie. Aus seinem reformerischen Blickwinkel gehörten Sozialismus und Demokratie zusammen, Sozialismus war für ihn nur als Endpunkt eines demokratischen Prozesses denkbar. Daher sollte in der Revolution von 1918 die Demokratie gesichert werden, um von diesem Fundament aus auf dem Reformwege weitere soziale Verbesserungen zu erreichen, die staatlichen Machtmittel in die Hand zu bekommen und Schritte zu einer Vergesellschaftung der Produktionsmittel zu unternehmen. In ihrem Optimismus, auf der Seite des Fortschritts zu stehen, und in ihrem Glauben an die menschliche Vernunft unterschätzten Grzesinski und viele andere Sozialdemokraten die Hemmnisse, die einer Verwirklichung dieses Vorhabens in den Weg treten konnten. Damit einher ging eine idealisierende Hochachtung vor den aus freien Wahlen hervorgegangenen Parlamenten als den Trägern eines vermeintli-

---

334 In dem bereits herangezogenen Zeitungsartikel (in: Staats-Zeitung und Herold, N.Y., Sonntagsblatt, 13.7.1947) zitiert Grzesinski aus: Karl Kautsky, Die Diktatur des Proletariats, Wien 1919, S. 4.
335 Grzesinski, Im Kampf (Ms.), Bl. 63f. und 73. Vor den Wahlen zur Nationalversammlung glaubte Grzesinski noch an die Möglichkeit einer „sozialistischen Republik". Zentralrat, S. 353 (14.1.1919).

chen „Volkswillens". Auch Grzesinski hatte „einen riesigen Respekt" vor der Volksvertretung, sie war ihm „immer als das Höchste erschienen", „saßen doch die Erwählten des Volkes im Parlament und beschlossen die Gesetze."[336] Mit dieser Hochachtung vor demokratisch gewählten Parlamenten ließ sich eine längere Existenz der Räte als politische Institutionen nicht vereinbaren. Sie sollten nur so lange bestehen, bis alle Provinzial-, Kreis- und Kommunalparlamente nach dem allgemeinen Wahlrecht neu gewählt worden waren.

Aber schon die ersten Monate der Republik bestärkten Grzesinski in seiner Auffassung, daß es nicht ausreiche, nur Gesetze zu beschließen, sie mußten auch gemäß den Intentionen der Legislative umgesetzt werden. Dabei wäre es wenig zweckmäßig gewesen, davon auszugehen, daß Parlament und Regierung sich wie zwei gegensätzliche Lager gegenüberstanden. Vielmehr besteht zwischen Parlamentsmehrheit und Regierung ein dialektisches Verhältnis, das günstigenfalls eng und vertrauensvoll ist. Um ein solches Verhältnis bemühte sich Albert Grzesinski: Im Zentralrat vertrat er die Ansicht, es sei dessen Aufgabe, der Regierung den Rücken freizuhalten, und obwohl diese Auffassung nicht direkt auf das Verhältnis von Parlament(smehrheit) und preußischer Regierung zu übertragen ist, erhält man einen Eindruck davon, wie Grzesinski sich die Beziehung vorstellte. Aber gerade wenn die an der Regierung beteiligten Parteien im Parlament die Minister stützen sollten, war ein Mindestmaß an gegenseitiger Information und Abstimmung nötig. Letztendlich fehlte es der ersten Generation sozialdemokratischer Minister in der preußischen Regierung an einem zeitgemäßen Verständnis von parlamentarischer Herrschaft. Restriktionen aus dem Kaiserreich waren nach wie vor wirksam: Parlament und Regierung wurden in erster Linie als Kontrahenten angesehen, obwohl doch unter den Bedingungen der parlamentarischen Demokratie ein enges, kooperatives Verhältnis zwischen Regierung und Mehrheitsfraktionen funktional gewesen wäre. Aber in der Ministerialbürokratie herrschte nach wie vor die Fiktion von der überparteilichen, die Einheit des Staates verkörpernden Exekutive – und die sozialdemokratischen preußischen Minister im Kabinett Hirsch waren nicht fähig oder willens, dem entgegenzutreten. Es wirkte die Vorkriegssichtweise nach, das Parlament als Verkörperung partikularer (Partei-)Interessen aufzufassen. Von diesem Standpunkt aus tat man sich schwer, eine parlamentarische Kontrolle und erst recht Wünsche und Anregungen der Fraktionen als berechtigt anzuerkennen.[337] Auch hier bot Innenminister Heine, der eher auf die alten Bürokraten des Innenministeriums als auf die SPD-Fraktion hörte, das Beispiel, wie man es nicht machen sollte. „Die Regierung hat sich die größte Mühe gegeben, mit den alten Beamten zusammenzuarbeiten" – diese Äußerung stammt nicht etwa von einem linkssoziali-

---

336 Angesichts der z.T. unwürdigen parlamentarischen Verhandlungen in der Weimarer Zeit kam dieser Respekt allerdings abhanden. Grzesinski, Im Kampf (Ms.), Bl. 141.

337 Vgl. dazu Pikart, Rolle der Parteien, S. 274; Ritter, Deutsche Parteien, S. 11.

stischen Koalitionskritiker, sondern von Heine selbst.[338] Dessen Scheitern war für Grzesinski ein warnendes Beispiel.

Macht, Theorie und Praxis

„Du solltest von mir wissen [...], daß ich kein Freund von Programmen und grauen Theorien bin. Wenn man die Macht hat, setzt man seinen Willen durch, hat man sie nicht, bringt einen auch die Festlegung auf ein vorher geschriebenes Programm nicht weiter und nicht zum Ziel."[339] Diese Passage aus einem Brief Grzesinskis aus dem Jahre 1943 ist eindeutig. In diesem Fall bedarf es keiner hermeneutischen Anstrengung, um Grzesinskis Grundhaltung herauszuarbeiten; das Zitat spricht für sich. Und es handelt sich bei der angeführten Sentenz nicht etwa um eine Alterserkenntnis, sondern es gibt verschiedene Belege, daß Grzesinski zeit seines Lebens so gedacht hat: Bereits dreißig Jahre zuvor hatte er sich in einem Bericht über den Jenaer Parteitag der SPD dagegen gewandt, an Fragen der Tagespolitik generell die Meßlatte der Prinzipien eines feststehenden Programms anzulegen.[340]

Hinter Grzesinskis Abneigung gegen fundamentalistische programmatische Festlegungen stand die Besorgnis, daß dadurch Handlungsoptionen verbaut und politische Kompromisse erschwert werden könnten. Albert Grzesinski hat sich der Einsicht, daß zur parlamentarischen Demokratie die Fähigkeit zum politischen Kompromiß gehört, nicht verschlossen. Das war für das Gelingen der Koalitionspolitik im Preußen der Weimarer Republik, die er als SPD-Fraktionsvorsitzender und Innenminister maßgeblich mitgetragen hat, von großer Bedeutung.

Daß Grzesinski machtbewußt, ehrgeizig und eine kraftvolle, zuweilen rücksichtslose Autorität war, erwies seine Politik als Arbeiterratsvorsitzender in Kassel. Er war im Gegensatz zu Severing kein konzilianter Charakter, der ohne Not etwas von seiner Macht abgegeben hätte. Das unterschiedliche Verhalten gegenüber Vertretern des „Bürgertums" nach der Revolution macht diesen Umstand deutlich: Während Severing in Bielefeld einen Volks- und Soldatenrat unter Beteiligung „bürgerlicher" Gruppen bildete, lehnte Grzesinski es ausdrücklich ab, die Macht zu teilen.[341] Im Gegenteil, wenn er es für nötig hielt, überschritt er auch bewußt die eigenen Kompetenzen.[342] Bei all dem war Grzesinski kein prinzipienloser Macchiavellist; sein ausgeprägtes Machtbewußtsein war immer an politischen Zielen orientiert und sowohl mit dem Willen, sich an die Spielregeln der parlamentarischen Demokratie zu halten, als auch mit der Fähigkeit zum politischen Kompromiß

---

338 SB PrLV, 16.12.1919, Sp. 8211.
339 Grzesinski an Tejessy, 5.12.1943. LA Berlin, Rep. 200, Acc. 3983, Nr. 3.
340 Volksblatt Kassel v. 26.9.1913; vgl. Prot. SPD-PT 1913, S. 419ff.
341 Volksblatt Kassel v. 16.11.1918; Grzesinski, Im Kampf (Ms.), Bl. 65.
342 Im Zentralrat trat er mit folgender Begründung für eine Beschlagnahme von Schwarzmarktware ein: „Wir haben nicht die Befugnisse dazu, das stimmt, aber wir müssen eben handeln. Solchem Schleichhandel [...] entgegenzutreten, dazu ist jedes Mittel recht und ist unsere Pflicht." Zentralrat, S. 687.

verbunden. Die Notwendigkeit handlungsleitender Grundüberzeugungen hat Grzesinski stets betont.[343]

Über diese Grundüberzeugungen, seine Ansicht zu wichtigen politischen Grundfragen, sollte der vorliegende Abschnitt Auskunft geben. Auch wenn Grzesinski kein sozialistischer Theoretiker war, so ist doch deutlich geworden, daß er durchaus klare Vorstellungen von seinen politischen Zielen gehabt hat, daß er wußte, was politisch erstrebenswert war und daß dies auch in seine spätere Arbeit als verantwortlicher Politiker einfloß. Explizit und zusammenhängend hat sich Grzesinski zu seinen politischen Zielen und Idealen nur selten geäußert. Aber einmal, als er über seine Partei schrieb, die ihm über viele Jahrzehnte hindurch nicht nur politische, sondern auch emotionale und geistige Heimat gewesen war, flossen in eine vordergründig sachlich-objektive Schilderung der Ziele der Sozialdemokratie doch die eigenen Überzeugungen ein: „Das politische Ideal der SPD war die demokratische deutsche Einheitsrepublik; ihr wirtschaftliches Ziel Sozialreformen und die Umwandlung des kapitalistischen Privateigentums an den Produktionsmitteln in gesellschaftliches Eigentum auf demokratischem Wege."[344]

343 „Man soll eine programmatische Überzeugung haben und darauf seine Theorie bauen; beides soll im Innern festsitzen und das Handeln bestimmen." Grzesinski an Tejessy, 17.9.1944. LA Berlin, Rep. 200, Acc. 3983, Nr. 3.
344 Grzesinski, Das andere Deutschland (Ms., Sept. 1939), Bl. 7. LA Berlin, Rep. 200, Acc. 3983, Nr. 1.

III. In Verwaltung und Parlament – Politik im Preußen der Weimarer Republik 1919-1926

Im Januar 1919 waren die deutsche Nationalversammlung und die Verfassunggebende Preußische Landesversammlung gewählt worden. Kommunalwahlen schlossen sich an; in Kassel wurde am 2. März die Stadtverordnetenversammlung neu gewählt. Aus diesen Wahlen ging in Kassel die Mehrheitssozialdemokratie als Siegerin hervor. Stimmenanteile von jeweils über 50 Prozent lagen deutlich über dem Reichs- bzw. preußischen Durchschnitt und waren ein klarer Vertrauensbeweis der Wähler für die lokale sozialdemokratische Führung.[1] Grzesinski hatte für die preußische Landesversammlung und die Stadtverordnetenversammlung kandidiert und wurde auch in beide Parlamente gewählt.[2] Seine Wahl zum Vorsteher der Kasseler Stadtverordnetenversammlung dokumentierte sein politisches Gewicht, seinen Einfluß und sein Prestige. Bis zum Ende der Wahlperiode im Jahre 1924 behielt er dieses Amt, kandidierte dann aber nicht mehr, weil die Arbeit im preußischen Landtag und seine Karriere in der preußischen Verwaltung ihm keine Zeit mehr dazu ließen.[3]

Eine Episode aus der Zeit als Stadtverordnetenvorsteher ist der Überlieferung wert, nämlich die Ernennung Philipp Scheidemanns zum Kasseler Oberbürgermeister im Dezember 1919. Ursprünglich war Grzesinski der gegebene Kandidat, als das Amt durch den Eintritt Erich Kochs in das Reichskabinett im Oktober vakant geworden war. Indessen boten sich Grzesinski in Berlin bereits interessantere politische Aufgaben und Perspektiven (er war zu der Zeit Unterstaatssekretär und stand vor der Ernennung zum Reichskommissar), vielleicht auch verlockendere „Bindungen rein persönlicher Art".[4] Darum verfielen Grzesinski und die Kasseler SPD-Führung auf die Idee, Scheidemann die Stelle des Oberbürgermeisters anzubieten. Scheidemann war davon angetan und als gebürtiger Kasselaner auch in gewisser Weise für das Amt qualifiziert. Allerdings hatte er gehofft, Amt und Reichstagsmandat verbinden zu können, was jedoch nur schwer gelang und meist zu Lasten des Kasseler Postens ging. Daß der gewandte Parlamentarier und glänzende Redner als Bürgermeister einer kleinen Großstadt nicht glücklich werden würde, hätte vorausgesehen werden können. Die kontinuierliche Verwaltungsarbeit, die wenig Raum für öffentliche Auftritte ließ, lag ihm nicht, und er gab sich

---

1 In der Stadt Kassel. Im Wahlbezirk Kassel-Land stimmten bei den Wahlen zu RT und PrLV sogar über 70 % der Wähler für die MSPD. Zusammenstellung der Wahlergebnisse bei Höpken, Geschichte, S. 288.

2 Volksblatt Kassel v. 3.2.1919 u. 3.3.1919.

3 Volksblatt Kassel v. 25.3.1919 u. 12.4.1921; vgl. Grzesinski, Im Kampf (Ms.), Bl. 142.

4 Grzesinski, Im Kampf (Ms.), Bl. 39.

keine Mühe, das zu verbergen, was wiederum zu Verstimmungen und Konflikten auch in der eigenen Partei führte. Es war „ein Unglück für ihn, daß er Oberbürgermeister in seiner Vaterstadt Kassel wurde", stellte Grzesinski im Rückblick fest und gab zu, dafür die Verantwortung zu tragen.[5]

Parallel zur Verlagerung der Hauptaktivitäten nach Berlin trennte sich Grzesinski nach und nach von seinen Ämtern in Kassel. Den Vorsitz des Gewerkschaftskartells gab er im Mai 1919 ab. Etwa zur selben Zeit, in Zusammenhang mit der Ernennung zum Unterstaatssekretär im Preußischen Kriegsministerium, schied er auch als besoldeter Sekretär des Kasseler Metallarbeiterverbandes aus und zog sich 1920 zudem aus der obersten Leitung des DMV in Kassel zurück.[6] Damit können wir Kassel verlassen, das immerhin für 19 Jahre im Zentrum der politischen Tätigkeit Albert Grzesinskis gestanden hatte. Die wichtigere Arbeit war jetzt auf der preußischen und auf der Reichsebene zu leisten, und Grzesinskis Weigerung, Oberbürgermeister in Kassel zu werden, zeigt seine klare Option für eine Karriere in Berlin.

In diesem Kapitel soll gezeigt werden, wie Grzesinski an seine politischen Aufgaben unter den Strukturbedingungen der parlamentarischen Demokratie heranging, wie er seine Tätigkeit im übergreifenden Kontext „Ausgestaltung der Republik" auffaßte und welche Erfahrungen aus dieser Zeit er später, als Minister, aufgriff.

Daß im folgenden zwischen dem „Verwaltungsmann" und dem Parlamentarier unterschieden wird und dafür jeweils ein eigener Abschnitt zur Verfügung steht, ist eine Konstruktion des Verfassers, um die einzelnen Wirkungsbereiche analytisch zu trennen und nicht in eine rein chronologisch-deskriptive Darstellungsweise zu geraten. Im Abschnitt über die verschiedenen staatlichen Ämter, die Grzesinski zwischen 1919 und 1926 bekleidet hat, wird seine politische und exekutive Praxis im Mittelpunkt stehen, im Abschnitt über die parlamentarische Tätigkeit werden vorrangig die Fragen der politischen Grundanschauungen behandelt. Indessen ist bei der Darstellung der historischen Prozesse, Strukturen und Ereignisse eine Trennung zwischen Verwaltungs- und Parlamentsarbeit nicht strikt durchzuhalten und auch nicht sinnvoll. Verwaltung und Parlament bilden die beiden Pole, zwischen denen sich Grzesinskis politisches Handeln bewegte; sie sind keine Gegensätze, sondern zwei Seiten desselben Phänomens, des homo politicus Albert Grzesinski. Darum muß selbstverständlich im Abschnitt über den Parlamentarier auch auf den Verwaltungspraktiker eingegangen werden und umgekehrt. Die vielfältigen

---

5 Grzesinski, Im Kampf (Ms.), Bl. 37. Vgl. zur gesamten Scheidemann-Episode ebd., Bl. 37-41 sowie Grzesinski an Tejessy, 11.12.1939. LA Berlin, Rep. 200, Acc. 3983, Nr. 3. Nach Grzesinskis Meinung überragte Scheidemann die meisten Parteiführer weit. In der Kasseler Lokalpolitik gab es weitgehende politische Übereinstimmung zwischen den beiden. Daß er in Abhängigkeit von Scheidemann gestanden habe, hat Grzesinski allerdings bestritten. Ebd.

6 Volksblatt Kassel v. 15.5.1919 u. 12.2.1921; Grzesinski, Im Kampf (Ms.), Bl. 3.

Verbindungen und Interdependenzen zwischen diesen beiden Bereichen aufzudek-
ken, ist ein weiteres Anliegen dieses Kapitels.

1 In verschiedenen staatlichen Ämtern

Im vorangegangenen Kapitel ist der hohe Stellenwert, den die Verwaltung in Grzesinskis politischer Konzeption einnahm, ausführlich dargelegt worden. Im Sinne
dieser Anschauungen war es konsequent, daß Grzesinski sich um die Übernahme
von Ämtern in Reichs- und Staatsverwaltungen bemühte, zumal er bewußt ein
Landtagsmandat der Mitgliedschaft im Reichstag vorgezogen hatte, weil er glaubte, dadurch näher mit der Verwaltung in Berührung zu kommen.[7] Im folgenden
sind die Stationen des beruflichen Werdegangs kurz zusammengestellt:[8]
– 16. Juni 1919 – 10. November 1919: Unterstaatssekretär im Preußischen Kriegsministerium.[9]
– 11. November 1919 – 31. März 1921: Reichskommissar des Reichsabwicklungsamtes. In diesem Amt führt Grzesinski die bereits im Kriegsministerium
begonnene Abwicklung des alten Heeres zu Ende.[10]
– 15. Juli 1921 – 19. November 1922: Referent im Reichsarbeitsministerium.[11]
– 20. November 1922 – 31. März 1924: Präsident des Landespolizeiamtes beim
Preußischen Innenminister (Wucherbekämpfung), Übernahme in die preußische
innere Verwaltung als Oberregierungsrat. Nach Auflösung des Landespolizeiamtes (31. März 1924) wird Grzesinski ins Preußische Ministerium des Innern
versetzt und führt dort die Aufgaben bis zum 15. Mai weiter.[12]
– 16. Mai 1925 – 6. Oktober 1926: Polizeipräsident in Berlin.
Zu diesen längerfristigen Anstellungen kamen weitere kurzfristige Notfalleinsätze
im Dienste der Reichs- oder preußischen Staatsregierung:
– Juli 1919: Preußischer Staatskommissar zur Beilegung des Landarbeiterstreiks
und der Unruhen in Pommern.[13]

---

7 Grzesinski, Im Kampf (Ms.), Bl. 142.
8 Nach dem Lebenslauf, den Grzesinski seinem Memoirenmanuskript voranstellte (Im Kampf, Ms., Bl. 3),
ergänzt und korrigiert anhand amtlicher Akten und der Landtagshandbücher.
9 Die Ernennung stammt vom 16. Juni, sein Amt trat er am 20. Juni an. AdR, Kabinett Scheidemann, S. 468.
10 Das Dienstende als Reichsabwicklungskommissar fällt zwar auf den 31. März 1921, die Beschäftigung im
Reichsfinanzministerium endete offiziell aber erst nach einem ausgedehnten „Urlaub" am 14.7.1921. Perso-
nalbogen v. 1.9.1921, in: BA Zwischenarchiv Dahlwitz-Hoppegarten, Reichsarbeitsministerium, PA 303.
11 Vgl. BA Zwischenarchiv Dahlwitz-Hoppegarten, Reichsarbeitsministerium, PA 303.
12 Vgl. IISG Amsterdam, Nl. Grzesinski, Nr. 663-666; Handb. PrLT, 2. WP (1925), S. 262.
13 IISG Amsterdam, Nl. Grzesinski, Nr. 509. Vgl. auch SB PrLV, 18.7.1919, Sp. 3845f.; Grzesinski, Im Kampf
(Ms.), Bl. 122.

- 18. März 1920: Ziviler Beigeordneter beim Oberbefehlshaber der Berliner Reichswehrgruppe I, v. Seeckt. Rücktritt am 20. März.[14]
- 18. März 1920: Preußischer Staatskommissar, wiederum zur Beilegung eines bewaffneten Konfliktes zwischen Arbeitern und Reichswehr in Stettin.[15]
- 22. März 1920: Reichskommissar für das Gebiet der Reichswehrbrigade Kassel.[16]

Grzesinskis Einsätze als Reichs- und Staatskommissar zeigen, daß er über die Fähigkeit verfügte, die Erfolgsaussichten einer Aufgabe realistisch einzuschätzen. Hielt er sie für lösbar, ging er sofort mit aller Energie an die Arbeit; hielt er sich nicht für den richtigen Mann, gab er den Auftrag schnell zurück. Als er nach dem Kapp-Putsch die Verbindung zwischen Reichsregierung und Reichswehr sicherstellen sollte und keine Möglichkeit zu einer erfolgreichen Zusammenarbeit mit der Militärbürokratie sah, gab er nach einem Tag auf. Wenn er sich aber einmal zur Übernahme einer Aufgabe entschlossen hatte, besaß er einen langen Atem. Als er am 22. März 1920 als Staatskommissar in Stettin im Namen der preußischen Regierung bindende Verpflichtungen eingegangen war, um die Auseinandersetzungen zwischen streikenden Arbeitern und Reichswehrtruppen zu beenden, hakte er noch acht Monate später energisch und mit Erfolg nach, um die Erfüllung des Abkommens anzumahnen, die im preußischen Innenministerium offensichtlich verschleppt worden war.[17]

1.1 Unterstaatssekretär und Reichsabwicklungskommissar

a) Abwicklung der alten Armee

Grzesinskis erste politisch bedeutsame Aufgabe in der „großen" Politik war seine Arbeit im Zusammenhang mit der Auflösung der alten preußischen, noch aus der Kaiserzeit stammenden Heeresorganisation. Im Juni 1919 trat er das Amt des parlamentarischen Unterstaatssekretärs im Preußischen Kriegsministerium an. Seine Ernennung kam unerwartet, vor allem weil er bis dahin auf dem Gebiet der Militärverwaltung noch nicht als ausgesprochener Experte in Erscheinung getreten war. Außerdem hatte er nicht „gedient". Aber vermutlich war gerade das der Grund, warum ihn die SPD-Fraktion der preußischen Landesversammlung ein-

---

14 Grzesinski, Im Kampf (Ms.), Bl. 131; Krüger, Diktatur oder Volksherrschaft? S. 24.
15 Grzesinski an O. Braun, 3.11.1920. IISG Amsterdam, Nl. Grzesinski, Nr. 542. Die Ernennung stammte vom 18.3., Grzesinski war vom 22.-24. März in Stettin. Eimers, Das Verhältnis, S. 227; vgl. auch Grzesinski, Im Kampf (Ms.), Bl. 137f.
16 Grzesinski, Im Kampf (Ms.), Bl. 136; vgl. Vorwärts v. 8. und 10.4.1920.
17 In seiner charakteristischen kompromißlosen Diktion forderte Grzesinski seinen Freund „Otto" (Braun) auf, „da einmal mit dem Donnerwetter dreinzuschlagen" und den „Skandal" der Verschleppung im PrMdI zu beenden. Grzesinski an MP Braun, 3.11.1920. IISG Amsterdam, Nl. Grzesinski, Nr. 542.

stimmig für dieses Amt vorgeschlagen hatte.[18] Sein Vorgänger, der Sozialdemokrat und ehemalige Pfarrer Paul Göhre, war im Krieg Offizier gewesen und wohl auch deshalb nicht in der Lage, den Vormachtanspruch der Zivilregierung gegenüber der Militärbürokratie durchzusetzen. Von Grzesinski erhoffte man sich mehr Selbstbewußtsein gegenüber den Stabsoffizieren.

Bereits im Januar 1919 hatte es im Zentralrat eine folgenlose Debatte über die Ablösung Göhres gegeben, in deren Verlauf mehrere Redner ihn als absolut ungeeignet bezeichnet und besonders sein mangelndes Gespür für die Stimmung und Sorgen der einfachen Soldaten kritisiert hatten.[19] Göhre blieb jedoch noch bis April im Amt und wechselte dann, wieder als Staatssekretär, ins preußische Staatsministerium. Auch hier trat er als politischer Akteur kaum in Erscheinung.[20]

Am 16. Juni 1919 wurde Grzesinski zu Göhres Nachfolger im Preußischen Kriegsministerium ernannt.[21] Obwohl er nie Soldat gewesen war, hatte er sich, nicht zuletzt durch seine Arbeit im Zentralrat als Mitglied des Soldatenausschusses, gründliche Kenntnisse über das Militär und seine Verwaltung angeeignet. Auch hier gab es ein Negativbeispiel, wie man es nicht machen solle, in Gestalt des bisherigen Amtsinhabers. Es scheint, als habe Grzesinski sein ganzes Leben hindurch davon profitiert, daß er immer wieder solche Negativbeispiele fand und in der Lage war, die treffenden Schlüsse aus deren Scheitern zu ziehen: Da waren die königliche Beamtenschaft in Kassel[22], die preußischen Innenminister Heine und Severing, und eben der Unterstaatssekretär Göhre.

Nach Grzesinskis eigener Einschätzung (geäußert, noch bevor dieses Amt für ihn in Reichweite kam) gehörte auf den schwierigen Posten des Unterstaatssekretärs im Preußischen Kriegsministerium eine kompetente und energische Persönlichkeit.[23] Energie und Kompetenz (bei Grzesinski oft mit „Wissen" gleichgesetzt) waren für ihn die entscheidenden persönlichen Voraussetzungen für die Übernahme eines politischen Amtes in der Demokratie, besonders in schwierigen Zeiten. Darüber hinaus ist „Energie" geradezu ein Schlüsselwort für Albert Grzesinski; wer – wie Göhre – nicht über die „Energie" verfügte, „um sich durchzusetzen"[24], war politisch tot. Dieses Schicksal wollte Grzesinski nicht erleiden. „Ein Amt hat im-

---

18 Grzesinski, Im Kampf (Ms.), Bl. 84.
19 Zentralrat, 9.1.1919, S. 281-284 (Wäger, Voigt). Grzesinski trat diesen Kritikern nicht bei, weil er den Zentralrat nicht für zuständig hielt.
20 Schulze, Otto Braun, S. 377.
21 AdR, Kabinett Scheidemann, Dok. 112, S. 468. Die Ernennung erfolgte vom PrStMin., das Reichskabinett stimmte zu.
22 Von ihr erfuhr Grzesinski, „wie man es nicht machen dürfte" und zog daraus Lehren für seine Personalpolitik. Grzesinski, Im Kampf (Ms.), Bl. 51f.
23 Zentralrat, S. 284 (9.1.1919).
24 Grzesinski, Im Kampf (Ms.), Bl. 84.

mer nur die Bedeutung, welche ihm sein Inhaber gibt", schrieb er rückblickend mit ausdrücklichem Bezug auf das Preußische Kriegsministerium.[25]

Über die Aufgaben, die Grzesinski im Preußischen Kriegsministerium erfüllen sollte, läßt sich sehr viel Konkretes nicht mehr ermitteln. Alles, was wir darüber wissen, stammt aus Briefen und Schriften Grzesinskis, denn die Akten des Preußischen Kriegsministeriums sind verlorengegangen.[26]

Das Bestehen eines eigenen preußischen Kriegsministeriums war eigentlich eine Anomalie, denn die neue deutsche Armee sollte nach dem Willen der Entente eine Reichsarmee sein, mit einem eigenen Reichsministerium. Das preußische Kriegsministerium konnte demnach nur die Aufgabe haben, das preußische Kontingent des alten kaiserlichen Heeres vorübergehend zu verwalten, aufzulösen und – wie es im Militärjargon hieß – „abzuwickeln". Weiterhin sollte es das Reichswehrministerium bei der Aufstellung der neuen Reichswehr unterstützen. Mit Inkrafttreten der Weimarer Reichsverfassung im August 1919, zwei Monate nach Grzesinskis Amtsantritt, verfiel das Preußische Kriegsministerium der Auflösung und wurde dem Reichswehrministerium angegliedert. Einen preußischen Kriegsminister gab es nur bis Mitte September.[27] In den Ausführungsbestimmungen des Kriegsministers, die Grzesinskis Aufgabe präzisieren sollten, hieß es unter anderem, daß der Unterstaatssekretär selbständig Verfügungen über „Angelegenheiten der Abwicklung, Versorgung, Verpflegung, Bekleidung, Unterbringung, Sanitätsdienst und Gerichtswesen" der Soldaten und Zivilbediensteten unterzeichnen könne.[28] Ebenso sollte Grzesinski die „preußischen militärischen Angelegenheiten, insbesondere auf den Gebieten der Verwaltungs-, Versorgungs- und Arbeiterfragen" mitbearbeiten. Vor allem ging es darum, die Bildung illegitimer Freiwilligenformationen zu verhindern.[29]

Von größerer Bedeutung als eine detaillierte Darstellung der politischen Maßnahmen Grzesinskis, die zudem unter dem Quellenmangel leiden würde, ist die Untersuchung der Art und Weise der Amtsführung; es soll also weniger nach dem „Was?" als nach dem „Wie?" der fünfmonatigen Amtszeit gefragt werden. Wenn man die Autobiographie unter diesem Aspekt betrachtet, gab es zwei leitende Gesichtspunkte für Grzesinski: Zum einen nahm er die Kompetenzen, die ihm der Kriegsminister schriftlich eingeräumt hatte, extensiv wahr und kümmerte sich „energisch" darum, daß sie nicht bloß auf dem Papier stehen blieben.[30] Zum anderen nahm er das Recht in Anspruch, sich über alle Vorgänge im Ministerium zu informieren. Das scheint in der Demokratie für einen parlamentarischen Staatsse-

25 Grzesinski, Im Kampf (Ms.), Bl. 86.
26 Frdl. schriftl. Auskunft des BA-Militärarchiv Freiburg v. 20.8.1993.
27 Vgl. Möller, Parlamentarismus, S. 607.
28 Zit. nach Grzesinski, Im Kampf (Ms.), Bl. 85.
29 Grzesinski, Im Kampf (Ms.), Bl. 85-87.
30 Grzesinski, Im Kampf (Ms.), Bl. 86.

kretär nicht nur eine legitime Forderung, sondern eine absolute Notwendigkeit zu sein. Die Praxis im Kriegsministerium sah jedoch anders aus, die Militärbürokratie hatte Schwierigkeiten, sich der neuen Zeit anzupassen, und versuchte, Grzesinski dieses Recht zu verwehren: „Ich steckte meine Nase überall hinein. Das war meine Pflicht, aber auch mein Recht. Dieses Recht wurde mir, als ich sehr bald unbequem wurde, streitig gemacht. In mehr als einer Auseinandersetzung mit den Departementsdirektoren des Kriegsministeriums und auch mit dem Kriegsminister Reinhardt selbst habe ich um meinen Einfluß kämpfen müssen – und mich durchgesetzt."[31]

Aus diesen Erfahrungen zog Grzesinski seine Konsequenzen: Wer nicht bereit ist, energisch auf seine Rechte zu pochen, wer nicht fähig ist zum Konflikt, zum Kampf um politischen Einfluß, und wer nicht in der Lage ist, sich durchzusetzen, wird in einem politischen Amt keinen Erfolg haben. Besonders unter widrigen Bedingungen, wenn die Mehrzahl der Mitarbeiter fundamental abweichenden politischen Überzeugungen anhängt, muß zur fachlichen Kompetenz und zum politischen Weitblick kämpferische Energie hinzutreten. Charakteristisch für Grzesinski ist die starke Betonung des Kampfes, die immer auch auf seinen unbedingten Willen hinweist, sich gegen alle Widerstände einer als feindlich empfundenen Umwelt durchzusetzen.

Eine bewußte demokratische Personalpolitik gehörte für Grzesinski von Anfang an zu den bevorzugten Maßnahmen, die Demokratie abzusichern. Das erwies sein Einsatz als Staatskommissar im chronisch unruhigen Pommern im Juli 1919. Auslöser des Konfliktes war die Verhängung des Belagerungszustandes durch das Stettiner Generalkommando am 12. Juli 1919, was von der Arbeiterschaft mit dem Generalstreik beantwortet worden war. Als daraufhin der „Bürgerstreik" erklärt wurde und Ladenbesitzer ihre Geschäfte geschlossen hielten, entstand die Gefahr eines Bürgerkrieges. Die Auseinandersetzungen hatten ihre tiefere Ursache im Versuch der besonders reaktionären Agrarier Pommerns und angrenzender Gebiete (die im Pommerschen Landbund zusammengeschlossen waren), im Verein mit Reichswehr und Freikorps die christlichen und freigewerkschaftlichen Landarbeiterverbände zu zerschlagen und Tarifverträge zu umgehen. Am 17. Juli kamen Grzesinski (der wegen seiner pommerschen Herkunft gewissermaßen auch landsmannschaftlich „zuständig" war) und der Unterstaatssekretär des preußischen Innenministeriums, Meyer, zu Verhandlungen nach Stettin. Sie erreichten die Aufhebung des Belagerungszustands und den Abbruch von General- und Bürgerstreik.[32] Gleichwohl waren die Verhältnisse damit nur vorübergehend befriedet. Landbund, Reichswehr und Freikorps gaben den Kampf gegen die organisierten Landarbeiter nicht auf, und man kann diesen Machtkampf in Pommern sicher zur

---

31 Grzesinski, Im Kampf (Ms.), Bl. 87.
32 Ausführliche Darstellung der Ereignisse bei Grzesinski, Im Kampf (Ms.), Bl. 121-123; vgl. auch SB PrLV, 18.7.1919, Sp. 3845f. (Meyer).

„unmittelbaren Vorgeschichte des Kapp-Lüttwitz-Putsches" rechnen.[33] Für unseren thematischen Zusammenhang sind die politischen Forderungen wichtig, die Grzesinski und sein Kollege Meyer im Anschluß an ihre Mission in Pommern an die Preußische Staatsregierung stellten. Sie weisen Grzesinski bereits 1919 als überzeugten Anhänger einer bewußten demokratischen Personalpolitik aus: Ungeeignete Offiziere des Stettiner Generalkommandos sollten ebenso ausgetauscht werden wie der Regierungspräsident von Stralsund, der durch einen „aus Überzeugung demokratisch denkenden, tatkräftigen Mann" zu ersetzen sei. Außerdem sollten Landräte, die sich zu eng mit dem Pommerschen Landbund eingelassen hatten, ausgewechselt werden.[34] Diese letzte Forderung wurde im Dezember 1919 vom preußischen Landwirtschaftsminister Otto Braun wiederholt, aber ebensowenig wie die Staatskommissare Meyer und Grzesinski konnte Braun den preußischen Innenminister Heine zu einer aktiven demokratischen Personalpolitik bewegen.[35]

Die Schwierigkeiten und Widerstände, auf die Grzesinski im Preußischen Kriegsministerium traf und die sich als sehr hartnäckig erwiesen, scheinen ihn mit der Zeit zu der Auffassung gebracht zu haben, daß es kontraproduktiv war, die Abwicklung des alten Heeres den preußischen, sächsischen, bayerischen und württembergischen Kriegsministerien zu überlassen, die zwar seit dem 20. August 1919 offiziell aufgelöst waren, aber faktisch als „Reichswehrbefehlsstellen" im Reichswehrministerium fortbestanden. Zu viele Partikularinteressen waren hier im Spiel. Das strukturelle Problem der Abwicklung bestand darin, daß die während des Krieges ins Uferlose angewachsene Militärverwaltung mit ihrer eigenen Abschaffung beauftragt worden war. Hinzu kam, daß es so etwas wie einen „militärisch-industriellen Komplex" mit engen Verbindungen zwischen Kriegsproduzenten und auftragvergebenden Militärbürokraten gab, was sich hinderlich auf die Abwicklung und Abfindung der Kriegslieferungsverträge auswirkte. Und noch eine weitere Schwierigkeit tauchte auf: Die Verhältnisse im Reichswehrministerium waren nicht so, daß an eine rasche Auflösung der alten Armee zu denken war. Im Gespräch mit Erich Koch, der sechs Wochen später Reichsinnenminister werden sollte, klagte Grzesinski über den starken Einfluß reaktionärer Offiziere im Reichswehrministerium.[36] Infolgedessen hätte eine Abwicklung unter dessen Ägide endlos gedauert.

Bei dieser Lage schlug Grzesinski einen scharfen Schnitt vor: Die Abwicklung sollte den Militärs entzogen und einer besonderen zivilen Stelle übertragen werden. Die ungefähr 2.000 über das Reich verteilten Abwicklungsstellen sollten unter

---

33 Winkler, Von der Revolution, S. 297. Auch Grzesinski hat diesen Zusammenhang gesehen: Acht Monate nach seiner Vermittlungsaktion sei der Kapp-Putsch ausgebrochen: „Die pommersche Reichswehr war natürlich mit von der Partie". Grzesinski, Im Kampf (Ms.), Bl. 123.

34 Bericht der Staatskommissare an die Pr. Staatsregierung, dat. 19.7.1919. IISG Amsterdam, Nl. Grzesinski, Nr. 509.

35 Vgl. Schulze, Otto Braun, S. 287.

36 BA Koblenz, Nl. Koch-Weser, Nr. 16, S. 257 (28.8.1919).

einem Dach zusammengefaßt werden. Diesen Vorschlag unterbreitete Grzesinski Anfang Oktober 1919 Reichsfinanzminister Matthias Erzberger, nachdem er bereits am 19. September in einem Schreiben an Reichsinnenminister David (SPD) ähnliche Anregungen gegeben hatte.[37] Erzberger schloß sich Grzesinskis Argumentation an. Für den Finanzminister genoß schon aus Kostengründen „die schnellste Liquidation des alten Heeres und der Kriegseinrichtungen" absolute Priorität.[38] Dabei muß man sich vergegenwärtigen, daß den Abwicklungsbehörden 13 Millionen Heeresangehörige gegenüberstanden. Für das finanzielle und politische Fortbestehen des Reiches war es geradezu lebenswichtig, daß diese Menschen wieder der zivilen Produktion zur Verfügung standen und nicht mehr den Staatshaushalt belasteten. Ein eigenes Abwicklungsamt hatte in dieser Hinsicht mehrere Vorteile: Das retardierende Moment Kriegsministerium bzw. Reichswehrbefehlsstelle wurde ausgeschaltet, durch die Zusammenfassung der Abwicklungsstellen war eine einheitliche und zügige Abwicklungspraxis gewährleistet, und letztendlich wurden durch die beschleunigte Abwicklung dem Reich Kosten erspart.

Mit seinen Vorschlägen für ein Reichsabwicklungsamt und einen Reichsabwicklungskommissar hatte Grzsesinski durchaus auch die eigene Karriere im Auge, denn er konnte davon ausgehen, daß er, der als Unterstaatssekretär mit Fragen der Abwicklung befaßt war, der aussichtsreichste Kandidat für den neuen Posten war. Außerdem war das Ende der Staatssekretärslaufbahn abzusehen, denn ein Ministerium, das es nicht mehr gab, brauchte auch keinen Staatssekretär. Grzesinski dachte in diesen Dingen pragmatisch und hat es sicher nicht als anstößig empfunden, gleichzeitig mit seinem sachlichen Vorschlag auch die eigene Person ins Gespräch zu bringen. Zwischen dem linken Zentrumspolitiker Erzberger und dem gemäßigt rechten Sozialdemokraten Grzesinski gab es eine weitgehende Übereinstimmung in persönlicher und politischer Hinsicht. Wenn Grzesinski später schrieb, er habe Erzberger „sehr schätzen gelernt", so ist das in seiner unterkühlten Sprache der Ausdruck hoher Wertschätzung. Erzberger war für Grzesinski ein Vorbild, weil er in seinem Ministerium der „Chef" und nicht nur die repräsentative Spitze war, was man, wie Grzesinski im Rückblick bedauerte, „leider schon damals nicht von allen republikanischen Ministern in Deutschland behaupten" konnte.[39] Chef im Amt zu sein und als solcher anerkannt zu werden, war für Grzesinski der Inbegriff der erfolgreichen Amtsführung und darum sein oberstes Ziel. Immer wenn er ein neues Amt übernahm, meldete er diesen Anspruch gleich in der ersten Ansprache an die Mitarbeiter in unmißverständlicher Weise an.[40]

---

37 AdR, Kabinett Bauer, S. 337.
38 Grzesinski, Im Kampf (Ms.), Bl. 95.
39 Grzesinski, Im Kampf (Ms.), Bl. 93f. Zu Erzberger siehe Epstein, Erzberger, bes. S. 369ff.
40 Vgl. unten: Mai 1925, Amtsübernahme als Polizeipräsident von Berlin; Oktober 1926, Amtsübernahme im Preuß. Innenministerium.

Am 31.10.1919 hatten Reichs- und preußische Regierung in einer gemeinsamen Sitzung die Errichtung eines Reichsabwicklungsamtes beim Reichsfinanzministerium gebilligt. Am 11.11. wurde Grzesinski von Erzberger zum Reichsabwicklungskommissar ernannt.[41] Die Vorgeschichte der Gründung dieses Amtes hat deutlich gemacht, warum diese Aufgabe Grzesinski besonders am Herzen lag: Zum einen war er von der dringenden Notwendigkeit einer zivilen Abwicklungsbehörde völlig überzeugt; seine Erfahrungen im Kriegsministerium hatten ihn zu dieser Auffassung kommen lassen. Zum anderen betrachtete Grzesinski das Reichsabwicklungsamt als eigene Schöpfung. Hinzu kam eine Statuserhöhung: Als Reichsabwicklungskommissar leitete Grzesinski eine oberste Reichsbehörde und war ohne direkten Vorgesetzten. Daher hielt er dieses Amt für das wichtigste, das er vor der Ernennung zum Innenminister ausgeübt hatte; mindestens ebenso wichtig oder noch wichtiger als das Amt des Polizeipräsidenten von Berlin.[42] Ein weiteres Indiz für die große Bedeutung, die Grzesinski seiner Arbeit als Abwicklungskommissar beimaß, ist der große Raum, den er der Schilderung dieser Aufgabe in seiner für die Handbücher des Preußischen Landtags verfaßten Lebensbeschreibung widmete.[43]

Da Akten des Abwicklungsamtes in den Beständen des Reichsfinanzministeriums nicht ermittelt werden konnten und es auch keine weiterführende Literatur gibt, bleibt man, um einen Eindruck von der Arbeit dieser Behörde zu vermitteln, auf Grzesinskis Schilderung angewiesen. In einem Satz gesagt, war es die Aufgabe des Abwicklungsamtes, „die Einrichtungen und Dienststellen des alten Heeres und der Marine zur Auflösung zu bringen und die personellen und aus den Kriegslieferungen und Kriegshandlungen entstandenen Ansprüche gegen das Reich schnellstens abzuwickeln."[44]

Dahinter verbarg sich eine wahre Sisyphusarbeit im Spannungsfeld zwischen Interalliierter Kontrollkommission, die auf Beschleunigung der Arbeit drängte, und den Beschäftigten, die sich ihre Arbeitsplätze erhalten wollten. Soldaten und Zivilbeschäftigte mußten entlassen werden, ihre materiellen Ansprüche waren zu regeln, Forderungen von Lieferanten waren zu prüfen, die 40.000 Kriegslieferungsverträge mußten liquidiert werden. Hinzu kam die Kriegsgefangenenrückführung sowie die Betreuung russischer Internierter.[45] Bei der Vielzahl der Aufgaben war es

---

41 AdR, Kabinett Bauer, Dok. 91, S. 336f. RGBl. 1919, S. 1899f. Akten des Reichsabwicklungsamtes, die im Bestand Reichsfinanzministerium des BA Potsdam zu erwarten gewesen wären, ließen sich nicht ermitteln.

42 „Meine Aufgabe als Reichsabwicklungskommissar von 1919 bis 1921 [...] war mindestens ebenso verantwortungsvoll und schwierig wie die, welche ich jetzt zu übernehmen habe". Amtseinführung als Berliner Polizeipräsident im Mai 1925, DRA Frankfurt/M., Band Nr. 59 U 11.

43 Handb. PrLT, 2.-4. WP (1925/1928/1932).

44 Handb. PrLT, 4. WP (1932), S. 436. „Der Reichsabwicklungskommissar [...] trifft alle zur Beschleunigung der Abwicklung, zur Vereinfachung und Verbilligung der Verwaltung erforderlichen Maßnahmen", hieß es im Erlaß über die Einsetzung des Reichsabwicklungsamtes v. 31.10.1919. RGBl., S. 1899.

45 Zur Frage der Internierten vgl. Grzesinskis Auftritt im RT am 15. und 17.12.1920. RT, Sten. Ber., Bd. 346, S. 1648ff., S. 1800ff. Über die Verwaltungsmaßnahmen der Behörde informierte seit Mai 1920 das „Abwicke-

kein Wunder, daß es auch massiven Widerstand der Betroffenen gab: „Die Widerstände, die ich gegen meine Absicht einer schnellen Abwicklung vorfand und die überwunden werden mußten, waren enorm. Niemand läßt sich gerne seinen Arbeitsplatz fortnehmen [...] Ich mußte aber als Treuhänder des Reiches unbedingt die Abwicklung beschleunigen".[46]

Solche Widerstände überwand Grzesinski, indem er, um der als richtig erkannten Sache zum Erfolg zu verhelfen, ohne große Rücksicht von seinen Befugnissen Gebrauch machte. Das war auch deshalb nötig, weil die Arbeit unter gewaltigem Zeitdruck stand.[47] Nicht nur Rücksichtslosigkeit, sondern auch das listige, handstreichartige Schaffen vollendeter Tatsachen gehörte zu seinem Repertoire;[48] und das nicht nur als Reichsabwicklungskommissar, sondern während seiner gesamten politischen Laufbahn.

Zusammenfassend läßt sich sagen, daß das Amt des Reichsabwicklungskommissars, in dem er nur von einem „verhältnismäßig kleinen Stab von Beamten und Praktikern aus der Wirtschaft und aus den freien Berufen" unterstützt wurde, die bis dahin größte Bewährungsprobe für Albert Grzesinski war. Nach allem, was sich feststellen läßt, waren er selbst und die Reichsregierung mit dem Erfolg zufrieden: „30.000 Kriegslieferungsverträge waren abgewickelt, 120.000 Beamte, Angestellte und Arbeiter zur Entlassung gekommen, 2.200 Abwicklungsstellen aufgelöst worden."[49] Wohl war die Aufgabe politisch von einiger Wichtigkeit und mit großer Verantwortung verbunden, aber man wird die Außenwirkung des Amtes auch nicht überschätzen dürfen, etwa in dem Sinne, daß es Grzesinski durch seine Amtsführung gelungen sei, sich einen Namen in der Öffentlichkeit zu machen. In den unruhigen ersten Jahren der Weimarer Republik war er nur einer von vielen Reichs- und Staatskommissaren, die von den Regierungen für alle möglichen Sonderaufgaben eingesetzt wurden. Anhand von Presseberichten läßt sich zeigen, daß seine Arbeit ohne große Anteilnahme der Öffentlichkeit vonstatten ging, vom lokalen Widerstand gegen einzelne Abwicklungsmaßnahmen einmal abgesehen. Im Juni 1919 hatte das Zentrumsblatt „Germania" geschrieben, der neue Unterstaatssekretär im Kriegsministerium Grzesinski sei nicht bekannt, er scheine eine „Lokalgröße zweiter oder dritter Klasse" zu sein.[50] Im Dezember 1920, eineinhalb Jahre später, mußte Grzesinski feststellen, daß er für große Teile der Öffentlichkeit

---

lungs-Verordnungsblatt", das jedoch wenig über die politischen Grundsätze verrät, die diesen Verwaltungsmaßnahmen zugrunde lagen.

46 Grzesinski, Im Kampf (Ms.), Bl. 98f.

47 Auf Verlangen der IMKK mußten die Heeresabwicklungsstellen, die Grzesinski unterstanden, zum 31.12.1920 aufgelöst werden. AdR, Kabinett Fehrenbach, S. 185f.; vgl. Grzesinski, Im Kampf (Ms.), Bl. 97.

48 In einer Nacht-und-Nebel-Aktion wurden beispielsweise die Akten einer Hanauer Abwicklungsstelle, die Grzesinski nicht schnell genug arbeitete, nach Berlin geschafft und die Arbeiten dort unter seiner unmittelbaren Aufsicht zu Ende geführt. Grzesinski, Im Kampf (Ms.), Bl. 99.

49 Grzesinski, Im Kampf (Ms.), Bl. 102.

50 Vgl. Grzesinski, Im Kampf (Ms.), Bl. 86.

weiterhin ein unbeschriebenes Blatt war: In Presseberichten über seinen ersten Auftritt im Reichstag (er war zu dieser Zeit bereits über ein Jahr Abwicklungskommissar) wurde er den Lesern fälschlich als „ehemaliger Bergmann", als „Fleischergeselle" oder als „Jude" vorgestellt.[51]

Die robuste, von Grzesinski selbst als „rücksichtslos" bezeichnete Art der Amtsführung, die sich immer wieder beobachten läßt und die auch autoritäre Züge trug, speiste sich aus mehreren Quellen. Sicher entsprach sie seinem Naturell, aber die Reduzierung aufs Charakterliche, wie sie uns auch in einer neueren Arbeit wieder begegnet, greift zu kurz.[52] Eher könnte man sagen: Grzesinski verhielt sich rücksichtslos, wenn er glaubte, auf diese Weise seinen politischen Zielen, also Sicherung und Ausbau der demokratischen Republik, am besten zu dienen. In dieser Ansicht bestätigten ihn die Negativbeispiele erfolgloser Amtsausübung, die er in seiner Umgebung finden konnte. Pointiert gesprochen, war Grzesinskis Rücksichtslosigkeit in der Amtsführung nicht der Ausdruck eines brutalen Charakters, sondern ein ganz bewußt eingesetztes Mittel zur Durchsetzung politischer Ziele. Über seine Zeit als Abwicklungskommissar schrieb er rückblickend: „Von meinen Befugnissen habe ich rücksichtslos Gebrauch [...] machen müssen."[53] Bereits dem Kasseler Oberbürgermeister Koch war während der Revolution, als Grzesinski in Kassel die Macht in Händen hielt, aufgefallen, daß dieser sein Verhalten durchaus taktisch zu differenzieren wußte: „Will er etwas von mir, so ist er bescheiden. Bei Leuten, die verschüchtert sind, ist er brutal (wie d. Generalkommando)".[54]

Immer wieder hat Grzesinski betont, daß die Interessen des Staates für ihn an erster Stelle standen, und er glaubte, mit seiner rücksichtslosen Amtsführung diesen Interessen am besten zu dienen. Es bleibt allerdings die Frage, ob diese Einschätzung auch zutreffend war. Wenn man diese Frage am Beispiel des Reichsabwicklungsamtes erörtert, kommt man zu dem Ergebnis, daß es gangbare Alternativen zu Grzesinskis Politik nicht gegeben hat. Aus finanziellen und politischen Gründen war es lebenswichtig für die junge Republik, den Apparat der alten monarchistischen Armee so schnell und gründlich wie möglich zu zerschlagen: Aus finanziellen Gründen, um den ohnehin überstrapazierten Reichsetat zu entlasten; aus politischen Gründen, um Kristallisationspunkte für konterrevolutionäre Bestrebungen abzuschaffen. In dieser Situation war es die richtige Strategie, die Abwicklung mit harter Hand von oben durchzusetzen, zumal der Faktor Zeit eine große Rolle spielte. Darüber hinaus war es für die Republik auch psychologisch wichtig, den

---

51 Neue Hamburger Zeitung, 16.12.1920; Allgemeine Zeitung Chemnitz, 18.12.1920; Deutsche Zeitung, 16.12.1920 (Expl. in: IISG Amsterdam, Nl. Grzesinski, Nr. 634). Vgl. RT, Sten. Ber., Bd. 346, S. 1648ff., S. 1800ff.
52 Alexander, Carl Severing, S. 259.
53 Grzesinski, Im Kampf (Ms.), Bl. 97.
54 BA Koblenz, Nl. Koch-Weser, Nr. 14, S. 109 (11.11.1918).

Bruch mit der Vergangenheit dadurch deutlich zu machen, daß man das Kapitel „kaiserliche Armee" so schnell wie möglich abschloß.

Die von Grzesinski verlangte und mit Unterstützung des Reichsfinanzministers durchgesetzte Errichtung eines zivilen Reichsabwicklungsamtes war unter den herrschenden Bedingungen die richtige Entscheidung. Dem Fazit der sozialdemokratischen und linksliberalen Presse, Grzesinski habe in seinem Amt „ein außergewöhnliches Maß von Organisationstalent, Umsicht und Energie bewiesen", wird man deshalb zustimmen müssen.[55] Tatsächlich ist es undenkbar, daß die Abwicklung bereits am 31. März 1921 weitgehend abgeschlossen worden wäre, wenn militärische Stellen die Aufsicht gehabt hätten.

b) Republik und Reichswehr

Die Entwicklung der Reichswehr verfolgte Grzesinski aus nächster Nähe und mit großer Skepsis. Nach seiner Meinung konnte die Reichswehr in der Weimarer Republik zu einem der „stärksten politischen Faktoren [...] im politisch-reaktionären Sinne" werden, weil schon beim Aufbau des neuen Heeres, „vom Standpunkt der jungen demokratischen Republik gesehen, zweifellos viele und grundsätzliche Fehler begangen worden" waren.[56] Besonders kritisierte er, daß es beim Personal keine durchgreifenden Veränderungen gegeben hatte und die neue Armee nach den alten militaristischen Grundsätzen unter Ausschaltung jedweden zivilen Einflusses wiederaufgebaut werden sollte. Wohin die Reise gehen sollte, kündigte sich bereits an, als im Sommer 1919 die „Vorkommission für das Friedensheer" unter Vorsitz des Generals v. Seeckt berufen wurde: Ihr gehörten ausschließlich Front- und Stabsoffiziere der alten Armee des Kaiserreichs an. Daß nicht ein einziger ziviler Verwaltungsbeamter in der Kommission vertreten war und mitstimmen durfte, veranlaßte Grzesinski zu Protesten bei der Reichsregierung (insbesondere bei Wehrminister Noske) und beim Reichspräsidenten, die aber letztlich erfolglos blieben. Das Resultat ist bekannt: „Jeder zivile Einfluß war schon beim Aufbau ausgeschaltet und blieb auch im Apparat des neuen Heeres verbannt. Das Reichswehrministerium ist daher militaristischer aufgezogen als das alte preußische Kriegsministerium."[57]

Grzesinski sah zwei Gründe, warum eine durchgreifende Demokratisierung der Reichswehr, die sich auf die Überlebenschancen der ersten deutschen Demokratie günstig ausgewirkt hätte, nicht erfolgt war. Zum einen war es nicht gelungen, die sozialen Verkrustungen in der Reichswehr aufzubrechen, junge Arbeiter für den Dienst zu gewinnen und in den Köpfen die Idee einer demokratisch-republika-

---

55 8-Uhr-Abendblatt v. 15.11.1922; Vorwärts v. 16.11.1922.
56 Grzesinski, Im Kampf (Ms.), Bl. 103f.
57 Grzesinski, Im Kampf (Ms.), Bl. 110. Dort auch auszugsweise Wiedergabe des Schreibens Grzesinskis an Reichswehrminister Noske, 16.8.1919.

nischen Armee zu verankern. Zum anderen wurden in der Reichsregierung (und vorher im Rat der Volksbeauftragten) falsche politische Entscheidungen getroffen. Besondere Verantwortung sah Grzesinski hier bei Noske und Ebert, deren „Auffassungen über die Bedürfnisse der neuen Republik in bezug auf das Militär" sich grundlegend von denen Grzesinskis unterschieden und über deren mangelnde Unterstützung für seine Arbeit er sich später beklagte.[58] Von Anfang an hatte Grzesinski Noskes Militärpolitik kritisiert, und hierfür waren sicher die Erfahrungen der Januarunruhen des Jahres 1919 entscheidend, als zur Niederwerfung des „spartakistischen" Aufstandes keine zuverlässige republikanische Schutztruppe für Berlin zur Verfügung stand. Noske und Ebert griffen auf reguläre Truppen der Potsdamer Garnison unter entschieden republikfeindlichen Offizieren zurück. Daraufhin bemängelte Grzesinski im Zentralrat die personalpolitischen Versäumnisse der Volksbeauftragten; z. B. werde bei der Freiwilligenanwerbung die Arbeiterschaft nicht genügend berücksichtigt. Die Gefahr einer solchen Politik analysierte er klarsichtig: „Es scheint mir bedenklich, daß die sozialistische Regierung sich unter Umständen auf ein Heer stützen muß, welches zusammengesetzt ist aus Elementen, die auf reaktionärem Boden stehen."[59] Diese Grundüberzeugung, bestätigt durch die Erfahrungen der Januarunruhen, hat stets Grzesinskis Haltung zum Militär bestimmt, und obwohl er versuchte, seinen Auffassungen zu politischer Wirksamkeit zu verhelfen, reichte sein politisches Gewicht doch noch nicht aus, um zu entscheidenden Verbesserungen zu kommen. Immerhin kann man ihn nachträglich von einer Mitverantwortung für Noskes Militärpolitik freisprechen. Mehrmals hat er versucht, gegenüber der Reichsregierung seine abweichende Haltung zum Ausdruck zu bringen, immer wieder hat er, ohne durchschlagenden Erfolg, auf gefährliche Entwicklungen hingewiesen.[60]

Nachdem demokratische Grundsätze sich in der Reichswehr nicht hatten durchsetzen lassen, zog Grzesinski das Fazit, daß die Reichswehr „in den Händen eines monarchisch-reaktionären Offizierskorps" sei.[61] Die Frage, wie es im Reichswehrministerium zu der verhängnisvoll falschen Politik kommen konnte, hat Grzesinski unterschiedlich beantwortet. In den Jahren 1919 und 1920 war er geneigt, Noskes fehlende Durchsetzungsfähigkeit dafür verantwortlich zu machen, und er

---

58 Grzesinski an Hirschfeld, 8.4.1933. LA Berlin, Rep. 200, Acc. 3983, Nr. 2; vgl. auch Grzesinski, Im Kampf (Ms.), Bl. 87.

59 Zentralrat, S. 287f. (9.1.1919).

60 Als Grzesinski beispielsweise einen Monat vor dem Kapp-Putsch Kenntnis von Planungen einer Militärdiktatur v. Seeckts erhielt (man hoffte sogar auf die Mitwirkung Noskes), ging er „sofort zum Reichskanzler Bauer, der sich nach meinem Vortrage den sozialdemokratischen Reichswehrminister Noske kommen ließ. Erfolgt ist allerdings gegen die Pläneschmiede nichts." Grzesinski, Im Kampf (Ms.), Bl. 92; vgl. auch ders., Deutsch-russisches Zusammenspiel. In: Staats-Zeitung und Herold, N.Y., Sonntagsblatt, 25.5.1947 (Expl. in: LA Berlin, Rep. 200, Acc. 3983, Nr. 5).

61 Volksblatt Kassel v. 22.1.1921.

vermutete, dieser habe sein Ministerium nicht im Griff gehabt.[62] Im Laufe der Zeit, als er Noske besser kennenlernte, ist Grzesinski von dieser Meinung abgekommen; als Minister des Innern von 1926 bis 1930 hatte er engen dienstlichen Kontakt mit Noske, der damals Oberpräsident von Hannover war. Aus welchen Gründen auch immer, Grzesinski hat seine Meinung über Noske revidiert: In seiner Autobiographie von 1933 schrieb er, die bedenkliche Politik des Reichswehrministeriums sei nicht dadurch zustande gekommen, daß Noske ein weicher und nachgiebiger Mann oder „geistig völlig der Gefangene seiner hohen Offiziere gewesen" sei; vielmehr habe es an Noskes politischer Grundhaltung, seiner Befangenheit in vertrauten Denkmustern gelegen, daß er sich die neue Reichswehr nicht anders als in der reaktionär-militaristischen Tradition vorstellen konnte. Deshalb sei seine Politik noch hinter gemäßigt demokratischen Forderungen zurückgeblieben: „es war Noskes Überzeugung und ein Verhängnis für die deutsche Republik, daß das neue Heer nach der alten Tradition aufgebaut werden müsse und die Führung daher auch nur in die Hände der alten Militärs gelegt werden dürfe. Diese Ansicht war natürlich nicht revolutionär, sie entsprach nicht einmal den demokratisch-republikanischen Anschauungen von 1918."[63]

Noske fehlte letztlich das Gespür für die hochpolitische Dimension seines Amtes. Grzesinski weist hier auf einen Sachverhalt hin, der auch in einer maßgebenden Noske-Biographie hervorgehoben worden ist, daß nämlich Noske bis zum Schluß nicht begriffen hatte, daß es Aufgabe einer demokratischen Militärpolitik gewesen wäre, grundsätzlich mit der militaristischen Tradition der alten Armee zu brechen.[64] Aber daran war nicht zu denken. Als Grzesinski im Sommer 1919 von Noske und Ebert verlangte, die Reichsfarben schwarz-rot-gold auch zu Farben der Reichswehr zu machen, wurde „aus Gründen der militärischen Tradition" nicht darauf eingegangen.[65] In Grzesinskis Augen verfügte Noske nicht über die nötige Eignung für seine Aufgabe. Zwar war er der „Chef in seinem Amt"[66] (und erfüllte damit die Anforderung „Energie"), aber die Kompetenz, den politischen Ein- und Weitblick, sprach Grzesinski Noske in der eben wörtlich wiedergegebenen Passage ab.

Nach Grzesinskis Ansicht hätte die Reichswehr die stärkste Machtposition für die Republik sein können. Auch in der historischen Forschung herrscht Einigkeit darüber, daß es ein schwerer politischer Fehler der demokratischen Parteien und besonders der Sozialdemokratie war, die Reichswehr nicht zu einem starken Machtinstrument im Dienste der parlamentarischen Demokratie gemacht zu ha-

---

62 Vgl. BA Koblenz, Nl. Koch-Weser, Nr. 16, S. 257; IISG Amsterdam, Nl. Grzesinski, Nr. 640.

63 Grzesinski, Im Kampf (Ms.), Bl. 107f.

64 Wette, Gustav Noske, S. 803.

65 Ein zweiter Grund für die Ablehnung des Vorschlags war im Wortsinn fadenscheinig: Vorgeblicher Mangel an Fahnentuch. Grzesinski, Im Kampf (Ms.), Bl. 219f.

66 Grzesinski, Im Kampf (Ms.), Bl. 108.

ben. Nachdem gezeigt wurde, daß die entscheidenden politischen Fehler bereits beim Aufbau der Reichswehr gemacht worden waren, soll im folgenden nach Grzesinskis Alternativkonzeption gefragt werden.

Ausgehend von der Erkenntnis, daß an eine militärisch-außenpolitische Mission der Reichswehr auf absehbare Zeit nicht zu denken war, wollte Grzesinski das neue Heer „mehr nach innerpolitischen Bedürfnissen" organisieren und zusammensetzen. Was war damit gemeint? Zum einen sollte die Reichswehr den demokratisch legitimierten Regierungen der jungen Republik loyal dienen und als „Machtinstrument in erster Linie gegen die Feinde des neuen Staates" im Innern zur Verfügung stehen. Um dieses Ziel zu erreichen, mußte nach Grzesinskis Ansicht das bis dahin dominierende junkerlich-reaktionäre Element in der Reichswehr vollständig ausgeschaltet werden. Auch hier ging es Grzesinski wieder um „Personalpolitik" im weiteren Sinne: Die alte militärische Führungsschicht sollte in der neuen Reichswehr keinen Platz haben, während die einfachen Soldaten vor allem aus den Reihen der demokratischen Parteien und der Gewerkschaften aller Richtungen genommen werden sollten.[67] Weitergehende Veränderungen, wie sie etwa die demokratische Wahl der militärischen Führer durch die Soldaten bedeutet hätte, wurden von Grzesinski abgelehnt.[68] Ihm ging es eher um Reformen auf der Grundlage des Bestehenden. Analog zu seiner Ansicht über die preußische Verwaltung hielt er die Organisation des militärischen Apparates und seine streng hierarchische Gliederung für effektiv. Um so wichtiger war es, diesen Apparat personell unter Kontrolle zu bekommen und in den Dienst der Republik zu stellen. Durch Änderungen in der personellen Zusammensetzung wollte er die Reichswehr von der Seite der Reaktion auf die Seite der Republik hinüberziehen und damit gleichzeitig ein Vertrauensverhältnis zwischen Offizieren und Mannschaften herstellen. Doch diese selbstverständlich klingenden Änderungen waren nicht durchzusetzen.

Bereits Anfang 1921 mußte Grzesinski daher feststellen, daß die SPD nicht mehr in der Lage war, noch irgendeinen Einfluß auf die Reichswehr auszuüben. Um so wichtiger erschien es ihm, den Einfluß auf die preußische Polizei aufrecht zu erhalten: „Da wir auf die Reichswehr keinen Einfluß haben, müssen wir die Sicherheitspolizei in der Hand behalten."[69] Darum war es der Sozialdemokratie so wichtig, den preußischen Innenminister zu stellen. Aber der enge Konnex, der zwischen gescheiterter Reichswehr-Demokratisierung und dem Halten der Bastion Preußisches Innenministerium hergestellt wurde, barg auch Gefahren. Das preußische Ministerium des Innern wurde dadurch mit Erwartungen überfrachtet, die mit

---

67 Grzesinski, Im Kampf (Ms.), Bl. 105.
68 Grzesinski, Im Kampf (Ms.), Bl. 87.
69 Volksblatt Kassel v. 12.1.1921; im gleichen Sinne ebd., 22.1.1921. Statt „Sicherheitspolizei" ist zu lesen „Schutzpolizei", denn die Sipo war bereits am 6. Oktober 1920 aufgelöst worden. Erlaß des PrMdI vom 4.10.20 in: GStA Abt. Merseburg, Rep. 77, Tit. 344, Nr. 1, Beih. 2, Bl. 261ff.

seiner eigentlichen Aufgabe nicht viel zu tun hatten. Indem suggeriert wurde, das Innenministerium könne einen Ausgleich für den fehlenden Einfluß auf die Reichswehr bieten, bestand die große Gefahr, es als Alibi zu benutzen, um nicht die eigene Politik gegenüber der Reichswehr kritisch überdenken zu müssen. Ein vollwertiger Ersatz für eine bewußte demokratisch-republikanische Umgestaltung der Reichswehr konnte das Ausweichen auf die Polizei und das Preußische Ministerium des Innern jedoch nicht sein. In gleicher Weise hätte versucht werden müssen, auch das Militär zu einer loyalen und zuverlässigen Schutzmacht der Republik zu machen und das bestehende Mißtrauen der Arbeiterschaft abzubauen. Es war ein unbestreitbares Versäumnis der SPD mit verhängnisvollen Konsequenzen für die Überlebensfähigkeit der ersten deutschen Demokratie, daß das kurzfristig Bequeme, nämlich mit der Reichswehr nichts mehr zu tun zu haben, dem langfristig Notwendigen, der demokratischen Transformation der Reichswehr, vorgezogen wurde.

Grzesinski vertrat eine abweichende Position: Als Alibi für den Verzicht auf die Eroberung anderer Machtpositionen hat er Preußen, seine Polizei und seine Ministerien, im Gegensatz zu manchem linkssozialdemokratischen Koalitionskritiker in der Reichstagsfraktion, nie angesehen. Es läßt sich nachweisen, daß für Grzesinski die Feststellung, keinen Einfluß mehr auf die Reichswehr zu haben, gerade nicht einherging mit dem fatalistisch-resignierten Rückzug auf die preußische Bastion, sondern er hat parallel zum Ausbau der Demokratie in Preußen mehrfach Versuche unternommen, die Reichswehr aus ihrem extrem reaktionären Fahrwasser zu lotsen und den Erfordernissen der Republik anzupassen. Das kann man nicht von allen sozialdemokratischen Politikern des Weimarer Preußens behaupten. Otto Braun beispielsweise hielt solche Bemühungen für vergeblich, weil ihm wegen seiner pazifistischen Grundhaltung jegliches Vertrauen zur Reichswehr fehlte, was immerhin von einem gewissen Realismus zeugte.[70]

Grzesinski wollte jedoch die Armee der Republik nicht den Militärs überlassen und den zivilen Einfluß bei der Reichswehr stärken. Die Versuche, im Reichswehrministerium dauerhaft einen zivilen Staatssekretär zu etablieren, blieben jedoch erfolglos.[71] Gleichwohl unternahm Grzesinski immer wieder Anläufe, zwischen Sozialdemokratie und Reichswehr zu vermitteln, indem er bei der einen Seite um Verständnis für die andere warb. Aber schließlich mußte er die Vergeblichkeit seiner Bemühungen erkennen: „die Kluft war schon zu groß; die personelle Zusammensetzung des Offizierskorps hinderte auch, daß diese Kluft sich in absehbarer Zeit schließen könnte. Die Reichswehr war schon zu sehr ein Staat im Staate – und zwar ein vom reaktionären Geist erfüllter – als daß noch ein Vertrauensverhältnis zwischen ihr und den republikanisch und demokratisch gesinnten Teilen

---

70 Grzesinski, Grenz- und Landesschutz (Ms., 3.11.1933), in: LA Berlin, Rep. 200, Acc. 3983, Nr. 1.
71 Grzesinski, Im Kampf (Ms.), Bl. 112.

der Bevölkerung sich bilden konnte. Für die Republik bedeutete all dieses aber den Verlust *der* Position, die für sie *die stärkste* hätte sein können und müssen."[72]

Die Überlegungen Grzesinskis über das Verhältnis von Republik und Reichswehr zeugen von einer außergewöhnlichen Einsicht in die militärpolitischen Erfordernisse der jungen Republik. Vor diesem Hintergrund gewinnt die Empfehlung Philipp Scheidemanns an Ebert, Grzesinski nach dem Kapp-Lüttwitz-Putsch zum Reichswehrminister zu machen, eine neue Dimension.[73] Denn Grzesinski verfügte nicht nur über Energie, sondern auch über treffende Ansichten über das Erscheinungsbild und die Rolle einer demokratisch-republikanischen Militärmacht. Insofern ist es nicht nur Spekulation, in einem Reichswehrminister Grzesinski potentiell eine starke Stütze der Republik zu erblicken. Auf jeden Fall hätte er sich nicht – wie Noskes tatsächlicher Nachfolger Geßler – zu einem „Schutzschild der Armee vor parlamentarischen Einflüssen" degradieren lassen.[74] Es gibt jedoch keine archivalischen Hinweise, daß der Vorschlag Scheidemanns in irgendeiner Weise beachtet oder erörtert worden wäre. Das hat mehrere Gründe. Zum einen war das persönliche Verhältnis zwischen Ebert und Noske auf der einen und Grzesinski und Scheidemann auf der anderen Seite nicht ungetrübt.[75] Es ist einleuchtend, daß Grzesinski mit seiner dezidierten Kritik an der Militärpolitik Noskes, für die er auch Ebert verantwortlich machte, nicht gerade Eberts Neigung förderte, ihm höchste Regierungsämter anzutragen.[76] Zum anderen brach genau in dem Moment, als Scheidemann Grzesinski als Reichswehrminister vorschlug, ein weiterer schwerer Konflikt Grzesinskis mit der Reichsregierung über die Militärpolitik aus, der sich an der Frage entzündete, welche Konsequenzen aus dem Putschabenteuer von Kapp und Lüttwitz zu ziehen seien. Am 22. März 1920 war Grzesinski von Ebert und Noske zum Reichskommissar für das Gebiet der Reichswehrbrigade Kassel ernannt worden. In Kassel waren 27 Menschen von Reichswehrangehörigen, die sich bedroht gefühlt hatten, getötet worden. Grzesinski wurde entsandt, um die entstandene Unruhe, die noch zuzunehmen drohte, beizulegen. Seine Untersuchung kam zu dem Ergebnis, daß die in der Bevölkerung herrschende Empörung über die Reichswehr berechtigt war, weil das Gruppenkommando II in Kassel beim Ausbruch des Putsches zu Kapp gehalten

---

72 Grzesinski, Im Kampf (Ms.), Bl. 117; Hervorhebg. original.

73 Am 23.3.1920 hatte Scheidemann dem Reichspräsidenten Grzesinski „auf das wärmste als Nachfolger Noskes empfohlen". Scheidemann, Memoiren, Bd. 2, S. 410. Grzesinski erwähnt davon nichts.

74 Schneider, Deutsche Demokratische Partei, S. 114.

75 Grzesinski, der Scheidemann von Kassel her gut kannte, schrieb (Im Kampf (Ms.), Bl. 35f.), daß Scheidemann „Friedrich Ebert, Gustav Bauer, Hermann Müller und den anderen nie verziehen" habe, daß sie ihn nach seinem Rücktritt als Reichsministerpräsident im Juni 1919 „im Stich ließen" und ein neues Kabinett unter Gustav Bauer bildeten.

76 Noskes und Eberts „Auffassungen über die Bedürfnisse der neuen Republik in bezug auf das Militär" seien „grundverschieden" von Grzesinskis Vorstellungen gewesen. Grzesinski, Im Kampf (Ms.), Bl. 87.

hatte.[77] Grzesinski forderte daher von Ebert die Absetzung der verantwortlichen Generäle v. Loßberg und v. Schoeler, die aber zunächst verweigert wurde. Welche über formaljuristische Bedenken hinausgehenden Gründe die Reichsregierung bewogen haben könnten, dem Verlangen Grzesinskis nicht zu folgen, bleibt unerfindlich. Grzesinski gab sich mit der Ablehnung seines Vorschlags nicht zufrieden, der Konflikt schwelte weiter und wurde schließlich sogar im „Vorwärts" ausgetragen; mit zwei Konsequenzen: Erstens bequemte sich das Reichswehrministerium zu einer nochmaligen Prüfung, die dann tatsächlich zur Absetzung v. Schoelers und zur Versetzung v. Loßbergs führte, so daß Grzesinski in der Sache recht bekam. Eine zweite, für diese Untersuchung viel schwerwiegendere Folge aus diesem, wie Grzesinski selber schrieb, „erheblichen Konflikt" mit der Reichsregierung war das Ende seiner Karriere in der Reichspolitik.[78] Dieser Faden wird im Abschnitt 1.2 wieder aufgenommen.

c) Kapp-Lüttwitz-Putsch

Vorgeschichte und Folgen des Kapp-Lüttwitz-Putsches vom März 1920 sind, wie vorstehendes Beispiel gezeigt hat, vielfach mit Grzesinskis persönlicher Geschichte verwoben. In den Tagen und Wochen nach dem Staatsstreich wurde Grzesinski mehrfach zum Reichs- bzw. Staatskommissar berufen, was darauf hinweist, daß er zu dieser Zeit in Partei- und Regierungskreisen bereits über einen gewissen Ruf als energischer Anwalt der Republik verfügte.

Auf die Ereignisgeschichte des Putsches soll hier nicht im einzelnen eingegangen werden, um Redundanzen mit der bereits vorliegenden ausführlichen Literatur zu vermeiden.[79] Die Hauptakteure, der Kommandierende General des Berliner Reichswehrgruppenkommandos Walther Freiherr von Lüttwitz und der Generallandschaftsdirektor Kapp waren Repräsentanten jenes konservativen, junkerlich-militaristischen ostelbischen Milieus, das mit dem Staatsstreich gegen seine Entmachtung rebellierte.[80] Der Putsch, vordergründig ausgelöst durch die Auflehnung der Marinebrigade III des Kapitäns Ehrhardt gegen ihre Auflösung, brach nach wenigen Tagen zusammen. Er scheiterte am Generalstreik der Arbeiter, am Widerstand der Ministerialbürokratie in Berlin, die keine Befehle von Kapp und Lüttwitz entgegennahm, an der fehlenden Unterstützung durch die „bürgerlichen" Parteien und an seinen inneren Widersprüchen. Grzesinski vertrat aus einer verwaltungsorientierten Sichtweise heraus die Auffassung, der Putsch sei in erster

---

77 Diese Deutung ergibt sich aus: Leutnant Vatter an Grzesinski, 4.4.1920. IISG Amsterdam, Nl. Grzesinski, Nr. 606.

78 Die Wiedergabe der Ereignisse stützt sich auf: Grzesinski, Im Kampf (Ms.), Bl. 136f. (dort auch das Zitat); Vorwärts v. 8. und 10.4.1920.

79 Z. B. Erger, Kapp-Lüttwitz-Putsch sowie Winkler, Von der Revolution, S. 295ff.

80 Vgl. ebd., S. 305.

Linie daran gescheitert, daß die Verschwörer nirgends aktive Unterstützung gefunden hätten, weder bei den Rechtsparteien noch vor allem bei den hohen Beamten in Berlin.[81] Aber es hatte natürlich, besonders in Kreisen der Reichswehr und bei einigen höheren politischen Beamten, zumal in Ostelbien, auch Unterstützung oder zumindest Wohlwollen für die Putschisten gegeben. Deshalb, und in dieser Hinsicht ist Grzesinskis Darstellung zu ergänzen, darf die entscheidende Bedeutung des Generalstreiks nicht verkleinert werden, denn zweifelsohne war er die Voraussetzung dafür, daß sowohl den Beamten wie der Kapp-„Regierung" schnell die Chancenlosigkeit des Staatsstreichs vor Augen geführt wurde. „Beamtenstreik" und Generalstreik wirkten in vielfacher und komplexer Weise aufeinander ein.

Für die Geschichte des Preußens der Weimarer Republik hatte der gescheiterte Putsch mehrere historisch bedeutsame Folgen. Er war Ursache und Ausgangspunkt für 12 Jahre parlamentarisch-demokratischer Stabilität in Preußen.[82] Für Grzesinski brachte der Putsch eine Bestätigung seiner politischen Ansichten, denn er führte zum Sturz genau jener Minister, deren Handeln er als besonders bedenklich für den Bestand des jungen Staatswesens angesehen hatte: Gustav Noske und Wolfgang Heine. Hatte der preußische Innenminister Heine bei der Demokratisierung der Verwaltung nicht genügend Energie an den Tag gelegt, so war Noske zusätzlich zu seinen oben geschilderten militärpolitischen Versäumnissen auch direktes Versagen in Zusammenhang mit dem Putsch vorzuwerfen.

Im Gefolge des Kapp-Lüttwitz-Putsches traten an verschiedenen Stellen des Reiches Unruhen auf. Viele Arbeiter, die zur Abwehr des Putsches gestreikt oder sich sogar bewaffnet hatten, waren der Meinung, daß mit dem Ende des Generalstreiks nicht einfach wieder zur Tagesordnung übergegangen werden könne, daß die Umbildung der Regierungen im Reich und in Preußen als Konsequenzen des Putsches nicht ausreichend waren. Besondere Verbitterung löste aus, daß sich die Regierung zur Entwaffnung der Arbeiter auch auf solche Reichswehreinheiten und Freikorps stützte, die eben noch auf der Seite Lüttwitz' gestanden hatten oder sich zumindest nicht zweifelsfrei zur legitimen Regierung bekannt hatten. Dieses Mißtrauen gegenüber dem Militär fand seinen Ausdruck darin, daß man sich in Berlin um die Abordnung eines Vertrauensmanns der Arbeiterschaft zum Kommandostab des neuernannten Kommandeurs der Berliner Reichswehrgruppe, des Generals v. Seeckt, bemühte. Die Initiative war von einem sozialdemokratischen „Aktionsausschuß" ausgegangen, der sich zur Abwehr des Putsches in Berlin spontan gebildet hatte und der unter dem Einfluß des Berliner SPD-Vorsitzenden Franz Krüger stand. Die Aufgabe des zivilen Beigeordneten beim Stabe v. Seeckts wurde am 18. März Albert Grzesinski übertragen.[83] Daß an eine gedeihliche Zusammenarbeit

---

81 Grzesinski, Im Kampf (Ms.), Bl. 128.
82 Orlow, Preußen und der Kapp-Putsch, S. 235. Siehe dazu ausführlich unten, Kap. III. 2.
83 Über den genauen Zeitpunkt gibt es widersprüchliche Angaben. Während Franz Krüger (Diktatur oder Volksherrschaft, S. 24) den 17. März als Termin angab, schrieb Grzesinski selbst, er sei am 18. März von

nicht zu denken war, hatte sich bereits angekündigt, als v. Seeckt gegen einen solchen Beigeordneten zunächst Bedenken geltend gemacht hatte.[84] In der Bendlerstraße, dem Sitz des Reichswehrministeriums, war Grzesinski nicht gern gesehen, was sich an der Zuweisung eines leergeräumten Zimmers ohne funktionierendes Telefon ablesen ließ.[85] So war es nicht überraschend, daß Grzesinski bereits am 20. März resignierte. Zu weit gingen die politisch-militärischen Vorstellungen Seeckts und Grzesinskis auseinander, besonders was das Verhalten gegenüber den Verschwörern betraf. Grzesinski als überzeugtem Anhänger der Republik war klar, daß die Anführer des Putsches Hochverrat begangen hatten und darum verhaftet werden mußten, was Seeckt aber nicht einmal versuchte. Grzesinskis Position war jedoch zu schwach, seine Kompetenzen zu ungesichert, als daß er wirksam Einfluß hätte nehmen können. Zwar gelang es, den befehlshabenden General von weiteren militärischen Aktionen gegen Berliner Arbeiter abzubringen und gefangengenommene Sozialdemokraten und Gewerkschaftsführer, denen das Kriegsgericht drohte, zu befreien. „Trotzdem zeigte sich bald, daß für mich eine Zusammenarbeit mit dem General von Seeckt in dieser kritischen Zeit auf die Dauer unmöglich war. Ich wollte für das Blutvergießen, das ich voraussah, das nun auch trotz alledem folgte, und das ich nicht mehr hindern konnte, nicht die Verantwortung mittragen."[86] Ämter und Machtpositionen besetzt zu halten, war für Grzesinski nur sinnvoll, wenn sich Möglichkeiten boten, die eigenen politischen Überzeugungen wenigstens ansatzweise durchzusetzen. Auf verlorenem Posten ohne Aussicht auf Erfolg zu kämpfen oder in unwürdiger Tatenlosigkeit am Posten zu kleben, war für ihn undenkbar, und insofern war es konsequent, den Auftrag zurückzugeben.

Nicht nur in Berlin, auch an anderen Stellen des Reiches war mit der Niederlage der Kappisten und dem Ende des Generalstreiks nicht umgehend wieder Ruhe eingekehrt. Am bekanntesten sind die Vorgänge im rheinisch-westfälischen Industriegebiet, wo es zur Bildung einer „Roten Armee" mit einer Stärke von mehreren zehntausend Mann kam, die dann in grausamen und blutigen Kämpfen von den Regierungstruppen zerschlagen wurde.[87] Das konnten auch die Bemühungen Carl Severings, der als Reichs- und Staatskommissar das „Bielefelder Abkommen" vermittelt hatte, nicht verhindern. Ein friedlicher Ausgleich mißlang vor allem des-

---

der Reichsregierung „ernannt" worden und habe davon erst am 19. März erfahren (Im Kampf, Ms., Bl. 131). Das Ende der Mission am 20. März scheint unstrittig (ebd.). Für Grzesinskis Version spricht das Tagebuch des Obersten van den Bergh (Aus den Geburtsstunden, S. 136), der davon berichtet, daß Grzesinskis Beiordnung am 19. März bekannt geworden sei.

84 Krüger, Diktatur oder Volksherrschaft, S. 24. Auch ein liberaler Beobachter wie der Oberst und spätere Ministerialrat im PrMdI, van den Bergh, hielt die Einsetzung eines Beigeordneten für „keine glückliche Maßnahme". Aus den Geburtsstunden, S. 136.

85 Grzesinski, Im Kampf (Ms.), Bl. 131.

86 Grzesinski, Im Kampf (Ms.), Bl. 133.

87 Zu diesen Vorgängen, die hier nur sehr gerafft wiedergegeben werden können, vgl. Winkler, Von der Revolution, S. 324ff.

halb, weil die eigentlichen Kontrahenten, Reichswehr und „Rote Armee", nicht mit am Verhandlungstisch saßen.[88] An diesem Punkt stößt man auf eine weitere Parallele in den Lebensläufen von Grzesinski und Severing. Beide waren an der Beilegung der Konflikte, die dem Kapp-Putsch folgten, beteiligt: Severing als Reichs- und Staatskommissar im Rheinland und in Westfalen, Grzesinski (zum zweiten Mal nach Juli 1919) als Preußischer Staatskommissar in Pommern und (seit 22. März) als Reichskommissar für das Gebiet der Reichswehrbrigade Kassel, wobei die Aufgaben in Pommern und Kassel an Bedeutung selbstverständlich nicht mit der im Industrierevier vergleichbar waren. In Stettin hatten sich bewaffnete Arbeiter auf der Vulkan-Werft verschanzt, weil sie ihre Entwaffnung durch die pommersche Reichswehr, die eben noch auf Seiten Kapps gewesen war, ablehnten. Darauf hatte der Kommandierende General ultimativ die Aufgabe gefordert und mit dem Bombardement der Werft gedroht. Grzesinski hob noch von Berlin aus das Ultimatum auf und reiste selbst nach Stettin. Vom 22. bis 24. März brachte er „nach langen, sehr schwierigen Verhandlungen die Sache zu Ende" und konnte die Arbeiter zur freiwilligen Waffenabgabe bewegen, indem er ihnen Freilassung von Gefangenen, Straffreiheit, Aufhebung des Ausnahmezustandes und Sicherheit vor Schadensersatzforderungen zusagte. Allerdings war ein äußerst energischer Brief an den Ministerpräsidenten Otto Braun nötig, um das preußische Innenministerium zur Einhaltung der gegebenen Zusicherungen zu bewegen.[89]

Bei der Auslegung ihrer Vollmachten zeigten sich Severing wie Grzesinski außerordentlich machtbewußt, beide waren bereit, ihre Kompetenzen im Interesse des Staates bis zur äußersten Grenze des Möglichen, manchmal auch darüber hinaus, wahrzunehmen. Severing versuchte, seine Aufgabe in der Breite auszudehnen und seine Befugnisse gegenüber den Behörden extensiv auszulegen. Wegen der Bedeutsamkeit seiner Aufgabe als Reichs- und Staatskommissar von April 1919 bis April 1920 ist er dabei von der preußischen Regierung und besonders vom Innenministerium gegen zahlreiche Widerstände unterstützt worden.[90]

Grzesinski wollte den mit der Ernennung zum Preußischen Staatskommissar verbundenen Bedeutungs- und Autoritätsgewinn zeitlich ausweiten und seiner Aufgabe bei der Heeresabwicklung nutzbar machen. Er berief sich im Verkehr mit Reichswehrstellen noch lange nachdem die Aufgabe in Pommern erledigt war auf die Vollmachten, die mit der Ernennung zum preußischen Staatskommissar im März 1920 verbunden gewesen waren. Mit dieser „Amtsanmaßung" wollte er die Abwicklung intensivieren und beschleunigen. Seine Position als Abwicklungskommissar war schwächer geworden, seit Ebert und der neue Wehrminister Geßler

---

88 Vgl. Miller, Die Bürde, S. 404.
89 Grzesinski an O. Braun, 3.11.1920. IISG, Nl. Grzesinski, Nr. 542. Wortlaut der Vereinbarung abgedr. bei Schreiner, Der Kampf, S. 271f; vgl. Eimers, Das Verhältnis, S. 227; Grzesinski, Im Kampf (Ms.), Bl. 137f. Zu den Zusicherungen an die Stettiner Arbeiter vgl. AdR, Kabinett Müller I, S. 113.
90 AdsD Bonn, Nl. Severing, M. 70.

den Reichskommissaren im April 1920 die Eingriffsmöglichkeiten in militärische Befehlsverhältnisse beschnitten hatten. Grzesinskis Betonung seines Status als preußischer Staatskommissar sollte die von der Reichsregierung diktierte Einschränkung der Befugnisse kompensieren. Vier Monate lang funktionierte der Trick, erst Ende Juli untersagte ihm die preußische Staatsregierung, sich weiterhin auf die Staatskommissarsvollmachten zu berufen.[91]

1.2 Karriereknick: Referent im Reichsarbeitsministerium

Am 31. März 1921 war die kaiserliche Heeresorganisation zum allergrößten Teil aufgelöst. Über 120.000 Menschen waren aus ihren alten Dienstverhältnissen entlassen worden, was zahlreiche persönliche Härten mit sich brachte, aber vom Standpunkt des Gemeinwesens aus unumgänglich war. Grzesinski hatte seine Aufgabe mit Erfolg beendet und ging in einen längeren Urlaub, versehen mit Dank- und Anerkennungsschreiben des Reichsfinanzministers und des Reichspräsidenten. Er schloß daraus, daß es mit seiner Karriere weiter aufwärts gehen werde, daß er sich für höhere Aufgaben empfohlen habe.

Als er sich jedoch im Frühsommer 1921 gut erholt und tatendurstig auf der politischen Bühne zurückmeldete, erwartete ihn eine Überraschung, die einiges an Bitterkeit zurückließ: Von seinen sozialdemokratischen Parteifreunden im Reich sah sich niemand in der Lage, ihm eine adäquate Stellung zu verschaffen. Dafür machte Grzesinski in erster Linie personalpolitisches Unvermögen verantwortlich. Die führenden SPD-Politiker im Reich hätten „grundsätzlich keine republikanische, überhaupt keine bewußte Personalpolitik" getrieben.[92] Die Kritik war nicht unberechtigt, aber sie enthielt doch nur einen Teil der Wahrheit, denn die Motive für die Weigerung der SPD-Spitze, Grzesinski zu einem hohen Posten zu verhelfen, lagen auch auf der persönlichen Ebene. Wie gezeigt wurde, ist Grzesinski in den ersten Monaten der Weimarer Republik als dezidierter Kritiker der Militärpolitik der SPD-geführten Reichsregierungen hervorgetreten, er geriet mehrmals in Konflikt mit Ebert, dessen Protegé Noske sowie Gustav Bauer. Auch Hermann Müller war als Reichskanzler von Zuschriften Grzesinskis, in denen eine energische demokratische Politik gegenüber der Reichswehr gefordert wurde, nicht verschont geblieben.[93] Den Höhepunkt bildeten jedoch die Auseinandersetzungen über die Abberufung der Kasseler Reichswehrgruppenkommandeure, die schließlich sogar in einer unerfreulichen offenen Pressefehde im Parteiblatt gipfelten. So etwas war in sozialdemokratischen Kreisen verpönt, und dafür mußte Grzesinski jetzt, als er eine

---

91 Göhre (StS im PrStMin.) an Grzesinski, 26.7.1920. IISG Amsterdam, Nl. Grzesinski, Nr. 542. Siehe zum Vorangegangenen auch: Miller, Die Bürde, S. 397, Anm. 23.
92 Grzesinski, Im Kampf (Ms.), Bl. 102.
93 Grzesinski an RK Müller, 29.5.1920. AdR, Kabinett Müller I, S. 295.

Beschäftigung suchte, den Tribut entrichten: Ebert hielt ihn hin, und Gustav Bauer, damals Vizekanzler und Schatzminister, meinte, es könne doch nicht extra eine neue Stelle für Grzesinski geschaffen werden.

Die Weigerung der Reichsspitze der SPD, für Grzesinskis Weiterbeschäftigung an herausgehobener Stelle zu sorgen, ihm etwa einen Staatssekretärs- oder Abteilungsleiterposten in einem Ministerium zu verschaffen, hat Spuren hinterlassen, die sich in Grzesinskis Autobiographie ablesen lassen. Aus den Beschreibungen von Ebert, Noske, Hermann Müller und Gustav Bauer spricht eine verhaltene Reserve, nirgends ist die Schilderung von Sympathie getragen, und es gibt kaum Hinweise auf politische Übereinstimmung. Im Gegensatz dazu werden die Zentrumspolitiker Erzberger, Wirth und Brauns äußerst positiv dargestellt. Einige besonders kritische Bemerkungen über Ebert und Bauer wurden nicht in die gedruckte Fassung der Memoiren übernommen[94], aber auch das, was stehen blieb, zeigt deutlich Grzesinskis Antipathie gegen Ebert, und zwar auf politischem wie auf persönlichem Gebiet. In einem Privatbrief bezeichnete er ihn gar als „Oberbonzen", und das war eindeutig abwertend gemeint.[95]

Daß die persönlichen Ressentiments auch in den politischen Bereich durchschlugen, ist plausibel. Zwischen Preußen und Reich bestand eben nicht nur auf Verfassungsebene ein äußerst spannungsreiches und kompliziertes Verhältnis, das gleiche gilt auch für das Führungspersonal der SPD. Ebenso wie die „Preußen", Parlamentarier und Minister, sich jedem Einfluß aus dem Reich zu widersetzen suchten, beobachteten umgekehrt Reichstagsfraktion wie Parteispitze argwöhnisch den Kurs der Parteifreunde in Preußen. „Schwer faßbare Rivalitäten und Animositäten persönlicher wie sachlicher Art spielten da eine Rolle", resümiert Hagen Schulze.[96]

War Grzesinski bisher nur politisch-sachlich mit der Reichsspitze der SPD über Kreuz geraten, so kam durch die Zurücksetzung, die er bei der Suche nach einer Stellung durch Ebert und Bauer erfahren hatte, noch eine persönliche Komponente hinzu. Die Neigung, die eigene Politik in Preußen unabhängig oder sogar im Gegensatz zur Haltung der SPD im Reich zu konzipieren, ist dadurch zweifellos gefördert worden.

Schließlich fand Grzesinski doch noch Arbeit in einem Reichsministerium. Es mußte ihm allerdings wie Hohn vorkommen, daß ausgerechnet an dieser Berufung

---

94 Siehe die gestrichene Passage in: Grzesinski, Im Kampf (Ms.), Bl. 102. Auf die dort gegebene Darstellung stützen sich auch die vorstehenden Ausführungen, das Zitat findet sich ebd.

95 Grzesinski an Tejessy, 11.12.1939. LA Berlin, Rep. 200, Acc. 3983, Nr. 3. In seiner Autobiographie gibt Grzesinski seine eigene geringe Meinung von Ebert als die Ansicht Otto Brauns aus, es besteht allerdings kein Anlaß zu zweifeln, daß Braun und Grzesinski sich in diesem Punkt einig waren. Im Kampf (Ms.), Bl. 190; vgl. Schulze, Otto Braun, S. 403.

96 Otto Braun, S. 406. Ebd. wird aus einem Schreiben des ehem. MdR Erich Rinner (SPD) an Schulze zitiert: Die „Beziehungen zwischen den Reichsinstanzen" der SPD „und den ,Preußen'" seien „ziemlich kühl" gewesen.

auf eine untergeordnete Stelle jene sozialdemokratischen Politiker beteiligt waren, die an seiner Rückkehr in entscheidende Machtpositionen kein Interesse hatten.[97] Der Verdacht, daß hier ein unbequemer Zeitgenosse kaltgestellt werden sollte, ist nicht von der Hand zu weisen. Auf jeden Fall war die Tätigkeit als angestellter Referent im Reichsarbeitsministerium eine ausgesprochene „Notbeschäftigung", die weder Grzesinskis Arbeitskraft voll in Anspruch nahm, noch seinem Geltungsbedürfnis genügte.[98] Sie brachte ihm ein Jahresgehalt von knapp 54.000 Mark ein, doch er hat die Aufgabe nicht ernst genommen; schon wenige Tage nach Dienstantritt am 15. Juli 1921 ging er für drei Wochen in Urlaub, obwohl er seit April bereits einige Monate Urlaub hinter sich hatte.[99]

Grzesinskis Aufgabe im Reichsarbeitsministerium als Referent in der Abteilung IV war „die Bearbeitung besonderer Aufträge aus dem Gebiete des Tarifvertrags und Schlichtungswesens, Aufrechterhaltung der Verbindung mit den Gewerkschaften, der Zentralarbeitsgemeinschaft und der Technischen Nothilfe". Der Referent stehe „im besonderen in ständiger Fühlung mit den Gewerkschaften und Arbeitnehmerverbänden".[100] Das wurde auch dem ADGB mitgeteilt. Aus der Antwort des Vorsitzenden Theodor Leipart ging hervor, daß man auf Gewerkschaftsseite die Neueinrichtung zwar begrüßte, sich jedoch vorbehielt, „in allen geeignet erscheinenden Fällen", also bei den wichtigen Themen, weiterhin direkt mit dem Minister oder seinem Staatssekretär zu verhandeln. Bei allen warmen Worten, die man für den „uns sehr gut bekannten, aus der Gewerkschaftsbewegung hervorgegangenen Herrn Grzesinski" fand, zeigte sich, daß man dessen Zuständigkeitsbereich und Einfluß nicht allzu hoch einschätzte, was zweifellos der Realität entsprach.[101]

Im Dienstzeugnis wurde Grzesinski vom Reichsarbeitsminister Brauns (Zentrum) bestätigt, daß er „namentlich auch durch geschickte und unparteiische Führung von Verhandlungen und rasche Entschlußkraft wesentlich zur gütlichen Bei-

---

97 Hermann Müller und Gustav Bauer hatten sich offensichtlich in einer Besprechung am 12.7.1921 mit RK Wirth für eine Beschäftigung Grzesinskis im RArbMin. eingesetzt. Siehe dazu die Niederschrift einer Mitteilung des StS im RArbMin., Geib, v. 13.7.1921 (Verf. unleserlich). BA Zwischenarchiv Dahlwitz-Hoppegarten, Reichsarbeitsministerium, PA 303.

98 Grzesinski, Im Kampf (Ms.), Bl. 102.

99 Urlaubsgesuch v. 19.7.1921. BA Zwischenarchiv Dahlwitz-Hoppegarten, Reichsarbeitsministerium, PA 303; Grzesinski, Im Kampf (Ms.), Bl. 102.

100 Abt. IV an sämtl. Abt. und Unterabt. des RArbMin., 13.9.1921. BA Zwischenarchiv Dahlwitz-Hoppegarten, Reichsarbeitsministerium, PA 303. Da Grzesinskis „Notbeschäftigung" im RArbMin. von geringem Umfang und Einfluß war, erscheint es gerechtfertigt, auf eine ausführliche Diskussion der wichtigen wirtschaftsgeschichtlichen Probleme, die sich mit Begriffen wie Schlichtungswesen, Zentralarbeitsgemeinschaft und Technische Nothilfe verbinden, an dieser Stelle zu verzichten. Vgl. dazu die Überblicksdarstellung bei Winkler, Von der Revolution, S. 393-412.

101 ADGB (Leipart) an RArbMin., 11.10.1921. BA Zwischenarchiv Dahlwitz-Hoppegarten, Reichsarbeitsministerium, PA 303.

legung schwieriger, arbeitsrechtlicher Streitigkeiten beigetragen" habe.[102] Gleichwohl hatte es auch Mißerfolge gegeben: Im Februar 1922 war Grzesinski vom Reichsarbeitsministerium als „unparteiischer Vorsitzender" einer Schlichtungskommission eingesetzt worden, die über Tarifforderungen der Berliner Gemeindearbeiter verhandeln sollte. Sein Schlichterspruch war aber nicht akzeptiert worden, und es kam zum Streik, der nach Grzesinskis Meinung an „Frivolität und Dummheit" alle bisherigen übertroffen habe. Hier spielte sicher auch ein hohes Maß an persönlicher Enttäuschung mit; den Gewerkschaften gab er den Rat, „gewissenlose Elemente" aus ihren Reihen zu entfernen.[103] Die Episode ist ohne Bedeutung, sie soll lediglich illustrieren, mit welcher Art Aufgaben Grzesinski es im Reichsarbeitsministerium zu tun hatte.

Da die Arbeit Grzesinski nicht befriedigte, war es verständlich, daß er die Möglichkeit, im November 1922 Präsident des preußischen Landespolizeiamtes zu werden, gern wahrnahm.

1.3 Präsident des Landespolizeiamtes und Referent im Innenministerium

Er sei der Überzeugung, schrieb am 14. November 1922 der preußische Innenminister Severing an Reichsarbeitsminister Brauns, „daß die Bekämpfung der Preistreiberei von ausschlaggebender Bedeutung für die innerpolitischen Verhältnisse des ganzen Winters" sei. Deshalb habe er „eine hervorragend energische, zugleich weiten Kreisen in ihrer Einstellung bekannte Persönlichkeit" für die Leitung des mit der Wucherbekämpfung betrauten preußischen Landespolizeiamtes gewinnen müssen: Albert Grzesinski. Er bitte darum, Grzesinski von seinen Pflichten im Reichsarbeitsministerium zu entbinden. „Ja, vom 20. ab", vermerkte Brauns dazu auf dem Schreiben und damit war Grzesinskis Referententätigkeit im Arbeitsministerium beendet.[104]

Im Oktober 1922 hatte ein Gespräch zwischen Grzesinski und Dr. Wilhelm Abegg, damals Ministerialdirigent in der Polizeiabteilung des preußischen Innenministeriums, stattgefunden. Grzesinski machte Abegg, der später sein Staatssekretär werden sollte, auf Versäumnisse der Behörden, besonders der Polizei und der Preisprüfungsstellen, bei der Bekämpfung des Wuchers aufmerksam. Er führte aus, „daß die preußische Regierung schon aus Gründen der Staatsautorität, dann aber auch aus politisch-psychologischen Gründen darauf bedacht sein müßte, ihre Polizeiorgane anders als bisher für die Bekämpfung des Lebensmittelwuchers ein-

---

102 Dienstzeugnis v. 1.12.1922. BA Zwischenarchiv Dahlwitz-Hoppegarten, Reichsarbeitsministerium, PA 303.

103 Grzesinski, Ein Unglück und eine Schande für die Arbeiterbewegung. In: Volksblatt Kassel v. 13.2.1922.

104 Pr. Innenminister Severing an Reichsarbeitsminister Brauns, 14.11.1922. BA Zwischenarchiv Dahlwitz-Hoppegarten, Reichsarbeitsministerium, PA 303.

zusetzen."[105] Diese Überlegungen werden verständlich, wenn man sich die konkrete Situation im Herbst 1922 verdeutlicht: Gerade hatte die Zeit der Hyperinflation, der galoppierenden Geldentwertung begonnen. Kurz darauf, im Januar 1923, sollte sich durch die Ruhrbesetzung die wirtschaftliche Lage Deutschlands weiter verschlechtern. Händler und Produzenten versuchten sich zu bereichern, indem sie die Preise stärker heraufsetzten, als es durch den Valutastand gerechtfertigt gewesen wäre. Bei sozialdemokratischen Politikern herrschte die reale Befürchtung, daß es dadurch zu Unruhen, Hungerrevolten oder Massenprotesten kommen könnte.[106] Indem man an die Spitze des Landespolizeiamtes eine energische Persönlichkeit berief, von der hartes Durchgreifen erwartet werden konnte, hoffte man, der Unzufriedenheit in der Bevölkerung zu begegnen.

Nach dem Gespräch mit Abegg im Oktober 1922, in dem wohl grundsätzliche Einigkeit darüber erzielt worden war, daß Grzesinski die Leitung des Landespolizeiamtes übernehmen solle, schickte Grzesinski am 30. Oktober einen Brief an Abegg, in welchem er seine Bedingungen für die Übernahme des Amtes präzisierte: Sofortige Ernennung zum Oberregierungsrat, Anrechnung der Dienstjahre im Reichsdienst, Amtsbezeichnung „Präsident des Landespolizeiamtes", direkte Unterstellung unter den Minister, ein bis zwei Mitarbeiter nach eigener Wahl.[107] In diesem Forderungskatalog lassen sich zwei Komponenten unterscheiden: Zum einen ging es um eine möglichst hohe Besoldung und einen hohen Status („Präsident"). Er sei „bisher immer darauf bedacht gewesen", sein Einkommen „möglichst hoch" und seinen Leistungen entsprechend zu gestalten, gab Grzesinski 1924 gegenüber Severing zu.[108] In Parenthese sei vermerkt, daß Grzesinskis Berufung zum Oberregierungsrat die Berufung eines „Außenseiters" war, denn Grzesinski verfügte selbstverständlich nicht über die formale Qualifikation für den höheren Verwaltungsdienst.[109] Wichtiger war der zweite Forderungskomplex, der sich mit dem Zuschnitt der Behörde beschäftigte: Grzesinski war es wichtig, nicht in die herkömmliche Beamtenhierarchie eingegliedert zu werden; er wollte keinen direkten Vorgesetzten haben, sondern unmittelbar dem Minister unterstehen. Bei genauerer Betrachtung zeigt sich, daß das (von der Verbeamtung abgesehen) exakt die gleiche Konstruktion ist, die auch dem Reichsabwicklungsamt beim Reichsfinanzministerium zugrunde gelegen hatte und die offensichtlich als bewährt angesehen wur-

105 Grzesinski, Im Kampf (Ms.), Bl. 162.

106 Pr. Innenminister Severing an Reichsarbeitsminister Brauns, 14.11.1922. BA Zwischenarchiv Dahlwitz-Hoppegarten, Reichsarbeitsministerium, PA 303.

107 Bis auf die Beförderung zum 1.4.23 sind alle Forderungen erfüllt worden. Grzesinski an MinDirig. Abegg, 30.10.1922. IISG Amsterdam, Nl. Grzesinski, Nr. 663.

108 Präs. d. LaPolA Grzesinski an pr. Innenminister Severing, 1.3.1924. IISG Amsterdam, Nl. Grzesinski, Nr. 666.

109 Nach dem Gesetz vom 8.7.1920 konnten Finanz- und Innenminister in Ausnahmefällen auch sog. „Außenseiter" für „befähigt zum höheren Verwaltungsdienste" erklären. GS 1920, S. 388ff; vgl. IISG Amsterdam, Nl. Grzesinski, Nr. 733.

de: Grzesinski als oberster Behördenchef, allein dem Minister verantwortlich. Es gab also eine doppelte Parallelität zwischen Reichsabwicklungsamt und preußischem Landespolizeiamt: Auf personeller *und* auf organisatorischer Ebene. Freilich fielen die organisatorischen Parallelen den Zeitgenossen nicht auf. Wenn auf Grzesinskis Erfolge im Reichsabwicklungsamt eingegangen wurde, stand zumeist das Lob seiner energischen Persönlichkeit im Vordergrund. Gerade die Presse mit ihrem Hang zur Personalisierung ging kaum darauf ein, daß der Erfolg des Abwicklungsamtes auch durch die funktionale Organisationsform bedingt gewesen war, die Grzesinski ihm gegeben hatte.[110]

Der Erfolg des Landespolizeiamtes war weniger augenfällig. Es stellt sich die Frage, ob eine realistische Vorstellung vorhanden war, was ein solches Amt eigentlich leisten konnte. Blicken wir zunächst auf die Aufgaben, die dem Landespolizeiamt oblagen: Grzesinski hatte, wie im Abwicklungsamt, nur einen kleinen Stab von Mitarbeitern zur Verfügung, „vier höhere Beamte (2 Regierungsräte, 1 Staatsanwalt, 1 Volkswirtschaftler), eine Anzahl mittlerer und Unterbeamten, sowie Angestellte für Kanzlei und Registratur, außerdem eine Exekutive von zwei Kriminalkommissaren und 15 unteren Kriminalbeamten". Ihre Aufgabe war es, „Rechtsgutachten (im Jahre 1923 insgesamt 526) zu erstatten, die Preise auf den Wochenmärkten zu kontrollieren, Vieh- und Fleischpreise zu beobachten, die Relation der Milch- und Butterpreise festzustellen und auch die Preise zu überwachen, die die Wirtschaftsverbände und Kartelle für ihre Erzeugnisse festsetzten."[111] Dieses äußerst trockene Fachgebiet erforderte in erster Linie konzentrierte Verwaltungsarbeit; auf eine ins einzelne gehende Analyse kann daher verzichtet werden. Betont werden muß jedoch, daß Grzesinski mit gewohnter Unnachsichtigkeit seiner Aufgabe nachging: „Ich [...] weise insbesondere die Landräte an, [...] gegen Preistreiber ohne Nachsicht unter Anwendung aller gebotenen Mittel in der rücksichtslosesten Weise einzuschreiten", hieß es in einer seiner Verfügungen.[112] Das ist beispielhaft für die rigide Art und Weise, wie er mit nachgeordneten Instanzen verkehrte, wenn er, zumal so kurz nach Amtsantritt, keine Illusionen über seinen Durchsetzungswillen aufkommen lassen wollte.

Grzesinski versuchte darüber hinaus, politische Akzente zu setzen, indem er seine Erfahrungen den Reichs- und Staatsregierungen übermittelte.[113] Außerdem bot er sich der SPD-Reichstagsfraktion als Berichterstatter an, um diese gegen die Aufhebung der Wuchergesetzgebung zu mobilisieren.[114] Aber verglichen mit den kommenden Aufgaben waren es doch nur Fingerübungen, mit denen Grzesinski sich in diesem Amt beschäftigte. Immerhin regte er eine Kodifizierung der über

---

110 Vgl. 8-Uhr-Abendblatt v. 15.11.1922; Vorwärts v. 16.11.1922.

111 Grzesinski, Im Kampf (Ms.), Bl. 163.

112 Vf. v. 16.1.1923. MBliV 1923, Sp. 61f.

113 Grzesinski, Im Kampf (Ms.), Bl. 164.

114 Grzesinski an SPD-RT-Fraktion, 26.5.1924. IISG Amsterdam, Nl. Grzesinski, Nr. 679.

eintausend bestehenden Wucherverordnungen an, um eine verläßliche Grundlage für die Rechtsprechung zu schaffen und blieb damit nicht ohne Erfolg – am 28. Juli 1923 erließ die Reichsregierung die sogenannte „Preistreiberei-Verordnung".[115]

Grzesinskis Wucherbekämpfung trägt einen eigentümlich rückwärts gewandten Zug, weil sein Bezugspunkt die Kriegswirtschaft in Kassel war. Die damaligen Erfahrungen versuchte er auf die staatliche Ebene zu übertragen. Mit den Methoden, durch die der Kasseler Konsumentenausschuß im Krieg die Versorgung bis zu einem gewissen Grade sichergestellt hatte, wollte er gegen überhöhte Preise und Wucher im Preußen der Weimarer Republik vorgehen. Im Kassel der Kriegszeit hatten die Gewerkschaften mit den Behörden zusammengearbeitet, also forderte Grzesinski auch jetzt Gewerkschaften und Verbraucherorganisationen zur Mithilfe auf, diesmal allerdings mit bescheidenem Erfolg: „Nicht einmal die Konsumenten, in deren Interesse die Preiskontrolle hauptsächlich geführt wurde, auch die Gewerkschaften nicht, zeigten Lust, an der Bekämpfung des Wuchers mit ‚Gegenständen des täglichen Lebensbedarfs' aktiv teilzunehmen."[116] Grzesinski fehlte offensichtlich das Verständnis dafür, daß die kriegs- und notwirtschaftlichen Maßnahmen, die unter den Bedingungen einer verdeckten Militärdiktatur im Ersten Weltkrieg noch leidlich funktioniert hatten, unter den veränderten Rahmenbedingungen der Republik nicht mehr erfolgreich sein konnten. Die Hoffnung, Preistreiberei wirksam und dauerhaft mit polizeilichen Mitteln unterbinden zu können, verrät mangelnde Einsicht in wirtschafts- und finanzpolitische Zusammenhänge und eine Überschätzung der Möglichkeiten des Staates, wie sie für Grzesinski bereits für die kriegswirtschaftliche Periode konstatiert worden sind. Tatsächlich war auch das Landespolizeiamt ein Überbleibsel der Kriegswirtschaft, nämlich des Kriegswucheramtes, das nach dem Krieg zunächst noch beim preußischen Staatskommissar für Volksernährung ressortierte, am 1.1.1921 aber auf das preußische Innenministerium übergegangen war.[117] Die Preise für Waren und Dienstleistungen in einer kapitalistischen Wirtschaftsordnung wurden jedoch nicht in preußischen Amtsstuben festgelegt, sondern bildeten sich, beeinflußt von Angebot und Nachfrage, auf dem Markt.

So fällt die Bilanz Grzesinskischer Wucherbekämpfung zwiespältig aus. Zweifellos war es im Sinne der Staatsautorität und auch politisch-psychologisch wichtig, daß offensichtlicher Wucher verfolgt und bestraft wurde, zumal in der Inflationszeit. Immerhin gab es im Jahre 1923 2.548 Handelsuntersagungen gegen unlautere Händler.[118] Aber die Grundprobleme Inflation und mangelhafte Versorgung mit Waren konnte auch ein Landespolizeiamt nicht lösen. Daher fiel das Amt den Sparmaßnahmen und dem Personalabbau zum Opfer; es wurde zum 31. März 1924

---

115 RGBl. I, S. 699ff.; vgl. Grzesinski, Im Kampf (Ms.), Bl. 164, dort allerdings falsche Datumsangaben.

116 Grzesinski, Im Kampf (Ms.), Bl. 163; Vf. v. 16.1.1923. MBliV 1923, Sp. 65-68.

117 MBliV 1921, Sp. 11.

118 Tätigkeitsbericht des Landespolizeiamtes für 1923. IISG Amsterdam, Nl. Grzesinski, Nr. 676.

aufgelöst.[119] Grzesinski selbst hielt den Beschluß für falsch und lastete ihn dem sparwütigen Finanzminister an, der sich gegen den nachgiebigen Innenminister Severing durchgesetzt habe.[120] Die Entscheidung war jedoch wohlbegründet. Mit der Stabilisierung der Währung seit November 1923 und der allmählichen Verbesserung der Versorgungslage war eine Wucherbekämpfungsbehörde mit einem eigenen exekutiven Apparat überflüssig. Teile des Landespolizeiamtes sollten dem preußischen Innenministerium eingegliedert werden, Grzesinski dorthin wechseln. Er beharrte jedoch darauf, seine Arbeiten weiterhin außerhalb der Beamtenhierarchie stehend, selbständig und allein dem Minister verantwortlich, durchzuführen. Das war ihm so wichtig, daß er einen Kompromiß in diesem Zusammenhang ausdrücklich ablehnte, auch weil es um sein Ansehen ging.[121] Severing akzeptierte schließlich, daß im Innenministerium zum 1. April 1924 ein eigenes Referat für Grzesinski eingerichtet wurde. Einige Aufgaben des Landespolizeiamtes, nämlich Wucherbekämpfung und Aufsicht über die Preisprüfungsstellen, wurden diesem Referat übertragen und somit weiterhin von Grzesinski bearbeitet. Die exekutivpolizeiliche und die gutachterliche Tätigkeit des Landespolizeiamtes fielen jedoch ersatzlos weg.[122]

Ohne Zweifel war diese Umstrukturierung für Grzesinski mit erheblichen Einbußen an Kompetenzen, Einfluß und Prestige verbunden. So ist es nicht verwunderlich, daß er diese Periode in seiner Autobiographie mit nur einem Satz abhandelt.[123] Wie sich zeigen wird, lag in dieser Phase der Schwerpunkt seiner Arbeit eindeutig im preußischen Landtag. Aber die Versetzung vom Landespolizeiamt „beim" Ministerium des Innern in das Wucherbekämpfungsreferat „im" Ministerium des Innern hatte den – vorerst freilich noch nicht erkennbaren – Vorteil, daß Grzesinski auf diesem Posten das preußische Innenministerium gründlich von innen kennenlernte. Für die zukünftigen Aufgaben als Polizeipräsident und Preußischer Minister des Innern war das von unschätzbarem Vorteil.

119 Vf. d. MdI v. 25.3.1924. MBliV 1924, Sp. 351.
120 Drucks. PrLT, 1. WP, Nr. 7742; vgl. Grzesinski, Im Kampf (Ms.), Bl. 165.
121 Präs. d. LaPolA Grzesinski an pr. Innenminister Severing, 1.3.1924. IISG Amsterdam, Nl. Grzesinski, Nr. 666.
122 Pr. Innenminister Severing an Präs. d. LaPolA Grzesinski, 29.3.1924. IISG Amsterdam, Nl. Grzesinski, Nr. 668. Vgl. Vf. d. MdI v. 17.4.1924. MBliV 1924, Sp. 447.
123 Grzesinski, Im Kampf (Ms.), Bl. 165.

1.4 Polizeipräsident in Berlin

Als Grzesinski am 16. Mai 1925 sein Amt als Polizeipräsident von Berlin antrat, war in Preußen gerade eine schwere Regierungskrise zu Ende gegangen.[124] Die vielfältigen parlamentarisch-politischen Verwicklungen des Frühjahrs 1925, an deren Beilegung Grzesinski auf sozialdemokratischer Seite entscheidend beteiligt war, werden im nächsten Abschnitt dargestellt. Vorerst genügt der Hinweis, daß die Krise mit der Wahl Otto Brauns zum Ministerpräsidenten am 3. April einen vorläufigen Abschluß gefunden hatte.

Nicht nur die Vorgänge im preußischen Landtag bewegten zu dieser Zeit die Menschen, sondern vor allem der zweite Wahlgang der Reichspräsidentenwahl am 26. April. Doch auch die Reichspräsidentenwahl war eng mit der preußischen Regierungskrise verquickt: Der Preis für die Zustimmung des Zentrums zur Wahl Otto Brauns zum Ministerpräsidenten war die Unterstützung des Zentrumskandidaten Marx bei der Reichspräsidentenwahl durch die SPD.[125] Die meisten Stimmen erhielt allerdings der ehemalige kaiserliche Feldmarschall Paul von Hindenburg, der im Wahlkampf auf die scharfe Opposition der SPD getroffen war und dessen Wahl in demokratischen Kreisen allgemein als Katastrophe und böses Omen für die Zukunft, ja sogar als Anfang vom Ende der Demokratie angesehen wurde.[126] Die Polarisierung der Gesellschaft, die im Wahlergebnis ihren Ausdruck gefunden hatte, ließ den Ausbruch gewalttätiger Auseinandersetzungen befürchten. Um so wichtiger war es, den Posten des Berliner Polizeipräsidenten mit einer entschieden demokratischen und energischen Persönlichkeit zu besetzen, und diese Überlegung hat bei der Berufung Grzesinskis zum Berliner Polizeipräsidenten eine wichtige Rolle gespielt.[127] Denn genau am selben Tag, als Hindenburgs Wahlsieg bekannt wurde, am 27. April 1925, beschloß das Preußische Staatsministerium auf Vorschlag von Innenminister Severing die Ernennung Albert Grzesinskis zum Polizeipräsidenten von Berlin.[128]

Seit Februar war das Amt des Berliner Polizeipräsidenten verwaist, weil der bisherige Polizeipräsident Wilhelm Richter (SPD) wegen seiner Verwicklung in den Barmat-Skandal abberufen worden war. Der Zusammenbruch des Barmat-Konzerns war einer der großen Skandale der Weimarer Republik. Daß die Gebrüder Barmat Kredite von der preußischen Staatsbank erhalten hatten und gleichzeitig gute persönliche Beziehungen zu sozialdemokratischen Politikern unterhielten (z.

---

124 Mit dieser Datierung folge ich Grzesinski, Im Kampf (Ms.), Bl. 166 sowie Grzesinski, Inside Germany, S. 124. Die Landtagshandbücher nennen abweichend den 15. Mai als Antrittstermin. Handb. PrLT, 3. WP (1928), S. 525. Amtliche Akten dokumentieren lediglich den Termin der Ernennung, so daß der Zeitpunkt des tatsächlichen Amtsantritts nicht zweifelsfrei zu ermitteln ist.
125 Vgl. Schulze, Otto Braun, S. 473.
126 Siehe z. B. Severing an Jaeger, 16.4.1925. AdSD Bonn, Nl. Severing, M. 125.
127 Grzesinski, Im Kampf (Ms.), Bl. 267.
128 Grzesinski an Tejessy, 29.4.1925. IISG Amsterdam, Nl. Grzesinski, Nr. 322.

B. zu Heilmann, Bauer und eben dem Polizeipräsidenten Richter) machte die Firmenpleite zu einem Politikum. Der daraufhin eingesetzte Untersuchungsausschuß des preußischen Landtags kam zu dem Ergebnis, daß Richter in seinem privaten Verkehr mit Julius Barmat nicht zurückhaltend genug gewesen sei.[129] Persönliche Verfehlungen waren ihm nicht vorzuwerfen, gleichwohl hatte Severing ihn abberufen, um den Eindruck zu vermeiden, „daß die Staatsregierung freundschaftliche Beziehungen ihrer Beamten zu Männern duldete, die diese Beziehungen zu geschäftlichen Zwecken ausnützen konnten."[130]

Ursprünglich hatte Grzesinski das Amt des Polizeipräsidenten im Februar übernehmen sollen. Er war wie Richter aus dem Metallarbeiterverband hervorgegangen und konnte aus diesem Grunde mit einiger Akzeptanz in weiten Kreisen der Berliner Arbeiterschaft rechnen. Aus privaten Gründen, die nicht mehr genau zu ermitteln sind[131], hatte Grzesinski jedoch am 23. Februar die Berufung zum Polizeipräsidenten abgelehnt, „nachdem man im Hinblick auf meine persönlichen Verhältnisse mich unter Druck setzen wollte." Von wem der Druck konkret ausging, ist nicht mehr festzustellen, er muß aber von höchster Stelle gekommen sein, denn Grzesinski schrieb weiter, er lasse sich das von niemandem gefallen, „er sei wer er sei".[132] Möglicherweise haben ihn der eher puritanisch veranlagte Otto Braun oder Innenminister Severing zur Ordnung seiner persönlichen Verhältnisse aufgefordert.

Im preußischen Innenministerium hatte die Absage Grzesinskis zu einiger Verwirrung geführt. Offensichtlich hatte Severing es versäumt, seine engsten Mitarbeiter wie Ministerialdirektor Abegg, den Leiter der Polizeiabteilung, über seine Personalentscheidungen zu informieren. So kam es zu einem peinlichen Zwischenfall, als der Landrat im ostpreußischen Rosenberg, Dr. Ferdinand Friedensburg (DDP), sich bei Abegg als neuer Vizepräsident der Berliner Polizei vorstellen wollte. Abegg erklärte Friedensburg, daß er gar nicht für den Posten vorgesehen sei, mußte sich dann aber nach einem Gespräch mit Severing berichtigen.[133] Seit Ende Februar 1925 wurde das Polizeipräsidium von Vizepräsident Friedensburg allein geleitet, und Severing gedachte, es zunächst dabei zu belassen. Allerdings

---

129 Steffani, Untersuchungsausschüsse, S. 170 u. 182.
130 Severing, Lebensweg II, S. 51.
131 Die von Grzesinski in Im Kampf (Ms.), Bl. 166 verbreitete Version, die Verhandlungen mit ihm bezüglich der Übernahme des Polizeipräsidiums hätten sich zerschlagen, weil er die Entlassung reaktionärer Beamter wie des Vizepräs. Moll gefordert habe, kann kaum zutreffen, denn Richter und Moll waren am 23.2. nicht mehr im Amt. Friedensburg, Lebenserinnerungen, S. 140; vgl. auch Handb. Preuß. Staat 1925, S. 136.
132 Grzesinski an Tejessy, 24.2.1925. IISG Amsterdam, Nl. Grzesinski, Nr. 322. Zum persönlichen Hintergrund: Grzesinski lebte von seiner in Kassel wohnenden Frau, die nicht in die Scheidung einwilligen wollte, getrennt. Vermutlich war er in Berlin eine neue Beziehung eingegangen, darauf weist zumindest die Andeutung, sein Wechsel von Kassel nach Berlin sei auch durch „Bindungen rein persönlicher Art" verursacht worden (Grzesinski, Im Kampf, Ms., Bl. 38). Es kann sich aber nicht um die Beziehung zu Daisy Torrens, die schließlich zu seinem Rücktritt als Minister führte, handeln, denn Grzesinski lernte sie nach eigener Aussage erst 1926 kennen. IISG Amsterdam, Nl. Grzesinski, Nr. 2366.
133 Friedensburg, Lebenserinnerungen, S. 140f.

änderte Hindenburgs Wahl, mit der die preußischen Sozialdemokraten nicht gerechnet hatten, die Lage, und Grzesinskis Ernennung wurde am 27. April beschlossen.[134]

Wie bei allen wichtigen personalpolitischen Entscheidungen war das Preußische Staatsministerium auch mit dieser Berufung auf die erbitterte Kritik der Rechten gestoßen. Da die parlamentarische Basis der Regierung Braun zu dieser Zeit noch keineswegs als gesichert gelten konnte (die Weimarer Koalition verfügte über keine Mehrheit und die DVP lehnte eine Fortsetzung der Großen Koalition ab), wurde in Grzesinskis Ernennung der Versuch erblickt, kurz vor einem möglichen Sturz vollendete Tatsachen zu schaffen. In dieser Sichtweise wurde übersehen, daß es zu einem sozialdemokratischen Polizeipräsidenten aufgrund der in der Berliner Bevölkerung herrschenden Parteipräferenzen keine Alternative gab. Dennoch befand die reaktionäre „Kreuz-Zeitung", unbekümmert um die Wirklichkeit, die Ernennung Grzesinskis setze „der Gewaltherrschaft, die jetzt in Preußen herrscht, die Krone auf".[135] Anhand der Pressekommentare zu Grzesinskis Ernennung zum Polizeipräsidenten von Berlin ließe sich die gesamte Presselandschaft der Weimarer Republik nachzeichnen und in ihrer politischen Grundhaltung analysieren. Die Kommentare reichten von feindseliger Polemik auf der extremen Rechten (wie im herangezogenen Beispiel) bis zur vorbehaltlosen Billigung in der sozialdemokratischen Parteipresse. Die linksliberale Presse stand nicht uneingeschränkt hinter Grzesinski, da sie die Ernennung des bisherigen Vizepräsidenten Friedensburg (DDP) lieber gesehen hätte. Aber selbst die Artikel, die sich mit der Entscheidung des Staatsministeriums kritisch auseinandersetzten, stellten Grzesinskis persönliche Integrität nicht in Frage. „Auch die politischen Gegner erkennen bei dem ruhigen und stets konzilianten Mann die Objektivität und Sachkenntnis an", schrieb das rechtsstehende „Kasseler Tageblatt".[136] Man glaubt kaum, daß damit Grzesinski gemeint sein könnte, eher würde man an eine Charakterisierung Severings denken. Aber auch diese Stellungnahme beweist wieder, daß das Image vom schroffen und rücksichtslosen Grzesinski seiner Persönlichkeit nicht in allen Facetten gerecht wird. Es gibt nämlich, neben den herangezogenen Presseberichten, eine Fülle von Urteilen, die das landläufige Bild als zu eindimensional erscheinen lassen. Ferdinand Friedensburg, der Grzesinski als enger Mitarbeiter gut kannte, ging sogar so weit, ihn

---

134 Da es nicht wahrscheinlich ist, daß Grzesinski in der Zwischenzeit unter Druck seine „persönlichen Verhältnisse" geändert hat, bleibt nur der Schluß, daß der Bedenkenträger, „er sei wer er sei", seine Vorbehalte zurückgestellt haben muß. Vgl. Grzesinski an Tejessy, 24.2.1925. IISG Amsterdam, Nl. Grzesinski, Nr. 322. Zu Grzesinskis Besorgnis über die Kandidatur Hindenburgs sowie seiner sicheren Erwartung, daß Marx gewählt würde: Grzesinski an Scheidemann, 28.4.1925. IISG Amsterdam, Nl. Grzesinski, Nr. 304.

135 30.4.1925. Expl. in: IISG Amsterdam, Nl. Grzesinski, Nr. 682.

136 1.5.1925. Expl. in: IISG Amsterdam, Nl. Grzesinski, Nr. 682. Dort finden sich weitere Zeitungsausschnitte, auf die sich meine Argumentation stützt. Ähnlich wie das Kasseler Tageblatt äußerte sich die DVP-nahe „Zeit". Zit. in: Volksblatt Kassel v. 2.5.1925.

als „rücksichtsvoll" zu bezeichnen.[137] Diese scheinbare Diskrepanz läßt sich auflösen, indem man Entscheidung und Durchsetzung auseinanderhält. Das autoritär-kompromißlose Durchdrücken einmal getroffener politischer Entscheidungen, die demonstrative Entschlossenheit bei der Durchsetzung, korrespondiert in der Phase der Entscheidungsfindung mit einer bemerkenswerten Offenheit für Ratschläge und der Bereitschaft, das bessere Argument gelten zu lassen. Die „seltene Gabe, einzusehen" hat Hans Hirschfeld das genannt.[138] „In meinem Dienstzimmer kann jeder frei reden, wie ihm der Schnabel gewachsen ist", ermunterte Grzesinski seine Mitarbeiter zur Offenheit.[139] So betrachtet, überrascht es nicht, daß die Urteile von Menschen, die Grzesinski gut kannten, erheblich von denen oberflächlicher Betrachter, die nur die schroffe Außenseite seines Wesens zu sehen bekamen, abweichen konnten. Gewiß, Grzesinski „war nicht liebenswürdig in des Wortes landläufigem Sinne", aber ebensowenig wird eine eindimensionale Verkürzung seiner Person und seiner Politik auf den Aspekt der Rücksichtslosigkeit oder des bedenkenlosen Zupackens den Tatsachen gerecht.[140] Eine solche vereinfachende Betrachtungsweise würde beispielsweise nicht erklären können, warum Grzesinski zu den eifrigsten Befürwortern der Koalitionspolitik in Preußen gehörte und oft bereit war, Streitfragen im Wege des politischen Kompromisses zu lösen.

Mit dem Antritt seines Amtes als Berliner Polizeipräsident ließ Grzesinski sich Zeit. Erst am 16. Mai übernahm er offiziell die Geschäfte in dem großen roten Backsteinbau am Alexanderplatz, um nicht Hindenburgs Einzug in Berlin polizeilich leiten zu müssen.[141] Ganz konnte Grzesinski einem Zusammentreffen mit dem neuen Staatsoberhaupt jedoch nicht entgehen, weil er ihm einen Antrittsbesuch abzustatten hatte. Hindenburg, den Grzesinski in der Revolutionszeit, als die Oberste Heeresleitung in Kassel-Wilhelmshöhe stationiert war, flüchtig kennengelernt hatte, hinterließ allerdings einen niederschmetternden Eindruck beim Polizeipräsidenten: „Er fragte mich, etwa wie der Kompanieführer bei der Besichtigung den Rekruten fragt, nach Beziehungen zum Militär, zu Verwandten usw. In Magdeburg habe er einen Divisionsveterinär gehabt mit einem ähnlichen Namen wie dem meinen, ob das ein Verwandter von mir sei. Ich mußte leider verneinen. Dann sprach er von der Tüchtigkeit dieses Veterinärs [...] Zum Schluß gab er mir die

---

137 Friedensburg, Lebenserinnerungen, S. 154.
138 Hirschfeld war Grzesinskis Pressereferent im PrMdI. Das Zitat stammt aus dessen Trauerrede am Grabe Grzesinskis im Januar 1948. LA Berlin, Rep. 200, Acc. 3983, Nr. 9.
139 Ansprache am 5.11.1930 anläßlich der (2.) Amtsübernahme als Polizeipräsident. Grzesinski, Im Kampf (Ms.), Bl. 244; siehe auch Erklärung Grzesinskis in: Die Preuß. Staatsminister an den Staatsgerichtshof für das Deutsche Reich (Leipzig). Berlin, den 1.9.1932, Anl. 2. BA Koblenz, Nl. Dietrich, Nr. 261, Bl. 113v.
140 LA Berlin, Rep. 200, Acc. 3983, Nr. 9 (Hirschfeld, Januar 1948).
141 Die offiziellen Empfänge im Reichspräsidentenpalais anläßlich Hindenburgs Amtseinführung fanden am 14. und 15. Mai statt. Schultheß 1925, S. 75.

Mahnung auf den Weg, in Berlin für Ruhe und Ordnung zu sorgen. Dann war die ‚Vorstellung' beendet."[142]

Auf andere Weise denkwürdig war die offizielle Amtseinführung Grzesinskis im Polizeipräsidium, die im Rahmen einer kleinen Feierstunde am 14. Mai stattfand. Innenminister Severing hatte einige freundliche Sätze zur Einführung gesprochen und die versammelten Beamten waren auf einen harmonischen Verlauf der Veranstaltung eingestimmt, als Grzesinski das Wort ergriff. Doch anstatt mit verbindlich-entgegenkommenden Formulierungen um das Wohlwollen der Beamten zu werben und gute Zusammenarbeit in Aussicht zu stellen, ging Grzesinski in einer kämpferischen, gänzlich undiplomatischen Rede sofort in die Offensive, erklärte den überraschten Beamten, daß er schon schwierigere Aufgaben erfolgreich bewältigt habe und meldete unverhohlen den Anspruch an, absoluter „Herr im Haus" zu sein. Darüber hinaus nutzte er die Gelegenheit, seine grundsätzliche Stellungnahme zum Verhältnis von Polizei und Bevölkerung in der demokratischen Republik darzulegen. Kerngedanken waren die demokratische Transformation der Polizei in ein zuverlässiges Machtinstrument, korrekte Behandlung der einfachen Beamten durch ihre Vorgesetzten sowie die Versöhnung von Polizei und Einwohnerschaft.[143] Das war nicht weniger als die Forderung nach einer Bewußtseinsveränderung sowohl bei den Beamten als auch bei der Bevölkerung. Das alte Untertanenverhältnis sollte abgebaut und der Polizeidienst als „Dienst am Publikum" aufgefaßt werden. Die Polizei, wie auch die Beamtenschaft überhaupt, sagte Grzesinski, sei „nicht ihrer selbst, sondern der Bevölkerung wegen da. Infolgedessen haben die Polizeiorgane mit der Bevölkerung zurecht zu kommen und nicht umgekehrt."[144] Das war die Essenz aus Überlegungen, die zu jener Zeit von Polizei- und Verwaltungspraktikern wie Friedensburg und Abegg angestellt wurden. Die Polizei sollte sich vom „unbequemen behördlichen Mahner und Bevormunder" zum „Freund, Helfer und Kamerad der Bevölkerung" entwickeln[145] und als „Dienerin des Publikums" populär gemacht werden.[146]

Über die Art und Weise, wie Grzesinski versuchte, diese Konzeption von Polizei durchzusetzen, gibt es keinen Zweifel: Es war der bereits mehrfach beobachtete

---

142 Grzesinski, Im Kampf (Ms.), Bl. 268f. Vgl. dazu die Abb. auf S. 154.

143 Vielfach verweigerten die Polizeioffiziere den Wachtmeistern noch die Anrede „Herr", was Grzesinski in seiner Ministerzeit endgültig und unmißverständlich untersagte. Leßmann, Preußische Schutzpolizei, S. 198.

144 Antrittsrede als PP, wohl 14.5.1925. DRA Frankfurt/M., Band-Nr. 59 U 11.

145 Grzesinski, Geleitwort zu: Hirschfeld/Vetter, Tausend Bilder, S. 5. Ähnliche Gedanken hatte bereits sein Vorgänger geäußert. Carl Severing, Die Große Polizeiausstellung Berlin 1926. Ein Geleitwort. In: Die Polizei, Nr. 18 (Sondernr.), 20.9.1926.

146 Diesen Zweck verfolgte auch die von Abegg konzipierte Große Polizeiausstellung im Sept./Okt. 1926: Abegg, Die Große Polizeiausstellung 1926. Anlaß, Anordnung und Ziel. In: Deutsche Presse, Nr. 41, 9.10.1926, S.2f. Friedensburg, Lebenserinnerungen, S. 158. Vgl. auch Große Polizei-Ausstellung, Amtlicher Katalog; Hirschfeld/Vetter, Tausend Bilder. Zu Abeggs Polizeikonzeption siehe Leßmann, Preußische Schutzpolizei, S.92f.

Weg der rigiden Durchsetzung von oben. Dieses Verfahren war von den Idealvorstellungen von Demokratie und demokratischer Führung weit entfernt, es ist allerdings fraglich, ob andere Verfahren erfolgversprechend gewesen wären. Grzesinski machte sich damit nicht bei allen beliebt, wenngleich sein Vizepräsident davon berichtet, daß er sich „auch bei den rechtsgerichteten Beamten nicht unerhebliches Ansehen" erworben habe.[147] Es ging jedoch nicht darum, beliebt zu sein, sondern politische Ziele durchzusetzen, in diesem Falle eine schlagkräftige, zuverlässige und vertrauenswürdige Polizei zu entwickeln. Wenn schon viele der höheren Beamten im Polizeipräsidium keine Herzensrepublikaner waren, so lautete Grzesinskis Überlegung, sollten sie wenigstens ihrem demokratisch eingestellten Vorgesetzten gehorchen, und dieser Gedanke lag seiner durchaus ungewöhnlichen Antrittsrede zugrunde. Daß Grzesinski mit seiner Art der Amtsführung, der selbstbewußten Betonung des eigenen Führungsanspruchs, offensichtlich gut gefahren war, erwies seine Abschiedsrede, in der er seinem Nachfolger die Beachtung der gleichen Grundsätze empfahl.[148]

Grzesinskis schroffes Auftreten war, wie gezeigt worden ist, politisch motiviert. Anregungen sollten, gleichgültig woher sie kamen, aufgenommen werden, „letzten Endes muß aber meine Ansicht und meine Entscheidung maßgebend sein, da ich dem Herrn Minister des Innern verantwortlich bin."[149] Gleichzeitig appellierte er an das preußische Pflichtethos der Beamten und versüßte seine strengen Warnungen mit der Zusage, in der Öffentlichkeit für eine größere Anerkennung der Polizeiarbeit werben zu wollen. Der Tenor der Ausführungen war jedoch, und das wurde auch so verstanden, Grzesinskis absoluten Führungsanspruch und seine Konfliktbereitschaft in beinahe aggressiv zu nennenden Ausführungen klar herauszustellen: „Objektiv und unparteilich sein, heißt nun aber nicht, es jedem recht machen zu wollen. Hält das schon das bekannte Sprichwort für unmöglich, so möchte ich hier noch ganz ausdrücklich sagen, daß ich auch gar nicht die Absicht habe, es jedem recht machen zu wollen. Mein Weg und meine Amtshandlungen werden gerade und offen und ohne Arglist und Falsch sein. Sie werden getragen sein von dem Bewußtsein, daß jeder Beamte im Dienst des gesamten Volkes [...] steht und jederzeit seine volle Pflicht und Schuldigkeit zu tun hat."[150]

In diesen Ausführungen war auch ein Seitenhieb gegen den anwesenden Innenminister Severing enthalten. Zweifellos wollte sich Grzesinski ausdrücklich von ihm abgrenzen, wenn er sagte, er habe nicht die Absicht, es jedem recht machen zu wollen. Denn Severing galt schon den Zeitgenossen als ein Politiker, der

---

147 Friedensburg, Lebenserinnerungen, S. 154.
148 IISG Amsterdam, Nl. Grzesinski, Nr. 1328.
149 Antrittsrede als PP, wohl 14.5.1925. Zit. nach 8-Uhr-Abendblatt, 14.5.1925.
150 Antrittsrede als PP, wohl 14.5.1925. DRA Frankfurt/M., Band-Nr. 59 U 11.

„imstande war, allen Seiten recht zu geben", und der darüber das Entscheiden und Durchsetzen vergaß.[151]

Mit dem Aufstieg zum Berliner Polizeipräsidenten war Grzesinski zum Chef einer riesigen Behörde mit 21.000 Beschäftigten geworden. Er meinte stolz, es handele sich um die „größte örtliche Staatsbehörde der Welt".[152] Im Jahre 1920 war aus verschiedenen Stadt- und Landgemeinden sowie mehreren Gutsbezirken die Stadtgemeinde Groß-Berlin gebildet worden, was zu entsprechenden Zusammenlegungen und Vereinheitlichungen auch bei der Polizei geführt hatte. Das Polizeipräsidium unterstand direkt dem preußischen Innenministerium.[153] Es hatte nicht nur lokale Zuständigkeiten für die Viermillionenstadt Berlin, sondern auch polizeiliche Aufgaben für ganz Preußen wahrzunehmen, unter anderem die Politische Polizei, die von der berüchtigten Abteilung IA ausgeübt wurde. Kurz nach Grzesinskis Amtsantritt wurde beim Berliner Polizeipräsidenten ein Landeskriminalpolizeiamt eingerichtet, das auch politische Straftaten sowie Straftaten, die sich gegen den Bestand und die Sicherheit des Staates richteten, bearbeiten sollte.[154] Gleichzeitig war der Polizeipräsident Regierungspräsident für Berlin. Im Rahmen dieser Untersuchung sind nur die polizeilichen Aufgaben, die unmittelbar etwas mit dem Schutz der Republik zu tun hatten, nämlich Schutzpolizei und Politische Polizei (einschließlich Fremdenpolizei), von einigem Interesse. Kriminalpolizei, Meldewesen, Theateraufsicht, Wasserpolizei, Verkehrs- und Handelspolizei müssen deshalb unberücksichtigt bleiben, obwohl sich Grzesinski nachweislich mit einigem Eifer gerade auch diesen nicht-politischen Bereichen gewidmet hat.[155] Bereits die kurze Aufzählung zeigt den enorm großen Aufgabenbereich des Berliner Polizeipräsidiums.

Gleichwohl scheint die erste Amtsperiode Grzesinskis als Polizeipräsident von Mai 1925 bis Oktober 1926 nicht seine ganze Arbeitskraft beansprucht zu haben. Er blieb weiterhin im Vorstand der preußischen SPD-Landtagsfraktion, und seine Arbeit dort war umfangreicher denn je, weil der Vorsitzende Ernst Heilmann durch die Barmat-Affäre gehandicapt war.[156] Grzesinski fand im Polizeipräsidium einen funktionierenden Apparat vor und hatte in Ferdinand Friedensburg einen

---

151 Schulze, Otto Braun, S. 510 unter Berufung auf den Zeitzeugen Herbert Weichmann.

152 „In dieser Zahl sind (in runden Zahlen) inbegriffen: 14.000 uniformierte Beamte der Schutzpolizei, darunter 300 Offiziere, wovon 4.000 junge Beamte kaserniert sind; 3.000 Kriminalbeamte einschließlich der 300 Beamten der Politischen Polizei und 4.000 Verwaltungsbeamte, Angestellte und Arbeiter." Grzesinski, Im Kampf (Ms.), Bl. 167. Vgl. auch Fritz Tejessy, Die größte Behörde der Welt. In: Volksblatt Kassel v. 19.1.1926.

153 Liang, Berliner Polizei, S. 9. Zur Organisation des Berliner Polizeipräsidiums s. Schaubilder bei Hirschfeld/Vetter, Tausend Bilder, S. 46, 52, 54.

154 Runderlaß des PrMdI v. 20.5.1925. MBliV 1925, Sp. 569-574.

155 Vgl. die langen Ausführungen über die Kriminalpolizei in Grzesinski, Im Kampf (Ms.), Bl. 167-172.

156 Grzesinski an O. Braun, 17.1.1934. LA Berlin, Rep. 200, Acc. 3983, Nr. 3. Heilmann war Duzfreund Barmats und hatte mehrere Empfehlungsschreiben für ihn verfaßt. Steffani, Untersuchungsausschüsse, S. 170ff.

äußerst fähigen Vizepräsidenten, dem er bedingungslos vertrauen konnte.[157] „Friedensburg war ein tüchtiger und energischer Republikaner, sehr fleißig, aber auch sehr ehrgeizig. Wir haben gut miteinander gearbeitet", urteilte Grzesinski über ihn.[158] Friedensburg seinerseits wies darauf hin, daß Grzesinski „einen großen Teil seiner Zeit im Landtag verbrachte, zumal er, mit Recht, seine Laufbahn noch nicht als abgeschlossen ansah".[159] Tatsächlich war Grzesinski seit März 1925 immer wieder als preußischer Innenminister im Gespräch, und Severing fühlte sich selbst als „Minister auf Abruf" im neuen Kabinett Braun.[160]

Grzesinski versuchte, beide Aufgaben, im Landtag wie im Polizeipräsidium, auszufüllen. Offensichtlich ist ihm das gelungen, allerdings nur um den Preis einer ganz außergewöhnlichen Arbeitsbelastung, die ihm kaum Freizeit, auch nicht am Wochenende, ließ.[161] Es war lediglich die parteipolitisch motivierte Übertreibung eines Oppositionspolitikers, wenn sich der schlesische DVP-Abgeordnete Metzenthin im Landtag zu der Behauptung verstieg, Grzesinski sei nur „nomineller Polizeipräsident" in Berlin.[162] An der Doppelfunktion Grzesinskis als Parlamentarier und hoher politischer Beamter zeigt sich allerdings eine verfassungs- und beamtenrechtliche Besonderheit des republikanischen Preußens. Das Gewaltenteilungsprinzip war nicht streng durchgeführt, sondern es war durchaus möglich, als Beamter seinen Dienst zu versehen und gleichzeitig Abgeordneter zu sein. Zur selben Zeit der Legislative und der Exekutive anzugehören war nicht inkompatibel.[163]

Zum Aufgabenbereich Grzesinskis im Berliner Polizeipräsidium gehörte die Aufsicht über die rund 300 Köpfe starke Abteilung IA, die für ganz Preußen die Politische Polizei wahrzunehmen hatte. Ihre Aufgabe war der „polizeiliche Staatsschutz". Sie hatte Nachforschungen über politische Vereinigungen und Parteien anzustellen und „mit polizeilichen Mitteln [...] die staatsfeindlichen Kräfte" zu bekämpfen, wie ein Praktiker schrieb.[164] Die historische Hypothek dieser Abteilung war immens; auch in der Republik wurde die Politische Polizei immer noch mit

---

157 Friedensburg, Lebenserinnerungen, S. 152.

158 Grzesinski, Im Kampf (Ms.), Bl. 166. 1927 beförderte Grzesinski Friedensburg zum RP von Kassel.

159 Friedensburg, Lebenserinnerungen, S. 153

160 AdsD Bonn, Nl. Severing, M. 124; Friedensburg, Lebenserinnerungen, S. 167; Alexander, Carl Severing, S. 150.

161 Es sei ihm sehr selten möglich, ein Wochenende zu begehen, lieber sei er auch sonnabends und sonntags im Dienst, „um den Berlinern ein ruhiges Wochenende zu sichern." Grzesinski, Hunderttausende ins Freie. Vossische Zeitung v. 23.5.1926 (Umfrage „Wie verbringe ich das Wochenende?").

162 „Ich wünschte, ich hätte nur solche ‚nominellen Beamten'", replizierte Severing, was bei der SPD-Fraktion mit „sehr gut" kommentiert wurde. Wenn auch Grzesinski sein LT-Mandat nicht niedergelegt habe, „so leidet doch nichts in der Wahrnehmung seines Amtes." SB PrLT, 2. WP, 17.10.1925, Sp. 4648.

163 Die Beamtengesetze der Bundesrepublik Deutschland sehen demgegenüber vor, daß das öffentliche Amt für die Zeit der Zugehörigkeit zu Bundes- oder Länderparlamenten ruht. Vgl. auch unten Kap. IV 3.4.

164 Weiß, Polizei und Politik, S. 26. Dr. Bernhard Weiß war bis 1924 Leiter der polit. Abt., seit 1927, von Grzesinski ernannt, Polizeivizepräsident in Berlin. Zur Biographie Weiß' siehe Bering, Kampf um Namen. Zur polit. Polizei in der Weimarer Republik s. Graf, Politische Polizei, S. 6-48.

dem Spitzelwesen der alten kaiserlichen Polizei identifiziert, zumal es in personeller Hinsicht eine Kontinuität gab.[165] Darum war, wer wie Grzesinski offensiv die Notwendigkeit der Politischen Polizei in der Republik vertrat oder gar „die politische Polizei ausbauen wollte, [...] von vornherein als nicht ganz zuverlässiger Mann verschrien". Grzesinski bezeichnete die Politische Polizei in der Weimarer Republik geradezu als das Stiefkind der preußischen Staatsverwaltung. Besonders die Sozialdemokraten, die im Kaiserreich Opfer der Überwachungs- und Repressionsmethoden gewesen waren, wollten mit der Politischen Polizei nichts zu tun haben und lehnten eine bessere materielle und personelle Ausstattung der Politischen Polizei ab. „Infolgedessen war die politische Polizei im neuen Preußen in jeder Weise schlecht: sie war schlecht organisiert, mit viel zu wenig Personal ausgestattet, das dazu nicht einmal sehr tüchtig war, und sie hatte zu keiner Zeit ausreichende Mittel zur Verfügung".[166]

Tatsächlich waren es 180 Beamte, die der Politischen Polizei im Außendienst zur Verfügung standen, der Rest war mit reinen Bürotätigkeiten beschäftigt.[167] Nach den erhaltenen Akten zu urteilen, scheint es die Hauptbeschäftigung der Politischen Polizei in der Weimarer Republik gewesen zu sein, Zeitungsausschnitte zu sammeln und Druckschriften sicherzustellen.[168] Übereinstimmend mit Grzesinski führte der ehemalige Polizeivizepräsident Friedensburg rückblickend die Ineffizienz der Politischen Polizei auch und vor allem auf die Unfähigkeit der eingesetzten Beamten zurück – sie „klebten an primitiven Arbeitsweisen".[169]

Selbstverständlich unterhielt die Politische Polizei auch einen Agentenapparat. Grzesinski hob im nachhinein die besondere Bedeutung freiwilliger „Gewährsmänner" aus allen politischen Lagern hervor, die sich der Polizei selbst angeboten hätten, um „über vertrauliche Vorgänge innerhalb der radikalen Bewegung Material zu bringen".[170] Aber die sporadische Information durch Presseberichte und freiwillige Zuträger reichte der Politischen Polizei nicht aus. Vielmehr benötigte sie eine ständige und systematische Informationsquelle. „Um sich eine solche Quelle zu erschließen, muß die Polizei durch Mittelsmänner Anschluß an die staatsfeindlichen Personen und Organisationen gewinnen und diese Mittelsmänner verpflichten, ihr

---

165 Graf, Politische Polizei, S. 7.

166 Grzesinski, Die politische Polizei in Deutschland. Ms., 22.5.1934. LA Berlin, Rep. 200, Acc. 3983, Nr. 1.

167 Ebd. Nach derselben Quelle zählte die polit. Polizei insges. 285 Beamte im Exekutivdienst, von denen jedoch über 100 mit reinen Bürotätigkeiten befaßt waren. So blieben noch rund 180 Beamte für den Außendienst. Die rechnerisch falsche Angabe im Original, es blieben nur „108 Beamte" (statt 180), ist ein offensichtlicher Tippfehler.

168 Vgl. LHA Potsdam, Pr. Br. Rep. 30 Berlin C, Tit. 95 sowie GStA Abt. Merseburg, Rep. 77, Tit. 4043.

169 Friedensburg, Lebenserinnerungen, S. 160.

170 „Ich war daher über die internen Verhältnisse sowohl in der Kommunistischen Partei als auch über wichtige Vorgänge innerhalb der Rechtsbewegung ständig unterrichtet. Oft schon wenige Stunden nach den in vertraulichen Sitzungen gefaßten Beschlüssen lag der schriftliche Bericht darüber auf meinem Schreibtisch, und ich konnte meine polizeilichen Maßnahmen darauf einstellen." Grzesinski, Im Kampf (Ms.), Bl. 173.

alles politisch und polizeilich Wissenswerte mitzuteilen", schrieb 1928 der Polizei-Vizepräsident von Berlin, Bernhard Weiß. Zur „schamhaften Verheimlichung einer Verwendung von Vertrauensleuten" bestehe kein Anlaß. Was allerdings aufgegeben wurde, war die vor 1918 übliche Praxis, eigene Beamte in die staatsfeindlichen Organisationen einzuschleusen oder Lockspitzel zu unterhalten.[171] Auf diesen Umstand bezog sich Grzesinski, wenn er im nachhinein behauptete, mit dem „Spitzelsystem" habe die republikanische Politische Polizei endgültig gebrochen.[172] Diese Formulierung ist zumindest mißverständlich, denn die Politische Polizei in Preußen hatte wohl die Auswüchse abgestellt, aber nicht grundsätzlich die Abschöpfung von (freiwilligen) Informanten aufgegeben. Das zuzugeben taten sich auch Sozialdemokraten wie Grzesinski, die den Gedanken der Staatsautorität hochhielten und die Politische Polizei für unerläßlich hielten, schwer. Der Politischen Polizei haftete dauerhaft ein Makel an, weil ihre Überwachungs- und Bespitzelungsmethoden im Kaiserreich sich gerade gegen jene liberalen und sozialdemokratischen Strömungen gerichtet hatten, die mittlerweile in Preußen an der Macht waren. Die Wirksamkeit der Politischen Polizei mußte daher gering bleiben; sie fand weder in der demokratischen Öffentlichkeit und bei den politischen Parteien der Weimarer Koalition Unterstützung, noch bei den eigenen Kollegen von der Schutz- und Kriminalpolizei.[173] Bezeichnenderweise wurden die Umsturzpläne, die der Vorsitzende des „Alldeutschen Verbandes", Justizrat Heinrich Claß, erdacht hatte, nicht durch die Politische Polizei aufgedeckt, sondern durch einen Kronzeugen, der sich den Behörden zur Verfügung stellte. Die mangelhafte Organisation und Wirksamkeit der Politischen Polizei, die für den hier betrachteten Zeitraum konstatiert werden muß, veranlaßte Grzesinski, sich als preußischer Innenminister dieser Frage anzunehmen. In einem Erlaß vom 12. Dezember 1928 wurden erstmals die Organisation und die Aufgaben der Politischen Polizei für Preußen einheitlich geregelt.[174]

Die politischen Impulse, die vom Amt des Berliner Polizeipräsidenten ausgehen konnten, waren im Verhältnis zur sich unmittelbar anschließenden Tätigkeit im Ministerium des Innern bescheiden. Die Bedeutung dieser ersten Amtszeit als Chef der Berliner Polizei liegt vor allem darin, daß sich Grzesinski als durchsetzungsfähiger und kompetenter Staatsbeamter und Politiker profilieren konnte. „Die Polizei funktionierte unter ihm tadellos", resümierte das Berliner Zentrumsblatt „Germania" Anfang Oktober 1926.[175]

Eine Chance, Lorbeeren zu ernten und in die „große Politik" einzugreifen, bot sich bei der Aufdeckung der Umsturzpläne des Alldeutschen Verbandes und ihres

171 Weiß, Polizei und Politik, S. 104.

172 Grzesinski, Im Kampf (Ms.), Bl. 173.

173 Die Kriminalpolizei „sträubt sich gewöhnlich gegen eine gar zu enge Fühlung mit den Kollegen der politischen Polizei, gleichsam als könnte man sich durch die Berührung politisch oder gar moralisch bloß-stellen." Weiß, Polizei und Politik, S. 25.

174 MBliV 1928, Sp. 1198–1201.

175 Expl. in: IISG Amsterdam, Nl. Grzesinski, Nr. 684 (Erscheinungsdatum ließ sich nicht exakt ermitteln).

Vorsitzenden Claß. Als sich am 10. Mai 1926 ein Kronzeuge der Verschwörung im Polizeipräsidium meldete, war Grzesinski jedoch im Urlaub und wurde von seinem Vizepräsidenten Friedensburg vertreten. Friedensburg plädierte dafür, die Putschabsichten durch ihre Veröffentlichung in der Presse zunichte zu machen, konnte sich aber gegen den Ministerialdirektor im preußischen Innenministerium, Abegg, nicht durchsetzen, der mit Rückendeckung durch den geschäftsführenden Innenminister Braun (Severing war zur Kur) Haussuchungen bei einer ganzen Reihe von prominenten Rechtspolitikern und Industriellen durchführen ließ. Das war die richtige Entscheidung, denn die Haussuchungen und die Beschwerden darüber sorgten in der Öffentlichkeit für viel größeres Aufsehen, als es eine noch so sensationell aufgemachte Zeitungsmeldung vermocht hätte. Die von Claß und seinen Mitverschwörern betriebenen Pläne für eine nationalistisch-völkische Diktatur waren ebenso verworren wie verbrecherisch, in letzter Konsequenz liefen sie auf die Entfesselung eines Bürgerkrieges hinaus. Der Reichspräsident sollte ein rechtsstehendes Kabinett mit Hugenberg als Finanzminister ernennen, das sich durch fortwährende Reichstagsauflösungen an der Macht halten sollte. Die dadurch zu erwartende öffentliche Unruhe wollten die Verschwörer, etwa durch Massenentlassungen, noch anheizen, um kommunistische Putschversuche zu provozieren, gegen die dann die „nationalen" Wehrverbände im Verein mit der Reichswehr eingeschritten wären. Dadurch würde der Reichspräsident wiederum einen Vorwand erhalten, um zur Wiederherstellung von Sicherheit und Ordnung einen „Reichsverweser", im Klartext: einen Diktator, mit besonderen Vollmachten aufgrund des Art. 48 der Reichsverfassung einzusetzen.

Durch die preußische Polizeiaktion wurde solchen Plänen der Boden entzogen. Zusammen mit der Verunsicherung, die sich in der Folge im „nationalen" Lager breitmachte, war das der politisch beabsichtigte Effekt. Auf die Justiz war auch in diesem Fall nicht zu hoffen, sie glaubte den Schutzbehauptungen der Beteiligten, daß man die Republik ausschließlich auf verfassungsmäßigem Wege beseitigen wollte. Allein gegen Claß wurden vom Oberreichsanwalt gerichtliche Ermittlungen wegen Vorbereitung zum Hochverrat eingeleitet, aber das Hauptverfahren wurde aus angeblichem Mangel an Beweisen gar nicht erst eröffnet. Verbote der an den Putschplänen beteiligten reaktionären Wehrverbände, die das preußische Innenministerium noch am 12. Mai verhängt hatte, wurden vom Staatsgerichtshof zum Teil wieder aufgehoben.[176] Ihren Höhepunkt fand die Justizgroteske um den Claß-Putsch freilich darin, daß der einzige, der persönliche Konsequenzen zu tragen hatte, eben jener mutige Kronzeuge war, der die Pläne aufgedeckt hatte. Gegen ihn wurde aus fadenscheinigen Gründen von der Reichsanwaltschaft ein Landesverratsverfahren eingeleitet und durch mehrere Instanzen verfolgt. Ein dreiviertel Jahr lang saß er sogar in Haft. Erst 1929 wurde er endgültig freigesprochen, und es ist offensichtlich, daß es der Reichsanwaltschaft darum ging, den Wert des Kronzeu-

---

176 Siehe dazu unten Kap. IV 3.5.

gen für die Polizei zu mindern, seine Glaubwürdigkeit zu erschüttern und potentielle Nachahmer abzuschrecken – ein weiteres unrühmliches Kapitel in der Geschichte der Justiz in der Weimarer Republik.[177]

In den Jahren 1925/26 kündigten sich erstmals neue Formen öffentlicher Unruhen an, und es begannen gewalttätige Auseinandersetzungen zwischen politisch verfeindeten Organisationen, wie KPD und NSDAP, Stahlhelm und Reichsbanner.[178] Aber verglichen mit der Phase der Radikalisierung, die folgen sollte, war es noch eine verhältnismäßig ruhige Periode, zu regelrechten Straßenschlachten mit Todesopfern kam es noch nicht. So herrschte die Hoffnung, man könne mit polizeilichen Maßnahmen wie dem „Stockerlaß" vom Februar 1926, der für Demonstrationen das Mitführen von Waffen einschließlich schwerer Stöcke untersagte, die Eskalation der Auseinandersetzungen verhindern oder erschweren.[179]

Dabei war Grzesinski immer bewußt, daß sich politische Massenbewegungen nicht mit polizeilichen Mitteln allein bekämpfen oder unterdrücken ließen. Daß er trotz allem immer ein Anhänger massiver sichtbarer Polizeipräsenz bei politischen Demonstrationen war, hat damit zu tun, daß er einen „zurückhaltenden und abwartenden Einsatz der Schutzpolizei"[180], der vielleicht in der Rückschau als eine angemessene Strategie erscheinen mag, mit seinen Vorstellungen von Staatsautorität nicht vereinbaren konnte.[181] Die Schutzpolizei war für ihn nicht nur Schutzmacht, sondern auch Symbol des Freistaates Preußen und hatte deshalb Flagge zu zeigen. Außerdem ging es darum, die Sicherheit der Bevölkerung und ihre Grundrechte zu schützen. Daraus erklärt sich, daß in Preußen auch gelegentlich Demonstrationen „niedergeknüppelt" worden sind.[182]

Das massive, zuweilen bedrohliche Auftreten der Schutzpolizei vertrug sich nicht immer mit dem Ziel, die Polizei „volkstümlich", d. h. zu einem bürgernahen und populären Ordnungsinstrument, zu machen. Hinzu kam, daß es in den unruhigen Anfangsjahren der Republik mit den Aufständen in Mitteldeutschland 1921 und 1923 in erster Linie darauf ankam, eine straff geführte und schlagkräftige Schutzpolizeitruppe zu schaffen. Die Frage eines guten Verhältnisses zwischen Polizei und Bevölkerung war daher erst in den vergleichsweise ruhigen Jahren seit 1924 verstärkt angegangen worden. Darum stand man bei diesen Bemühungen auch nach fast acht Jahren sozialdemokratischer Verantwortung für die preußische Polizei noch immer am Anfang. Grzesinski gab das implizit zu, als er im Oktober 1926 vom Polizeipräsidium ins Innenministerium wechselte. Die Polizei fange an,

177 Die hier gegebene Darstellung der Claß-Episode stützt sich auf: AdR, Kabinette Marx III u. IV, Nr.13 (4.6.1926), S. 29f.; Nr. 44 (29.6.1929), S. 103f.; Friedensburg, Lebenserinnerungen, S. 162-168; Jasper, Schutz, S. 154-156; Schulze, Otto Braun, S. 506f.

178 Vgl. „Ein Erlaß des Berliner Polizeipräsidiums". In: Frankfurter Zeitung v. 12.8.1925.

179 Liang, Berliner Polizei, S. 114-116.

180 Leßmann, Preußische Schutzpolizei, S. 250.

181 Grzesinski, Im Kampf (Ms.), Bl. 219.

182 Kempner, Ankläger, S. 62.

„modern zu werden", der einzelne Beamte beginne, „dem Bürger als Mensch gegenüberzutreten".[183]

2 Grzesinski als Parlamentarier

Vor dem Hintergrund der instabilen Regierungsverhältnisse auf der Reichsebene erscheint die Kontinuität in der preußischen Politik während der Weimarer Zeit überraschend. Es gibt ein ganzes Bündel von Gründen für diese divergierende Entwicklung: Die preußische Politik konnte gewissermaßen im Windschatten der Reichspolitik konzipiert werden, die großen, aufwühlenden außenpolitischen Fragen und die entscheidenden sozialpolitischen Weichenstellungen fielen nicht in die preußische Kompetenz. Außerdem gab es gravierende Unterschiede in der Verfassung, beispielsweise gab es keinen als Gegengewicht zum Parlament gedachten Staatspräsidenten wie im Reich.[184] Gleichwohl reichen solche Erklärungsversuche, die oft mit der schlichten Erkenntnis verbunden werden, Preußen habe Glück mit den Wahlterminen (1921, 1924, 1928) gehabt, nicht aus. Denn es war keineswegs so, daß man alle weltanschaulichen Konfliktthemen ausgeklammert hätte; es wurden in den verschiedenen Koalitionen auch Entscheidungen mit außenpolitischen Implikationen getroffen, und das Konkordat mit dem Vatikan war ein gutes Beispiel dafür, wie politischer Gestaltungswillen weltanschauliche Gräben überbrücken konnte.[185] Im folgenden soll nach den mentalitätsgeschichtlichen Wurzeln dieses Gestaltungswillens, der sich vor allem an der Politik der sozialdemokratischen Fraktion im Landtag ablesen läßt, gefragt werden. Was hat dazu geführt, daß man sich in Preußen besser auf die Anforderungen des parlamentarischen Regierungssystems einstellen konnte, daß man keine Angst vor der Macht hatte, sondern ganz offen das Ziel proklamierte, die an den Wahlurnen errungenen Mandate in ein möglichst hohes Maß an staatlicher Macht zu transformieren?[186] Am Beispiel Albert Grzesinskis, der als prominenter, aber durchaus typischer Repräsentant der preußischen SPD-Fraktion gelten kann, lassen sich verschiedene Aspekte dieser Fragen beleuchten.

Grzesinski war von 1919 bis 1933 Mitglied des preußischen Parlaments; er wurde in die Verfassunggebende Preußische Landesversammlung (1919-1921) und alle folgenden Landtage gewählt. Schon im Zentralrat der deutschen sozialistischen

---

183 Verabschiedung als PP am 8.10.1926. IISG Amsterdam, Nl. Grzesinski, Nr. 683.
184 Zu den Unterschieden vgl. zusammenfassend Möller, Parlamentarismus, S. 577ff. sowie Lösche, Heilmann, S. 105ff.
185 Vgl. Orlow, Weimar Prussia 1918-1925, S. 244ff.
186 Heilmann auf dem Preußentag der SPD (1928), S. 51.

Republik hatte er dem Preußenausschuß angehört.[187] Seine Option für die preußische Politik begründete Grzesinski später mit dem Wunsch, näher mit der Verwaltung in Kontakt zu kommen, aber es ist fraglich, ob eine Kandidatur für den Reichstag überhaupt in Reichweite war. Sein Weg ins Preußenparlament kann als typisch für die sozialdemokratische Fraktion und deren soziobiographisches Profil angesehen werden: Der Reichstag war ihnen versperrt, weil verdiente ältere Parteifreunde, die bereits vor dem Weltkrieg im Reichsparlament gesessen hatten, diese Mandate für sich beanspruchten, wie etwa in Kassel der Vorsitzende des SPD-Bezirks. Das hatte zur Folge, daß sich die jüngere Generation der Partei- und Gewerkschaftsfunktionäre, deren bisheriger Wirkungsbereich auf der lokalen Ebene gelegen hatte, in der SPD-Fraktion des preußischen Parlamentes wiederfand. Jeweils deutlich mehr als die Hälfte der Mitglieder der SPD-Fraktion gehörten zur Gruppe der Partei- und Gewerkschaftsekretäre, der hauptamtlichen Krankenkassen- und Konsumvereinsangestellten und der Kommunalpolitiker, die durchweg einen ähnlichen sozialen und beruflichen Hintergrund hatten. Für die Politik der sozialdemokratischen Fraktion in Preußen, für das Funktionieren des preußischen Parlamentarismus und für die Stabilität der Regierungsverhältnisse hatte das entscheidende Auswirkungen:

(1) In der sozialdemokratischen Landtagsfraktion saßen fast durchweg Parlamentsneulinge. Der Anteil derjenigen, die erst nach dem Weltkrieg ein Mandat erhalten hatten, lag immer über 90 Prozent.[188] Den fundamentalen Wandel, den das neue parlamentarische System den Fraktionen abverlangte, konnten sie leichter vollziehen, weil sie in bezug auf Parlamentspraxis und -verständnis nicht von Erfahrungen aus dem Reichstag und dem (nach dem Dreiklassenwahlrecht gewählten) preußischen Abgeordnetenhaus der Vorkriegszeit belastet waren. Im konstitutionellen System prägte die grundsätzliche Gegnerschaft zu Regierung und Staat die Parlamentsarbeit der SPD. Die parlamentarische Demokratie stellte jedoch, zumal bei einer sozialdemokratischen Regierungsbeteiligung, völlig andere Anforderungen. Die Minister waren nicht vom Wohlwollen des Monarchen, sondern vom Vertrauen des Parlaments abhängig. Dies bescherte den Regierungsfraktionen die Aufgabe, ihren Ministern im Parlament den Rücken freizuhalten und ihrem Regierungschef eine „feste Stütze" zu sein.[189] Das damit verbundene Maß an Disziplin und Selbstbeschränkung, das die parlamentarische Demokratie den Fraktionen abverlangte, konnten die Parlamentsneulinge in Preußen offensichtlich leichter aufbringen als ihre Kollegen im Reichstag, von denen mehr als die Hälfte bereits in den Parlamenten des Kaiserreichs Mitglieder gewesen waren. Hinzu kam, daß die preußische SPD-Fraktion keiner Parteigliederung Rechenschaft schuldig war, denn es gab

---

187 Zentralrat, S. 4.
188 Schulze, Stabilität, S. 432.
189 Vgl. Orlow, Preußen und der Kapp-Putsch, S. 225.

keine preußische Parteiorganisation; „die Landtagsfraktion war ihr eigener Herr, was ihrer taktischen Beweglichkeit und relativen parteipolitischen Unbekümmertheit zugute kam".[190]

(2) Disziplin und Solidarität sowie die Bereitschaft, sich führen zu lassen, zeichnete in besonderem Maße die größte Gruppierung innerhalb der SPD-Fraktion des preußischen Landtages aus, nämlich die lokalen Größen aus der Gewerkschafts-, Partei-, Krankenkassen- und Konsumvereinsbürokratie. Zu ihnen zählten bis zu 69 Prozent der SPD-Fraktionsmitglieder der preußischen Landtage. Das war genau jene Schicht von handwerklich ausgebildeten Facharbeitern, zu der auch Grzesinski zählte. Demgegenüber hatte die sozialdemokratische Reichstagsfraktion ein ganz anderes soziales Profil: Ihr gehörte mit Parteivorständlern, Gewerkschaftsführern, Intellektuellen, Ideologen und Redakteuren die Parteielite an. Das kritische Potential dieser heterogenen Gruppe wurde durch die Vereinigung mit der USPD-Reichstagsfraktion im Jahre 1922 noch verstärkt, während es im preußischen Landtag nur eine kleine USPD-Fraktion zu integrieren gab. Dezidierte „Linke" oder reine Ideologen hatten in der Landtagsfraktion keinen Einfluß. Dagegen gab es im Reichstag Abgeordnete wie Seydewitz, Levi oder Kurt Rosenfeld, die durchaus in der Lage waren, den Kurs der Fraktion vorübergehend in linkssozialistisches Fahrwasser zu lenken.[191] In der Reichstagsfraktion war man eher bereit, den Belastungen der Koalitionsdisziplin auszuweichen, entweder durch den gesinnungsethisch motivierten Rückzug in die Opposition oder durch die Verweigerung einer Regierungsbeteiligung. Der Unterschied zwischen den beiden SPD-Fraktionen zeigte sich beispielhaft im März 1930: Als sich die Reichstagsfraktion einem Kompromiß über die Erhöhung der Arbeitslosenversicherung verweigerte und damit die Große Koalition des Reichskanzlers Hermann Müller scheitern ließ, mißbilligte die preußische Landtagsfraktion diesen Entschluß ausdrücklich.[192] Auch in der Zentrumsfraktion des Preußischen Landtags waren die Gewerkschaftsfunktionäre stark vertreten[193], was zweifellos die Zusammenarbeit in der Koalition erleichtert hat. Diese Besonderheit in der personellen Zusammensetzung des preußischen Landtags ist keineswegs erst durch die moderne Forschung ans Licht gebracht worden; es war der spätere Fraktionsvorsitzende der SPD, Ernst Heilmann, der bereits 1920 im Landtagsplenum darauf hingewiesen

---

190 Schulze, Stabilität, S. 427. Der „Preußentag" des Jahres 1928 war kein Parteitag, auf dem Anträge eingebracht werden konnten, sondern eine Konferenz zur Vorbereitung der Wahlen. Teilnehmer waren die preußischen Mitglieder des Parteiausschusses und Delegierte der Parteibezirke; es referierten Heilmann (über die Arbeit der LT-Fraktion) und Grzesinski (über die Politik des MdI). Siehe: Preußentag der SPD (1928).

191 Vgl. z. B. die Auseinandersetzungen Grzesinskis und Severings mit der RT-Fraktion wegen des neuen Republikschutzgesetzes 1929/30 (siehe unten, Kap. IV 3.5); Schulze, Stabilität, S. 424–426.

192 Hamburger, Betrachtungen, S. 28.

193 Möller, Parlamentarismus, S. 282.

hatte, daß „nach oberflächlicher Zählung 153 Kollegen" Gewerkschafts- oder Parteisekretäre seien.[194] Diese Konstellation berücksichtigte Heilmann in seiner Amtsführung als sozialdemokratischer Fraktionsführer.

(3) Daß die Regierungsverhältnisse in Preußen stabil waren (mit einer kurzen Unterbrechung durch das Kabinett Stegerwald im Jahre 1921 amtierte die Weimarer Koalition, die zwischen 1921 und 1924 mit der DVP zur Großen Koalition erweitert wurde), lag nicht nur an der Qualität der Ministerriege, sondern auch am Führungspersonal der Fraktionen. In erster Linie ist hier an den bereits erwähnten Ernst Heilmann und sein Pendant auf Zentrumsseite, Joseph Heß, zu denken. Aber auch Grzesinski war, wie am Beispiel der Regierungsbildung von 1925 gezeigt werden kann, ein äußerst fähiger und taktisch versierter Parlamentarier, der „jahrelang vertrauensvoll und offen mit Dr. Heß zusammengearbeitet" hat.[195] Zeitzeugen und Historiker sind sich einig, daß die preußische Koalition wesentlich auf der Zusammenarbeit von Heß und Heilmann beruhte, die auch ein gutes persönliches Verhältnis zueinander hatten.[196] Obwohl Heß erst 1930 offiziell Fraktionsvorsitzender des preußischen Zentrums wurde, war er der eigentliche Führer der Partei in Preußen, denn die nominellen Vorsitzenden von preußischer Zentrumspartei und -fraktion, Felix Porsch und Carl Herold, waren zu dieser Zeit bereits alt und kränklich. In der preußischen Regierungskoalition hatte Heß namentlich in Personalfragen großen Einfluß.[197] Schwierige Probleme wurden im Einvernehmen gelöst, ohne die jeweiligen Fraktionen in allen Einzelheiten an der Entscheidungsfindung zu beteiligen. Beide, Heilmann und Heß, sahen es als ihre Aufgabe an, der Regierung parlamentarische Schwierigkeiten aus dem Weg zu räumen. Das Zusammenspiel zwischen

---

194 SB PrLV, 7.7.1920, Sp. 11711.

195 Grzesinski schrieb 1933 mit Bezug auf Heß weiter: „Es bedurfte zwischen uns keiner langen Verhandlungen, um uns zu verständigen. Im Laufe der Jahre hatten wir niemals ernstliche politische Differenzen. Ich war unterrichtet, wie weit er seine Fraktion in der Richtung meines Weges und des Weges meiner Fraktion auf seiner Seite hatte, und er wußte das gleiche von mir. In der sozialdemokratischen Fraktion bin ich wegen dieser politischen Taktik damals oft heftig angegriffen worden. Wir befänden uns dabei, wurde gesagt, im Schlepptau des Zentrums. Ich konnte darüber innerlich nur lachen. Der entsprechende Vorwurf wurde dem Abgeordneten Dr. Heß in seiner Fraktion auch gemacht. Aber die Fraktionen folgten doch." Grzesinski, Im Kampf (Ms.), Bl. 153.

196 Der pr. DDP-Abg. Grzimek meinte, auf der Zusammenarbeit zwischen Heilmann und Heß „ruhe die preußische Koalition". Feder, Heute, S. 157 (12.2.1928). Im gleichen Sinne: Kempner, Ankläger, S. 58. Siehe auch Schulze, Otto Braun, S. 390ff.; Hömig, Das Preußische Zentrum, S. 116ff; Lösche, Ernst Heilmann, S. 108f.

197 Angeblich war er in dieser Hinsicht sogar „brutal", wie der Berliner-Tageblatt-Redakteur Ernst Feder (Heute, S. 104) kolportierte. Allerdings ist zu berücksichtigen, daß Feder der mit dem Zentrum in der Personalpolitik konkurrierenden DDP angehörte. Zu Heß siehe den Aufsatz von Hasenberg, Joseph Heß, in welchem besonders Heß' Bemühen um paritätische Beteiligung von Katholiken an der Staatsverwaltung betont wird, sowie Leugers-Scherzberg, Porsch, S. 272-280 und Kohler, The Successful German Center-Left.

Heilmann und Heß wird im Verlauf dieser Arbeit mehrfach begegnen; das wichtigste Beispiel ist Grzesinskis Berufung zum preußischen Innenminister im Jahre 1926. Heilmanns Führungsstil war autoritär, aber effizient.[198] Die zahlreichen Gewerkschafts- und Parteisekretäre in der Fraktion akzeptierten das, weil sie Disziplin und Solidarität als Voraussetzung für den Aufstieg der Arbeiterschaft verinnerlicht hatten. Obwohl er selbst ganz anders sozialisiert worden war und sich als Bohemien bezeichnete[199], schaffte Heilmann es immer wieder, die Fraktion hinter sich zu bringen. Es läßt sich zeigen, daß er dabei ganz bewußt die Schlüsselbegriffe Disziplin und Solidarität einsetzte.[200] Auch in diesem Fall ist der Vergleich mit der Reichstagsfraktion lehrreich: „Erschütternd" empfand eine Beobachterin den „Mangel an Solidarität" und das Mißtrauen, die in der Reichstagsfraktion gegenüber den eigenen Ministern herrschten. „Kein Fraktionsvorsitzender fühlte die Verpflichtung, für die Minister einzutreten", hieß es weiter in einem Brief der Landtagsabgeordneten Toni Jensen an Grzesinski. Verglichen mit den Führern der Reichstagsfraktion pflege Ernst Heilmann „die Landtagsfraktion gleichsam auf Flügeln über die Fährnisse hinwegzutragen".[201] Der Versuch Heilmanns und Heß', im Sinne des preußischen Beispiels auf die Politik der Reichstagsfraktionen der SPD bzw. des Zentrums einzuwirken, scheiterte jedoch. Obgleich sie sich 1928 in den Reichstag wählen ließen, blieben sie dort Außenseiter; „beide werden nichts ausrichten, in Jahren nicht", prophezeite Grzesinski – und behielt recht.[202]

Die geschilderten Besonderheiten des preußischen Parlamentarismus, die für sein Funktionieren konstitutiv waren, kamen jedoch nicht mit der Einberufung der Verfassunggebenden Landesversammlung im Jahre 1919 sofort zum Tragen. Eine preußische parlamentarische Praxis mußte sich erst herausbilden und formieren. Entscheidend dafür war, daß sich innerhalb der preußischen SPD eine neue Führungsschicht durchsetzen konnte.

Eine wichtige Zäsur war in dieser Hinsicht der Kapp-Lüttwitz-Putsch vom März 1920. Zum einen hatte sich hier gezeigt, daß monarchistische Kräfte nach wie vor den Bestand der Republik bedrohten und der DNVP solche Bestrebungen nicht unsympathisch waren. War im ersten Jahr nach der Revolution noch vielfach die Illusion verbreitet, als stehe das Gemeinwesen auf gesicherter Basis und die konservativ-reaktionären Schichten hätten sich mit der neuen Staatsform arrangiert, so mußte der Putschversuch zur gegenteiligen Erkenntnis führen. „Im Land-

---

198 Lösche, Ernst Heilmann, S. 111.

199 Jensen an Grzesinski, 1.5.1928. IISG Amsterdam, Nl. Grzesinksi, Nr. 77.

200 Nur „durch eine ganz straffe Disziplin und durch eine lückenlose Solidarität" sei es gelungen, die preußische Regierungskrise von 1925 beizulegen und Otto Braun zum MP zu wählen. Heilmann, in: Preußentag der SPD (1928), S. 30.

201 Jensen an Grzesinski, 20.8.1928. IISG Amsterdam, Nl. Grzesinksi, Nr. 77. In der Sitzung ging es um die Zustimmung der sozialdemokratischen Minister zum Bau des Panzerkreuzers.

202 Grzesinski an Jensen, 4.5.1928. IISG Amsterdam, Nl. Grzesinksi, Nr. 250.

tage begegneten mir deutschnationale Abgeordnete, deren Gesichter vor Freude über den ihrer Meinung nach schon gelungenen Umsturz glänzten", berichtete Grzesinski über den 13. März 1920, den Tag des Kapp-Putsches.[203] Dadurch kam es zu einer Klärung der Fronten im preußischen Parlament; die äußere Bedrohung führte zu einem engeren Zusammenschluß der demokratisch-republikanischen Parteien. In Preußen verhielten sich die Mittelparteien, einschließlich der DVP, gegenüber den Bürgerblock-Avancen der DNVP in Zukunft zurückhaltend. Dadurch, daß mit wenigen Ausnahmen das führende parlamentarische Personal der Koalitionsfraktionen der preußischen Landesversammlung in Berlin geblieben war, gab es ständigen Kontakt und Austausch untereinander. Die Sorge vor einem Bürgerkrieg und die isolierte Situation in Berlin ließen gewissermaßen ein Zusammengehörigkeitsgefühl und einen politischen Grundkonsens bei den demokratisch eingestellten preußischen Parlamentsfraktionen entstehen; die Erfahrung, daß die Kraft der Reaktion keineswegs gebrochen war, ließ eine konsequente Reformpolitik notwendig erscheinen.[204]

Der Kapp-Putsch verstärkte nicht nur den Zusammenhalt der demokratischen Kräfte untereinander, er hatte auch gravierende Auswirkungen auf die politische und personelle Ausrichtung der preußischen SPD-Fraktion. Der Putschversuch hatte deutlich das Abwirtschaften, ja das Versagen einer alten Elite und ihrer Politikkonzeption vorgeführt. Die allzu behutsame Demokratisierung der Minister Hirsch, Heine und Südekum hatte sich mit einem Schlag als Irrweg erwiesen. Die unausweichliche Konsequenz war eine Politik der forcierten Reformen, vor allem bei der Polizei und bei der Besetzung von Verwaltungsposten in den Provinzen. Dadurch rückten jene Abgeordnete in den Blickpunkt, die seit jeher für ein höheres Tempo und eine größere Intensität der Reformen eingetreten waren: Die Generation der Vierzigjährigen – Politiker wie Heilmann, Grzesinski, Siering und Severing – kam zu größerem Einfluß in der Fraktion, Ernst Heilmann stieg zum unangefochtenen Führer der Fraktion auf[205], und es ist zu Recht auf die Ironie hingewiesen worden, die darin liegt, daß der Kapp-Putsch, indem er Heilmanns Aufstieg zum parlamentarischen Führer der preußischen SPD ermöglichte, einen wichtigen Beitrag zur zeitweiligen Festigung der Demokratie in Preußen und Deutschland geleistet hat.[206] Ihre formale Bestätigung fand die Machtverschiebung in der sozialdemokratischen Fraktion durch die Vorstandswahlen nach der ersten Landtagswahl vom Februar 1921. Heilmann wurde einer von drei Vorsitzenden der Fraktion, Grzesinski Mitglied des Fraktionsvorstands.[207]

203 Grzesinski, Im Kampf (Ms.), Bl. 126.
204 Orlow, Preußen und der Kapp-Putsch, S. 235f.
205 Vgl. etwa seine große Rede in der Etatdebatte am 7.7.1920. SB PrLV, Sp. 11705ff.
206 Orlow, Preußen und der Kapp-Putsch, S. 236.
207 Berliner Tageblatt v. 9.3.1921.

2.1 Das Parlamentarismusverständnis in der preußischen SPD

Zum parlamentarischen Regierungssystem sah Grzesinski keine Alternative. Als sich nach der Machtübernahme der Nationalsozialisten auch viele ehemalige Parlamentarier kritisch über den deutschen Parlamentarismus der Weimarer Zeit äußerten, hielt Grzesinski dagegen: „Meine Erfahrungen gingen dahin, daß selbst in stürmischen Zeiten, und gerade dann, das Parlament das notwendige Ventil der Volksleidenschaften sein konnte und es auch war [...] Ohne die Parlamente in Deutschland – ich nehme dabei auch ihre Vielheit in Kauf – wären die häufigen in den Nachkriegsverhältnissen Deutschlands begründeten Krisen nicht ohne noch schwerere Zusammenstöße und ohne ein Auseinanderfallen des Reiches zu überwinden gewesen. Gewiß hat der parlamentarische Kuhhandel unter den Parteien auch etwas Abstoßendes gehabt. Doch das lag an den scharfen Interessengegensätzen und war nicht Schuld des Parlamentarismus als solchem. Voraussetzung war nur, daß die Mehrheit der Abgeordneten Anhänger der parlamentarischen Demokratie war. Erst als sich das in Deutschland änderte, war es auch mit der ordentlichen parlamentarischen Arbeit vorbei."[208]

Das aus freien und gleichen Wahlen hervorgegangene Parlament war für Grzesinski der Ausdruck des „Volkswillens". Weil hier die „Erwählten des Volkes" die Gesetze beschlossen, verdiente das Parlament als Repräsentant von Volk und Nation entsprechenden Respekt.[209] Mit der Achtung vor der Volksvertretung ließ es sich nicht vereinbaren, wenn die Beratungen und Verhandlungen einen unwürdigen Verlauf nahmen. Hier ist auch der tiefere Grund für Grzesinskis Interesse an Tages- und Geschäftsordnungsfragen zu suchen: Die strenge Einhaltung der Regeln der Geschäftsordnung war Ausdruck der Achtung, die man der Volksvertretung (und damit dem Volk selbst) entgegenbrachte. So war es kein Zufall, daß Grzesinski immer wieder für eine angemessene Form der parlamentarischen Auseinandersetzung eintrat und schließlich Vorsitzender des Geschäftsordnungsausschusses wurde.[210] Schon auf dem Kongreß der Arbeiter- und Soldatenräte im Dezember 1918 hatte Grzesinski beklagt, daß gegen grundlegende Regeln der parlamentarischen Arbeit verstoßen worden war und sich Mitglieder der Regierung zur Geschäftsordnung gemeldet hatten.[211] In Grzesinskis Augen war es die Aufgabe der Parlamentspräsidenten, solche Mißbräuche zu verhindern, „aber unter den vielen Präsidenten war keiner, auch Paul Löbe nicht, der sich das Gefühl für die Würde der Volksvertreter restlos bewahrt hatte. Keiner von allen schritt gegen den rüden

---

208 Grzesinski, Im Kampf (Ms.), Bl. 143; vgl. auch SB PrLT, 2. WP, 29.3.1928, Sp. 26358.
209 Grzesinski, Im Kampf (Ms.), Bl. 141.
210 Drucks. PrLT, 1. WP, Nr. 1565; Handb. PrLT (1925), S. 231; SB PrLT, 1. WP, 23.11.1921, Sp. 4737. Eine völlig neue Geschäftsordnung, die der Ausschuß in der 2. WP (1925/28) vorbereitet hatte, wurde vom LT nur teilweise beraten. Geschäftsordnung PrLT, Vorwort, S. 4.
211 Allgemeiner Kongreß, 17.12.1918, Sp. 117.

Ton und die gemeinen Beleidigungen, die von der Tribüne des Parlaments in jeder Sitzung en masse herabgeschleudert und in Parlamentsdrucksachen verbreitet wurden, so ein, wie es geboten gewesen wäre und wie seine Befugnisse es ihm gestattet hätten. Das Niveau in den Parlamenten war erschreckend niedrig geworden.“[212] Im Oktober 1929 war es bei einer Landtagssitzung zu Tumultszenen gekommen, woraufhin Ministerpräsident Braun und Innenminister Grzesinski den Saal verließen.[213] Diese Sitzung nahm Grzesinski zum Anlaß, um gegenüber dem Ministerpräsidenten auf den Mißbrauch der freiheitlichen Bestimmungen der preußischen Verfassung durch die Verfassungsfeinde hinzuweisen.[214] Daß hier nicht entschiedener durchgegriffen wurde, war nach Grzesinskis Ansicht für den Niedergang des Parlamentarismus und das schlechte Ansehen der Volksvertretungen mitverantwortlich.

Eine weitere Ursache sah er in den häufigen Regierungswechseln, wobei er sich hier auf die Reichsregierungen bezog. Eine kontinuierliche Regierungsarbeit werde durch die stete Gefahr der Mißtrauensanträge unmöglich gemacht. Daher plädierte Grzesinski dafür, durch Verfassungsbestimmung einen Regierungswechsel erheblich zu erschweren.[215] Grzesinski empfahl hier rückblickend dem Reich jenen Weg, den man in Preußen bereits beschritten hatte: Durch eine Änderung der Geschäftsordnung hatten die Weimarer Koalitionsparteien im April 1932 die Regelung eingeführt, daß der Ministerpräsident mit absoluter Mehrheit gewählt werden mußte. Er konnte zwar durch Mißtrauensvotum gestürzt werden, solange sich die Opposition jedoch nicht konstruktiv auf einen Nachfolger einigen konnte, blieb die alte Regierung geschäftsführend im Amt. Zu Recht ist darauf hingewiesen worden, daß diese Regelung dem konstruktiven Mißtrauensvotum des Grundgesetzes nahekam. Im bewährten Zusammenspiel mit dem preußischen Zentrum waren es auf sozialdemokratischer Seite Ernst Heilmann und Ernst Hamburger, die sich besonders dafür eingesetzt hatten. Auch Grzesinski veröffentlichte im sozialdemokratischen Parteiorgan einen Aufsatz, in dem er für die Neuregelung eintrat.[216]

---

212 Grzesinski, Im Kampf (Ms.), Bl. 144.
213 Berliner Tageblatt v. 17.10.1929; vgl. auch Grzesinskis Reaktion in einem Brief an den Vorstand der SPD-LT-Fraktion v. 4.12.1929, in dem er sich über die „laxe Geschäftsführung des Präsidiums“ beschwerte und Änderungsvorschläge machte. IISG Amsterdam, Nl. Grzesinski, Nr. 699.
214 So beklagte Grzesinski sich über den fehlenden Schutz durch das Landtagspräsidiums. Außerdem beklagte er, daß das Parlamentsrecht des Herbeizitierens von Regierungsmitgliedern in schikanöser Weise mißbraucht wurde und die „Kleinen Anfragen“ benutzt wurden, um lügnerische Behauptungen über die Landtagsdrucksachen der Öffentlichkeit ungestraft übermitteln zu können. Pr. Innenminister Grzesinski an MP Braun, 18.10.1929. IISG Amsterdam, Nl. Grzesinski, Nr. 700. Weitere Beschwerden Grzesinskis über den Niedergang der parlamentarischen Sitten in zwei Schreiben an die SPD-LT-Fraktion v. 17.2. u. 4.12.1929. Ebd., Nr. 697 u. 699.
215 Grzesinski, Im Kampf (Ms.), Bl. 146.
216 Was wird in Preußen? In: Vorwärts v. 7.5.1932. Vgl. Möller, Parlamentarismus, S. 386f.; Lösche, Heilmann, S. 113. Die Landtagsdebatte ist dokumentiert in: Ursachen und Folgen, Bd. VIII, S. 433.

In der Grzesinskischen Auffassung vom Volksstaat als Parteienstaat war es Aufgabe des Parlaments, die innergesellschaftlichen Konflikte vermittelt durch die Parteien friedlich zum Austrag zu bringen.[217] Wenn der friedliche Interessenausgleich im Parlament nicht sichergestellt werden konnte, wenn das Parlament seine ureigene Aufgabe nicht erfüllen konnte, war der Bestand der Demokratie bedroht.

Die Reformpolitik, zu der sich die preußische Sozialdemokratie bekannte, war untrennbar mit der Koalitionspolitik verbunden; Grundlage jeden praktischen Fortschritts war die Beteiligung an der Regierung. Eine funktionierende Verwaltung zum Nutzen gerade der ärmeren Schichten war auf stabile Regierungsverhältnisse angewiesen. Die preußische Parlamentsgeschichte in der Weimarer Republik hatte jedoch gezeigt, daß die Opposition der Kommunisten wie auch der Parteien rechts von der DVP nicht von besonderem Verantwortungsbewußtsein getragen war, daß es allenfalls zu gemeinsamer Obstruktion kam, nicht jedoch zur Formulierung von politischen Alternativen. Bei den gegebenen Mehrheitsverhältnissen war die preußische Sozialdemokratie zur Beteiligung an der Regierung gezwungen, wenn sie nicht jene Parteien, die in der Opposition ihre Verantwortungslosigkeit bewiesen hatten, zur Macht kommen lassen wollte. Da die preußische SPD die an den Wahlurnen gewonnen Stimmen in ein Höchstmaß an staatlicher Macht umsetzen wollte und allein zur Regierungsbildung nicht stark genug war, mußte sie Koalitionen eingehen. Wenn später von Exponenten der Verwaltung kritisiert worden ist, daß die SPD ihre Macht nicht energisch genug eingesetzt habe, wurden oft die Bedingungen der Koalitionspolitik vernachlässigt. Nach der Machtübernahme durch die Nationalsozialisten stritt Grzesinski mit seinem ehemaligen Pressesprecher Hans Hirschfeld darüber, welche tatsächliche Macht die Sozialdemokratie in der Weimarer Republik gehabt habe. Hirschfeld war unter dem Eindruck der einschneidenden nationalsozialistischen Maßnahmen zur Konsolidierung ihrer Herrschaft der Meinung, daß die Sozialdemokratie ihre Macht in der Weimarer Republik nicht ausgenutzt habe. Grzesinski wies demgegenüber darauf hin, daß die Macht der Sozialdemokratie durch Koalitionsrücksichten und später auch durch die Tolerierungspolitik gegenüber Brüning begrenzt war.[218]

Den Parteien war in Grzesinskis modern wirkender Konzeption der parlamentarischen Demokratie nicht nur die Rolle zugewiesen, die innergesellschaftlichen Konflikte zum friedlichen Austrag zu bringen, sondern auch den politischen Willen einer Bevölkerungsmehrheit zu bündeln und in praktische Politik umzusetzen. Am effizientesten gelang das, wenn Regierung und Parlamentsmehrheit eng und koordiniert zusammenarbeiteten, die Parlamentarier jedoch darauf verzichteten, über verwaltungspraktische Details mitbestimmen zu wollen. Die enge Abstimmung zwischen Regierung und Koalitionsfraktionen, die von überdurchschnittlich befähigten politischen Persönlichkeiten wie Heilmann (SPD) und Heß (Z) auf Frak-

217 Grzesinski, Es lebe die Republik, in: Vorwärts v. 11.8.1932; vgl. SB PrLT, 2. WP, 29.3.1928, Sp. 26358..
218 Briefwechsel Grzesinski-Hirschfeld vom April 1933, in: LA Berlin, Rep. 200, Acc. 3983, Nr. 2.

tions- und Otto Braun auf Regierungsseite koordiniert wurde, war ein entscheidendes Element des preußischen Parlamentarismus und hatte an der Stabilität der Regierungsverhältnisse großen Anteil. Hinzu kam, daß Regierungsämter zumeist aus den Reihen der Fraktionen besetzt wurden, so daß hier schon von vornherein enge persönliche Beziehungen bestanden.

Grzesinski wollte 1918 im Zentralrat alle Versuche, „welche die Regierung in ihrer Arbeit stören", vereiteln.[219] Wenngleich die Aussage im Kontext der unruhigen Situation vom Dezember 1918 zu sehen ist, zeigt sie doch, wie Grzesinski die Rolle der Parlamentsmehrheit definierte. Um die enge Verbindung von Parlamentsmehrheit und Regierung, eine Grundvoraussetzung für die parlamentarische Regierungsweise, mußte jedoch immer wieder neu gerungen werden. Bei der Etatdebatte 1929 forderte Grzesinski die Redner der Regierungsparteien auf, „etwas größere Gesichtspunkte" anzulegen, anstatt sich mit Kleinigkeiten wie der Farbe von Uniformknöpfen zu befassen.[220] In einem Brief an die SPD-Landtagsfraktion wurde er noch deutlicher: „Haben nicht die Regierungsparteien und ihre Redner die Verpflichtung, durch ihre Reden wie durch ihre Anträge erkennen zu lassen, daß sie hinter der Regierung stehen und nicht zu den Oppositionsparteien gehören?"[221]

2.2 Die Bildung der Weimarer Koalition in der Regierungskrise von 1925

Spätestens seit der Konstituierung des ersten preußischen Landtags im Jahre 1921 gehörte Grzesinski zu den bestimmenden Personen in der SPD-Fraktion. Er war Mitglied des Fraktionsvorstandes und wurde noch zu Zeiten der Großen Koalition von SPD, DDP, Zentrum und DVP (1921-1925) einer von drei Fraktionsvorsitzenden.[222] Im Plenum hatte Grzesinski einen herausgehobenen Platz, er saß in der zweiten Reihe unmittelbar hinter dem Vorsitzenden Ernst Heilmann direkt am Gang.[223] Nach der parlamentarischen Sommerpause 1921 war Grzesinski in den Debatten des Landtages ständig präsent. Offensichtlich hat er sich bewußt mit ganzer Kraft auf die Parlamentsarbeit gestürzt, weil seine Verwaltungskarriere durch die Abschiebung auf einen untergeordneten Posten im Reichsarbeitsministerium einen starken Rückschlag erlitten hatte. Grzesinski versah im Landtag die Aufgaben eines parlamentarischen Geschäftsführers, er stellte im Namen seiner Fraktion Anträge und setzte sich mit der Opposition oder dem Landtagspräsidium

219 Zentralrat, S. 48 (29.12.1918).
220 SB PrLT, 3. WP, 9.2.1929, Sp. 3369.
221 Grzesinski an SPD-LT-Fraktion, 17.2.1929. IISG Amsterdam, Nl. Grzesinski, Nr. 697.
222 Grzesinski, Im Kampf (Ms.), Bl. 149.
223 Auf Platz 25. Seit der 3. WP (1925) saß Grzesinski auf Platz 34 in der 3. Reihe. Handb. PrLT, 1.-4. WP (1921-1932).

über die Auslegung der Geschäftsordnung auseinander.[224] Darüber hinaus war er Mitglied des Geschäftsordnungsausschusses, zeitweilig als Vorsitzender, und (seit 1922) des wichtigsten Landtagsausschusses, des Hauptausschusses.[225]

Seine größte Bewährungsprobe als Parlamentarier hatte Grzesinski bei der Regierungsbildung nach der Dezemberwahl von 1924 zu bestehen. Schon vor Ablauf der Wahlperiode, seit Herbst 1924, hatte Grzesinski Heilmann als Vorsitzenden des Hauptausschusses häufig vertreten. In die Koalitionsverhandlungen des Jahres 1925 konnte Heilmann die SPD nicht führen, weil er in den Sog der Barmat-Affäre geraten war. Er hatte sich bei Regierungsstellen für die in finanzielle Schwierigkeiten geratenen Gebrüder Barmat eingesetzt und sich dabei unvorsichtig verhalten, wie ein parlamentarischer Untersuchungsausschuß des Landtags feststellte.[226] Heilmanns Verstrickung war nicht gravierend genug, um einen dauernden Rückzug aus der Politik zu rechtfertigen; in der schwierigen Phase der Regierungsbildung bedeutete die Affäre gleichwohl eine Behinderung seiner politischen Bewegungsfreiheit, und er überließ Grzesinski die faktische Führung der Fraktion.

Bei der Wahl vom Dezember 1924 hatten die Weimarer Parteien SPD, Zentrum und DDP ihre Stimmenanteile behaupten können. Zur absoluten Mehrheit fehlten jedoch einige Sitze. Der rechtsliberale Koalitionspartner, die Deutsche Volkspartei, hatte demgegenüber Stimmenverluste hinnehmen müssen. Einer Fortführung der Großen Koalition hätte rein rechnerisch nichts entgegengestanden. Die DVP strebte jedoch aus der Verantwortung, weil ihre Wähler die Regierungsbeteiligung offensichtlich nicht honoriert hatten, sondern zur noch weiter rechts angesiedelten konservativ-monarchistischen Deutschnationalen Volkspartei übergegangen waren. Im Januar 1925 zog die DVP ihre Minister v. Richter und Boelitz gegen deren innere Überzeugung aus dem Kabinett des Ministerpräsidenten Braun zurück.[227] Obwohl Braun eine Vertrauensabstimmung im Landtag mit 221 zu 221 Stimmen überstanden hatte, trat das Staatsministerium am 23. Januar zurück. Rechte Abweichler in der Zentrumsfraktion, unter ihnen jener spätere Reichskanzler, der mit einem Staatsstreich das faktische Ende Preußens herbeiführen sollte, hatten dafür gesorgt, daß die Weimarer Koalition keinen klaren Abstimmungserfolg erringen konnte. Das politische Ziel der agrarisch-konservativ orientierten Zentrumsabgeordneten um Papen, Loenartz und Roeingh war der „Bürgerblock" mit der DVP und den Deutschnationalen und die politische Entmachtung der stärksten Partei, der Sozialdemokratie. Um nicht vom Wohlwollen der Zentrumsabweichler abhängig zu sein, einigte man sich in einer interfraktionellen Besprechung der Weimarer Parteien auf den Rücktritt des Kabinetts Braun.[228]

---

224 Offiziell begegnet das Amt des Geschäftsführers der Fraktion erst im LT-Handbuch von 1932.
225 SB HA PrLT, 1. WP, 21.1.1922.
226 Vgl. Möller, Ernst Heilmann, S. 271f.
227 Über die Ereignisgeschichte informiert Möller, Parlamentarismus, S. 356.
228 Grzesinski an Tejessy, 25.1.1925. IISG Amsterdam, Nl. Grzesinski, Nr. 322.

Die folgenden parlamentarischen Kämpfe um eine Regierungsbildung waren darauf gerichtet, das Zentrum auf die eine oder andere Seite hinüberzuziehen, denn es befand sich in einer Schlüsselposition. Die Große Koalition, die in Zentrumskreisen sicher am liebsten gesehen worden wäre, stand wegen der unnachgiebigen Haltung der DVP nicht zur Debatte. Die DVP versuchte jedoch, das Zentrum zum „Bürgerblock" mit den Deutschnationalen zu bewegen und die Weimarer Koalition zu hintertreiben. Wenngleich der Fraktionsführer Dr. Joseph Heß ganz eindeutig für die Weimarer Koalition war, gab es in seiner Partei auch Tendenzen gegen ein Wiederaufleben dieser Koalition, und zwar vor allem in der Reichstagsfraktion. In Preußen machte ein Zusammengehen des Zentrums mit der DNVP politisch jedoch keinen Sinn, denn die politischen Gemeinsamkeiten mit der Sozialdemokratie, etwa in bezug auf die Beteiligung an der Verwaltung oder soziale Verbesserungen waren weit größer. Gleichwohl war es taktisch empfehlenswert, die DNVP diesen Nachweis selbst erbringen zu lassen. Die Kabinettsbildungsversuche der folgenden Wochen waren „Schachzüge, die ich mit dem guten Dr. Heß zusammen machen mußte, um die ‚Kleine Koalition' zusammenzuhalten und die Sprengabsichten der Deutschen Volkspartei zu verhindern", schrieb Grzesinski später an Otto Braun.[229]

In der Tat war es solch ein taktischer Schachzug von Heß und Grzesinski, daß der zwischenzeitlich zum Ministerpräsidenten gewählte ehemalige Reichskanzler Wilhelm Marx (Z) zunächst versuchte, eine Regierung der „Volksgemeinschaft" von den Sozialdemokraten bis zur DNVP zustande zu bringen. Grzesinski wußte jedoch, daß die Verhandlungen „rein pro forma" geführt wurden.[230] Aus diem Grund fiel es der SPD leicht, das einigermaßen utopische Projekt nicht prinzipiell abzulehnen. Das war die Lehre der Koalitionsverhandlungen vom Frühjahr 1921, als die SPD sich durch ihre schroffe Ablehnung einer Großen Koalition und die ungeschickte Verhandlungsführung Sierings in die Opposition manövriert hatte. Für ein halbes Jahr hatte damals das von Zentrum und DDP getragene Minderheitskabinett Stegerwald amtiert, bevor im November 1921 die Große Koalition doch noch zustande gekommen war.

Vier Jahre später, als Grzesinski für die Verhandlungsführung seiner Fraktion verantwortlich war, wurde das politisch Unerwünschte, nämlich die Regierung der „Volksgemeinschaft", nicht rundheraus abgelehnt. Vielmehr gelang es, den Deutschnationalen die Verantwortung für das Scheitern des Plans zuzuschieben. Denn die DNVP hatte übertaktiert und ihre Bedingungen für ein „Volksgemeinschaftskabinett" so inkonziliant ideologisch formuliert, daß an ihrer Absicht, die SPD auszuschließen, kein Zweifel möglich war.[231] In einem Schreiben an Minister-

229 Grzesinski an Braun, 20.1.1939. LA Berlin, Rep. 200, Acc. 3983, Nr. 3.
230 Grzesinski an Tejessy, 12.2.1925. IISG Amsterdam, Nl. Grzesinski, Nr. 322.
231 DNVP-LT-Fraktion (Winckler) an MP Marx, 13.2.1925. IISG Amsterdam, Nl. Grzesinski, Nr. 1283; Grzesinski an Tejessy, 12.2.1925. Ebd., Nr. 322.

präsident Marx antwortete Grzesinski auf die deutschnationalen Forderungen. Er unternahm den nicht ungeschickten Versuch, angesichts der ideologiestrotzenden Äußerungen der DNVP die pragmatischen Gemeinsamkeiten zwischen SPD und Zentrum herauszustellen, indem er auf die Grundlagen der bisherigen preußischen Koalitionspolitik verwies. Für die preußische SPD sei eine Koalition keine Gesinnungsgemeinschaft, sondern eine „befristete Arbeitsgemeinschaft zur Erreichung bestimmter praktischer Ziele". Er gehe davon aus, daß auch das Zentrum dieser Ansicht zustimmen könne. Die DNVP habe demgegenüber ideologische Fragen in der Vordergrund gerückt, auf praktische Vorschläge verzichtet und damit ihr offensichtliches Desinteresse an einer Zusammenarbeit mit der SPD demonstriert.[232] Die Reaktion der DNVP auf den Vorschlag des Zentrumspolitikers Marx über die „Volksgemeinschaft" erleichterte es Dr. Heß, seiner Fraktion gegenüber auf die Politikunfähigkeit der Deutschnationalen und damit auch die Aussichtslosigkeit eines „Bürgerblock"-Kabinetts zu verweisen. Er hatte dabei jedoch Widerstände der Gruppe um Papen und Loenartz zu überwinden.[233]

Diese Widerstände machten sich bei einer erneuten Wahl des Ministerpräsidenten am 31. März 1925 bemerkbar. Gegen die bereits im interfraktionellen Ausschuß von SPD, Zentrum und DDP verabredete Wahl Otto Brauns intrigierte der konservative Zentrumsflügel so heftig, daß die Fraktionsführung des Zentrums, um einer Zerreißprobe aus dem Wege zu gehen, auf einem neuen Kandidaten bestand. Man verfiel darum in Kreisen der Weimarer Parteien auf die Kandidatur des amtierenden Finanzministers Hermann Höpker-Aschoff von der kleinen Deutschen Demokratischen Partei. Dabei ging es vor allem darum, die Wahl des deutschnationalen Kandidaten Dr. Peters zu verhindern, „die sehr geschickt war, weil sie alle Splitter sammelte". Grzesinski befürchtete, daß bei einer Wahl Peters' auf längere Sicht auch das Zentrum (unter dem Druck der Parteileitung und der Abweichler in der Landtagsfraktion) umschwenken könnte.[234] Darum verfiel man auf Höpker-Aschoff, der schließlich auch gewählt wurde.

Zur gleichen Zeit mußte die Entscheidung über die Kandidaten für den zweiten Wahlgang der Reichspräsidentenwahl fallen. Es war offensichtlich, daß als demokratisch-republikanischer Sammelkandidat nur der Zentrumspolitiker Wilhelm Marx Chancen auf die Präsidentschaft hatte; Otto Braun, der im ersten Wahlgang 7,8 Millionen Stimmen auf sich vereinigen konnte, mußte seine Kandidatur für den zweiten Wahlgang zurückziehen. Grzesinski verfiel nun darauf, als Äquivalent für diesen Verzicht vom Zentrum die Wahl Brauns zum preußischen Ministerpräsidenten und die Bildung eines Kabinetts der Weimarer Koalition zu fordern. Se-

---

232 SPD-LT-Fration an MP Marx, 21.2.1925. IISG Amsterdam, Nl. Grzesinski, Nr. 1284 (Konzept v. Grzesinski).

233 Grzesinski, Im Kampf (Ms.), Bl. 153.

234 Grzesinski an Otto Braun, 24.1.1934. LA Berlin, Rep. 200, Acc. 3983, Nr. 3.

vering und Heilmann hatten diese Möglichkeit zunächst nicht gesehen;[235] und in der Tat war auf den ersten Blick nicht erkennbar, wie Braun als Ministerpräsident gegen den soeben mit den Stimmen der SPD gewählten Amtsinhaber Höpker-Aschoff hätte durchgesetzt werden können. Grzesinski konnte jedoch seine Fraktion auf die Ablösung Höpker-Aschoffs einschwören, weil die DDP und ihr Fraktionschef Falk in der Zwischenzeit das fragwürdige Projekt einer Verbreiterung der Koalition um Wirtschaftspartei und Hannoveraner verfolgten. In einer turbulenten interfraktionellen Sitzung, an der am 2. April Vertreter der Reichstags- und Landtagsfraktionen der Weimarer Parteien teilnahmen, forderte Grzesinski namens seiner Fraktion unumwunden den Rücktritt Höpker-Aschoffs und die Wahl Otto Brauns zum Ministerpräsidenten als Gegenleistung für die Unterstützung des Zentrumspolitikers Wilhelm Marx durch die SPD im zweiten Wahlgang der Reichspräsidentenwahl. Mit dem Zentrumsfraktionsführer Heß hatte sich Grzesinski vorher auf diese Lösung verständigt. Diesem abgekarteten Spiel und Grzesinskis bestimmtem Auftreten hatte die DDP nichts entgegenzusetzen, zumal sie sich vor Neuwahlen, mit denen Grzesinski gedroht hatte, fürchtete.[236] Höpker-Aschoff, der sich besonders verletzt fühlen mußte, weil er sich nach der Kandidatur nicht gedrängt hatte, erklärte am selben Tag, die Wahl zum Ministerpräsidenten nicht anzunehmen. An Scheidemann schrieb Grzesinski zwei Tage später: „Es galt Gewaltpolitik zu treiben. Ich habe den Demokraten einfach die Pistole auf die Brust gesetzt. Zum Verhandeln und ihnen wegen ihres Höpker-Aschoff goldene Rückzugsbrücken zu bauen, blieb keine Zeit. Ich sagte ihnen offen, daß wir in ein Kabinett Höpker-Aschoff keine Minister entsenden und dieses Kabinett im Parlament bekämpfen werden. Sie waren mir wegen dieser Rücksichtslosigkeit sehr böse und sind es heute noch. Was liegt daran? Der Erfolg spricht für unsere Taktik."[237]

Nachdem durch eine förmliche Entschuldigung der SPD bei Höpker-Aschoff wenigstens die schlimmsten Kränkungen überwunden waren und Braun sich zur Übernahme aller Minister des letzten Kabinetts Marx verpflichtet hatte, wurde Otto Braun am 3. April 1925 mit 220 von 430 Stimmen zum Ministerpräsidenten gewählt.[238] Daß Braun gewählt wurde und Mißtrauensvoten überstand, obwohl die Weimarer Parteien nicht über die Mehrheit verfügten, lag daran, daß in einigen Parteien die Befürchtung herrschte, bei Neuwahlen eine Niederlage zu erleiden. Grzesinski erwies sich als verläßlicher Prophet, wenn er im April 1925 dem Kabinett Braun ein gute Überlebenschance einräumte. Neuwahlen seien bei der gegenwärtigen politischen Konstellation vorläufig nicht notwendig, „denn Volksparteiler,

---

235 Grzesinski an Otto Braun, 24.1.1934. LA Berlin, Rep. 200, Acc. 3983, Nr. 3.
236 Grzesinski an Otto Braun, 20.1.1939. LA Berlin, Rep. 200, Acc. 3983, Nr. 3; Grzesinski, Im Kampf (Ms.), Bl. 155.
237 Grzesinski an Scheidemann, 4.4.1925. IISG Amsterdam, Nl. Grzesinski, Nr. 146, hier zit. nach dem Abdruck in: Grzesinski, Im Kampf (Ms.), Bl. 159f. (in den Druckversionen gestrichen).
238 Möller, Parlamentarismus, S. 373.

Wirtschaftliche Vereinigung und Kommunisten haben Angst vor Neuwahlen und werden infolgedessen von ihren Obstruktionsabsichten abkommen."[239]

Grzesinskis energische und zielbewußte Führung der SPD-Landtagsfraktion in der Regierungskrise des Jahres 1925 war die Voraussetzung dafür, daß Otto Braun wieder Ministerpräsident, und zwar an der Spitze einer Regierung der Weimarer Koalition, werden und bleiben konnte. Es war keine Selbstüberhebung, was Grzesinski 1933 über diese Ereignisse schrieb: „Nur durch diese damals geübte Taktik war es möglich gewesen, Neuwahlen zu vermeiden, eine stabile und homogene Regierung von demokratischen Republikanern in Preußen zu bilden und eine stabile, gradlinige demokratische Politik im größten deutschen Lande zu führen. Bei den nächsten ordentlichen Wahlen am 20. Mai 1928 hat diese Politik die Billigung der Wähler gefunden. Die Weimarer Koalition kehrte mit Mehrheit aus dem Wahlkampf zurück. Ein Sturz der Regierung durch die Opposition war nicht mehr möglich. Das ging bis zum 24. April 1932."[240] Daß Grzesinski zur Deutschen Demokratischen Partei nie wieder ein harmonisches Verhältnis herstellen konnte, war demgegenüber weniger wichtig. Koalitionen sind und waren nun einmal keine Gesinnungsgemeinschaften oder Harmonievereine. Grzesinski sah sie, wie oben gezeigt wurde, völlig zu Recht als zeitlich befristete Arbeitsgemeinschaften an, mit deren Hilfe sich gemeinsame praktisch-politische Ziele erreichen ließen. Grzesinskis Erfahrungen als maßgeblicher Parlamentarier veranlaßten ihn, seine Reformen als Minister vor allem unter dem Aspekt der parlamentarischen Durchsetzbarkeit zu konzipieren. Davon wird im nächsten Kapitel die Rede sein.

---

239 Grzesinski an Scheidemann, 4.4.1925. IISG Amsterdam, Nl. Grzesinski, Nr. 146, hier zit. nach dem Abdruck in: Grzesinski, Im Kampf (Ms.), Bl. 159f. (in den Druckversionen gestrichen); vgl. auch Hamburger, Betrachtungen, S. 27.
240 Grzesinski, Im Kampf (Ms.), Bl. 160f.

Der Berliner Polizeipräsident Grzesinski nach seinem Antrittsbesuch bei Reichspräsident Hindenburg im Mai 1925.   aus: Grzesinski, Inside Germany, 1939.

IV. Reformpolitik im Preußischen Ministerium des Innern: Albert Grzesinski als Minister (1926-1930)

1 *Absage an die Große Koalition: Ernennung und Amtsantritt*

„Dieser Mann", schrieb Grzesinski über seinen Vorgänger Carl Severing, „fand ein ganzes Jahr lang keinen Absprung von seinem Amte in den Ruhestand, lediglich, weil ihm die Nase seines zu robusten Nachfolgers nicht paßte, der infolgedessen erst 1926 im Oktober antreten konnte."[1] Diese Briefpassage zeigt das latente Konkurrenzverhältnis, in dem Grzesinski und Severing zueinander standen. Neben den politischen Meinungsverschiedenheiten, die sich vor allem um die Personalpolitik drehten und in der Grzesinski Severing für zu nachgiebig hielt, waren dafür auch persönliche Gründe ausschlaggebend. Grzesinski hat es nie verstanden und wahrscheinlich auch nie verwunden, daß Severing der Liebling der Öffentlichkeit und der Massen war. Umgekehrt unterließ es Severing nicht, Grzesinski seine Abneigung spüren zu lassen.

Im zitierten Brief kommt deutlich zum Ausdruck, daß sich Severing mit dem Verlassen seines Postens schwergetan hat. Obwohl gesundheitlich angeschlagen und seit 1925 nur noch „Minister auf Abruf" im Kabinett Otto Brauns, konnte er sich zum letzten Schritt nicht durchringen. Bereits im Januar 1925 war er mit seinen Nerven am Ende, im März 1925 wurde Grzesinski schon als sein Nachfolger gehandelt, und schließlich gab es im Mai 1926 wieder die gleichen Spekulationen.[2] Severing hing jedoch sehr an seinem Amt, „obwohl er das Gegenteil ständig behauptete", wie Grzesinski richtig feststellte.[3] Trotz schwer angeschlagener Gesundheit und häufiger Kuren, die ihn monatelang von seinem Arbeitsplatz fernhielten, konnte Severing sich lange nicht zum Rücktritt entschließen; zum einen, weil er glaubte, die Partei habe keinen fähigen Nachfolger, zum anderen, weil sich abzeichnete, daß die Nachfolgefrage nicht in seinem Sinne gelöst werden würde. Er hielt Grzesinski, der vor allem von Ernst Heilmann, dem einflußreichen preußischen SPD-Fraktionsvorsitzenden, unterstützt wurde, für ungeeignet, sein Nachfolger als Innenminister zu werden, und widersetzte sich entsprechenden Plänen.[4] Severings Favoriten Gustav Noske (Oberpräsident von Hannover) und Karl Ber-

---

1 Grzesinski an Hirschfeld, 8.4.1933. LA Berlin, Rep. 200, Acc. 3983, Nr. 2.
2 Severing an Großmann, 28.1.1925. AdsD Bonn, Nl. Severing, M. 40; ebd., M. 124; Friedensburg, Lebenserinnerungen, S. 167.
3 Grzesinski, Im Kampf (Ms.), Bl. 181.
4 Alexander, Carl Severing, S. 152; Grzesinski, Im Kampf (Ms.), Bl. 182f.

gemann (Regierungspräsident von Düsseldorf) wurden von der Partei und der Fraktion jedoch schon im Vorfeld abgelehnt.[5]

Fragt man nach den Gründen, die zu Severings Rücktritt führten, so erhält man ein kaum zu entwirrendes Bündel von Antworten, in dem sich persönliche und politische Faktoren überlagern. Ein wichtiger Grund war zweifellos die Überarbeitung. Da Severing im eigenen Ministerium noch viele konservative Beamte im Dienst belassen hatte, konnte er nur wenige Aufgaben delegieren und mußte daher ein übergroßes Arbeitspensum leisten, unter dem er schließlich zusammenbrach.[6] Hinzu kamen die mit heute kaum mehr vorstellbarer Gehässigkeit geführten Verleumdungskampagnen, mit denen jeder an entscheidender Stelle wirkende Sozialdemokrat überzogen wurde und die an den ohnehin nicht sehr starken Nerven des sensiblen Severing zehrten. Im Sommer 1926 hatte das Kesseltreiben einen neuen Höhepunkt erreicht; Aufhänger war die sogenannte „Schlichting-Affäre": Der Kaufmann Julius Schlichting hatte seine freundschaftlichen Beziehungen zur Familie Severing als Referenz zur Förderung der eigenen Geschäfte benutzt und versuchte, als er in Geldschwierigkeiten geraten war, Severing zu erpressen. Zweifellos war es leichtsinnig von Severing gewesen, Empfehlungsschreiben für seinen Duzfreund Schlichting auszustellen[7] und sich mit dessen erwachsener Tochter auf dem Schoß ablichten zu lassen, als er als Innenminister in Amt und Würden war.[8] Aber daß Schlichting seine vermeintlichen finanziellen Ansprüche gegen Severing ausgerechnet von dem deutschnationalen Landtagsabgeordneten Lüdicke vertreten ließ, erweist die politische Stoßrichtung der Aktion.[9] Die Affäre zählt nicht zu den tieferen Ursachen für Severings Rücktritt, aber auch die Krankheit allein könnte ihn nicht hinreichend erklären. Die entscheidenden Gründe für die Demission sind im politischen Bereich zu suchen.

Für die Öffentlichkeit war Severing nach wie vor die Lichtgestalt der preußischen Politik. Spätestens seit Mitte 1925 wurde aufmerksamen Beobachtern jedoch deutlich, daß Anspruch und Wirklichkeit immer weiter auseinanderklafften. War in Zeiten der Großen Koalition, als in Preußen auch auf den Koalitionspartner DVP Rücksicht genommen werden mußte, Severings konziliante Art, Personalfragen zu

---

5 Die Fraktion wollte, daß „ein Mann aus der Fraktion und kein Fremder an den Platz kommt." Müller (Hameln) an Severing vom 8.7.1926. AdsD Bonn, Nl. Severing, M. 131; vgl. Grzesinski, Im Kampf (Ms.), Bl. 182 sowie Noske, Erlebtes, S. 281.

6 Severing, Lebensweg II, S. 10. Zu Severings Arbeitspensum vgl. auch: System Severing. In: Germania v. 8.4.1925 sowie Abegg (ehem. MinDir. und StS im PrMdI) an Severing, 31.5.1947: Severing habe „Tag und Nacht über Akten gesessen, offenbar in dem Gedanken, durch Beobachtung der kleinsten Kleinigkeiten die höchste Autorität zu wahren, während die großen politischen Erfordernisse dadurch Schaden litten ..." BA Koblenz, Kl. Erw. 329, Nr. 8, Bl. 6.

7 An Schacht, 9.1.1924; an Deutsche Mercurbank A.G., 15.5.1924. AdsD Bonn, Nl. Severing, M. 260.

8 Vgl. Schulze, Otto Braun, S. 511.

9 Lüdicke an Severing, 24.6.1926. AdsD Bonn, Nl. Severing, M. 260. Zu Lüdicke siehe Handb. PrLT, 2. WP (1925), S. 295. Zur LT-Wahl 1932 wurden die Vorwürfe in einer unsagbar perfiden Nazi-Hetzschrift wieder aufgewärmt: Heinz Franke, Korruptionssumpf Preußen, Berlin o.J.

behandeln, noch erfolgversprechend erschienen, so zeigten sich jetzt, bei einem Minderheitskabinett der Weimarer Koalition, die Grenzen dieser Konzeption. Es läßt sich nachweisen, daß vor allen anderen Otto Braun, Ernst Heilmann und Albert Grzesinski mit Severings Amtsführung, besonders der Personalpolitik, seit 1925 unzufrieden waren. Daß Grzesinski im Mai 1925 bei seiner Einführung als Polizeipräsident Severings Neigung, es jedem recht machen zu wollen, kritisiert hatte, wurde bereits dargestellt. „Mit der Amtsführung Severings in den letzten beiden Jahren vor seinem Rücktritt im Jahre 1926 war ich [...] durchaus nicht einverstanden", schrieb er später.[10] Auch der Fraktionsvorsitzende Ernst Heilmann hatte mehrfach im Plenum des preußischen Landtags eine schärfere Gangart bei der Demokratisierung der Verwaltung angemahnt, und Severing war auch bewußt, daß er in seiner Personalpolitik „vor allen Dingen Herrn Abgeordneten Heilmann nicht scharf genug" war.[11] Ministerpräsident Otto Braun schließlich hatte sich in den Jahren 1925/26 mehrmals kritisch mit Severing auseinandersetzen müssen. Im Juli 1925 lenkte er Severings Augenmerk auf eine Seilschaft zwischen dem Staatssekretär im Innenministerium, Friedrich Meister, und dem Landtagsabgeordneten von Eynern (beide DVP), die während Severings Abwesenheit „im Punkte Personalien sehr rührig" waren.[12] Staatssekretär Meister schien an der häufigen Abwesenheit Severings Gefallen zu finden, weil er in dieser Zeit auf eigene Faust „regieren" konnte.[13] Aus diesem Grunde riet er Severing gelegentlich, „die Erholung so weit auszunutzen als es irgend geht."[14] Zu einer weiteren Verstimmung zwischen Braun und Severing war es im November 1925 gekommen, weil das preußische Innenministerium ein Gutachten zur Konferenz von Locarno eigenmächtig direkt an das Auswärtige Amt gesandt hatte, ohne dem Staatsministerium Gelegenheit zur Einsicht- und Stellungnahme zu geben. Auf solche Kompetenzverletzungen reagierte Braun empfindlich.[15] Als Severing sich im Frühsommer 1926 zuerst in die Schweizer Alpen und dann in ein Sanatorium im Hannöverschen zurückzog, um seine angegriffene Gesundheit wiederherzustellen, wurde er von Otto Braun vertreten. Dessen Eindruck, daß „unter der beschaulichen Bedachtsamkeit Severings der Gang der Geschäfte im Innenministerium etwas schleppend geworden" war, wurde bei dieser Gelegenheit bestätigt.[16] Aber die Kritik an Severings unentschlos-

---

10 Grzesinski, Im Kampf (Ms.), Bl. 183.

11 SB PrLT, 2. WP, 6.3.1926, Sp. 9605.

12 MP Braun an pr. Innenminister Severing, 26.7.1925. AdsD Bonn, Nl. Severing, M. 126.

13 Daß im MdI „die Reaktionäre auf eigene Faust zu regieren" begannen, wenn Severing von Berlin abwesend war, wurde bereits 1924 von der Leipziger Volkszeitung bemängelt. Expl. in: AdsD Bonn, Nl. Severing, M. 119 (genaues Datum nicht zu ermitteln).

14 Er, Meister, sei jedenfalls gern bereit und auch in der Lage, die Mehrarbeit „auch noch für einen längeren Zeitraum zu übernehmen". StS Meister an pr. Innenminister Severing, 27.5.1926. AdsD Bonn, Nl. Severing, M. 130.

15 MP Braun an pr. Innenminister Severing, 6.11.1925. GStA Berlin-Dahlem, I. HA, Rep. 90, Nr. 396.

16 Braun, Von Weimar, S. 238.

sener Personalpolitik kam nicht nur aus den Reihen der preußischen SPD, auch die liberale Presse monierte, daß entgegen dem äußeren Anschein auch unter dem „System Severing" die Demokratisierung und Republikanisierung der Verwaltung noch viel zu wünschen übriglasse. „Wann kommt die Demokratisierung?", fragte das „Berliner Tageblatt" im September 1925 mit Blick auf das preußische Innenministerium.[17]

Severings Rücktrittsabsichten erforderten ein Zusammentreffen der preußischen Landtagsfraktion am 7. Juli 1926, um die Nachfolge zu besprechen. Dabei kam es zu einem Eklat: Heilmann und Grzesinski legten ihre Ämter im Vorstand der preußischen SPD-Landtagsfraktion nieder, nachdem Grzesinski in einer Kampfabstimmung um die Nachfolge Severings unterlegen war.[18] Das lag zum einen daran, daß Grzesinski in der Fraktion nicht allzu beliebt war: „Ich poussierte die Kollegen zu wenig und ging meinen eigenen geraden Weg mit stets selbständiger Meinung", schrieb er im Rückblick.[19] Zum anderen war die Abstimmung aber auch eine Gelegenheit für die Fraktion, ihren aufgestauten Unmut über die Fraktionsführung zu artikulieren, denn „Heilmann hatte in den Wochen zuvor mit seiner Unterstützung der Fürstenabfindungspolitik Brauns die Kompromißfähigkeit auch der sonst recht fügsamen Landtagsfraktion überspannt".[20] Daß solche Überlegungen tatsächlich eine Rolle spielten, zeigte sich auch an der dürftigen sachlichen Rechtfertigung, die die Fraktionsmehrheit für ihre Entscheidung gegen Grzesinski anführte: Sie verwies darauf, daß in nächster Zukunft vor allem die Verwaltungsreform und die Gemeindeverfassungsgesetze auf der Tagesordnung stünden, und damit sei Grzesinski nicht genügend vertraut.[21] Das waren vordergründige Argumente, denn Grzesinski stand durch seine langjährige Tätigkeit in verschiedenen Verwaltungen und als Kasseler Stadtverordnetenvorsteher den anderen Kandidaten an Verwaltungs- und kommunalpolitischer Erfahrung nicht nach. In der Zukunft sollte sich erweisen, daß es Grzesinski war, der Teile des Gemeindeverfassungsrechts reformierte, nachdem sein Vorgänger auf diesem Gebiet nach fast sechsjähriger Amtszeit, von einem unbedeutenden Wahlgesetz abgesehen, keine Ergebnisse vorzuweisen hatte.

17 Die preußischen Beamten. In: Berliner Tageblatt v. 1.9.1925. Anhand einer Statistik wurde nachgewiesen, daß von 65 höheren Beamten im MdI vier Fünftel rechtsstehend waren. Vgl. auch Neue Zürcher Zeitung v. 30.10.1925.

18 Die wichtigste Quelle für diese Vorgänge ist ein Brief des SPD-Landtagsabg. Carl Müller (Hameln) an Severing vom 8.7.1926. AdsD Bonn, Nl. Severing, M. 131. Die von Alexander, Carl Severing, S. 297 vorgeschlagene Identifizierung des Absenders („Hameln") ist ein offensichtlicher Lesefehler.

19 Grzesinski, Im Kampf (Ms.), Bl. 183.

20 Schulze, Otto Braun, S. 512.

21 Müller (Hameln) an Severing, 8.7.1926. AdsD Bonn, Nl. Severing, M. 131; Grzesinski, Im Kampf (Ms.), Bl. 183.

Die Fraktion hatte also Grzesinski, der eindeutig der Kandidat Ernst Heilmanns war und bereits von einigen Zeitungen als Nachfolger gehandelt wurde[22], durchfallen lassen; etwa zwei Fünftel der Stimmen entfielen auf ihn. Die absolute Mehrheit der Stimmen hatte der ehemalige Oberbürgermeister von Hannover, Robert Leinert, erhalten.[23] Dieser Vorschlag traf allerdings aus verschiedenen Gründen auf den entschiedenen Widerstand Otto Brauns[24], so daß die Situation völlig verfahren war: Ein kranker und ablösungsreifer Innenminister, ein potentieller Nachfolger, dem zwar die Mehrheit der Fraktion ihre Stimme gegeben hatte, der aber ohne Chance war, ernannt zu werden, eine führungslose Fraktion vor einer schweren Zerreißprobe.

Bei dieser Konstellation lag es nahe, die Entscheidung zu vertagen, bis sich die Gemüter beruhigt hatten, zumal die parlamentarische Sommerpause bevorstand. Robert Leinert besuchte Carl Severing im Sanatorium, um die Chancen seiner Ministerschaft auszuloten und das weitere Vorgehen zu besprechen[25], es war jedoch offensichtlich, daß Otto Braun sich von der Fraktion keinen Minister aufzwingen lassen würde. Auf der anderen Seite konnte es der Ministerpräsident nicht wagen, sich völlig mit seiner Fraktion zu überwerfen. Brauns Wunschkandidat war zu dieser Zeit noch nicht Grzesinski, vielmehr hatte er Präferenzen für den sozialdemokratischen Regierungspräsidenten von Lüneburg, Hans Krüger, signalisiert, der allerdings bei der Abstimmung in der Fraktion nur zwei Stimmen erhalten hatte.[26] So blieb vorerst alles beim alten: Severing schrieb am 16. Juli an Leinert, er habe sich auf Brauns Wunsch entschlossen, „den Posten so lange zu behalten, bis durch eine etwaige Rekonstruktion des Kabinetts im nächsten Herbst die Personenfragen ohnehin aufgerollt werden"[27] – zu dieser Zeit wurde noch mit Verhandlungen über die Neubildung der Großen Koalition im Herbst gerechnet. Am 17. Juli berichtete die hauptstädtische Presse in großer Aufmachung über „Severings Rückkehr ins Amt".[28] So hatten die dramatischen Ereignisse vorläufig einen unspektakulären Abschluß gefunden. Für Grzesinski war das Thema Innenministeri-

---

22 Montag Morgen v. 4.7.1926; Welt am Abend v. 8.7.1926. Expl. in: AdsD Bonn, Nl. Severing, M. 131.

23 Schulze, Otto Braun, S. 513. Nach Müller (Hameln) an Severing, 8.7.1926 (AdsD Bonn, Nl. Severing, M. 131) hat es sechs Kandidaten gegeben. Schulze, Otto Braun, S. 513 nennt (bezugnehmend auf eine mdl. Mitteilung Ernst Hamburgers) vier: Leinert, Grzesinski, Brauer und Hans Krüger. Nach der „Roten Fahne" v. 10.7.1926 war der RT-Abg. Schreck der fünfte Kandidat und Grzesinski nennt als sechsten Lüdemann. Grzesinski an O. Braun, 20.1.1939. LA Berlin, Rep. 200, Acc. 3983, Nr. 3.

24 Die ausdrückliche Ablehnung hat Leinert nie verwunden: Grzesinski an O. Braun, 20.1.1939. LA Berlin, Rep. 200, Acc. 3983, Nr. 3. Braun lehnte Leinert u.a. ab, weil dieser versucht hatte, sich durch Rechentricks eine höhere Pension zu verschaffen. Schulze, Otto Braun, S. 512.

25 Müller (Hameln) an Severing, 8.7.1926. AdsD Bonn, Nl. Severing, M. 131; Deutsche Allgemeine Zeitung v. 16.7.1926. Expl. in: Ebd., M. 130.

26 Schulze, Otto Braun, S. 512f.

27 Severing an Leinert, 16.7.1926. AdsD Bonn, Nl. Severing, M. 132.

28 Schlagzeile im Berliner Tageblatt v. 17.7.1926.

um damit erledigt, die Widerstände schienen ihm unüberwindlich.[29] Aber Ernst Heilmann hatte seine Pläne noch nicht aufgegeben.

Im September 1926 wurde offenbar, daß Severing seinen Rücktritt nicht mehr allzu lange aufschieben konnte, weil er körperlich und seelisch am Ende war. In einem etwas larmoyanten Brief, der aber auf durchaus anrührende Weise seine Zerrüttung widerspiegelt, schrieb er an Otto Braun: „Ich kann nicht mehr!"[30] Trotzdem blieb er einen weiteren Monat im Amt, um noch als verantwortlicher Minister die Eröffnung der Großen Polizeiausstellung, die vom 25. September bis 17. Oktober in Berlin stattfand, zu erleben. Er betrachtete die Ausstellung, die sein Ministerium organisiert und veranstaltet hatte, als würdigen Abschluß seiner Amtszeit.[31] Als der politisch wichtige Teil der Veranstaltung, nämlich die Besprechungen mit den Ober-, Regierungs- und Polizeipräsidenten im Innenministerium (1. bis 3. Oktober)[32] vorüber war, schickte Severing, noch während die Ausstellung lief, am Morgen des 6. Oktober 1926 sein Rücktrittsgesuch an Otto Braun.[33] Dieser nahm das Gesuch an und ernannte noch am selben Tag, zur allgemeinen Überraschung und ohne die Fraktion an der Entscheidung zu beteiligen, Albert Grzesinski zum Preußischen Minister des Innern.[34] „Das war so seine Art!", kommentierte Grzesinski dieses Vorgehen.[35] Am Abend zuvor hatte eine Sitzung des Fraktionsvorstandes der preußischen SPD stattgefunden, auf der man sich offenbar auf diese Lösung geeinigt hatte.[36] Mit seiner Entscheidung stellte Braun sowohl die SPD-Fraktion, als auch den Landtag, der am 6. Oktober erstmals nach der Sommerpause wieder zusammentrat, vor vollendete Tatsachen. Dagegen regte sich in der Fraktion lebhafter, aber letztlich folgenloser Widerspruch, der sich mehr auf das Verfahren als auf die Personalentscheidung bezog. Immerhin war Grzesinski nach Leinert, den Otto Braun grundsätzlich ablehnte, der Kandidat mit dem größten Rückhalt in der Fraktion.[37]

---

29 Grzesinski, Im Kampf (Ms.), Bl. 184.

30 Pr. Innenminister Severing an MP Braun, 5.9.1926. GStA Berlin-Dahlem, I. HA, Rep. 92 Nl. Braun, C I Nr. 276. Vorher hatte Severing mehrere Nackenschläge einstecken müssen, darunter den Tod seines Freundes Mehlich (Alexander, Carl Severing, S. 153) und eine neue Pressekampagne wegen der Schlichting-Affäre. „Die neue Kampagne gegen Severing". In: Schwelmer Tageblatt v. 27.8.1926; Bergisch-Märkische Zeitung v. 27.8.1926; vgl. auch Frankfurter Zeitung v. 28.8.1926.

31 Severing, Lebensweg II, S. 93; vgl. Alexander, Carl Severing, S. 152, dort jedoch mit unzutreffender Datumsangabe.

32 Große Polizei-Ausstellung, Amtlicher Katalog, S. 260f.

33 Rücktrittsgesuch, dat. 6.10.1926. AdsD Bonn, Nl. Severing, M. 135. Die Darstellung bei Alexander (Carl Severing, S. 152), Severing sei erst nach dem Ende der Ausstellung zurückgetreten, ist demnach nicht korrekt.

34 Braun, Von Weimar, S. 238.

35 Grzesinski, Im Kampf (Ms.), Bl. 184.

36 Berliner Börsen-Zeitung v. 6.10.1926 (Abend-Ausg.).

37 „Tatsache ist, daß Du die Fraktion wissentlich vor ein fait accompli gestellt hast", schrieb Grzesinski an Otto Braun am 20.1.1939. LA Berlin, Rep. 200, Acc. 3983, Nr. 3. Die Ernennung erfolgte, noch während die

Wie war es dazu gekommen, daß Grzesinski doch noch preußischer Innenminister wurde? In seiner Autobiographie hebt Grzesinski den großen Anteil Ernst Heilmanns an dieser Ernennung hervor. Nach Heilmanns Wutanfall und Rücktritt als Fraktionsvorsitzender in der Sitzung am 7. Juli, als er seinen Kandidaten Grzesinski nicht hatte durchbringen können, war er Mitte September wieder zum Fraktionsvorsitzenden der SPD gewählt worden[38], es war also kein unüberbrückbarer Riß in der Fraktion entstanden. Der Weg, den Heilmann beschritt, nachdem er mit seinem Personalvorschlag Grzesinski bei der eigenen Fraktion auf taube Ohren gestoßen war, führte über den Fraktionsführer des preußischen Zentrums, Dr. Joseph Heß.

Heilmann gelang es, den Koalitionspartner für seine personalpolitischen Pläne einzuspannen und Heß zu veranlassen, zu Otto Braun zu gehen und ihm mitzuteilen, daß gegen eine Ernennung Grzesinskis zum Innenminister von seiten der Zentrumsfraktion keine Bedenken bestünden.[39] Heß kannte Grzesinski aus der gemeinsamen Arbeit der Koalitionsfraktionen gut und schätzte ihn auch, gleichwohl stand die uneingeschränkte Zustimmung zu diesem Ministerwechsel im Gegensatz zu öffentlichen Verlautbarungen des Zentrums, in denen nach wie vor an der Großen Koalition und der Einbeziehung der DVP in die preußische Regierung festgehalten wurde. Wenn Heß wirklich an der Großen Koalition interessiert gewesen wäre, hätte die anstehende Auswechslung des Innenministers einen guten Ansatzpunkt gebildet, um in ernsthafte Verhandlungen mit der DVP einzutreten, zumal aus der Sicht der DVP das größte Hindernis für eine Neuauflage der Großen Koalition die Person Severings gewesen war.[40] Aber die Zustimmung des Zentrumsfraktionsführers Heß zur Ernennung Grzesinskis zeigt, daß sich Zentrum und Sozialdemokratie in Preußen (und das hieß vor allem: Braun, Heilmann und Heß) vom Gedanken an die Große Koalition verabschiedet hatten. Offen mitgeteilt wurde das der DVP jedoch nicht, vielmehr wurde sie hingehalten. Nach Heilmanns Meinung hätte die SPD aus einer Großen Koalition keine Vorteile ziehen können, denn die parlamentarische Mehrheit des Kabinetts Braun erschien wegen der Uneinigkeit der Opposition und ihrer Angst vor Neuwahlen vorerst gesichert. Auch die DDP war aus Konkurrenzgründen gegen die Einbeziehung der zweiten liberalen Partei; und dem Zentrum wurde das Festhalten an der bestehenden Weimarer Koalition erleichtert, indem man ihm beim Beamtenaustausch im Innenministerium personalpolitisch entgegenkam.[41] Ganz offensichtlich hat Heß seine Zustimmung zu Grzesinskis Ernennung mit der Forderung nach verstärkter personalpoli-

---

preuß. SPD-Fraktion tagte. „Grzesinski zum Innenminister ernannt". In: Berliner Börsen-Zeitung v. 6.10.1926; Berliner Tageblatt v. 6.10.1926. Vgl. Schulze, Otto Braun, S. 513; Braun, Von Weimar, S. 238.
38 Schulze, Otto Braun, S. 513.
39 Grzesinski, Im Kampf (Ms.), Bl. 184.
40 Hömig, Das Preußische Zentrum, S. 147.
41 Hömig, Das Preußische Zentrum, S. 148f; Schulze, Otto Braun, S. 514.

tischer Berücksichtigung des Zentrums im Ministerium des Innern verknüpft: Der neue Abteilungsleiter der Polizeiabteilung, Erich Klausener, war Zentrumsmitglied. Damit hielt das Zentrum zwei der fünf Abteilungsleiterstellen im Innenministerium besetzt.

Obwohl Ministerpräsident Braun zunächst noch Zweifel hegte, ob Grzesinski neben Umsicht und Initiative auch über genügend politische Kenntnis und Erfahrung für die Position verfügte, bot seine schnelle Berufung für Braun doch einen wichtigen politischen Vorteil: Nach der Intervention von Heß konnte er davon ausgehen, daß der wichtigste Koalitionspartner, das Zentrum, diese Personalentscheidung mittrug und unterstützte. Die unverzügliche Neubesetzung des Amtes des preußischen Innenministers sollte Spekulationen über eine umfangreiche Kabinettsumbildung und den zu erwartenden Gerüchten über eine Regierungskrise von vornherein den Boden entziehen.[42] Ebenso wichtig war für Braun, daß er mit der Ernennung Grzesinskis auch ein politisches Signal geben konnte: Es war die demonstrative Absage an ein Wiederaufleben der Großen Koalition in Preußen und wurde von den Zeitgenossen auch so aufgefaßt.[43] In diesem Zusammenhang sind Grzesinskis erste Amtshandlungen zu sehen, die darin bestanden, Staatssekretär Meister (DVP) zum Rücktritt aufzufordern und ihn durch den bisherigen Leiter der Polizeiabteilung, Wilhelm Abegg (DDP), zu ersetzen.[44] Auf die freigewordene Stelle des Leiters der Polizeiabteilung wurde auf Vorschlag von Joseph Heß dessen Parteifreund Dr. Erich Klausener berufen, der vorher Ministerialdirektor im Wohlfahrtsministerium gewesen war.[45]

Grzesinskis Ernennung wurde von der Presse, je nach politischem Standpunkt, unterschiedlich bewertet. Aber gemeinsam war allen Kommentaren, daß die Hoffnung – oder die Befürchtung – geäußert wurde, Grzesinski werde sein Amt im Sinne seines Vorgängers führen.[46] Nun wäre es politisch unklug von Grzesinski gewesen, dieser Auffassung direkt zu widersprechen, denn Severings Ansehen war nach wie vor groß. Und so schrieb er am 12. Oktober 1926 an die nachgeordneten Behörden, er werde das übernommene Amt „im Geist und Sinne" seines „hochverehrten Herrn Amtsvorgängers weiterführen".[47] Das war die offizielle Version, um die Bürokratie, in der Severing große Sympathie genossen hatte, für sich einzunehmen. In Wirklichkeit wollte Grzesinski aber so schnell wie möglich eigene

---

42 Vgl. Braun, Von Weimar, S. 238.
43 In diesem Punkt war sich die „bürgerliche" Presse einig. Vgl. z. B. Berliner Börsen-Zeitung v. 6.10.1926; Der Tag v. 6. u. 7.10.1926; siehe auch Schulze, Otto Braun, S. 514.
44 Meister hatte gehofft, auf die freie Stelle eines Reichsratsbevollmächtigten wechseln zu können, Grzesinski befand jedoch, daß die Versetzung in den einstweiligen Ruhestand erfolgen müsse. Pr. Innenminister Grzesinski an den MP und sämtl. Staatsminister, 8.10.1926. GStA Berlin-Dahlem, I. HA, Rep. 90, Nr. 899, Bd. II.
45 Grzesinski, Im Kampf (Ms.), Bl. 187f.
46 Die Gleichsetzung Grzesinskis mit Severing findet sich in so gegensätzlichen Blättern wie der kommunistischen „Roten Fahne" v. 10.7.1926 und dem deutschnationalen „Tag" v. 6.10.1926.
47 MBliV 1926, Sp. 927/928.

Wege beschreiten. Darum geriet er in Zorn, wenn er in der sozialdemokratischen Presse lesen mußte, er betrachte sich vor allem als Nachfolger Carl Severings. „Diesen Unsinn habe ich nie gesagt", wies er einen befreundeten Kasseler Redakteur zurecht; bei aller Hochschätzung für Severing „werde ich mich nie als ein Nachfolger, d. h. gewissermaßen als Vollstrecker und Fortführer seiner begonnenen Arbeiten fühlen, schon deswegen nicht, weil ich verschiedenes, was er getan hat, weder sachlich noch politisch für richtig gehalten habe. Ich werde durchaus meine eigenen Wege gehen, wie *ich* sie für richtig halte und wie ich es inzwischen ja auch bereits durch die Tat gezeigt habe."[48]

Es war eine gravierende Fehleinschätzung, wenn die konservative „Berliner Börsen-Zeitung" Grzesinski am 6. Oktober 1926 als den „Platzhalter Severings" bezeichnete. Aber diese Fehleinschätzung unterlief nicht nur der Presse, auch der scheidende Staatssekretär im Innenministerium, Meister, vertrat diesen Gedanken: Bei seiner Abschiedsrede für Severing am 7. Oktober behauptete er, viele im Ministerium wünschten, daß Severing nach seiner Genesung ins Innenministerium zurückkehren möge.[49] Das war natürlich eine Unfreundlichkeit gegenüber dem neuen Minister, aber Meister brauchte keine Rücksichten mehr zu nehmen, weil er wußte, daß er abgelöst werden würde.

Da Grzesinski der Meinung war, daß in der Politik der „richtige Start [...] das Entscheidende" sei[50], ließ er, wie immer bei Amtsübernahmen, auch dieses Mal die Zuhörer nicht im unklaren, wie er sein Amt zu führen gedachte. Nach einigen höflichen Worten des Dankes an Severing und der Betonung, daß er nur aus Pflichtgefühl die Aufgabe übernähme, kam er zum Kern: In beinahe den gleichen Worten wie bei der Übernahme des Berliner Polizeipräsidiums 17 Monate zuvor teilte er der vollzählig, vom Staatssekretär bis zum Arbeiter, versammelten Belegschaft des Ministeriums mit, daß er nicht die Absicht habe, es jedem recht machen zu wollen. Ein Programm über die Aufgaben des Innenministers wolle er nicht verkünden, weil die Gefahr bestünde, daß sich solche Programme bald als undurchführbar erweisen könnten, und das führe zu mancherlei Enttäuschungen. Seine Aufgabe sähe er darin, „dem Staat und dem deutschen Volke zu dienen, die Verfassung zu schützen und die Republik in ihren Institutionen und personell in jeder nur denkbar möglichen Weise zu festigen und im übrigen sozial vernünftig zu wirken." Wie er es im Polizeipräsidium gehandhabt habe, daß nämlich in seinem Amtszimmer offen jede Meinung geäußert werden dürfe, so wolle er es auch im Innenministerium halten. Das wichtigste kam zum Schluß: Grzesinski verlangte Gehorsam. Zwar bearbeite jeder Beamte sein Aufgabengebiet selbständig, aber er,

---

48 Grzesinski an Tejessy, 8.11.1926. IISG Amsterdam, Nl. Grzesinski, Nr. 322 (Hervorhebung original); vgl. auch Grzesinski, Im Kampf (Ms.), Bl. 185f. Tejessy wurde von Grzesinski später als Regierungsrat ins PrMdI geholt.

49 APP v. 7.10.1926. Expl. in: AdsD Bonn, Nl. Severing, M. 135.

50 Grzesinski, Im Kampf (Ms.), Bl. 187.

der Minister Grzesinski, sei dem Lande und dem Parlament persönlich verantwortlich. „Das heißt, daß jeder einzelne [...] in dieser Behörde in seinem dienstlichen Tun sich bewußt sein muß, daß er nichts tun darf, was meiner Ansicht und meinem Willen nicht entspricht [...] Ich bin [...] nicht in der Lage, Angehörige des Ministeriums [...] zu decken, die etwa glauben, Politik auf eigene Faust machen zu können."[51]

Das war eine deutliche Drohung an die vielen rechtsstehenden Beamten des Ministeriums, die sich während Severings langer Abwesenheit daran gewöhnt hatten, tatsächlich „Politik auf eigene Faust" zu treiben. Das negative Vorbild in dieser Hinsicht, den Staatssekretär, hatte Grzesinski als ersten ausgewechselt, und das war selbstverständlich auch als Warnung nach innen, an die Beamten des Ministeriums gedacht. „Scharfer Wind!" überschrieb das Kasseler Volksblatt am 8. Oktober seinen Bericht über Grzesinskis Amtsantritt.

2 Organisatorische und personelle Veränderungen im Preußischen Ministerium des Innern

Detaillierte politische Programme zu entwerfen, hat Grzesinski stets abgelehnt. Es entsprach eher seiner Lebenswirklichkeit und -erfahrung, erkannte Probleme zu analysieren, im Gespräch mit Fachleuten Argumente und Meinungen abzuwägen, dann jedoch rasch zu entscheiden und die getroffene Entscheidung mit großer Energie und Rücksichtslosigkeit durchzusetzen. Gleichwohl war er kein theorieloser Pragmatiker oder reiner Machtpolitiker; seine Rede im Ministerium zum Amtsantritt zeigt, daß er klare Grundüberzeugungen und Ziele hatte, an denen er seine Handlungen ausrichtete. Dazu gehörte, daß er sich vorbehaltlos zur parlamentarisch regierten, demokratisch verfaßten und sozial ausgestalteten Republik bekannte und ihre Verwirklichung auf dem Reformwege erstrebte. Das Endziel einer Sozialisierung der Wirtschaft wurde theoretisch weiter aufrechterhalten, in der politischen Praxis jedoch zurückgestellt, „weil in der zusammengebrochenen deutschen Wirtschaft eine Sozialisierung nicht möglich" sei.[52] Wie seine Ansprache zeigt, bedeutete der Verzicht auf ein detailliertes „Regierungsprogramm" jedoch nicht, daß Grzesinski seine neuen Mitarbeiter ohne Orientierung ließ. Er zählte zwar nicht im einzelnen auf, welche Projekte er in Angriff nehmen wollte, aber im Hinblick darauf, wie er sein Amt zu führen gedachte, sind seine Ausführungen mit

---

51 APP v. 7.10.1926. Expl. in: AdsD Bonn, Nl. Severing, M. 135; vgl. auch Vorwärts u. Volksblatt Kassel v. 8.10.1926. Ausführungen ähnlichen Inhalts machte Grzesinski auch im LT: SB PrLT, 3. WP, 3.10.1928, Sp. 586.
52 SB HA PrLT, 1. WP, 22.9.1924, Sp. 35 (Grzesinski).

ihren Warnungen vor Eigenmächtigkeiten durchaus als programmatisch anzusehen.

Wenn man fragt, wie die historisch-politische Forschung Grzesinskis Amtsführung bewertet hat, so fällt auf, daß sich fast alle Wissenschaftler mehr oder weniger stark an Otto Braun orientieren, der Ende der 30er Jahre folgendes Urteil gefällt hatte: „War unter der beschaulichen Bedachtsamkeit Severings der Gang der Geschäfte im Innenministerium etwas schleppend geworden, so brachte der neue Minister bald einen frischen Zug hinein."[53] Daß Grzesinski frischen Wind ins Innenministerium gebracht hat, ist unbestreitbar, gleichwohl ist damit die Grundfrage, wie er versucht hat, die Machtmittel des Preußischen Ministeriums des Innern zur Verwirklichung seiner politischen Ziele einzusetzen, nicht ausreichend beantwortet. Vielmehr muß gefragt werden, auf welche Weise, mit welcher politischen Technik er versucht hat, diese Ziele durchzusetzen. Und für eine solche Analyse ist das Bild vom „frischen Wind" eher irreführend, weil es suggeriert, daß sich die Reformerfolge, die es tatsächlich gegeben hat, durch Grzesinskis energisch-zupackende Art hinreichend erklären ließen. Es wird sich jedoch zeigen, daß Grzesinskis Tätigkeit im Ministerium nicht nur die Handschrift des durchsetzungsfähigen Tatmenschen, sondern auch die des organisationserfahrenen Verwaltungsfachmanns und des geschickten Parlamentariers verrät. An der Art, wie er die Arbeit in seinem eigenen Ministerium organisiert hat, läßt sich ablesen, daß er neben den für notwendig erachteten personellen Veränderungen auch eine Art „kleiner Organisationsreform" vollzog, die in einer Änderung der Aufgabenverteilung der einzelnen Abteilungen bestand.

Ein gewichtiger und berechtigter Vorwurf an Severing hatte gelautet, daß er es versäumt habe, in seinem eigenen Haus die „Demokratisierung" entschieden voranzutreiben. Nach einer Statistik aus dem Jahre 1925 bejahte nur ein Fünftel der 65 höheren Beamten des Innenministeriums die Republik uneingeschränkt.[54] In den ersten Monaten seiner Amtszeit ging Grzesinski daran, diesen Mißstand mit einer Kombination aus personellen und organisatorischen Veränderungen im Ministerium zu beheben. Dieses Vorhaben lenkt den Blick auf den Schauplatz der Ereignisse, das Preußische Ministerium des Innern.[55] Dieses Ministerium und seine Organisation sind bisher noch nicht genau untersucht worden, obwohl es mittlerweile einige wissenschaftliche Arbeiten gibt, die sich mit preußischer Innnenpolitik in der Weimarer Republik beschäftigen.

Das Ministerium des Innern als das politisch wichtigste preußische Ministerium hatte sich als Zentralbehörde im wesentlichen mit der allgemeinen und inneren Landesverwaltung, der Polizei, den Rück- und Auswirkungen des Versailler Vertrages, Rechts- und Verfassungsangelegenheiten sowie der Aufsicht über die kommu-

---

53 Braun, Von Weimar, S. 238.
54 Die Preußischen Beamten. In: Berliner Tageblatt, 1.9.1925.
55 Das Dienstgebäude befand sich Unter den Linden 72/74.

nale Selbstverwaltung zu befassen. Traditionell war das Ministerium in vier Abteilungen untergliedert, dazu kamen einige Spezialgebiete, vor allem im Bereich des Personalwesens, die der unmittelbaren Leitung des Staatssekretärs unterstanden. Um die Organisationsstruktur an veränderte Anforderungen anzupassen, waren in der Vergangenheit mehrfach Abteilungen geteilt worden[56], so daß sich die Aufgabenverteilung vor Grzesinskis Amtsantritt im Jahre 1926 recht unübersichtlich darstellte: Neben dem Geschäftsbereich des Staatssekretärs (St) bestanden die Abteilungen I, Ia, II, III und IV.[57] Die Neuerung bestand nun darin, daß Grzesinski die überkommene Gliederung aufgab und stattdessen die Arbeit in fünf Abteilungen mit zum Teil geändertem Aufgabenzuschnitt erledigen ließ, um zu einer klareren Aufgabenverteilung zu kommen. Seit Ende 1926 bestanden daher (neben einem drastisch verkleinerten Zuständigkeitsbereich des Staatssekretärs) die fünf Abteilungen P und I bis IV.[58]

Abt. P: Die augenfälligste organisatorische Veränderung unter Grzesinski bestand darin, daß eine eigene Abteilung P für Personalsachen eingerichtet wurde. Abteilungsleiter der neuen Abteilung wurde Ministerialdirigent (später Ministerialdirektor) Dr. Heinrich Brand (Z), der als vormaliger Leiter des Personalreferats mit der Materie eng vertraut war. Der Abteilung P wurden alle Personal- und Disziplinarsachen übertragen, die bisher dem Staatssekretär und verschiedenen anderen Abteilungen (Ia und II) unterstanden hatten. Dem neuen Staatssekretär Abegg (DDP) verblieb allein die politisch wichtige Verantwortung für die Personalfragen in der Spitze der Beamtenhierarchie, bei den höheren Beamten des Ministeriums, dazu die Geschäftsführung im Ministerium und die Betreuung der Publikationen des Ministeriums. Der Zweck der Umgestaltung ist einleuchtend: Auf dem Gebiet der Personalpolitik sollte der Staatssekretär von Routinearbeiten entlastet werden und sich ganz auf den politisch bedeutsamen höheren Dienst im Ministerium selbst konzentrieren.[59] Nach Grzesinskis Urteil war Staatssekretär Abegg jahrelang ein treuer Mitarbeiter: „Er war zünftiger Beamter mit großen Verdiensten, überzeugter Republikaner, ein guter Demokrat mit hohen menschlichen Qualitäten."[60] Grzesinski fällte dieses rückblickende Urteil, obwohl es zwischenzeitlich auch Spannungen zwischen den beiden gegeben hatte[61] und obwohl andere Beobachter mit ih-

---

56 Meißner, Grundriß, S. 103; Handb. Preuß. Staat 1926, S. 150.

57 Zu den organisatorischen Veränderungen siehe GStA Berlin-Dahlem, I. HA, Rep. 77, Nr. 57 (Geschäftsverteilungspläne vom 10.6.1925 und vom 15.12.1926; Handb. Preuß. Staat 1926, S. 150 ff., ebd. 1927, S. 163ff.; Hawel, Preußen nach dem Weltkriege, S. 63ff. Zur Aufgabenverteilung in den Abteilungen des Ministeriums siehe IISG Amsterdam, Nl. Grzesinski, Nr. 1325.

58 Geschäftsverteilungsplan vom 15.12.1926. GStA Berlin-Dahlem, I. HA, Rep. 77, Nr. 57.

59 Übersicht über die geplante Neugliederung in: Pr. Innenminister Grzesinski an den MP und sämtl. Staatsminister, 15.10.1926. GStA Berlin-Dahlem, I. HA, Rep. 90, Nr. 899, Bd. II.

60 Grzesinski, Im Kampf (Ms.), Bl. 180.

61 Vor allem in Kreisen der DDP wurden in der ersten Jahreshälfte 1928 solche Spannungen kolportiert: BA Koblenz, Nl. Jaenicke, Nr. 50, S. 15 (8.2.1928); Feder, Heute, S. 181 (1.6.1928). Politische Differenzen zwi-

rem Urteil über Abegg wesentlich zurückhaltender waren. In weiten Teilen der Beamtenschaft war Abegg unbeliebt und isoliert. In den höheren Rängen der preußischen Verwaltung wurde verschiedentlich seine Tendenz zum Intrigieren kritisch vermerkt[62] sowie die Neigung, sich als „Mittler zwischen einem heimlich belächelten Minister und dem Preußischen Staat" zu betrachten.[63] Die Eitelkeiten Abeggs blieben nicht verborgen, aber offensichtlich war Grzesinski souverän genug, angesichts der fachlichen Qualitäten darüber hinwegzusehen. Immerhin war Abegg ein kämpferischer Demokrat und kein lauer „Vernunftrepublikaner"; in seiner Partei, der DDP, stand er weit links.

Abt. I: Eine weitere gravierende Organisationsveränderung nach Grzesinskis Amtsantritt betraf die Abteilungen für Verfassungs- und Rechtsfragen. Aus den ehemaligen Abteilungen I und Ia wurden die Referate für Personalangelegenheiten und Publikationen ausgegliedert und der Rest zur neuen Abteilung I (Verfassungs- und Rechtsabteilung) vereinigt.[64] Die Abteilung leistete die Pressearbeit, erstellte Rechtsgutachten für Gesetzesvorhaben auf staatsrechtlichem, aber auch auf sozialpolitischem Gebiet, bearbeitete verfassungsrechtliche Streitfragen, die Vertretung Preußens im Reichsrat, das Reich-Länder-Problem sowie den Themenkomplex „Parlamente und Wahlen". Leiter der Abteilung wurde unter Ernennung zum Ministerialdirektor Hermann Badt, vormals Ministerialrat im Innenministerium und SPD-Landtagsabgeordneter. Die Ernennung trug eindeutig Grzesinskis Handschrift. Bereits ein gutes Jahr zuvor hatte Grzesinski Otto Braun gegenüber den noch nicht vierzigjährigen Badt für die Ministerialdirektorenstelle der (alten) Abteilung I ins Gespräch gebracht, aber Braun hielt Badt zu der Zeit noch für „viel zu jung" und „wegen seiner geschäftigen Art" auch nicht für geeignet. Otto Braun war kein Antisemit; sein Widerstreben gegen eine Beförderung Badts hatte jedoch damit zu tun, daß er der zu erwartenden politischen Hetze gegen die Ernennung eines aktiven Zionisten gern ausgewichen wäre. Über solche Bedenken setzte sich Grzesinski ein Jahr später hinweg, zumal es aus den Kreisen der Sozialdemokratie kaum Bewerber mit ähnlicher Qualifikation gab – Badt war promovierter Jurist und

---

schen Abegg und Grzesinski bestanden z. B. in der Frage, wie die ausufernde Zahl der Polizeiverordnungen zu reduzieren sei (vgl. unten Abschn. 3.5).

62 So von Jaenicke (RP von Breslau), Amelunxen (RP von Münster), Scheidt (StS im pr. Wohlfahrtsministerium) und Schleusener (StS im pr. Finanzministerium). Bemerkenswert ist, daß es sich hier fast ausschließlich um Parteifreunde Abeggs handelte. BA Koblenz, Nl. Jaenicke, Nr. 50, S. 10f., 16a, 16b.

63 Tejessy an Grzesinski, 27.5.1936. LA Berlin, Rep. 200, Acc. 3983, Nr. 3. Zwischen Tejessy (SPD), seit 1928 Regierungsrat im PrMdI, und Abegg herrschte eine tiefe persönliche Abneigung. Die Isolation Abeggs – verstärkt durch persönliche Schwierigkeiten in der Emigration – scheint auch für seine harte und teilweise überzogene Kritik an ehemaligen Weggefährten nach Untergang der Weimarer Republik mitverantwortlich zu sein. Abegg sei „geistig etwas aus dem Gleise geraten", schrieb Otto Braun an Severing (8.7.1947). GStA Berlin-Dahlem, I. HA, Rep. 92 Nl. Braun, C I Nr. 276.

64 Pr. Innenminister Grzesinski an den MP und sämtl. Staatsminister, 15.10.1926. GStA Berlin-Dahlem, I. HA, Rep. 90, Nr. 899, Bd. II.

verfügte über langjährige Erfahrung in der preußischen Verwaltung.[65] Um die Ernennung Badts durchzusetzen, bedurfte es nach dessen eigener Darstellung eines Schreibens von Grzesinski an Finanzminister Höpker-Aschoff (DDP), der auf dem Posten lieber einen Parteifreund gesehen hätte.[66]

Die **Abteilung II** des preußischen Innenministeriums war während Grzesinskis Amtszeit die Polizeiabteilung. An ihrer Organisationsstruktur hatte sich durch den Ministerwechsel nicht viel verändert. Die Abteilung blieb zuständig für die „Organisation und Aufsicht hinsichtlich der gesamten Polizei".[67] Weil Grzesinski den bisherigen Abteilungsleiter und Ministerialdirektor Abegg (DDP) zu seinem Staatssekretär gemacht hatte, wurde der Ministerialdirektor im preußischen Wohlfahrtsministerium, Dr. Erich Klausener, zum Leiter der Polizeiabteilung berufen. Diese Konzession an die Zentrumspartei erwies sich nicht als glücklich: Klausener schaffte es während seiner Amtszeit nicht, das militärische Element im Polizeioffizierskorps entscheidend zurückzudrängen – ein Versäumnis, das auch auf den Minister zurückfällt.[68] Daß Klausener am Sturz Grzesinskis im Februar 1930 beteiligt war, galt im Ministerium als sicher, wenngleich Grzesinski selbst nicht daran glauben mochte.[69]

Die **Abteilung III** wurde auch „Friedensabteilung" genannt. Im Friedensvertrag von Versailles hatte Deutschland umfangreiche Gebietsteile, vor allem preußisches Territorium im Osten, Westen und Norden, abtreten müssen. Aufgabe der Abteilung III war es, die Folgen dieser Abtretungen für die betroffenen Menschen administrativ zu bewältigen, etwa durch die Vergabe finanzieller Hilfen und Entschädigungen sowie durch Flüchtlingsfürsorge. Die politischen Einfluß- und Gestaltungsmöglichkeiten der Abteilung waren gering; ihr Leiter blieb Ministerialdirektor Dr. Edgar Loehrs, ein „Vernunftrepublikaner".[70]

Die **Abteilung IV** schließlich war die Kommunalabteilung. Sie hatte die Aufsicht über die Selbstverwaltung der Provinzen, Kreise, Stadt- und Landgemeinden; außerdem bearbeitete sie Fragen der kommunalen Finanzen, der Verwaltungsre-

---

65 Zur Besetzung der Stelle 1925 siehe O. Braun an Severing, 3.7.1925. AdsD Bonn, Nl. Severing, M. 126. Zur Ernennung und Beförderung Badts siehe Ilsar, Im Streit, S. 17f.

66 Ein Jahr nach seiner Anstellung beschwerte sich Badt gegenüber dem liberalen Publizisten Ernst Feder über die Schwierigkeiten, die von den DDP-Ministern gemacht worden waren. „Grzesinksi habe an Höpker-Aschoff schreiben müssen, um darzulegen, daß ein Jude deutschstämmig sein könne." Feder, Heute, S. 141.

67 Handb. Preuß. Staat 1927, S. 163.

68 Sein Parteifreund Brüning etwa hielt Klausener „für völlig ungeeignet zur Behandlung der Personalien der Polizeioffiziere." Brüning an Sollmann, 29.9.1940. Swarthmore Peace Collection, Nl. Sollmann, hier zit. n. einer Kopie in: GStA Berlin-Dahlem, I. HA, Rep. 92 Nl. Braun, E (Mat.-Slg. Schulze) Paket 9. Der DDP-Fraktionsvorsitzende Falk bezeichnete Klausener als „in Wahrheit deutschnational". Feder, Heute, S. 181 (1.6.1928). Kritisch über Klausener auch Hamburger, Grzesinskis Leistung, S. 301.

69 IISG Amsterdam, Nl. Grzesinski, Nr. 1332 (1930).

70 Loehrs war bereits im Jahre 1905 zum königl.-preuß. Landrat ernannt worden. Nach dem 20. Juli 1932 hatte Papens Innenkommissar Bracht ihn für die Nachfolge des StS Abegg vorgesehen. Siehe Höner, Zugriff, S. 392f.

form und der Änderung kommunaler Grenzen. Leiter der Abteilung war der Ministerialdirektor Dr. Viktor von Leyden, Mitglied der Deutschen Volkspartei, mit dem Grzesinski gut zusammenarbeitete. Auf die Verwaltungsreformpläne des preußischen Innenministeriums hatte er entscheidenden Einfluß. Grzesinski hob später von Leydens Anteil an der Auflösung der Gutsbezirke hervor und lobte dessen ungeheuren Arbeitseifer bei den Umgemeindungen im westdeutschen Industrierevier.[71]

In Grzesinskis Vorzimmer saß als Privatsekretärin Käthe Rosenheim, die in dieser Funktion auch schon unter Severing gearbeitet hatte. 1927 ernannte Grzesinski sie zur Regierungsrätin. Mit dem modernen Begriff der persönlichen Referentin ist ihre Rolle wohl am ehesten zu beschreiben, sie war keine unpolitische Gehilfin, sondern an der politischen Diskussion im Ministerium beteiligt.[72] Nach der Aussage von Grzesinskis Lebensgefährtin Daisy Torrens maßte sie sich jedoch „eine Alleinherrschaft über die Zeit des Ministers" an;[73] möglicherweise schwingt in diesem Urteil auch ein wenig Eifersucht mit.

3 Reformvorhaben

Grzesinski hatte es bei seinem Amtsantritt abgelehnt, ein detailliertes Programm seiner politischen Vorhaben aufzustellen. Gleichwohl war ihm bewußt, auf welchen Feldern die Hauptarbeit zu leisten war. Um die Republik abzusichern, wo möglich weiter auszubauen und sozial zu gestalten, sah Grzesinski die folgenden Aufgaben im Innenministerium als vordringlich an:
– Schutz der Republik und Bekämpfung ihrer Feinde;
– Festigung der Staatsmacht durch den Ausbau der polizeilichen Exekutive;
– demokratische Personalpolitik durch Entfernung reaktionärer Beamter aus Führungspositionen in der Staatsverwaltung und die Berufung überzeugter Demokraten;
– Aufhebung der Gutsbezirke;
– staatliche und kommunale Verwaltungsreform.[74]

---

71 Grzesinski, Im Kampf (Ms.), Bl. 200 u. 206. Daß v. Leyden der DVP angehörte, läßt sich schließen aus: Preußentag der SPD (1928), S. 17. Im Kaiserreich stand v. Leyden nach dem Urteil eines Vorgesetzten auf dem linken Flügel der Nationalliberalen Partei: Runge, Politik und Beamtentum, S. 178. Zum Einfluß v. Leydens: Köser an Landrat v. Beckerath, 23.12.1926. IISG Amsterdam, Nl. Grzesinski, Nr. 1180.

72 Siehe z. B. Rosenheim an pr. Innenminister Grzesinski, 8.9.1927. IISG Amsterdam, Nl. Grzesinski, Nr. 2222. Ernennung zur Regierungsrätin: MBliV 1928, Sp. 3.

73 BA Koblenz, Nl. Jaenicke, Nr. 50, S. 9 (Tagebucheintrag v. 27.1.1928). Nach derselben Quelle mußte Daisy Torrens zu einem Trick greifen und einen Büroboten vorschicken, wenn sie an Frau Rosenheim vorbei zu Grzesinski vorgelassen werden wollte.

74 Grzesinski, Im Kampf (Ms.), Bl. 188f.

Dieser Katalog zeigt, daß sich an den konkreten Aufgaben des Innenministeriums seit Beginn der Weimarer Republik kaum etwas geändert hatte und daß Grzesinski weder neue noch radikale Ziele verfolgte.[75] Seit den Zeiten der preußischen Innenminister Heine und Severing war es um den Schutz der Republik, den Aufbau einer zuverlässigen Polizeitruppe und die personelle „Demokratisierung der Verwaltung" gegangen. Die Bestrebungen, die Verwaltung zu reformieren, lassen sich gar bis ins Kaiserreich zurückverfolgen. Die Aufgaben waren gleich geblieben, neu waren der Minister und einige höhere Beamte, während die Organisationsstruktur behutsam reformiert worden war. Im folgenden soll der Frage nachgegangen werden, wie, mit welcher politischen Technik, Grzesinski versucht hat, seine Ziele durchzusetzen, wo es Erfolge gab und wo er aus welchen Gründen scheiterte. Eine rein biographische Betrachtungsweise ist dazu ungeeignet, vielmehr müssen auch Struktur und Funktionsweise der preußischen Koalitionspolitik wie des preußischen Innenministeriums als Zentralbehörde berücksichtigt werden.

Aber nicht nur Strukturen bestimmten Grzesinskis Amtsführung. Auch das Verhältnis zum Ministerpräsidenten Otto Braun kann zur Erklärung herangezogen werden. Hatte es in der ersten Zeit noch atmosphärische Spannungen zwischen den beiden gegeben, so war das Verhältnis um so besser geworden, je deutlicher sich abzeichnete, daß Grzesinski in der Lage war, lange verschleppten Reformprojekten neuen Schwung zu geben. So entstand ein Verhältnis großen gegenseitigen Vertrauens und freundschaftlicher Verbundenheit, das sich vor allem aus einem gemeinsamen Grundvorrat an politischen Überzeugungen speiste. Grzesinski konnte zumeist auf die Unterstützung Otto Brauns für seine Reformen rechnen.[76] Am Beispiel der Verwaltungsreform wird sich allerdings zeigen, daß Braun als Staatsmann in erster Linie die Koalition im Auge hatte. Wenn deren Zusammenhalt durch ein Reformprojekt gefährdet schien, wenn die Positionen zu weit auseinander lagen, vermied er – aus Rücksicht auf die Koalitionspartner und um selbst nicht beschädigt aus der Auseinandersetzung hervorzugehen – das demonstrative und öffentliche Eintreten für die Reformpläne des Innenministers.

Neben der politischen Übereinstimmung gab es zwischen Braun und Grzesinski zweifellos auch charakterlich-persönliche Ähnlichkeiten, beispielsweise in bezug auf Energie, Tatkraft und Pragmatismus. Allerdings reichen diese oberflächlichen Gemeinsamkeiten nicht aus, um zu erklären, warum die Verbundenheit zwischen den beiden tiefer ging, als sie zwischen Braun und Severing jemals gewesen war, zumal sich bei genauerem Hinsehen auch große Unterschiede, vor allem im Temperament und im Lebenszuschnitt feststellen lassen.[77] So neigte Braun zum Pessimismus, bisweilen zur Depression und lebte extrem zurückgezogen, „mehr als

---

75 Vgl. Glees, Grzesinski, S. 817.
76 Grzesinski an Braun, 12.11.1928. IISG Amsterdam, Nl. Grzesinski, Nr. 204; vgl. auch Grzesinski, Im Kampf (Ms.), Bl. 189.
77 Schulze, Otto Braun, S. 515.

politisch gut und klug war", wie Grzesinski meinte[78], während Grzesinski eher optimistisch eingestellt war und das Leben auch genießen konnte.[79] Daß sich ein gutes Einvernehmen zwischen Braun und Grzesinski entwickelte, war also durchaus nicht selbstverständlich. Entscheidend dafür war, daß Grzesinski Brauns Autorität und Führungsrolle vorbehaltlos anerkannte, ja bewunderte, und daß er von vornherein jeden Anschein von Konkurrenz vermied. Braun war für Grzesinski auch im Rückblick der überragende Staatsmann, der „in Deutschland nach 1918 von niemandem erreicht worden" sei.[80]

Während Severings Amtszeit war von Zeit zu Zeit in der Presse der Verdacht geäußert worden, daß dieser und nicht Braun die eigentlich entscheidende Persönlichkeit im preußischen Kabinett sei.[81] Für Grzesinskis Amszeit lassen sich solche Zeugnisse nicht beibringen. Er trat nie offen in Konkurrenz zu Braun, sondern verhielt sich vollständig loyal. Bei schwierigen Problemen, wenn er allein nicht weiterkam, war Otto Braun für Grzesinski stets die letzte und entscheidende Instanz, an die er sich vertrauensvoll um Hilfe wandte. Am Beispiel der Auflösung der Gutsbezirke läßt sich das musterhaft studieren. Demgegenüber neigte Severing zu politischen Eigenmächtigkeiten, nicht zuletzt im Vertrauen darauf, daß er durch sein Verhandlungsgeschick und seine Konzilianz zu annehmbaren Lösungen kommen werde. Aber je kümmerlicher die Bilanz dieser Strategie ausfiel, desto weniger war Otto Braun bereit, Severings Eigenmächtigkeiten zu tolerieren.[82]

3.1 Verwaltungsreform

Ein großes politisches Ziel Grzesinskis war „die Umformung der Exekutive im Sinne der Bedürfnisse der breiten Schichten des Volkes", und zwar so, daß „der Apparat des Staates nicht mehr als Instrument gegen die Arbeiterschaft zu benutzen ist."[83] Die Mittel, mit denen dieses Ziel in der Praxis angestrebt werden sollte, waren eine demokratische Personalpolitik, die in Abschnitt 3.4 behandelt wird,

---

78 Grzesinski, Im Kampf (Ms.), Bl. 189.

79 Vgl. die Schilderung der Feier zu Grzesinskis 50. Geburtstag (1929) in: Tejessy an Grzesinski, 28.9.1939. LA Berlin, Rep. 200, Acc. 3983, Nr. 3: „Es war sehr schön und sehr gemütlich. Ernst H. [Heilmann] war besoffen und wir gingen nachher noch gemeinsam ins Kaffee König."

80 Grzesinski, Im Kampf (Ms.), Bl. 189. Braun allerdings war viel zu bescheiden, um mit diesem Lob einverstanden zu sein und bat Grzesinski (erfolglos) um Streichung der Passage. Braun an Grzesinski, 12.3.1934. LA Berlin, Rep. 200, Acc. 3983, Nr. 3.

81 Vgl. Schulze, Otto Braun, S. 351.

82 Braun verübelte Severing, daß dieser eigenmächtig mit der Reichsregierung in Verbindung getreten war: MP Braun an pr. Innenminister Severing, 6.11.1925. GStA Berlin-Dahlem, I. HA, Rep. 90, Nr. 396; vgl. auch Alexander, Carl Severing, S. 151.

83 Grzesinski, Verwaltungsreform in Preußen. In: Volksstimme Frankfurt/M., 26.10.1929.

verbunden mit organisatorischen Veränderungen im Verwaltungsgefüge, die das Thema dieses Abschnitts bilden.

Freilich ist das Schlagwort von der Verwaltungsreform zu unpräzise, um die hier zu behandelnden Fragen exakt zu bezeichnen. Unter Verwaltungsreform konnte mancherlei verstanden werden, es gab eine kommunale und eine staatliche Variante, zusätzliche Komplikationen ergaben sich durch die Nähe zur Verfassungs- und zur Reichsreform. „Jeder führt das Wort im Munde, aber auch fast jeder stellt sich darunter etwas anderes vor", brachte Grzesinski im Jahre 1928 die babylonische Verwirrung der Begriffe auf den Punkt.[84] Da diese Verwirrung auch im modernen wissenschaftlichen Diskurs anzutreffen ist, muß zunächst definiert werden, was hier unter Verwaltungsreform verstanden werden soll, nämlich: (1) Staatliche Verwaltungsreform, d. h. die Reform der Verwaltung Preußens;[85] (2) kommunale Verwaltungsreform, d. h. Reformen bei den Selbstverwaltungskörperschaften. Beide Elemente gehören zusammen: Eine Reform der Staatsverwaltung hatte immer auch Rückwirkungen auf Städte und Gemeinden und deren Kompetenzen; umgekehrt wurde durch eine kommunale Verwaltungsreform auch die allgemeine Staatsverwaltung berührt, schon durch das in Art. 70 der Preußischen Verfassung niedergelegte Aufsichtsrecht des Staates. Daher werden der staatliche und der kommunale Aspekt hier unter dem Oberbegriff „Verwaltungsreform" zusammengefaßt.

Infolgedessen sind auch Berührungspunkte und Interdependenzen zwischen Verwaltungs- und Reichsreform anzusprechen; gleichwohl würde es den Rahmen der Arbeit sprengen, die komplexe Materie der Reichsreform erschöpfend zu diskutieren. Darauf kann um so leichter verzichtet werden, als das Werk von Gerhard Schulz über Verfassungspolitik und Reichsreform in der Weimarer Republik, das über diese Fragen umfassend informiert, mittlerweile in drei Bänden vollständig vorliegt. Aber es gibt auch einen eher formalen Grund, die Reichsreform hier nicht zu behandeln, denn diese Frage wurde federführend nicht im preußischen Innenministerium behandelt, sondern Ministerpräsident Braun kümmerte sich selbst darum. Unterstützt wurde er dabei von seinem Staatssekretär Robert Weismann und dem Ministerialdirektor Arnold Brecht.[86]

---

84 Grzesinski, Verwaltungsarbeit, S. 25.

85 Neben der allgemeinen und inneren Verwaltung, die in Zentral-, Mittel- und Lokalinstanz gegliedert war, bestanden Sonderverwaltungen auf den Gebieten Justiz, Bergbau, Schulverwaltung und landwirtschaftliche Verwaltung. v. Leyden, Preußische Verwaltungsreform, S. 11f.; vgl. Handwb. Verwaltungspraxis, S. 375.

86 Schulz, Zwischen Demokratie und Diktatur. 3 Bde., 1963, 1987, 1992. Ministerialdirektor Brecht, der nach seiner Entlassung aus dem RMdI durch den deutschnationalen Minister v. Keudell im Jahre 1927 von Otto Braun in den preußischen Staatsdienst übernommen wurde, war hauptamtlicher Stellvertretender Bevollmächtigter Preußens zum Reichsrat. Handb. Preuß. Staat 1928, S. 136; vgl. Schulze, Otto Braun, S. 522 u. 589.

a) Probleme der Staatsverwaltung

Die Reformbedürftigkeit einer Verwaltungsorganisation, deren Ursprünge im Absolutismus lagen und die ihre endgültige Ausformung im 19. Jahrhundert erhalten hatte, lag offen zutage; heftig umstritten war jedoch, wie eine Umgestaltung auszusehen hätte. Seit den letzten durchgreifenden Reformen unter Stein und Hardenberg waren bereits über 100 Jahre vergangen. Mit der rasanten Entwicklung einer Industriegesellschaft hatte die überkommene Verwaltungsorganisation nicht Schritt gehalten. Industrialisierung, Landflucht, Eisenbahnbau, das Entstehen von großen Industriegebieten, von Wirtschafts- und Handelszentren und riesigen städtischen Agglomerationen, das alles waren moderne Entwicklungen, die in der Verwaltung und ihrer Organisation nur zu einem Teil ihren Niederschlag gefunden hatten.

Besonders auffällig waren die territorialen Ungleichgewichte, die durch die Gebietsabtretungen nach dem Krieg noch vergrößert worden waren. So wohnten in der Provinz Grenzmark Posen-Westpreußen rund 330.000 Menschen, während es in der Rheinprovinz über 7 Millionen waren; bei den Regierungsbezirken reichte die Spanne von wenigen hunderttausend Bewohnern bis zu knapp 4 Millionen im Regierungsbezirk Düsseldorf. Das wirkte sich besonders auf ökonomischem Gebiet hinderlich aus. Ein Beispiel: Das rheinisch-westfälische Industriegebiet, ohne Zweifel eine wirtschaftsgeographische Einheit, gehörte zu zwei verschiedenen Provinzen und drei verschiedenen Regierungsbezirken. Eine Anpassung der Verwaltung an die ökonomischen Realitäten, die Schaffung leistungs- und lebensfähiger Kommunen, bildete daher einen wesentlichen Bestandteil der Reformbestrebungen.

Weiterhin bestanden in Preußen zahlreiche Verwaltungsenklaven und -exklaven; hinzu kam, daß die einzelnen Verwaltungszweige bei ihren Zuständigkeitsabgrenzungen nicht immer Rücksicht auf die territoriale Gliederung genommen hatten. Der Kasseler Regierungspräsident Friedensburg hat ein besonders krasses Beispiel aus dem eigenen Wirkungsbereich mitgeteilt: „Die Bewohner des Kreises Schmalkalden [...] haben ihren Regierungspräsidenten in Kassel (Provinz Hessen-Nassau), ihr Oberlandesgericht in Jena (Thüringen), ihr Landeskulturamt in Merseburg (Provinz Sachsen) und ihr Oberbergamt in Clausthal (Hannover)."[87] Diese historisch begründete Zersplitterung verursachte vielfältige Friktionen im Verwaltungsbetrieb. Ein wichtiges Motiv für die Verwaltungsreform war die Beseitigung solcher Zustände, wobei es vorrangig um die Erhöhung von Geschwindigkeit und um Effizienz ging. Demgegenüber wurde der finanzielle Einspareffekt einer Verwaltungsreform von Vertretern des Innenministeriums zumeist als nachrangig eingestuft. Das war als Beruhigung für die Staatsbediensteten gedacht, die um ihre Arbeitsplätze fürchten mochten. Indessen war es unbestreitbar, daß trotz aller

---

87 Friedensburg, Die preußische Verwaltungsreform. In: Berliner Tageblatt v. 20.12.1927. Zum Vorstehenden vgl. ebd. sowie Handb. Preuß. Staat 1929, S. 17f.

Doppel- und Mehrfachzuständigkeiten die preußischen Verwaltungskosten mit 19 Reichsmark pro Kopf der Bevölkerung vergleichsweise niedrig lagen. Nur Oldenburg und Schaumburg-Lippe hatten eine sparsamere Verwaltung, in den meisten übrigen Ländern kostete die Verwaltung ungefähr 30 Reichsmark pro Kopf und Jahr. Aus diesem Grunde warnten Grzesinski und seine Mitarbeiter immer wieder davor, die entlastenden Wirkungen einer Verwaltungsreform für den Staatshaushalt zu überschätzen, spürbare finanzielle Folgen seien nur mittelbar zu erwarten.[88]

Nicht nur der territoriale Zuschnitt der einzelnen Verwaltungsbezirke war reformbedürftig, auch in der Organisation selbst gab es einige Unzuträglichkeiten. Die Gliederung des Instanzenzuges erscheint auf den ersten Blick klar und eindeutig: Von der Zentralinstanz (dem Ministerium) über Provinz (Oberpräsidium) und Bezirk (Regierungspräsidium) zur Lokalinstanz (Landrat). Die Verwaltungspraxis wurde jedoch dadurch belastet, daß faktisch die Mittelinstanz mit Ober- und Regierungspräsident doppelt besetzt war und ein unerfreuliches und konfliktträchtiges Nebeneinander herrschte.[89] Es wird sich zeigen, daß ein wesentlicher Streitpunkt bei der Verwaltungsreform die Neuordnung der Zuständigkeiten in der Mittelinstanz war.

Schwierigkeiten mit der Kompetenzabgrenzung gab es nicht nur innerhalb der allgemeinen Staatsverwaltung, sondern auch zwischen der allgemeinen Verwaltung und den Sonderverwaltungen, wie Schul-, Justiz-, Bergbau-, Landwirtschafts- und Forstverwaltung. Zusätzliche Reibungspunkte ergaben sich, wenn Reichsbehörden beteiligt waren, nicht nur wegen des unproduktiven Nebeneinanders von Reichs- und Staatsverwaltung, sondern auch, weil beim Reich die Tendenz erkennbar war, sich zusätzlich zur Finanz-, Arbeits- und Militärverwaltung auch auf anderen Gebieten einen eigenen Verwaltungsunterbau zu schaffen.[90]

Die Grundbedingung für jeden Verwaltungsreformplan in Preußen war, daß einer Reichsreform, über die in der Weimarer Republik beinahe permanent diskutiert wurde, nicht der Weg verbaut werden durfte. Eine Reform der preußischen Verwaltung hatte Rücksicht zu nehmen auf eine eventuelle spätere Zusammenlegung von Reichsbehörden mit preußischen Behörden und den Verwaltungsaufbau eines künftigen Einheitsstaates.

---

88 Grzesinski, Verwaltungsarbeit, S. 27; v. Leyden, Preußische Verwaltungsreform, S. 5 (dort auch die Angaben zu den Verwaltungskosten); Hirschfeld, Ein Blick in die Verwaltung, S. 54; vgl. auch IISG Amsterdam, Nl. Grzesinski, Nr. 1275.

89 Friedensburg (RP Kassel), Die preußische Verwaltungsreform. In: Berliner Tageblatt v. 20.12.1927. Vgl. Schwander (OP Hessen-Nassau), Die preußischen Oberpräsidenten. In: Vossische Zeitung v. 1.7.1928. Die anschaulichste Einführung in die preußische Verwaltung stammt von StS Abegg: Die Preußische Verwaltung und ihre Reform, Länder und Reich (1928), besonders S. 7-19. Siehe auch Deuse, Verwaltungsabbau, S. 17ff.

90 Pr. Innenminister Grzesinski an Reichsinnenminister Severing, 5.7.1928, Punkt 9. AdsD Bonn, Nl. Severing, M. 146; vgl. Ehni, Bollwerk, S. 111.

Kontraproduktiv wirkte sich aus, daß die Staatsverwaltung mit Detailaufgaben überfrachtet war. Weitgehend unumstritten waren deshalb auch die Forderungen nach „Dekonzentration" und „Dezentralisierung". Dekonzentration bezog sich auf die allgemeine Verwaltung und meinte die Verlagerung von Kompetenzen von der Zentral- auf die Mittel-, und von dieser auf die Lokalinstanz. Dezentralisierung betraf demgegenüber das Verhältnis von Staats- und kommunaler Selbstverwaltung und bedeutete, daß Staatsaufgaben an die örtliche Selbstverwaltung abgegeben werden sollten. Der theoretisch proklamierte Grundsatz lautete, daß eine Stelle alle die Aufgaben übernehmen sollte, zu deren Erledigung sie ohne fremde Hilfe in der Lage war, wobei jedoch unklar blieb, wie dieses Postulat in die Praxis umzusetzen wäre.[91] Eine wichtige Voraussetzung für die Ausweitung der Selbstverwaltung war eine einheitliche Städte- und Landgemeindeordnung, die freilich nie zustande kam. 1928 bestanden in den verschiedenen preußischen Landesteilen noch 6 Provinzialordnungen, 6 Kreisordnungen, 7 Städteordnungen und 7 Landgemeindeordnungen[92] – ein Zustand, der eine einheitliche Gesetzgebung auf dem Gebiet der kommunalen Verwaltungsreform außerordentlich erschwerte.

Zur Verwaltungsreform gehörte auch die Frage nach der Verbesserung des Geschäftsganges, der Büroreform. In einer Publikation des Deutschen Instituts für wirtschaftliche Arbeit in der Verwaltung (DIWIV) hieß es 1927, daß Preußen in dieser Frage hinter dem Reich zurückstehe, wo es seit 1926 eine Gemeinsame Geschäftsordnung der Reichsministerien gab.[93] Tatsächlich waren auf dem Gebiet der Büroreform in Preußen seit Grzesinskis Amtsantritt verstärkte Anstrengungen zu verzeichnen: In der Polizeiverwaltung (Polizeipräsidium Magdeburg) wurden Versuche mit moderner Behördentechnik und vereinfachtem Geschäftsgang gemacht. Deren Ergebnisse sollten in die allgemeine Verwaltungsreform einfließen und auch in anderen Verwaltungen, einschließlich der Ministerien, umgesetzt werden.[94] Ebenso gab es Ansätze, die Forderung nach größter „Planmäßigkeit und Durchsichtigkeit [...] in der Geschäftsverteilung", die in der Literatur als wesentliches Ziel der Büroreform bezeichnet worden war, zu verwirklichen.[95] Das beste Beispiel bietet die geschilderte Organisationsreform im Ministerium des Innern, die Grzesinski unmittelbar nach seinem Amtsantritt in die Wege geleitet hatte.

Aus politischen Gründen war es besonders unbefriedigend, daß es in Preußen kein einheitliches, in Gesetzesform gefaßtes Verwaltungsrecht gab. Daher mußten

---

91 v. Leyden, Preußische Verwaltungsreform, S. 11.
92 Grzesinski, Verwaltungsarbeit, S. 31.
93 Haußmann, Büroreformen, S. 10. Vgl. auch das Standardwerk von Brecht, Die Geschäftsordnung der Reichsministerien. Die Schrift trug den Untertitel „zugleich ein Lehrbuch der Büroreform". Brecht war auch stellv. Präsident des DIWIV.
94 Grzesinski, Die Einzelheiten der Verwaltungsreform. In: Berliner Tageblatt v. 15.1.1929; SB HA PrLT, 2. WP, 30.1.1928, Sp. 21 (Grzesinski). Vgl. auch die geplante Einführung einheitlicher systematischer Aktenpläne bei den Regierungs- und Polizeipräsidenten. Preußen 1932, S. 31.
95 Haußmann, Büroreformen, S. 11.

die Beamten für ihre Entscheidungen „auf zum Teil recht alte Gesetze, Kabinettsordres, Instruktionen und richterliche Entscheidungen" zurückgreifen. Das hatte für die Demokratie den bedenklichen Effekt, daß Verwaltung im Bewußtsein weiter Kreise nach wie vor als undurchschaubare Geheimwissenschaft galt und dadurch das Machtbewußtsein der Bürokratie gestärkt wurde. „Je unübersichtlicher der Bevölkerung die Grundsätze sind, nach denen der Verwaltungsbeamte handelt, desto mehr ist der einzelne Staatsbürger der Willkür des Beamten ausgesetzt", beschrieb Grzesinski das Problem.[96] Aus diesem Grunde war es wichtig, das Polizei- und Verwaltungsrecht zu vereinheitlichen und zu kodifizieren. War es Grzesinski als Präsident des Landespolizeiamtes im Jahre 1923 noch gelungen, eine Kodifizierung der bestehenden Wucherverordnungen zu erreichen[97], so erzielte er als Innenminister lediglich einen Teilerfolg: Eine Sammlung und Vereinheitlichung der z. T. sehr alten behördlichen Entscheidungsgrundlagen gelang ihm auf dem Gebiet der Polizeiverwaltung[98], nicht jedoch bei den allgemeinen Verwaltungsvorschriften. Seine Ausführungen zeigen jedoch, daß es Grzesinski bei Verwaltungsreformen weniger um Effizienzsteigerung und Kostenersparnis, als vielmehr um die politischen Folgewirkungen einer transparenten Verwaltung ging. Ein klarer, übersichtlicher Behördenaufbau und die Kodifizierung des Verwaltungsrechts sollten dem selben Zweck dienen: Die Verwaltung und ihre Entscheidungen sollten für jeden interessierten Staatsbürger verständlich und nachprüfbar sein. Hatte sich Grzesinski bereits im Zentralrat der deutschen sozialistischen Republik dafür eingesetzt, daß endlich Vertrauen in die preußische Verwaltung einziehen solle, so versuchte er, diesen Bestrebungen als Minister neue Schubkraft zu verleihen. Transparenz in der Verwaltung, so lautete seine optimistische Prognose, könne Staatsbürger und Staat miteinander versöhnen, bedeute mithin einen Schritt zum angestrebten Volksstaat. Von einer transparenten Verwaltung wurde in dieser Hinsicht ein doppelter positiver Effekt erhofft. Auf der einen Seite sollte das Gefühl vieler Bürgerinnen und Bürger, scheinbar dunklen und unkontrollierbaren (Verwaltungs-)Mächten ausgesetzt zu sein, abgebaut werden. Auf der anderen Seite wurde erwartet, daß eine Bürokratie, die mit der Nachprüfung ihrer Entscheidungen durch die informierte Öffentlichkeit zu rechnen hatte, von vornherein eher Entscheidungen im Sinne der Bevölkerung treffen werde.[99]

---

96 Grzesinski, Verwaltungsarbeit, S. 31f.
97 Sog. „Preistreiberei-Verordnung" der Reichsregierung v. 28.7.1923. RGBl., I, S. 699ff.
98 Das Polizeiverwaltungsgesetz (GS 1931, S. 77) wurde erst nach dem Ende der Amtszeit Grzesinskis verabschiedet, geht aber eindeutig auf seine Initiative und Vorarbeit zurück (GStA Abt. Merseburg, Rep. 77, Tit. 598, Nr. 24, Bd. 2, Bl. 83ff.); siehe auch unten Abschnitt 3.5.
99 Grzesinski, Verwaltungsarbeit, S. 32.

b) Gescheiterte Reformversuche

Die meisten der beschriebenen Mängel in der preußischen Verwaltung waren nicht erst nach der Revolution aufgetreten, wenngleich die Veränderungen der Staatsform und der Staatsgrenzen einige Schwierigkeiten verschärft hatten. Bereits vor dem Krieg hatte eine königliche Immediatkommission Vorschläge zur Reform der preußischen Verwaltung unterbreitet, 1917 war in der Person des königlich-preußischen Innenministers Bill Drews sogar ein eigener Kommissar für die Verwaltungsreform installiert worden, der auch nach der Revolution seine Arbeit weiterführte. Aber im Preußen der Weimarer Republik wurden Drews' Vorschläge ebensowenig in die Praxis umgesetzt wie die zahllosen Denkschriften und Empfehlungen anderer liberaler Professoren und Verwaltungsfachleute.[100] Der grundsätzliche Schwachpunkt aller dieser Arbeiten, so wird man verallgemeinernd-zusammenfassend sagen dürfen, lag darin, daß sie einer technokratischen Denkweise verhaftet waren und hauptsächlich die Wünsche und Vorstellungen für ein störungsfrei arbeitendes Verwaltungsräderwerk formulierten. Es ging ihnen in erster Linie um Effizienz und Einsparung, um verwaltungstechnische Erleichterungen und Vereinheitlichungen, beispielsweise durch möglichst gleich große Verwaltungseinheiten. Freilich wurde in diesen Konzepten ein entscheidendes Hemmnis für derartige Veränderungen übersehen: Preußen war mittlerweile eine parlamentarische Demokratie, und Gesetzesvorhaben zur Reform der Verwaltung bedurften der Zustimmung der Mehrheit der Landtagsabgeordneten. Unter diesen Bedingungen lautete die Frage nicht, was verwaltungstechnisch erstrebenswert, sondern was politisch durchsetzbar war.

An diesem Punkt fanden alle Verwaltungsreformvorschläge, so einleuchtend und rational nachvollziehbar sie auch im einzelnen gewesen sein mögen, ihre Grenze. Der Landtagsabgeordnete Ernst Hamburger, führendes Mitglied der preußischen SPD-Fraktion und Verwaltungsfachmann, hat den Widerstand der Betroffenen gegen jeden Reformvorschlag recht plastisch beschrieben: „Wenn heute das kleinste Amtsgericht aufgelöst werden soll, stellt die Bevölkerung der betroffenen Stadt eine Volksgemeinschaft des Protestes her [...]; wenn ein Landratsamt in eine andere Stadt verlegt werden soll, werden Volksversammlungen gegen preußische Willkür abgehalten, Denkschriften versandt, Stadträte und Stadtverordnete treten in Massenversammlungen auf. Wenn sogar Gerüchte über eine bevorstehende Änderung der Grenzen eines lebensunfähigen Kreises auftauchen, setzen große parlamentarische Aktionen ein, die ein schnelles Dementi erzeugen."[101] Wenn schon kleine Veränderungen fast unmöglich waren, hatte eine durchgreifende Reform erst recht keine Chance auf Verwirklichung. Die Abgeordneten aus den betroffenen Gebieten, egal welcher Partei sie angehörten oder welche Regierung gerade am-

---

100 Drews, Grundzüge einer Verwaltungsreform (1919).
101 Hamburger, Zur preußischen Verwaltungsreform. In: Volkswacht für Schlesien (Breslau), 10.3.1927.

tierte, opponierten gemeinsam und machten damit parlamentarische Mehrheiten unmöglich. Als „Kirchturmspolitik" verurteilte Grzesinski die paradoxe Strategie, theoretisch-programmatisch nach neuen, zweckmäßigeren Gemeinde- und Verwaltungsgrenzen im Lande zu rufen, für den eigenen Bereich jedoch die überkommenen Regelungen unbedingt beibehalten zu wollen.[102]

An den Klippen des Parlaments und seiner Ausschüsse waren unter Innenminister Severing alle Bemühungen um eine durchgreifende Verwaltungsreform gescheitert. Gerade diese Fehlschläge, so meinte Grzesinski, hätten seinem Vorgänger das Amt verleidet.[103] Sie sollen im folgenden summarisch, ohne auf Einzelheiten einzugehen, vorgestellt werden, um die grundsätzlichen Probleme jeden systematischen Reformversuchs zu illustrieren.

In bezug auf die kommunale Verwaltungsreform hatte Severing bereits Anfang 1922 dem Parlament die schleunige Vorlage von Gesetzentwürfen für eine neue Städte- und Landgemeindeordnung angekündigt, tatsächlich dauerte es noch ein Jahr, bis er die Entwürfe schließlich am 18. Januar 1923 im Landtag vorstellen konnte.[104] Schon in der Stellungnahme des ersten sozialdemokratischen Redners, des Kommunalexperten und ehemaligen Ministerpräsidenten Paul Hirsch, der unmittelbar nach Severing das Wort ergriff, wurde jedoch deutlich, daß die SPD-Fraktion mit der Arbeit ihres Ministers nicht zufrieden war. Bei aller Gutwilligkeit der preußischen SPD waren in diesem Fall die Grenzen dessen überschritten, was an Konzessionen gegenüber den Koalitionspartnern Zentrum und DVP erträglich schien. Hirsch kündigte deshalb für die Ausschußberatungen ausgedehnte Umgestaltungswünsche an.[105] Das Schicksal der Vorlagen war damit bereits vorgezeichnet, sie blieben im Ausschuß stecken. Der preußische Finanzminister v. Richter (DVP) hatte die Chancen einer Einigung realistisch eingeschätzt, als er vorgeschlagen hatte, die Arbeiten an der kommunalen Verwaltungsreform ganz einzustellen.[106]

Ein ähnliches Schicksal wie die kommunale Verwaltungsreform erlitt die staatliche Verwaltungsreform in Gestalt der von Severing vorbereiteten sogenannten „Kleinen Verwaltungsreform". Das Staatsministerium beauftragte den Innenminister im November 1923, den „organischen Umbau" der inneren Verwaltung beschleunigt in die Wege zu leiten. Nachdem sich im interfraktionellen Ausschuß des Landtags gezeigt hatte, daß eine umfassende Lösung, die Große Verwaltungsreform, nicht zu erreichen war, stimmte das Kabinett im Mai 1924 dem Entwurf des Innenministers für ein „Gesetz über die Vereinfachung der Verwaltung", die „Kleine

---

102 SB HA PrLT, 2. WP, 30.1.1928, Sp. 23. Vgl. Grzesinski, Verwaltungsarbeit, S. 27.

103 SB HA PrLT, 2. WP, 27.1.1927, Sp. 22.

104 SB PrLT, 1. WP, 27.1.1922, Sp. 6666; ebd., 18.1.1923, Sp. 14082.

105 SB PrLT, 1. WP, 18.1.1923, Sp. 14089ff.; vgl. Der Preußische Landtag 1921-1924, Handb. f. Sozialdemokratische Wähler, S. 93-102. Unterstützung fand die SPD in den Ausschußberatungen nur bei der DDP.

106 Pr. Finanzminister v. Richter an pr. Innenminister Severing, 6.11.1923. GStA Abt. Merseburg, Rep. 77, Tit. 2025, Nr. 12, Bd. I, Bl. 1-2.

Verwaltungsreform", grundsätzlich zu.[107] In den Bezirken, in denen Ober- und Regierungspräsidium an einem Ort bestanden, sollte das Regierungspräsidium wegfallen und seine Aufgaben vom Oberpräsidium miterledigt werden. Selbst dieses „Reförmchen"[108] traf jedoch auf vielfältige Widerstände, was auch darauf zurückzuführen war, daß der Gesetzentwurf nicht sonderlich geschickt konzipiert war, denn er brachte alle politischen Akteure gegen sich auf. Den einen ging der Entwurf nicht weit genug, weil er nur eine Teilreform brachte und lediglich zur Auflösung einiger Regierungspräsidien geführt hätte[109], für andere bedeutete die Auflösung einiger weniger Regierungspräsidien bereits den Einstieg in die Abschaffung der Regierungspräsidien überhaupt und war deshalb grundsätzlich abzulehnen.[110]

Die Beratung im Plenum des Landtags ließ erahnen, daß den Entwurf zu einer bescheidenen staatlichen Verwaltungsreform das gleiche Schicksal ereilen würde, wie die Entwürfe zur kommunalen Verwaltungsreform. Besonders scharf ging ein Koalitionsabgeordneter, der Staatsrechtler und Verfassungsschöpfer Hugo Preuß von der Deutschen Demokratischen Partei, mit Severing ins Gericht. Was bei dessen Gesetzentwürfen für die Neuordnung herauskomme, monierte Preuß, enttäusche „jedesmal im höchsten Maße die Erwartungen und Anforderungen" und sei „insofern auch vom politischen Standpunkt aus ein Minusposten für unsere neue Staatsordnung". Severing verteidigte sich nur schwach. Er wisse, daß die Reform wenig bringe, aber mehr sei im Augenblick nicht zu erreichen. Als weiteres Argument für die halbherzige Vorlage führte er ins Feld, daß wegen der Ruhrbesetzung im Westen die Regierungspräsidien als wichtige staatliche Bastionen erhalten werden müßten.[111]

Der Gesetzentwurf zur Vereinfachung der Verwaltung wurde schließlich dem Ausschuß überwiesen. Dort wurden seine Kernpunkte mit Unterstützung der Regierungsparteien DVP und Zentrum jedoch so abgeändert, daß das Staatsministerium jegliches Interesse an der Verabschiedung des Gesetzes verlor.[112]

---

107 Sitzungen des Staatsministeriums. Prot. der Sitzung v. 14.11.1923 (Ausz.). GStA Abt. Merseburg, Rep. 77, Tit. 2025, Nr. 12, Bd. I, Bl. 9; Prot. der Sitzung v. 31.1.1924 u. v. 6.5.1924. GStA Berlin-Dahlem, I. HA, Rep. 92 Nl. Braun, A Nr. 19a. Gesetzentwurf: Drucks. PrLT, 1. WP, Nr. 7870. Vgl. Orlow, Weimar Prussia 1925-1933, S. 92.

108 Preußenpolitik, Nr. 1, Oktober 1927, S. 6.

109 Dies wurde besonders von der SPD und der DDP kritisiert. Siehe die Große Anfrage der DDP (Nr. 253) v. 24.1.1924. Drucks. PrLT, 1. WP, Nr. 7479 sowie Der Preußische Landtag 1921-1924, Handb. f. Sozialdemokratische Wähler, S. 102f; vgl. auch das Votum des Staatsrates v. 16.6.1924. GStA Abt. Merseburg, Rep. 77, Tit. 2025, Nr. 12, Bd. I, Bl. 274.

110 Diese Tendenz scheint bei Zentrum, DVP und DNVP, aber auch bei den Regierungs- und Oberpräsidenten vorherrschend gewesen zu sein. Vgl. deren Voten in: GStA Abt. Merseburg, Rep. 77, Tit. 2025, Nr. 12, Bd. I, Bl. 148.

111 SB PrLT, 1. WP, 2.7.1924, Sp. 22960ff. (Preuß), 22968ff. (Severing).

112 Pr. Innenminister Severing an MP Braun, 26.9.1924. GStA Abt. Merseburg, Rep. 77, Tit. 2025, Nr. 12, Bd. II, Bl. 166; Prot. der Sitzung des Staatsministeriums v. 2.10.1924 (Ausz.). Ebd., Bl. 247.

Trotz dieser Mißerfolge ging Severing in der neuen Legislaturperiode an die Vorarbeiten zu einer umfassenden Verwaltungsreform. Er hoffte, daß durch das Ausscheiden der DVP aus der Regierungskoalition eine Einigung eher möglich sein werde und legte deshalb im September 1925 dem zuständigen Landtagsausschuß „Leitsätze zur Verwaltungsreform in Preußen" vor. Bestandteil dieser Großen Verwaltungsreform war ein umfangreiches Gesetzespaket, das Städte- und Landgemeindeordnung, Kreisordnung, Provinzialordnung, Landesverwaltungsgesetz und Verwaltungsgerichtsordnung umfaßte. Zunächst schienen die Leitsätze eine brauchbare Grundlage für eine Verwaltungsreform zu sein, aber an den Einwendungen, die der preußische Landwirtschaftsminister Steiger (Z) gegen Severings Vorschläge erhob, wurde deutlich, daß mit dem Widerstand der Zentrumspartei gegen entscheidende Punkte der Leitsätze, wie die Erweiterung der Kreisinstanzen und den Wegfall der Regierungspräsidien, zu rechnen war. Damit war auch dieser Anlauf zu einer Großen Verwaltungsreform gescheitert.[113]

c) Von der systematischen zur politischen Behandlung – Die Verwaltungsreform unter Albert Grzesinski

Die Bewertung des sozialdemokratischen Landtagsabgeordneten Ernst Hamburger, in den Jahren von 1922 bis 1926 sei die Bearbeitung der Fragen der Verwaltungsreform „gänzlich unfruchtbar" geblieben, war nicht ganz zutreffend (es hatte immerhin einige Umgemeindungsgesetze gegeben), gleichwohl spiegelt sie die Unzufriedenheit wider, die in der SPD, und nicht nur dort, über den Stand der Verwaltungsreform herrschte. Dafür wurde in erster Linie die DVP verantwortlich gemacht, die zuerst als Regierungspartei in der Großen Koalition (bis 1924) und später in der Opposition die Reform sabotiert habe. Doch auch dem verantwortlichen Innenminister Severing wurden implizit Vorwürfe gemacht, weniger wegen seiner Erfolglosigkeit, als vielmehr wegen einer politisch fragwürdigen Behandlung der Materie. Das Innenministerium habe unter Severing die Verwaltungsreform zu sehr unter systematischen Aspekten bearbeitet, während man unter Grzesinski zu einer mehr politischen Behandlung übergegangen sei.[114]

Was war damit gemeint? Unter systematischer Behandlung verstand Hamburger, daß bei der Ausarbeitung der Reformvorschläge die Wünsche der Bürokratie nach erleichtertem Geschäftsgang und reibungslosem Arbeiten im Vordergrund gestanden hatten, ohne daß viele Gedanken auf die politische Durchsetzbarkeit im Parlament verwandt worden wären; also das, was im vorangegangen Abschnitt zugespitzt als eine „technokratische" Betrachtungsweise charakterisiert worden ist.

---

113 Leitsätze abgedr. in: Deutsche Gemeinde-Zeitung, Nr. 37, 12.9.1925, S. 292f. Siehe auch Preußenpolitik, Nr. 1, Oktober 1927, S. 6f.; Schriftwechsel Steiger - Severing in: GStA Abt. Merseburg, Rep. 77, Tit. 2025, Nr. 12, Bd. III; vgl. Hamburger, Neue Wege, S. 199.

114 Hamburger, Neue Wege, S. 198f.

„Die *politisch* gesehene Verwaltungsreform" jedoch, schrieb Hamburger an anderer Stelle, „vermag Parteien für sich zu gewinnen, andere gegen sich einzunehmen und sich im Kampf der Gruppen durchzusetzen."[115] Das war ein Plädoyer für Realpolitik und dazu gehörte auch die Anerkennung politischer Fakten: Bei den herrschenden Mehrheitsverhältnissen im preußischen Landtag (in der 2. Wahlperiode 1925-28 hatte die Regierung Braun keine Mehrheit im Parlament) waren umfangreiche Reformen, wie sie Severing mit seinen „Leitsätzen" von 1925 vorgestellt hatte, nicht durchsetzbar. Die Konsequenz für Realpolitiker wie Hamburger und Grzesinski lautete daher, daß umfassende Reformvorhaben zumindest bis Ende der Wahlperiode 1928 zurückzustellen waren. „Ich sehe zu meinem Bedauern in diesem Landtag noch weniger als in dem vorhergehenden eine Mehrheit für das, was man unter Verwaltungsreform versteht", mußte Grzesinski ein halbes Jahr nach seinem Amtsantritt vor dem Landtag eingestehen. „Mein nun einmal auf das Praktische gerichteter Sinn sträubt sich dagegen, eine Arbeit in Angriff zu nehmen, die keine Aussicht auf Erfolg hat."[116]

Die mehr politische als systematische Behandlung der Verwaltungsreform, die im Innenministerium unter Grzesinski gepflegt wurde, bestand zum einen darin, die parlamentarischen Machtverhältnisse anzuerkennen und die Große Verwaltungsreform bis zur Neuwahl des Landtags im Jahre 1928 zurückzustellen. Zum anderen wurde jedoch gleichzeitig versucht, einzelne als besonders dringlich empfundene Teilfragen zu lösen. Dazu sind vor allem die Auflösung der Gutsbezirke sowie die Neuregelung kommunaler Grenzen in bestimmten Landesteilen zu zählen, die in den beiden folgenden Abschnitten beschrieben werden.

Die Technik, einzelne Bereiche aus dem Gesamtkomplex Verwaltungsreform herauszulösen und getrennt zu behandeln, war erfolgreich – „Preußens praktische Verwaltungsreform" nannte Grzesinski dieses Verfahren.[117] Gleichwohl konnte es nur eine auf Einzelfälle beschränkte Lösung sein, weil auch Risiken bestanden. Die Suche nach parlamentarischen Mehrheiten jenseits der Regierungskoalition barg erheblichen Sprengstoff für deren Bestehen. Namentlich die Zentrumspartei, im Falle der Verwaltungsreform das retardierende Moment innerhalb der Koalition, hätte eine mehr als punktuelle Zusammenarbeit mit bestimmten Oppositionsparteien sicher nicht zugelassen. Darum durfte die „praktische Verwaltungsreform" nicht dazu führen, daß die Arbeiten an einer durchgreifenden Verwaltungsreform einschliefen.

Wenn Grzesinski öffentlich angekündigt hatte, er werde wegen der unsicheren Mehrheitsverhältnisse im zweiten Landtag kein umfassendes Verwaltungsreform-

115 Hamburger, Zur preußischen Verwaltungsreform. In: Volkswacht für Schlesien (Breslau), 10.3.1927 (Hervorhebung original).
116 SB PrLT, 2. WP, 24.3.1927, Sp. 18425; vgl. auch Graf Hardenberg-Schattschneider (ORegR im PrMdI) an pr. Innenminister Grzesinski, 29.3.1927. GStA Abt. Merseburg, Rep. 77, Tit. 2025, Nr. 12, Bd. III, Bl. 156f.
117 Berliner Tageblatt v. 21.1.1928.

gesetz einbringen, bedeutete das jedoch keineswegs den Verzicht auf interne Vorbereitungen im Kabinett und im Ministerium. Die Vorbereitungen dienten dem Zweck, dem im Mai 1928 zu wählenden dritten Landtag entsprechende Gesetzentwürfe frühzeitig zuleiten zu können, was letztlich jedoch mißlang. Es wurden, nach einem Staatsministerialbeschluß vom 18. Oktober 1927, die Vorschläge der einzelnen Ministerien eingeholt und Besprechungen auf den unterschiedlichsten Ebenen abgehalten, um Grundzüge einer Verwaltungsreform zu entwickeln.[118] Im neuen Landtag, auf dessen günstigere Zusammensetzung die Weimarer Koalitionsparteien sich berechtigte Hoffnungen machten, sollte parallel zur „praktischen" Verwaltungsreform die Arbeit an einer umfassenden, großen Verwaltungsreform aufgenommen werden.

Infolgedessen hatte Grzesinski im Januar 1928 seinen Staatssekretär beauftragt, Regierungsvorlagen auszuarbeiten, damit die Regierung diese unverzüglich dem neuen Kabinett und dem neuen Landtag vorlegen könne. Das war eine Reaktion auf die aus Sicht der Staatsregierung äußerst unerwünschte Tatsache, daß in der 2. Wahlperiode (1925-1928) die Städte- und Landgemeindeordnung aufgrund von Initiativgesetzentwürfen von Landtagsfraktionen verhandelt worden waren. Es gab Fälle, in denen das Staatsministerium selbst dieses Verfahren anregte, wie bei der noch zu betrachtenden Auflösung der Gutsbezirke. Entscheidend war jedoch, ob die Uranträge auf Entwürfen der Regierung beruhten. Wenn das nicht der Fall war, also bei selbständigem, nicht mit dem Staatsministerium abgestimmtem Vorgehen der Regierungsfraktionen, sah Grzesinski in solchen Uranträgen eine grundsätzliche Gefahr. Nach seinem Verständnis von parlamentarischer Demokratie war es in erster Linie Aufgabe der Regierung, die Initiative bei der Gesetzgebung und damit die führende Rolle zu übernehmen. Ganz im Sinne der legislativen Praxis, wie sie sich im modernen Parteienstaat herausgebildet hat, daß nämlich die Gesetzesinitiative in erster Linie von der Regierung ausgeht, argumentierte Grzesinski, wenn er schrieb, daß in Zukunft die preußische Staatsregierung unter allen Umständen darauf achten müsse, „daß die ihr obliegende Initiative ihr nicht von Parteien aus der Hand genommen wird".[119]

Die Verwaltungsreformvorschläge, denen Grzesinski die ungewöhnliche Form einer Verfügung an seinen Staatssekretär gegeben hatte, boten sachlich nicht viel

---

118 Vermerk einer Besprechung zwischen Ministerialbeamten und einigen Ober- und Regierungspräsidenten v. 13.12.1927. GStA Abt. Merseburg, Rep. 77, Tit. 2025, Nr. 13, Bd. I, Bl. 340ff.; über eine Sitzung der pr. Staatssekretäre v. 14.1.1928 berichtet RP Jaenicke. BA Koblenz, Nl. Jaenicke, Nr. 50, S. 13f.; vgl. auch pr. Innenminister Grzesinski an den MP und sämtl. Staatsminister, 24.7.1928. GStA Abt. Merseburg, Rep. 77, Tit. 2025, Nr. 12, Bd. IV, Bl. 206.

119 Pr. Innenminister Grzesinski an StS Abegg, 20.1.1928. GStA Abt. Merseburg, Rep. 77, Tit. 2025, Nr. 12, Bd. IV, Bl. 1-2; auch in: IISG Amsterdam, Nl. Grzesinski, Nr. 193; Ausz. abgedr. in: SB HA PrLT, 2. WP, 30.1.1928, Sp. 21f. Zu Uranträgen der Regierungskoalition vgl. auch Möller, Parlamentarismus, S. 526.

Neues.[120] Einzig in der Frage der staatlichen Mittelinstanz hatte Grzesinski, belehrt durch das Scheitern Severings, dessen Vorschlag, die Regierungspräsidien aufzulösen, nicht wieder aufgenommen. Der Regierungspräsident sollte verwaltungsmäßige Mittelinstanz bleiben, während der Oberpräsident „wieder mehr rein zum Kommissar der Staatsregierung" gemacht werden sollte. Das war ein nicht ungeschickter Versuch, das alte Konfliktthema politisch dadurch zu entschärfen, daß beide Ämter beibehalten werden sollten, allerdings mit geändertem Aufgabenzuschnitt. Auch sonst trugen Grzesinskis Vorschläge politischen Kompromißcharakter. Es handelte sich um eine Kompilation von Vorschlägen, die alle so oder ähnlich schon einmal im Gespräch gewesen waren und zumindest in dieser unverbindlichen Form für alle Koalitionsparteien zustimmungsfähig waren: Klare Zuständigkeiten, Vereinfachung des Geschäftsgangs, Sammlung der Verwaltungsgesetze, zweckmäßige Abgrenzung der Verwaltungseinheiten, Verabschiedung eines Gesetzespakets mit den Bestandteilen Landgemeinde-, Städte-, Kreis- und Provinzialordnung nach den oben vorgestellten Prinzipien von Dezentralisierung und Dekonzentration. Die Ausweitung der Selbstverwaltung sollte allerdings die zentrale Staatsgewalt nicht beeinträchtigen. Damit war eine grundsätzliche Schwierigkeit jeder Verwaltungsreform angesprochen: Dekonzentration und Dezentralisierung und die damit einhergehende größere Autonomie der Selbstverwaltungskörperschaften schwächten die Möglichkeiten des Ministers, eine einheitliche Politik zum Schutz der Republik von oben durchzusetzen. Daß der Schutz der Republik durch zentrale politisch-administrative Maßnahmen jedoch Vorrang vor dem Wunsch nach Stärkung der Selbstverwaltung haben sollte, darin herrschte in der Führung der preußischen Sozialdemokratie Einigkeit. Die programmatisch geforderte Stärkung der Selbstverwaltung fand an diesem Punkt ihre Grenze. Unmißverständlich kündigte Grzesinski an, bei der geplanten Erweiterung der Selbstverwaltung darauf zu achten, „daß die von mir für notwendig gehaltene Staatsgewalt nicht zum Nachteil des Ganzen beeinträchtigt wird."[121]

Es war kein Zufall, daß Grzesinski seine Pläne für eine Reform der preußischen Verwaltung ausgerechnet Ende Januar 1928 publik gemacht hat. Zeitlich steht sein Vorstoß in engem Zusammenhang mit der Länderkonferenz über die Reichsreform, die vom 16. bis 18. Januar in der Reichskanzlei stattgefunden hatte. Bei dieser Gelegenheit hatten die süddeutschen Regierungschefs ihre ablehnende Haltung gegenüber allen einheitsstaatlichen Betrebungen zu Protokoll gegeben. Ebenfalls im Januar hatte der führende preußische Zentrumspolitiker Joseph Heß deutlich ge-

---

120 Die Verfügung verpflichtete Abegg, ein den Vorstellungen des Ministers entsprechendes Exposé für Gesetzesvorlagen auszuarbeiten. Abegg hat die Grundgedanken seiner Vorschläge auch in einer Broschüre veröffentlicht: Abegg, Die Preußische Verwaltung, besonders S. 20ff.

121 Pr. Innenminister Grzesinski an StS Abegg, 20.1.1928. GStA Abt. Merseburg, Rep. 77, Tit. 2025, Nr. 12, Bd. IV, Bl. 1-2; auch in: IISG Amsterdam, Nl. Grzesinski, Nr. 193; Ausz. abgedr. in: SB HA PrLT, 2. WP, 30.1.1928, Sp. 21f.

macht, daß die Zentrumspartei am föderalen Reichsaufbau unbedingt festhalten wollte.[122] Damit war für einen politischen Realisten wie Grzesinski klar, daß die alten liberalen und sozialdemokratischen Forderungen nach dem Einheitsstaat, die im Laufe des Jahres 1927 einen gewissen Auftrieb erhalten hatten, in der näheren Zukunft nicht zu verwirklichen waren. „Wenn er darüber noch im Zweifel hätte sein können, so habe ihm die Länderkonferenz gezeigt, daß er recht habe. Er sehe im Augenblick und auf absehbare Zeit keinen Weg zu dem Einheitsstaat, wie ihn sich etwa Hugo Preuß vorgestellt habe", heißt es im Protokoll der Rede Grzesinskis vor dem Hauptausschuß des Preußischen Landtags am 30. Januar 1928. Darum sei für ihn die Verwaltungsreform wichtiger als der Einheitsstaat.[123] Die Enttäuschung, daß auch nicht der kleinste Schritt in Richtung einer befriedigenden einheitsstaatlichen Reichsreform möglich war, war ausschlaggebend dafür, sich in Preußen wieder verstärkt der Reform der eigenen Verwaltung zuzuwenden und das auch nach außen zu dokumentieren.

Von der Ankündigung bis zur praktischen Umsetzung von Reformen war es ein weiter Weg. Anhand der Verwaltungsreformpläne läßt sich das exemplarisch studieren. Nachdem von den einzelnen preußischen Ressorts bereits Anfang 1928 die Vorschläge zur Verwaltungsreform eingegangen waren und nach Grzesinskis Ansicht grundsätzliche Meinungsverschiedenheiten nicht vorlagen, konnte der Innenminister kurz nach Beginn der neuen Wahlperiode am 24. Juli 1928 die Grundzüge einer Verwaltungsreform in Form einer Denkschrift dem Kabinett unterbreiten.[124] In den Wahlen vom 20. Mai 1928 hatte die Weimarer Koalition die Mehrheit errungen, die mit 228 (von 450) Parlamentsmandaten freilich nur sehr knapp ausgefallen war. Gleichwohl waren das Wahlergebnis und ein gestiegenes öffentliches Interesse für Grzesinski Anlaß, neben der Lösung von Einzelfragen, der „praktischen" Verwaltungsreform, nunmehr auch die Große Verwaltungsreform mit Nachdruck in Angriff zu nehmen.[125]

Obwohl in den Ministerien bereits seit Ende 1927 Voten zur Verwaltungsreform vorbereitet worden waren, dauerte es bis zum 28. November 1928, ehe die Ministerrunde Zeit fand, in einer Sondersitzung grundsätzlich zu Grzesinskis Denkschrift Stellung zu nehmen. Grzesinski konnte einen Zwischenerfolg verbuchen, denn das Kabinett stimmte seinen Empfehlungen zu, die sich im wesentlichen mit den Richtlinien deckten, die der Innenminister im Hauptausschuß des Landtags bekanntgegeben hatte und die oben erläutert worden sind. Er wurde beauftragt, auf dieser Grundlage die einzelnen Gesetzesvorlagen zu entwerfen und dem Staatsmi-

---

122 Schulze, Otto Braun, S. 593; Ehni, Bollwerk, S. 102.

123 SB HA PrLT, 2. WP, 30.1.1928, Sp. 19.

124 Pr. Innenminister Grzesinski an den MP und sämtl. Staatsminister, 24.7.1928. GStA Abt. Merseburg, Rep. 77, Tit. 2025, Nr. 12, Bd. IV, Bl. 206f.

125 SB HA PrLT, 3. WP, 14.1.1929, Sp. 18 (Grzesinski). Zum Wahlausgang siehe Möller, Parlamentarismus, S. 601.

nisterium zur Beschlußfassung vorzulegen. In bezug auf das alte Streitobjekt der staatlichen Mittelinstanz hielt es das Kabinett für notwendig, ausdrücklich die Beibehaltung von Ober- und Regierungspräsidenten festzuschreiben, obwohl Grzesinskis Vorschläge nichts anderes vorgesehen hatten.[126] In der Kabinettsbesprechung war allerdings deutlich geworden, daß in den anschließenden Ressortberatungen ein langes Tauziehen um die genaue Abgrenzung der Kompetenzen einsetzen würde. Grzesinskis Idee war, den Oberpräsidenten in stärkerem Maße als bisher das Recht der Direktive über die Regierungspräsidien zuzugestehen und sie von Detailaufgaben zu entlasten; ein Konzept, das auf der einen Seite die Position der Oberpräsidenten stärken sollte[127], aber auf der anderen Seite den Wünschen der Zentrumspartei entgegenkam, die befürchtete, der Wegfall des Regierungspräsidenten könne zu einer aus ihrer Sicht unerwünschten Machtausweitung der preußischen Zentralgewalt führen. Demgegenüber war die Sozialdemokratie bisher in ihren Überlegungen immer davon ausgegangen, daß eine der beiden Mittelinstanzen, vorzugsweise der Regierungspräsident, wegfallen solle.[128] In erster Linie war der Ansatz, Regierungs- und Oberpräsidien beizubehalten, durch Koalitionsrücksichten diktiert, aber Grzesinski fand auch sachliche Begründungen für das Abweichen von der sozialdemokratischen Parteilinie: Bei Wegfall der Regierungspräsidien liefen die Oberpräsidien Gefahr, sich zu bürokratisierten „Mammutbehörden" zu entwickeln und den notwendigen engen Kontakt mit der Bevölkerung zu verlieren.[129]

Die insgesamt positive Aufnahme seiner Anregungen war ein politischer Erfolg für Grzesinski, den er der Tatsache verdankte, daß er die Verwaltungsreform in erster Linie mit den Augen des Politikers, der nach Mehrheiten suchen mußte, und nicht des Verwaltungsmannes oder des Parteimannes konzipiert hatte. Als ein „Musterbeispiel von Beherrschung der parlamentarischen Situation" bezeichnete die liberale „Vossische Zeitung" diese Reformpläne, denn sie „baut keine Ämter ab, sie entläßt keinen Beamten, sie tritt keiner Stadt und keinem Kreis zu nahe."[130] Es darf jedoch nicht übersehen werden, daß in dem Beschluß des Staatsministeriums lediglich die Anerkennung gewisser Grundsätze zum Ausdruck kam, während die eigentliche Hauptarbeit, die Ressortbesprechungen, vom Gesetzgebungsverfahren im Landtag ganz zu schweigen, noch zu leisten waren. Bei allem Wissen um die noch zurückzulegende Wegstrecke herrschte jedoch um die Jahreswende 1928/29 eine optimistische Reformstimmung, die durch eine aktive Öffentlichkeitsarbeit des

---

126 Prot. der Sitzung des Staatsministeriums v. 20.11.1928. GStA Berlin-Dahlem, I. HA, Rep. 90 Annex A; vgl. Orlow, Weimar Prussia 1925-1933, S. 94.

127 Zu Grzesinskis Versuchen, auch innerhalb der bestehenden Verwaltungsorganisation die Position der Oberpräsidenten zu stärken, vgl. Möller, Die preußischen Oberpräsidenten, S. 208-212 sowie Deuse, Verwaltungsabbau, S. 381f.

128 Vgl. Herz, Verwaltungsreform, S. 39 sowie Volksstimme Frankfurt/M. v. 30.11.1928.

129 SB HA PrLT, 3. WP, 14.1.1929, Sp. 20 (Grzesinski).

130 Nr. 11 v. 12.1.1929.

preußischen Innenministeriums noch angeheizt wurde. Grzesinski, der gegenüber dem Kabinett eine Art publizistischen Alleinvertretungsanspruchs in Fragen der Verwaltungsreform reklamierte[131], veröffentlichte mehrere Artikel in Tageszeitungen und Zeitschriften und hielt Vorträge im Rundfunk.[132] Am 10. Januar 1929 fand eine Pressekonferenz mit Grzesinski und seinem für die Verwaltungsreform zuständigen Abteilungsleiter von Leyden statt, in der die Grundzüge der neuen Regelung vorgestellt wurden. Besonders in der Zentrumspresse wurde „mit Freude und Anerkennung" festgestellt, daß man nunmehr in Preußen „tatkräftig und mit Aussicht auf Erfolg" an die wichtige Aufgabe herangehe.[133] Das war angesichts der bislang eher bremsenden Rolle des Zentrums bei der Verwaltungsreform ein Indiz dafür, daß Grzesinskis Pläne als konsensfähig angesehen wurden, die baldige Vorlage von Gesetzentwürfen schien gesichert.

Die „Kölnische Zeitung" schrieb am 25. Januar, für einen noch nicht näher zu bestimmenden Zeitpunkt rechne man mit der Vorlage eines Gesetzentwurfs für die große Verwaltungsreform. Der Artikel trägt allerdings die Jahreszahl 1930![134] Tatsächlich war das Jahr 1929, das so hoffnungsvoll begonnen hatte, verstrichen, ohne daß die Verwaltungsreform auch nur einen Schritt weitergekommen wäre. Auf die Frage nach den Gründen für diese Verschleppung gibt es eine eindeutige Antwort: Die Reformpläne fielen dem Ressortpartikularismus innerhalb der preußischen Regierung zum Opfer, weil einzelne Minister fürchteten, an Macht und Einfluß zu verlieren. Ihnen und ihren Bürokratien war beim gründlichen Studium von Grzesinskis Reformplänen aufgefallen, daß die geplante Abschaffung gewisser Sonderverwaltungen und ihre Eingliederung in die allgemeine, dem Innenministerium unterstehende Staatsverwaltung, den Einfluß des Innenministers gestärkt, den eigenen jedoch eingeschränkt hätte. So verhinderten ministerieller Ressortegoismus, parteipolitische Einflüsse und Widerstände innerhalb der Ministerialbürokratie eine großzügige und rasche Umsetzung der Pläne. Ein dicker Aktenband legt Zeugnis davon ab, mit welchen teilweise kleinlichen Bedenken und Änderungswünschen die verschiedenen Ressorts das federführende Innenministerium behel-

131 Pr. Innenminister Grzesinski an pr. Finanzminister Höpker-Aschoff, 24.11.1928: „Ich muß Sie bitten, es *mir* zu überlassen, die Frage der Verwaltungsreform zu vertreten." (Hervorhebg. original) Der Finanzminister beharrte jedoch auf dem Standpunkt, die Verwaltungsreform berühre sämtliche Ressorts. (Antwort v. 25.11.1928). IISG Amsterdam, Nl. Grzesinski, Nr. 1252 u. 1259.

132 Allein im Januar 1929 erschienen von Grzesinski: Preußische Verwaltungsreform. In: Berliner Tageblatt v. 10.1.1929; Die Einzelheiten der Verwaltungsreform. In: Ebd., 15.1.1929; Preußens Verwaltungsreform. In: Vorwärts v. 11.1.1929; Die kommunale Verwaltungsreform in Preußen. In: Frankfurter Zeitung v. 12.1.1929; Beamtenschaft und Verwaltungsreform. In: Der Beamte, 1929, H. 1, S. 7-10. Rundfunkvorträge „Der Aufbau der preußischen Verwaltung" (14.1.1929) und „Verwaltung und Verwaltungsreform" (23.1.1929). IISG Amsterdam, Nl. Grzesinski, Nr. 2143. Auch ein Vortragstext v. Leydens wurde 1929 als Broschüre veröffentlicht: Preußische Verwaltungsreform.

133 Verwaltungsreform in Preußen. In: Germania, Nr. 17, 11.1.1929.

134 Förderung der preußischen Verwaltungsreform. In: Kölnische Zeitung v. 25.1.1930.

ligten.[135] Die Folge war, daß ein Gesetzentwurf nicht zustande kam und es bei Ankündigungen blieb. Die Tatsache, daß in dieser Phase (1929) die bremsenden Kräfte sich in erster Linie im Kabinett und den Ministerien bemerkbar machten, muß hervorgehoben werden.[136]

Grzesinski unternahm noch einige erfolglose Anläufe, um die Reform zu retten. So versuchte er, durch öffentliche Auftritte Druck auf die Kabinettskollegen auszuüben, damit sie schneller arbeiteten und ihre Bedenken zurückstellten.[137] Auf der anderen Seite kam er ihnen in Teilfragen entgegen, wie im Fall der Kultusverwaltung, die entgegen den ursprünglichen Absichten nun doch bei den Regierungspräsidien angesiedelt werden sollte.[138] Aber weder durch Druck noch durch Entgegenkommen war die Arbeit der Ministerien zu beschleunigen.

Bei Grzesinskis Rücktritt im Februar 1930 waren die Vorarbeiten für die Verwaltungsreform zwar „so gut wie fertig"[139], aber es ist unwahrscheinlich, daß Grzesinski, selbst wenn er im Amt geblieben wäre, einem solchen Gesetz über die parlamentarischen Hürden hätte helfen können. Denn wenn schon im Kreis der Minister eine Einigung so schwierig war, ist kaum davon auszugehen, daß es im Parlament einfacher gewesen wäre. Zusätzlich zu den Konflikten zwischen Ressorts und Parteien war im Landtag und seinen Ausschüssen mit der Bildung starker regionaler Interessengruppen quer zu den Fraktionsgrenzen zu rechnen. Auch ein Ermächtigungsgesetz zur Durchführung einer Verwaltungsreform, das Anfang 1930 kurz diskutiert wurde, war vom Landtag nicht zu erhalten.[140]

Günstigere Voraussetzungen für die Verwaltungsreform brachte erst die preußische Finanzmisere 1931/32, aber zu diesem Zeitpunkt war Grzesinski schon nicht mehr Minister, sondern wieder Polizeipräsident in Berlin. Um Geld zu sparen, war auf Veranlassung des preußischen Finanzministers Otto Klepper im Dezember 1931 eine Sparverordnung in Kraft gesetzt worden, die eine Vereinfachung der Behördenorganisation und regionale Verwaltungsreformen vorsah. Einige Amtsgerichtsbezirke, Landkreise und Regierungsbezirke sollten aufgelöst bzw. zusammengelegt werden. Diese Maßnahmen hätten aufgrund der sog. „Dietramszeller Notverordnung" des Reichspräsidenten vom 24. August 1931 auf dem Verordnungs-

---

135 GStA Abt. Merseburg, Rep. 77, Tit. 2025, Nr. 12, Bd. V.

136 Vgl. demgegenüber die mißverständliche Darstellung bei Orlow, Weimar Prussia 1925-1933, S. 96.

137 So z. B. in einer Rede am 15.4.1929. Vgl. dazu: Wo bleibt Preußens Verwaltungsreform? In: Frankfurter Zeitung v. 17.4.1929; Die verzögerte Verwaltungsreform Preußens. In: Kölnische Zeitung v. 19.4.1929.

138 SB HA PrLT, 3. WP, 16.1.1930, Sp. 8 (Grzesinski). Zur ursprünglichen Planung siehe ebd., 14.1.1929, Sp. 21.

139 MinDir. v. Leyden an pr. Innenminister Grzesinski, 15.1.1930. GStA Abt. Merseburg, Rep. 77, Tit. 2025, Nr. 12, Bd. V, Bl. 150.

140 Förderung der preußischen Verwaltungsreform. In: Kölnische Zeitung v. 25.1.1930.

wege, also ohne die Mitwirkung des Landtags durchgeführt werden können.[141] Aber das Staatsministerium ließ sich mit der Umsetzung zu viel Zeit, erst Ende September 1932 wollte man so weit sein.[142] Der Staatsstreich v. Papens am 20. Juli 1932 vereitelte die Durchführung. Grzesinski kommentierte das Scheitern des letzten Verwaltungsreformversuchs einer demokratischen preußischen Regierung bitter: „Man war in der preußischen Staatsregierung zu den einfachsten Taten nicht mehr fähig und schon völlig indolent geworden. Später hat Herr Dr. Bracht, der gewaltsam eingesetzte Reichskommissar für das preußische Ministerium des Innern, diese Verordnung in Kraft gesetzt und sich mühelos Lorbeeren gesammelt."[143]

Die tieferen Ursachen, warum die demokratischen Regierungen zu einer durchgreifenden Reform der preußischen Verwaltung nicht in der Lage waren, sind in der Heterogenität der preußischen Regierungskoalition und des Kabinetts zu suchen. Da jede Verwaltungsreform auch als Vorbereitung einer künftigen Reichsreform angesehen wurde oder zumindest einer künftigen Reichsreform nicht entgegenstehen durfte, flossen in die jeweiligen Verwaltungsreformkonzepte auch die Vorstellungen über den anzustrebenden Reichsaufbau und die Rolle Preußens ein. An diesem Punkt gab es innerhalb der Weimarer Koalition große Meinungsverschiedenheiten, die noch dadurch verschärft wurden, daß im Preußischen Landtag (aus Angst, überflüssig zu werden) starke Vorbehalte gegen jede Veränderung des status quo bestanden. Während die katholische Zentrumspartei am föderalen Reichsaufbau festhalten wollte, war die linksliberale DDP grundsätzliche Anhängerin des Einheitsstaates, allerdings war sie in sich uneins, ob dazu Preußen aufgeteilt werden müsse. Die preußische Sozialdemokratie wiederum war ebenfalls unitarisch gesonnen, zu einer Zerschlagung Preußens jedoch nicht bereit. Vielmehr sollte das demokratische Preußen den Kern eines künftigen Einheitsstaates bilden. Diese disparaten Anschauungen schlugen auch auf die Verwaltungsreform durch; zwischen ihnen war ein Kompromiß kaum möglich.

Ebenso schwer vereinbar waren die Standpunkte in der Frage der Ausweitung der Selbstverwaltung. Während das Zentrum beispielsweise eine weitgehende Autonomie der Selbstverwaltungskörperschaften forderte, befürchtete die Sozialdemokratie, daß dadurch die von ihr gehaltene Machtposition des preußischen Innenministeriums eine Schwächung erleiden könnte. Am Beispiel des Landrats, der zwar vom Ministerium ernannt wurde, aber in seinem Kreis eine Doppelrolle als unterste staatliche Verwaltungsinstanz und Chef der kommunalen Selbstver-

---

141 Notverordnung vom 24.8.1931. RGBl., I, S. 453. Zweite Sparverordnung v. 23.12.1931. Pr. GS 1931, S. 293. Vgl. dazu Weichmann, Preußens Notverordnung. In: Vossische Zeitung v. 23.12.1931; Friedensburg, Der erste Schritt. In: Berliner Tageblatt v. 8.1.1932.

142 Prot. der Sitzung des Staatsministeriums v. 13.2.1932 (Ausz.). GStA Abt. Merseburg, Rep. 77, Tit. 2025, Nr. 12, Bd. VI, Bl. 3; vgl. auch APP v. 27.2.1932 (enth. in: AdsD Bonn, Nl. Severing, M. 25).

143 Grzesinski, Im Kampf (Ms.), Bl. 209. Zur kleinen Verwaltungsreform unter der Kommissariatsregierung v. Papen/Bracht siehe GS 1932, S. 283-293; Prot. der Staatsministerialsitzung v. 4.8.1932. GStA Berlin-Dahlem, I. HA, Rep. 90 Annex A sowie Möller, Parlamentarismus, S. 449.

waltung spielte, lassen sich die Gegensätze aufzeigen. Die sozialdemokratischen Innenminister Severing und Grzesinski widersetzten sich allen Forderungen, den Landrat durch die Bevölkerung oder vom Kreistag wählen zu lassen, weil sie den Verlust von Einfluß befürchteten. Das Motiv war jedoch nicht pures Machtstreben, sondern der Schutz der demokratisch regierten Republik. Bei der Beurteilung der Politik der preußischen Sozialdemokratie muß stets eine Strukturbedingung des Freistaats Preußen in der Weimarer Republik berücksichtigt werden: In Ostdeutschland hatten die monarchistisch-reaktionären und militant-nationalistischen Feinde der parlamentarischen Demokratie ihre Hochburgen, und es gab viele Landkreise, in denen sich die demokratischen Parteien in der Diaspora befanden. In diesen Gebieten hätte die Wahl der Landräte dazu geführt, ausgesprochene Gegner der Republik in dieses Staatsamt zu bringen; ein Effekt, der aus Gründen der von Severing und Grzesinski oft betonten Staatsautorität gänzlich unerwünscht war. Bezeichnenderweise haben sich auch die Nationalsozialisten für die Wahl der Landräte eingesetzt, sie hatten erkannt, daß sich mit dem urdemokratisch klingenden Ruf nach verstärkter Selbstverwaltung Politik gegen die Republik machen ließ.[144]

Angesichts der kaum zu vereinbarenden Gegensätze innerhalb der Regierungskoalition, die durch regionale Interessen noch verstärkt wurden, unterließ es Ministerpräsident Braun, in der Frage der Verwaltungsreform seine Richtlinienkompetenz zur Geltung zu bringen und die Minister auf die Kabinettsdisziplin zu verpflichten. Daß die Frage der Reichs- und Verwaltungsreform eine Sollbruchstelle der preußischen Koalition war, diese Lektion hatte Braun im Jahre 1927 gelernt, als er sich mit seinen Reichsreformplänen zu weit vorgewagt hatte und vom Zentrum zum Rückzug gezwungen worden war.[145] Daß er sich bei der ähnlich sensiblen Verwaltungsreform nicht wieder so stark exponieren wollte, um den Zusammenhalt der Koalition nicht zu gefährden, ist verständlich. Der Preis dafür war freilich das Scheitern einer umfassenden Reform der preußischen Verwaltung.[146]

So bleibt das Fazit ambivalent: Die Große Verwaltungsreform, ein Dauerthema in der politischen Diskussion, war gescheitert, ohne Zweifel ein politischer Mißerfolg für die demokratischen Parteien. Rückwirkungen auf das öffentliche Ansehen der parlamentarischen Demokratie in Deutschland sind nicht auszuschließen. Zumindest jene Bevölkerungskreise, die seit jeher der Republik fernstanden, werden es als Bestätigung ihrer Ansichten gewertet haben, daß nach über einem Jahrzehnt „Parteiengezänk" keine meßbaren Ergebnisse erreicht wurden. Gleichwohl darf der Stellenwert der Verwaltungsreform nicht überschätzt werden, die Weimarer Republik ist sicher nicht daran zugrunde gegangen, daß die preußischen Parteien sich nicht auf eine Verwaltungsreform verständigen konnten.

---

144 Glees, Grzesinski, S. 826; Behrend, Personalpolitik, S. 180.
145 Braun, Deutscher Einheitsstaat; vgl. Schulze, Otto Braun, S. 592.
146 Vgl. Orlow, Weimar Prussia 1925-1933, S. 96.

Aus der Sicht des preußischen Innenministers Grzesinski war eine Verwaltungsreform dringend geboten, allerdings nicht um den Preis der Schwächung der eigenen Machtposition. Eine zentralisierte und hierarchische Verwaltungsorganisation unter demokratischer Kontrolle war das kleinere Übel gegenüber einem System erweiterter Selbstverwaltung, in welchem Gegner der Republik in hohe Positionen gelangen konnten. Die Sicherung der eigenen Existenz war für die Republik Preußen wichtiger als jede Verwaltungsreform.[147] Mit einer Verschiebung der durchgreifenden Verwaltungsreform konnte sich Grzesinski um so eher abfinden, weil er mit guten Gründen die Meinung vertrat, daß die preußische Verwaltung trotz unbestreitbarer Mängel zur Erfüllung ihrer Aufgaben in der Lage war. Die beinahe unveränderte Übernahme der alten Behördengliederung habe sich als „durchaus zweckmäßig" und „politisch kaum nachteilig" erwiesen.[148] Dem Ziel, die Grundlagen der Republik abzusichern und zu schützen, kam eine hierarchisch und zentralistisch organisierte Verwaltung entgegen, weil Maßnahmen zum Schutz der Republik einheitlich von oben nach unten angeordnet und durchgesetzt werden konnten.

Zweifellos war vom Standpunkt der Bürgerinnen und Bürger sowie aus politischen Gründen ein klarerer, übersichtlicherer Verwaltungsaufbau und ein höheres Arbeitstempo in der Verwaltung wünschens- und erstrebenswert, aber der Staat wurde durch das Ausbleiben der großen Verwaltungsreform nicht in seinen Grundfesten erschüttert. Mindestens genau so wichtig wie organisatorische waren personelle Veränderungen in der Verwaltung, die darüber hinaus noch den Vorteil hatten, daß sie ohne Beteiligung des Parlaments durchzuführen waren (vgl. unten Abschn. 3.4). Die große Verwaltungsreform war nur ein Aspekt der Reformbestrebungen Grzesinskis auf diesem Gebiet. Daneben verfolgte er mit gleichem Nachdruck die „praktische Verwaltungsreform", also die Lösung besonders drängender Teilfragen. Davon handeln die beiden folgenden Abschnitte.

3.2 Auflösung der Gutsbezirke

Die hohe persönliche Wertschätzung, die Preußens Ministerpräsident Otto Braun für Grzesinski hegte, beruhte auch darauf, daß Grzesinski Anregungen und Wünsche des Regierungschefs schnell aufnahm und umzusetzen versuchte. Die Auflösung der Gutsbezirke, die Grzesinski auf das Ersuchen Brauns in Angriff nahm[149], ist hierfür ein gutes Beispiel. Sie war ein unbestrittener politischer Erfolg der Ära

---

147 Siehe die Ausführungen Grzesinskis vor dem Hauptausschuß des Landtags. SB HA PrLT, 14.1.1929, Sp. 19; vgl. auch Glees, Grzesinski, S. 826 sowie Deuse, Verwaltungsabbau, S. 401.

148 Preußentag der SPD (1928), S. 10 (Grzesinski); vgl. auch Grzesinski, Beamtenschaft und Verwaltungsreform, S. 8.

149 Braun, Von Weimar, S. 239.

Grzesinski und wurde im „Gesetz über die Regelung verschiedener Punkte des Gemeindeverfassungsrechts" vom 27. Dezember 1927 in den §§ 11-14 kodifiziert.[150] Das weist bereits darauf hin, daß die Auflösung der Gutsbezirke kein eigenständiges Reformprojekt war, sondern sachlich zur kommunalen Verwaltungsreform gehörte und eigentlich im Rahmen einer neuen Landgemeindeordnung erledigt werden sollte. Seit der Revolution war die preußische Volksvertretung jedoch nicht in der Lage gewesen, zu einer befriedigenden Lösung zu kommen. „Gründlich, wie die Deutschen nun einmal sind, sollten die Gutsbezirke erst im Zusammenhang mit der Schaffung einer neuen Landgemeindeordnung aufgelöst werden", faßte Grzesinski rückblickend die damalige Problemstellung zusammen.[151] Die vergeblichen Anläufe zur Veränderung und Vereinheitlichung der bestehenden Stadt- und Landgemeindeordnungen, der Provinzial- und Kreisordnungen[152] sollen hier nicht betrachtet werden, weil der Erkenntniswert einer solchen Darlegung für unsere Fragestellung gering wäre. Lohnender ist die Betrachtung, wie Grzesinski das Gesetz zur Auflösung der Gutsbezirke vorbereitet hat, wie er in deutlichem Kontrast zu Severing von der Hoffnung Abschied genommen hatte, die neue Landgemeindeordnung gleichsam in einem großen Wurf erledigen zu können. Es zeugt von einem ausgeprägten Realitätssinn und charakterisiert den Politiker Albert Grzesinski, daß er der unerreichbaren Gesamtlösung die kleinen, beschwerlichen Schritte einer pragmatischen Lösung von Teilfragen vorzog.

Ebenso interessant und aufschlußreich für Grzesinskis politische Technik ist die verwaltungspraktische Durchführung des Gesetzes, die im Abschnitt b) behandelt wird.

a) Die Gutsbezirke als Gegenstand der Legislative

Im Freistaat Preußen hatte sich auch nach der Umwälzung von 1918 die aus feudaler Zeit stammende, in der Gemeindeverfassung anderer Länder (mit Ausnahme Sachsens) unbekannte Einrichtung der Gutsbezirke erhalten. Aber während in Sachsen die Auflösung der Gutsbezirke zügig angegangen wurde, war es in Preußen bei einer Ankündigung der Revolutionsregierung vom November 1918 geblieben.[153]

So herrschte der anachronistische Zustand, daß es in Deutschland unter der, wie man damals in demokratischen Kreisen gern hervorhob, „freiheitlichsten Verfassung der Welt" immerhin eineinhalb Millionen Menschen gab, die kein kom-

---

150 GS 1927, S. 211-214. Außerdem regelte das Gesetz das Verfahren bei Veränderungen von Gemeindegrenzen und beseitigte einige regionale Besonderheiten der Gemeindeverfassung in den Provinzen Rheinland und Westfalen. Die größte politische Bedeutung hatte aber ohne Zweifel die Aufhebung der Gutsbezirke.

151 Grzesinski, Im Kampf (Ms.), Bl. 198.

152 Vgl. dazu Möller, Parlamentarismus, S. 473ff.

153 Möller, Parlamentarismus, S. 474.

munales Wahlrecht ausüben konnten, weil der Gutsbezirk, in dem sie lebten, keiner politischen Gemeinde angehörte.[154] Anfang 1928 gab es in Preußen noch 11.894 Gutsbezirke mit 1.458.888 Einwohnern; das waren 3,8 Prozent der preußischen Bevölkerung. Enorm war die geographische Ausdehnung: Die Gutsbezirke umfaßten eine Fläche von 8,5 Millionen Hektar (= 29 Prozent des preußischen Staatsgebietes). Zwar wurde über die Hälfte der Gutsbezirke von weniger als 100 Menschen bewohnt (269 waren sogar ganz unbewohnt), aber es gab auch 37 Gutsbezirke mit über 1.000 Einwohnern. Außerdem waren die Gutsbezirke nicht gleichmäßig über das Staatsgebiet verteilt, sondern vornehmlich östlich der Elbe konzentriert. In einigen ländlichen Regierungsbezirken Ostpreußens und Schlesiens lebten bis zu 40 Prozent der Einwohner in Gutsbezirken, was zu Querelen zwischen kommunaler Verwaltung und Gutsvorsteher führte.[155]

Die Gutsbezirke waren nach Grzesinskis Meinung vorsintflutliche, durch und durch reaktionäre Verwaltungseinrichtungen, die sich besonders gegen die Landarbeiter richteten und Überbleibsel vergangener Junkerherrlichkeit darstellten.[156] Der Gutsbesitzer als Vorsteher des Amtsbezirks war Inhaber der Polizeigewalt und entschied in allen Fragen der unteren Selbstverwaltung. Über sich hatte er nur den Landrat, der aber zumeist Standes- und Gesinnungsgenosse war.[157] Die Verquickung von wirtschaftlicher Macht als Arbeitgeber seiner Landarbeiter und politischer Macht als Amtsvorsteher hatte dazu geführt, daß bei der Landarbeiterschaft politische Selbständigkeit nicht aufkommen konnte, oder wie Grzesinski es ausdrückte, „daß der Landbevölkerung diese ‚gottgewollte Abhängigkeit und Rangordnung' naturgegeben schien".[158]

Mit der Auflösung der Gutsbezirke sollten folgende Ziele erreicht werden:
- Die partielle staatsbürgerliche Entrechtung[159] von 1,5 Millionen Einwohnern, die darin bestand, daß sie nicht am Kommunalwahlen teilnehmen konnten und der Polizeigewalt des Gutsbesitzers unterstanden, sollte beseitigt werden.
- Da nach Grzesinskis Ansicht die „Reaktion [...] ihre Kraft in erster Linie, auch nach 1918 noch, aus den ostelbischen Gutsbezirken" bezog, ging es auch um eine Schwächung des politischen Einflusses des ostelbischen Großgrundbesitzes.[160]

---

154 Vgl. Preußentag der SPD (1928), S. 6 (Grzesinski); Möller, Parlamentarismus, S. 474.
155 Zahlen nach: Drucks. PrLT, 3. WP, Nr. 3178; Grzesinski, Im Kampf (Ms.), Bl. 199; Preußen 1928, S. 11.
156 Preußentag der SPD (1928), S. 5.
157 Grzesinski, Im Kampf (Ms.), Bl. 199. Vgl. auch Grzesinskis Referat in: Preußentag der SPD (1928), S. 7: „Wohlgemerkt: diese Vollmachten im Gutsbezirk standen dem Gutsvorsteher zu; also nicht etwa einem durch die Obrigkeit bestellten oder durch die Wahl bestimmten Manne, sondern ohne weiteres dem, der das Gut besaß, ob es gekauft, geerbt oder erheiratet war [...] Das Amt des Gutsvorstehers bedurfte nur der Bestätigung durch den Landrat."
158 Preußentag der SPD (1928), S. 7.
159 Möller, Parlamentarismus, S. 474.
160 Grzesinski, Im Kampf (Ms.), Bl. 198.

– Weil mit der Auflösung der Gutsbezirke „ein Attribut der für das alte Preußen typischen Vorherrschaft einer privilegierten Kaste beseitigt" wurde, hatte sie auch einen politischen Symbolwert.[161]
– Schließlich kam beim preußischen Verwaltungsminister Grzesinski das Motiv hinzu, durch die Abschaffung der Gutsbezirke, die „autokratische Inseln inmitten der kommunalen Selbstverwaltungsgebiete" darstellten, zu einer größeren Einheitlichkeit und Übersichtlichkeit in der Verwaltung zu kommen.[162]

Die unverzügliche Auflösung der Gutsbezirke war vom Standpunkt der Republik aus eine unabweisbare und dringende Forderung, die keiner weiteren Begründung bedurfte. Gleichwohl war es auch mehrere Jahre nach der staatlichen Umwälzung noch zu keinen Ergebnissen gekommen. Das lag jedoch nur zum Teil daran, daß (wie Grzesinski meinte) sich die bisherigen Innenminister nicht ernstlich darum gekümmert hatten. Es muß berücksichtigt werden, daß das Kabinett Braun seit 1925 eine Minderheitsregierung war. Konnte auch die Opposition aus DNVP, DVP, KPD und einigen rechten Splitterparteien keine konstruktive Politik formulieren, so reichten ihre 225 Mandate (von 450) doch aus, um Gesetzentwürfe der Regierung scheitern zu lassen oder durch Obstruktion die Gesetzgebung lahmzulegen.[163] Und genau diese Mittel wandten die Oppositionsparteien an, um im Sommer 1927 eine neue Landgemeindeordnung, in der auch die Auflösung der Gutsbezirke geregelt werden sollte, im Parlament endgültig zu Fall zu bringen.

Allerdings schien der KPD die Bundesgenossenschaft mit nationalistisch-konservativen und völkischen Parteien auf Dauer nicht zu behagen, zumal unklar blieb, welche politische Begründung es für die Auflehnung gegen ein Gesetz geben sollte, das unter anderem darauf abzielte, dem ländlichen Proletariat endlich die staatsbürgerliche Gleichberechtigung zu bringen. Indem die KPD am 23. Juni 1927 einen eigenen Antrag zur Auflösung der Gutsbezirke im Landtag einbrachte, vollzog sie eine taktische Wendung, die sie in eine „Schlüsselstellung" brachte.[164] Durch diesen Antrag signalisierte die KPD den Regierungsparteien ihr Interesse an der Gutsbezirksauflösung. Zusätzlich wurde die Regierung unter Druck gesetzt, weil der KPD-Entwurf weitgehend textgleich mit früheren Regierungsvorlagen war.[165]

---

161 Braun, Von Weimar, S. 239.
162 Schulze, Otto Braun, S. 576.
163 Die Weimarer Koalition hatte 1925 zu ihren 222 Sitzen durch den Übertritt des KPD-Abg. Heydemann zur SPD einen hinzubekommen und wurde zumeist durch die beiden polnischen Abgeordneten unterstützt, so daß sie rein rechnerisch auf 225 Stimmen zählen konnte; genausoviel wie die Opposition aus DNVP, DVP, KPD, Nationalsozialistischer Freiheitsbewegung, Wirtschaftspartei und Welfen. Wahlstatistik im Anhang des Handb. PrLT, 2. WP (1925); siehe auch Schulze, Otto Braun, S. 477.
164 Möller, Parlamentarismus, S. 485-487.
165 Allein die Bestimmung, daß die Auflösung innerhalb von 3 Monaten zu erfolgen habe, war neu am Urantrag der KPD. Drucks. PrLT, 2. WP, Nr. 6907. Vgl. auch Preußentag der SPD (1928), S. 38 (Heilmann).

Gleichwohl wollte und konnte sich die Regierung formal auf den KPD-Antrag nicht beziehen, vor allem aus politischen Gründen, um der KPD keinen wohlfeilen Agitationserfolg zu liefern. Es war jedoch unumgänglich, in irgendeiner Weise auf das Angebot der KPD zu reagieren, um die Chance einer sich abzeichnenden Verständigung nicht zu verspielen. Daher beauftragte Grzesinski den Leiter der Kommunalabteilung im Innenministerium, Ministerialdirektor v. Leyden, mit der Formulierung eines Gesetzentwurfes, in dem einzelne Punkte aus der parlamentarisch nicht durchsetzbaren Landgemeindeordnung herausgelöst und separat abgehandelt werden sollten, unter anderem auch die Auflösung der Gutsbezirke. Der Entwurf wurde allerdings nicht als Regierungsvorlage, sondern als Initiativantrag (Urantrag) der Regierungsparteien im Parlament eingebracht.[166]

Die Einbringung eines Initiativgesetzentwurfes der Koalitionsparteien war ein Kunstgriff, der vor allem auf den enormen Zeitdruck zurückzuführen ist, unter dem man stand: Zum einen endete 1928 die Legislaturperiode; mit ihrer Obstruktionstaktik verfolgten die Oppositionsparteien den durchsichtigen Plan, die Verabschiedung in der laufenden Legislaturperiode zu verhindern. Zum anderen sollten die Bewohner ehemaliger Gutsbezirke schon an den nächsten Gemeindewahlen teilnehmen können, die für Frühjahr 1928 erwartet wurden.[167] In dieser speziellen Situation entschlossen sich die Regierungsparteien, einen Urantrag einzubringen. So sollte die zeitraubende bürokratische Prozedur verkürzt werden, die üblicherweise erledigt werden mußte, bevor ein Gesetzentwurf der Regierung an das Parlament gelangte und die darin bestand, einen Grundsatzbeschluß im Staatsministerium herbeizuführen, ein Ressort mit der Federführung zu beauftragen, einen Referentenentwurf auszuarbeiten, den Entwurf mit den sogenannten Kommissaren der betroffenen Ministerien zu besprechen und schließlich die Vorlage im Staatsministerium zu beraten und zu verabschieden.[168] Bei einem Urantrag konnte rascher in die parlamentarische Debatte eingetreten werden. Außerdem wurde bei einem eventuellen Scheitern des Gesetzes die Autorität der Staatsregierung nicht in Mitleidenschaft gezogen. Obwohl es aus diesen Gründen nicht selten vorkam, daß die Regierung eigene Entwürfe von den Koalitionsfraktionen im Landtag einbringen ließ[169], sollten solche Initiativanträge doch Ausnahmen bleiben, die nur dann zu dulden waren, wenn sie auf Entwürfen der Ministerien beruhten. Selbständige Vorstöße der Fraktionen lehnte das Staatsministerium ab; Grzesinski betonte stets die Initiativ- und Führungsfunktion der Regierung.[170]

---

166 Grzesinski, Im Kampf (Ms.), Bl. 200; zu Uranträgen vgl. Geschäftsordnung PrLT, § 32.
167 MBliV 1927, Sp. 1173. Tatsächlich fanden Neuwahlen für die von der Neuregelung betroffenen Gemeindevertretungen erst am 2.12.1928 statt; die Kommunalwahl für ganz Preußen wurde am 17.11.1929 durchgeführt. SB HA PrLT, 3. WP, 14.1.1929, Sp. 16 (Grzesinski).
168 Vgl. Goslar, Politik und Parlament, S. 36–41.
169 Möller, Parlamentarismus, S. 526.
170 SB HA PrLT, 2. WP, 30.1.1928, Sp. 21f.

Für Grzesinski mußten drei Bedingungen erfüllt sein, um die Gutsbezirke in möglichst kurzer Zeit aufzulösen: Ein besonderes Gesetz mußte geschaffen werden, die Auflösung sollte unabhängig vom Willen der ländlichen Selbstverwaltungsorgane erfolgen und die Durchführung sollte allein dem Ministerium des Innern übertragen werden.[171]

Mit diesen Forderungen setzte er sich durch. Entscheidende Unterstützung erfuhr er dabei von Otto Braun. Der Ministerpräsident sah – wie Grzesinski – diese Frage als eine der politisch wichtigsten an.[172] Braun drängte auf die Auflösung der Gutsbezirke noch vor den Landtagswahlen im Mai 1928, nicht zuletzt auch deshalb, weil er als sozialdemokratischer Landagitator vor dem Krieg die Verhältnisse im ländlichen Ostelbien und ihre Reformbedürftigkeit genau kennengelernt hatte.[173]

Grzesinskis drei Bedingungen zeigen eine klare, für seine Politik konstitutive Prioritätensetzung an. Wenn es um Reformen ging, die für den Bestand der parlamentarischen Demokratie oder die Gleichberechtigung aller Bürger als wichtig angesehen wurden, wählte Grzesinski den Weg, diese Reformen in relativ rigider Weise durch die Zentralinstanz von oben nach unten durchzusetzen. Aber das ist weniger der Ausdruck irgendeiner autoritären, im schlechten Sinne „preußischen" Gesinnung, als Ergebnis einer politischen Abwägung. Denn was wäre die Alternative gewesen? Hätte man beispielsweise, wie es in einem Ausschußbeschluß des preußischen Landtags zum Ausdruck gekommen war, den Kreis- und Provinzialverbänden weitgehende Mitsprache bei der Zusammenlegung der Gutsbezirke mit Land- und Stadtgemeinden eingeräumt[174], wäre das Reformprojekt kaum so schnell zu Ende gebracht worden. Aus demokratietheoretischer Perspektive ist es zu bedauern, daß Kreisen und Provinzen nur geringe Mitentscheidungsmöglichkeiten gegeben wurden, und es ist auch richtig, daß Preußen nicht demokratischer regiert und verwaltet wurde als andere Länder.[175] Es darf jedoch die politische Stärke der republikfeindlichen konservativen und reaktionären Kräfte im östlichen Deutschland nicht übersehen werden, die die provinzielle Mitsprache zur Sabotage der Reform instrumentalisiert hätten. Dieses klar erkannt und in seiner politischen Praxis berücksichtigt zu haben, ist das Verdienst Grzesinskis, der sich damit auch in seiner Partei erst durchsetzen mußte. „Sie wissen", schrieb er 1928 an seinen Fraktionskollegen Ernst Hamburger, „daß die ersten Beschlüsse des Gemeindeausschusses, die insbesondere auch der Genosse Haas noch in der Fraktion vertreten hat, eine ganz andere Art der Auflösung der Gutsbezirke vorsah. Wenn diese Bestimmungen in Kraft gesetzt worden wären, wäre der letzte Gutsbezirk wahrscheinlich erst im Jahre 1940 zur Auflösung gekommen. Ich habe entsprechende

---

171 Grzesinski, Im Kampf (Ms.), Bl. 200.
172 Preußentag der SPD (1928), S. 6 (Grzesinski).
173 Grzesinski, Im Kampf (Ms.), Bl. 199f.
174 Preußenpolitik, Nr. 1, Oktober 1927, S. 7.
175 Ehni, Bollwerk, S. 291.

Anweisung damals gegeben, daß eine ganz neue Formulierung gefunden würde, die dann auch Gesetzeskraft erlangte und sicherstellte, daß die Auflösung der Gutsbezirke eine reine Verwaltungsmaßnahme der Zentralinstanz wurde."[176]

Tatsächlich war das Verfahren, das der Gemeindeausschuß des Landtags erdacht hatte, langwierig, kompliziert und konfliktträchtig. Es sollte ein besonderer Kreisausschuß etabliert werden, Bezirksausschuß und Provinziallandtag sollten Gutachten erstellen und der Provinzialrat entscheiden, wobei jedoch weitreichende Beschwerdemöglichkeiten vorgesehen waren. Die endgültige, im Urantrag und später im Gesetz festgeschriebene Lösung war einfacher, schneller, zweckmäßig, unmißverständlich und hatte von vornherein eine Sicherung gegen Verzögerungsmanöver eingebaut. Die betroffenen Landkreise und Gutsvorsteher wurden zwar angehört und konnten Vorschläge machen, das Staatsministerium (und das bedeutete faktisch: das Innenministerium, das in § 15 des Gesetzes mit der Ausführung beauftragt wurde) behielt sich jedoch die endgültige Entscheidung vor: „Über die Art der Auflösung [...] beschließt das Staatsministerium. In jedem Kreise ist binnen einer vom Staatsministerium zu bestimmenden Frist durch den Kreisausschuß nach Anhörung der beteiligten Gemeinden und Gutsbesitzer ein Plan aufzustellen. Wird der Plan innerhalb dieser Frist nicht aufgestellt, so entscheidet das Staatsministerium von Amts wegen."[177]

Die erste Beratung des Gesetzes fand am 6. Dezember 1927 statt[178], nach kurzer Ausschußberatung wurden die zweite und die dritte Beratung im Plenum des Landtags am 12. Dezember erledigt. Änderungsanträge von DNVP und DVP, die sich vor allem gegen die entscheidende Rolle des Staatsministeriums bei der Durchführung der Auflösung der Gutsbezirke richteten, blieben ohne Erfolg. Nach der dritten Beratung wurde der Gesetzentwurf in einer Blockabstimmung „mit den Stimmen der drei Koalitionsfraktionen und zumindest eines Teils der KPD-Abgeordneten" angenommen.[179] Jetzt wird deutlich, was die „mehr politische Behandlung" der Reformgesetze unter Grzesinski bedeutete, von der Ernst Hamburger gesprochen hatte: Sie bestand darin, angesichts der ungesicherten Mehrheitsverhältnisse mit Teilfragen vor den Landtag zu treten und auf diesem Wege „ein positives Interesse dieser oder jener nicht zur Regierungskoalition gehörigen Partei", in diesem Falle der KPD, an der Lösung bestimmter Fragen zu erwecken.[180]

Daß die zweite und dritte Beratung des Entwurfs an einem Tag abgehalten werden konnten und daß über die Vorlage en bloc abgestimmt wurde, weist darauf hin, daß die Rechtsopposition von ihrer Obstruktionstaktik Abschied genommen

176 Pr. Innenminister Grzesinski an Hamburger, 15.8.1928. IISG Amsterdam, Nl. Grzesinski, Nr. 1154.
177 § 11, Abs. 4. GS 1927, S. 213. Synoptische Gegenüberstellung eines früheren Beschlusses des Ausschusses mit dem Urantrag der Regierungsparteien in: Preußenpolitik, Nr. 1, Oktober 1927, S. 7.
178 SB PrLT, 2. WP, 6.12.1927, Sp. 22217ff.
179 Möller, Parlamentarismus, S. 487f; vgl. SB PrLT, 2. WP, 12.12.1927, Sp. 22429.
180 Hamburger, Neue Wege, S. 199.

hatte. Angesichts der sich abzeichnenden Mehrheit für das Gesetz verzichtete sie darauf, alle Möglichkeiten der Geschäftsordnung auszuschöpfen, zumal dadurch die Annahme des Gesetzes nur noch zu verzögern, jedoch kaum mehr zu verhindern gewesen wäre.[181] So konnte das Gesetz am 27. Dezember 1927 verkündet werden und am Tag darauf in Kraft treten.

Auch ein letzter Versuch der DNVP, das Gesetz durch Klage vor dem Staatsgerichtshof zu Fall zu bringen, blieb ohne Erfolg. „Als die Deutschnationalen [...] mit ihrer Klage, das Gesetz als verfassungswidrig zu erklären, abgewiesen worden waren", schrieb Grzesinski rückblickend, hätten sie ihre Hoffnung darauf gesetzt, „daß die baldige Ausführung des neuen Gesetzes praktisch unmöglich sein werde. Die Herren rechneten mit einer Durchführung im Zeitraum von etwa 10 Jahren; aber sie haben sich gründlich geirrt. Schon nach Jahresfrist konnte ich dem Landtage berichten, daß die Auflösung der Gutsbezirke und ihre Aufteilung auf die Landgemeinden im wesentlichen vollzogen sei."[182]

b) Die administrative Umsetzung

War die verwickelte Entstehungsgeschichte des Gesetzes mit der wiederholten Verschiebung der Fronten, erbitterter Opposition und Obstruktion, dem Wechsel von sachlicher Diskussion und polemischer Agitation, zusammen mit dem lediglich fragmentarischen Ergebnis in mancher Hinsicht charakteristisch für den preußischen Parlamentarismus[183], so war die Durchführung des Gesetzes typisch für die Art und Weise, wie Grzesinski als Minister des Innern sein politisches Reformziel, im konkreten Fall die staatsbürgerliche Gleichberechtigung eines Teils der ländlichen Bevölkerung, mit Hilfe der Verwaltung zu erreichen versuchte; wie er seine Grundanschauung umsetzen wollte, es sei die gegenüber der Gesetzgebung nicht zu unterschätzende Aufgabe der Verwaltung, den Gesetzen „Leben einzuhauchen".

Grzesinski hatte seinem Ministerialdirektor v. Leyden den Auftrag erteilt, den Gesetzestext so zu formulieren, „daß die Auflösung der Gutsbezirke eine reine Verwaltungsmaßnahme der Zentralinstanz wurde."[184] Die betroffenen Gemeinden und Gutsbesitzer sollten zwar gehört werden und der Kreisausschuß konnte Pläne einreichen, wie er sich die Auflösung der Gutsbezirke vorstellte, die Entscheidungsgewalt lag jedoch beim Innenministerium. Um bei allen Beteiligten keine Illusionen darüber aufkommen zu lassen, daß das politische Reformziel der Auflö-

---

181 Die Geschäftsordnung des Landtags sah zwischen zweiter und dritter Beratung eine Pause von zwei Tagen vor (§ 29, Abs. 1). Fristverkürzung war (wie in diesem Fall) möglich, die Opposition hätte aber durch den Widerspruch von nur 15 Abgeordneten diese Fristverkürzung verhindern können (§ 31, Abs. 1, Satz 2). Auch die Blockabstimmung war nur möglich, wenn es keinen Widerspruch gab (§ 27, Abs. 4).

182 Grzesinski, Im Kampf (Ms.), Bl. 200f. Urteile des Staatsgerichtshofs in: IISG Amsterdam, Nl. Grzesinski, Nr. 1190.

183 Möller, Parlamentarismus, S. 488f.

184 Pr. Innenminister Grzesinski an Hamburger, 15.8.1928. IISG Amsterdam, Nl. Grzesinski, Nr. 1154.

sung der Gutsbezirke Vorrang gegenüber jeglichem partikularen Interesse hatte, wies Grzesinski seine Referenten an, keine Abordnungen in dieser Sache zu empfangen. Auf eine entsprechende Kleine Anfrage der DVP im Landtag antwortete das Ministerium, eine Änderung dieser Praxis könne nicht in Aussicht gestellt werden.[185]

Es war nicht ausgemacht, daß die administrative Umsetzung des Gesetzes auch tatsächlich erfolgreich und zügig vonstatten gehen würde. Insofern war es recht optimistisch, daß die Deutsche Bauernschaft dem Minister bereits eine Woche nach Verabschiedung des Gesetzes im Landtag „den besonderen Dank der klein- und mittelbäuerlichen Bevölkerung Ostelbiens" übermittelt hatte.[186] Aber der Elan, mit dem Grzesinski an die Aufgabe heranging und mit dem er auch seine Beamten mitriß, rechtfertigte die Vorschußlorbeeren. Offensichtlich wollte Grzesinski mit der schnellen Umsetzung des Gesetzes geradezu beweisen, welch großen Anteil die Verwaltung daran hat, ob ein Gesetz zum Erfolg führt oder nicht. Und in der Tat hat Grzesinski später das Beispiel des Auflösungsgesetzes benutzt, um seinen Parteifreunden die Bedeutung der Verwaltung vor Augen zu führen und ihnen zu zeigen, „wie wesentlich diese Ausführung durch den Verwaltungskörper die Richtung und Wirkung eines Gesetzes beeinflussen kann."[187]

Von Anfang an war deutlich erkennbar, daß die Auflösung der Gutsbezirke so schnell wie möglich durchgeführt werden sollte, um den ehemaligen Bewohnern der Gutsbezirke die Möglichkeit zur Teilnahme an den nächsten Gemeindewahlen zu geben. Noch bevor das Gesetz im Landtag angenommen worden war, wies Grzesinski v. Leyden an, die Ausführungsbestimmungen zu entwerfen, damit sie zeitgleich mit dem Wortlaut des Gesetzes veröffentlicht werden konnten. Ebenso wurden noch vor Inkrafttreten des Gesetzes die Oberpräsidenten angewiesen, Vorbereitungen für die Durchführung zu treffen.[188] Am selben Tag, an dem das Gesetz in Kraft trat, erschien bereits eine vorläufige erste Anweisung zur Ausführung des Gesetzes in einer Beilage zum Ministerialblatt.[189]

Einen Eindruck von der administrativen Umsetzung des Gesetzes vermitteln die Verfahrensschritte, die deshalb kurz skizziert werden sollen. Für den Fortgang der Arbeiten waren die Oberpräsidenten verantwortlich. Auffällig ist der große Termindruck, unter den die Beteiligten gesetzt wurden; um das zu illustrieren, sind jeweils die Fristen für die Erledigung der einzelnen Punkte hinzugefügt. Grzesinski selbst hielt diese Termine zwar für knapp und kurz bemessen, „aber nicht so kurz,

---

185 Kleine Anfrage Nr. 241 v. 2.10.1928; Antwort v. 9.10.1928, enth. in: IISG Amsterdam, Nl. Grzesinski, Nr. 1165. Auch Severing hatte 1926 bereits eine ähnliche Anordnung gegeben.

186 19.12.1927. IISG Amsterdam, Nl. Grzesinski, Nr. 1152; vgl. auch Schlesischer Bauernbund an pr. Innenminister Grzesinski, 16.12.1927. Ebd., Nr. 1161.

187 Preußentag der SPD (1928), S. 9 (Grzesinski); SB PrLT, 3. WP, 5.2.1929, Sp. 2929 (Grzesinski).

188 Pr. Innenminister Grzesinski an MinDir. v. Leyden, 8.12.1927. IISG Amsterdam, Nl. Grzesinski, Nr. 1156. Pr. Innenminister Grzesinski an sämtl. Oberpräsidenten, 15.12.1927. Ebd., Nr. 1158.

189 MBliV 1927, Sp. 1171ff. (28.12.1927); MBliV 1928, Sp. 96 (31.1.1928).

daß nicht doch eine ordnungsmäßige Auflösung der Gutsbezirke sichergestellt wäre.“[190]

(1) Entwurf eines Aufteilungsplans durch die Landräte (bis 15.1.1928). Dabei sah das Gesetz mehrere Möglichkeiten vor, wie Gutsbezirke aufgelöst werden konnten: Durch Zusammenlegung von Gutsbezirken zu einer neuen Gemeinde oder aber durch Vereinigung mit bestehenden Gemeinden.

(2) Anhörung der beteiligten Gemeinden und Gutsbesitzer (deren Äußerung mußte bis zum 6.2. erfolgt sein). Anhand der vorgebrachten Argumente überprüfte der Landrat seinen Aufteilungsplan.

(3) Vorlage des Planes an den Kreisausschuß.

(4) Beschlußfassung durch die Kreisausschüsse (spätestens bis 12.3.). Diese Beschlüsse bildeten die Grundlage für die Entscheidung des Ministeriums.

(5) Vorlage der Beschlüsse der Kreisausschüsse an das Staatsministerium auf dem Verwaltungsweg über den Regierungspräsidenten und den Oberpräsidenten mit deren Stellungnahmen. Bis zum 15.4.1928 sollten die Vorschläge dem Innenminister zugegangen sein.[191]

Die fünf Schritte, in die sich das Verwaltungsverfahren zur Auflösung der Gutsbezirke gliedern läßt, sind klar und eindeutig formuliert. Außerdem war für die Arbeiten ein unmißverständlicher leitender Grundsatz aufgestellt worden: Alle Gutsbezirke sollten aufgelöst werden, der Begriff Gutsbezirk als kommunale Bezeichnung sollte „möglichst verschwinden“.[192] Versuche, die Auflösung zu verzögern, konnten nicht auf Erfolg hoffen, da im Gesetz (§ 11, Abs. 4) eindeutig festgelegt worden war, daß im Falle der Fristüberschreitung das Staatsministerium, d. h. der zuständige Innenminister, „von Amts wegen“ entscheiden würde. So waren die beteiligten Gutsvorsteher und Gemeinden zur Mitarbeit gezwungen, um wenigstens für sich zu retten, was noch zu retten war. Diese Bestimmung war auf Grzesinskis ausdrückliches Verlangen in das Gesetz aufgenommen worden, „um zu verhindern, daß draußen eine Sabotage bei der Durchführung des Gesetzes“ erfolge; es sei „eine gewisse Sicherung erforderlich, damit der Zweck des Gesetzes auch erreicht“ werde.[193]

Bereits eine Woche nach dem Ablauf der Frist für die Beschlußfassung der Kreisausschüsse mußten die Regierungspräsidenten dem Innenminister melden, aus welchen Kreisen noch keine Aufteilungspläne eingegangen waren, damit vom Ministerium nachgefaßt werden konnte.[194]

---

190 SB HA PrLT, 2. WP, 30.1.1928, Sp. 15f.

191 MBliV 1927, Sp. 1171-1178.

192 Pr. Innenminister Grzesinski an MP Braun, 1.8.1928. IISG Amsterdam, Nl. Grzesinski, Nr. 1153. Ausnahmen waren nur für die seltenen Fälle vorgesehen, in denen eine Zusammenlegung oder Umwandlung „absolut unmöglich“ war. Preußentag der SPD (1928), S. 8 (Grzesinski).

193 SB HA PrLT, 2. WP, 30.1.1928, Sp. 16 (Grzesinski).

194 MBliV 1928, Sp. 100.

Somit waren alle Voraussetzungen für eine schnelle und erfolgreiche Umsetzung des Gesetzes geschaffen. Auch der Widerstand gegen das Gesetz in der rechtsstehenden Presse war abgebröckelt, weil sich positive Effekte für die kleinen Gemeinden abzeichneten.[195] Nachdem das Gesetz alle Hürden der Gesetzgebung genommen hatte, nachdem ein Landtag, in dem die Regierungskoalition nicht über die Mehrheit verfügte, zugestimmt hatte, traten im Frühjahr 1928 allerdings unerwartete Hindernisse auf: Der preußische Finanzminister Dr. Hermann Höpker-Aschoff (DDP) wollte die staatlichen Gutsbezirke von der Auflösung ausgenommen wissen. Wenn diese sog. „fiskalischen" Gutsbezirke aufgelöst würden, hatte der Staat mit Mindereinnahmen von ungefähr 9 Mio. Mark jährlich zu rechnen, weil die Einnahmen aus diesen Bezirken dann nicht mehr dem preußischen Finanzminister zustanden. Daher erhob Höpker-Aschoff generellen Einspruch gegen die Auflösung der fiskalischen Gutsbezirke.

Höpker-Aschoff war, wie Ministerpräsident Braun bereits 1925 schrieb, „ein sehr tüchtiger Mann, aber er hat sich in sein Finanzressort so stark eingearbeitet, daß bei ihm in steigendem Maße die Neigung zutage tritt, die allgemein-politischen und die parteipolitischen Erwägungen hinter die rein fiskalischen Finanzinteressen stark zurücktreten zu lassen."[196] Wie Grzesinski mit dem Einspruch des Finanzministers umging, war beispielhaft für das Zusammenwirken mit Ministerpräsident Braun: Grzesinski ließ sich nicht auf langwierige Verhandlungen mit Höpker-Aschoff ein, an deren Ende möglicherweise eine Verwässerung der Grundsätze gestanden hätte, sondern er wandte sich direkt an Otto Braun, damit dieser seine Autorität und Richtlinienkompetenz zur Geltung brachte: Bei der Auflösung der Gutsbezirke müßten politische und nicht fiskalische Gesichtspunkte den Ausschlag geben, der Begriff der Gutsbezirke müsse möglichst verschwinden. Daher gäbe es nur die Lösung, „daß der Finanzminister von seinem generellen Einspruch absieht [...] Ich bitte Dich noch einmal ganz dringend [...] in keiner Weise nachzugeben."[197] Die Intervention hatte den Erfolg, daß Ausnahmen vom grundsätzlichen Prinzip der Auflösung nur bei unbewohnten Wasser- und Forstgutsbezirken gemacht wurden, die Substanz des Gesetzes blieb also unangetastet.[198] Freilich hatte der Einspruch des Finanzministers eine Verzögerung bei der Umsetzung des Gesetzes zur Folge, weil das Kabinett eingeschaltet werden mußte.[199]

Am 24. Oktober 1929 konnte das Preußische Staatsministerium dem Landtag mitteilen, daß „von bisher 11.894 Gutsbezirken künftig nur 201 endgültig bestehen" blieben. Dabei handelte es sich durchweg um unbewohnte Forst- und Wasserguts-

195 SB HA PrLT, 2. WP, 30.1.1928, Sp. 16 (Grzesinski).
196 MP Braun an pr. Innenminister Severing, 3.7.1925. AdsD Bonn, Nl. Severing, M. 126. Höpker-Aschoff wurde später der erste Präsident des Bundesverfassungsgerichts.
197 Pr. Innenminister Grzesinski an MP Braun, 1.8.1928. IISG Amsterdam, Nl. Grzesinski, Nr. 1153.
198 Zwischenzeitlich hatte Grzesinski gezweifelt, ob er sich durchsetzen könne: Pr. Innenminister Grzesinski an Hamburger, 15.8.1928. IISG Amsterdam, Nl. Grzesinski, Nr. 1154.
199 Grzesinski, Im Kampf (Ms.), Bl. 201; vgl. Möller, Parlamentarismus, S. 490.

bezirke, so daß das Ziel der Reform, nämlich das kommunale Wahlrecht für alle Bürger und die Abschaffung der Polizeigewalt des Gutsbesitzers, dadurch nicht beeinträchtigt wurde. Die Auflösung der Gutsbezirke konnte im großen und ganzen als vollendet angesehen werden, wenngleich in einigen Dutzend Fällen das Verfahren, zumeist wegen juristischer Komplikationen, noch nicht endgültig abgeschlossen war.[200]

Welche Bilanz ist zu ziehen?

Die Auflösung der Gutsbezirke war ein unbestreitbarer Erfolg, der eineinhalb Millionen Staatsbürgern die Chance zur Beteiligung an den Kommunalwahlen gab und sie aus der Polizeigewalt des Gutsbesitzers befreite. Über 11.000 Gutsbezirke aufzulösen, war eine nicht zu unterschätzende Verwaltungsleistung. Sie konnte nur gelingen, weil auf Grzesinskis Verlangen die Auflösung der Gutsbezirke von vornherein als Verwaltungsmaßnahme der Zentralinstanz, die von oben nach unten durchgesetzt werden sollte, konzipiert worden war. Mit Blick auf eine schnelle Umsetzung und als Sicherung gegen Sabotage und Verschleppung war die bestimmende Rolle des Staatsministeriums festgeschrieben worden. Die Einwirkungsmöglichkeiten der Selbstverwaltungskörperschaften wurden konsequent auf den Landkreis beschränkt, weil hier eine genaue Kenntnis der Verhältnisse zu erwarten war. Demgegenüber wurden die Provinzialvertretungen nicht beteiligt.

Die Auflösung der Gutsbezirke demonstriert die politische Einmütigkeit zwischen dem Ministerpräsidenten Braun und seinem Innenminister, die dadurch gefestigt wurde, daß Grzesinski auf Wünsche Brauns einging und es vermied, wichtige politische Fragen, welche die Zuständigkeit des Staatsministeriums berührten, aus eigener Machtvollkommenheit lösen zu wollen. Gegen den Einspruch des Finanzministers versicherte er sich der Rückendeckung des Ministerpräsidenten. Otto Braun war bereit, bei diesem Teil der Verwaltungsreform seine Autorität als Regierungschef in die Waagschale zu werfen, weil er zutiefst von der Notwendigkeit des Gesetzes überzeugt war und es hier – im Gegensatz zur Großen Verwaltungsreform – keinen grundsätzlichen Dissens zwischen den Koalitionsparteien SPD, Zentrum und DDP gab. Daher bedeutete die eindeutige Parteinahme des Ministerpräsidenten keine Gefahr für den Zusammenhalt der Koalition.

Die erfolgreiche verwaltungstechnische Umsetzung des Gesetzes bestärkte Grzesinski in seiner Auffassung, daß die Verwaltung über Erfolg oder Mißerfolg eines Gesetzesvorhabens bestimmen konnte. Daran knüpfte sich die Forderung nach verstärktem Einfluß der Sozialdemokratie auf die Verwaltung. Dies sei jedoch nur zu erreichen, wenn sich die SPD auch weiterhin an preußischen Koalitionsregierungen beteilige.[201]

Das Gesetz brachte konkrete Verbesserungen für 3,8 Prozent der preußischen Bevölkerung, gleichwohl lag sein Wert vor allem im politisch-psychologischen

200 Drucks. PrLT, 3. WP, Nr. 3178. Preußen 1932, S. 60.
201 Preußentag der SPD (1928), S. 9 (Grzesinski).

Bereich. Auch Braun und Grzesinski sahen die Substanz des Gesetzes in erster Linie im demonstrativen Bruch mit einem Relikt des alten, verhaßten Preußens der Junker.[202] Bei Grzesinski kam jedoch ein weiterer Aspekt hinzu; er hegte die Hoffnung, daß über die psychologischen Folgen hinaus ein weiterer, politisch-didaktischer Effekt erreichbar war. In seiner Ideenwelt bildete der Selbstverwaltungsverband die „kleinste politische Zelle des Volksstaates" und folglich die Basis allen staatlichen Lebens. Durch die Beteiligung an der Selbstverwaltung der Gemeinde werde der Einwohner zum verantwortungsbewußten Staatsbürger erzogen. Der Gemeinde wurde damit die Funktion zugeschrieben, die Bevölkerung zur Demokratie zu erziehen.[203] Wenn man die Auflösung der Gutsbezirke aus diesem Blickwinkel betrachtet, wird deutlich, welches Ziel Grzesinski vor Augen hatte: Die Bewohner der ehemaligen Gutsbezirke im ländlichen Ostelbien, denen mehrheitlich konservative Gesinnung unterstellt wurde, sollten an den demokratischen Staat von Weimar, die parlamentarische Republik, herangeführt werden.

Auch für die Sozialdemokratische Partei wurde ein positiver Effekt erwartet. Ernst Hamburger, führendes Mitglied der preußischen Landtagsfraktion der SPD und Regierungsrat in der preußischen Verwaltung, sagte als politisches Ergebnis der Auflösung der Gutsbezirke voraus, daß die Sozialdemokratie sich durch die Steigerung ihres Einflusses auf dem „platten Land" zu jener „Partei des arbeitenden Volkes in Stadt und Land" entwickeln werde, von der bereits im Görlitzer Programm von 1921 die Rede gewesen war. Auf der „Grundlage der Interessenvertretung des städtischen und ländlichen Proletariats" kam in dieser Konzeption der Sozialdemokratie die historische Aufgabe zu, eines der Strukturprobleme der Weimarer Republik zu beheben und den politisch-ökonomischen Gegensatz zwischen agrarischem Osten und industriellem Westen auszugleichen. Die „Verwestlichung des östlichen Preußen", von der Hamburger sprach, war zwar eher eine programmatische Forderung als ein empirisch nachweisbares Ergebnis der Auflösung der Gutsbezirke. Seine Ausführungen zeigen jedoch, daß die preußischen Sozialdemokraten sich ein inneres Zusammenwachsen des Landes und die Bildung des für die Demokratie vitalen politischen Grundkonsenses nur vorstellen konnten, wenn es der SPD gelang, die Verkrustungen des eigenen Milieus aufzubrechen und Erfolge im protestantischen agrarisch-konservativen Milieu Ostelbiens zu erringen. Im Prinzip war die Strategie richtig, der ländlichen Bevölkerung in Preußens Osten die Ernsthaftigkeit der eigenen Absichten nicht nur durch programmatische Erklärungen, sondern auch durch praktische Politik – wie eben die Auflösung der Gutsbezirke – zu beweisen. Zum entscheidenden Einbruch in das konservative Milieu kam es dennoch nicht. Das lag am starken Zusammenhalt dieses Milieus, das von einem Kitt aus Tradition und Konfession, aus Nationalismus und Paternalismus

---

202 Braun, Von Weimar, S. 239; Preußentag der SPD (1928), S. 9 (Grzesinski).
203 Wahlrede Grzesinskis zur preuß. Kommunalwahl am 17.11.1929. DRA Frankfurt, Band-Nr. 75 U 3326/6; siehe auch Preußentag der SPD (1928), S. 7f. (Grzesinski).

zusammengehalten wurde. Darüber hinaus kam das Ende der Weimarer Republik zu rasch, als daß die politischen Früchte der Reformpolitik noch hätten geerntet werden können.[204]

3.3 Kommunale Neugliederung im rheinisch-westfälischen Industriegebiet

Wie die Auflösung der Gutsbezirke ist die kommunale Neugliederung im rheinisch-westfälischen Industriegebiet als ein Beispiel für die „praktische Verwaltungsreform", wie Grzesinski sie verstand, anzusehen: Eine drängende Einzelfrage wurde aus dem Gesamtkomplex der politisch nicht durchsetzbaren umfassenden kommunalen Verwaltungsreform herausgegriffen und zu lösen versucht. Praktische Verwaltungsreform, so läßt sich an diesem Beispiel zeigen, bedeutete für Grzesinski nicht nur und nicht in erster Linie verwaltungstechnische Rationalisierung, sondern hatte auch eine ausgeprägte soziale Komponente.

Seit im Jahre 1920 durch die Zusammenfassung von 8 Städten, 55 Landgemeinden und 23 Gutsbezirken das moderne Groß-Berlin geschaffen worden war, hatte es in Preußen auf dem Gebiet der territorialen Verwaltungsreform, also der Änderung von Verwaltungsgebietsgrenzen, keine großen Fortschritte gegeben. Gelegentliche Erweiterungen von Stadtkreisen, wie im Falle von Königsberg, Breslau, Frankfurt am Main und Dortmund können hier beiseite gelassen werden, weil sie nur lokale Bedeutung hatten.[205]

Alle Versuche, über solche Ansätze hinauszukommen, hatten mit dem hartnäckigen politischen Widerstand lokaler Interessengruppen zu rechnen. Angesichts knapper parlamentarischer Mehrheiten konnte schon das Ausscheren nur weniger Fraktionsmitglieder zum Scheitern eines Gesetzes führen. Nach Grzesinskis Meinung wäre es daher das beste gewesen, wenn der Landtag dem preußischen Innenminister die Ermächtigung für die selbständige Regelung von Verwaltungsgrenzen auf dem Verordnungswege gegeben hätte.[206] Da jedoch der Landtag verständlicherweise nicht bereit war, die Entscheidung über solche Fragen allein der Regierung zu überlassen, blieb es dabei, daß jedes Umgemeindungsgesetz das vorgeschriebene Gesetzgebungsverfahren zu durchlaufen hatte.

Unter diesen Umständen war es bemerkenswert, daß in der kurzen Zeit von eineinhalb Jahren eine durchgreifende Neuordnung der kommunalen Verhältnisse

---

204 Hamburger, Neue Wege, S. 201. Vgl. auch Lösche/Walter, Die SPD, S. 47-52; Lepsius, Parteisystem und Sozialstruktur, S. 379 u. 391f.

205 Grzesinski, Im Kampf (Ms.), Bl. 204f.; Hamburger, Neue Wege, S. 203.

206 SB HA PrLT, 2. WP, 30.1.1928, Sp. 23; SBPrLT, 3. WP, 26.4.1929, Sp. 6737. Zu entsprechenden Bestrebungen Severings siehe Prot. der Sitzung des Staatsministeriums v. 13.1.1926. GStA Berlin-Dahlem, I. HA, Rep. 90 Annex A.

im westdeutschen Industrierevier gelang. In Anbetracht der verwickelten Materie und des großen Umfangs der Aufgabe (das Gesetzeswerk füllt 60 Seiten der Preußischen Gesetzsammlung[207]) war das eine sehr kurze Zeitspanne, die Grzesinski später mit dem ungeheuren Arbeitseifer seiner Mitarbeiter und seines Abteilungsleiters von Leyden erklärte. Überhaupt äußerte sich Grzesinski sehr positiv über die Beamten der Kommunalabteilung, und die Anerkennung scheint gegenseitig gewesen zu sein.[208]

Die Vorarbeiten für das Gesetz reichten in den Herbst 1927 zurück, als Grzesinski v. Leyden beauftragte, entsprechende Entwürfe auszuarbeiten. Offensichtlich war die Entscheidung, eine großzügige kommunale Neuordnung im Industrierevier zu versuchen, wegen der geringen Erfolgsaussichten nicht unumstritten; im Kabinett fand Grzesinskis Initiative zunächst nur geringe Unterstützung.[209]

Welche Probleme waren im Ruhrgebiet zu lösen?

Die Grenzen von Stadt- und Landkreisen hatten mit der rasanten wirtschaftlichen Entwicklung des Reviers nicht Schritt gehalten. Ein Gebiet, das immer mehr zu einem einheitlichen Wirtschaftsraum zusammengewachsen war und für Preußens und Deutschlands Wirtschaftskraft zentrale Bedeutung hatte, wurde durch ein starres Korsett überkommener Verwaltungsgrenzen eingeschnürt. Auf das enorme Wachstum der Städte war nicht mit einer angemessenen Veränderung der kommunalen Grenzen reagiert worden. Das monarchische Preußen war aus politischen Gründen städtefeindlich: „In den Großstädten wohnten die sozialdemokratischen Arbeiter; diese Städte durch Eingemeindungen, selbst wenn sie aus praktischen Gründen notwendig waren, zu vergrößern, kam den Junkern nicht in den Sinn."[210] Aber auch im Preußen der Weimarer Republik waren nur marginale Verbesserungen gelungen.[211] Nach wie vor bestanden gravierende Unterschiede in der finanziellen Leistungskraft der Gemeinden, kommunale soziale Einrichtungen und Verkehrsbetriebe in benachbarten Orten existierten unkoordiniert nebeneinander, den wachsenden Städten fehlte es an Platz, um sich auszudehnen. Diese Mißstände berührten in erster Linie die Lebensverhältnisse der ärmeren Bevölkerung. Es fehlte den Städten an Bau- und Siedlungsland für den sozialen Wohnungsbau, und die Zerrissenheit der Verkehrswege trieb die Kosten für den Weg zur Arbeit und eventuelle Wochenendausflüge in die Höhe. Am Gegenbeispiel Berlins, wo jeder „für wenige Pfennige in den Wald oder an die Seen" gelangen konnte, zeigte Grzesinski anläßlich der Vorstellung seines Gesetzentwurfes auf, welche sozialen Effekte

---

207 Gesetz über die kommunale Neugliederung des rheinisch-westfälischen Industriegebiets. Vom 29.7.1929. GS 1929, S. 91ff.
208 MinDir. von Leyden trat sogar bei einer Kommunaltagung der SPD auf. Abdruck seines Vortrags in: Die Gemeinde 6 (1929), S. 970ff. Angeblich hat von Leyden die Arbeit an der Neugliederung des Industriegebiets als „die schönste Zeit seines Lebens" bezeichnet. Grzesinski, Im Kampf (Ms.), Bl. 206.
209 Grzesinski, Im Kampf (Ms.), Bl. 205.
210 Grzesinski, Im Kampf (Ms.), Bl. 204.
211 Gesetze vom 26.2.1926 (GS 1926, S. 53) und vom 22.3.1928 (GS 1928, S. 17).

er sich von einer kommunalen Neugliederung erhoffte. Der Vergleich mit Berlin zeigt auch, welche Grundidee hinter den Neuordnungsvorschlägen stand: Grzesinski erhob die soziale und demokratische Forderung nach einer gewissen Einheitlichkeit der Lebensverhältnisse im ganzen Land: „Jeder Staatsbürger hat selbstverständlich [...] das Recht, in jedem Kommunalverband in Preußen entsprechend seinem Bedürfnis und entsprechend der Leistung des Staates und des ganzen Landes – im allgemeinen natürlich – kommunal gleich gut versorgt zu werden. Er braucht sich nicht damit abzufinden, daß er in dem Bezirk, in dem er zufällig wohnt, nur deswegen schlechter gestellt ist, weil der Bezirk infolge zufälliger Grenzgestaltung leistungsunfähiger ist als der Nachbarkreis. Diese kommunale Leistungsgerechtigkeit kann hier in diesem Gesetze nunmehr endlich [...] geschaffen werden."

Nicht nur der einzelne Staatsbürger, auch die Wirtschaft sollte von der Neuregelung profitieren: Vereinheitlichung der Lebensverhältnisse durch leistungsfähige kommunale Einheiten bedeutete zugleich eine Vereinheitlichung der Wirtschaftsverhältnisse und damit größere Planungssicherheit für die Unternehmen. Mit diesem Argument versuchte Grzesinski, das Gesetz der wirtschaftsliberal eingestellten DVP schmackhaft zu machen.[212]

Das eigentlich Neue und Bedeutende des Gesetzes ist darin zu sehen, daß es sich nicht darauf beschränkte, hier und da Stadtkreise durch Eingemeindungen zu vergrößern, sondern den Versuch einer umfassenden Gebietsreform machte. Das wird schon im Titel des Gesetzes deutlich, denn es war ausdrücklich von der „kommunalen Neugliederung des rheinisch-westfälischen Industriegebiets" die Rede, während frühere Gesetze lediglich die „Neuregelung kommunaler Grenzen" zum Gegenstand hatten. Entsprechend großzügig fiel auch die Neugliederung aus: Sie umfaßte ein Gebiet von 800.000 Hektar Fläche in den Regierungsbezirken Düsseldorf, Münster und Arnsberg. 6,4 Millionen Menschen, über 16 Prozent der Einwohner Preußens, waren davon betroffen. Die Zahl der im Umgemeindungsgebiet gelegenen Landkreise wurde drastisch von 23 auf 13 reduziert. Die Zahl der ursprünglich 29 Stadtkreise wurde um 6 vermindert, die der kreisangehörigen Städte um 12, die der Ämter um 26 und die der Landgemeinden um 49. 15 Kreise wurden ganz aufgelöst, teils städtischem Gebiet zugeschlagen, teils zu 5 großen, leistungsfähigen Kreisen zusammengelegt.[213] Zu einem Stadtkreis vereinigt wurden Elberfeld und Barmen (Wuppertal), Krefeld und Uerdingen, Mönchengladbach und Rheydt, Duisburg und Hamborn. Solingen, Oberhausen, Düsseldorf, Essen und Dortmund wurden erheblich erweitert.[214]

Über die territorialen Veränderungen im Industrierevier hinaus enthielt das Gesetz auch generelle Neuregelungen des Gemeindeverfassungsrechts für ganz Preu-

---

212 SB PrLT, 3. WP, 26.4.1929, Sp. 6734; Zitat Sp. 6738.
213 Kempen-Krefeld, Grevenbroich-Neuß, Düsseldorf-Mettmann, Solingen-Lennep, Ennepe-Ruhrkreis.
214 Preußen 1932, S. 141f.; Hamburger, Neue Wege, S. 205; Grzesinski, Im Kampf (Ms.), Bl. 205.

ßen, die systematisch betrachtet zur Städte- und Kreisordnung gehörten.[215] Eine wichtige Neuerung war die Zulassung zwischengemeindlicher Arbeitsgemeinschaften (Körperschaften des öffentlichen Rechts). Benachbarten Gemeinden und Städten wurde die Möglichkeit gegeben, etwa auf den Gebieten Verkehr, Sozialfürsorge, Sport und Kultur gemeinsame Einrichtungen zu schaffen. So sollte das unkoordinierte Nebeneinanderbestehen gleichartiger Einrichtungen in benachbarten Gemeinden vermieden werden, um Kosten zu senken.

Die Einzelheiten der Reform sind lediglich für Regionalhistoriker von Belang; für unseren Zusammenhang ist eine Würdigung der Bedeutung des Projekts interessanter: Das Gesetz war das größte Umgemeindungsgesetz in der preußischen Geschichte, und es ist Grzesinski zuzustimmen, wenn er als Ergebnis des Gesetzes „eine radikale Umbildung, Zusammenfassung und Neuformung von Verwaltungsbezirken" hervorhob.[216] „Radikal" meint in diesem Zusammenhang, daß von der bisher üblichen Praxis der Einverleibung ländlicher Kreise in expandierende Stadtkreise abgegangen wurde und stattdessen ein ganzes Gebiet im Zusammenhang betrachtet wurde. Das Gesetz sollte auf lange Zeit Neuregelungen überflüssig machen.

Es stellt sich die Frage, wie ein solch bedeutendes Gesetz angesichts einer nur knappen Mehrheit der Weimarer Koalition im Landtag die parlamentarischen Hürden überwinden konnte. Im Verlauf der Untersuchung ist immer wieder deutlich geworden, daß jede Änderung kommunaler Grenzen mit dem Widerstand der lokalen Akteure zu rechnen hatte, die ihre Abgeordneten, unabhängig von Parteizugehörigkeit, für ihre Ziele einzuspannen versuchten. Grzesinski kritisierte das als „Kirchturmspolitik", gleichwohl mußte er seine politische Taktik darauf abstellen, mit diesen Widerständen, die sich durchaus auch in der eigenen Partei zeigen konnten, fertig zu werden.

Um die Volksvertreter vor solchen lokalen politischen Einflüssen zu bewahren, hatte Grzesinski im Dezember 1928 vorgeschlagen, daß die Mitglieder der Gemeindeausschüsse des Landtags und des Staatsrates, insgesamt etwa 80 Personen, ihre Besichtigung des Umgemeindungsgebietes per Zeppelin vornehmen sollten. Die Idee dazu war dem technikbegeisterten Grzesinski offensichtlich im Oktober 1928 gekommen, als er mit dem Luftschiff nach Amerika gefahren war. Die Besichtigung aus der Luft hatte den unbestreitbaren Vorteil, daß sich aus der Vogelperspektive ein sehr guter Überblick gewinnen ließ, aber Grzesinski ging es auch darum, die Abgeordneten von den kommunalen Interessenvertretern abzuschir-

---

215 Teil II und III des Gesetzes. GS 1929, S. 146ff.

216 Grzesinski: Das Umgemeindungsgesetz angenommen. In: Sozialdemokratischer Pressedienst, 13.7.1929 (enth. in: IISG Amsterdam, Nl. Grzesinski, Nr. 951); vgl. auch ders., Im Kampf (Ms.), Bl. 205.

men. Der Ausschuß durchschaute diese im Wortsinne „abgehobene" Politik jedoch und lehnte das Projekt auch mit Blick auf die hohen Kosten ab.[217]

Daß die kommunale Neugliederung des westdeutschen Industriereviers eine Mehrheit im Parlament fand, obwohl sich starke lokale Gegenkräfte formierten, ist darauf zurückzuführen, daß – wie im Fall der Auflösung der Gutsbezirke – das Gesetzeswerk konsequent an den parlamentarischen Möglichkeiten orientiert war. Zunächst war es wichtig, die divergierenden Anschauungen innerhalb der Regierung, insbesondere zwischen SPD und Zentrumspartei, auszugleichen. Es bestanden grundsätzliche Unterschiede in der Frage, wie Stadt- und Landkreise zu behandeln seien. Während der Sozialdemokratie vorgeworfen wurde, in erster Linie die Interessen der großen Städte mit ihren starken sozialdemokratischen Bevölkerungsteilen zu vertreten, wurde die Zentrumspartei von der SPD wegen ihrer „einseitig landfreundlichen Haltung" kritisiert.[218] Grzesinski versuchte den Konflikt aufzulösen, indem er immer wieder den Grundsatz der absoluten Parität zwischen Stadt und Land betonte. So wenig, wie sich lebensunfähige Landkreise vernünftigen Ein- und Umgemeindungen widersetzen könnten, so wenig sei der Landkreis ein „minderwertiges Gebilde, das zu verstümmeln oder aufzulösen ist, wenn eine benachbarte Großstadt Ansprüche auf sein Gebiet erhebt", verkündete der Innenminister 1927 vor dem Preußischen Landkreistag. Stadt- und Landkreis seien gleichberechtigt und müßten erhalten oder behalten, was sie zum Leben bräuchten. „Diesen Grundsatz habe ich und haben auch die Herren aus meiner Kommunalabteilung trotz großen Ansturmes von den verschiedenen Seiten konsequent aufrecht zu erhalten gesucht", fügte er hinzu.[219]

Doch das reichte nicht aus, um alle Koalitionsabgeordneten mit der Umgemeindungsvorlage zu versöhnen; lokale Interessen standen einem einheitlichen Votum der Weimarer Koalition entgegen. Grzesinski konnte sich in seinem Ministerium Unter den Linden den Beeinflussungsversuchen durch die betroffenen Kommunalpolitiker leicht entziehen, indem er „aus grundsätzlichen Erwägungen" keine Abordnungen in dieser Sache empfing.[220] Diese Möglichkeit hatten die Landtagsabgeordneten jedoch nicht, sie waren unmittelbar dem Druck ihrer jeweiligen lokalen Basis ausgesetzt. Daher blieben auch die Einwirkungsmöglichkeiten der sonst einflußreichen Fraktionsvorstände begrenzt, und aus dem gleichen Grunde hat es auch keine entschiedene Einwirkung des Ministerpräsidenten gegeben.

---

217 Pr. Innenminister Grzesinski an Dr. Eckener (Luftschiffbau Zeppelin GmbH), 9.12.1928. IISG Amsterdam, Nl. Grzesinski, Nr. 992; Grzesinski, Im Kampf (Ms.), Bl. 207. Über Grzesinskis Zeppelinfahrt nach Amerika informiert sein Buch: Im Zeppelin nach Amerika (1929).

218 Hamburger, Grzesinskis Leistung, S. 299.

219 Zeitschrift für Selbstverwaltung, 10. Jg., Nr. 14, 15.10.1927, S. 311.; zur „Parität" vgl. auch „Der Preußische Innenminister vor dem Preußischen Landkreistag". In: Ebd., 11. Jg., Nr. 7, 1.7.1928, S. 145-147.

220 Pr. Innenminister Grzesinski an MdR Schreck (SPD-Bielefeld), 5.7.1929. IISG Amsterdam, Nl. Grzesinski, Nr. 954.

Um seine Vorlage durchzubringen, bemühte sich Grzesinski ganz bewußt, Teile der Opposition für das Gesetz einzunehmen. Er trat für ein geschlossenes Auftreten der Koalition in Landtag und Staatsrat ein[221], darüber hinaus wandte er sich jedoch in seiner Landtagsrede bei der Einbringung des Gesetzes öfter als in solchen Fällen üblich an die Opposition und versuchte rhetorisch nicht ungeschickt, den Gesetzentwurf als parteipolitisch vollkommen neutral hinzustellen. Die Gegner der Umgemeindungen stigmatisierte er als rückschrittliche Partikularisten, die sich dem objektiv Notwendigen und Richtigen – der Regierungsvorlage – entgegenstellten. Demgegenüber müsse der Landtag die höher zu achtenden Interessen der Allgemeinheit im Auge haben, selbst auf die Gefahr hin, gewisse Einzelinteressen zu verletzen. Mit seiner Einladung an alle Fraktionen des Hauses zur „freudigen Mitarbeit" wollte Grzesinski nicht nur Oppositionsabgeordnete für die Vorlage gewinnen, sondern auch die Regierungsfraktionen unter Druck setzen.[222] Bereits einige Wochen zuvor hatte er in einem Brief an die Landtagsfraktion der SPD[223] angedeutet, daß bei einem Scheitern des Gesetzes der Beweis erbracht sei, „daß es ohne die Deutsche Volkspartei in Preußen nicht mehr ginge". Diesen politisch verheerenden Eindruck könne die Weimarer Koalition nur durch vollzählige Anwesenheit aller Abgeordneten bis zum letzten Sitzungstag und einheitliche Stimmabgabe für das Gesetz verwischen.

Die Rechnung Grzesinskis ging auf, das Gesetz wurde nach heftigen Auseinandersetzungen ohne substantielle Änderungen am 10. Juli 1929 mit 210 gegen 169 Stimmen vom Landtag angenommen.[224] Mit dem Grundsatz der Parität zwischen Stadt und Land war es gelungen, die Interessen der großen Koalitionsparteien SPD und Zentrum bis zu einem gewissen Grade auszutarieren. Grzesinski hatte seine Beamten angewiesen, bei der Konzeption eine „mittlere Linie" zwischen den Interessen der Großstädte und der Landkreise zu steuern.[225] Aber mit der Vorlage zielte Grzesinski nicht nur auf den Koalitionskompromiß. Ebenso wollte er, indem er das Gesetz als parteipolitisch neutral, undogmatisch und nicht präjudizierend für andere Gebiete charakterisierte[226], einzelne Gruppen der Opposition zur Mitarbeit gewinnen, was auch gelang. Dabei zeigte es sich, daß die sozialdemokratische Fraktion unter dem massiven Druck Grzesinskis als „fester parlamentarischer Kern" das Zustandekommen der einzelnen Bestimmungen in den zahlreichen Ausschuß- und Plenarabstimmungen sicherstellte, während die „bürgerlichen" Parteien ein „Bild

---

221 Pr. Innenminister Grzesinski an die SPD-Landtagsfraktion, 25.3.1929. IISG Amsterdam, Nl. Grzesinski, Nr. 942. Ders. an Mitgl. d. Staatsrats Häring (SPD), 16.7.1929. Ebd., Nr. 941.

222 SB PrLT, 3. WP, 26.4.1929, Sp. 6733-6740.

223 Vom 25.3.1929. IISG Amsterdam, Nl. Grzesinski, Nr. 942.

224 Vgl. dazu: Grzesinski, Das Umgemeindungsgesetz angenommen. In: Sozialdemokratischer Pressedienst v. 13.7.1929 (enth. in IISG Amsterdam, Nl. Grzesinski, Nr. 951).

225 Vgl. die Ausführungen Grzesinskis 1927 vor dem Preußischen Landkreistag. Zeitschrift für Selbstverwaltung, 10. Jg., Nr. 14, 15.10.1927, S. 311.

226 SB PrLT, 3. WP, 26.4.1929, Sp. 6734, 6740.

bunter Zersplitterung je nach der landsmannschaftlichen und lokalen Herkunft der Abgeordneten" boten.[227] Mehrheiten kamen zumeist dadurch zustande, daß die SPD wechselnde Unterstützung von anderen Parteien erhielt; teilweise kam es zu recht bemerkenswerten Allianzen.[228] Wegen der positiven Effekte für die Arbeiterschaft unterstützte auch die KPD bei zahlreichen Einzelbestimmungen Grzesinskis Gesetzentwurf. An der Schlußabstimmung, bei der sich wieder Regierung und Opposition deutlich abgegrenzt gegenüberstanden, beteiligte sie sich nicht vollzählig.[229]

Wie schon eineinhalb Jahre zuvor bei der Auflösung der Gutsbezirke betrieben die Deutschnationalen Fundamentalopposition gegen das Gesetz, die bis zur Anrufung des Staatsgerichtshofes reichte. Auch in diesem Fall blieb die Klage ohne Erfolg.[230] Die komplizierte verwaltungspraktische Umsetzung des Gesetzes ging „ziemlich reibungslos" vor sich; allerdings konnte Grzesinski keinen großen Anteil mehr daran nehmen. Die Ausführungsbestimmungen waren gerade im Staatsrat beraten worden, als er im Februar 1930 zurücktreten mußte.[231]

Am Fall der kommunalen Neugliederung des rheinisch-westfälischen Industriegebiets lassen sich beispielhaft die sozialen Beweggründe für die Reformpolitik studieren: Die in Grzesinskis Augen geradezu skandalösen sozialen und wirtschaftlichen Mißstände, die ihre Ursache in leistungsunfähigen Landkreisen und aus den Nähten platzenden Städten hatten, sollten beseitigt werden.[232] Es ging um ein Mindestmaß an Einheitlichkeit in den Lebensverhältnissen, um Siedlungsraum für bezahlbare Arbeiterwohnungen und um Platz für moderne und preiswerte Verkehrsmittel. Durch die Zusammenlegung von Stadt- und Landkreisen und die damit verbundene Rationalisierung waren für den Staat auf lange Sicht auch finanzielle Einsparungen bei den Personalkosten zu erwarten. Für Grzesinski, der „verwalten" als „Dienst an der Bevölkerung" auffaßte, durfte der Weg, „die Verwaltungseinheiten den Bedürfnissen des Gebietes und der Bevölkerung anzupas-

---

227 Hamburger, Neue Wege, S. 206. Als Beispiel für den Druck, den Grzesinski auf seine Parteifreunde in Landtag und Staatsrat ausübte, siehe: Pr. Innenminister Grzesinski an SPD-Landtagsfraktion, 25.3.1929. IISG Amsterdam, Nl. Grzesinski, Nr. 942. Ders. an Häring (Mitgl. d. Staatsrats/SPD), 16.7.1929. Ebd., Nr. 941.

228 So stimmten in einem Fall die Vertreter von SPD, KPD und Zentrum zusammen, in einem anderen Fall SPD, KPD und ein Teil der DVP. MinDir. v. Leyden an pr. Innenminister Grzesinski, 14.6.1929. IISG Amsterdam, Nl. Grzesinski, Nr. 946.

229 Hamburger, Neue Wege, S. 206f. Daß sich die KPD an der „positiven Arbeit zu diesem Gesetze fast gar nicht beteiligt" habe, wie Grzesinski (Im Kampf, Bl. 207) behauptet, trifft nach den vorliegenden Belegen nicht zu. Über die parlamentarischen Auseinandersetzungen um das Gesetz: Möller, Parlamentarismus, S. 491 u. 527-529.

230 Spruch des Staatsgerichtshof vom 10.12.1929. Vgl. MBliV 1929, Sp. 1061. Vgl. auch die Sammlung von Urteilen desselben Gerichts, in welchen den Einsprüchen von Gemeinden gegen Um- und Eingemeindungen durchweg nicht stattgegeben wird, in: IISG Amsterdam, Nl. Grzesinski, Nr. 1190.

231 SB HA PrLT, 3. WP, 16.1.1930, Sp. 5 (Grzesinski).

232 Grzesinski, Im Kampf (Ms.), Bl. 204.

sen"[233], nicht im Industrierevier enden. Als nächstes standen umfassende Gebiets-reformen in den Provinzen Hannover, Sachsen, Nieder- und Oberschlesien auf der Tagesordnung[234], die jedoch nicht mehr realisiert werden konnten.

In den vorigen Abschnitten ist deutlich geworden, daß mit den preußischen Landtagen der Weimarer Republik die umfassende Große Verwaltungsreform nicht zu verwirklichen war. Daß die Regierung „keine reale Chance besaß, das Verwaltungsgerüst und das vorhandene Aufgabenfeld zügig und umfassend zu reformieren"[235], lag an den politisch-parlamentarischen Verhältnissen und kann ihr nicht als Reformversäumnis angelastet werden. In bezug auf die Verwaltungsre-form, zumal wenn es um Fragen territorialer Neuabgrenzungen ging, waren die Parteien, auch die der Regierungskoalition, nicht nur untereinander, sondern auch in sich uneinig. Sehr oft gingen nicht nur ein, sondern zwei dicke Risse durch die einzelnen Fraktionen, wie Grzesinski 1929 im Hauptausschuß des Landtages fest-stellte. Daraus zog er für sein politisches Handeln die Konsequenz, daß man auf dem Gebiet der Verwaltungsreform nur zu Ergebnissen kommen werde, wenn man die Ebene der theoretischen und grundsätzlichen Erörterung verließ und anhand konkreter Vorlagen in ebenso konkrete Beratungen eintrat.[236] Durch diese „prakti-sche Verwaltungsreform" konnten wenigstens Teilfragen befriedigend gelöst wer-den. In Anbetracht der starken parlamentarischen und parteipolitischen Wider-stände sind die Reformen durchaus auch als persönlicher Erfolg für Grzesinski zu bewerten.[237] Die Analyse der Gesetzgebungsprozesse hat gezeigt, daß die Teilre-formen vor allem deshalb gelangen, weil der erfahrene Parlamentarier Grzesinski seine Reformpläne konsequenter als seine Vorgänger und Nachfolger unter dem Gesichtspunkt der Durchsetzbarkeit im Landtag konzipiert hatte. Zeitgenossen galt das Umgemeindungsgesetz als Beweis, „daß auch das demokratische System zu rascher und großzügiger Arbeit imstande ist, wenn nur ein energischer Wille da ist, der es lenkt."[238]

3.4 Personalpolitik

Um zu einer demokratischen, an den Bedürfnissen der Bevölkerung orientierten Verwaltung zu gelangen, waren Verwaltungsreformen nur ein Weg. Daneben be-stand die Möglichkeit der Personalreform, die in die Verantwortung der preußi-

---

233 Grzesinski: Das Umgemeindungsgesetz angenommen. In: Sozialdemokratischer Pressedienst, 13.7.1929 (enth. in: IISG Amsterdam, Nl. Grzesinski, Nr. 951).

234 C. M.: Der Streit der Präsidenten. In: Vossische Zeitung v. 12.1.1929; Hamburger, Neue Wege, S. 210.

235 Deuse, Verwaltungsabbau, S. 377.

236 SB HA PrLT, 3. WP, 14.1.1929, Sp. 48 (Grzesinski).

237 So sah es z. B. der Berliner Börsen-Courier v. 28.7.1929, der die Umgemeindung im Westen als „einschneidende und bedeutende Reform" ansah; vgl. auch Deuse, Verwaltungsabbau, S. 396.

238 Preußens Innenminister. In: Vossische Zeitung v. 27.7.1929.

schen Regierung und besonders des Innenministeriums fiel. Über die Besetzung wichtiger Stellen in der preußischen allgemeinen und inneren Verwaltung entschied das Staatsministerium auf Vorschlag des Innenministers. Im monarchischen Staat waren die Stellen des höheren Dienstes fast ausnahmslos mit Konservativen, unter ihnen viele Adlige, besetzt worden. Um 1930 gab es in der preußischen Verwaltung über 1.800 höhere oder, wie man damals auch sagte, „Oberbeamte". Unter diesen waren rund 540 „politische Beamte", denen im Preußen der Weimarer Republik das besondere Augenmerk der Regierungsparteien galt. Ein politischer Beamter konnte jederzeit in den einstweiligen Ruhestand versetzt werden, wenn die Regierung der Meinung war, daß seine Amtsführung im Widerspruch zu ihren politischen Zielen stand. Der politische Beamte war keine Erfindung der Republik: Seit Mitte des 19. Jahrhunderts hatte der preußische Staat die entscheidenden Positionen der staatlichen Verwaltung mit sogenannten „disponiblen" Beamten besetzt, die ohne weiteres vom König auf Vorschlag des Staatsministeriums abberufen werden konnten.[239] Demgegenüber konnten die Verwaltungsbeamten, die keine politischen Beamten waren, nur nach einem Disziplinarverfahren abgesetzt werden.

Die besondere Stellung der politischen Beamten korrespondiert mit der Bedeutung der Ämter, die sie zu bekleiden hatten. Seit einer Erweiterung des Kreises der politischen Beamten im Jahre 1922, nach dem Mord an Außenminister Rathenau, hatten im Preußen der Weimarer Republik folgende hohe Verwaltungsbeamte den Status von politischen Beamten: Die 12 Oberpräsidenten (und ihre Vizepräsidenten) als Spitzen der Provinzialverwaltungen, die 33 Regierungspräsidenten (ebenfalls mit Vizepräsidenten) als Chefs der Verwaltungen der Regierungsbezirke sowie die 405 Landräte als Leiter der Kreisverwaltungen in der Lokalinstanz. Politische Beamte waren auch 41 Polizeipräsidenten preußischer Großstädte. In der Zentralinstanz waren die Staatssekretäre der preußischen Ministerien und die Ministerialdirektoren und Ministerialdirigenten (Abteilungsleiter) politische Beamte.[240]

Bei der Demokratisierung der Verwaltung ging es nicht darum, die über 156.000 Unter-, Mittel- und Oberbeamten, die die Republik vom Kaiserreich übernommen hatte, auf ihre „richtige", demokratische Gesinnung zu überprüfen und gegebenenfalls auszutauschen. Das war weder technisch möglich noch politisch gewollt. Die auch in der SPD vorherrschende Meinung war, daß „ein Stillstand in der Staatsmaschine [...] zu den schwersten Schädigungen des Staatsganzen und vor allem des arbeitenden Volkes geführt" hätte. Daher sei es gar nicht möglich gewesen, nach dem November 1918 die vielen tausend eingearbeiteten Beamten durch Anhänger

---

239 Runge, Politik und Beamtentum, S. 21.
240 GS 1923, S. 1. Die Zahlen beziehen sich auf den Stand bei Grzesinskis Rücktritt im Jahre 1930. Vgl. Grzesinski, Im Kampf (Ms.), Bl. 216. Besonders die Zahl der preuß. Landräte schwankte, sie sank im Laufe der Weimarer Republik infolge Gebietsabtretungen und der im Abschnitt 3.3 geschilderten kommunalen Neugliederungen von über 480 auf 405. Vgl. auch Preußenwahl 1932, S. 23.

des neuen Staates zu ersetzen.[241] Folglich mußten die Sozialdemokraten ihre Hoffnungen darauf setzen, daß die Beamtenschaft die von der Weimarer Verfassung eingeräumte Sicherung ihrer materiellen Basis sowie die Gewährung der Koalitionsfreiheit durch Anhänglichkeit an die Republik honorieren werde. Die meisten SPD-Politiker glaubten, daß es für die Republik ungefährlich sei, den Beamtenapparat des Kaiserreichs ohne große Änderungen zu übernehmen, denn das verbreitete mehrheitssozialdemokratische Bürokratieverständnis war in hohem Maße mechanistisch. Die Verwaltung wurde dabei als Räderwerk angesehen, in dem tendenziell unpolitische Fachbeamte (das „technische Personal") das reibungslose Funktionieren der Verwaltungsmaschinerie sicherstellten. Um dieses Räderwerk zu kontrollieren, genüge es, einige entscheidende Positionen (die „Schalthebel der Macht") zu besetzen. Ob das eine angemessene Sichtweise war, kann man rückschauend und normativ mit guten Gründen bezweifeln; zu einer grundlegenden Umformung des Verwaltungsapparates bedurfte es mehr, als einige Führungspositionen neu zu besetzen. Die preußischen Koalitionsparteien (unter Einschluß der DVP, die von 1921 bis Januar 1925 mit in der Regierung saß) haben sich, so ist kritisch anzumerken, allzu sehr auf die Besetzung der politischen Beamtenstellen konzentriert. Über dem Streit um die Personalpolitik im höheren Dienst vernachlässigten sie andere wichtige Fragen, die ebenfalls mehr demokratischen Geist in die Staatsverwaltung gebracht hätten, wie beispielsweise die Reform des Zugangs zum öffentlichen Dienst, des öffentlichen Dienstrechts überhaupt und des Verwaltungsrechts. Aus damaliger Sicht waren das jedoch Fragen, die irgendwann in der Zukunft, in politisch ruhigeren Zeiten gelöst werden würden. Grzesinskis Entscheidung aus dem Jahre 1927, wenigstens die enge und einseitige Ausbildung des Nachwuchses auf eine breitere Basis zu stellen und den „Regierungsassessor" abzuschaffen, war in dieser Hinsicht eine Ausnahme.[242]

Statt um Strukturreformen wurde um Stellenbesetzungen gestritten. Die bestimmende Frage, an der sich auch innerhalb der SPD die Geister schieden, lautete: Welche Positionen sind als entscheidend anzusehen? Oder, um im Bild zu bleiben: An welchen „Schalthebeln" mußten überzeugte Demokraten sitzen? Die sozialdemokratisch geführten Reichsregierungen und die preußischen Regierungen bis zum Kapp-Putsch hatten sich in der Regel auf die Besetzung der Minister- und Staatssekretärsposten beschränkt, in Preußen wurden zusätzlich die Oberpräsidien mit Anhängern der Republik besetzt. Diese „zurückhaltende Ämterpolitik", wie sie beispielsweise der preußische Innenminister Heine betrieb[243], wurde, wie gezeigt werden konnte, von den Arbeiter- und Soldatenräten, dem Zentralrat der deutschen sozialistischen Republik, Teilen der preußischen SPD-Fraktion, vom damaligen Landwirtschaftsminister Otto Braun und auch von Albert Grzesinski kritisiert.

---

241 Preußentag der SPD (1928), S. 9 (Grzesinski).
242 Siehe unten Abschnitt b.
243 Runge, Politik und Beamtentum, S. 120.

Kritiker wie Braun und Grzesinski konnten sich mit ihren Vorstellungen einer konsequenten demokratischen Personalpolitik, die nicht nur Minister und Staatssekretäre, sondern in besonderem Maße auch die höhere Beamtenschaft erfassen sollte, nicht durchsetzen, zumal es den nach wie vor monarchistisch eingestellten Teilen der hohen Bürokratie und deren Abgesandten in den Parlamenten gelungen war, ihre republikfeindlichen Ansichten vor der Öffentlichkeit zu verschleiern.

Der fehlgeschlagene Kapp-Putsch vom März 1920 sorgte hier für Klärung. Die Ministerialbürokratie in Berlin hatte sich der Putschregierung verweigert. In den Ober- und Regierungspräsidien sowie den Landratsämtern in den östlichen Landesteilen hatten sich jedoch zahlreiche höhere Beamte auf die Seite der illegitimen „Regierung" Kapp geschlagen und sich so in der Realität nicht als die loyalen, unpolitischen Fachleute erwiesen, als die sie der preußische Innenminister Heine angesehen hatte. Unter dem Eindruck dieser Ereignisse mußte Ernst Heilmann namens der SPD-Fraktion vor dem Landtag zugeben, daß er seine Meinung über die konservative Beamtenschaft revidiert hatte und daß die Personalpolitik Heines von falschen Voraussetzungen ausgegangen war. Sie beide, Heine und Heilmann, hätten sich getäuscht: „Als die Herren von der Rechten erklärten: wir wollen uns ehrlich auf den Boden der neuen Verhältnisse stellen und werden als Beamte auch dem republikanischen Staate mit unserer besten Kraft dienen, da haben wir geglaubt, daß das ehrlich war. Wir haben es geglaubt – bis zum 13. März [dem Tag des Kapp-Putsches]. An dem Tage haben wir erkannt, daß alle die, die die Treue auf den Lippen hatten, heimlich nur auf den Tag lauerten, wo sie mit Gewalt die Republik wieder vernichteten und das alte Zwangsregiment einführten. Seitdem ist die Politik des Ministers Severing eine unabweisliche Notwendigkeit geworden."[244]

Damit ist deutlich ausgesprochen, daß der Kapp-Putsch eine wichtige Zäsur in der personalpolitischen Diskussion im Preußen der Weimarer Republik bildete. Das Konzept einer Personalpolitik, die nur die obersten Spitzen in der Zentral- und der Provinzialinstanz erreicht hatte, bei den Stellenbesetzungen im Lande (Regierungspräsidien und Landratsämter) aber in erster Linie auf die hergebrachten Kriterien wie formale fachliche Qualifikation und Verwaltungserfahrung setzte, war gescheitert. Wenn in der Zukunft verstärkt auch auf die politische Vertrauenswürdigkeit der Stellenbewerber gesehen wurde, so wurden damit nicht etwa sozialdemokratische Parteigrundsätze in die Praxis umgesetzt[245], sondern praktische Konsequenzen aus dem offensichtlichen Scheitern der bisherigen Politik gezogen.

---

244 SB PrLV, 7.7.1920, Sp. 11708f. Ähnlich hatte sich MP Braun im Juni geäußert. Pikart, Berufsbeamtentum und Parteienstaat, S. 233.
245 Diese Ansicht vertritt Behrend (Personalpolitik, S. 176).

a) System Severing?

Die Personalpolitik, die der neue preußische Innenminister Severing betrieb, wurde sehr bald mit dem Etikett „System Severing" versehen. Für die extreme und nationalistische Rechte war das ein Synonym für Parteibuchwirtschaft. Die demokratischen Parteien verstanden darunter jedoch die „Heranziehung aller Kräfte des gesamten Volkes zur Mitarbeit am Staatsganzen" und bewerteten das „System Severing" infolgedessen positiv.[246] Im folgenden müssen die Grundzüge der Demokratisierungsvorstellungen Severings herausgearbeitet werden, weil Grzesinski seine Personalpolitik in bewußter Abgrenzung zu Severing konzipierte.[247]

Das große öffentliche Ansehen und die Bewunderung, die Severing bei vielen Sozialdemokraten genoß, beruhten darauf, daß seine Personalpolitik zum damaligen Zeitpunkt tatsächlich neu war und sich von der sehr zögerlichen Handlungsweise seines Vorgängers abhob. Die Schwäche Heines war der dunkle Hintergrund, vor dem sich Severings Personalpolitik um so heller abzeichnen konnte. Gleichwohl zeigt ein genauerer Blick, daß eine entschiedene Auswechslung unzuverlässiger politischer Beamter nur in zwei Phasen zu verzeichnen war, nämlich nach dem Kapp-Putsch vom März 1920 und nach dem Mord an Außenminister Rathenau im Juni 1922. Offensichtlich hat das jedoch ausgereicht, um Severings Ruf als durchgreifender Beamtenminister zu begründen. Nach 1922 war die Demokratisierung der Verwaltung unter Severing jedenfalls wieder eingeschlafen.[248]

Die Stellen der politischen Beamten ließen sich aus verschiedenen Gründen nicht so schnell mit überzeugten Demokraten besetzen, wie es die sozialdemokratische Landtagsfraktion von ihrem Minister forderte. Die Verfassung schrieb die Mitwirkung der Selbstverwaltungskörperschaften bei der Bestellung von Ober- und Regierungspräsidenten und Landräten vor.[249] Darüber hinaus wurde jeder sozialdemokratische Innenminister, der Mitglieder seiner Partei in hohe Verwaltungsämter bringen wollte, mit dem Mangel an qualifizierten Bewerbern konfrontiert. Im Kaiserreich waren Sozialdemokraten vom Verwaltungs- und Vorbereitungsdienst ausgeschlossen. Wenn die Weimarer Sozialdemokratie einflußreiche Posten in der preußischen Verwaltung besetzen wollte, mußte sie daher in einigen Fällen auf

---

246 So der Abg. Schwering (Z) in einer oft zitierten Wendung vor dem preuß. LT (25.3.1927). Siehe dazu Preußenpolitik, Nr. 1, Oktober 1927, S. 1.

247 Vgl. dazu die umfangreiche Literatur: Runge, Politik und Beamtentum, besonders S. 121-146; Behrend, Personalpolitik; Pikart, Preußische Beamtenpolitik; Sühl, SPD und öffentlicher Dienst, bes. Kap. III; Orlow, Weimar Prussia 1918-1925, bes. S. 219-242. Demgegenüber wird die Personalpolitik Severings von seinem Biographen Alexander nur en passant abgehandelt.

248 Runge, Politik und Beamtentum, S. 143f.; vgl. Hamburger, Grzesinskis Leistung, S. 297.

249 Ober- und Regierungspräsidenten mußten im Einvernehmen mit dem Provinzialausschuß ernannt werden (Pr. Verfassung, Art. 86); bei Landratsernennungen hatte der Kreistag das Vorschlagsrecht. Gleichwohl befand sich das PrStMin. in der günstigeren Position, um seine Vorstellungen durchzusetzen. So wurden, wenn ein Einvernehmen nicht zustande kam, die Beamten kommissarisch ernannt.

sogenannte „Außenseiter" zurückgreifen, die nicht über die vorgeschriebene Qualifikation verfügten, die also kein rechts- und staatswissenschaftliches Studium sowie das obligatorische Referendariat absolviert hatten. Dieses Verfahren war jedoch nicht so irregulär und skandalös, wie von der konservativen Opposition oft behauptet wurde, denn auch in der Monarchie waren „Außenseiter" berufen worden. Zudem wurde die zahlenmäßige Bedeutung dieser Gruppe oft übertrieben dargestellt; tatsächlich waren im Jahre 1928 in der preußischen allgemeinen Staatsverwaltung von 754 höheren Beamten nur 33 „Außenseiter".[250] Allerdings läßt sich zeigen, daß unter Grzesinski verstärkt „Außenseiter" berufen wurden. Da jedoch nicht alle Positionen mit „Außenseitern" besetzt werden konnten, schnitt die SPD aufgrund ihres Mangels an vorgebildeten Kräften im Vergleich zu den Koalitionspartnern DDP und Zentrum (von 1921 bis 1925 auch DVP) bei den Stellenbesetzungen deutlich schlechter ab, als es ihr Anteil an den Wählerstimmen erwarten ließ.

Hemmend auf Severings Personalpolitik wirkte sich auch die Mitsprache des preußischen Finanzministers bei Personalernennungen aus, dem bis 1925 aus fiskalischen Gründen eine Art Vetorecht zugestanden hatte.[251] Eng damit verbunden ist die Mitsprache der Deutschen Volkspartei, die von November 1921 bis Januar 1925 als Koalitionspartner in der preußischen Regierung vertreten war und mit Ernst von Richter den Finanzminister stellte. Richter, der nach dem Kapp-Putsch selbst der Personalpolitik Severings zum Opfer gefallen war und seinen Posten als Oberpräsident von Hannover hatte räumen müssen, bemühte sich nach Kräften, „Außenseiter"-Berufungen zu verhindern. Ein weiteres Hindernis für eine durchgreifende Personalpolitik bildete die Ruhrbesetzung 1923. Viele höhere Beamte waren aus dem besetzten Gebiet ausgewiesen worden und mußten besoldet werden. Ökonomisch war es sinnvoll, diese Beamten bei anstehenden Landratsernennungen besonders zu berücksichtigen, der personelle Umbau, die „Demokratisierung der Verwaltung", kam dadurch jedoch nicht weiter voran. Zusätzlich verringerte der Personalabbau in der preußischen Verwaltung seit 1924 den Spielraum für eine konsequente Personalpolitik.[252]

Neben diesen „ojektiven" Hindernissen, die einer durchgreifenden demokratisch-republikanischen Personalpolitik entgegenstanden, wirkte sich noch ein anderer, „subjektiver" Umstand hemmend auf Severings Personalpolitik aus: Severing hatte einen aus heutiger Sicht übertrieben anmutenden Respekt vor den Leistungen der preußischen Verwaltung. Demgegenüber legen neuere Forschungen die Sichtweise nahe, daß die alte Bürokratie keineswegs durchgängig die hohe Qualität aufwies, die ihr die Öffentlichkeit zusprach und die sie sich selbst zubilligte. Das lag

---

250 Pr. Innenminister Grzesinski an v. Eynern (DVP-Landtagsfraktion), 2.2.1928. IISG Amsterdam, Nl. Grzesinski, Nr. 733.

251 Orlow, Weimar Prussia 1925-1933, S. 83.

252 Runge, Politik und Beamtentum, S. 144f.

nicht zuletzt an der einseitigen Rekrutierungspraxis des Obrigkeitsstaates, der in erster Linie die politisch und sozial passenden Bewerber bei Einstellungen und Beförderungen berücksichtigte und nicht die fachlich am besten qualifizierten.[253] Gleichwohl war es Severings Meinung, daß Eingriffe in den überkommenen Verwaltungsapparat nur behutsam und nicht ohne äußeren Anlaß erfolgen dürften. Unumwunden gab er Anfang 1926, nach fünfeinhalb Jahren „System Severing" zu, „daß in Brandenburg, Pommern, Ostpreußen Landräte, vielleicht sogar Regierungspräsidenten säßen, die im Grunde ihres Herzens Monarchisten seien, aber er denke nicht daran, sie deswegen aus ihrem Amte zu entfernen."[254] Hier offenbart das Verwaltungsdenken Severings eine fragwürdige Dimension: Severing sah sich in erster Linie als „Staatsmann", der alle Teile der Bevölkerung, auch DNVP- und KPD-Mitglieder, an der Verwaltung beteiligen wollte.[255] Den konservativen politischen Beamten traute Severing zu, daß sie in ihre dienstliche Tätigkeit nichts von ihren antidemokratischen und monarchistischen Grundüberzeugungen einfließen ließen. Wohlgemerkt, es ging nicht um kleine Post-, Eisenbahn- oder Kommunalbeamte, sondern um die Spitzenbeamten und Exponenten der Republik, Behörden- oder Abteilungsleiter, die erhebliche Entscheidungskompetenzen und -spielräume besaßen. Unter diesen Umständen erscheint es naiv, daß Severing glaubte, es könne jemand ein guter und loyaler politischer Beamter sein, der innerlich die herrschende Staatsform ablehnte. Auf die „Sachkenntnis" dieser Beamten glaubte Severing jedoch nicht verzichten zu können, und er hegte die Hoffnung, daß sich die konservative Beamtenschaft im Laufe der Zeit zu einem positiven Verhältnis zur Republik bekehren werde.

Es verwundert daher nicht, daß Severing auf dem Gebiet der Personalpolitik selten von sich aus tätig wurde, sondern nur gehandelt hat, wenn Druck auf ihm lastete. Alle größeren Personalveränderungen waren Reaktionen auf konkrete Anlässe: Im Jahre 1920, nach dem Kapp-Putsch, gab es keine Alternative zu einem großen Personalschub, weil sich die Gewerkschaften, die mit ihrem Generalstreik die Hauptlast zur Abwehr des Putsches getragen hatten, die Forderung nach einer energischeren „Demokratisierung der Verwaltung" zu eigen gemacht hatten. Diesem äußeren Druck und dieser Stimmung in der Arbeiterschaft konnte sich kein Sozialdemokrat widersetzen, der den Massenanhang seiner Partei nicht aufs Spiel setzen wollte.[256]

Ein vergleichbar starker äußerer Druck, einen weiteren Demokratisierungsvorstoß zu unternehmen, herrschte im unruhigen Jahr 1922. Nach dem Mord an Außenminister Rathenau am 24. Juni war es kurzzeitig zu einer gemeinsamen Aktionsfront der Arbeiterparteien und der Freien Gewerkschaften gekommen, die im

253 Fenske, Bürokratie in Deutschland, S. 24f.; Süle, Preußische Bürokratietradition, S. 254f.
254 SB HA PrLT, 2. WP, 17.2.1926, Sp. 12 (Severing).
255 Behrend, Personalpolitik, S. 185.
256 Vgl. Winkler, Von der Revolution, S. 310.

Generalstreik gipfelte. Auch hier wurde wieder die „Demokratisierung der Verwaltung" angemahnt, und Severings „Beamtenrevirement zum Schutz der Republik" ist eindeutig eine Reaktion auf diese Forderungen. Vor die Wahl gestellt, „entweder einige Beamte zu opfern oder die Kontrolle über die innenpolitische Entwicklung zu verlieren", gaben auch die „bürgerlichen" Koalitionspartner ihre Zustimmung.[257]

Das Fazit lautet, daß Severings Personalpolitik einen Fortschritt gegenüber der Politik seines Vorgängers Heine bedeutete. Es gab zahlreiche Neuberufungen: Während Severings Amtszeit (einschließlich des Zwischenspiels des DDP-Ministers Dominicus von April bis November 1921) wurden 7 Oberpräsidenten, 38 Regierungspräsidenten und mindestens 229 Landräte neu ernannt. Vor allem bei den Ober- und Regierungspräsidenten sind Erfolge unverkennbar, sie standen 1926 fast sämtlich auf seiten der Koalitionsparteien. Zwiespältiger fällt das Fazit bei den Landräten aus, denn eine Neuberufung bedeutete nicht automatisch, daß auch ein entschiedener Republikaner ernannt wurde: In den östlichen Landesteilen waren zwei Drittel der neuernannten Landräte „parteilos", was in der Regel als Indiz für konservativ-monarchistische Gesinnung gelten kann.[258] Severings Personalpolitik reagierte in erster Linie auf Notsituationen und die Gefahr des Machtverlustes, nach dem Kapp-Putsch 1920 ebenso wie nach dem Rathenau-Mord 1922. Vorbeugende Aktivitäten sind dagegen kaum festzustellen. Am deutlichsten zeigte sich das im Ministerium des Innern selbst. In seiner Autobiographie mußte Severing einräumen, daß noch 1925 von den 65 Beamten im Innenministerium nur 13 zu den republikanischen Parteien zählten, „während alle anderen den Rechtsparteien mindestens nahestanden oder gar als Mitglieder angeschlossen waren."[259] Hinzu kam, daß Severing den Ministerialbeamten aus seiner eigenen Partei mit einer schwer erklärbaren Reserve gegenübertrat; nach Grzesinskis Aussagen hat Severing die SPD-Beamten im Ministerium nicht gemocht, sondern nur geduldet.[260] Angesichts dieser Versäumnisse verwundert es nicht, daß er mit seiner Personalpolitik auch in der eigenen Partei auf Widerstand stieß, zumal von der letzten Personalveränderung im Jahre 1922 nicht die SPD als größte Koalitionspartei, sondern vor allem die rechtsstehende Deutsche Volkspartei und das Zentrum profitiert hatten.[261] Die Führung der preußischen SPD-Fraktion, besonders Heilmann und Grzesinski, war daher mit Severings Amtsführung unzufrieden. Auch Ministerpräsident Otto Braun war aufgefallen, daß Severing den Versuchen seines Staatssekretärs Meister, in Zusammenarbeit mit führenden DVP-Abgeordneten wichtige Persona-

---

257 Runge, Politik und Beamtentum, S. 135; vgl. auch Winkler, Von der Revolution, S. 427f. und Severing, Lebensweg I, S. 352ff.
258 Zahlen nach Runge, Politik und Beamtentum, S. 145f.
259 Severing, Lebensweg I, S. 286; vgl. auch Berliner Tageblatt, 1.9.1925 sowie Sühl, SPD und öffentlicher Dienst, S. 188.
260 Grzesinski an Tejessy, 4.4.1936. LA Berlin, Rep. 200, Acc. 3983, Nr. 3.
261 Runge, Politik und Beamtentum, S. 142.

lien hinter dem Rücken des Ministers zu regeln, nicht entschieden genug entgegentrat.[262]

b) Personalpolitik unter Grzesinski

Im Gegensatz zu Severing war Grzesinski nicht der Meinung, daß sich der Zwie-
spalt zwischen reaktionärer politischer Überzeugung und loyaler Amtsführung im
Sinne der Republik, in den ein monarchistischer Beamter geraten konnte, ohne
weiteres überbrücken ließe. Vielmehr müsse – „notwendigerweise" – die außer-
dienstliche Parteinahme für eine republikfeindliche Partei (wie die DNVP) auf die
Erfüllung der Amtsgeschäfte abfärben. Grzesinski bezweifelte, daß ein Gegner der
Republik dienstlich im Sinne eben jener von ihm innerlich abgelehnten Staatsform
handeln könne. Daraus ergab sich die konsequente Forderung nach einem Ende
der allzu „toleranten" Personalpolitik.[263] Hinzu kam, daß Grzesinski der Verwaltung
hohe Bedeutung zumaß und in ihr die Instanz sah, die letztendlich darüber entschied, ob ein vom Parlament beschlossenes Gesetz die beabsichtigten Wirkungen
entfaltete. Um sicherzustellen, daß die Gesetze auch tatsächlich gemäß den Intentionen des Gesetzgebers umgesetzt würden, war die Besetzung aller leitenden
Beamtenstellen mit überzeugten Demokraten, und zwar von der Zentral- bis zur
Lokalinstanz, eine unabweisbare Forderung. Daß die Verwaltungsbeamten
„Vertrauensleute" der Bevölkerung sein sollten, hatte Grzesinski bereits 1919 verlangt.[264] Dazu gehörte auch, daß verstärkt Frauen in die Exekutive berufen werden
sollten. Entsprechende Forderungen Grzesinskis aus dem Jahre 1923 wurden aber
nicht realisiert[265], im Gegenteil: Der Personalabbau der Jahre 1924/25 ging (mit
Zustimmung der SPD) besonders zu Lasten von Frauen.[266]

Grzesinskis Personalpolitik speiste sich aus seiner Verwaltungssicht und seinen
persönlichen Erfahrungen mit einer überforderten und unfähigen höheren Beamtenschaft während der Kriegsjahre in Kassel. Gerade weil, wie er überspitzt formulierte, in Wirklichkeit nicht die Legislative, sondern die Verwaltung regiere, war es
für ihn unerträglich, wenn alte leitende Beamte, die sich im Krieg als unfähig erwiesen hatten, auf die „Bedürfnisse des Volkes" einzugehen, weiter amtierten.[267]

Seit Bestehen der Weimarer Republik hat Grzesinski die Personalpolitik der
verantwortlichen Minister im Reich wie in Preußen aufmerksam verfolgt und teilweise scharf kritisiert. Am preußischen Innenminister Heine (1919/20) und an den
sozialdemokratischen Reichskanzlern und -ministern wie Ebert und Bauer bean-

---

262 Siehe dazu ausführlich: oben, Kap. IV 1.
263 Grzesinski, Republik und Beamter, S. 10.
264 Rede auf der Bez.-Konferenz der Kasseler AuSRe. Volksblatt Kassel v. 4.6.1919.
265 Grzesinski an pr. Innenminister Severing, 20.9.1923. IISG Amsterdam, Nl. Grzesinski, Nr. 795.
266 Caplan, Government, S. 46f.
267 Grzesinski, Im Kampf (Ms.), Bl. 51f. und 212.

standete er, daß sie „grundsätzlich keine republikanische, überhaupt keine bewußte Personalpolitik" betrieben hatten.[268] Wie Grzesinski sich eine bewußte demokratische Personalpolitik vorstellte, zeigt ein Vorschlag, den er in seiner Eigenschaft als Fraktionsvorsitzender der SPD am 24. Mai 1922 in einer interfraktionellen Besprechung der Großen Koalition in Preußen unterbreitete. In Gegenwart des Ministerpräsidenten Otto Braun forderte Grzesinski – „unbeschadet des Rechts des Staatsministeriums und der Ressortminister, die Beamten zu ernennen" – eine institutionalisierte Mitsprache der preußischen Regierungsparteien bei Stellenbesetzungen:

- Über freiwerdende höhere Beamtenstellen in der preußischen Verwaltung sollten die Regierungsfraktionen „ständig" informiert werden.
- Die Neubesetzung sollte bei den politischen Beamtenstellen „im Benehmen" mit dem interfraktionellen Ausschuß der Regierungsparteien erfolgen, bei den übrigen Stellen im höheren Dienst „nach Anhören" des interfraktionellen Ausschusses.
- Der interfraktionelle Ausschuß sollte „laufend" über die Einstellungen von Referendaren informiert werden.[269]

Einer so umfassenden Mitwirkung der Fraktionen konnten der Ministerpräsident, der die Autorität der Regierung bewahren wollte, und die liberalen Parteien, die an der Idee eines politisch „neutralen" Berufsbeamtentums festhielten, nicht zustimmen. Vermutlich hätte auch Grzesinski, wäre er zu dieser Zeit Innenminister gewesen, solche Vorschläge als zu weitgehenden Eingriff in seine Kompetenzen abgelehnt. Gleichwohl beweist der Entwurf, daß Grzesinski sich intensiv Gedanken über eine möglichst schnelle und durchgreifende Demokratisierung der Verwaltung gemacht hatte. Das Neue an seinem Konzept war die Institutionalisierung der Ämterpatronage. Dadurch sollten die Personalentscheidungen aus dem Dunkel der Amtsstuben auf die helle Bühne des interfraktionellen Ausschusses gebracht werden. An Stelle eines undurchsichtigen Entscheidungsverfahrens, auf das Parteien, einzelne Politiker, Lobbyisten und Verbandsvertreter, Minister und nicht zuletzt die Bürokratie selbst einwirkten, sollte das transparente und nachvollziehbare Aushandeln der Beamtenstellen zwischen Staatsministerium und Parteien treten. Das Ziel war eine großzügige, demokratische und republikanische Personalpolitik „aus einem Guß" anstelle der Personalpolitik „auf eigene Faust", die jeder Minister im Rahmen seiner Zuständigkeit betrieb.[270] Dazu hätte freilich der Mut gehört, sich zur Ämterpatronage zu bekennen und sie als Mittel zur Sicherung von Republik und Demokratie offensiv zu vertreten. Aber augenscheinlich wirkte der Mythos des

---

268 Grzesinski, Im Kampf (Ms.), Bl. 102.
269 Entwurf einer Übereinkunft der Regierungsparteien, dat. 24.5.1922. IISG Amsterdam, Nl. Grzesinski, Nr. 801; abgedruckt bei Pikart, Preußische Beamtenpolitik, S.132f. und Runge, Politik und Beamtentum, S. 78. Teilnehmer waren MP Braun und Grzesinski (SPD), Heß (Z), Oeser (DDP), v. Campe (DVP) u. a.
270 Grzesinski, Im Kampf (Ms.), Bl. 211; vgl. auch pr. Finanzminister Höpker-Aschoff an pr. Innenminister Grzesinski, 15.3.1928. IISG Amsterdam, Nl. Grzesinski, Nr. 72.

vermeintlich „überparteilichen" Berufsbeamtentums auch bei vielen Sozialdemokraten so stark nach, daß die Berufung von demokratisch zuverlässigen Bewerbern und unter Umständen auch „Außenseitern" als ein Abweichen von der Norm angesehen wurde, für das man glaubte, sich entschuldigen und rechtfertigen zu müssen.[271] Hinzu kam, daß in der preußischen Koalition namentlich die DDP weiterhin auf den „Primat der Sachkunde" pochte und sich gegen eine „Politisierung" des Berufsbeamtentums wandte – nicht zuletzt deshalb, weil sie über genügend fachlich vorgebildete Bewerber verfügte und darum vergleichsweise häufig bei Stellenbesetzungen zum Zuge kam.[272] Der personalpolitische Erfolg der DDP stand in krassem Gegensatz zu ihren Wahlergebnissen: Bei den Landtagswahlen zwischen 1921 und 1932 konnte sie nie mehr als 6,2 Prozent der Wählerstimmen auf sich vereinigen. Grzesinskis Vorstellungen von einer bewußten und systematischen Personalpolitik zur Sicherung von Demokratie und Republik waren im Jahre 1922, zu Zeiten der Großen Koalition, nicht konsensfähig. Doch wie wurden die Stellen tatsächlich besetzt, wie funktionierte die Ämterpatronage in Preußen?

In den einzelnen Ministerien gab es Personalreferenten, die dem Minister über freiwerdende Stellen im höheren Verwaltungsdienst und bei den politischen Beamten berichteten und Vorschläge für die Neubesetzung unterbreiteten. Daß die Personalreferate von entschiedenen Demokraten geleitet werden sollten, war eine selbstverständliche Forderung.[273] Die Bedeutung der Personalreferate lag weniger darin, daß von hier aus etwa autonom Personalpolitik betrieben werden konnte, als vielmehr in der Möglichkeit der unmittelbaren Information. Umgekehrt konnten die Personalreferenten von ihren Parteien als Vertrauens- und Verbindungsleute in Anspruch genommen werden, um personelle Wünsche und Anregungen an den Minister weiterzuleiten. Das beste Beispiel war das langjährige Zusammenwirken zwischen dem Personalreferenten und späteren Leiter der Personalabteilung im preußischen Innenministerium, Heinrich Brand (Z), und dem Fraktionsführer des Zentrums, Joseph Heß: Als zwischen beiden kein Vertrauensverhältnis mehr bestand, soll Heß im Jahre 1931 die Versetzung Brands als Regierungspräsident nach Sigmaringen veranlaßt haben.[274] In den Personalreferaten wurden die personalpolitischen Entscheidungen über die Berufung politischer Beamter vorbereitet; die endgültige Auswahl wurde in Verhandlungen zwischen den maßgeblichen Politikern der Koalitionsfraktionen und den Kabinettsmitgliedern getroffen.

Die institutionalisierte Mitsprache der Fraktionen, wie sie Grzesinski vorschwebte, hatte sich nicht durchsetzen lassen, gleichwohl wurden die personalpolitischen Wünsche der Parteien, die sich im interfraktionellen Ausschuß artikulier-

---

271 Vgl. z. B. Ausführungen Severings im Landtag: SB PrLT, 2. WP, 24.3.1927, Sp. 18480.
272 Behrend, Personalpolitik, S. 177.
273 Herz, Verwaltungsreform, S. 44.
274 Hömig, Das Preußische Zentrum, S. 172f., mit Bezug auf eine schriftl. Mitteilung Wuermelings (ehem. RegR im PrMdI); Ehni, Zum Parteienverhältnis, S. 253f.

ten, „in der Regel stark beachtet", wie Ernst Hamburger sich erinnerte.[275] Einen entscheidenden Einfluß bei der Neubesetzung von Stellen hatten jedoch die Fraktionsführungen: Gegen den Willen des sozialdemokratischen Fraktionsvorsitzenden Ernst Heilmann, so war Gustav Noskes Eindruck, hätte „wohl kein Minister ein wichtiges Amt besetzt". Daß Heilmann entscheidenden Einfluß auf die preußische Personalpolitik genommen hat, zeigt seine bis ins Detail reichende Kenntnis personeller Interna. Dabei leitete ihn das Streben, möglichst viel staatliche Macht für die Sozialdemokratie herauszuholen.[276] Auch auf dem Feld der Personalpolitik gab es eine enge Zusammenarbeit mit dem Zentrumsfraktionsführer Joseph Heß.[277]

Häufig kam es vor, daß ganze Personalpakete geschnürt wurden, wie das Beispiel von Grzesinskis Ernennung zum Minister gezeigt hat: Die Zustimmung zur Berufung Grzesinskis und die Absage an die Große Koalition in Preußen hat sich das Zentrum personalpolitisch honorieren lassen: Zwei Zentrumsbeamte, Brand und Klausener, erhielten Abteilungsleiterpositionen im Innenministerium.[278] Wenn sich eine Koalitionspartei bei wichtigen Stellenbesetzungen benachteiligt sah, wurde darüber, wie Ernst Heilmann schrieb, stets „sehr ernsthaft" und mit dem „Willen zur Aufrechterhaltung der Koalition" verhandelt.[279] Der letzte Hinweis ist entscheidend: In bezug auf Personalien zeigten sich die Parteien der Preußenkoalition flexibel und kompromißfähig, zumal sich auf diesem Feld pragmatische Kompensationslösungen anboten. Wenn es auch Konflikte um Stellenbesetzungen und Drohungen mit Rückzug aus der Koalition gab, an der Ämterpatronage wollte letztlich keine der Parteien die Koalition scheitern lassen. Auf der politischen Prioritätenliste rangierte der Erhalt der Koalition vor einer konsequenten Personalpolitik. Darum wurden Konflikte um Stellenbesetzungen auch von seiten der SPD nicht mit allerletzter Entschlossenheit ausgetragen. In der Partei und in der Öffentlichkeit, die von den Diskussionen innerhalb der Koalition nicht viel wußten, entstand freilich der Eindruck, daß auf diesem Gebiet weniger geschah, als möglich gewesen wäre.

Gegenüber dem entscheidenden Einfluß der Koalitionsfraktionen trat die Bedeutung der Interventionen von Verbänden oder lokalen Parteigliederungen in den Hintergrund. Entsprechende Versuche der Einflußnahme gab es zwar, allerdings hatte der direkte Appell an das Ministerium, außer in Ausnahmesituationen wie nach dem Kapp-Putsch und dem Rathenau-Mord, keine große Aussicht auf Erfolg.[280] Die Chancen solcher Vorstöße stiegen jedoch, wenn sie von einer Fraktion unterstützt wurden.

---

275 Runge, Politik und Beamtentum, S. 78 (mit Bezug auf eine schriftl. Mitteilung Ernst Hamburgers).
276 Noske, Erlebtes, S. 281 (dort auch das Zitat). Beispiele für Heilmanns Vertrautheit mit den personellen Verhältnissen in der preuß. Verwaltung sind seine Ausführungen auf dem Preußentag der SPD (1928), S. 33ff. sowie Heilmann, Preußische Personalpolitik, bes. S. 9.
277 Kohler, The Successful German Center-Left, S. 337.
278 Vgl. oben Kap. IV 1.
279 Heilmann, Preußische Personalpolitik, S. 8.
280 Siehe dazu Möller, Parlamentarismus, S. 530f.

Damit sind die Rahmenbedingungen genannt, unter denen Grzesinski im Oktober 1926 antrat, um seine Vorstellungen von Verwaltungsdemokratisierung durchzusetzen. Daß er in der Personalpolitik einen Neubeginn versuchen wollte, zeigten bereits seine ersten Amtshandlungen als Minister. Das vormalige Personalreferat des Innenministeriums wurde mit erweiterten Kompetenzen zu einer eigenen Abteilung aufgewertet, den Staatssekretär Meister (DVP) forderte Grzesinski auf, sein Rücktrittsgesuch vorzulegen.[281] Die neue Führungsspitze des Innenministeriums mit dem Staatssekretär Abegg (DDP) und den Abteilungsleitern Brand (Z/Personalabteilung), Badt (SPD/Verfassungs- und Rechtsabteilung), Klausener (Z/Polizeiabteilung), Loehrs (parteilos/Friedensabteilung) und von Leyden (DVP/Kommunalabteilung) hatte ein ganz neues Gesicht bekommen: Wurde 1926 unter Severing nur eine einzige Ministerialabteilung von einem Angehörigen der Weimarer Koalitionsparteien geleitet, nämlich die Polizeiabteilung unter Abegg (DDP), so waren durch Grzesinskis Umbau auch zwei Beamte der Zentrumspartei und einer von der SPD in Spitzenpositionen gelangt.[282] Das war ein geschickter politischer Schachzug, denn so konnte jede der Weimarer Parteien den Umbau an der Spitze des Ministeriums als eigenen Erfolg verbuchen. Einem eventuellen Widerstand der Fraktionen war vorgebeugt, denn alle hatten gewonnen: Die SPD hatte erstmals neben dem Minister auch einen Abteilungsleiter im Innenministerium aufzuweisen, das Zentrum hatte die Zahl der Abteilungsleiter von null auf zwei erhöht und die Demokratische Partei konnte sich über einen neuen Staatssekretär freuen.

Seit Jahren hatten nicht nur die SPD-Fraktion, sondern auch die sozialdemokratische und liberale Presse den personellen Wechsel bei den Spitzenbeamten des preußischen Innenministeriums gefordert.[283] Severing hatte sich zu einer solchen Maßnahme nicht entschließen können, weil er den vielen rechtsstehenden Beamten im Ministerium, auch den politischen Beamten, den Spagat zwischen monarchistischer Grundüberzeugung und loyaler Pflichterfüllung für die Republik zutraute. Sich selbst überschätzend hoffte er, durch seinen persönlichen Einfluß die neue demokratische Republik mit der alten, in großen Teilen konservativen Beamtenschaft zu versöhnen und die Beamtenschaft gewissermaßen auf die Seite der Republik hinüberzuziehen. Dabei scheinen die guten persönlichen Beziehungen, die Severing zu den meisten seiner Beamten unterhielt, ihm zuweilen den Blick für die politischen Notwendigkeiten verstellt zu haben. Das legt jedenfalls das Beispiel des Staatssekretärs Meister nahe, den Severing trotz mancher Eigenmächtigkeit und manchem Fauxpas im Amt hielt, während Grzesinski ihn aus politischen Gründen sofort entließ, obwohl ihn das persönlich schmerzte und er Meister für einen anständigen Menschen und guten Beamten hielt.[284] Aber an einen *politischen*

---

281 Siehe oben Kap. IV 1.
282 Siehe dazu Handb. Preuß. Staat 1926 und 1927 sowie oben Kap. IV 2.
283 Die preußischen Beamten. In: Berliner Tageblatt v. 1.9.1925; vgl. auch Vorwärts v. 2.9.1925.
284 Grzesinski, Im Kampf (Ms.), Bl. 187.

Beamten, noch dazu in einer so herausgehobenen Position, legte Grzesinski höhere Maßstäbe an: Es könne jemand „ein ganz tüchtiger Beamter sein, er braucht sich aber deswegen noch lange nicht zum politischen Beamten zu eignen."[285]

Die Veränderung an der Spitze war erst der Anfang einer durchgreifenden „Demokratisierung" der höheren Beamtenschaft im preußischen Ministerium des Innern. Nach einer offiziösen Statistik, die Anfang September 1925 in der Presse zitiert und kommentiert wurde, gab es zu dieser Zeit unter den 65 höheren Beamten des Ministeriums nur 13 Angehörige der Weimarer Parteien.[286] An diesem unbegreiflichen Zustand hatte sich auch ein gutes Jahr später, bei Severings Rücktritt, trotz massiver Kritik nichts Grundlegendes verändert. Nur gut 30 Prozent der höheren Beamten des Ministeriums konnten den Parteien, die ohne Wenn und Aber zur Republik standen (SPD, Zentrum und DDP), zugerechnet werden. Über den geringsten Beamtenanteil aller Parteien verfügte die mit Abstand größte Koalitionspartei – von 70 Ministerialbeamten bekannten sich ganze sechs zur Sozialdemokratie. In der Mehrheit waren die eindeutig rechtsstehenden Beamten geblieben: 39 Beamte (55,7 %) gehörten entweder der DNVP an, oder ihre eventuelle Parteizugehörigkeit war „unbekannt".[287]

Ein deutlich verändertes Bild bot sich nach nur zweieinhalb Amtsjahren Grzesinskis, wie die nachfolgende Aufstellung zeigt:

Parteizugehörigkeit der höheren Beamten im Preußischen Ministerium des Innern[288]

		1.10.1926		1.3.1929
SPD	6	(8,57 %)	16	(20,78 %)
Zentrum	8	(11,43 %)	9	(11,69 %)
DDP	8	(11,43 %)	20	(25,97 %)
DVP	9	(12,86 %)	7	(9,09 %)
DNVP + „unbekannt"	39	(55,71 %)	25	(32,48 %)
Gesamt	70	(100 %)	77	(100 %)

Das Ergebnis ist eindeutig: Die Zahl der höheren Beamten aus den Kreisen der Weimarer Parteien hatte sich in der kurzen Zeit verdoppelt; ihr Anteil war von 31,43 auf 58,44 Prozent gestiegen. Damit korrespondiert der Rückgang der deutschnationalen und „unbekannten" Beamten in der höheren Beamtenschaft des Ministeriums. Ihr Anteil ging absolut und prozentual stark zurück, blieb jedoch mit fast einem Drittel immer noch recht hoch – zweieinhalb Jahre waren zu kurz, um

285 SB PrLT, 2. WP, 24.3.1927, Sp. 18422 (Grzesinski).
286 Die preußischen Beamten. In: Berliner Tageblatt v. 1.9.1925; siehe auch Vorwärts v. 2.9.1925.
287 Es war ein offenes Geheimnis, daß es sich bei den „unbekannten" Beamten in aller Regel um rechtsstehende „Beamte des alten Systems" handelte, wie das Berliner Tageblatt am 1.9.1925 schrieb.
288 Bearbeitung nach: IISG Amsterdam, Nl. Grzesinski, Nr. 740.

alle Defizite auszugleichen. Von Grzesinskis Personalpolitik im Ministerium profitierten besonders die SPD und die DDP. Zur SPD bekannten sich 16 der nunmehr 77 höheren Ministerialbeamten[289], zur DDP gar 20. Nicht so stark wuchs der Zentrumsanteil; angesichts der wichtigen Abteilungsleiterposten, auf denen Zentrumsbeamte saßen, hatte hier jedoch eine qualitative Verbesserung stattgefunden.

Die Statistik zeigt, was Grzesinski unter einer bewußten und systematischen Personalpolitik verstand. In Zusammenarbeit mit seinem Staatssekretär Abegg (DDP), in dessen Bereich die Personalangelegenheiten der höheren Beamten des Ministeriums fielen, wurden entscheidende Verbesserungen erreicht. Die Bedingungen dafür waren günstig, weil das Innenministerium eine überschaubare Behörde war, in der Minister und Staatssekretär Personalfragen behandeln konnten, ohne daß von außen großer Einfluß genommen werden konnte. Beispielsweise konnte man sich gezielt auf die Suche nach geeigneten, republikanisch zuverlässigen Assessoren machen. Der Einfluß der Selbstverwaltungskörperschaften, der sich bei Ernennungen in der Provinz oftmals hemmend auswirkte, war hier nicht vorhanden. Der weitergehende Vorschlag Abeggs, auch die Ministerialräte zu politischen Beamten zu machen, war in der Koalition jedoch nicht durchzusetzen.[290]

Der empirische Befund lautet, daß Grzesinski die personalpolitische Demokratisierung der Verwaltung in seinem ureigenen Arbeitsbereich, nämlich dem Ministerium selbst, mit wesentlich mehr Energie als seine Vorgänger in Angriff nahm und zu einem guten Teil durchsetzte. Dieses Ergebnis deckt sich mit den Aussagen von Zeitzeugen[291] und wird durch eine Begebenheit aus dem Jahre 1929 illustriert: Als der „Berufsverein der höheren Beamtenschaft Preußens" glaubte, sich angesichts des Volksbegehrens gegen den Young-Plan um ein klares Bekenntnis zur Republik herumlavieren zu können, traten die im preußischen Innenministerium beschäftigten Mitglieder aus dem „Berufsverein" aus. Im gleichen Jahr äußerte sich Grzesinski stolz und zufrieden über die Qualität der Arbeit seiner Beamten.[292] Wenn mit dieser Intensität fortgeschritten worden wäre, hätte das Ministerium des Innern nach wenigen Jahren als Beispiel einer gelungenen Demokratisierung gelten können.

Die Personalpolitik des preußischen Innenministers beschränkte sich nicht auf das Ministerium. Die Mehrzahl der Stellen für politische Beamte war in der allgemeinen und inneren Verwaltung, bei den Provinzial-, Bezirks- und Kreisverwaltun-

---

289 Während Grzesinskis Amtszeit wurden z. B. die Sozialdemokraten Kirschmann (MdR) und Simons als Ministerialräte, Steinbrecher als Ministerialdirigent und Grzesinskis Freund Fritz Tejessy, ehem. Redakteur des Kasseler Volksblattes, als Regierungsrat neu ins Innenministerium berufen. Vgl. Preußentag der SPD (1928), S. 33 (Heilmann). Auch mit Kirschmann war Grzesinski später befreundet.

290 Abegg an Otto Braun, 29.10.1943. GStA Berlin-Dahlem, Rep. 92 Nl. Braun, C I Nr. 1; ders. an Severing, 31.5.1947. BA Koblenz, Kl. Erw. 329, Nr. 8, Bl. 4.

291 Kempner, Ankläger, S. 47.

292 StS Abegg an pr. Innenminister Grzesinski, 23.10.1929. IISG Amsterdam, Nl. Grzesinski, Nr. 789. SB PrLT, 3. WP, 9.2.1929, Sp. 3370 (Grzesinski).

gen zu besetzen. Auch hier gab es unter Grzesinski bemerkenswerte Veränderungen.

Parteizugehörigkeit der politischen Beamten in der preußischen inneren und allgemeinen Verwaltung[293]

	1.10.1926		1.10.1929	
SPD	75	(14,01 %)	105	(19,48 %)
Zentrum	103	(19,25 %)	113	(20,96 %)
DDP	68	(12,71 %)	71	(13,17 %)
DVP	83	(15,51 %)	95	(17,62 %)
DNVP + „unbekannt"	206	(38,50 %)	155	(28,76 %)
Gesamt	535	(100 %)	539	(100 %)

Die Übersicht zeigt, daß die Besetzung wichtiger Beamtenposten mit demokratisch eingestellten Persönlichkeiten unter Grzesinski weiter vorangekommen war. Auffällig ist die Steigerung des sozialdemokratischen Anteils, und zwar um 40 Prozent. Demgegenüber ging der Anteil der extrem rechtsstehenden Beamten (deutschnational und „unbekannt") um 25 Prozent zurück. Gleichwohl gehörte auch 1929 immer noch ein gutes Viertel der politischen Beamten Preußens zu dieser Gruppe. Bei ihnen handelte es sich fast ausschließlich um Landräte in den Provinzen östlich der Elbe. 1929 waren von 407 Landräten 143 (= 35,14 %) deutschnational bzw. „unbekannt", aber ihr Anteil sank immer weiter. Die folgende Aufstellung über die Parteizugehörigkeit der politischen Beamten in der preußischen Verwaltung zeigt, daß der Anteil republiktreuer politischer Beamter umso größer war, je höher der Posten in der Beamtenhierarchie rangierte. Daß von den Polizeipräsidenten auffällig viele der SPD angehörten, hat mit den sozialdemokratisch eingestellten Bevölkerungsmehrheiten in den Großstädten zu tun.

Grundsätzlich läßt sich zu den Statistiken sagen, daß sie mit ihrer lückenlosen Aufzeichnung der Parteizugehörigkeit zweifellos ein Dokument der „Politisierung" des Verwaltungsdienstes sind. Die Bürokratie wurde aber „nicht nur durch parteipolitisch motivierte Personalpolitik von außen politisiert, sondern politisierte sich auch von innen heraus"[294], weil es den Beamten unter der Weimarer Verfassung möglich war, sich politischen Parteien anzuschließen. Da ein gemeinsamer demokratisch-republikanischer Basiskonsens nicht vorhanden war, blieb die Zugehörigkeit zu einer republiktreuen Partei das einzige Kriterium, an das sich ein Innenminister halten konnte, wenn er sichergehen wollte, einen Anhänger der Republik in ein Staatsamt zu berufen.

---

293 Bearbeitung nach: IISG Amsterdam, Nl. Grzesinski, Nr. 743 sowie Grzesinski, Republik und Beamter, S. 13.
294 Möller, Parlamentarismus, S. 517.

Parteizugehörigkeit der politischen Beamten in der preußischen inneren und allgemeinen Verwaltung am 1.10.1929[295]

Oberpräsidenten (n=12)

SPD	4	(33,33 %)
Zentrum	3	(25,00 %)
DDP	3	(25,00 %)
DVP	2	(16,67 %)
DNVP + „unbekannt"	0	

Regierungspräsidenten (n=32)

SPD	6	(18,75 %)
Zentrum	7	(21,88 %)
DDP	8	(25,00 %)
DVP	9	(28,13 %)
DNVP + „unbekannt"	2	(6,25 %)

Vizepräsidenten an Oberpräsidien (n=12)

SPD	2	(16,67 %)
Zentrum	3	(25,00 %)
DDP	1	(8,33 %)
DVP	3	(25,00 %)
DNVP + „unbekannt"	3	(25,00 %)

Regierungsvizepräsidenten (n=32)

SPD	7	(21,88 %)
Zentrum	10	(31,25 %)
DDP	6	(18,75 %)
DVP	5	(15,63 %)
DNVP + „unbekannt"	4	(12,50 %)

Landräte (n=407)

SPD	63	(15,48 %)
Zentrum	83	(20,39 %)
DDP	46	(11,30 %)
DVP	72	(17,69 %)
DNVP + „unbekannt"	143	(35,14 %)

Polizeipräsidenten und -direktoren (n=42)

SPD	23	(54,76 %)
Zentrum	7	(16,67 %)
DDP	6	(14,29 %)
DVP	4	(9,52 %)
DNVP + „unbekannt"	2	(4,76 %)

---

295 Bearbeitung nach: IISG Amsterdam, Nl. Grzesinski, Nr. 738; Grzesinski, Im Kampf (Ms.), Bl. 217.

Im ersten Jahr seiner Ministerschaft hatte Grzesinski auf zahlreichen Dienstreisen den Eindruck gewonnen, „daß die Zahl derjenigen höheren Verwaltungsbeamten, die auch innerlich dem republikanischen Staate und seinen Grundgedanken zugetan sind, leider noch nicht so groß ist, wie das im Interesse des heutigen Staates zu wünschen und zur Herbeiführung eines innigen Vertrauensverhältnisses zwischen Staatsbehörden und Bevölkerung nötig wäre." Als Konsequenz aus dieser Beobachtung wurden sechs rechtsstehende Regierungsvizepräsidenten, die über 60 Jahre alt waren, in den einstweiligen Ruhestand versetzt und durch demokratisch eingestellte Nachfolger ersetzt.[296] Bei der Neubesetzung freigewordener Stellen griff Grzesinski in stärkerem Maße als seine Vorgänger auf „Außenseiter" zurück. Ihr Anteil an den Neubesetzungen von Landratsstellen betrug während Grzesinskis Amtszeit 15 Prozent, unter seinen Vorgängern von Heine bis Severing waren es lediglich 11 Prozent gewesen. Die Koalitionspartner bat Grzesinski um entsprechende Personalvorschläge, beispielsweise aus den Reihen der christlichen Gewerkschafts- und Arbeitersekretäre. Dabei war die Berufung von „Außenseitern" für Grzesinski (im Gegensatz zu Severing) kein Notbehelf. Die verstärkte „Zufuhr frischen Blutes aus Nichtbeamtenberufen" sollte die Verwaltungsbeamtenschaft vor einer „Verbürokratisierung und allzu engen Einstellung" bewahren und eine feste, vertrauensvolle Verbindung zwischen Verwaltung und Bürgern herstellen.[297] Bereits in den ersten Monaten nach der Revolution hatte Grzesinski gefordert, aus den Reihen der Arbeiter- und Soldatenräte geeignete Kräfte in die Staatsverwaltung zu übernehmen;[298] sein Grundsatz war, Vertrauensleute der Bevölkerung in die Verwaltung hineinzubringen, auch wenn sie nicht das Assessorexamen abgelegt hatten. Wenn er jetzt als Minister versuchte, verstärkt „Außenseiter" heranzuziehen, hatte er auch sein eigenes Beispiel vor Augen, denn er war 1922 zum Oberregierungsrat berufen worden, ohne die formalen Kriterien für den höheren Verwaltungsdienst zu erfüllen. Gleichwohl war er den Anforderungen in der preußischen Verwaltung ohne Mühe gerecht geworden, und es gab für ihn keinen vernünftigen Grund daran zu zweifeln, daß auch andere „Außenseiter" sich in der Staatsverwaltung bewähren würden. Grzesinski achtete jedoch wie alle preußischen Innenminister bei Berufungen von „Außenseitern" darauf, daß nur besonders fähige Sozialdemokraten ernannt wurden, „die sich nicht hinter ihren Kollegen aus anderen Parteien zu verstecken brauchten".[299] Das waren in der Regel Funktionsträger der SPD oder der Gewerkschaften, die zwar nicht die erforderlichen Examina abgelegt hatten,

---

296 Es handelte sich um die Regierungspräsidien Gumbinnen, Potsdam, Erfurt, Lüneburg, Aurich und Minden. Pr. Innenminister Grzesinski an MP Braun und sämtl. Staatsminister, 22.3.1928. IISG Amsterdam, Nl. Grzesinski, Nr. 787.

297 Grzesinski, Republik und Beamter, S. 13f. Siehe auch pr. Innenminister Grzesinski an pr. Wohlfahrtsminister Hirtsiefer (Z), 5.8.1927. IISG Amsterdam, Nl. Grzesinski, Nr. 734; Runge, Politik und Beamtentum, S. 156.

298 Grzesinski, Im Kampf (Ms.), Bl. 336.

299 Sühl, SPD und öffentlicher Dienst, S. 184.

sich aber gleichwohl in der Verwaltung auskannten und oft auch regionale Bindungen zu ihrem Wirkungskreis hatten. Ausreichende juristische und Verwaltungskenntnisse waren für jeden sozialdemokratischen Stellenbewerber unabdingbar. Auch entschiedene Fürsprecher einer noch konsequenteren Personalpolitik wollten daran nicht rütteln: „Die Sachkenntnis braucht nicht in der sog. Ochsentour im Wege des vorgeschriebenen Prüfungsverfahrens erworben zu werden, aber sie muß vorhanden sein."[300]

Wenn ein „Außenseiter" allerdings nicht das erforderliche Geschick an den Tag legte, scheute Grzesinski nicht vor der Abberufung zurück. Prominentestes Opfer war der sozialdemokratische Magdeburger Oberpräsident Hörsing, der auch Vorsitzender des „Reichsbanners Schwarz Rot Gold" war. Hörsing hatte die Angewohnheit, sich immer wieder in das politische Tagesgeschehen einzumischen, und ließ dabei die für einen Staatsbeamten gebotene Zurückhaltung vermissen. So hatte er anläßlich des sogenannten „Magdeburger Justizskandals" 1926 durchaus zu Recht reaktionäre Auswüchse in der Justiz attackiert. Allerdings war die preußische Regierung der Ansicht, daß einem ihrer höchsten Beamten eine solche Justizschelte nicht zustehe. Braun und Severing erteilten Hörsing eine scharfe Rüge.[301] Doch es war keine Besserung festzustellen, Hörsing gefiel sich weiter in der Rolle des aggressiven tagespolitischen Kommentators, er betrieb – aus durchaus achtbaren Motiven – genau jene Art von „Politik auf eigene Faust", vor der Grzesinski bei Amtsantritt seine Beamten ausdrücklich gewarnt hatte.[302] Konsequenterweise stellte Grzesinski Hörsing im Juli 1927 (in Absprache mit Otto Braun) zur Disposition. Die z.-D.-Stellung kam einer öffentlichen Mißbilligung gleich und war auch als Signal für andere Beamte gedacht. Der ehemalige Innenminister Severing versuchte noch, auf seinen Nachfolger Grzesinski einzuwirken, um Hörsings Ablösung in die weniger verletzende Form der Pensionierung zu kleiden, aber Grzesinski lehnte ab. „Man darf sich", schrieb Grzesinski mit einer Spitze gegen seinen zuweilen zögerlich-konzilianten Vorgänger, „durch allzu viele Bedenken nicht vom Handeln abhalten lassen [...] Man darf aber auch, was man einmal als richtig und notwendig erkannt hat, in der Ausführung nicht hinausschieben, will man einen bösen Zustand nicht noch verschlimmern."[303] Die unverschämten Briefe, die Hörsing nach seiner Entlassung an Otto Braun und Grzesinski schrieb, zeigen ihn als bramarbasierenden und selbstmitleidigen Besserwisser, der auch nicht einen Augenblick

---

300 Herz, Verwaltungsreform, S. 45; im selben Sinne Hirschfeld, Ein Blick, S. 47 und Grzesinski in der Antwort auf eine Große Anfrage der DNVP, 20.11.1928. IISG Amsterdam, Nl. Grzesinski, Nr. 748; vgl. Drucks. PrLT, 3. WP, Nr. 57.

301 5.10.1926. AdsD Bonn, Nl. Severing, M. 133; vgl. auch Friedensburg, Lebenserinnerungen, S. 168.

302 Konkreter Anlaß waren Attacken Hörsings gegen die Regierungen Deutschlands und Österreichs.

303 Pr. Innenminister Grzesinski an Severing, 16. u. 24.7.1927. IISG Amsterdam, Nl. Grzesinski, Nr. 310. Auf Grzesinskis Angebot, Nachfolger Hörsings zu werden, ging Severing nicht ein; auch Otto Landsberg lehnte ab, so daß Heinrich Waentig, der spätere Nachfolger Grzesinskis, Oberpräsident der Provinz Sachsen wurde. Siehe auch Runge, Politik und Beamtentum, S. 220-222; Winkler, Der Schein, S. 404.

daran gedacht zu haben scheint, daß ihm selbst Fehler unterlaufen sein könnten.[304] An seinem Beispiel läßt sich zeigen, welche Schwierigkeiten sich für einen Beamten daraus ergeben konnten, daß er im Preußen der Weimarer Republik gleichzeitig Beamter *und* Abgeordneter sein konnte bzw. durfte. War es für den Volksvertreter und Politiker selbstverständlich, allgemein-politische, juristische oder gesellschaftliche Mißstände aufzugreifen und anzuprangern, so mußte sich ein Staatsbeamter hier größere Zurückhaltung und Disziplin auferlegen. Außerdem unterstand ein hoher politischer Beamter auf der einen Seite dienstlich dem Staatsministerium, gleichzeitig war er als Abgeordneter aber auch sein Kontrolleur. In der politischen Debatte mußte er genau abwägen, welche seiner dienstlich erlangten Kenntnisse er benutzen durfte, ohne gegen die Verschwiegenheitspflicht zu verstoßen. Als Innenminister mußte Grzesinski seinen Fraktionskollegen und späteren Nachfolger Heinrich Waentig (damals noch Oberpräsident von Sachsen) im Jahre 1928 auffordern, sich in dieser Hinsicht mehr zurückzuhalten.[305]

Die enge Verbindung von hoher Bürokratie und Parlament, die darin zum Ausdruck kam, daß im 3. Landtag immerhin 18 politische Beamte saßen[306], ist sicher auch auf einen Mangel an geeignetem Personal zurückzuführen. Unter den Bedingungen des Obrigkeitsstaates hatte sich eine republikanisch-demokratische Verwaltungselite nicht heranbilden können, und so lag es für die Regierung nahe, politische Beamte zu ernennen, von denen man aus ihrer Tätigkeit im Landtag wußte, daß sie überzeugte Demokraten waren. Außerdem kannten politische Beamte, die dem Landtag angehörten, die Intentionen des Gesetzgebers gewissermaßen aus erster Hand und konnten ihr Verwaltungshandeln entsprechend einrichten. Für die Legitimität der Republik war es sicher nicht von Nachteil, wenn der Abgeordnete, dem die Wähler im Wahlkreis ihr Vertrauen gegeben hatten, gleichzeitig Leiter des Ober- oder Regierungspräsidiums, des Polizeipräsidiums oder des Landratsamtes war. In der konkreten historischen Situation der neubegründeten Demokratie gab es durchaus Argumente, die dafür sprachen, Abgeordneten zu erlauben, aktive Beamte zu bleiben. Die eben angeführten Beispiele der Oberpräsidenten Hörsing und Waentig zeigen jedoch, daß die Probleme überwogen, daß es sich alles in allem um keine glückliche Lösung handelte; nicht nur aus demokratietheoretischer Perspektive (wegen der Verwässerung der Gewaltenteilung), sondern auch aus praktisch-politischen Gründen (wegen der Loyalitätskonflikte, die

---

304 Hörsing an O. Braun, 28.10.1927; ders. an Grzesinski, 15.11.1927. IISG Amsterdam, Nl. Grzesinski, Nr. 73 u. 247.

305 Pr. Innenminister Grzesinski an Waentig (OP Sachsen), 29.11.1928. IISG Amsterdam, Nl. Grzesinski, Nr. 329. Siehe auch Möller, Parlamentarismus, S. 520.

306 Handb. PrLT, 3. WP (1928), S. 494f. Außerdem waren noch 20 höhere Verwaltungsbeamte, 5 Richter, 14 höhere Kommunalbeamte, 4 Hochschul- und 14 Gymnasiallehrer Abgeordnete. Art. 39 WRV besagte, daß Beamte zur Ausübung ihres Abgeordnetenmandats in Reichs- oder Landtag keines Urlaubs bedürften; in der Preuß. Verfassung war diese Bestimmung auf alle Angehörigen des öffentlichen Dienstes ausgedehnt (Art. 11). Die Bezüge liefen weiter.

im Spannungsfeld von Verwaltung und Parlament entstehen konnten). Eine strengere Durchführung des Gewaltenteilungsprinzips, die Inkompatibilität von öffentlichem Amt und parlamentarischem Mandat, hätte manche Friktionen vermeiden können, war aber, im Gegensatz zur späteren Regelung in der Bundesrepublik, gesetzlich nicht vorgesehen. Ein Vorschlag des sozialdemokratischen Staatsrechtslehrers Hermann Heller, den Beamten das passive Wahlrecht zu entziehen, lief in diese Richtung, politisch durchsetzen ließ er sich jedoch nicht.[307]

Grzesinskis entschiedener Kurs in der Personalpolitik läßt sich auch bei den Neubesetzungen nachweisen. Neun konsequent demokratisch-republikanische Regierungspräsidenten, darunter zwei „Außenseiter", wurden ernannt. Von den neuberufenen Landräten waren in den westlichen Landesteilen über 90 Prozent Anhänger der republiktreuen Parteien. Selbst in den östlichen Landesteilen gehörten immerhin zwei Drittel der von Grzesinski berufenen Landräte (18 von 27) den Weimarer Parteien an. Diese Zahl gewinnt an Aussagekraft, wenn man sie mit den Quoten vergleicht, die vorher und nachher erreicht wurden: Von 1919 bis 1926 waren nicht einmal 30 Prozent der neuberufenen Landräte im Osten Anhänger der Weimarer Parteien, und während Severings zweiter Amtsperiode von 1930 bis 1932 sackte der Anteil der entschiedenen Demokraten unter den neuen Landräten im Osten von 66,7 wieder auf 38 Prozent ab. Da in den östlichen Landesteilen in den Kreistagen, die das Vorschlagsrecht für einen neuen Landrat hatten, deutschnationale Mehrheiten vorherrschten, bedeutete die vergleichsweise hohe Quote von Berufungen entschiedener Demokraten, daß sich Grzesinski in vielen Fällen über die Voten der Kreistage, die konservative Bewerber favorisierten, hinwegsetzen mußte. Der in politischen Debatten immer wieder hervorgehobene theoretische Grundsatz, daß der Landrat der Partei mit dem größten Rückhalt in der Bevölkerung nahestehen sollte, fand für Grzesinski also dort seine Grenze, wo durch die Befolgung dieses Grundsatzes republikfeindliche Bewerber in ein Staatsamt gekommen wären. In solchen Fällen setzte sich das Staatsministerium bei seinen Personalentscheidungen auf Anregung des Innenministers über die Vorschläge des Kreistags hinweg.[308]

Grzesinskis Personalpolitik hat einen auch statistisch belegbaren Fortschritt in der Durchdringung der Verwaltung mit überzeugten Anhängern der Republik gebracht. Bei aller mehr oder weniger berechtigten Kritik an echten oder vermeintlichen personalpolitischen Versäumnissen der preußischen Regierung darf nicht vergessen werden, daß die preußischen Demokratisierungserfolge ohne Parallele waren.[309] Verglichen mit den Ansätzen auf Reichsebene und in den meisten anderen Ländern, die kaum der Rede wert waren, zeigte das Korps der preußi-

---

307 Heller, Berufsbeamtentum, S. 730.
308 SB PrLT, 2. WP, 17.2.1928, Sp. 24321 (Grzesinski). Zu den Landratsernennungen siehe Behrend, Personalpolitik, S. 207f. sowie Runge, Politik und Beamtentum, S. 155f.
309 Caplan, Government, S. 41; Deuse, Verwaltungsabbau, S. 245.

schen politischen Beamten gut ein Jahrzehnt nach der Revolution ein deutlich verändertes Gesicht: Während bis 1918 eine homogen konservativ-protestantische Bürokratie herrschte, die noch dazu vom Adel dominiert wurde, hatte man sich um 1930 in Preußen von diesem Zustand bereits ein ganzes Stück entfernt. Das Adelsmonopol auf die hohen Staatsämter war gebrochen, ebenso war das Bekenntnis zur katholischen oder jüdischen Religion kein Hindernis mehr für den Eintritt in den höheren Verwaltungsdienst.[310]

Im Lichte dieser Ergebnisse ist es erstaunlich, daß in der neueren Forschung Grzesinskis Personalpolitik recht zurückhaltend bewertet worden ist.[311] Hierfür lassen sich zwei Gründe anführen:

(1) Der erste betrifft ein methodologisches Problem. Die Personalpolitik der demokratischen preußischen Regierungen in der Weimarer Republik ist bisher auf der Basis öffentlicher Verlautbarungen wie Parlamentsreden, Zeitungsartikeln und zeitgenössischen Aufsätzen analysiert worden. Da Grzesinskis Personalpolitik weit seltener zum Gegenstand öffentlicher Kritik wurde als das „System Severing", wurde das Richtungweisende der Personalpolitik Grzesinskis zumeist nicht wahrgenommen. Die demokratisch-republikanische Personalpolitik hatte inzwischen „den Reiz der Neuheit verloren" und wurde deshalb 1928 nicht mehr so häufig und scharf attackiert wie 1920.[312] Aussagekräftig wird das, was Akteure und Zeitgenossen über die Personalpolitik gesagt und geschrieben haben, erst, wenn die Analyse der politischen Praxis hinzutritt, wie sie oben mit den Statistiken über die Personalveränderungen bei den höheren und politischen Beamten unternommen worden ist. Eine solche integrierende Sicht zeigt, daß besonders die großen prozentualen Veränderungen bei den Beamten des Innenministeriums sich mit einem vermeintlich guten „public relation image" Grzesinskis[313] nicht hinreichend erklären lassen.

(2) Eine weitere wichtige Ursache, warum Grzesinskis Personalpolitik oft die Anerkennung verweigert worden ist, hat mit dem schließlichen Scheitern der Weimarer Republik zu tun. Auch Grzesinski, so lautet das Argument, habe es nicht vermocht, die Bürokratie zu einem homogen demokratisch orientierten Machtinstrument der parlamentarischen Demokratie umzuformen.

Daß die demokratischen Politiker es nicht geschafft haben, ihre Demokratisierungserfolge unumkehrbar zu verankern, daß der Apparat, den sie für einigermaßen zuverlässig hielten, reibungslos unter Papen und Hitler weiterarbeitete, läßt sich in der Rückschau mit Recht kritisieren. Die Dauerhaftigkeit ihres Demokratisierungs-

---

310 Der Anteil des Adels unter den politischen Beamten insgesamt betrug 1916 über 56 Prozent, 1930 nur noch gut 18 Prozent. Grzesinski, Im Kampf (Ms.), Bl. 216.

311 Z. B. Orlow, Weimar Prussia 1925-1933, S. 82ff.; Sühl, SPD und öffentlicher Dienst, S. 118.

312 SB PrLT, 2. WP, 15.2.1928, Sp. 24131 (Bubert, SPD).

313 Orlow, Weimar Prussia, S. 88. Obwohl die Quellen seit langem zur Verfügung stehen, ist in keiner der einschlägigen Studien auf Grzesinskis Personalpolitik innerhalb des Ministeriums eingegangen worden.

und Republikanisierungswerkes innerhalb der Beamtenschaft haben die preußischen Innenminister eindeutig überschätzt. Enttäuscht mußten sie mit ansehen, wie sich in der Agonie der Weimarer Republik nicht nur große Teile der Bevölkerung, sondern auch der Beamtenschaft den Nazis zuwandten und die Regierung – in Severings Worten – „im Stich" ließen.[314] Aber die Ursachen hierfür waren nicht genuin preußisch. Die Mehrzahl der Beamten, die keine glühenden Anhänger der Republik, aber doch zu loyaler Mitarbeit bereit waren, fühlten sich durch die mehrmaligen Besoldungskürzungen, für die Reichskanzler Brüning die Verantwortung trug, die aber von den Ländern umgesetzt werden mußten, ihrerseits vom Staat im Stich gelassen. Sogar überzeugte Republikaner beschwerten sich über den Umfang der Kürzungen.[315] Es war also die ungeschickte Beamtenpolitik der Präsidialregierungen unter Brüning in den Jahren 1930 bis 1932, die ihren Teil dazu beitrug, daß sich viele Beamte auch in Preußen enttäuscht von der Republik abwandten. Da Brüning gleichzeitig „nahezu alles unterlassen hat, um den Einfluß der NSDAP auf die Beamtenschaft zu begrenzen"[316], war abzusehen, daß sich viele der Enttäuschten der Hitlerpartei zuwenden würden, die mit der „Wiederherstellung des Berufsbeamtentums" warb. Die preußische Administration stemmte sich in ihrem Zuständigkeitsbereich jedoch entschlossen gegen die aufkommende extremistische Flut, indem sie beispielsweise ihren Beamten die Mitgliedschaft in NSDAP und KPD verbot.[317] Solche und ähnliche Maßnahmen waren psychologisch zur Unterstützung der aufrechten Demokraten wichtig, und sie verfehlten auch nicht einen gewissen Eindruck auf die Beamtenschaft, zumal auf Unentschlossene und Wankelmütige. Aber es schwächte die Position der preußischen Regierung und stellte den Erfolg ihrer Aktionen in Frage, daß die Reichsregierung für die ihr unterstellten Beamten, etwa bei Post und Bahn, entsprechende Maßnahmen verweigerte, weil sie die Option für eine Rechtskoalition mit den Nationalsozialisten offenhalten wollte. Aus diesem Grunde sah Grzesinski Brünings Kanzlerschaft als ein Verhängnis für Deutschland an. Hinzu kam, daß die Justiz in vielen Fällen die preußischen Maßnahmen konterkarierte.[318]

Auch im preußischen Innenministerium gab es Beamte, die ihre Fühler nach ganz rechts ausstreckten. Nach Ansicht des Staatssekretärs Abegg haben die Ministerialräte Schönner, Schütze und Janich preußische Interna an Schleicher weitergegeben. Abeggs enger Mitarbeiter Regierungsrat Diels schließlich hat Papen über geheime Gespräche seines Vorgesetzten mit kommunistischen Abgeordneten

---

314 Anlaß zu der Äußerung war die starke Beteiligung auch hoher Beamter am Volksentscheid zur Auflösung des pr. Landtags. Besprechung mit den OP und RP im PrMdI, 23.9.1931. Staat und NSDAP, Nr. 35, S. 200.

315 PP Grzesinski (Berlin) an pr. Innenminister Severing, 12.7.1932. AdsD Bonn, Nl. Severing, M. 192.

316 Mommsen, Staat und Bürokratie, S. 120; zum Vorangegangenen s. auch ders., Stellung der Beamtenschaft, bes. S. 159-165.

317 Beschluß des PrStMin. v. 25.6.1930. Staat und NSDAP, Nr. 10a. Ausführlich zum Kampf der preuß. Regierung gegen Extremisten im öffentlichen Dienst: unten, Abschnitt 3.5.

318 Grzesinski, Im Kampf (Ms.), Bl. 357; siehe auch Pyta, Gegen Hitler, S. 329.

berichtet (oder berichten lassen) und der Reichsregierung damit einen willkomme-
nen Vorwand für den ohnehin geplanten Staatsstreich gegen Preußen geliefert.[319]
Aber es scheint ein Phänomen der allerletzten Phase des republikanischen Preußens gewesen zu sein, daß sich „hier und da ein Zögern, ein Hinneigen zur Rechten [...], die sich da so siegesgewiß als die ‚Kommenden‘ aufführte", in der höheren
Beamtenschaft bemerkbar machte.[320] Wer sich 1933 positiv zum „Dritten Reich"
stellte, war vorher nicht immer ein aktiver Gegner der Republik gewesen, obwohl
sich viele Beamte aus Opportunismus diesen Anschein zu geben versuchten.[321] Die
„Säuberungen", die sowohl nach Papens Staatsstreich vom 20. Juli 1932, als auch
nach der nationalsozialistischen Machtübernahme stattfanden, zeigten, daß die
Republikanisierung zumindest unter den politischen Beamten weit fortgeschritten
war. Die Kommissariatsregierung Papen/Bracht entfernte bis Dezember 1932 fünf
der zwölf Oberpräsidenten, elf Regierungspräsidenten und ebensoviele Polizeipräsidenten aus ihren Ämtern, beinahe ausschließlich Angehörige der SPD und der
Staatspartei (ehem. DDP). Aus dem Innenministerium wurden Staatssekretär
Abegg und die Ministerialdirektoren Badt und v. Leyden zur Disposition gestellt.
Damit „war ein guter Teil der personalpolitischen Arbeit der vergangenen 14 Jahre
zunichte gemacht worden".[322]

Völlig zersprengt wurde das Korps der politischen Beamten des Weimarer
Preußens durch die Nationalsozialisten. Bis Mitte 1934 waren alle Oberpräsidenten,
94 Prozent der Regierungspräsidenten, 92 Prozent der Vizepräsidenten eines Ober-
präsidiums, alle Regierungsvizepräsidenten und 81 Prozent der Landräte, die vor
dem 20. Juli amtiert hatten, entlassen. Demgegenüber wurden von den nicht-
politischen höheren Beamten nur 28 Prozent abgesetzt.[323] Nach Papens Staatsstreich und nach der Machtübertragung an die NSDAP stellte sich heraus, daß die
Mehrheit der Beamten keine überzeugten Nationalsozialisten waren, daß sie sich
jedoch vor allem einem abstrakten „Staat" und nicht etwa der Bevölkerung oder
gar der Republik als einer freiheitlichen Staatsform verpflichtet fühlten.[324] Die neu-
en Machthaber konnten sich nach Auswechslung der Spitzenbeamten auf die
Verwaltung verlassen.

---

319 Abegg an Severing, 31.5.1947. BA Koblenz, Kl. Erw. 329, Nr. 8, Bl. 4.

320 Hirschfeld, Preußens Ausklang, S. 89f.

321 Beispiele aus dem PrMdI sind die erwähnten Schütze und Schönner. Im Oktober 1929 trat Schönner für
das „Stahlhelm"-Verbot ein, im April 1930 für ein scharfes Vorgehen gegen die Nazis. AdR, Kabinett
Müller II, S. 1077; Staat und NSDAP, Nr. 6, S. 45. Damit ist freilich nichts über die innere Einstellung zu
Republik und „Drittem Reich" ausgesagt.

322 Runge, Politik und Beamtentum, S. 237-239, Zitat S. 239; vgl. WTB Nr. 1540 v. 21.7.1932 (Expl. in: BA
Koblenz, R 43 I, Nr. 2280, Bl. 244).

323 Runge, Politik und Beamtentum, S. 240ff.

324 Zu diesem Ergebnis kommt auch die rechtswissenschaftliche Diss. von Schenck, Die Einstellung der
deutschen Beamten zur Weimarer Republik.

Daß es den preußischen Regierungen nicht gelang, den regulären höheren Verwaltungsdienst nach dem Beispiel der politischen Beamtenschaft mit einer größeren Anzahl von überzeugten Demokraten zu durchsetzen, lag am Bremsen der „bürgerlichen" Koalitionspartner, denen diese Frage nicht sonderlich bedeutsam erschien. In Anbetracht der Unfähigkeit der Koalition, sich auf eine allgemeine Reform der Ausbildung für den höheren Staatsdienst zu verständigen, war es schon ein Fortschritt, daß Grzesinski im Januar 1927 kurzerhand eine Einstellungssperre für Regierungsreferendare verhängte, um damit „den elitären Typus des ‚Regierungsassessors' aus der preußischen Verwaltung zu entfernen".[325] Dadurch, daß Verwaltungs- und Gerichtsreferendare in der Folge denselben Ausbildungsgang durchliefen, konnte die Regierung aus einem größeren Reservoir für ihren Beamtennachwuchs schöpfen; gleichzeitig sollte Standesdünkel und Überheblichkeit entgegengewirkt werden.[326] Die dringend notwendige Reform der rechts- und staatswissenschaftlichen Studiengänge an den Universitäten und ihre Anpassung an die Bedürfnisse des Verwaltungsnachwuchses einer parlamentarischen Demokratie kam jedoch nicht zustande. Zum einen fehlte das Geld, bzw. der politische Wille, die Mittel entsprechend einzusetzen, um Angehörigen aus nichtbesitzenden Schichten eine höhere Schulbildung und das Studium zu ermöglichen. Zum anderen ließen sich aber auch bescheidene Verbesserungsvorschläge nicht durchsetzen, wie etwa die im Umkreis Grzesinskis erhobene Forderung, die Prüfungen in Staats- und Verwaltungsrecht nur von republikanisch eingestellten Dozenten abnehmen zu lassen.[327] Die Realität an den Hochschulen sah anders aus, sie entwickelten sich zu regelrechten Brutstätten des Nationalsozialismus, obwohl die Gefahren einer solchen Entwicklung gerade für den Beamtennachwuchs bekannt waren.[328] Aber die Einwirkungsmöglichkeiten der preußischen Regierung auf die Universitäten waren begrenzt, eine entschiedene Personalpolitik unter den Professoren war noch schwieriger als in der Bürokratie.

Die besten Chancen für einen durchgreifenden Wandel waren bereits in der Revolutionsperiode verpaßt worden. Nachdem die Revolutionsregierung, um, wie es hieß, Chaos und Zusammenbruch zu verhindern, den Beamten ohne weiteres ihre Rechte garantiert hatte, war der Spielraum für spätere Veränderungen gering geworden, zumal sich die parlamentarischen Mehrheitsverhältnisse zum Nachteil der Weimarer Parteien veränderten. Grzesinskis Anregung aus der Revolutionszeit, den Beamtenapparat durch geeignete Kräfte aus den Arbeiter- und Soldatenräten aufzufrischen, war von der sozialdemokratischen Revolutionsregierung (wegen der

---

325 Huber, Verfassungsgeschichte, Bd. 6, S. 764.
326 Siehe Grzesinskis Ausführungen in: SB HA PrLT, 2. WP, 30.1.1928, Sp. 16f. und ebd., 3. WP, 16.1.1930, Sp. 6; vgl. auch Abegg, Die preußische Verwaltung, S. 35.
327 Hirschfeld, Ein Blick, S. 49.
328 Siehe den Vortrag von RegR Kuntze auf einer Nachrichtenkonferenz des RMdI am 28./29.4.1930. Staat und NSDAP, Nr. 6, S. 28.

„legalen Denkart der Männer von 1918", wie Grzesinski vermutete) nicht aufgenommen worden. Dabei ging er immer davon aus, daß auch die Republik auf ein fachlich vorgebildetes Berufsbeamtentum nicht verzichten könne.[329]

Wenn man grundsätzlich am Berufsbeamtentum festhalten wollte, wäre es das beste gewesen, wenn man 1918/19 die „wohlerworbenen Rechte" der Beamten und Richter für eine gewisse Zeit außer Kraft gesetzt hätte. Allen hätte die Chance zur Bewährung gegeben werden müssen, aber nur diejenigen, an deren republikanisch-demokratischer Zuverlässigkeit nach einer längeren Bewährungszeit keine Zweifel bestanden, hätten endgültig in den Verwaltungs- und Justizdienst der Republik mit allen Beamtenrechten und -pflichten übernommen werden dürfen. Für ein solches Vorgehen, wie es Grzesinski, allerdings erst nach den Erfahrungen der Weimarer Republik, befürwortet hat, gab es nach der Revolutionsperiode jedoch keine Chance mehr.[330] Die Weimarer Verfassung garantierte in ihrem Art. 129 den Beamten die Unverletzlichkeit ihrer „wohlerworbenen Rechte". So stand der Innenminister vor dem Dilemma, daß man vorhandene Beamte nicht einfach „wie Luft wegblasen" konnte, obwohl ungeduldige Parteifreunde das häufig forderten.[331] Eine Entlassung war, außer bei den politischen Beamten, lediglich auf dem Disziplinarwege möglich, wenn dienstliche Verfehlungen vorlagen. Ansonsten blieb als Mittel der Demokratisierung nur, „neues Blut nach Maßgabe des alten Abgangs" in die Verwaltung hineinzubringen – so erklärte Grzesinski einem Parteifreund die verfassungs- und beamtenrechtlichen Restriktionen seiner Personalpolitik.[332] Da Grzesinskis Amtszeit in die Phase der relativen Stabilisierung der Weimarer Republik fiel, vertraute er darauf, daß ausreichend Zeit für die Umgestaltung des Beamtenkörpers zur Verfügung stehe. In seinem optimistischen Glauben an eine stetige, evolutionäre Fortentwicklung der Republik, die für die im Kaiserreich sozialisierten Sozialdemokraten typisch war, ging Grzesinski davon aus, daß man in zehn oder zwanzig Jahren über eine homogene und loyal-republikanische Bürokratie verfügen werde. Die jüngere Beamtengeneration müsse „freudig auch mit dem Herzen zur Republik stehen"; von den alten Beamten verlangte Grzesinski jedoch nicht mehr, als daß sie alles unterlassen sollten, „was gegen den Sinn und Geist des heutigen Staates verstoßen würde".[333] Wie die meisten anderen demokratischen Politiker setzte auch Grzesinski auf den Faktor Zeit – Zeit, die die Weimarer Republik nicht hatte.

---

329 IISG Amsterdam, Nl. Grzesinski, Nr. 748 (20.11.1928); Grzesinski, Im Kampf (Ms.), Bl. 336.

330 Abegg will bereits 1920 entsprechende Anregungen gemacht haben, die jedoch nicht aufgenommen worden seien. Abegg an Severing, 31.5.1947. BA Koblenz, Kl. Erw. 329, Nr. 8, Bl. 4.

331 Pr. Innenminister Grzesinski an Winzer (SPD/MdPrLT), 16.4.1928. IISG Amsterdam, Nl. Grzesinski, Nr. 1075. Zur verpaßten Demokratisierungschance in der Revolutionsphase siehe Grzesinski, Im Kampf (Ms.), Bl. 336f.

332 Pr. Innenminister Grzesinski an Dr. Müller (Reichsbanner Potsdam), 5.10.1927. IISG Amsterdam, Nl. Grzesinski, Nr. 828.

333 Grzesinski, Republik und Beamter, S. 9.

In einer detaillierten Studie über die SPD und den öffentlichen Dienst in der Weimarer Republik ist das Fazit gezogen worden, daß die Distanz zwischen Sozialdemokratie und Verwaltung unter anderem darauf zurückzuführen war, daß es der SPD in der Weimarer Republik nicht gelang, ein realistisches, parteiverbindliches und erfolgversprechendes Konzept eines sozialdemokratischen Verwaltungsdienstes und Staatsapparates zu entwickeln.[334] Am preußischen Beispiel läßt sich jedoch zeigen, daß es durchaus Ansätze zu einer preußisch-sozialdemokratischen Verwaltungstheorie gab.

Seit Ende der zwanziger Jahre, unter dem Eindruck der nationalsozialistischen Bedrohung, gab es eine lebhafte und intellektuell anspruchsvolle sozialdemokratische Theoriedebatte über das Verhältnis von Staat, Sozialismus und parlamentarischer Demokratie.[335] Doch die Auswirkungen dieses Diskurses auf das sozialdemokratische Regierungshandeln in Preußen waren begrenzt. Die Diskussion hatte zu viele Facetten, als daß sich eine herrschende Lehre erkennen ließ, und hinzu kamen die traditionellen Kommunikationsschwierigkeiten zwischen „Intellektuellen" und „Praktikern". Entscheidend war jedoch, daß es unterhalb der Theorieebene kein realistisches Konzept gegeben hat, wie die Erträge einer akademischen sozialdemokratischen Demokratieforschung in die Praxis umgesetzt werden könnten. Die für Preußen entscheidende Frage, welche konkreten Folgerungen für eine sozialdemokratische Personalpolitik, noch dazu unter den Bedingungen einer Koalitionsregierung, aus der Theoriedebatte zu ziehen waren, wurde von der Literatur nicht beantwortet. Darum gingen einige preußische Sozialdemokraten daran, das Verhältnis von Arbeiterschaft und Staat, von Bevölkerung und Bürokratie gewissermaßen für den eigenen Gebrauch zu definieren. Sie kamen zu dem Schluß, daß es das Ziel der Sozialdemokratie sein müsse, den Staatsapparat an die Bedürfnisse der Arbeiterschaft anzupassen, ihn – in Grzesinskis Worten – „dem neuen demokratischen Geist anzugleichen und dienstbar zu machen". Aufgabe der Sozialdemokratie sei es, „den errungenen Anteil an der politischen Macht auch in den Positionen der Staatsverwaltung zum Ausdruck zu bringen". Dieser Grundgedanke läßt sich in vielen Äußerungen preußischer Sozialdemokraten verfolgen, und aus der Landtagsfraktion waren es vor allem Grzesinski, Hamburger und Heilmann, die ihn nach außen vertraten.[336] Aber auch Grzesinskis enger Mitarbeiter und Freund Hans Hirschfeld, der die Presseabteilung im Ministerium leitete, stellte sich in seinem 1928 veröffentlichten Buch „Ein Blick in die Verwaltung" die Frage, welche Konsequenzen in der Bürokratie die Veränderung der Staatsform nach sich

---

334 So das Fazit bei Sühl, SPD und öffentlicher Dienst, S. 237; aber auch bereits Ehni, Bollwerk, S. 289.

335 Ausführlich dargestellt bei Euchner, Sozialdemokratie und Demokratie.

336 Grzesinski, Verwaltungsarbeit im neuen Staat, bes. S. 33 (dort auch das Zitat); ders., Verwaltungsreform in Preußen. In: Volksstimme Frankfurt/M., 26.10.1929; ders., Wir wollen unser Recht. In: Volkswacht für Schlesien (Breslau), 24.5.1928; Hamburger, Ein Staatsideal, S. 148 u. 153; Preußentag der SPD (1928), S. 51 (Heilmann).

ziehen müsse.[337] Am differenziertesten und am ausführlichsten hatte sich allerdings ein sozialdemokratischer Kommunalpolitiker, der Bürgermeister von Berlin-Kreuzberg, Dr. Carl Herz, mit dem Fragenkomplex Staatsapparat und Sozialdemokratie auseinandergesetzt. In seiner Untersuchung über „Die Verwaltungsreform als Aufgabe der Demokratie" (1927) versuchte er, die personelle und organisatorische Verwaltungsreform in den Rahmen der marxistischen Gesellschaftsauffassung einzuordnen. Auf dem Weg zum Sozialismus, der über die Eroberung der politischen Macht führe, gehe es nicht darum, den Staatsapparat zu zerschlagen, wie es die Kommunisten forderten. Vielmehr solle der Staatsapparat so umgeformt werden, daß er die „gesellschaftliche Macht des Proletariats in ein Höchstmaß politischen Machteffektes" umsetzen könne, daß er „gleichsam als Transformatorenstation die angehäufte gesellschaftliche Energie des Proletariats mit dem geringsten Kräfteverlust in verwendungsfähige und aktive politische Kraft" übersetzen könne.[338] In dieser Perspektive kam der organisatorischen und personellen Demokratisierung der Verwaltung eine wichtige Aufgabe auf dem Weg zum Sozialismus zu. Hier zeigt sich, daß der sozialdemokratische Kampf um eine demokratische Verwaltung mehr war als der „Drang nach der Futterkrippe", als der er von rechts diffamiert wurde, und daß sich die preußischen Sozialdemokraten bei ihren Bemühungen, den Staatsapparat umzuformen, durchaus auf die sozialistische Theorie berufen konnten und nicht nur pragmatisch vorgingen.

Daß die sozialdemokratische Personalpolitik an mangelnder theoretischer Reflexion gescheitert sei[339], erscheint demnach nicht plausibel. Entscheidend war, daß die preußische SPD, obwohl sie den Posten des Innenministers besetzte, nicht frei schalten und walten konnte, weil auf die Koalitionspartner, besonders auf die DDP, Rücksicht genommen werden mußte. Gleichwohl gab es zur Weimarer Koalition keine Alternative: Grundvoraussetzung jedes noch so kleinen Schrittes auf dem Weg, den Staatsapparat an die Bedürfnisse der Republik und der breiten Massen anzupassen, war die Beteiligung an der Regierungskoalition in Preußen – von der Oppositionsbank aus ließen sich keine Stellen besetzen. Eine konsequente Personalpolitik nach einheitlichen Kriterien, die großzügig über Einzelfälle hinwegging und auf das Gesamtergebnis blickte, scheiterte vor allem an der starren Haltung der kleinen Deutschen Demokratischen Partei, die in besonderer Weise davon profitierte, daß die ehemaligen „Reichsfeinde" Zentrum und SPD in der Monarchie von jeder Verwaltungstätigkeit ausgeschlossen waren und infolgedessen oftmals nicht genügend „zünftige" Beamte als Bewerber für freie Stellen präsentieren konnten. In diese Lücke stießen DDP-Beamte. Aus den gleichen Gründen hielt die DDP auch

---

337 Hirschfeld, Ein Blick, bes. S. 42ff. Hirschfeld war SPD-Mitglied und Ministerialrat im PrMdI. Nach dem Krieg wurde er Pressechef des Berliner Senats und enger Mitarbeiter des Regierenden Bürgermeisters Willy Brandt.
338 Herz, Verwaltungsreform, S. 50.
339 Sühl, SPD und öffentlicher Dienst, S. 237; vgl. Ehni, Bollwerk, S. 289.

eisern an der Idee eines vermeintlich politisch „neutralen" Berufsbeamtentums fest. Die sozialdemokratische Landtagsfraktion war bereit, diesen Zustand für eine Übergangzeit hinzunehmen. Wogegen sie sich jedoch verwahrte, war die Tendenz der DDP, die relative Benachteiligung der SPD bei den höheren Verwaltungsposten festschreiben zu wollen und einmal innegehabte Posten gleichsam als Erbhöfe zu betrachten. Als Grzesinski daranging, die Benachteiligung der SPD bei der Ämtervergabe zu korrigieren, kam es deshalb häufiger zu Zusammenstößen, die die Koalition belasteten.[340] Da der Sozialdemokratie inzwischen fachlich qualifizierte Bewerber nachgewachsen waren, könne es nicht ausbleiben, „daß immer wieder von Zeit zu Zeit ein früher mit Demokraten besetzter Posten jetzt an einen Sozialdemokraten gegeben wird", schrieb Ernst Heilmann 1930 im „Freien Wort".[341] Aber daran mochten sich die DDP-Politiker, publizistisch unterstützt vom „Berliner Tageblatt", nicht gewöhnen. Grzesinski brachte ihr Verhalten auf den Punkt: Die Demokraten seien der Meinung, „sie müßten die Offiziere stellen, und die sozialdemokratischen Massen seien als Hilfstruppen gerade gut genug".[342]

Durch besonders anhaltende und hartnäckige personalpolitische Interventionen tat sich Handelsminister Schreiber hervor. Ganz unverhohlen fragte er im April 1928 nach, wie Grzesinski „in absehbarer Zeit in meinem Wahlkreis der Demokratischen Partei eine Konzession zu machen" gedächte. Er schloß seinen Brief mit einer erstaunlich taktlosen Kritik an der Berufung von sozialdemokratischen „Außenseitern". Auch Schreibers Parteifreund und Ministerkollege Höpker-Aschoff monierte die Berufung von Sozialdemokraten im allgemeinen und von „Außenseitern" im besonderen.[343] Über die Widerstände, die er der Ernennung des Sozialdemokraten und Juden Hermann Badt zum Ministerialdirektor entgegensetzte, ist bereits oben berichtet worden. Darüber hinaus behandelte Höpker-Aschoffs Fi-

---

340 Ein besonders schwerer Konflikt schwelte am Vorabend von Grzesinskis Rücktritt um die Besetzung der Oberpräsidien in Pommern und Hessen; Teile der DDP-Fraktion erwogen sogar, bei einem anstehenden Mißtrauensvotum Grzesinski die Unterstützung zu versagen, was einer Aufkündigung der Koalition gleichkam. Es ist darum in der Presse vermutet worden, daß Grzesinskis Demission damit in Zusammenhang stehe. Allerdings zeigen die Sitzungsprotokolle der preußischen DDP-Fraktion, daß in einer interfraktionellen Besprechung am 27.2.1930 eine Einigung erzielt worden war und die Stimmabgabe der DDP für Grzesinski damit feststand. BA Koblenz, R 45 III, Nr. 65, Bl. 184. Die gelegentlichen Drohungen der DDP, wegen der Personalpolitik aus der Regierung auszutreten, gehörten zum Ritual und wären sicher nicht so leichtfertig umgesetzt worden, wie das bei Salongesprächen den Anschein haben mochte. Feder, Heute, S. 245 (27.2.1930, mit Bezug auf den DDP-Abg. Nuschke).
341 Heilmann, Preußische Personalpolitik, S. 9.
342 Bericht über Grzesinskis Rede auf einem Kasseler Bezirksparteitag, in: Volksblatt Kassel, 7.4.1930.
343 Pr. Handelsminister Schreiber an pr. Innenminister Grzesinski, 24.4.1928. IISG Amsterdam, Nl. Grzesinski, Nr. 151 (dort auch weitere ähnliche Schreiben); pr. Finanzminister Höpker-Aschoff an pr. Innenminister Grzesinski, 15.3.1928. Ebd., Nr. 72. Für Grzesinski waren die Demokraten wegen solcher Vorkommnisse nichts als ein Grüppchen von „Gernegroßen". Grzesinski, Im Kampf (Ms.), Bl. 240 (Passage später gestrichen). Zum schlechten Verhältnis Grzesinskis zur DDP seit der Regierungskrise von 1925 siehe auch oben Kap. III 2.

nanzministerium eine Pensionsregelung, die Verbesserungen für „Außenseiter" vorsah, so schleppend, daß Grzesinski sich nicht scheute, dieses Verhalten Otto Braun gegenüber als „eine unerhörte Sabotage einer dringenden politischen Notwendigkeit" zu brandmarken.[344] Folgerichtig machte Grzesinski in erster Linie die DDP dafür verantwortlich, daß auf personalpolitischem Gebiet nicht mehr erreicht wurde. Und tatsächlich hat es die DDP ausgenutzt, daß die anderen Koalitionsparteien die preußische Koalition nicht an der Frage zerbrechen lassen wollten, ob ein neuer Regierungsvizepräsident in Gumbinnen Demokrat oder Sozialdemokrat war. Aus Koalitionsräson gaben Zentrum und SPD des öfteren den Wünschen der DDP nach, was freilich nicht bedeutete, daß die DDP dadurch zufriedengestellt worden wäre. Die kleine linksliberale Partei fand ihr Genügen darin, in der Personalpolitik ein entscheidendes Wort mitzureden, und widmete sich diesem Thema mit Akribie und Zähigkeit. Der Landtagsabgeordnete Grzimek unterhielt sogar eine private Beamtenkartei.[345] Als der katholische Klerus anläßlich des Volksbegehrens gegen den Young-Plan im Jahre 1929 eindeutig Stellung für die Republik und gegen das Volksbegehren bezogen hatte, nahm Grzesinski das zum Anlaß, auf einen grundsätzlichen Unterschied zwischen den Koalitionspartnern Zentrum und DDP hinzuweisen: Während das Zentrum sich auch mit Taten zur Republik bekenne, sei dergleichen bei der Demokratischen Partei nicht festzustellen. „Von denen", schrieb Grzesinski an seinen Kölner Fraktionskollegen Haas[346], „höre ich nichts weiter als Personalwünsche und durch ihre Presse Anstänkereien der republikanischen Verwaltung und Einstimmen in das reaktionäre Korruptionsgeschrei".

3.5 Schutz der Republik

a) Reformen in der preußischen Polizei

Als eine seiner wichtigsten Aufgaben als Innenminister sah Grzesinski die „Festigung der Staatsmacht, insbesondere durch den Ausbau der polizeilichen Exekutive" an.[347] Damit war jedoch kein personeller Ausbau gemeint, denn die Alliierten hatten verbindliche Obergrenzen für die Stärke der preußischen Polizei festgelegt. Nicht mehr als 67.000 staatliche und 15.000 kommunale Polizisten wurden Preußen zugestanden.[348] Es ging um gesetzgeberische und organisatorisch-

---

344 Pr. Innenminister Grzesinski an MP Braun, 19.4.1928. IISG Amsterdam, Nl. Grzesinski, Nr. 755. Zum gesamten Vorgang siehe auch Möller, Parlamentarismus, S. 526.
345 Feder, Heute, S. 157 (12.2.1928).
346 19.10.1929. IISG Amsterdam, Nl. Grzesinski, Nr. 923.
347 Grzesinski, Im Kampf (Ms.), Bl. 188.
348 Riege, Die preuß. Polizei, S. 14. Zur staatlichen Polizei zählten neben den über 50.000 Schutzpolizisten noch ca. 9.000 Landjäger, denen die Aufrechterhaltung von Ruhe und Ordnung in ländlichen Gebieten oblag, und 6.500 Kriminalpolizisten.

administrative Ansätze, die das wichtigste Machtmittel des Freistaates Preußen, die Polizei, noch stärker an den demokratischen Staat binden und gleichzeitig dessen Effizienz erhöhen sollten. Die Zahl der „Schupos" in den Revieren und Bereitschaften sollte erhöht und im Gegenzug die Zahl der mit reiner Verwaltungsarbeit befaßten Polizisten herabgesetzt werden. „Ausbau der polizeilichen Exekutive" meinte also, durch Personalumschichtung mehr Polizisten für den schutzpolizeilichen Dienst in Polizeirevieren oder Bereitschaften zur Verfügung zu haben.[349]

Ein wichtiger Schritt, um die Schutzpolizisten an den Weimarer Staat zu binden und den professionellen Standard der Polizeiarbeit in Preußen zu heben, war das Polizeibeamtengesetz vom 31. Juli 1927, das die Polizeilaufbahn einschneidend reformierte.[350] Seine Leitgedanken waren, „den Schutzpolizeibeamten ihr Amt zum Lebensberuf zu machen" und eine „Einheitspolizei", d. h. eine einheitliche Laufbahn für die Polizisten der verschiedenen Polizeizweige einzuführen.[351] Das alte Schutzpolizeigesetz von 1922 hatte noch vorgesehen, daß die Beamten in der Regel nach zwölf Dienstjahren (unter Anrechnung der Militärdienstzeit) aus der Schutzpolizei ausscheiden sollten. Das war unumgänglich, weil bei der Verschmelzung von Sicherheits- und Ordnungspolizei zur preußischen Schutzpolizei im Jahre 1920 viele ältere Polizisten in die Schutzpolizei übernommen werden mußten, deren lebenslange Anstellung im Interesse einer ausgewogenen Altersstruktur aber nicht angeraten erschien.[352] Die anderen Zweige der Polizei (Verwaltungspolizei, Kriminalpolizei, Landjägerei) rekrutierten ihren Nachwuchs aus den Reihen der entlassenen Schutzpolizisten („Versorgungsanwärter"), wobei längst nicht alle Bewerber übernommen werden konnten und es auch im günstigen Fall zu langen Wartezeiten kam. Polizeipraktiker forderten jedoch, der Übergang aus der Schutzpolizei in andere Polizeizweige müsse „schon früher ermöglicht werden und sich ohne Unterbrechung der Beamteneigenschaft und des Polizeidienstes vollziehen".[353]

Statt des zwölfjährigen Dienstes in der Schutzpolizei sah das neue Polizeibeamtengesetz folgende Laufbahn für Polizeibeamte vor: Mit etwa 20 Jahren Einstellung als Polizeianwärter und einjährige Ausbildung auf einer Polizeischule; danach bis zur Vollendung des achten Dienstjahres als kündbarer Polizeiwachtmeister Dienst in der kasernierten Bereitschaftspolizei. Anschließend Übernahme in den Einzeldienst (Revierdienst und Sonderdienst) der Schutzpolizei oder in einen anderen Dienstzweig, wie Landjägerei, Kriminalpolizei, Verwaltungsinnendienst oder in die kommunale Polizei; nach Vollendung des 32. Lebensjahres unkündbare

---

349 Grzesinski, Dienst und Schulung, S. 104.
350 GS 1927, S. 151ff.; Ausführungsbestimmungen vom 3.1.1928: Beilage zum MBliV 1928, Nr. 3.
351 van den Bergh et al., Die preuß. Polizeibeamtengesetze, S. 3. Nicht zuletzt sollte durch die „Einheitspolizei" auch die unterschwellige Rivalität zwischen Außen- und Innendienst gedämpft werden, von der Leßmann (Schutzpolizei, S. 219) berichtet.
352 Grzesinski, Das neue Polizeibeamtengesetz. In: Vossische Zeitung v. 20.2.1927. Schutzpolizeigesetz von 1922 in: GS 1922, S. 251ff.
353 van den Bergh et al., Die preuß. Polizeibeamtengesetze, S. 2.

Anstellung. Entlassungen nach zwölfjähriger Dienstzeit waren möglich, wenn keine Planstellen mehr frei waren, sollten jedoch die Ausnahme bleiben.[354]

Der parlamentarische Weg der Reform der Polizeilaufbahn kann kurz abgehandelt werden. Seit 1925, noch zur Amtszeit Severings, waren in der Polizeiabteilung des Innenministeriums unter der Leitung Wilhelm Abeggs sieben Entwürfe entstanden, die aber nicht dem Parlament vorgelegt werden konnten, unter anderem, weil die Verhandlungen zwischen Deutschland und den Alliierten über Aufbau und Stärke der deutschen Militär- und Polizeimacht noch nicht abgeschlossen waren. Der erste Entwurf des Gesetzes, der auch tatsächlich vorgelegt wurde, datiert vom 23. März 1926. Insofern kann Grzesinski nicht die Urheberschaft dieses Gesetzes für sich beanspruchen, allerdings war es sein Verdienst, diesem Gesetz über die parlamentarischen Hürden geholfen zu haben, ohne daß die Grundsätze allzu sehr verwässert wurden. Gut zwei Monate nach dem Wechsel im preußischen Ministerium des Innern konnte Grzesinski im Dezember 1926 vor dem Landtag verkünden, „daß das neue Schutzpolizeibeamtengesetz nunmehr so weit fertiggestellt ist, daß eine Übereinstimmung der in Frage kommenden Ressorts erzielt ist".[355] Neben den betroffenen Ministerien, vor allem dem Finanzministerium, hatten auch Vertretungen der Gemeinden und Berufsverbände der Polizeibeamten zu dem Entwurf Stellung genommen. Im Februar 1927 wurde der Entwurf dem Staatsrat und im April dem Landtag zugeleitet.[356] Naturgemäß gingen die Wünsche der Beamtenverbände weiter als Grzesinski entgegenzukommen bereit war. Während der ersten Lesung des Gesetzes stellte er daher vor dem Landtagsplenum klar, daß er nicht nur die Interessen der Beamten, sondern auch die des Staates vor Augen haben müsse; das neue Polizeibeamtengesetz steuere eine mittlere Linie zwischen Beamten- und Staatsinteressen.[357]

Wie üblich wurde die legislatorische Feinarbeit im Ausschuß geleistet[358], während die große politische Debatte, die heftig und kontrovers verlief, im Landtagsplenum anläßlich der zweiten Lesung im Juni 1927 stattfand. Am 29. Juni 1927 wurde das Gesetz mit großer Mehrheit angenommen – nur die radikalen Flügelparteien hatten dagegen gestimmt.[359]

Aussagekräftiger als die parlamentarischen Auseinandersetzungen sind in diesem Fall die praktischen Auswirkungen des Reformgesetzes, und diese brachten gegenüber dem vorherigen Zustand einen deutlichen Fortschritt. Der Polizeiberuf sollte zu einem Lebensberuf werden, und die Polizisten oder Anwärter, die nach

---

354 Nach: van den Bergh et al., Die preuß. Polizeibeamtengesetze, S. 4 sowie Grzesinski, Das neue Polizeibeamtengesetz. In: Vossische Zeitung v. 20.2.1927. Vgl. auch § 13 des Polizeibeamtengesetzes. GS 1927, S. 153.
355 SB PrLT, 2. WP, 17.12.1926, Sp. 16307.
356 Drucks. PrLT, 2. WP, Nr. 6217.
357 SB PrLT, 2. WP, 11.5.1927, Sp. 20000.
358 Vgl. Drucks. PrLT, 2. WP, Nr. 6660.
359 van den Bergh et al., Die preuß. Polizeibeamtengesetze, S. 7f.

dem 31. März 1926 in die Schutzpolizei eingetreten waren, konnten gesicherten beruflichen Verhältnissen entgegensehen, wenn der Staatshaushalt in der Balance blieb. Mit dem Polizeibeamtengesetz wurde ein Wechsel auf die Zukunft ausgestellt, der nicht mehr eingelöst werden konnte. Nach wie vor wurde die Mehrzahl der Schutzpolizisten nach dem alten „Schutzpolizeibeamtengesetz" von 1922 behandelt, und dieses sah in der Regel das Ausscheiden des Schutzpolizisten nach zwölf Jahren Dienst vor, wobei eventuelle Militärdienstzeiten mitgerechnet wurden. Auf einem engen Markt mußten diese „Versorgungsanwärter" mit entlassenen Soldaten und Kriegsbeschädigten um freie Stellen im öffentlichen Dienst konkurrieren oder versuchen, wieder im Zivilleben Fuß zu fassen, was vielen mißlang. Grzesinskis Versuche, von den Ressortkollegen zusätzliche Stellen für entlassene Schutzpolizisten zu erhalten, und die Errichtung von Fürsorgestellen für die zu entlassenden Polizeibeamten konnten das Strukturproblem einer hohen Zahl von Versorgungsanwärtern und einer geringen Zahl vorhandener Stellen nicht lösen. In diesem „Zusammenbruch des Systems der ‚Zivilversorgung'" und der damit verbundenen Unzufriedenheit kann ein Grund dafür gesehen werden, daß gegen Ende der Weimarer Republik auch die preußischen Polizeiwachtmeister für die nationalsozialistische Propaganda anfällig wurden.[360] Um so bedauerlicher war es, daß das Polizeibeamtengesetz von 1927 seine positiven Effekte, indem es den Polizisten eine langfristige berufliche Perspektive bot, in der Weimarer Republik nicht mehr voll entfalten konnte. Eine rückwirkende Ausdehnung des Gesetzes auf alle Schutzpolizisten war jedoch nicht zu finanzieren.

Für die sichere berufliche Perspektive, die das neue Polizeibeamtengesetz bot, erwartete Grzesinski von den Polizisten im Gegenzug die Fähigkeit und Bereitschaft, sich einer gründlichen und praxisorientierten Ausbildung zu unterziehen. Mehrfach hat er sich mit der Frage auseinandergesetzt, über welche Eigenschaften der Polizist eines demokratischen Gemeinwesens verfügen müsse. Die Grundvoraussetzungen, die er verlangte, orientierten sich an den traditionellen Leitvorstellungen: Bereitschaft zu dienen, Intelligenz, Mut und Disziplin.[361] Aber neben diesen Grundvoraussetzungen mußte der Polizist während seiner Ausbildung und in Schulungen auch weitergehende Kenntnisse und Fähigkeiten erwerben. Am Polizeiberufsschulwesen hatte Grzesinski jedoch einiges auszusetzen, ja, er bezweifelte, daß die Grundsätze, unter denen die Schulung erfolgte, „vom Standpunkt der Polizei richtig" seien.[362] Offensichtlich war es dem Autodidakten Grzesinski suspekt, daß im Unterrichtsplan der Polizeischulen und in der Polizeiberufsschule auch die allgemeinbildenden Fächer ohne direkten Bezug zur Polizeipraxis einen gewissen Stellenwert beanspruchten. In der Polizeiberufsschule, die der angehende Polizist parallel zur in großen Teilen infanteristisch geprägten polizeifachlichen Ausbildung

---

360 Leßmann, Schutzpolizei, S. 418; zum Vorangegangenen siehe ebd., S. 141-150; MBliV 1928, Sp. 1189.
361 Liang, Berliner Polizei, S. 84 mit Bezug auf Vossische Zeitung v. 27.2.1927.
362 Grzesinski, Dienst und Schulung, S. 104.

besuchen mußte, waren Deutsch, Rechnen, Geschichte sowie Heimat- und Erdkunde obligatorisch. In weiterführenden Kursen konnten auch Volkswirtschaftslehre, Staatsbürgerkunde und Englisch belegt werden.[363] Angesichts eines solchen Lehrplanes fühlte sich Grzesinski 1929 zu der polemischen Äußerung provoziert, die „unbestritten nötige Schulung" solle tüchtige Polizeibeamte und keine Professoren hervorbringen. Die allgemeinbildenden Fächer sollten zugunsten der praxisbezogenen Ausbildung „in den rein polizeilichen Sachgebieten" reduziert werden.[364] Das war eine logische Folge des neuen Polizeibeamtengesetzes: Der Sinn der umfangreichen allgemeinen Ausbildung hatte darin bestanden, den nach 12 Dienstjahren ausscheidenden Polizisten eine gute Bildungsbasis für das Zivilleben zu vermitteln. Da das neue Gesetz jedoch die lebenslange Beschäftigung im Polizeidienst vorsah, verlor das frühere Bildungsziel, die Polizisten für den Arbeitsmarkt konkurrenzfähig zu machen, an Bedeutung. Hinzu kam eine empirische Erkenntnis Grzesinskis: Grundlegende Erlasse waren den Exekutivkräften „teils überhaupt nicht, teils in völlig unzulänglicher Weise" zur Kenntnis gebracht worden.[365] Das habe dazu geführt, daß die Ausführung von Gesetzen und Verordnungen im Sinne der Regierung und des Parlaments nicht gewährleistet war. Aus diesem Grunde wollte Grzesinski die Polizisten auch über die Motive und Beweggründe unterrichten lassen, die zu bestimmten Gesetzen und Verordnungen geführt hatten. Zugunsten eines solchen Unterrichts wollte Grzesinski die allgemeinen Fächer abbauen und die Schulung auf die polizeipraktischen Aspekte konzentrieren. Diese Überlegungen fanden auch die Zustimmung des einflußreichen Vorsitzenden des „Verbandes Preußischer Polizeibeamten", Ernst Schrader.[366] Allerdings setzten sie nur an einer Seite an. Denn wenn Erlasse den Polizisten nicht oder nur unvollständig bekanntgemacht worden waren, ist in der Regel von einem Versäumnis der Vorgesetzten, der Polizeioffiziere, auszugehen. Und wie diese zu pflichtgemäßem Handeln angeleitet werden sollten, darüber gingen Grzesinskis Ausführungen hinweg.

Daß der Polizeiführung Nachlässigkeiten in der Ausbildung und Unterweisung der Schutzpolizisten unterliefen, zeigte sich auch auf anderen Gebieten. Als am 1. Mai 1929 und den folgenden Tagen der Versuch der Schutzpolizei, ein bestehendes Demonstrationsverbot auch am Tag der Arbeit durchzusetzen, im Wedding und in Neukölln über 30 Todesopfer forderte, wurde deutlich, daß der Ausbil-

---

363 Hirschfeld/Vetter, Tausend Bilder, S. 55; vgl. auch Leßmann, Schutzpolizei, S. 228f.

364 Grzesinski, Dienst und Schulung, S. 104f. Vgl. auch SB HA PrLT, 2. WP, 29.1.1927, Sp. 10 (Grzesinski).

365 Grzesinski, Dienst und Schulung, S. 104.

366 Schrader, Nochmals die Bedeutung, S. 375. Der „Schrader-Verband", die größte und bedeutendste Interessenvertretung von Polizeibeamten in der Weimarer Republik, war republikanisch zuverlässig, bemühte sich jedoch um parteipolitische Neutralität. Er hatte 1930 mit 75.000 Mitgliedern ca. 80 Prozent des gesamten Personals der preuß. Polizei organisiert. Leßmann, Schutzpolizei, S. 164-170; Liang, Berliner Polizei, S. 76. Daneben bestand seit 1927 der deutlich kleinere freigewerkschaftlich-sozialdemokratisch orientierte Allgemeine Preußische Polizeibeamtenverband („Betnarek-Verband"), der im PrMdI besonders große Sympathien genoß. Ebd., S. 80.

dungsstand vieler junger Polizisten den Anforderungen nicht genügte. Verunsichert und beunruhigt durch wochenlange Alarmbereitschaft und die falsche Lagebeurteilung der Führung, man habe es mit einem vorbereiteten kommunistischen Aufstandsversuch zu tun, machten sie teilweise willkürlich von der Schußwaffe Gebrauch und ließen die nötige „Feuerdisziplin" vermissen. Ohne Zweifel waren dafür auch Mängel in der Ausbildung verantwortlich.[367]

Die Schulung der Polizeibeamten war ein Bereich, in dem sich Grzesinski – wie gezeigt werden konnte – um die Anhebung des professionellen Niveaus der Schutzpolizisten bemüht hat, wenngleich sich die praktischen Erfolge einer exakten Analyse entziehen. Mit seinem Ansatz, allgemeinbildende Schulungsinhalte zugunsten der polizeipraktischen Unterweisung zurückzudrängen, verfolgte Grzesinski ein Ziel, das in dem Maße an Bedeutung gewinnen sollte, wie die dienstliche Beanspruchung der Schutzpolizei durch bürgerkriegsähnliche Zusammenstöße in den Straßen anstieg. Das Ziel hieß: Mehr Polizeibeamte in den Revieren. Je mehr Beamte sich auf Schulungen und Lehrgängen befanden und dort eine für den Polizeidienst nach Grzesinskis Meinung unwichtige Allgemeinbildung erwarben, desto weniger Polizisten standen für den Streifen-, Revier- und Bereitschaftsdienst zur Verfügung. Deshalb war für ihn 1929 der Punkt gekommen, an dem das Bestreben, die Schulung auszubauen, „mit den unmittelbaren Interessen des Dienstes sich als unvereinbar" erwies; „die zum Exekutivdienst zur Verfügung stehende Zahl von Beamten" werde „in einem bedenklichen Umfange" vermindert.[368] Damit war das beherrschende Motiv ausgesprochen, das Grzesinskis Polizeipolitik zugrundelag, und unter diesem Aspekt wird auch die etwas rätselhafte Äußerung über den „Ausbau der polizeilichen Exekutive" verständlich: Es ging darum, die Zahl derjenigen Polizisten zu erhöhen, die tatsächlich für den Polizeieinsatz im Revier- oder Bereitschaftsdienst zur Verfügung standen. Die Mittel, auf die Grzesinski setzte, waren organisatorische Reformen sowie eine „Entpolizeilichung" des öffentlichen Lebens.[369]

Die wichtigste organisatorische Veränderung war die Einführung einer einheitlichen Gliederung und Geschäftsverteilung innerhalb der staatlichen Polizeiverwaltung zum 1. Februar 1929. Die Geschäftsführung bei den staatlichen Polizeipräsidien, Polizeidirektionen und -ämtern wurde nach einem einheitlichen Schema gestaltet; Bezeichnung und Aufgabenzuschnitt der Unterabteilungen der einzelnen Polizeizweige (Verwaltungspolizei, Schutzpolizei und Kriminalpolizei) wurden

---

367 Lange (Polizeioberst a. D.): Polizeierfahrung-Polizeierziehung. In: Frankfurter Zeitung Nr. 438, 1929 (wohl v. 15.6.1929).

368 Grzesinski, Dienst und Schulung, S. 104.

369 Der von Grzesinski in einem Schreiben an MP Braun und sämtl. Staatsminister v. 1.2.1930 (IISG Amsterdam, Nl. Grzesinski, Nr. 1244) benutzte Begriff der „Entpolizeilichung" meinte die Entlastung der Polizei von Aufgaben in der Wohlfahrtspflege, beim Meldewesen und in der Sozialfürsorge; die frei gewordenen Beamten sollten in der schutzpolizeilichen Exekutive verwandt werden.

angeglichen und ein einheitlicher Geschäftsverteilungsplan eingeführt.[370] Gleichzeitig war die Polizeiverwaltung Magdeburg beauftragt worden, „die Akteneinteilung der Behörde nach einem neu aufgestellten Aktenplane vorzunehmen".[371] Diese Büroreform sollte dann auf ganz Preußen, eventuell auch auf die allgemeine Landesverwaltung übertragen werden. Grzesinski rechnete für die preußische Polizei mit einer Einsparung von 760 Stellen, die jedoch nicht abgebaut werden sollten, sondern – hier kommt der Gedanke des „Ausbaus der polizeilichen Exekutive" ins Spiel – die von Büro- und Registraturarbeiten entlasteten Polizisten sollten wieder Dienst als Streifen- oder Revierpolizisten leisten.[372] Eine weitere wichtige Neuerung der Organisationsreform war die Einrichtung politischer Abteilungen mit eigener Exekutive bei allen staatlichen Polizeiverwaltungen. Mit dieser Maßnahme reagierte Grzesinski auf die offensichtlichen Effizienzdefizite der Politischen Polizei, denen er in seiner Zeit als Berliner Polizeipräsident begegnet war. Unfähigem Personal war freilich auch mit Organisationsreformen nicht beizukommen.[373]

Grzesinski dachte nicht nur über die möglichst personalsparende und zweckmäßige Organisation der Polizei nach, sondern auch über eine grundlegende Reform des Polizeiwesens. Über die Polizei eines Rechtsstaates und einer demokratischen Republik hatte er eigene Vorstellungen: „wir alle wollen: Die Polizei als Organ und Exekutive des Volksstaates, als Schützer der Verfassung, als Helfer und Freund des Staatsbürgers ohne Unterschied des Standes und der Person."[374]

Mit diesem Bild der Polizei als „Organ und Exekutive" stand der tatsächliche Zustand in einem gewissen Kontrast. Denn ein Blick auf den Aufgabenkatalog der Polizei zeigt, daß sie beileibe nicht nur exekutiv-polizeiliche Funktionen im engeren Sinne zu erfüllen hatte. Es gab eine personalintensive, gut ausgebaute sog. „Verwaltungspolizei", die unter anderem Gesundheits- und Veterinärpolizei, Fundbüro, Gewerbepolizei, Fremdenpolizei und Meldewesen umfaßte.[375] Nach den bestehenden Sozialversicherungsgesetzen hatte die Polizei Invaliden- und Angestelltenversicherungskarten auszustellen. Außerdem mußten Schriftstücke beglaubigt und Aufgaben in der Wohlfahrtspflege wahrgenommen werden.[376] Hier gedachte Grzesinski den Hebel anzusetzen. 1930 berichtete er in einem Brief an das Staatsministerium von seinen Überlegungen, „Aufgaben, die bisher den Polizeibehörden oblagen, [...] den Selbstverwaltungskörpern" zu übertragen und somit die Polizeiar-

---

370 MBliV 1928, Sp. 1189-1198 (Runderlaß v. 12.12.1928 u. Anlage).

371 MBliV 1928, Sp. 1190; zur Magdeburger Polizeiorganisation siehe Handwb. Verwaltungspraxis, S. 268f.

372 SB PrLT, 3. WP, 6.2.29, Sp. 3063 (Grzesinski).

373 Erlaß des PrMdI v. 12.12.1928 über die Organisation der polit. Polizei in: MBliV 1928, Sp. 1198-1201. Zu den Defiziten der polit. Polizei siehe oben Kap. III 1.

374 Schlußansprache auf der 10. Preuß. Polizeiwoche in Düsseldorf, 12.10.1929. IISG Amsterdam, Nl. Grzesinski, Nr. 1001.

375 MBliV 1928, Sp. 1189.

376 Z. B. die Betreuung entlassener Strafgefangener und Gefährdeter. Grzesinski, Polizeiverwaltungsreform, S. 354f.

beit stärker auf die schutzpolizeiliche Exekutive zu konzentrieren. Dafür benutzte er den Begriff der „Entpolizeilichung" des öffentlichen Lebens.[377] Nach 1945 wurde dieser Gedanke in den westdeutschen Ländern wieder aufgenommen und in Teilen umgesetzt.[378]

Seit 1928 war im preußischen Innenministerium an einer sinnvollen Aufgabentrennung zwischen Polizei und Selbstverwaltung gearbeitet worden.[379] Klare Vorstellungen über die Umsetzung gab es jedoch nicht. Ein besonderes Gesetz hätte niemals den Landtag passiert; nach den Erfahrungen aus dem Scheitern der großen preußischen Verwaltungsreform und den Schwierigkeiten bei kommunalen Neuabgrenzungen war vorauszusehen, daß auch in diesem Fall die „Kirchturmspolitiker" aller Fraktionen sich zu schwer voraussagbaren ad-hoc-Bündnissen zusammengefunden hätten, um die auf das gesamtstaatliche Interesse zielenden Pläne der Zentralinstanz im Sinne der Gemeinden zu verändern. Zu spät, als er nicht mehr Minister war, kam Grzesinski der Gedanke, daß eine Neuabgrenzung im Rahmen des gerade zur Beratung anstehenden Polizeiverwaltungsgesetzes versucht werden könnte. Im August 1930 forderte er öffentlich, das neue Polizeiverwaltungsgesetz müsse eine Ermächtigung für den Innenminister enthalten, „nach Fühlungnahme mit den Kommunalverwaltungen [...] durch Verwaltungsakt die Entpolizeilichung bis zur Grenze der Staatsnotwendigkeiten zu treiben".[380] Obgleich der Vorstoß erfolglos blieb, zeigt sich ein weiteres Mal, wie sehr Grzesinski auf die Stärkung der Zentralinstanz bedacht war. Den Herausforderungen, die an den Staat gestellt wurden, glaubte er am besten durch zentrale, nicht vom Parlament zu beeinflussende Verwaltungsmaßnahmen begegnen zu können.

Das Polizeiverwaltungsgesetz vom 1. Juni 1931 bezeichnete Grzesinski als die „Krönung der Reform [...] im preußischen Polizeiwesen".[381] Obwohl es erst 1931, also nach Grzesinskis Amtszeit als Innenminister, verabschiedet wurde und in Kraft treten konnte, hatte Grzesinski entscheidenden Anteil daran. Noch am Tag seines Rücktritts, dem 28. Februar 1930, unterzeichnete er einen für das Staatsministerium bestimmten Entwurf des Polizeiverwaltungsgesetzes. Das Gesetz wurde im Frühjahr 1931 vom Landtag verabschiedet.[382] Damit war ein Projekt verwirklicht, das der damalige Innenminister Severing bereits im Jahre 1921 in einem Schreiben an

---

377 Pr. Innenminister Grzesinski an MP Braun und sämtl. Staatsminister, 1.2.1930. IISG Amsterdam, Nl. Grzesinski, Nr. 1244; vgl. auch Grzesinski, Polizeiverwaltungsreform, S. 351.
378 Scheer/Trubel, Preuß. Polizeiverwaltungsgesetz, S. 28.
379 Vgl. Klausener u.a., Polizeiverwaltungsgesetz, S. 113.
380 Grzesinski, Polizeiverwaltungsreform, S. 355.
381 Grzesinski, Polizeiverwaltungsreform, S. 351.
382 Das Gesetz trat am 1.10.1931 in Kraft. GS 1931, S. 77-94; Grzesinski, Im Kampf (Ms.), Bl. 208. Einen überarbeiteten Entwurf legte Severing im November 1930 dem Kabinett vor. Prot. der Staatsministerialsitzung v. 12.11.1930. GStA Berlin-Dahlem, I. HA, Rep. 90 Annex A.

den Ministerpräsidenten als „dringlich" bezeichnet hatte.[383] Doch obwohl bereits Entwürfe vorlagen, die intensiv zwischen den Ministerien diskutiert wurden, mußte das Gesetz unter der Großen Koalition wegen politischer Differenzen und ungeklärter Kostenfragen zurückgestellt werden. Unter der Ministerschaft Grzesinskis wurde im Juli 1929 ein vollständig neu erarbeiteter erster Entwurf an die Minister sowie die Ober- und Regierungspräsidenten zur Stellungnahme abgesandt. Auf dieser Grundlage entstand dann der endgültige Gesetzentwurf.[384]

Im folgenden werden die wichtigsten Aspekte der Reform kurz vorgestellt. Hier reicht eine wenig beachtete Traditionslinie vom Preußen der Weimarer Republik in die Bundesrepublik Deutschland hinüber, denn der materielle Gehalt des preußischen Polizeiverwaltungsgesetzes fand Eingang in die Polizeigesetze der Länder der jungen Bundesrepublik.[385]

(1) Die Polizeiverwaltungsreform sollte das bestehende Polizeirecht unter Berücksichtigung der Rechtsprechung der höchsten Gerichte kodifizieren und modernen Bedürfnissen anpassen. Als Beispiel diente Grzesinski dafür die Kodifikation der verstreuten Notwirtschafts- und Wuchergesetze, die das Reichskabinett auf seine Anregung im Jahre 1923 vorgenommen hatte.[386] Bei der Polizei konnte es allerdings nicht darum gehen, das gesamte materielle Polizeirecht zusammenzufassen, denn dieses war nicht nur in Landes-, sondern auch in Reichsgesetzen festgelegt, auf die Preußen keinen Einfluß hatte. Stattdessen wurden die formalen Bestimmungen zusammengefaßt, die Normen, nach denen das Polizeiwesen in Preußen organisiert war, und die Rechtsmittel, die der Polizei zur Verfügung standen. Das Ziel war das gleiche, das auch Grzesinskis Verwaltungsreformbemühungen zugrunde lag: Im angestrebten Volksstaat sollte die (Polizei-)Verwaltung für jeden interessierten Staatsbürger durchschaubar sein. Infolgedessen bemühte sich das Polizeiverwaltungsgesetz auch um Transparenz. Es wurde beispielsweise genau aufgeführt, in welchen Fällen es der Polizei gestattet war, Personen in Verwahrung zu nehmen oder in Wohnungen einzudringen (§§ 15 und 16). Letztendlich hofften die politisch Verantwortlichen, eine transparente republikanisch-demokratische Polizeipolitik könne die Kluft zwischen Staat und Bürger überbrücken und noch Fernstehende an die Weimarer Republik heranführen. Auch auf dem Gebiet der Polizeiverwaltungsreform machte sich der schon mehrfach in der preußischen Politik festgestellte zentralistische Grundzug bemerkbar, der durch die Angst vor einem Verlust an

---

383 Pr. Innenminister Severing an MP Braun, 13.4.1921. GStA Abt. Merseburg, Rep. 77, Tit. 87, Nr. 63, Bd. 3, Bl. 8.

384 Zur Genese des Gesetzes siehe GStA Abt. Merseburg, Rep. 77, Tit. 598, Nr. 24, Bd. 1 (darin auch Entwurf aus dem Jahre 1921, Bl. 3ff.); ebd. Bd. 2, Bl. 9 u. 83ff. (Entwürfe 1929/30); ebd., Beih. 2, Bd. 1 (Stellungnahmen der Behörden).

385 Scheer/Trubel schrieben 1961 (Preuß. Polizeiverwaltungsgesetz, S. 16), das preuß. PVG sei „der Vater aller heutigen Länderpolizeigesetze". Vgl. auch Kempner, Ankläger, S. 58.

386 Siehe dazu oben Kap. III 1.

staatlicher Autorität hervorgerufen wurde. Es war offensichtlich, daß die preußischen Innenminister ein „straff zentralisiertes Verwaltungssystem als das wirksamste Instrument zum Schutze der Republik" ansahen.[387] Grzesinski betonte, daß „Sicherheit und Ordnung im Lande [...] nur durch eine zentrale Polizeigewalt gewährleistet" werden könnten. Aus diesem Grunde wurde im Polizeiverwaltungsgesetz die Polizei nicht nur eindeutig und unmißverständlich als staatliche Aufgabe definiert, sondern auch jede Änderung von Zuständigkeiten der Polizeibehörden der Regelung durch den Innenminister unterworfen.[388] Grundlage jeder Polizeiarbeit in Preußen war seit jeher der berühmte § 10 II 17 des aufgeklärt-absolutistischen preußischen Allgemeinen Landrechts von 1794, in welchem der Polizei die Aufgabe zugewiesen wurde, die öffentliche Ruhe, Sicherheit und Ordnung aufrecht zu erhalten und Gefahren für die Allgemeinheit oder den einzelnen abzuwenden. Grzesinski hielt diese allgemeine und dehnbare Bestimmung für „recht glücklich" gefaßt, denn sie bot für den Polizeipraktiker den Vorteil, daß sie in den verschiedensten Situationen, gewissermaßen „multifunktional", als rechtliche Grundlage polizeilichen Eingreifens verwendet werden konnte. Deshalb wollte er „unter allen Umständen" nicht wörtlich, aber sinngemäß daran festhalten.[389] Folgerichtig enthielt das Polizeiverwaltungsgesetz eine neue „Generalklausel" für die Polizei, die den materiellen Inhalt des alten § 10 II 17 ALR nicht abänderte, sondern nur sprachlich modernisierte und präzisierte.[390]

(2) Ein weiterer Gesichtspunkt der Reform war, „Ordnung in das sehr verfahrene Polizeiverordnungswesen zu bringen". Die radikalsten Pläne verfolgte auf diesem Gebiet Staatssekretär Abegg, der per Gesetz alle Polizeiverordnungen (ihre Zahl wurde auf bis zu 250.000 geschätzt) aufheben und nur die wirklich notwendigen wieder befristet in Kraft setzen wollte.[391] Demgegenüber legte Grzesinski in einem Aufsatz im Jahre 1928 dar, daß er eine wesentlich weniger scharfe Gangart befürwortete, und hierin ist ein Grund für zeitweilige Differenzen mit Abegg zu sehen. Es unterliegt keinem Zweifel, daß Grzesinski in diesem Fall von seinen Referenten schlecht beraten worden war. In einer langat-

---

387 Herz, Verwaltungsreform, S. 38.
388 Grzesinski, Polizeiverwaltungsreform, S. 352 sowie §§ 1, 3 und 4 des Polizeiverwaltungsgesetzes (GS 1931, S. 77f.). Die strikte Weigerung, *polizeiliche* Aufgaben in die alleinige Zuständigkeit der Selbstverwaltung abzugeben, steht mit der „Entpolizeilichung" nicht im Widerspruch, denn „Entpolizeilichung" bezog sich auf die Entlastung von nicht originär polizeilichen Aufgaben (wie die Ausgabe von Versicherungskarten u. ä.).
389 Grzesinski, Polizeiverwaltungsreform, S. 352.
390 Drews, Preuß. Polizeirecht, S. 7. Der § 14 (1) des PVG lautete: „Die Polizeibehörden haben im Rahmen der geltenden Gesetze die nach pflichtmäßigem Ermessen notwendigen Maßnahmen zu treffen, um von der Allgemeinheit oder dem einzelnen Gefahren abzuwehren, durch die die öffentliche Sicherheit oder Ordnung bedroht wird." GS 1931, S. 79. Dieser Paragraph bildete auch die gesetzl. Grundlage für Grzesinskis Plan von 1931, Hitler aus Preußen auszuweisen.
391 Grzesinski, Polizeiverwaltungsreform, S. 352.

migen Darstellung, die kaum einmal die eingefahrene Bahn verwaltungstechnischer Betrachtungen verließ, bemühte er sich um den Nachweis, „daß das Polizeiverordnungswesen in Preußen keineswegs so verworren" sei, wie es in der Öffentlichkeit dargestellt werde. Er sagte eine weitere „Durchprüfung" der Materie zu, aber die Schlußbemerkung, daß sich alle Bürger auf ihre Pflichten besinnen sollten und dann „die Flut von Polizeiverordnungen von selbst verebben" werde, ging an der Realität vorbei.[392] Diese verwaltungsfixierte Position war auf Dauer nicht zu halten. Ein Jahr später, am 14. Januar 1929, bestritt Grzesinski vor dem Hauptausschuß des Landtags erneut, daß eine große Anzahl alter Polizeiverordnungen noch angewandt würde. Allerdings hatte er am selben Tag bereits einen Erlaß unterzeichnet, der sämtliche Polizeiverordnungen aus der Zeit vor 1890 außer Kraft setzte.[393] Ein weiteres Jahr später wurde diese Regelung auch auf die Polizeiverordnungen mit einem Entstehungsdatum vor 1900 ausgedehnt.[394] Der überbordenden Menge an Polizeiverordnungen begegnete das neue Polizeiverwaltungsgesetz, indem die Zahl der Behörden, die Polizeiverordnungen erlassen durften, drastisch reduziert und die Geltungsdauer auf maximal 30 Jahre begrenzt wurde.[395] Den preußischen Staatsministern wurde auferlegt, Polizeiverordnungen in ihrem Amtsbereich künftig nur noch „im Benehmen" mit dem Innenminister zu erlassen. Dadurch sollte verhindert werden, daß juristisch fehlerhafte und polizeilich unpraktikable Polizeiverordnungen erlassen wurden.[396]

Das Polizeiverwaltungsgesetz und die Erlasse zur Aufhebung veralteter Polizeiverordnungen, ebenso wie das Polizeibeamtengesetz von 1927 und die hier nicht näher betrachteten Gesetze zur Aufhebung veralteter Polizeigesetze, waren wichtige Schritte zu einer modernen, rechtsstaatlichen Polizeiverwaltung. Gleichzeitig wurde durch Grzesinski eine liberale Handhabung der Polizeistrafen und deren weitgehende Ersetzung durch Verwarnungen eingeführt.[397] Unnötiger Ballast war über Bord geworfen worden und eine gewisse Transparenz erreicht, ohne daß die straffe und zentralistische Organisation der Polizei, die zum Schutz der Republik als unerläßlich angesehen wurde, gelitten hätte. Von der administrativen Seite her waren damit die Voraussetzungen für eine moderne Polizei geschaffen worden. Wie auf dem Gebiet der Verwaltungsreform ist auch hier wieder Grzesinskis Be-

---

392 Grzesinski, Das Polizeiverordnungswesen, S. 4f.

393 SB HA PrLT, 3. WP, 14.1.1929, Sp. 15; MBliV 1929, Sp. 63.

394 MBliV 1930, Sp. 181 (20.2.1930); vgl. ebd. 1929, Sp. 749 (10.8.1929).

395 §§ 25-29. So wurde den Ortspolizeibehörden in Gemeinden mit weniger als 5.000 Einwohnern das Recht zum Erlassen von Polizeiverordnungen versagt. Nach Grzesinskis ursprünglichem Entwurf sollte die Grenze bereits bei Gemeinden unter 10.000 Einwohnern gezogen werden. Grzesinski, Polizeiverwaltungsreform, S. 353.

396 Pr. Innenminister Grzesinski an MP Braun und sämtl. Staatsminister, 1.2.1930. IISG Amsterdam, Nl. Grzesinski, Nr. 1244.

397 APP v. 9.1.1929 (enth. in: GStA Abt. Merseburg, Rep. 77, Tit. 2025, Nr. 16, Bd. 1, Bl. 1-3).

mühen erkennbar, den Obrigkeitsstaat durch den „Volksstaat" zu überwinden und die Kluft zwischen Staat und Bevölkerung zu überbrücken. Ein klarer, einheitlicher Organisationsaufbau, wie er 1929 bei den staatlichen Polizeiverwaltungen eingeführt wurde, sollte in Verbindung mit klaren gesetzlichen Regelungen die Arbeit der Polizei für die Bevölkerung durchschaubar machen.

Als ein Erfolg republikanisch-preußischer Polizeipolitik ist der personelle Neubeginn bei den Polizeiwachtmeistern zu werten. Weil nach alliiertem Willen die Polizei nach dem Weltkrieg neu aufgebaut werden mußte, war es anders als in der allgemeinen Landesverwaltung gelungen, durch Personalauswahl, Schulung und strenge Aufsicht eine im großen und ganzen demokratisch-republikanisch eingestellte Polizeibeamtenschaft heranzuziehen. Das zeigte sich auch in der großen wirtschaftlichen und politischen Krise der Weimarer Republik, als sich die Angehörigen der Schutzpolizei „in geringerem Maß als die übrige Beamtenschaft dem Nationalsozialismus zuwandten"[398], obwohl gerade den Schutzpolizisten besondere Opfer auferlegt wurden: Dienstlich waren sie durch die zunehmenden Auseinandersetzungen in den Straßen enorm belastet, während ihnen gleichzeitig durch die Brüningsche Sparpolitik Gehaltskürzungen zugemutet wurden, die auch durch preußische Sonderzuwendungen nur zum Teil aufgefangen werden konnten.[399]

Problematisch blieb jedoch die personelle Zusammensetzung des rund 2.400 Personen umfassenden preußischen Polizeioffizierskorps. Hier „lagen die Dinge [...] ähnlich wie bei den höheren Verwaltungsbeamten", schrieb Grzesinski.[400] Obwohl nach außen hin immer wieder auch und gerade von den Polizeioffizieren verlangt wurde, daß sie „absolut zum heutigen Staat stehen" müßten[401], glaubten die Verantwortlichen in der preußischen Administration, allen voran der zuständige Abteilungsleiter Klausener, im Interesse der Funktionsfähigkeit des Polizeiapparates nicht auf die fachlichen Erfahrungen ehemals kaiserlicher Polizeioffiziere und Soldaten verzichten zu können, auch wenn deren demokratisch-republikanische Zuverlässigkeit nicht über jeden Zweifel erhaben war. Die personalpolitischen Interventionsmöglichkeiten der Koalitionsparteien waren in diesem Bereich auf die Polizeipräsidenten der Großstädte beschränkt. Bei den Polizeioffizieren gab es keine den politischen Beamten vergleichbare Positionen, also auch keine „Außenseiter"; jeder Beamte hatte den Drill der Kaserne oder der Polizeischule durchlaufen. Rund zwei Drittel der Polizeioffiziere waren vorher aktive Offiziere, Reserveoffiziere oder Unteroffiziere der alten preußischen Armee gewesen und bildeten damit das Rückgrat des Polizeioffizierskorps. Diese recht homogene Gruppe war schwer zu disziplinieren, weil sie wußte, daß sie sich in einer strategisch wichtigen Position befand. Die Polizei war das einzige wirkliche Machtmittel des preußischen

---

398 Leßmann, Schutzpolizei, S. 310.
399 Leßmann, Schutzpolizei, S. 161.
400 Grzesinski, Im Kampf (Ms.), Bl. 218.
401 SB PrLT, 2. WP, 18.2.1928, Sp. 24448 (Grzesinski).

Staates, und es herrschte die Befürchtung, daß ein umfassender Personalaustausch bei den Polizeioffizieren die Einsatzfähigkeit und Schlagkraft der Polizei beeinträchtigen und damit eine direkte Gefährdung des Staates verursachen könnte. Daß es Beispiele für renitentes Verhalten von Polizeioffizieren gegenüber ihren vorgesetzten Dienststellen gab, läßt sich vor allem durch das Gefühl der Unentbehrlichkeit erklären.[402]

Zur demokratischen Umgestaltung des Polizeioffizierskorps blieb wieder nur der langwierige Weg, nach und nach die freiwerdenden Stellen mit republiktreuen Bewerbern zu besetzen, von denen „eine lebendige staatsbejahende Einstellung" erwartet werden konnte.[403] Während Grzesinskis Amtszeit gelang es, verstärkt Anwärter mit zivilem Vorleben für die Polizeioffizierslaufbahn zu gewinnen; ihr Anteil stieg zwischen 1927 und 1930 von 9 auf 26 Prozent.[404] Die positiven Effekte dieser sozialen Umschichtung kamen während der Weimarer Republik jedoch nicht mehr voll zum Tragen. Auch die gesetzlich vorgesehene Ergänzung des Polizeioffizierskorps durch Wachtmeister der Schutzpolizei wirkte sich erst spät aus.[405] Auf diesen Zusammenhang bezog sich Ernst Hamburger, als er rückblickend davon sprach, daß zur völligen „Demokratisierung" der preußischen Polizei weitere zwanzig Jahre nötig gewesen wären.[406]

Rückblickend ist zu fragen, ob dieses Hoffen auf die Zukunft der richtige Weg war, ob nicht im Polizeioffizierskorps der Machtanspruch der Republik viel offensiver hätte durchgesetzt werden müssen. Das Konzept der sozialdemokratischen Innenminister, vor allem durch die bevorzugte Beförderung von dezidiert republikanischen Polizeioffizieren personellen Wandel zustande zu bringen, ging nicht weit genug.[407] Erschwerend kam hinzu, daß der zuständige Abteilungsleiter Klausener, ein Hauptmann a. D., nicht gerade prädestiniert war, das starke militärische Element im Polizeioffizierskorps zurückzudrängen.[408] Es fehlte jedoch auch an

402 Beispiele bei Leßmann, Schutzpolizei, S. 319ff.

403 Preußen 1928, S. 49.

404 Wegweiser durch die Polizei (1927). Drucks. PrLT, 2. WP, Nr. 4880, S. 6258; Grzesinski, Im Kampf (Ms.), Bl. 218.

405 Grzesinski, Im Kampf (Ms.), Bl. 218. Die Auffassung, das preuß. Polizeioffizierskorps habe in der Weimarer Republik eine hohe soziale Mobilität besessen (Schulze, Otto Braun, S. 564f.), ist demnach empirisch nicht zu halten und beruht auf einer Verwechslung: Wenn Statistiken auswiesen, daß ein Viertel der Polizeioffiziere „frühere Unteroffiziere" waren, handelte es sich dabei nicht etwa um ehemalige „Polizei-Unteroffiziere" (eine solche Bezeichnung gab es überhaupt nicht), sondern um frühere Unteroffiziere der alten preuß. Armee, die keineswegs als Beleg für eine hohe soziale Mobilität innerhalb des Polizeioffizierskorps herangezogen werden können.

406 Mündl. Mitteilung Hamburgers an den Braun-Biographen Schulze (1972). Schulze, Otto Braun, S. 565.

407 Vgl. Leßmann, Schutzpolizei, S. 212.

408 Klausener sei „völlig ungeeignet zur Behandlung der Personalien der Polizeioffiziere" gewesen, schrieb rückblickend Brüning an Sollmann, 29.9.1940. Swarthmore Peace Collection, Nl. Sollmann, hier zit. n. einer Kopie in: GStA Berlin-Dahlem, I. HA, Rep. 92 Nl. Braun, E (Mat.-Slg. Schulze) Paket 9; vgl. Lange

gesetzlichen Voraussetzungen für einen durchgreifenden Personalwechsel. Man konnte sich nicht einfach von ungeeigneten Polizeioffizieren trennen, sondern mußte auf dienstliche Verfehlungen warten, um dann disziplinarische Maßnahmen ergreifen zu können. Selbst in solchen Fällen war es jedoch keineswegs sicher, daß die Disziplinargerichte sich auf den Standpunkt der Administration stellten. Aus diesem Grunde war es ein Versäumnis, daß den leitenden Polizeioffizieren nicht der Status politischer Beamten verliehen worden war. Dabei wäre es möglich gewesen, in das neue Polizeibeamtengesetz von 1927 einen entsprechenden Passus aufzunehmen; aber die Gefahr aus dem Polizeioffizierskorps wurde unterschätzt, und im Innenministerium fürchtete man sich vor verwaltungspraktischen sowie beamten- und verfassungsrechtlichen Komplikationen. Hier wäre es Aufgabe des Ministers gewesen, sich gegen die widerstrebenden Bürokraten der Polizeiabteilung zu stellen.[409]

Daß im Polizeioffizierskorps ein starkes militärisches Element vorhanden war und daß einzelne Polizeioffiziere aufsässig waren oder in ihren politischen Auffassungen nicht mit der preußischen Regierung übereinstimmten, darf nicht dazu verleiten, die preußische Schutzpolizei in der Weimarer Republik insgesamt als unzuverlässig einzuschätzen oder gar die Stabilität Preußens zwischen 1918 und 1932 pauschal und ohne zeitliche Differenzierung in Frage zu stellen.[410] Für den hier untersuchten Zeitraum bis Februar 1930 ist eher vom Gegenteil auszugehen. Die sozialdemokratischen preußischen Innenminister haben der Polizei nicht erlaubt, ein Eigenleben zu entwickeln, sie führten die Polizei „am straffen Zügel".[411] Es war sicher keine Selbsttäuschung, wenn Grzesinski 1927 die Polizei als „absolut zuverlässiges Exekutivorgan der Republik" bezeichnete.[412]

Nicht zu bestreiten ist jedoch, daß in den Krisenjahren ab 1930 die Propaganda der NSDAP in der über 50.000 Mann starken Schutzpolizei nicht ohne Widerhall blieb und sich „Zersetzungserscheinungen" zeigten.[413] Wenn das Bild der Überlieferung nicht trügt, waren von diesen Erscheinungen in erster Linie leitende Polizeibeamte in ländlichen und kleinstädtischen Gebieten betroffen, weniger jedoch in den großen Städten, in denen mit dem Polizeipräsidenten ein von der Regierung ernannter politischer Beamter die Polizeiverwaltung führte und beaufsichtigte. Die Widersetzlichkeiten bestanden meist darin, daß die Regierungsmaßnahmen zum

---

(Polizeioberst a. D.): Polizeierfahrung-Polizeierziehung. In: Frankfurter Zeitung Nr. 438, 1929 (wohl v. 15.6.1929).

409 Vgl. Kohler, The Crisis, S. 134.

410 Aus seiner Untersuchung über die preuß. Schutzpolizei und in offensichtlicher Anlehnung an Kohler (The Crisis, S. 150) folgert Leßmann (Schutzpolizei, S. 419), „daß es mit der Stabilität Preußens [...] zwischen 1918 und 1932 nicht so weit her war, wie oft behauptet wird." Eine so weitreichende These auf die Untersuchung des schmalen Segments „Schutzpolizei" zu stützen, ist m. E. methodisch zu riskant.

411 Schulze, Otto Braun, S. 307.

412 SB HA PrLT, 2. WP, 29.1.1927, Sp. 7f.

413 Höner, Zugriff, S. 66; vgl. auch Kempner, Ankläger, S. 62.

Schutz der Republik nur lax und unter Schonung der radikalen und extremen Rechten umgesetzt wurden. Es gab 1931 sogar Fälle, in denen Ortspolizeibehörden die Anordnungen in ihr Gegenteil verkehrten, indem sie beispielsweise „politische Plakate und Flugblätter betont republikanischen und staatstreuen Inhalts auf Grund von Belanglosigkeiten verboten".[414] Gegen solche Tendenzen wurde jedoch sofort eingeschritten, und in aller Regel hatte das Ministerium des Innern durch eine strenge Aufsicht die Polizei fest in der Hand.

Fraglich ist jedoch, ob die Polizei fachlich optimal geführt wurde, ob die infanteristische Ausrichtung der praktischen Ausbildung der Schutzpolizisten den Herausforderungen in der letzten Phase der Weimarer Republik angemessen war. Schon Zeitgenossen beklagten sich über polizeiliche „Kunstfehler" und bezweifelten, daß dem guten Willen der Polizei auch ein adäquates Können gegenüberstand.[415] Die Niederschlagung kommunistischer Aufstandsversuche in Mitteldeutschland und die Eroberung der Leuna-Werke 1921, die eher den Charakter von Militär- als von Polizeiaktionen trugen[416], blieben die Orientierungspunkte der Ausbildung, obwohl sich das Bedrohungsmuster gewandelt hatte. Die preußische Polizeiführung und das Innenministerium gingen nach wie vor von der Bedrohung durch vorbereitete Aufstands- und Putschversuche aus, sie blieben gewissermaßen putschfixiert und bildeten ihre Schutzpolizisten entsprechend aus. Ein pensionierter Polizeioberst machte hierfür „die tonangebenden höheren Offiziere der preußischen Schutzpolizei" und den Leiter der Polizeiabteilung des Innenministeriums, Klausener, verantwortlich.[417] Die Aktionen mobiler Terrorkommandos der Nationalsozialisten und der Kommunisten gegen Ende der Weimarer Republik dienten jedoch nicht der direkten Vorbereitung von Aufständen. Sie wollten den politischen Feind treffen, gleichzeitig jedoch die Bevölkerung einschüchtern und den demokratischen Rechtsstaat als morsches und hilfloses Gemeinwesen hinstellen. Sich selbst wollten sie als die künftigen Herren über Deutschland präsentieren. Mit dem Versuch, die Straße für sich zu erobern, sollte der Anspruch auf die Eroberung der Staatsmacht dokumentiert und der bestehende Staat herausgefordert werden. Dieser Strategie war mit herkömmlichen, militärähnlichen Polizeimaßnahmen nur schwer beizukommen. Die Reaktion der Staatsgewalt schwankte zwischen hilflosem Zusehen, wenn zuwenig Kräfte im Einsatz waren, und massiver Gegengewalt mit der Gefahr der Überreaktion.

Als verantwortlicher Innenminister verfocht Grzesinski stets eine Linie der entschiedenen Polizeipräsenz. Angesichts der ständig steigenden Zahl von Aufmär-

---

414 Höner, Zugriff, S. 67.
415 Berliner Montags-Post v. 12.11.1928.
416 Vgl. GStA Abt. Merseburg, Rep. 77, Tit. 4003, IA Nr. 71, Bd. 1; ebd. Bd. 3; ebd. Beih. 2.
417 Lange (Polizeioberst a. D.): Polizeierfahrung-Polizeierziehung. In: Frankfurter Zeitung Nr. 438, 1929 (wohl v. 15.6.1929). Neben den kommunistischen Aufstandsversuchen von 1921 galten auch der Kapp-Putsch und das Auftreten der „Roten Ruhrarmee" im Jahre 1920 als Schulbeispiele für potentielle Bedrohungssituationen. Siehe zum Vorangegangenen Orlow, Weimar Prussia 1925-1933, S. 78.

schen republikfeindlicher Kampfverbände gab es für ihn aus Gründen der Selbstachtung, der Würde und der Autorität der demokratischen Republik keine Alternative zu einem Kurs, der den Behauptungswillen der Demokraten deutlich dokumentieren sollte. Hinzu kam, daß es auch um eine Ermutigung der loyalen Republikaner ging. Die Republik sollte gegen ihre geschworenen Todfeinde kampfbereit auftreten. Auch wenn wie im oben angeführten Fall der Zusammenstöße im Mai 1929, dem „Blutmai", unbestreitbare Fehler und Versäumnisse der Polizei vorlagen und beinahe ausschließlich Unbeteiligte verletzt oder getötet worden waren, stellte sich Grzesinski vor die Schutzpolizei und wischte Zweifel an der Richtigkeit des massiven Polizeieinsatzes beiseite. Das Bestreben radikaler Verbände, die Straße für sich zu erobern, sah er ganz richtig als „Machtkampf gegen den Staat" an, und deshalb wollte er auch rücksichtslos dagegen vorgehen. Wie weit die Rücksichtslosigkeit allerdings gehen konnte, zeigte Grzesinskis beinahe zynische und trotz der vielen Todesopfer ohne große Nachdenklichkeit vorgebrachte Rechtfertigungsrede im Landtag. Er stellte sich entschieden vor die kritisierten Polizeibeamten – unverkennbar war ihm die Wirkung nach innen wichtiger als der öffentliche Eindruck.[418]

Die berechtigte Kritik am Verhalten der Polizei konnte jedoch nicht ohne Folgen bleiben, zumal sie nicht nur von kommunistischer, linkssozialistischer und radikalliberaler Seite vorgetragen wurde, sondern auch von einem Vertreter des rechten SPD-Flügels wie dem Kölner Reichstagsabgeordneten Wilhelm Sollmann.[419] Zwei Monate nach den Ereignissen kündigte der Berliner Polizeipräsident Karl Zörgiebel an, daß man nach den Erfahrungen vom Mai die Polizisten in Zukunft durch „realistische" Übungen besser auf die Auseinandersetzungen in Straßen und Häusern vorbereiten wolle.[420] Bei allen Bemühungen um ein möglichst ziviles Auftreten der Polizei[421] wußten Fachleute wie der ehemalige Magdeburger Polizeipräsident Hans Menzel durchaus um den „truppenähnlichen Charakter" zumindest der kasernierten Polizeiformationen, und diese Einschätzung ist mittlerweile von der Forschung bestätigt worden.[422]

Noch nicht untersucht worden sind jedoch die Motive, die Severing, Abegg, Braun und Grzesinski dazu getrieben haben, eine solche truppenähnliche Polizeikonzeption zu vertreten. Es ging ihnen keineswegs nur um die Demonstration preußischer „Selbständigkeit und Stärke in Fragen der inneren Sicherheit" oder

---

418 SB PrLT, 3. WP, 13.5.1929, Sp. 6908 u. Sp. 6911 (Grzesinski).

419 Sollmann schrieb, die Polizeipräsidenten und der Minister hätten sich „sehr ernsthaft" die Frage zu stellen, ob Unruhen wie im Mai 1929 „nicht doch mit polizeilichen Mitteln, statt mit militärischen Gefechtsübungen unterdrückt werden können". Sollmann, Die Toten von Berlin. In: Rheinische Zeitung v. 16.6.1929.

420 Feder, Heute, S. 219 (12.7.1929). Zu den Ereignissen vom Mai 1929 siehe unten Abschn. b sowie Kurz, „Blutmai", S. 27-58; Leßmann, Schutzpolizei, S. 270ff.; Winkler, Der Schein, S. 672ff.

421 Die alten, am Militär orientierten Polizeidienstgrade waren ebenso abgeschafft worden wie überkommene militärische Formalitäten (z. B. das „Achtung!"-Rufen bei Auftauchen eines Vorgesetzten). Vgl. SB PrLT, 3. WP, 3.10.1928, Sp. 588 (Grzesinski).

422 Menzel, Severing, S. 43; Leßmann, Schutzpolizei, S. 417.

darum, daß die Schutzpolizei bei Paraden und Umzügen die Stelle des Militärs einnehmen konnte.[423] Der starke militärische Einschlag in der preußischen Schutzpolizei hatte tiefgreifende strukturelle Ursachen: Im Gegensatz zu den Verhältnissen im Kaiserreich, als die Polizei bei inneren Unruhen die Armee im Rücken hatte, konnte in der Weimarer Zeit von einem loyalen Eintreten der Reichswehr für die Republik nicht ausgegangen werden. Dennoch hatten die Alliierten entgegen den Vorstellungen von Braun und Severing der Reichswehr die Aufgabe übertragen, im Notfall bei inneren Konflikten die öffentliche Ordnung wiederherzustellen. Nach den Erfahrungen von 1920, als eine entfesselte Soldateska die im Gefolge des Kapp-Putsches entstandene sog. „Rote Ruhrarmee" in einem grausamen Rachefeldzug zerschlug, war jedoch klar, daß jeder Einsatz der Reichswehr bei inneren Unruhen die Gefahr großen Blutvergießens mit sich brachte. Daher taten die für die Polizei verantwortlichen preußischen Politiker alles, um die Schutzpolizei in die Lage zu versetzen, mit inneren Unruhen fertig zu werden, ohne auf die „Hilfe" der Reichswehr angewiesen zu sein. Die Schutzpolizei des Freistaates Preußen hatte also im Gegensatz zur Polizei vor dem Weltkrieg nicht nur die Aufgabe, über die Beachtung der Gesetze zu wachen und die Bevölkerung vor Gefahren zu schützen, sondern auch das Fundament des Staates abzusichern. Das bedingte eine besondere Organisationsform, wie Grzesinski in einem programmatischen Artikel in der größten Polizeifachzeitschrift („Die Polizei") im Jahre 1928 darlegte. Nach der Umwälzung von 1918 sei es für den Staat „eine Frage des Seins oder Nichtseins" geworden, „eine starke und ausgedehnte Polizei zu haben, um sich gegenüber [...] staatszerstörenden Kräften zu behaupten und durchzusetzen". „Aus dieser Notwendigkeit heraus entstand die jetzige Polizeiorganisation, die in der Lage ist, auch Ruhestörer, die in größeren Verbänden auftreten, niederzukämpfen."[424]

Hier zeigt sich das kaum lösbare Dilemma der preußischen Administration: Auf der einen Seite sollte eine bürgernah-zivile Polizei („Freund, Helfer und Kamerad der Bevölkerung"[425]) aufgebaut werden, während man auf der anderen Seite angesichts der vielfachen Bedrohungen der Republik auf eine schlagkräftige Polizeitruppe angewiesen war, der durchaus auch militärische Züge anhafteten.

b) Kampf gegen die Feinde des Weimarer Staates

Ein weiterer Aspekt des Republikschutzes war die Bekämpfung „staatsfeindlicher Organisationen". Dabei war staatliche Repression kein Selbstzweck. Neben der Ausschaltung der Staatsfeinde ging es stets auch um den psychologischen Effekt: Abschreckung der Gegner und Ermutigung der Loyalen. Die Bedrohungssituation, von der ausgegangen wurde, war der gewaltsame Umsturzversuch durch eine

---

423 Leßmann, Schutzpolizei, S. 417.
424 Grzesinski, Die Bedeutung der Polizei für den Staatsgedanken, S. 185.
425 Grzesinski, Geleitwort zu: Hirschfeld/Vetter, Tausend Bilder, S. 5.

radikale Partei oder Gruppe. Die seit 1929 regelmäßigen Störungen der öffentlichen Ordnung durch kommunistische und nationalsozialistische Verbände wurden als potentielle Vorbereitungen für einen Umsturz angesehen; den Störern gehe es darum, den Staat „mürbe zu machen".[426] Daß es einer radikalen Partei gelingen könnte, auf legalem Wege zur Macht zu kommen, galt als unwahrscheinlich, wenn nicht ausgeschlossen. Der Glaube an eine Art kollektiver Vernunft des Wahlvolks war noch nicht erschüttert.

Von diesem Standpunkt aus war es selbstverständlich, daß in erster Linie gegen Vereine und Vereinigungen vorgegangen wurde, die nicht nur durch dezidierte Ablehnung der republikanischen Staatsform auffielen, sondern auch durch Bewaffnung und paramilitärisches Auftreten eine potentielle Bedrohung für den Staat darstellten. Wenn man die Verbotspraxis des preußischen Innenministeriums zwischen 1926 und 1930 und noch darüber hinaus betrachtet, stellt man fest, daß ziemlich regelmäßig solche Vereinigungen aufgelöst worden sind, wenn ihre republikfeindlichen Bestrebungen ans Licht gekommen waren. Auch spiegelt sich die relative Stabilisierung der Republik bis 1928 in der vergleichsweise niedrigen Zahl der Verbote wider. Vor jedem derartigen Verbot waren zunächst einige grundsätzliche Betrachtungen anzustellen: Verbotene Vereine in der Illegalität waren schwerer zu beobachten; es konnten getarnte Nachfolgeorganisationen entstehen und Märtyrer geschaffen werden.[427] Das Für und Wider eines Vereinsverbots abzuwägen, war eine politische Aufgabe.

Das Studium der Vereins- und Parteiverbote in Preußen ist aufschlußreich, weil deutlich wird, von welch schwachem Fundament aus sich die demokratisch-republikanischen Politiker gegen die Feinde der Republik zur Wehr setzen mußten und welche Institutionen, Gruppen und Personen dafür die Verantwortung trugen. Im Spannungsfeld ungenügender gesetzlicher Grundlagen, parteiischer Justiz und unentschlossener bis feindseliger Reichsregierungen mußte das preußische Innenministerium seine Verbotspolitik konzipieren.

Mit dem 1922 nach dem Mord an Rathenau verabschiedeten Republikschutzgesetz stand den Regierungen ein Instrument zur Verfügung, das sie ermächtigte, „republikfeindliche Verbände unter gewissen Umständen zu verbieten".[428] Freilich waren die Gerichte oftmals geneigt, die „gewissen Umstände" sehr eng auszulegen, so daß nach dem Urteil von Praktikern wie Grzesinski dieses Gesetz als „Messer ohne Heft und Klinge" anzusehen war.[429] In Preußen versuchte man sich zu behel-

---

426 SB HA PrLT, 3. WP, 16.1.1930, Sp. 4 (Grzesinski). Vgl. auch die Denkschrift des Reichsinnenministeriums vom Dezember 1929. Abgedr. in: Jasper, Zur innerpolitischen Lage, S. 281-289.

427 Vgl. z. B. den Bericht des RP Köln über Nachfolgeorganisationen des aufgelösten „Stahlhelm" in Rheinland-Westfalen. GStA Abt. Merseburg, Rep. 77, Tit. 4043, Nr. 339, Bl. 367. Siehe auch Jasper, Schutz, S. 182 u. 307.

428 Severing, Schutz der Republik, S. 3. Vgl. Gesetz zum Schutze der Republik vom 21.7.1922. RGBl. 1922, I, S. 585-590.

429 Grzesinski, Im Kampf (Ms.), Bl. 223.

fen, indem man, wie sich zeigen wird, häufig andere Gesetze wie das sog. „Entwaffnungsgesetz" mit heranzog. Beispielhaft läßt sich das anhand der Verbote der nationalistischen Vereinigungen „Wiking", „Olympia" und „Wehrbund Ostmark" darlegen.

Nachdem im Mai 1926 die Pläne des Vorsitzenden des „Alldeutschen Verbandes", Heinrich Claß, aufgedeckt worden waren, anstelle der Republik eine rechte Diktatur aufzurichten, fiel den preußischen Behörden bei Hausdurchsuchungen umfangreiches Material in die Hände.[430] Dieses Material schien es zu rechtfertigen, die oben erwähnten Vereine in Preußen am 12. Mai 1926 zu verbieten. Das preußische Innenministerium stützte sich in seiner Verbotsverfügung auf das Republikschutzgesetz und begründete sein Vorgehen damit, daß es sich bei den betroffenen Vereinen um militärisch organisierte und durchgebildete geheime Kampfverbände handele, die im Besitz von Waffen seien und auf die gewaltsame Beseitigung der verfassungsmäßigen republikanischen Staatsform zielten.[431] Die Verbote ergingen fraglos zu Recht: Der „Wiking" war nichts anderes als eine Nachfolgeorganisation der „Brigade Ehrhardt" und der völkischen „Organisation Consul". Einer der Drahtzieher war eben jener bereits beim Kapp-Putsch unrühmlich hervorgetretene Kapitän Ehrhardt. Diesem Bund „Wiking" war die „Olympia" („Deutscher Verein für Leibesübungen") aufs engste verbunden, und nicht viel anders verhielt es sich mit dem deutschnationalen „Wehrbund Ostmark".[432]

Gleichwohl hatten Einsprüche gegen die Auflösungen Erfolg. Der Staatsgerichtshof[433] (in kleiner Besetzung) hob am 13. Oktober 1926 die Verbote auf, soweit sie sich auf das Republikschutzgesetz von 1922 stützten. Praktisch auswirken konnte sich dieser juristische Teilerfolg der Nationalisten nicht mehr. Inzwischen war man nämlich in Preußen auf der Suche nach einer gerichtlich nicht anfechtbaren Verbotsgrundlage auf das „Gesetz zur Durchführung der Artikel 177, 178 des Friedensvertrages" vom 22. März 1921 gestoßen. Dieses sog. „Entwaffnungsgesetz" bestimmte, daß Vereine, die sich entgegen dem Verbot des Friedensvertrages mit militärischen Dingen befaßten, aufzulösen waren, und zwar ohne die Möglichkeit der gerichtlichen Nachprüfung.[434] Allerdings mußte Preußen in diesem Fall die Zustimmung der Reichsregierung einholen. Es kostete Otto Braun erhebliche Mühe, Reichskanzler Marx (Z) und Reichsinnenminister Külz (DDP) diese Zustimmung abzuringen und Külz das Vorhaben auszureden, erst das Urteil des

---

430 Zum „Claß-Putsch" siehe oben Kap. III 1.
431 MBliV 1926, Sp. 471; IISG Amsterdam, Nl. Grzesinski, Nr. 1471.
432 Jasper, Schutz, S. 155.
433 Der Staatsgerichtshof zum Schutz der Republik war aus Kostengründen zum 1.4.1926 aufgelöst worden, bis zur Schaffung eines Reichsverwaltungsgerichts übernahm der IV. Strafsenat des Reichsgerichtes seine Aufgabe. Wegen der Einheitlichkeit der Darstellung wird im folgenden die Bezeichnung „Staatsgerichtshof" beibehalten. Vgl. Jasper, Schutz, S. 156, Anm. 16.
434 RGBl. 1921, S. 235f.

Staatsgerichtshofs abzuwarten – ein Indiz dafür, wie schwierig die Zusammenarbeit selbst mit grundsätzlich republikanisch eingestellten Reichsregierungen war.[435]

Nach seinem Amtsantritt im Oktober 1926 unternahm Grzesinski einige vergebliche Anläufe, um doch noch die bisher gescheiterte Ausdehnung der Vereinsverbote auf das gesamte Reich durchzusetzen. Zunächst wurde eine Denkschrift fertiggestellt, die zweifelsfrei die verfassungsfeindlichen Bestrebungen von „Wiking" und „Olympia" belegen sollte.[436] Ein Gerichtsurteil bot dann den Anlaß für einen erneuten Vorstoß bei der Reichsregierung. Am 30. April 1927 hatte der Staatsgerichtshof in voller Besetzung endgültig über die Berechtigung der preußischen „Wiking"- und „Olympia"-Verbote entschieden, soweit sie sich auf das Republikschutzgesetz stützten. Das „Wiking"-Verbot sei zu Recht ergangen, das „Olympia"-Verbot jedoch nicht. Dieses Urteil war für die Praxis bedeutungslos, weil sich die preußischen Verbote ja ausdrücklich auf das „Entwaffnungsgesetz" beriefen und daher nicht justitiabel waren. Die Verbote von „Wiking" und „Olympia" blieben also in Kraft. Politisch wurde das Urteil allerdings unterschiedlich interpretiert. Grzesinski wandte sich am 11. Mai 1927 an das Reichsinnenministerium mit der Initiative, auch die anderen Länder um ein Verbot des „Wiking" zu ersuchen.[437] Diesem Ersuchen hätten sich die anderen Länder nur durch Anrufung des Staatsgerichtshofes entziehen können, und der hatte ja soeben die Berechtigung des „Wiking"-Verbotes bestätigt. Die Folge wäre ein reichsweites Verbot des „Wiking" gewesen, was dem deutschnationalen Reichsinnenminister von Keudell, der im Kabinett Marx/Hergt den Demokraten Külz abgelöst hatte, jedoch politisch nicht erwünscht gewesen wäre und der daher die Verschleppungstaktik gegenüber den preußischen Forderungen anwandte. Wochen-, monatelang ließ er Grzesinski, der im Juni erneut nachgebohrt hatte, ohne Antwort, und erst im August gab er das von Preußen zur Verfügung gestellte Material an die anderen Länder weiter. Die lange Verzögerung führte dazu, daß sich der „Wiking" dem drohenden reichsweiten Verbot entziehen konnte, beispielsweise durch Selbstauflösung und Anschluß an den „Stahlhelm", wie in Baden und Württemberg.[438]

---

435 AdR, Kabinette Marx III u. IV, S. 103f. (29.6.1929). Am 27./28.7.1929 wurde die Zustimmung der Reichsregierung zur Erweiterung der Rechtsgrundlage für die Auflösung von „Wiking" und „Olympia" bekanntgegeben (MBliV 1926, Sp. 745); zur Auflösung des „Wehrbund Ostmark" versagte das RMdI die Zustimmung. Vgl. auch Jasper, Schutz, S. 157f.

436 Die Denkschrift (IISG Amsterdam, Nl. Grzesinski, Nr. 1474) wurde am 5.11.1926 dem Präsidenten des PrLT übersandt. Vgl. auch AdR, Kabinette Marx III u. IV, S. 104, Anm. 8 sowie (regierungskritisch) „Die Denkschrift gegen Olympia und Wiking". In: Berliner Lokal-Anzeiger v. 12.11.1926.

437 IISG Amsterdam, Nl. Grzesinski, Nr. 1471.

438 Jasper, Schutz, S. 159. Als ein Jahr später Severing in das Reichsinnenministerium einzog, schickte Grzesinski ihm eine Auflistung über die „Differenzfälle" zwischen Preußen und Reich, in der auch die Frage eines reichsweiten „Wiking"-Verbotes angeschnitten war. Sei es, daß die Frage ihre Brisanz verloren hatte, sei es, daß Müllers „Kabinett der Persönlichkeiten" andere Prioritäten sah: alles blieb, wie es war. Pr. Innenminister Grzesinski an Reichsinnenminister Severing, 5.7.1928. AdSD Bonn, Nl. Severing, M. 146.

Soweit sich die Entscheidung des Staatsgerichtshofs auf den „Wiking" bezog und ein reichsweites Verbot nahelegte, wollte von Keudell das Votum nicht zur Kenntnis nehmen. Im Falle des Vereins „Olympia" argumentierte er jedoch genau entgegengesetzt und zog die Staatsgerichtshofsentscheidung als Argument dafür heran, daß Preußen nunmehr das „Olympia"-Verbot aufheben müsse.[439] Selbstverständlich lehnte Grzesinski dies ab, und die Folge der langwierigen Auseinandersetzung war, daß alles beim alten blieb: Die Verbote galten weiterhin in Preußen und nicht reichsweit. Es hatte sich erneut erwiesen, daß die nationalistischen Verbände Sympathisanten in der Justiz und der Reichsregierung hatten. Daß es in den Institutionen „bürgerliche" Kräfte gab, die zwar nicht den Mitteln, aber den Zielen der nationalistischen Wehrverbände zustimmten, ermutigte diese Gruppen. Lediglich ihr Auftreten in der Öffentlichkeit wurde etwas vorsichtiger.[440] Eine weitere bedenkliche politisch-psychologische Wirkung dieser Episode war, daß durch die ausbleibende Unterstützung durch Reich, Justiz und andere Länder das preußische Vorgehen als ein parteipolitisch motivierter Alleingang desavouiert werden konnte.

Blieb also Preußen beim Kampf gegen militant-reaktionäre Gruppen weitgehend auf sich allein gestellt, so war es beim Kampf gegen die extreme Linke gerade umgekehrt: Besonders, wenn konservative Regierungen im Reich amtierten, fühlten sich diese aufgefordert, die preußische Regierung zu einem stärkeren Durchgreifen namentlich gegen kommunistische Organisationen zu drängen. Dies war jedoch unnötig, denn übertriebene Geduld mit den Kommunisten konnte man den preußischen Innenministern sicher nicht vorwerfen. Es war purer parteipolitischer Tageskampf, wenn die Politiker der Rechten gebetsmühlenartig ihre Vorwürfe vom übertriebenen Durchgreifen Preußens gegen „nationale" Vereinigungen und der Duldsamkeit gegenüber den Kommunisten wiederholten. Gleichwohl war dieses Stereotyp so wirksam, daß die Regierung von Papen im Juli 1932 für die Begründung ihres Staatsstreiches darauf zurückgriff.

Auch die umgekehrte Anschuldigung, es sei einseitig nur gegen Kommunisten vorgegangen worden, läßt sich empirisch nicht halten.[441] Gegen die empirisch gewonnenen Erkenntnisse spricht auch nicht, daß der ehemalige Staatssekretär Abegg in der Emigration nicht ohne Einfluß die These vertrat, „die maßgebenden Männer Preußens" seien gegen den Nationalsozialismus kaum eingeschritten. Doch die Begründungen, die Abegg gab, waren sehr impressionistisch. Er griff Einzelmaßnahmen heraus, bei denen der sozialdemokratische Minister gegen das Votum Abeggs entschieden hatte, und versuchte, an solchen Entscheidungen den Untergang der Weimarer Republik festzumachen. Es war legitim, daß Abegg Grzesinski

---

439 Reichsinnenminister v. Keudell an pr. Innenminister Grzesinski, 31.7.1927. IISG Amsterdam, Nl. Grzesinski, Nr. 1471.

440 Vgl. die Denkschrift des PrMdI über das verbotswidrige Fortbestehen des Bundes „Wiking" in Preußen vom Februar 1928. IISG Amsterdam, Nl. Grzesinski, Nr. 1473.

441 Siehe unten. Vgl. auch die überzeugende Studie von Pyta, Gegen Hitler, bes. S. 265ff.

in der Rückschau politische Kurzsichtigkeit vorwarf und ihn etwa dafür kritisierte, daß er 1928 dem Drängen des sozialdemokratischen Reichstagspräsidenten Löbe nachgab und das Redeverbot für Hitler in Preußen aufhob. Seine Bewertung, daß damit der „Anfang vom Ende" der Weimarer Republik begonnen habe, entspringt jedoch mehr der Suche nach einfachen Antworten als der exakten Analyse.[442]

Grzesinski selbst war in seinem Innersten überzeugt, daß die Kommunisten für einen Umsturz zu schwach seien. Er sah, daß sich die ansonsten so fragmentierte Gesellschaft der Weimarer Republik in ihrem Antikommunismus einig war. Für eine kurze Zeit, im Herbst 1930, als er schon nicht mehr Innenminister war, wurde Grzesinski allerdings unsicher. Wie viele andere Sozialdemokraten hatte er den Eindruck, als seien die Nationalsozialisten auf einen legalen Kurs umgeschwenkt und damit die Kommunisten in die Rolle des gefährlichsten Feindes aufgerückt.[443] „Die Legalitätsschwüre der NSDAP wurden von weiten Teilen der deutschen Gesellschaft ebenso zum Nennwert akzeptiert wie die revolutionären Parolen der Kommunisten", schrieb der Historiker Heinrich August Winkler über diese Phase.[444] Eine methodisch fragwürdige Verallgemeinerung wäre es jedoch, aus den zeitgebundenen Aussagen den Nachweis führen zu wollen, daß Grzesinski den „Bolschewismus" für die eigentliche Gefahr gehalten habe.[445] Wenn man die vorhandenen Zeugnisse unvoreingenommen prüft und die politische Praxis betrachtet, stellt sich heraus, daß Grzesinski großen Wert darauf legte, in Preußen den Kampf gegen links genauso energisch wie den gegen rechts zu führen. Verfolgt und geahndet wurden verfassungsfeindliche Bestrebungen, unabhängig davon, welchen Rückhalt die Rechtsverletzer in der Bevölkerung hatten und unabhängig davon, ob sie eine große oder kleine Chance auf die Durchsetzung ihrer Ziele hatten.[446] Freilich konnte der preußische Innenminister aus taktischen Gründen gezwungen sein, die kommunistische Gefahr höher zu spielen, als sie tatsächlich war. Insbesondere wenn von der Reichsregierung die Zustimmung zu Maßnahmen gegen einen „nationalen" Verband erreicht werden sollte, mußte oftmals als Kompensation auch gegen eine kommunistische Gruppierung vorgegangen werden. Die Schwierigkeiten der Verbotspolitik, die beständig die Gefahr des Übertaktierens in sich barg, können am Beispiel des Verbotes des Roten Frontkämpfer-Bundes (RFB), der paramilitärischen Kampfformation der KPD, aufgezeigt werden.

---

442 Abegg an St. Galler Tagblatt, 31.12.1946. BA Koblenz, Kl. Erw. 329, Nr. 5, Bl. 15-17; St. Galler Tagblatt Nr. 4, 3.1.1947. Demgegenüber stellte Arnold Brecht (Vorspiel zum Schweigen, S. 180) klar, Preußen habe das Redeverbot wegen der Wirkungslosigkeit regional begrenzter Maßnahmen fallengelassen.

443 Vgl. Striefler, Kampf, S. 313f. Auch Wels, Hermann Müller, Severing und Breitscheid waren dieser Ansicht. Winkler, Der Weg, S. 277.

444 Winkler, Der Weg, S. 277.

445 Wie es in der Arbeit von Striefler, Kampf, S. 314 versucht wird, um die Option des „Bürgertums" für den Nationalsozialismus als Abwehr einer drohenden bolschewistischen Gefahr zu entschuldigen.

446 SB PrLT, 3. WP, 16.10.1929, Sp. 8443 (Grzesinski); BA Koblenz, Nl. Dietrich, Nr. 261, Bl. 32 (10.8.1932). Ein weiterer Beleg ist die in Kap. V 2.3 herangezogene Dezernatsverteilung bei der polit. Polizei.

Am 16. April 1928 ersuchte der deutschnationale Reichsinnenminister von Keudell die Länder um die Auflösung des RFB nach dem Republikschutzgesetz. Einen Tag darauf wurde er bei Grzesinski vorstellig, in der Hoffnung, die preußische Zustimmung zur Auflösung des RFB zu erhalten. Das war ein wahltaktischer Alleingang Keudells, denn die Maiwahlen von 1928 standen unmittelbar bevor.[447] Er konnte nicht ernsthaft damit rechnen, daß Grzesinski seinem Ansuchen folgte, zumal die gerichtliche Aufhebung eines eventuellen Verbots wahrscheinlich war.[448] Vielmehr ging es dem DNVP-Politiker von Keudell darum, kurz vor den Wahlen den sozialdemokratischen preußischen Innenminister „vorzuführen". Verweigerte Grzesinski sich, so konnte Keudell auf die fehlende Aufmerksamkeit der Sozialdemokratie gegenüber der kommunistischen Gefahr verweisen; folgte Grzesinski dem Ersuchen, so war bei den bevorstehenden Wahlen mit einem Solidarisierungseffekt zugunsten der KPD zu rechnen, der in erster Linie zu Lasten der SPD gegangen wäre. Da die letzterwähnte Perspektive die bedrohlichere war, lehnte Grzesinski das Ersuchen Keudells rundheraus ab. Neben wahltaktischen Überlegungen war ausschlaggebend, daß Grzesinski ein durchgreifendes Verbot linker und rechter Kampfverbände plante und das Verbot nicht auf das Republikschutzgesetz, sondern das „Entwaffnungsgesetz" ohne die Möglichkeit gerichtlicher Nachprüfung stützen wollte.[449]

Als nach den Wahlen vom Mai 1928 der Sozialdemokrat Carl Severing den Deutschnationalen von Keudell im Reichsministerium des Innern ablöste, sah Grzesinski die Chance gekommen, reichsweit durchgreifende Vereins- und Parteiverbote zu verwirklichen, zumal die politischen Ausschreitungen an Zahl und Gewalttätigkeit weiter zugenommen hatten. Im Dezember 1928 verlangte er daher von Severing die Zustimmung zur Auflösung des „Stahlhelm", der NSDAP einschließlich SS und SA sowie von KPD und RFB. Die Verbote sollten, ohne die Möglichkeit der gerichtlichen Nachprüfung, auf das „Entwaffnungsgesetz" gestützt werden. Aber Severing zauderte und wollte erst weitere Verstöße abwarten.[450] Auf

---

447 In einer Besprechung der Reichsminister am 14.4.1928 waren alle Anwesenden einschließlich des Kanzlers gegen Keudells Vorstoß. Trotzdem ließ dieser (weil es sich nach seiner Meinung um eine Ressortangelegenheit handelte) am 16.4. das Verbotsersuchen an die Länder ergehen. Bis auf Bayern und Württemberg legten alle Länder dagegen Einspruch beim Reichsgericht ein. AdR, Kabinette Marx III u. IV, S. 1430ff. Die Einsprüche wurden im Mai 1928 vom Reichsgericht für begründet erklärt. BA Koblenz, Nl. Dietrich, Nr. 261, Bl. 113v. Zum Keudell-Besuch vom 17.5.1928 siehe IISG Amsterdam, Nl. Grzesinski, Nr. 1405.

448 Erst zwei Wochen zuvor, am 2. April, war die Ortsgruppe Dortmund des RFB mit einem Einspruch gegen ihre Auflösung vor dem Staatsgerichtshof (IV. Senat des Reichsgerichtes) erfolgreich gewesen. Grzesinski, Im Kampf (Ms.), Bl. 227f.

449 Grzesinski, Im Kampf (Ms.), Bl. 227f.; Ehni, Bollwerk, S. 149 u. 153.

450 Ehni, Bollwerk, S. 153; Grzesinski, Im Kampf (Ms.), Bl. 227. Durchgreifende Partei- und Vereinsverbote, die gleichzeitig rechte und linke Organisationen betreffen sollten, schlug Grzesinski immer wieder (erfolglos) vor, so im März 1930 ein Verbot von KPD und NSDAP. Auch Brüning berichtete über entsprechende Pläne Grzesinskis während seiner Kanzlerschaft. Brüning an Sollmann, 29.9.1940. Swarthmore

die Idee, bei der Verbotspolitik auch den Gedanken der Prävention einzubeziehen, kam er offensichtlich nicht; Vereinsverbote wurden als Sanktionen für gravierende Gesetzesübertretungen angesehen und gehandhabt. Unter anderem lehnte Severing Grzesinskis Pläne ab, weil er glaubte, das Kabinett Müller sei nicht stabil genug, um die zu erwartende öffentliche Aufregung zu überstehen; außerdem befürchtete er eine Intervention des Reichspräsidenten, der ja Ehrenmitglied des „Stahlhelm" war. Doch welche Gründe auch zu Severings Zögern geführt haben, daß die „Achse Severing-Grzesinski [...] ohne tiefgreifende Probleme" funktioniert habe[451], wird man im Lichte dieser Ereignisse nicht behaupten können.

Die Abfuhr, die sich Grzesinski mit seinen Plänen beim Reichsinnenminister geholt hatte, gehört zur Vorgeschichte des sogenannten „Blutmai". Am 13. Dezember 1928, nur einen Tag, nachdem Grzesinski in einer Besprechung mit Severing und Braun mit seinen umfangreichen Verbotsplänen gescheitert war, erließ der Berliner Polizeipräsident Zörgiebel mit Grzesinskis Billigung[452] ein Verbot aller Versammlungen, Umzüge und Demonstrationen unter freiem Himmel. Zur Begründung wurden Zusammenstöße zwischen Polizei, SA und RFB angeführt. Das zeitliche Zusammentreffen war kein Zufall: Wenn die republikfeindlichen Vereinigungen nicht verboten werden konnten, sollten sie wenigstens nicht mehr die Straßen unsicher machen. Am 21. März 1929 dehnte Grzesinski das Demonstrationsverbot auf ganz Preußen aus.[453]

Ohne Umstände hätte das Verbot für den 1. Mai außer Kraft gesetzt werden können, um der Arbeiterschaft Gelegenheit zu geben, den Tag der Arbeit mit Umzügen zu begehen. Aber gegen alle Vernunft und gegen alle anderslautenden Ratschläge auch höchster Beamter aus dem Polizeipräsidium (Vizepräsident Weiß) wie aus dem Ministerium (Staatssekretär Abegg) hielten Zörgiebel und sein Innenminister das Demonstrationsverbot aufrecht, obgleich beiden als alten Metallgewerkschaftern der Symbolwert dieses Tages bewußt sein mußte.[454] Im Gefolge des 1. Mai kam es dann schließlich zu jenen Polizeiausschreitungen im Wedding und in Neukölln, die über 30 Todesopfer forderten und von denen bereits die Rede war. Es kann nicht bestritten werden, daß es unverantwortlich von der kommunistischen Führung war, ihre Anhänger in die ungleiche Auseinandersetzung mit der Polizei getrieben zu haben. Aber auch die Polizei trug durch ihren massiven Einsatz, der eher an eine Militär-, als an eine Polizeiaktion erinnerte, eine Mitverantwortung für die Eskalation. All das hätte sich verhindern lassen, wenn Zörgiebel

Peace Collection, Nl. Sollmann, hier zit. n. einer Kopie in: GStA Berlin-Dahlem, I. HA, Rep. 92 Nl. Braun, E (Mat.-Slg. Schulze) Paket 9.

451 Alexander, Carl Severing, S. 162. Die Behauptung stimmt lediglich in bezug auf den gemeinsamen Einsatz für bessere Gesetze (siehe unten).

452 SB PrLT, 3. WP, 13.5.1929, Sp. 6893 (Grzesinski).

453 Kurz, „Blutmai", S. 19; IISG Amsterdam, Nl. Grzesinski, Nr. 705.

454 Abegg an Braun, 23.9.1943. GStA Berlin-Dahlem, I. HA, Rep. 92 Nl. Braun, C I Nr. 1; Erklärung des PrStMin. v. 10.8.1932, Anl. 4. BA Koblenz, Nl. Dietrich, Nr. 261, Bl. 48v.; Kurz, „Blutmai", S. 89-91.

und Grzesinski nicht stur an ihrem Demonstrationsverbot festgehalten hätten. Die Auseinandersetzung geradezu zu provozieren und dadurch Severing zum Verbot des RFB zu zwingen, wäre aus Grzsesiskis Sicht plausibel gewesen, es lassen sich jedoch keine stichhaltigen Beweise finden.[455]

Immerhin ist es offensichtlich, daß Grzesinski die Machtprobe wollte und konsequent darauf zusteuerte. Sechs Wochen vor dem 1. Mai ließ er durch die Presse einen Aufruf verbreiten, der als letzte Warnung an die radikalen Organisationen gedacht war. Für den Fall, daß gewaltsame politische Ausschreitungen nicht unterblieben, kündigte Grzesinski an, gegen die „radikalen Organisationen" mit allen zu Gebote stehenden Mitteln „rücksichtslos" einzuschreiten. Dabei werde er auch vor der Auflösung von Parteien nicht zurückschrecken. Die nachgeordneten Behörden forderte Grzesinski auf, von sich aus und ohne vorherige Verwarnung gegen Friedensbrüche vorzugehen.[456] Diese letzte Mahnung richtete sich keineswegs in erster Linie gegen KPD und RFB, wie behauptet worden ist[457], sondern gegen den „Stahlhelm" und die NSDAP mit ihren Wehrformationen: Ausdrücklich wurde auf antisemitische Friedhofsschändungen Bezug genommen. Goebbels verstand die Botschaft richtig, wenn er Grzesinskis Mahnung in seinem Tagebuch als „Vorboten von kommenden Auflösungen" bezeichnete. Er fügte hinzu, daß er dem schon zu begegnen wisse[458] – und in der Tat reagierten die rechtsradikalen Organisationen auf staatliche Repression wesentlich geschmeidiger und verschlagener als die stets von redseligem Bekennerdrang getriebenen Kommunisten, die in ihrem unerschütterlichen Glauben an den Sieg des Kommunismus meinten, ihre republikfeindlichen Vorhaben und Ziele nicht verheimlichen zu brauchen.

In der Phase vor dem 1. Mai 1929 kündigten die Kommunisten öffentlich an, auf jeden Fall ihre Maidemonstrationen abzuhalten; ob das Demonstrationsverbot weiter bestand oder nicht, war ihnen gleichgültig. Ja mehr noch, es war davon die Rede, daß die „Durchbrechung aller Verbote des bürgerlichen Staates [...] der leitende Gesichtspunkt" für die Vorbereitung der Maidemonstrationen sein müsse.[459] Demgegenüber hatten sich die SPD und die Gewerkschaften darauf eingestellt, in geschlossenen Räumen zu feiern. Die offensichtliche Mißachtung staatlicher Verbote, die aus den kommunistischen Ankündigungen sprach, machte es Grzesinski schwer, das Versammlungsverbot für den 1. Mai aufzuheben – es hätte als Kapitulation vor den Provokationen der Kommunisten gewertet werden können. Die Konsequenz, mit der auf die Konfrontation zugesteuert wurde, hatte nicht zuletzt mit dem schwierigen Verhältnis von Sozialdemokraten und Kommunisten zu tun,

---

455 Ehni, Bollwerk, S. 153.
456 Runderlaß v. 21.3.1929. MBliV 1929, Sp. 257f., dort auch Text des Presseaufrufs.
457 Kurz, „Blutmai", S. 19.
458 Goebbels, Tagebücher, Tl. 1, Bd. 1, S. 347 (24.3.1929).
459 Rundschreiben der Bundesführung des RFB v. 21.3.1929, zitiert von Grzesinski in seiner LT-Rede über die Mai-Ereignisse. SB PrLT, 3. WP, 13.5.1929, Sp. 6895.

das sich im Zuge der seit 1928 propagierten ultralinken Strategie der KPD von grimmiger Rivalität zu unversöhnlicher Feindschaft verschärft hatte. Noch wichtiger war der große Stellenwert, den der Begriff der „Staatsautorität" in der Gedankenwelt regierender Sozialdemokraten der Weimarer Zeit hatte.

Man kann sich darüber wundern, wieviel „Autoritäres" sich in dieser Haltung äußerte und normativ den „illiberalen Etatismus" des „gouvernementalen" SPD-Flügels verurteilen;[460] gleichwohl wird man zu einer gerechten Bewertung nur dann kommen können, wenn man nach den Motiven fragt, die für solche Denkhaltungen verantwortlich waren. Es darf nicht übersehen werden, daß die Gegner der demokratischen Republik und ihren bürgerlichen Freiheitsrechten die Todfeindschaft geschworen hatten. Zweifellos war das Staatsverständnis der im Kaiserreich aufgewachsenen Sozialdemokraten autoritär und obrigkeitsstaatlich geprägt. Aber es hatte nicht nur mentalitätsgeschichtliche Gründe, daß Grzesinski im Interesse des Überlebens der Demokratie in Deutschland und der Sicherung eines Mindestmaßes an Freiheit einen harten, autoritär erscheinenden Kurs steuerte: Die Weimarer Republik wurde als „ein um seine Existenz noch ringender Staat" angesehen, der sich Liberalität beim Kampf gegen seine Feinde nicht leisten könne. Vielmehr sollten diese mit „unerbittlicher Konsequenz" bekämpft werden. Wer die von der republikanischen Verfassung garantierten demokratischen Grundrechte wie Presse-, Koalitions-, Versammlungs- und Redefreiheit in Anspruch nahm, um offen für die Abschaffung der Republik zu agitieren, wer Gewalt gegen Andersdenkende propagierte, stellte sich außerhalb jeden Rechts und sollte entsprechend behandelt werden.[461] Wenn man den Standpunkt der „Staatsautorität" bezieht, war Grzesinskis Verhalten nicht ohne Folgerichtigkeit: Es bestand ein Demonstrationsverbot, eine unmißverständliche „letzte Mahnung" war ergangen, und trotzdem wurde gegen das Demonstrationsverbot verstoßen. Wenn der Staat nicht den psychologisch verheerenden Eindruck aufkommen lassen wollte, er überlasse die Straße seinen Feinden, mußte er einschreiten. Hinzu kam, daß die preußischen Behörden (vom Berliner Polizeipräsidenten unzutreffend unterrichtet) allgemein der Ansicht waren, die Maidemonstrationen, die im übrigen keinen großen Umfang erreichten, sollten den Auftakt eines kommunistischen Aufstandes bilden.[462] Dadurch erklärt sich wenigstens zum Teil das brutal-militärische Vorgehen der Polizei, das damit jedoch keineswegs entschuldigt werden soll und kann.

In das Bild eines Staates in Notwehr paßt, daß Grzesinski Vereinsverbote vorzugsweise auf das „Entwaffnungsgesetz" stützen wollte, um die gerichtliche Nachprüfung solcher Verbote zu umgehen. Angesichts skandalöser, teils auch objektiv

---

460 Wie z. B. Kurz, „Blutmai", S. 106f.
461 Grzesinski, Im Kampf (Ms.), Bl. 225; SB PrLT, 3. WP, 13.5.1929, Sp. 6908 u. 6916 (Grzesinski).
462 Vgl. AdR, Kabinett Müller II, S. 643, Anm. 3.

juristisch falscher Urteile[463] hatte Grzesinski keine Skrupel, den geschworenen Feinden der Republik die rechtsstaatliche Garantie, gegen Verwaltungsentscheidungen den Rechtsweg beschreiten zu können, zu verweigern.

Die Machtprobe um die Maidemonstrationen 1929 endete im Fiasko und forderte über 30 Menschenleben. Daran tragen auch Zörgiebel und Grzesinski eine Mitschuld, weil sie sich geweigert haben, das Demonstrationsverbot für den 1. Mai aufzuheben, obwohl enge Berater das empfohlen hatten. Im Gegensatz zur KPD, in der die Ereignisse mythisch verklärt wurden, war der „Blutmai" für die SPD nur eine „Episode ohne überragende Bedeutung". Sämtliche sozialdemokratische Organisationen, von den Gewerkschaften bis zum Reichsbanner, stellten sich ebenso wie der preußische Landtag hinter die Regierung und gaben den Kommunisten die Schuld; es wurde Disziplin geübt und zur Tagesordnung übergegangen.[464] Grzesinskis Erklärung in der Landtagsdebatte über die Mai-Unruhen gab die herrschende Stimmung wieder: Die Verantwortung für die Toten liege bei denjenigen, „die entgegen den staatlichen Anordnungen die Menschen in diese Kämpfe hineingetrieben haben".[465]

In der Folge des „Blutmai" wurde am 2. Mai das kommunistische Blatt „Die Rote Fahne", dann (mit Wirkung vom 6. Mai) der Rote Frontkämpfer-Bund mit seinen Unterorganisationen für Preußen verboten. Die Verbotsverfügung lag seit November 1928 in der Schublade und brauchte jetzt nur noch mit der passenden Begründung versehen (Verstoß gegen das Demonstrationsverbot, Waffenbesitz, Untergrabung der republikanischen Staatsform) und veröffentlicht zu werden.[466]

Bei dieser Gelegenheit hat Grzesinski erneut versucht, umfassende Verbote rechter und linker Verbände durchzusetzen, mit denen er im Dezember 1928 noch an Severings Widerspruch gescheitert war.[467] In Besprechungen mit Ministerpräsident Braun und Reichsinnenminister Severing am 2. und 3. Mai hatte er sich aber erneut nicht gegen Severing behaupten können, der die Position vertrat, das RFB-Verbot rigoros durchzuführen, auf weitergehende Maßnahmen jedoch zu verzichten. In der Logik von Gesetzesverletzung und Sanktion waren die kommunistischen Ausschreitungen nach dem 1. Mai in der Tat kein geeigneter Anlaß, gegen rechtsradikale Verbände vorzugehen. In der Besprechung zwischen Braun, Severing und Grzesinski vom 3. Mai ging es jedenfalls nur noch darum, ob neben dem RFB und seinen Untergliederungen auch die Kommunistische Partei verboten

---

463 So wurde vom Staatsgerichtshof in der Entscheidung über das „Olympia"-Verbot (einer Verwaltungsstreitsache) irrtümlich auch nach der Strafprozeßordnung verfahren. Siehe dazu Jasper, Schutz, S. 157.

464 Kurz, „Blutmai", S. 109 (Zitat) u. 98. Ein zustimmendes Telegramm der Reichsbannerleitung verlas Grzesinski im Landtag. SB PrLT, 3. WP, 13.5.1929, Sp. 6917. Das preuß. Kabinett nahm die Rechtfertigung Zörgiebels ohne Diskussion zur Kenntnis, und auch auf dem Magdeburger SPD-Parteitag, der am 26. Mai begann, spielten die Vorgänge keine Rolle. Ehni, Bollwerk, S. 151.

465 SB PrLT, 3. WP, 13.5.1929, Sp. 6907.

466 Ehni, Bollwerk, S. 153; Jasper, Schutz, S. 171.

467 So zumindest die Darstellung bei Grzesinski, Im Kampf (Ms.), Bl. 228f.

werden sollte, wofür Grzesinski ausdrücklich eintrat. Allerdings setzte sich auch hier Severing mit seiner Meinung durch, daß ein KPD-Verbot nicht praktikabel sei.[468] Sein preußischer Ressortkollege Grzesinski fügte sich und fertigte noch am selben Tag die Verbotsverfügung aus, die sich nur auf den RFB bezog. Um den Überraschungseffekt auszunutzen, wurde das Verbot des Roten Frontkämpfer-Bundes für Preußen erst am Tag des Inkrafttretens, dem 6. Mai, bekanntgegeben.[469] Gestützt wurde das Verbot auf das Republikschutzgesetz, das „Entwaffnungsge-setz" und das Vereinsgesetz. Auf Druck der Reichsregierung schlossen sich die anderen deutschen Länder später der Maßnahme an.

Durch das sehr prompte Verbot des RFB hatte sich Grzesinski, wie sich später zeigen sollte, seiner einzigen Chance begeben, um doch noch ein umfassendes Vereinsverbot auch gegen rechtsradikale bzw. -extreme Verbände durchzusetzen. Dazu hätte es eines Zusammenwirkens der Länderinnenminister, notfalls gegen Severing, bedurft. Denn wie sich in einer Konferenz der Länder- mit dem Reichs-innenminister am 10. Mai 1929 herausstellte, war eine Mehrzahl der Länder durchaus bereit, ein reichseinheitliches Vorgehen auch gegen Nationalsozialisten und „Stahlhelm" zu unterstützen. Aber obwohl Grzesinski in der Sache mit seinen sozialdemokratischen Kollegen Leuschner (Hessen) und Remmele (Baden) einig war, schlug er sich nicht auf deren Seite, sondern unterstützte aus Disziplin Se-vering, der reichsweite Maßnahmen gegen die Rechtsverbände ablehnte, weil diese nicht „mit der Waffe gegen die Polizei vorgegangen" seien. Sogar das Verbot der KPD, für das er in der Besprechung mit Braun und Severing noch eingetreten war, lehnte Grzesinski jetzt „aus technischen und praktischen Gründen" ab.[470] An dieser überloyalen Haltung wird deutlich, was Grzesinski meinte, als er im Dezember 1933 an Otto Braun schrieb: „Ich glaube, wir haben oft die Kameradschaftlichkeit zu sehr über die Partei und das Ganze gestellt. Disziplin hat nur wenigen genützt, dem Ganzen war sie abträglich."[471]

In einer Severing-Biographie werden die oben geschilderten Zusammenhänge völlig anders und m. E. unzutreffend dargestellt: Grzesinski sei vorgeprescht und habe einseitig und gegen den widerstrebenden Severing das RFB-Verbot durchge-setzt.[472] Die Quellen sprechen eine andere Sprache. Im Protokoll der Besprechung der Reichsminister vom 6. Mai 1929 wird Severing mit der Aussage zitiert, er selbst habe dem preußischen Innenminister vorgeschlagen, den RFB zu verbieten. Dieses Verbot müsse „rigoros durchgeführt werden", er, Severing, hoffe „bestimmt", daß sich die anderen Länder dem Vorgehen Preußens anschlössen.[473] Demnach war es

468 AdR, Kabinett Müller II, S. 643-645. (Bericht Severings über die Mai-Unruhen, 6.5.1929).
469 Kurz, „Blutmai", S. 68.
470 Konferenzprot. als Dok. 3 abgedr. bei: Jasper, Schutz, S. 305-310.
471 30.12.1933. LA Berlin, Rep. 200, Acc. 3983, Nr. 3.
472 Alexander, Carl Severing, S. 173.
473 AdR, Kabinett Müller II, S. 643-645 (von Alexander nicht benutzt). Es fällt auf, daß Alexander relativ unkritisch den Aussagen folgt, die Severing in seiner Autobiographie über seine Haltung zu den Kommu-

so, daß sich Grzesinski und Severing im Prinzip über das Verbot des RFB einig waren;[474] weitergehenden Maßnahmen wollte Severing allerdings nicht zustimmen. Auch als im Oktober 1929 eindeutige Verfehlungen des „Stahlhelm" vorlagen und Grzesinski daraufhin diese Organisation für die Provinzen Rheinland und Westfalen verbieten wollte, war es wieder Severing, der „gewisse Bedenken wegen des Zeitpunktes des Verbotes" hatte und erst durch den zuständigen Referenten des preußischen Innenministeriums von der Notwendigkeit des sofortigen Verbotes überzeugt werden mußte.[475] Severings ständige Versuche, Grzesinski zu bremsen, waren lästig und führten zu einiger persönlicher Verbitterung, die entscheidenden Widerstände gegen Verbote rechtsradikaler Organisationen kamen jedoch von anderer Seite. Das zeigt die weitere Geschichte des „Stahlhelm"-Verbotes: Im „bürgerlichen" Lager gab es bis hinauf zum Reichspräsidenten Kräfte, die an Verbände wie den „Stahlhelm" andere Maßstäbe anlegten als an linksextreme Organisationen. Ausschreitungen wurden zwar nicht ausdrücklich gebilligt, aber mit einer gewissen Nachsicht angesehen, zumal wenn Reichswehrangehörige beteiligt waren. Es handele sich schließlich, so das Standardargument, um „nationale" Verbände mit einem im Grunde berechtigten Anliegen. Unter demselben Blickwinkel und entsprechend verständnisvoll wurden auch die gewaltsamen Auschreitungen solcher Gruppen betrachtet.[476]

Am 8. Oktober 1929 hatte der preußische Innenminister Grzesinski den „Stahlhelm" in der Rheinprovinz und in Westfalen aufgrund des „Entwaffnungsgesetzes" und mit Zustimmung des Reichsinnenministers aufgelöst.[477] An der Berechtigung des Verbotes konnte es keinen Zweifel geben: Trotz Verwarnungen von 1926 und 1928 hatte der „Stahlhelm" am 21. und 22. September 1929 bei Essen als „Geländespiele" verharmloste militärische Manöver mit 4.000 Teilnehmern, unter ihnen drei hohe Reichswehroffiziere, abgehalten. Das Beweismaterial belegte eindeutig den militärischen Charakter der Übungen. In einer Besprechung mit der Reichsregierung betonte Grzesinski, „daß so schlüssiges Material für ein Verbot wohl noch nie vorgelegen habe".[478] Doch trotz der klar zutage liegenden Verstöße

---

nisten gemacht hat. Es war aber keineswegs so, daß Severing glaubte, „von KPD und RFB ginge keine Gefahr für die Republik aus" (Alexander, Carl Severing, S. 173): Vgl. demgegenüber Severings Aussage von 1931: „Auf lange Sicht gesehen, seien allerdings die Kommunisten eine größere Gefahr als die Nationalsozialisten". Staat und NSDAP, S. 187. Zu Severings schroffem Antikommunismus siehe auch Brecht, Mit der Kraft, S. 195f.

474 Siehe auch Erklärung des PrStMin. v. 10.8.1932, Anl. 4. BA Koblenz, Nl. Dietrich, Nr. 261, Bl. 48.

475 AdR, Kabinett Müller II, S. 1077. Die „Bedenken wegen des Zeitpunktes" bezogen sich auf die bevorstehende Eintragungsfrist für das Volksbegehren gegen den Young-Plan.

476 Vgl. dazu Weisbrod, Gewalt, S. 404.

477 IISG Amsterdam, Nl. Grzesinski, Nr. 1534. Am 23.10. lehnte der pr. LT einen Antrag der DNVP auf Aufhebung ab. Zum „Stahlhelm"-Verbot siehe Ehni, Bollwerk, S. 154-159 sowie Berghahn, Stahlhelm, S. 136-142.

478 30.10.1929. AdR, Kabinett Müller II, S. 1078. Vgl. auch SB PrLT, 3. WP, 16.10.1929, Sp. 8437ff. (Grzesinski). Sichergestellte Ausbildungspläne des „Stahlhelm" enthielten Punkte wie „Gefechtsausbildung

gegen das Entwaffnungsgesetz glaubten „Stahlhelm" und DNVP, mit Aussicht auf Erfolg gegen das Verbot vorgehen zu können. Reichspräsident von Hindenburg, Ehrenmitglied des „Stahlhelm", war der entscheidende Hebel: Eine an ihn gerichtete „Stahlhelm"-Beschwerde gegen das Verbot wurde von Hindenburg nicht, wie es korrekt gewesen wäre, wegen Unzuständigkeit zurückgewiesen, sondern dem Reichskanzler übergeben mit der Bemerkung, der Reichspräsident halte es für die „besondere Pflicht" der Reichsregierung, der Beschwerde nachzugehen.[479] Die Gründe, die der „Stahlhelm" für seine Beschwerde angab, waren an den Haaren herbeigezogen: Es gehe der Regierung darum, das vom „Stahlhelm" unterstützte Volksbegehren gegen den Young-Plan zu sabotieren, und außerdem habe auch das „Reichsbanner" militärische Übungen abgehalten und sei nicht verboten worden. Genau besehen konnte beides kein Grund für die preußische Regierung sein, ihr Verbot zurückzunehmen. Denn für die Terminierung der „Stahlhelm"-Manöver war sie nicht verantwortlich; wie und wann wiederum das „Reichsbanner" Geländeübungen abhielt, war formal für das Verbot des „Stahlhelm" völlig unerheblich. Abgesehen davon machte es in der politischen Bewertung von „Geländespielen" einen entscheidenden Unterschied, ob ein Verband sich den Schutz der Republik auf die Fahnen geschrieben oder, wie der „Stahlhelm", ganz offen seinen Haß auf die Republik und auf das parlamentarische System bekundet hatte.[480]

Die preußische Regierung blieb bei ihrem Kurs, den Grzesinski in der Landtagsdebatte vom 16. Oktober vorgegeben hatte: „Die von mir mit Zustimmung der Reichsregierung verfügte Auflösung des Stahlhelms in Rheinland-Westfalen besteht nach den gesetzlichen Vorschriften zu Recht und bleibt natürlich bestehen." Gleichzeitig drohte er auch den Nationalsozialisten ganz offen mit entsprechenden Maßnahmen.[481]

In der Chefbesprechung der betroffenen preußischen und Reichsressorts, die infolge der Intervention Hindenburgs am 30. Oktober 1929 zustande kam, traten die unterschiedlichen Auffassungen deutlich zutage: Grzesinski wollte noch weiter

---

der Schützen und der Gruppen", „Unterricht über die Anordnungen und Gefechtslage" sowie „Verbindung zum Gefechtsstand". PP Essen an RP Düsseldorf, 9.12.1929. GStA Abt. Merseburg, Rep. 77, Tit. 4043, Nr. 339, Bl. 3ff. Die Behauptung, es habe sich beim „Stahlhelm"-Verbot um einen „rechtlich kaum haltbaren" Maßregelungsakt der preuß. Regierung gehandelt (Huber, Verfassungsgeschichte, Bd. 7, S. 761), kann nur in Unkenntnis dieses Materials aufgestellt worden sein.

479 AdR, Kabinett Müller II, S. 1073; vgl. auch Pünder, Politik in der Reichskanzlei, S. 18 (23.10.1929).

480 Im PrMdI wurden Dossiers über den „Stahlhelm" erstellt, die dessen Wandlung von einer kameradschaftlichen Vereinigung zu einem antirepublikanischem Kampfbund belegen. So wurde in einem Referentenvermerk v. 5.3.1929 auf die gestiegene Aggressivität und Radikalität hingewiesen, die sich z. B. in einem „Reichsführerappell" äußerte, der in „Der Stahlhelm", Nr. 4 v. 27.1.1929, abgedr. worden war. IISG Amsterdam, Nl. Grzesinski, Nr. 1515. Vgl. auch AdR, Kabinett Müller II, S. 1074.

481 SB PrLT, 3. WP, 16.10.1929, Sp. 8441-8443. Ohne inhaltlichen Zusammenhang mit dem „Stahlhelm"-Verbot und unter tumultartigem Toben der NSDAP wie der KPD präsentierte Grzesinski Waffenfunde aus nationalsozialistischen Versammlungen. „Im Landtag schreit Grzesinski nach einem Verbot", notierte Goebbels dazu in sein Tagebuch. Tagebücher, Tl. 1, Bd. 1, S. 440 (16.10.1929).

gehen und den „Stahlhelm" in ganz Deutschland verbieten, was sein Parteifreund Reichskanzler Müller jedoch ablehnte, der unter dem Druck des Reichspräsidenten und seiner Koalitionspartner stand. Die Ausführungen der Minister Curtius und Groener zeigten, mit welchem Unbehagen in „bürgerlichen" Kreisen das „Stahlhelm"-Verbot betrachtet wurde. Der geschäftsführende Außenminister Curtius (DVP) zweifelte trotz der eindeutigen Beweise am militärischen Charakter der Übungen und widersprach damit seinem Staatssekretär von Schubert, der keine Bedenken gegen ein Verbot geäußert hatte. Reichswehrminister Groener wiederum leugnete zwar nicht, daß belastendes Material gefunden worden sei, betonte jedoch die Wertlosigkeit der militärischen Übungen und spielte deren Bedeutung herunter. Er kritisierte, daß sich das Verbot auf das „Entwaffnungsgesetz" stützte, weil dieses Gesetz seinerzeit von der Entente erzwungen worden sei. Solche Einwände beantwortete Grzesinski stets mit dem Hinweis, er könne sich nicht erinnern, daß beim Verbot des Roten Frontkämpfer-Bundes Kritik an der Heranziehung dieses Gesetzes geübt worden sei.[482] Daß immer wieder in rein formalistischer Weise Geländeübungen des „Stahlhelms" und des „Reichsbanners" gleichgesetzt wurden, veranlaßte Grzesinski in derselben Sitzung zu der Klarstellung, daß der „Stahlhelm" auf den Umsturz hinarbeite, während das „Reichsbanner" eine „Abwehrorganisation gegen den innenpolitischen Umsturz" sei. „Der Staat könne seine Gerechtigkeit nicht soweit treiben, daß er sich einer eigens zu seinem Schutz geschaffenen Organisation beraube."[483]

Auf Dauer konnten weder die preußische noch die Reichsregierung dem permanenten Druck aus der Umgebung des Reichspräsidenten standhalten, zumal das seit März 1930 amtierende Kabinett Brüning von Hindenburgs Unterstützung abhängig war. „Um ihrer Existenz willen" habe sich die Regierung Brüning zum „Fürsprecher des Stahlhelms" gemacht, argwöhnte am 25. April 1930 der „Vorwärts".[484] Der Einfluß des preußischen Ministerpräsidenten Braun hatte nicht ausgereicht, Hindenburg zu einer Trennung vom „Stahlhelm" zu bewegen. Stattdessen waren die preußischen Beziehungen zum Reichspräsidenten und zur Reichswehr stark abgekühlt.[485]

Der entscheidende Vorstoß des Reichspräsidenten und seiner Berater kam im Juli 1930. Hindenburg machte seine Teilnahme an den preußischen Feiern zur Rheinlandräumung in Koblenz am 22. Juli 1930 von der Aufhebung des Verbotes abhängig. In einem sogleich veröffentlichten Schreiben an den preußischen Ministerpräsidenten sagte er seine Teilnahme an den preußischen Feierlichkeiten ab und offenbarte darüber hinaus, wie weit er zu gehen bereit war, wenn es um die Belange rechter Verbände ging: Als sei er eine juristische Oberinstanz, bezeichnete

482 SB PrLT, 3. WP, 16.10.1929, Sp. 8438.
483 Das Prot. der Chefbesprechung v. 30.10.1929 in: AdR, Kabinett Müller II, S. 1073-1083.
484 „Brüning und der Stahlhelm". In: Vorwärts Nr. 192 v. 25.4.1930.
485 AdR, Kabinett Müller II, S. 1082. Schulze, Otto Braun, S. 613.

er das „Stahlhelm"-Verbot als „unberechtigt" und überschritt damit eindeutig seine Kompetenzen.[486] Trotzdem lenkte Otto Braun ein, weil er durchschaut hatte, daß Hindenburg und seine Berater mit ihrem Schreiben die preußische Regierungskoalition in Schwierigkeiten bringen wollten. Nachdem Seldte und Duesterberg namens des „Stahlhelms" eine laue Versicherung abgegeben hatten, auf Übungen wie die vom September 1929 in Zukunft zu verzichten, ließ der Ministerpräsident Grzesinskis Nachfolger Waentig das Verbot aufheben.[487] Grzesinski selbst hatte noch vergeblich versucht, Braun von der Aufhebung des Verbotes abzubringen, weil er das für einen „Akt großer politischer Schwäche" hielt.[488] Aber Braun nahm diesen Anschein in Kauf, weil er, in gewisser Weise die sozialdemokratische Tolerierungspolitik vorwegnehmend, Reichskanzler Brüning nicht in noch größere Schwierigkeiten gegenüber dem Reichspräsidenten bringen wollte und zweifelsohne auch vom preußischen Zentrum in diese Richtung gedrängt worden ist.[489] Insofern ist die Aufhebung des „Stahlhelm"-Verbotes nicht nur Anzeichen der Schwäche der preußischen Regierung, sondern in gleichem Maße Ausdruck einer politischen Prioritätensetzung, die durch die Behandlung als „Chefsache" belegt wird: Braun ging es um den Erhalt der preußischen Koalition, mit der Aufhebung des „Stahlhelm"-Verbots hatte er einen „Gefahrenherd" beseitigt.[490]

Ob die Aufhebung die richtige Entscheidung war, steht dahin. Die Affäre hatte das Verhältnis Preußens zum Reichspräsidenten und zur Reichswehr bereits so stark beeinträchtigt, daß auch von der Rücknahme des Verbotes keine dauerhafte Besserung zu erwarten war. Wenn aber die Konfrontation ohnehin da war, hätte die „Befreiungsfeier" auch ohne Hindenburg abgehalten werden können. Der weitere Gang der Ereignisse jedenfalls zeigt, daß der „Stahlhelm" sich nicht gebessert hatte. Er blieb der Befreiungsfeier in Koblenz fern, obwohl Hindenburg ja gerade argumentiert hatte, dem „Stahlhelm" müsse die Gelegenheit zur Teilnahme an dieser Feier gegeben werden. Die neugewonnene Bewegungsfreiheit mißbrauchte der „Stahlhelm", um stattdessen einen eigenen Aufmarsch zu veranstalten und die deutsche Republik dadurch in außenpolitische Verwicklungen zu stürzen. Grzesinski vermerkte dazu bitter: „So sah die ‚Volksgemeinschaft' der Leute aus, die nicht oft und nicht laut genug dieses Wort im Munde führen konnten."[491]

---

486 RPräs. an PrMP, 15.7.1930, abgedr. z. B. in: Berliner Tageblatt v. 15.7.1930 (Abend-Ausg.). Der Briefwechsel Braun-Hindenburg ist dokumentiert in: Ursachen und Folgen, Bd. VIII, S. 224-226; vgl. auch Ehni, Bollwerk, S. 158f.

487 Am 16.7.1930. Vgl. „Stahlhelmverbot aufgehoben", in: Vorwärts v. 17.7.1930 sowie AdR, Kabinette Brüning I u. II, S. 321f. Einen Revers zu unterschreiben, in dem der militärische Charakter der Übungen vom Sept. 1929 zugegeben wurde, hatte sich der „Stahlhelm" geweigert.

488 Grzesinski an MP Braun, 9.7.1930. IISG Amsterdam, Nl. Grzesinski, Nr. 1524. Auch der SPD-RT-Abg. Sollmann schrieb am selben Tag einen ähnlichen Brief an Braun. Ebd., Nl. Braun, Nr. 424.

489 Ehni, Bollwerk, S. 158.

490 Arndt, Politik, Bd. 1, S. 101.

491 Grzesinski, Im Kampf (Ms.), Bl. 230.

Die bisherige Untersuchung hat gezeigt, daß schon das Republikschutzgesetz von 1922 in der exekutiven Praxis zahlreiche Mängel aufwies. Justiz und Reichsregierungen fanden immer wieder, zumal wenn es gegen rechts angewandt werden sollte, Schlupflöcher. Doch die Lage verschlechterte sich noch weiter, als das Gesetz am 22. Juli 1929 auslief. Es waren Severing und Grzesinski, die darauf drängten, „schnellen, aber besseren Ersatz" zu schaffen.[492] Beides gelang nur teilweise. Nicht vor März 1930 konnte das neue Republikschutzgesetz in Kraft treten, und von einer Verbesserung gegenüber dem alten Gesetz konnte auch keine Rede sein.[493] Es waren nicht nur die „bürgerlichen" Partner in der Großen Koalition Hermann Müllers, die für eine Verwässerung des vom Reichsinnenministerium vorgelegten Gesetzentwurfs sorgten. Auch die sozialdemokratischen Mitglieder des zuständigen Reichstagsausschusses unter Führung des Parteilinken Kurt Rosenfeld beteiligten sich mit eigenen Anträgen an der Entschärfung der Vorlage und demonstrierten damit, daß prinzipielle Überlegungen einem wirksamen Republikschutz übergeordnet wurden.[494] Bei der Beratung des neuen Strafgesetzbuches ein gutes Jahr zuvor war der gleiche Konflikt aufgetreten. Der preußische Innenminister Grzesinski und sein Kollege auf Reichsseite, Severing, traten für einen klaren Hochverratsparagraphen ein, während die Reichstagsfraktion der SPD eine „kasuistische" Regelung favorisierte.[495]

Unzureichende Gesetze, uneinsichtige Parlamentarier, reaktionäre Juristen, zögerliche Reichsminister und ein Reichspräsident, der immer mehr den Einflüssen seiner Kamarilla unterlag, konterkarierten die energischen preußischen Maßnahmen gegen rechtsradikale Verbände. Im Fall des preußischen Vorgehens gegen Rechtsextremisten im öffentlichen Dienst übten besonders die Gerichte einen mittelbaren, hemmenden Einfluß aus.

Es waren zwei äußere Anlässe, nämlich das Volksbegehren gegen den Young-Plan und die Kommunalwahlen, welche die preußische Regierung Ende 1929 zwangen, sich mit den Staatsfeinden im öffentlichen Dienst intensiv auseinanderzusetzen. Vom 16. bis 29. Oktober lief die Eintragungsfrist für ein von Hugenberg, Hitler und „Stahlhelm" initiiertes Volksbegehren für ein „Gesetz gegen die Verskla-

---

492 Grzesinski, Im Kampf (Ms.), Bl. 223. 1927 war das Republikschutzgesetz mit der notwendigen Zweidrittelmehrheit unter Beteiligung der DNVP verlängert worden. Vgl. RGBl. 1927, I, S. 125. 1929 kam eine solche Verlängerung nicht zustande, vor allem wegen des sog. „Kaiser-Paragraphen" (§ 23), durch den die Reichsregierung Mitgliedern „vormals landesherrlicher Familien" den Aufenthalt im Reich untersagen konnte.

493 Gesetz zum Schutz der Republik vom 25.3.1930. RGBl. 1930, I, S. 91-93.

494 In einem Schreiben an den Vorstand der SPD-RT-Fraktion v. 2.1.1930 beschwerte sich Grzesinski über die „eigentümliche" Stellungnahme der Genossen im Ausschuß; dem Gesetz werde durch die Abschwächung „jede praktische Anwendungsmögichkeit" genommen. (IISG Amsterdam, Nl. Grzesinski, Nr. 1298). Die Antwort Rosenfelds, daß durch die Abschwächung eine einseitige Anwendung des neuen RSG gegen links verhindert werden sollte, ging nicht auf Grzesinskis Einwände ein. Rosenfeld (MdR/SPD) an pr. Innenminister Grzesinski, 6.1.1930. Ebd., Nr. 1302.

495 Vermerk der Reichskanzlei v. 15.11.1928. AdR, Kabinett Müller II, S. 239f., Anm. 14.

vung des deutschen Volkes".[496] Dessen § 4 sah für Reichskanzler und Reichsminister, die den Young-Plan unterzeichneten, Zuchthausstrafen wegen Landesverrats vor. Es war offensichtlich, daß ein Beamter, der die höchsten Organe des Staates als Landesverräter aburteilen lassen wollte, gegen seine Beamtenpflichten verstieß. Auf diesen Standpunkt stellten sich auch die Beamtenverbände, unter ihnen der größte und einflußreichste, der Deutsche Beamtenbund, der seine Mitglieder vor der Eintragung in die Listen warnte. Lediglich einige Interessenvertretungen höherer Beamter, wie der „Berufsverein der höheren Beamtenschaft Preußens" meinten „neutral" bleiben und ein aktives Eintreten für die Republik vermeiden zu sollen, woraufhin sämtliche im preußischen Innenministerium beschäftigten Mitglieder den „Berufsverein" verließen – ein Beleg für die Demokratisierungserfolge im Ministerium.[497]

Das agitatorische Volksbegehren stellte nach Otto Brauns Ansicht den „denkbar infamsten Angriff dar, der überhaupt gegen eine Regierung geführt werden kann." Kein Staat der Welt, der noch auf Ansehen und Autorität Anspruch erhebe, könne sich derartiges gefallen lassen.[498] Und in der Tat wehrte sich die Reichsregierung mit ungewohntem propagandistischen Aufwand[499], ohne sich allerdings zu so deutlichen Worten der Warnung durchzuringen wie Otto Braun. Klang es zunächst so, als sollten sämtliche preußische Beamte, die sich in die Liste für das Volksbegehren eingetragen hatten, zur Rechenschaft gezogen werden, so war schon zwei Wochen später eine differenziertere Haltung anzutreffen. In der Sitzung des preußischen Staatsministeriums vom 5. November 1929 schlug Innenminister Grzesinski vor, ein förmliches Disziplinarverfahren mit dem Ziel der Entfernung aus dem Amt nur gegen leitende Beamte einzuleiten, die für das Volksbegehren agitiert hatten. Demgegenüber sollten Beamte, die sich lediglich in die Listen eingetragen hatten, im

---

496 Wortlaut in: MBliV 1929, Sp. 845. In die Listen für das Volksbegehren trugen sich 4,13 Mio. Personen ein, die erforderliche Zahl an Unterschriften wurde damit knapp erreicht. Beim anschließenden Volksentscheid stimmten jedoch nur 13,8 Prozent der Stimmberechtigten für den Gesetzentwurf. Winkler, Der Schein, S. 737f.

497 StS Abegg an pr. Innenminister Grzesinski, 23.10.1929. IISG Amsterdam, Nl. Grzesinski, Nr. 789; vgl. auch Ehni, Bollwerk, S. 145. Zur Stellungnahme des DBB siehe den Art. „Beamtenschaft und Volksbegehren". In: Der Beamtenbund, 13. Jg., Nr. 78, 8.10.1929. Gleichwohl trugen sich reichsweit ca. 30.000 Beamte in die Listen ein.

498 SB PrLT, 3. WP, 16.10.1929, Sp. 8437. Grzesinskis Freund Fritz Tejessy machte im „Freien Wort" darauf aufmerksam, daß im Wortlaut des Volksbegehrens implizit „ein moralisches Werturteil entehrendster Art über die bisherigen Handlungen der Reichsregierung" enthalten sei. Darum sei die Unterzeichnung des Volksbegehrens gegen den Young-Plan unbestreitbar eine Verletzung der Beamtenpflichten. Tejessy, Beamte und Volksbegehren, S. 25.

499 Bedeutende Politiker wie Severing und Braun hielten Rundfunkvorträge. Darüber hinaus wurden Aufrufe veröffentlicht und Flugschriften verteilt; insgesamt standen 350.000 RM zur Verfügung. AdR, Kabinett Müller II, S. 998ff.

Dienst verbleiben können, allerdings ohne Aussicht auf Beförderung.[500] Hier zeigt sich wieder die typische Unterscheidung zwischen leitenden und nicht-leitenden Beamten, an deren politische Zuverlässigkeit unterschiedliche Maßstäbe angelegt wurden. Wenn man dieses Vorhaben der preußischen Regierung isoliert betrachtete, müßte man ein Zurückbleiben hinter ihren vollmundigen Erklärungen und Drohungen konstatieren, und es wäre verständlich, wenn ein Forscher aus den Akten den „Eindruck" gewänne, als seien die Maßnahmen „zu zögernd" und „viel zu spät" getroffen worden.[501] Allerdings ist zu berücksichtigen, daß Grzesinskis Vorschlag genau auf der Linie lag, die einige Wochen später, am 19. Dezember, der Staatsgerichtshof als verbindlich festlegen sollte; er war dadurch juristisch abgesichert, praktikabel und eröffnete auch für die Reichsregierung einen gangbaren Weg.[502] Es hätte politisch weit ungünstiger gewirkt, wenn Grzesinski weitergehende Maßnahmen angekündigt, damit aber vor dem Staatsgerichtshof Schiffbruch erlitten hätte. Außerdem war wichtig, daß sich auch das Reich beteiligte, um dem Eindruck einer Ungleichbehandlung vorzubeugen.[503] Gleichwohl zeigt sich erneut, daß die Justiz energische Republikschutzbemühungen behindert hat, und zwar auf zweierlei Weise: Zum einen, indem sie durch fragwürdig-formalistische Urteile die Entscheidungen der Politik ganz oder teilweise wieder aufhob (wie beim Verbot von „Wiking" und „Olympia"), zum anderen aber auch, indem sie die Politiker veranlaßte, schon von vornherein „die Durchsetzbarkeit einer behördlichen Entscheidung vor Gericht zum Maßstab des Handelns" zu machen (wie in diesem Fall).[504]

In ein ähnliches Dilemma geriet Grzesinski nach den preußischen Kommunalwahlen vom 17. November 1929, bei denen die NSDAP, nicht zuletzt aufgrund der agitatorischen Wirkung des Volksbegehrens, einen ersten nennenswerten Wahlerfolg errungen hatte.[505] Es war nun nicht mehr auszuschließen, daß hier und da auch

500 Prot. der Sitzung des PrStMin. v. 5.11.1929. GStA Berlin-Dahlem, I. HA, Rep. 90 Annex A. Polit. Beamte sollten in den Ruhestand versetzt werden, wenn sie die Aufrufe der Regierung gegen das Volksbegehren nicht unterzeichnet hatten. Da aber nicht in allen Landesteilen solche Aufrufe erschienen waren, wurde davon Abstand genommen und lediglich ein Verweis erteilt. Pr. Innenminister Grzesinski an MP Braun, 6.1.1930. IISG Amsterdam, Nl. Grzesinski, Nr. 1484.

501 Ehni, Bollwerk, S. 146.

502 Vgl. Staat und NSDAP, S. XXIVf. Grzesinski besaß Hinweise, wie das Urteil des StGH ausfallen werde, denn am 22. und 23.10. hatte der StGH bereits über die Frage verhandelt und einen DNVP-Antrag auf einstweilige Verfügung abgelehnt. Ehni, Bollwerk, S. 145.

503 Nach Jasper, Schutz, S. 213 übernahm die Reichsregierung im März 1930 die preuß. Regelung. Die unterschiedlichen Ansichten im Kabinett über das Vorgehen gegen Beamte, die das Volksbegehren unterzeichnet hatten, waren in einer Ministerbesprechung am 3.10.1929 zum Ausdruck gekommen. AdR, Kabinett Müller II, S. 998-1001.

504 Pyta, Gegen Hitler, S. 286.

505 Neben den Gemeindeparlamenten wurden auch die Provinziallandtage gewählt. Die NSDAP erreichte hier rund 5 Prozent der Wählerstimmen. Gravierend war der Zuwachs im Vergleich zur LT-Wahl einein-

Nationalsozialisten in kommunale Ämter gewählt werden würden. Weil solche Wahlen jedoch der Bestätigung durch den Innenminister bedurften, stellte sich die Frage, wie auf die Präsentation nationalsozialistischer Bürgermeister, Beigeordneter, Kreisdeputierter oder Amtsvorsteher reagiert werden solle.

In zwei Runderlässen vom 31. Januar 1930 stellte der Innenminister die entsprechenden Richtlinien auf, wieder wurde ein differenziertes Verfahren angewandt: Nationalsozialisten, die in leitende kommunale Ämter (z. B. als Bürgermeister) gewählt worden waren, sollte die Bestätigung ausnahmslos versagt werden, bei weniger wichtigen Ämtern wurde die Bestätigung nur ausgesprochen, wenn der Betreffende sich schriftlich „zu einer pflichtmäßigen Amtsführung im Rahmen der bestehenden Staatsordnung" verpflichtete. Auch der am selben Tag veröffentlichte Erlaß über die Bestätigung von Kommunalbeamten, die sich am Volksbegehren beteiligt hatten, sah ein abgestuftes Verfahren vor; nur wer für das Volksbegehren in gehässiger oder die Reichsregierung beleidigender Weise agitiert hatte, sollte nicht bestätigt werden.[506] Zweifellos markieren diese Maßnahmen nicht das Optimum an Abwehrbereitschaft, und sie scheinen auch zu Grzesinskis sonst gern zur Schau getragener Energie nicht recht zu passen. Bei der Bewertung ist allerdings die äußerst schwache Position des Innenministeriums beim Verfahren der Bestätigung der Kommunalbeamten zu berücksichtigen: Die Nichtbestätigung eines gewählten Kommunalbeamten war nicht das letzte Wort; so konnten die Kreisausschüsse ihre Zustimmung zur Entscheidung des Innenministers versagen. Daraufhin blieb diesem nur der Rechtsweg, aber es wurde schnell deutlich, daß die Gerichte sich auf die Seite der nationalsozialistischen Kommunalbeamten stellen würden.[507]

Dieses juristisch unsichere Feld war nicht geeignet, um Kampfbereitschaft gegen „untreue" Beamte zu demonstrieren. Darum wurde mit Nachdruck an einer umfassenden Lösung gearbeitet. Am 21. November 1929, vier Tage nach den Kommunalwahlen, hatte sich das Preußische Staatsministerium auf die Ausarbeitung eines Beschlusses verständigt, daß Angehörige staatsfeindlicher Organisationen (wie KPD und NSDAP) nicht als Beamte angestellt, bestätigt oder befördert werden sollten.[508] Damit war jener Weg beschritten, der am 25. Juni 1930 zu einem Beschluß des Staatsministeriums führte, der in der Weimarer Republik einzigartig dastand: KPD und NSDAP wurden als Organisationen angesehen, „deren Ziel der gewaltsame Umsturz der bestehenden Staatsordnung ist". Allen preußischen Beamten wurde daher die Mitgliedschaft oder sonstige Unterstützung von KPD und

---

halb Jahre zuvor, er betrug insges. 158 Prozent, in der Grenzmark Posen-Westpr. sogar 600, in Ostpr. 395, in Niedersachsen 379 Prozent. Staat und NSDAP, S. 68f.

506 MBliV 1930, Sp. 81-83.

507 Pyta, Gegen Hitler, S. 283.

508 Vgl. Rundschreiben des Reichsinnenministers Severing an die Reichsminister, 2.1.1930. Staat und NSDAP, Nr. 1.

NSDAP verboten.[509] Die preußische Regierung stützte sich dabei auf Untersuchungen des preußischen Innenministeriums, die ergeben hatten, daß die NSDAP trotz Hitlerscher Legalitätsschwüre den gewaltsamen Umsturz zumindest als Option nicht ausschloß.[510] Otto Braun brachte in dieser Frage entschlossen seine Richtlinienkompetenz zur Geltung. Anfängliche Bedenken von Justizminister Schmidt (Z) wurden in der entscheidenden Staatsministerialsitzung am 25. Juni 1930 überwunden; offensichtlich hatten sich die drei sozialdemokratischen Minister Braun, Waentig (Inneres) und Grimme (Wissenschaft) vorher abgestimmt. Braun ging es, wie er bei der Gelegenheit betonte, nicht darum, ein für jeden Einzelfall anwendbares, kompliziertes Instrument zu schaffen, sondern es ging in erster Linie um den politischen Effekt, um Abschreckung: Braun rechnete mit einer größeren Anzahl Beamter, die sich allein auf den Erlaß hin von der NSDAP lossagen würden. Keineswegs sollten sämtliche in Frage kommenden Beamten mit Disziplinarverfahren überzogen werden, vielmehr sollten „einige markante Fälle" herausgegriffen werden, was auf den Rest abschreckend wirken sollte und sicher auch gewirkt hat.[511]

Als Ergebnis der Untersuchung des preußischen Republikschutzes zwischen 1926 und 1930 verdient festgehalten zu werden, daß in Preußen bereits energische Maßnahmen gegen den Nationalsozialismus ergriffen wurden, bevor die NSDAP bei der Reichstagswahl vom September 1930 einen erdrutschartigen Wahlsieg als zweitstärkste Partei feiern konnte.[512] Daß nationalsozialistische Beamte von der preußischen Regierung besonders geschont worden seien, ist eine Legende, die in der vorliegenden empirischen Untersuchung keine Stütze findet.[513] Allerdings litten die preußischen Vorstöße darunter, daß ein reichseinheitliches Vorgehen nicht zustande kam und daß die Justiz in vielen Fällen die Pläne der preußischen Stellen durchkreuzte. Dennoch es war richtig, den Kampf energisch aufzunehmen, denn es ging bei den Maßnahmen nicht nur um Repression, sondern auch und vor allem darum, den Selbstbehauptungswillen der Republik zu demonstrieren und die überzeugten Demokraten und Republikaner zu ermutigen.

---

509 „Allen Beamten ist demnach die Teilnahme an diesen Organisationen, die Betätigung für sie oder ihre sonstige Unterstützung verboten." Staat und NSDAP, Nr. 10a. Angesichts der Tatsache, daß es kaum KPD-Mitglieder im Staatsdienst gab, richtete sich der Beschluß in erster Linie gegen die Nationalsozialisten.

510 Preuß. Referentendenkschrift „Die Nationalsozialistische Deutsche Arbeiterpartei" von Mai 1930. Staat und NSDAP, Nr. 7; Denkschrift des PrMdI „Die Nationalsozialistische Deutsche Arbeiterpartei als staats- und republikfeindliche hochverräterische Verbindung", Ende August 1930. Ebd., Nr. 13.

511 Referentenvermerk aus dem pr. Justizministerium, 26.6.1930. Staat und NSDAP, Nr. 10b.

512 Vgl. Höner, Zugriff, S. 42.

513 Das ist auch ein Ergebnis der gründlichen Untersuchung von Pyta, Gegen Hitler, S. 292.

c) Ansätze und Probleme demokratisch-republikanischer Aufklärungsarbeit

Eine weitere Chance, die Fundamente der Republik abzusichern, bestand darin, die Bevölkerung davon zu überzeugen, daß es vorteilhaft für sie sei, in einem freiheitlichen und demokratischen Rechtsstaat zu leben.

Daß die von den demokratischen Parteien verantwortete prorepublikanische „positive Aufklärungsarbeit"[514], die Werbung für Republik und parlamentarisches System Defizite aufwies, kann an dieser Stelle nur kurz und mit Bezug auf Preußen abgehandelt werden; die Frage betraf das Reichsinnenministerium eher als das entsprechende preußische Ressort. Innerhalb der Sozialdemokratie waren es jedoch vor allem die „Preußen", die auf die Bedeutung moderner Medien wie Radio und Film hinwiesen, um der Propaganda hemmungsloser Republikfeinde entgegenzutreten und ein Gegengewicht zu den einseitigen Produkten aus dem Hause des Deutschnationalen Alfred Hugenberg aufzubauen. Voraussetzung für die angestrebte Unabhängigkeit von kommerziellen und politischen Einzelinteressen war, daß der Rundfunk Angelegenheit des Staates blieb. Dabei war nicht an einen Regierungsrundfunk gedacht; auch Gegner der amtierenden Regierung sollten mit ihrer Meinung zu Wort kommen. Allerdings wurden gerade die politischen Beiträge einer gewissen Kontrolle unterworfen. Grzesinski und Ernst Heilmann waren sich einig, daß bei den geplanten Reden zu den Wahlen vom Mai 1928 die rundfunkübliche Zensur beibehalten werden sollte, um Völkischen und Kommunisten keine Plattform für ihre republikfeindliche Agitation zu geben.[515]

Angetrieben von Ernst Heilmann war es Carl Severing, der in seiner Zeit als Reichsinnenminister von 1928 bis 1930 die Weichen dafür stellte, daß politische Vorträge zu einem regelmäßigen Bestandteil des Programms wurden.[516] Einen ersten Versuch, politische Themen im Rundfunk zu behandeln, unternahm Severing im Jahre 1928. Weitere Beispiele sind die Rundfunkvorträge Grzesinskis zur preußischen Verwaltungsreform vom Januar 1929 sowie Severings Ansprache zum Volksbegehren gegen den Young-Plan im gleichen Jahr.[517] Es verdient festgehalten zu werden, daß sich die maßgebenden Personen der preußischen Sozialdemokratie sehr bewußt dem neuen Medium zugewandt haben und sich erfolgreich dafür

---

514 Grzesinski, Im Kampf (Ms.), Bl. 249.

515 Pr. Innenminister Grzesinski an MP Braun, 1.4.1928. IISG Amsterdam, Nl. Grzesinski, Nr. 1305.

516 Severing, Lebensweg II, S. 209. Alexander, Carl Severing, S. 166. Zu Heilmann als frühem „Medienpolitiker" siehe Lösche, Heilmann, S. 104.

517 Zu Severings Rede von 1928 vgl. Severing, Lebensweg II, S. 171; seine Ansprache zum Volksbegehren 1929 ist abgedr. in: MBliV 1929, Sp. 885ff. Grzesinski: „Der Aufbau der preußischen Verwaltung" (14.1.1929) und „Verwaltung und Verwaltungsreform" (23.1.1929). IISG Amsterdam, Nl. Grzesinski, Nr. 2143.

einsetzten, das Radio auch für die politische Aufklärung zu nutzen.[518] Gleichwohl begegnen auch hier wieder die aus der preußischen Beamtenpolitik bekannten Spannungen: Grzesinski wollte 1929 in der Reichsrundfunkgesellschaft personell „reinen Tisch" gemacht wissen und schlug deshalb als Verwaltungschef eine der SPD nahestehende Persönlichkeit vor. Aber Severing, damals Reichsinnenminister, sah keinen Anlaß, Hans v. Bredow, den Grzesinski als „fast völkisch" bezeichnet hatte, ablösen zu lassen. Immerhin sagte Severing Grzesinski unverbindlich zu, daß er auf der Hut sein werde und Bestrebungen, „die Dinge noch weiter nach rechts zu schieben [...] nach Möglichkeit vereiteln" wolle.[519] Geschehen ist dann aber nichts. Severings Pläne zu einer Rundfunkreform wurden durch den Rücktritt des Kabinetts Hermann Müller im März 1930 Makulatur. Realisiert wurde eine Rund-funkreform erst unter der Regierung von Papen, dann „jedoch auf autoritärer Basis und in völlig entgegengesetzter Richtung".[520] Daß die politische Aufklärung, die sich die preußischen Sozialdemokraten vom Rundfunk versprachen, letztendlich nicht entscheidend zu einer Stabilisierung der Republik beitragen konnte, hatte damit zu tun, daß die Reichweite des neuen Mediums noch begrenzt war und die Werbewirkung erbaulicher Vorträge auf breite Volksschichten nicht übermäßig hoch zu veranschlagen ist.

Das damals weitaus bedeutendere, wirkliche Massenmedium des Films wurde nicht konsequent für prorepublikanische Werbekampagnen genutzt. So verpaßte die Regierung Hermann Müller die große Chance, die sich im Herbst 1929 durch den Erwerb der Filmproduktions- und Kinobetriebsgesellschaft „Emelka" (Mün-chener Lichtspielkunst) bot. Anstatt die ihr zugefallenen, über das Land verteilten 146 Lichtspieltheater und die Filmstudios in München – wie es die preußischen Sozialdemokraten forderten – der Sache der Republik dienstbar zu machen, stieß der Reichsfinanzminister das Filmunternehmen wieder ab. Grzesinskis Überlegun-gen, die Kinos als „Basis für die Verbreitung von republikanischen Propagandafil-men in Deutschland" zu nutzen, wurden nicht realisiert, und auch Severing konnte sich mit seinen Plänen zum Betrieb staatlicher Filmtheater im Reichskabinett nicht durchsetzen. Auf dem Filmmarkt, besonders bei den Wochenschauen, Pluralität einziehen zu lassen und den Kinobesuchern eine Alternative zu den Erzeugnissen des militant-konservativen Monopolisten Hugenberg zu bieten, mißlang.[521] Damit waren Gelegenheiten zur Stabilisierung der Republik ungenutzt verstrichen. Be-

518 Demgegenüber hatte es z. B. RK Müller 1929 abgelehnt, im Radio gegen das Volksbegehren aufzutreten. AdR, Kabinett Müller II, S. 999. Vgl. auch Grzesinski an MP Braun, 21.7.1931. IISG Amsterdam, Nl. Grze-sinski, Nr. 1293.

519 Grzesinski an Severing, 14.6.1929; Antwort Severings v. 17.6.1929. IISG Amsterdam, Nl. Grzesinski, Nr. 1306 u. 1308.

520 Alexander, Carl Severing, S. 167.

521 Zum Vorstehenden siehe AdR, Kabinett Müller II, S. 926-928 (gemeinsame Sitzung von Reichskabinett und PrStMin.); Grzesinski, Im Kampf (Ms.), Bl. 249f. (dort auch die Grzesinski-Zitate); Alexander, Carl Severing, S. 167; AdR, Kabinette Brüning I u. II, S. 502.

deutung und Zukunftschancen des Mediums, zumal des aufkommenden Tonfilms, wurden offensichtlich nicht richtig eingeschätzt. Deswegen kritisierte der technik- und fortschrittsbegeisterte Grzesinski die verantwortlichen Beamten und Minister im Reich nicht zu Unrecht als altmodische „Spießer".[522]

Im Kampf für die Republik intensivierte Grzesinski die Methoden der traditionellen Pressearbeit. Dies zeigte sich bei der Vorbereitung der Landtagswahlen vom Mai 1928. In den Provinzen östlich der Elbe, in denen die republikfeindlichen Tendenzen besonders stark waren, wurden in der heißen Phase des Wahlkampfes den Oberpräsidenten besondere Pressereferenten beigeordnet, um „Agitationslügen und hetzerischen Angriffen sofort entgegenzutreten". Zum selben Zweck sollte mehrmals ein Nachrichtenblatt der preußischen Staatsregierung erscheinen, in dem in gedrängter Form offensichtlich unwahre Darstellungen der politischen Gegner widerlegt und die Arbeit der preußischen Staatsregierung in der zu Ende gehenden Wahlperiode gewürdigt werden sollte.[523]

1928 erschienen auch die ersten Bände der Schriftenreihe „Du und der Staat".[524] Als Herausgeber und Autoren fungierten die Pressechefs des Preußischen Staatsministeriums und des Innenministeriums, Hans Goslar und Hans Hirschfeld. Aus dem Klappentext der verständlich geschriebenen und preiswert angebotenen Bücher war zu entnehmen, daß sie einen Einblick in die Einzelheiten des Staatsapparates, der Politik und der Verwaltung geben wollten, um interessierte Bürgerinnen und Bürger zur Mitarbeit am „modernen Volksstaat" zu gewinnen.

Es waren in erster Linie preußische Sozialdemokraten, die sich – allerdings nicht immer mit Erfolg – dafür einsetzten, die gesamte Medienpalette zu nutzen, um für Zustimmung zu Demokratie und Republik zu werben. Das lag an der besonderen Situation in Preußen. Unter maßgeblicher Mitwirkung der SPD hatten sich Demokratie und Parlamentarismus in Preußen bis 1932 als funktionsfähig und weitgehend krisenresistent erwiesen. Außerdem waren – wie in den vorigen Abschnitten gezeigt wurde – politische Erfolge zu verzeichnen, die für einen großen Teil der Bevölkerung spürbare Erleichterungen gebracht hatten. Darum wurde in der preußischen Sozialdemokratie die parlamentarische Demokratie auch nicht (wie von manchem Linkssozialisten) als Herrschaftsinstrument der besitzenden Klassen angesehen, sondern als das in der gegebenen historischen Situation geeignete Mittel, um konkrete Verbesserungen für die Arbeiterschaft zu erreichen und von diesem Fundament aus auf demokratischem Wege die sozialistische Wirt-

---

522 Grzesinski, Im Kampf (Ms.), Bl. 249; vgl. auch Grzesinski an MP Braun, 21.7.1931. IISG Amsterdam, Nl. Grzesinski, Nr. 1293.

523 Notizen Grzesinskis über eine Konferenz mit den Ober- und Regierungspräsidenten am 3.4.1928. IISG Amsterdam, Nl. Grzesinski, Nr. 732. Vgl. auch die Broschüren „Preußen 1928" und „Preußen 1932", die jeweils zur LT-Wahl erschienen und in alphabetischer Reihenfolge und allgemeinverständlicher Form die Arbeit der Regierung auf wichtigen Politikfeldern behandelten.

524 Bd. 1: Goslar, Politik und Parlament; Bd. 2: Peiser, Eine Stunde Justiz; Bd. 3: Hirschfeld, Ein Blick in die Verwaltung.

schaftsform einzuführen. Da der Grad der Identifizierung mit der parlamentarischen Demokratie hoch war, wurde auch mit entsprechendem Eifer für den Erhalt der Republik gekämpft und versucht, moderne Medien wie Film und Rundfunk dafür einzusetzen.

Wenn man den Zeitrahmen dieses Kapitels verläßt und fragt, warum alle diese Anstrengungen letztlich nicht von Erfolg gekrönt waren und keine spürbare Wirkung zur Stabilisierung der Republik mehr entfalten konnten, so lag das wohl auch daran, daß man sich schwertat mit einer Rundfunk und Film adäquaten Darstellungsweise. Die Rundfunkvorträge beispielsweise waren meist trocken und detailgespickt; vielfach atmeten sie den Geist der Volkshochschule. An ihrer Massenwirksamkeit muß gezweifelt werden. Einzig Carl Severing, der ein guter Versammlungsredner war, dürfte bei seinen Zuhörern einen gewissen Eindruck hinterlassen haben. Noch auffälliger waren die Defizite bei der filmischen Präsentation der demokratisch-republikanischen Politiker. Es gab zwar gelungene und witzige Wahlwerbefilme, wie zum Beispiel einen Zeichentrickfilm der SPD zur Landtagswahl 1932.[525] Aber die für denselben Anlaß produzierten Tonfilme mit Otto Braun und Carl Severing verdienten diesen Namen eigentlich gar nicht. Es handelte sich um verfilmte Vorträge ohne Publikum, die auf schon groteske Weise die viel weiterreichenden Darstellungsmöglichkeiten des Films ignorierten. Es dokumentierte sich hier „das propagandistische Unvermögen im demokratischen Lager, den gefühlswirksamen und lautstarken Inszenierungen der Radikalen überzeugend entgegenzutreten".[526] Zusammen mit dem nüchternen, rationalen, sachlichen Vortragsstil der beiden Politiker erreichte die handwerklich mißlungene filmische Umsetzung einen ganz anderen als den beabsichtigten Werbeeffekt. Es ist nicht nur „schwer vorstellbar, daß ein solches Auftreten etwa arbeitslose Jungwähler beeindrucken konnte"[527], es erscheint ganz ausgeschlossen.

Von ihrer charakteristischen, sich ausschließlich an den Verstand wendenden Rhetorik gingen die Sozialdemokraten nicht ab, obwohl die Erfolge der ganz aufs Emotionale gerichteten nationalsozialistischen Propaganda Anlaß zum Nachdenken gaben. Es waren jedoch nur vereinzelte Politiker (etwa der ehemalige Jungsozialist und „militante" Sozialdemokrat Carl Mierendorff), welche die Defizite der SPD auf diesem Gebiet offen ansprachen und in Zusammenhang mit den Wahlerfolgen der Nationalsozialisten brachten.[528] Von Vorzügen und Leistungen der Republik wurde nur selten gesprochen, weil man glaubte, diese stünden klar vor aller Augen und bedürften keiner näheren Erläuterung. Der Appell an die Emotionen war verpönt. Ein bezeichnendes Beispiel dafür liefert eine Rundfunkansprache Carl Severings zur Reichstagswahl am 14. September 1930. Einer der besten sozialde-

---

525 „Ritter von Kiekebusch kämpft um Preußen" (Filmedition G 186 des IWF Göttingen).
526 Kampf um Preußen (Filmedition G 195 des IWF Göttingen), Publikation von M. Hagen, S. 7.
527 Kampf um Preußen (Filmedition G 195 des IWF Göttingen), Publikation von M. Hagen, S. 8.
528 Mierendorff, Gesicht und Charakter, S. 500.

mokratischen Redner hatte kein begeisterndes politisches Ziel, keine mitreißende Vision, sondern nur eine nachträgliche Rechtfertigung der Großen Koalition zu bieten. Auch zwei Jahre später, zur Reichstagswahl am 31. Juli 1932, wohlgemerkt nach der verfassungswidrigen Absetzung der Preußenregierung durch v. Papen und in einer Situation allerhöchster Bedrohung für die Republik, lehnte Severing es ab, an die Leidenschaften zu appellieren und wandte sich stattdessen dezidiert an die Vernunft des „denkenden Deutschen".[529] Bei diesen kritischen Anmerkungen wird nicht verkannt, daß Rationalität einen wichtigen Bestandteil der sozialdemokratischen Tradition und Identität bildete; gleichwohl sind spannendere, emotionsgeladene Reden, die darum keineswegs in Demagogie hätten abgleiten müssen, durchaus vorstellbar.

Auch die jährlichen Feiern am 11. August zur Erinnerung an die Verkündung der Weimarer Verfassung wurden nicht genutzt, um eine stärkere emotionale Bindung zwischen Bürgern und Staat herzustellen. „Die amtlichen Feiern am Verfassungstage blieben langweilige behördliche Veranstaltungen", schrieb Grzesinski im Rückblick.[530] Während seiner Amtszeit sollte diesem Mißstand abgeholfen werden, indem (erstmals 1928) den verantwortlichen Behördenleitern empfohlen wurde, „für eine möglichst volkstümliche Feier des Verfassungstages Sorge zu tragen".[531] Aber ein würdiger und gleichzeitig bürger- und volksnaher Verlauf der Verfassungsfeiern in allen Provinzen war allein durch ministerielle Erlasse nicht zu gewährleisten. Immerhin schaffte man es aber in Preußen 1929 – und das verdient gegenüber anderen Ländern hervorgehoben zu werden – den Skandal zu beenden, der darin bestand, daß sich viele Selbstverwaltungskörperschaften und Gemeindevertretungen weigerten, an staatlichen Feiertagen die schwarzrotgoldene Reichsflagge an ihren Dienstgebäuden zu hissen. Auch hier spielten die Gerichte wieder eine unrühmliche Rolle, indem sie Beschlüsse und Verordnungen der Regierung, daß auch Gemeindehäuser und Selbstverwaltungskörperschaften zu flaggen hätten, mehrfach für nicht rechtsgültig erklärten.[532] Dieses unwürdige und für das Ansehen der Republik schädliche Schauspiel wurde 1929 ein für allemal beendet, als Grzesinski ein ordentliches Gesetz entwerfen und vom Landtag verabschieden ließ, das auch die Körperschaften des öffentlichen Rechts zum Zeigen der Reichsfarben verpflichtete.[533] So ist in Preußen versucht worden, die Symbole der Republik zu

---

529 DRA Frankfurt/M. Band-Nr. 80 U 3758/4 (Sept. 1930); ebd. Band-Nr. 59 U 38 (30.7.1932). Auch die Reden Otto Brauns im LT-Wahlkampf April 1932 gehören in diese Reihe. Siehe Schulze, Otto Braun, S. 724.

530 Grzesinski, Im Kampf (Ms.), Bl. 220.

531 Beschluß des PrStMin. v. 26.6.1928. MBliV 1928, Sp. 651; vgl. auch ebd., 1929, Sp. 547f.

532 MBliV 1928, Sp. 708. Siehe auch Grzesinskis Ausführungen im Landtag: SB PrLT, 2. WP, 13.10.1927, Sp. 21778f.; ebd., 16.2.1928, Sp. 21491f. sowie Grzesinski, Im Kampf (Ms.), Bl. 221.

533 Gesetz über das Flaggen durch Körperschaften des öffentlichen Rechts v. 17.3.1929. GS 1929, S. 23; Verordnung über das öffentliche Flaggen v. 29.6.1929, ebd., S. 79. Vgl. auch Grzesinski, Im Kampf (Ms.), Bl. 221.

schützen und offensiv den demokratischen Gedanken zu vertreten, auch mit Hilfe moderner Massenmedien. Was freilich noch kaum gelang, war die Herausbildung einer massenpsychologisch wirksamen Form der Propaganda und der Ausbruch aus der defensiven Position. Immer sollte verteidigt, bewahrt und standgehalten werden. Aber zu selten wurde klar formuliert, warum dieser Staat, diese parlamentarische Demokratie, dieses „preußische Bollwerk" verteidigt werden sollten. Auf dieses „Warum?" gab es eine Fülle möglicher und plausibler Antworten, aber von selbst klärte sich die Frage nicht. Hier hätte eine offensiv-republikanische Aufklärungsarbeit, wie Grzesinski sie forderte[534], einsetzen müssen.

4 Rücktritt und Zwischenbilanz

„Für die Verleumder und niederen Gesellen, deren vergiftete Angriffe Ihren Entschluß [zum Rücktritt] reifen ließen, haben wir alle, ohne jede Ausnahme, nur das Gefühl empörter Verachtung."[535] Diese Ausführungen anläßlich des Ausscheidens Albert Grzesinskis aus dem Preußischen Ministerium des Innern brachten Staatssekretär Abegg eine Beleidigungsklage ein, gleichwohl beschrieben sie zutreffend den Auslöser für Grzesinskis überraschenden Rücktritt.[536]

In Berlin war es kein Geheimnis, daß Grzesinski mit der englischen Schauspielerin Daisy Torrens zusammenlebte, obwohl seine Kasseler Ehe auf dem Papier noch bestand. Mehrfach hatte Grzesinski versucht, von seiner ersten Frau Dorothea die Zustimmung zur Scheidung zu erhalten, zuletzt direkt nach dem Amtsantritt als Minister.[537] Aber in Deutschland gab es, unter anderem wegen des Widerstandes der Zentrumspartei, kein modernes Scheidungsrecht[538], und deshalb konnte sich Grzesinskis Ehefrau erfolgreich der Scheidung widersetzen, obwohl die Ehe schon seit der Zeit vor dem Weltkrieg zerrüttet war und beide seit über einem Jahrzehnt getrennt lebten. Ob Dorothea Grzesinski wirklich noch auf die Rückkehr

---

534 So beklagte er im LT-Wahlkampf 1932, daß das Staatsministerium die Erfolge der republikanischen Parteien „unter den Scheffel gestellt hat. Es hätte mit allen modernen Mitteln dem Volke verkündet werden müssen, was alles und für alle Schichten getan wurde, und wie man sparsam alles für das Volk herausgewirtschaftet hat." Rheinische Warte (Koblenz) v. 20.4.1932.

535 StS Abegg bei der Abschiedsfeier für Grzesinski im PrMdI am 1.3.1930. IISG Amsterdam, Nl. Grzesinski, Nr. 1335; vgl. auch „Grzesinskis Abschied". In: Berliner Börsen-Courier v. 2.1.1930.

536 Kläger war Senatspräsident Grützner (siehe unten). Abegg wurde vom Amtsgericht Berlin-Mitte am 29.11.1930 freigesprochen. IISG Amsterdam, Nl. Grzesinski, Nr. 1335. Die folgende Darstellung stützt sich, wenn nicht in den Fußnoten anders angegeben, auf die maschinenschriftl. Tagebuchnotizen „Mein Ausscheiden als Minister des Innern", IISG Amsterdam, Nl. Grzesinski, Nr. 1332 sowie deren Bearbeitung in Grzesinski, Im Kampf (Ms.), Bl. 231-241.

537 Grzesinski an Tejessy, 8.11.1926. IISG Amsterdam, Nl. Grzesinski, Nr. 322.

538 Vgl. z. B. Pünder, Politik in der Reichskanzlei, S. 22 (7.11.1929). Für das „Freie Wort" (N.N., Um Albert Grzesinski, S. 5) war der Fall Grzesinski Anlaß, eine Beschleunigung der Eherechtsform zu fordern.

ihres Mannes hoffte oder ob sie dessen Neuverheiratung verhindern wollte, um ihren Rechtsanspruch auf seine Pension zu sichern, steht dahin.[539]

Albert Grzesinski bewohnte zusammen mit Daisy Torrens, die er im Mai 1926 kennengelernt hatte, eine Haushälfte in bevorzugter Wohnlage (Grunewald-Forst). Die Tatsache war bekannt, in rechten Hetzblättern tauchten ab und zu Schmähungen und unrichtige Behauptungen über „Daisy Grzesinski" auf, aber Grzesinski stand zu seiner Lebensgefährtin. Er hielt es nicht für nötig, die Beziehung schamhaft zu verbergen, und zeigte sich mit ihr in der Öffentlichkeit. Abgesehen von regelmäßigen unerfreulichen Zwischenrufen und Anspielungen im Landtag[540] scheint dieser modus vivendi erträglich gewesen zu sein, zumal auch die seriöse Rechtspresse Grzesinski zwar politisch scharf angriff, seine persönlichen Verhältnisse jedoch zumeist diskret abhandelte.

Grzesinski hätte also das Amt des Innenministers ohne weiteres länger bekleiden können, wenn nicht der Senatspräsident beim Preußischen Oberverwaltungsgericht, Dr. Grützner, einen persönlichen Rachefeldzug gegen Grzesinski gestartet hätte. Grützner, eingeschriebenes SPD-Mitglied, hatte sich als Regierungspräsident von Merseburg so undiplomatisch verhalten, daß Grzesinski ihn 1929 nach mehreren Verwarnungen zur Disposition stellen mußte.[541] Allerdings machte Grzesinski einen im nachhinein fatalen Fehler, indem er Grützners Ernennung zum Senatspräsidenten am preußischen Oberverwaltungsgericht in Berlin nicht verhinderte. In der gesicherten Position eines unabsetzbaren Richters konnte Grützner seinen persönlichen Groll ohne Angst vor Konsequenzen ausleben. Dieses Verhalten wurde sogar im rechten Hetzblatt „Fridericus", das sich sonst in der Verunglimpfung Grzesinskis besonders hervorgetan hatte, als feige gerügt: „Erst als Grützner Senatspräsident beim Preußischen Oberverwaltungsgericht und damit unabsetzbar wurde, machte er den Mund auf und gefiel sich als Richter in einer Sache, die, wenn sie seine Zuständigkeit wirklich betraf, schon vor Jahren von ihm hätte angeschnitten werden müssen."[542]

Am 3. Februar 1930 schrieb Grützner einen Brief an den preußischen Ministerpräsidenten Braun, in dem er sich mit Grzesinskis persönlichen Verhältnissen

---

539 „Mein Ausscheiden als Minister des Innern" (IISG Amsterdam, Nl. Grzesinski, Nr. 1332) nennt beide Motive. Ungefähr 20 Prozent seiner Einkünfte überwies Grzesinski seiner Frau und den beiden Töchtern. 1928 hatte Grzesinski mit Ministergehalt, Abgeordnetendiäten, Aufwandsentschädigungen und Honoraren für Zeitungsartikel rund 51.000 RM Jahreseinkommen. IISG Amsterdam, Nl. Grzesinski, Nr. 2403. Vor dem Amtsgericht Berlin-Mitte bestätigte Dorothea, sie sei von ihrem Mann „stets reichlich alimentiert worden". Ebd., Nr. 2405.

540 Siehe z. B. SB PrLT, 3. WP, 5.2.1929, Sp. 2938. Zurufe aus der DNVP: „Sie können gar nicht von Moral sprechen" – „Grzesinski und Moral!".

541 Grzesinski, Im Kampf (Ms.), Bl. 231. Pr. Innenminister Grzesinski an Grützner (RP Merseburg), 23.5.1927. IISG Amsterdam, Nl. Grzesinski, Nr. 247. Zur Person Grützners siehe auch die von Grzesinski gesammelten negativen Bewertungen in: IISG Amsterdam, Nl. Grzesinski, Nr. 1348.

542 Fridericus, Nr. 49, 1.12.1930.

beschäftigte. Kopien gingen, um die Sache öffentlich zu machen, an die Fraktionen der Koalitionspartner Zentrum und DDP.[543] Otto Braun wiederum übergab den Brief am 4. Februar Grzesinski zur Kenntnisnahme. Substantiell enthielt er nichts Neues, sondern nur „olle Kamellen"[544]: Grzesinski unterhalte, wiewohl verheiratet, ein Liebesverhältnis; darüber hinaus begleite ihn seine Geliebte auf Dienstreisen und dienstlichen Veranstaltungen. Insgesamt handelte es sich um eine schwerverdauliche Mixtur aus Denunziation, Verleumdung, Behördentratsch, Drohung und Moralpredigt, wobei der gespreizte Ton in einem seltsamen Mißverhältnis zur Banalität des Inhalts stand: „Ein Verbleiben des Herrn Ministers in seinem Amte wäre beamten- und verfassungsrechtlich untragbar und mit der Reinheit des republikanischen Gedankens unvereinbar [...] Ein Belassen des Ministers im Amte würde bedeuten, daß im Freistaate Preußen seit 1926 die maitresse en titre des Zeitalters eines Louis XIV in der Person eines verheirateten Ministers fröhliche Urstände gefeiert habe."[545] Angesichts solcher Ausführungen ist es verständlich, daß der Brief in der SPD-Fraktion für einige Heiterkeit gesorgt hat[546], gleichwohl bestand kein Anlaß, ihn zu unterschätzen. Denn seine politische Sprengkraft lag darin, daß der Verfasser SPD-Mitglied und einer der höchsten preußischen Richter war; hinzu kam die offensichtliche Absicht, die Koalitionspartner in den Fall hineinzuziehen.[547]

Am 6. Februar schrieb Grzesinski zwei Briefe an Otto Braun; einen privaten, in dem er Grützners Attacke als einen infamen, unerhörten und leichtfertigen Racheakt charakterisierte, und einen offiziellen, in dem er seine persönlichen Verhältnisse offenlegte. Wahrheitsgemäß berichtete er von der Weigerung seiner Frau, sich scheiden zu lassen und leugnete auch sein Verhältnis zu Frau Torrens nicht ab. Was er jedoch vehement bestritt und anhand von Akten zu widerlegen suchte, waren die von Grützner kolportierten Halbwahrheiten über angebliche gemeinsame Auftritte bei offiziellen Anlässen und die Unterstellung, die Beziehung habe Einfluß auf sein dienstliches Verhalten gehabt.[548]

Einen Tag später, am 7. Februar, bot Grzesinski Otto Braun seinen Rücktritt an, ohne daß dieser darauf eingegangen wäre. Daß Grzesinski am selben Tag an den Zentrumsfraktionsführer Dr. Heß schrieb, um zu den Vorwürfen gegen sein Privatleben Stellung zu nehmen, zeigt, daß in dieser Affäre nicht der Ministerpräsi-

543 Grützner an MP Braun, 3.2.1930. IISG Amsterdam, Nl. Grzesinski, Nr. 1337. Otto Braun beantwortete den Brief nicht, sondern leitete ihn an Grützners Vorgesetzten, Oberverwaltungsgerichtspräsidenten und Staatsminister a. D. Drews weiter.

544 Grzesinski an Braun, 6.2.1930. IISG Amsterdam, Nl. Grzesinski, Nr. 1339.

545 Grützner an MP Braun, 3.2.1930. IISG Amsterdam, Nl. Grzesinski, Nr. 1337.

546 Schulze, Otto Braun, S. 619.

547 Grützner wurde umgehend wegen ehrlosen und parteiwidrigen Verhaltens aus der SPD ausgeschlossen; 1931 trat er in die NSDAP ein. Siehe: Vorwärts v. 5.3.1931.

548 Zwei Schreiben Grzesinskis an Braun v. 6.2.1930. IISG Amsterdam, Nl. Grzesinski, Nr. 1339 u. Nr. 1343; vgl. auch ein späteres Schreiben an den pr. Justizminister Schmidt, 19.2.1932. Ebd., Nl. Braun, Nr. 355.

dent, sondern die katholische Zentrumspartei die Schlüsselposition innehatte.[549] Wie das Zentrum sich stellen würde, darüber konnte es bei realistischer Betrachtung keinen Zweifel geben – nach katholischen Moralvorstellungen lebte Grzesinski im „Konkubinat". Und genau mit diesem Argument setzte die Reichsleitung der Zentrumspartei die preußische Fraktionsführung unter Druck, von Grzesinski abzurücken. Es half nichts, daß der Vorsitzende Heß und Wohlfahrtsminister Hirtsiefer persönlich eine aufgeklärtere Meinung vertraten und die Beurteilung der politischen Maßnahmen eines Ministers nicht von dessen Lebensumständen abhängig machen wollten. Weil aber nicht alle Zentrumspolitiker so dachten, mußte Heß befürchten, daß der rechte Flügel der Fraktion Grzesinski die parlamentarische Unterstützung verweigern könnte und die Weimarer Koalition in Preußen Gefahr lief, auseinanderzubrechen.[550] Diese trüben Aussichten wurden am 22. Februar in einer Besprechung zwischen den Fraktionvorsitzenden Heilmann (SPD) und Heß (Z), an der auch Minister Hirtsiefer (Z) teilnahm, erörtert. Als Heilmann am 25. Februar Grzesinski über diese Besprechung und die Haltung des Zentrums unterrichtete, stand dessen Entschluß fest: Durch seinen Rücktritt wollte er die Gefahr für den Bestand der Koalition abwenden. Heilmann machte einen halbherzigen Versuch, Grzesinski von seinem Vorhaben abzubringen, doch dann wandten sich beide sogleich der Nachfolgefrage zu. Da der am besten geeignete Kandidat, Staatssekretär Krüger aus dem Landwirtschaftsministerium, auf seinem Posten dringend gebraucht wurde, kamen Noske und Waentig in die engere Wahl. Otto Braun entschied sich dann nach Abstimmung mit Heß und Heilmann für Waentig.

Am 26. Februar überreichte Grzesinski Otto Braun sein Demissionsschreiben, in welchem er gesundheitliche Gründe für den Rücktritt angab.[551] Wie Heilmann erhob auch Braun nur pro forma Einwendungen. Der Rücktritt war die politisch sauberste Lösung, um die Koalition nicht zu gefährden. Typisch für Brauns Regierungsstil war die Regelung der Nachfolge: Wie bei der Ernennung Grzesinskis landete er einen Überraschungscoup. Da Braun befürchten mußte, daß die Fraktion ihm einen unerwünschten Kandidaten (Leinert oder Siering) präsentierte[552], wurde Grzesinskis Rücktrittsabsicht zunächst geheimgehalten und das Rücktrittsschreiben auf den 28. Februar vordatiert. An diesem Tag fand eine Landtagssitzung statt, zu deren Beginn Landtagspräsident Bartels den ahnungslosen Abgeordneten eine lapidare Mitteilung des Ministerpräsidenten verlas, die „wie eine Bombe in das überraschte Haus" einschlug und mit allgemeinem Schweigen quittiert wurde:

---

549 Hömig, Das Preußische Zentrum, S. 232.

550 Für Aussagen über die Beteiligung hoher Zentrumsbeamter am Sturz Grzesinskis fehlen die Quellen. Daß MinDir. Klausener, Leiter der „Katholischen Aktion" im Bistum Berlin, beteiligt war, wurde unter anderem von Hans Hirschfeld behauptet. Siehe dazu Grzesinski, „Mein Ausscheiden als Minister des Innern", IISG Amsterdam, Nl. Grzesinski, Nr. 1332.

551 Wortlaut des Schreibens z. B. in: Berliner Börsen-Courier v. 28.2.1930; dort auch der Text von Brauns Antwort- und Dankschreiben. Siehe auch „Vorwärts" v. 28.2.1930, dort allerdings falsche Datumsangabe.

552 Ernst Feder am 28.2.1930 unter Berufung auf Brauns StS Weismann. Feder, Heute, S. 246.

Grzesinski sei aus Gesundheitsgründen zurückgetreten und Waentig bereits zu seinem Nachfolger ernannt.[553]

Mit der Ernennung des Nationalökonomen Professor Dr. Heinrich Waentig, Oberpräsident der Provinz Sachsen, zum neuen Innenminister traf Braun in seiner Partei freilich auf wenig Gegenliebe.[554] „Ein in die Politik verirrter Weltmann", schrieb die Vossische Zeitung retrospektiv über den „elegantesten Minister der Republik". Waentig habe sein Amt im Stile eines englischen Lord geführt, „aber für die stürmischen Zeiten, die die deutsche Republik durchzustehen hat, war er eben nicht handfest genug."[555] Für Staatssekretär Abegg war er gar der „Prototyp verächtlicher Aufgeblasenheit und Dummheit".[556] Waentig war als „Novembersozialist" und Akademiker in der Landtagsfraktion, in der langjährige Partei- und Gewerkschaftssekretäre den Ton angaben, ein Einzelgänger, dem wegen seiner tadellosen äußeren Erscheinung der Spitzname „Professor Seidenstrumpf" anhing. Waentigs Isolierung ist zumeist als Grund für seine Berufung angeführt worden. Otto Braun ging davon aus, daß Grzesinski in der Zwischenzeit seine persönlichen Verhältnisse ordnen und dann als Innenminister zurückkehren werde. In diesem Fall war von Waentig, der keine Hausmacht hinter sich hatte, am ehesten zu erwarten, daß er seinen Platz widerstandslos räumen werde.[557] Genauso wichtig war freilich, daß durch Waentigs Ernennung das Oberpräsidium in Magdeburg frei wurde und so Verhandlungsmasse für die zur gleichen Zeit schwebenden Verhandlungen mit der DDP über die Personalpolitik hinzugekommen war – ein Manöver, das eindeutig die Handschrift Ernst Heilmanns trug.[558] Und tatsächlich wurde ein DDP-Mitglied Waentigs Nachfolger als Oberpräsident.

Ebenso wie die meisten Abgeordneten wurde die Öffentlichkeit vom Wechsel im Innenministerium vollkommen überrascht. Die Ahnungs- und Hilflosigkeit der Berichterstatter läßt sich daran ablesen, daß die Zeitungen in ihren Abendausgaben vom 28. Februar völlig unterschiedliche, aber ausnahmslos unzutreffende Gründe für Grzesinskis Rücktritt angaben.[559] Jeder noch so marginale Koalitionsstreit der letzten Monate wurde herangezogen, um den Rücktritt zu begründen. Aber weder der Konflikt mit der DDP um die Besetzung der Oberpräsidien in Pommern und Hessen, noch die gerade überstandene Krise um die Ernennung des Sozialdemokraten Adolf Grimme zum Kultusminister, noch der Streit im Berliner Polizeipräsidium zwischen Vizepräsident Weiß und Schupo-Kommandeur Heimannsberg,

---

553 Vorwärts v. 28.2.1930; Deutsche Tageszeitung v. 28.2.1930. Auch die sozialdemokratische Fraktion war erst unmittelbar vor der Sitzung eingeweiht worden.

554 So kritisierten Carl Severing, Ernst Hamburger und der Parteivorsitzende Wels Brauns Entscheidung. Feder, Heute, S. 246; Schulze, Otto Braun, S. 621f.

555 Vossische Zeitung, 7.10.1931. 1931 verließ Waentig die SPD; 1933 trat er der NSDAP bei.

556 Abegg an Severing, 31.5.1947. BA Koblenz, Kl. Erw. 329, Nr. 8, Bl. 14.

557 Braun, Von Weimar, S. 291.

558 Vgl. Berliner Börsen-Courier v. 28.2.1930.

559 Siehe dazu die Zeitungsausschnittsammlung in: BA, Abt. Potsdam, 25.01, Nr. 3555, Bl. 104ff.

noch die polizeiliche Duldung einer in kirchlichen Kreisen als blasphemisch empfundenen Kunstausstellung waren als einzelne Anlässe für Grzesinskis Sturz verantwortlich. Und auch die vom „Vorwärts" übernommene offizielle Version von der Krankheit Grzesinskis war eine Legende. Zwar litt Grzesinski im Februar an einer schweren Grippe, die ihn daran hinderte, an der Debatte über seinen Etat im Landtag teilzunehmen. Außerdem trafen ihn die ständigen persönlichen Angriffe sicher tiefer, als er nach außen zugab. Aber entscheidend für seinen Rücktritt war das alles nicht, ebenso wenig wie ein für den 28. Februar angekündigter kommunistischer Mißtrauensantrag.[560] Nein, daß der rechte Flügel des Zentrums meinte, den Innenminister nicht weiter unterstützen zu können, hatte in allererster Linie damit zu tun, daß Grzesinskis private Verhältnisse durch Grützners Brief an die Öffentlichkeit gezerrt worden waren. Die Konzession an den erstarkten rechten Flügel seiner Fraktion schien Heß nötig, um für die Fortführung der Weimarer Koalition in Preußen den Rücken frei zu haben.[561] Grzesinski selbst ließ sich bei seiner Rücktrittsentscheidung von der Einsicht leiten, daß die Regierungskoalition in Preußen nicht an seiner Person scheitern dürfe.[562]

Zweifellos bot die Affäre eine gute Gelegenheit, „einmal auf die maßlose Verlogenheit des deutschen öffentlichen Lebens hinzuweisen", wie es Kurt Tucholsky in der „Weltbühne" tat. In dieser Arbeit kann eine ausführliche Moraldiskusion unterbleiben; auch aus heutiger Sicht ist dem damaligen Urteil liberaler Beobachter nichts hinzuzufügen, daß ein Minister nicht an den moralischen Maßstäben einer bestimmten Gruppe, sondern an seinen politischen Leistungen zu messen sei.[563] Und um die politischen Leistungen soll es in der folgenden kurzen Zwischenbilanz nach dreieinhalbjähriger Amtszeit als Innenminister gehen.

Das Ziel der Reformpolitik, wie Grzesinski sie verstand, war, den Staat und seine Organe an die Bedürfnisse breiter Schichten der Bevölkerung anzupassen, die Identifikation der Menschen mit dem Staat zu erleichtern und auf diesem Wege den Bestand der Republik zu sichern.[564] Dieser Versuch wurde auf politischer, in-

---

560 Die bedrohlichste politische Differenz bestand mit der DDP um die Besetzung von Oberpräsidentenstellen. Kreise innerhalb der DDP erwogen, Grzesinski deshalb bei der Abstimmung über das Mißtrauensvotum im Stich zu lassen. In einer interfraktionellen Besprechung am 27.2. wurde der Konflikt jedoch beigelegt und die Stimmabgabe der DDP gegen den Mißtrauensantrag gesichert. Siehe Prot. der Sitzung der preuß. DDP-Fraktion v. 28.2.1930. BA Koblenz, R 45 III, Nr. 65, Bl. 184f.; Berliner Börsen-Courier v. 28.2.1930; vgl. Feder, Heute, S. 245. Auch der Konflikt im Berliner Polizeipräsidium war inzwischen beigelegt.

561 Hömig, Das Preußische Zentrum, S. 233.

562 Grzesinski, Im Kampf (Ms.), Bl. 236.

563 Siehe z. B. Wrobel, Bettschnüffler; N.N., Um Albert Grzesinski; Ernst Feder: Minister-Wechsel. In: Berliner Tageblatt v. 28.2.1930.

564 Von der Basis einer konsolidierten Republik aus sollte in Richtung Sozialismus fortgeschritten werden. Bei günstiger Gelegenheit, aber nicht zu bald, sollten zunächst geeignete Betriebe der Großindustrie verstaatlicht werden.

stitutioneller, personeller und publizistisch-propagandistischer Ebene unternommen.

Die Auflösung der Gutsbezirke, die Neuordnung im Industrierevier: Grzesinski drückte diesen Gesetzen seinen Stempel auf, indem er sie konsequent unter dem Gesichtspunkt der parlamentarischen Durchsetzbarkeit konzipieren ließ. Es konnte gezeigt werden, daß dabei nicht das Motiv im Mittelpunkt stand, der Verwaltung ihre Aufgabe möglichst einfach zu machen, sondern daß es vor allem um soziale Verbesserungen – Einheitlichkeit der Lebensverhältnisse – und die Heranführung der Bevölkerung an die Republik von Weimar ging.

Bei der Personalpolitik kam dieses Grundmotiv ebenfalls zum Tragen: Die Beamten der sozialen Republik sollten Vertrauensleute der Bevölkerung sein. Um diesem Ziel näher zu kommen, war es nötig, mehr überzeugte Demokraten, vor allem Sozialdemokraten, in die Verwaltung hineinzubringen. Bei allen koalitionspolitisch bedingten Einschränkungen läßt sich anhand von Statistiken zeigen, daß unter Grzesinski ein entschiedenerer Kurs gesteuert wurde als vorher und nachher. Im Gegensatz zu Severing, der gern in die Rolle des überparteilich-schiedsrichtenden „Staatsmanns" schlüpfte, sah sich Grzesinski auch als Minister in erster Linie als Anwalt des sozialdemokratischen Bevölkerungsteils und versuchte, dessen gleichberechtigte Beteiligung an der Staatsverwaltung durchzusetzen. Wenngleich Grzesinski sah, daß noch längst nicht alle Forderungen der demokratischen Republik erfüllt waren, wird es ihn mit Stolz erfüllt haben, wenn er 1929 in der Vossischen Zeitung lesen konnte, daß im Vergleich zur Vorkriegsverwaltung „der Geist der Behörden, ihr Verhalten gegen das Publikum, ihre Offenheit für die Bedürfnisse und Forderungen der Gegenwart [...] unvergleichlich besser geworden" seien. Besonders erfreut hat ihn sicher die Einschätzung der Zeitung, daß die Reformfortschritte „zum großen Teil [...] der Erziehungsarbeit von oben her" zu verdanken seien.[565]

Einer stärkeren Identifikation der Bürgerinnen und Bürger mit dem Staat standen die militärischen Züge, die der Schutzpolizei anhafteten, entgegen. Allerdings war der militärische Einschlag in der Schutzpolizei, zumal der kasernierten, erwünscht: In Preußen wollte man mit inneren Unruhen fertig werden, ohne auf die im demokratisch-republikanischen Sinne unzuverlässige Reichswehr angewiesen zu sein. Beim Einsatz gegen die Feinde des Staates vertrat Grzesinski ein demonstratives, machtbewußtes Vorgehen. Mehrfach unternahm er Anläufe, um das gleichzeitige Verbot von KPD, NSDAP und ihrer jeweiligen Militärformationen durchzusetzen. Im Rückblick erscheinen diese Pläne als faszinierende Alternative, wenngleich staatliche Verbote nicht die einzige Antwort auf die Herausforderungen durch den Nationalsozialismus und den Kommunismus sein konnten. Ob wirklich eine dauerhafte Befriedung des öffentlichen Lebens erreicht worden wäre, läßt sich schwer einschätzen. Immerhin barg der großangelegte, demonstrative Akt staatlichen

---

565 Preußens Innenminister. In: Vossische Zeitung v. 27.7.1929.

Selbstschutzes auch einige Risiken, denn nach allen Erfahrungen konnte davon ausgegangen werden, daß die Justiz und der Reichspräsident zugunsten der NSDAP Stellung nehmen würden. Damit wäre auch der politische Zweck der Aktion, die Demonstration republikanischen Abwehrwillens, in Mitleidenschaft gezogen worden. Es waren solche Überlegungen, die die Reichsregierung Hermann Müller veranlaßten, ihre Zustimmung zu versagen.

An der Frage, auf welche Art und Weise Grzesinski seine Politik durchzusetzen suchte, zeigen sich auch seine Grenzen: Einer bemerkenswerten Offenheit in der Entscheidungsphase, einer entwickelten Fähigkeit zum Kompromiß stand in der Durchführungsphase, nachdem die Entscheidung gefallen war, ein bewußt zur Schau gestelltes autoritäres Verhalten gegenüber. Wegen seiner persönlichen Verantwortung dem Landtag gegenüber wollte Grzesinski stets der „Chef" sein, er verlangte Gehorsam. Das Schlimmste, was ein Mitarbeiter sich zuschulden kommen lassen konnte, war „Politik auf eigene Faust" zu treiben.[566] Die zuverlässigen Beamten konnten sich darauf verlassen, im Innenminister einen starken und loyalen Rückhalt zu finden, und brachten Grzesinski infolgedessen große Verehrung entgegen. Bei der Mehrzahl der alten Beamten war Grzesinski jedoch wegen seiner kompromißlosen Art unbeliebt. Das schroffe Auftreten war angemessen, wenn es galt, eine widerständige Bürokratie auf Kurs zu bringen. Aber es gab auch Situationen, wo ein solches Vorgehen kontraproduktiv war, wo psychologisches Feingefühl, das Grzesinski völlig abging, eher zum Erfolg geführt hätte. Mehrmals kam es bei interfraktionellen Gesprächen zum Eklat, weil Grzesinski eine zu barsche Tonart angeschlagen hatte. Seine Freunde und engen Mitarbeiter wußten freilich auch von einem anderen, verbindlichen und zugänglichen Grzesinski zu berichten. Das schwach entwickelte Einfühlungsvermögen war auch dafür verantwortlich, daß Grzesinskis Reden üblicherweise recht holzschnittartig gerieten, daß es ihm nicht gegeben war, spontane Begeisterung für seine Person oder seine Ideen auszulösen; er war kein Volkstribun. Hinzu kam, daß sein rhetorisches Repertoire zu sehr auf die kämpferische Tonart beschränkt blieb. Schlagfertigkeit, Witz, Ironie, überraschende Metaphern und Vergleiche: all das stand Grzesinski nur in geringem Maße zur Verfügung, und es scheint, als habe ihm auch das rechte Verständnis für die Bedeutung dieser Mittel gefehlt. Daher konnte er es auch nicht begreifen, daß der umgängliche Carl Severing, dessen praktische Politik aus seiner Sicht doch so weit hinter den Notwendigkeiten zurückblieb, von den sozialdemokratischen Massen verehrt und geliebt wurde.

Das herausragende Merkmal Grzesinskis war der ständige Energie- und Arbeitsstrom, der von ihm ausging, der seine Umgebung mitriß und dem es zu verdanken war, daß in der dreieinhalbjährigen Ministerzeit eine große Anzahl von Projekten verwirklicht oder auf den Weg gebracht worden war. Insbesondere bei der personellen Demokratisierung der Verwaltung war ein ganz neues Tempo

---

566 Vgl. SB PrLT, 3. WP, 3.10.1928, Sp. 586 (Grzesinski).

vorgelegt worden. Doch die Früchte der Reformpolitik brauchten Zeit, um zu reifen. Die entscheidende Belastungsprobe der Weimarer Republik kam zu rasch, als daß die Reformen sich noch durchschlagend zur Stabilisierung des bedrohten Gemeinwesens hätten auswirken können.

Am 1. März 1930 wurde Grzesinski offiziell im Ministerium verabschiedet. Der ehemalige Minister gewann bei dieser Gelegenheit dem Rücktritt auch eine positive Seite ab. Er habe nun Gelegenheit, die Arbeit des Ministeriums einmal aus einer anderen Perspektive zu betrachten. Nach dem Ende der offiziellen Veranstaltung trafen die engeren Mitarbeiter noch einmal mit Grzesinski zusammen; es herrschte, wie bei solchen Gelegenheiten häufig, eine sentimental-unsichere Stimmung. Die bewegende Erinnerung an den gemeinsam zurückgelegten Weg wurde, zumal bei den SPD-Mitgliedern unter den Beamten, durch die Sorge überlagert, in der Zukunft keinen so starken Rückhalt mehr zu haben.[567]

Nach dieser letzten offiziellen Verpflichtung verließ Grzesinski Berlin beinahe fluchtartig, um sich zu erholen und dem Rummel um seine Person zu entgehen. Gemeinsam mit Daisy Torrens bereiste er für einige Wochen die Schweiz und England. In diese Zeit fällt eine entscheidende Zäsur in der Geschichte der Weimarer Republik, die auf die weiteren Ereignisse größeren Einfluß hatte als der Rücktritt Grzesinskis: Die letzte parlamentarische Reichsregierung, das Kabinett der Großen Koalition des Reichskanzlers Hermann Müller (SPD), trat am 27. März 1930 zurück. Der Anlaß war unbedeutend, aber er brachte die grundsätzlichen Differenzen zum Austrag, die zwischen „bürgerlichen" Parteien und Sozialdemokratie auf dem Felde der Wirtschafts-, Sozial- und Finanzpolitik bestanden und die ohnehin über kurz oder lang zum Zerbrechen dieser Koalition geführt hätten, zumal Reichspräsident und Reichswehr zielstrebig daraufhinarbeiteten. Wie immer man jedoch die Entscheidung der SPD-Reichstagsfraktion bewertet, auf Druck der Gewerkschaften einem Kompromißvorschlag nicht zuzustimmen, die Auswirkungen auf die preußischen Verhältnisse waren eindeutig negativ. Aus diesem Grunde mißbilligte die preußische SPD-Landtagsfraktion die Haltung der Kollegen im Reichstag ausdrücklich.[568] War für die preußische Administration eine Zusammenarbeit mit einer Reichsregierung der Großen Koalition zur Abwehr der Staatsfeinde schon schwer genug, so mußte sich diese Situation unter einer Präsidialregierung noch verschärfen. Hinzu kam, daß weitere Belastungen für die Weimarer Koalition in Preußen vorauszusehen waren: Der neue Reichskanzler Heinrich Brüning, Mitglied des Preußischen Landtags seit 1928, war ein Gegner dieser Koalition und befürwortete eine stärkere Anlehnung des Zentrums an die Rechte. Er hätte sich beim Reichspräsidenten gerne ein gutes Entree verschafft und das preußische Zentrum zur Aufkündigung der Koalition mit der Sozialdemokratie bewegt, allerdings

---

567 Bericht über den Abschied in: Berliner Börsen-Courier v. 2.3.1930; vgl. Grzesinski, Im Kampf (Ms.), Bl. 238.

568 Hamburger, Betrachtungen, S. 28.

war die preußische Zentrumsfraktion dazu nicht bereit. Immerhin, finstere Wolken waren am preußischen Horizont aufgezogen, und der stets pessimistische Otto Braun sah sich bereits „auf einem verlorenen Posten".[569]

© Landesarchiv Berlin

Der Preußische Minister des Innern besucht die Polizeischule Sensburg (Juni 1927).

---

569 Braun, Von Weimar, S. 292; Hamburger, Betrachtungen, S. 28; vgl. auch Schulze, Otto Braun, S. 624-628; Winkler, Der Schein, 802-823.

V. Gegen die Auflösung der Weimarer Republik

In der Sozialdemokratie wurde davon ausgegangen, daß Grzesinski bald in die politische Arena zurückkehren werde. „Das Freie Wort" stellte fest, von einem verbitterten Rückzug Grzesinskis aus der Politik könne keine Rede sein.[1] Sein erster öffentlicher Auftritt nach dem Verlust des Ministeramtes auf dem Bezirksparteitag der Kasseler SPD am 5. April 1930 machte deutlich, daß er sich durch seine Amtsführung in der Partei großes Ansehen erworben hatte. Grzesinskis politisches Referat wurde mit spontanen Ovationen und dem Ruf „Grzesinski muß wiederkehren!" quittiert. Die politischen Prioritäten hatten sich durch das Ausscheiden als Minister nicht verschoben, weiterhin trat Grzesinski für eine noch stärkere Beteiligung von Sozialdemokraten an den höheren Verwaltungsstellen ein.[2] Mit seiner Rückkehr in die vorderste Linie der preußischen Politik mußte auch deswegen gerechnet werden, weil es ihm im Mai 1930 gelungen war, die beanstandeten familiären Verhältnisse zu ordnen: Seine erste Frau Dorothea hatte endlich in die Scheidung eingewilligt. Noch im selben Monat heirateten Albert und Daisy Grzesinski;[3] die Verbindung hielt bis zu Grzesinskis Tod im Jahre 1947.

Von der Bürde des Amtes befreit, nutzte Grzesinski Frühjahr und Sommer des Jahres 1930, um Aufsätze zur Verwaltungsreform zu verfassen.[4] Darüber hinaus trat er bei Partei- und Wahlkampfveranstaltungen auf – am 14. September mußte ein neuer Reichstag gewählt werden – und forderte verstärkte Anstrengungen für den Schutz der Republik. In der offenbaren wirtschaftlichen Krisensituation des Jahres 1930 war eine Rückbesinnung auf die Ziele des Sozialismus festzustellen, wobei in erster Linie an die Verstaatlichung der Großindustrie gedacht wurde. Zur Bekämpfung der Arbeitslosigkeit sollte der Staat massiv intervenieren: Arbeitszeitverkürzung durch staatliche Eingriffe (nicht durch Vereinbarungen zwischen Gewerkschaften und Unternehmern) lautete die Forderung. Gegenüber den Kommunisten und Nationalsozialisten präsentierte Grzesinski die SPD als die Hüterin des „wahren" Sozialismus, die gleichzeitig auch die einzige wirklich demokratische und republikanische Partei sei. Hier zeigt sich erneut, wie Grzesinski die Rolle der

---

1 Das Freie Wort, 2. Jg. (1930), H. 12, S. 25.
2 Kasseler Volksblatt v. 7.4.1930.
3 Grzesinski, Im Kampf (Ms.), Bl. 239. Einer der Trauzeugen war Hans Hirschfeld.
4 Grzesinski: Das neue Selbstverwaltungsgesetz für die Hauptstadt Berlin. In: Das Freie Wort, 2. Jg. (1930), H. 21, S. 1-7 (vgl. dazu die kritische Replik E. Hamburgers: Zum Selbstverwaltungsgesetz für Berlin. In: Ebd., H. 24, S. 12-17). Grzesinski: Verwaltungsunfug im Reich. In: Ebd., H. 38, S. 6-14. Der Art. beklagt die Tendenz des Reiches, eigene Verwaltungen aufzubauen, anstatt den vorhandenen preuß. Apparat zu nutzen. Zustimmende Briefe erhielt Grzesinski z. B. vom Vors. d. Pr. Staatsrats, Adenauer, und dem Z-Fraktionsvors. Heß. IISG Amsterdam, Nl. Grzesinski, Nr. 1201 u. 1211.

Sozialdemokratie in der Weimarer Republik interpretierte: als demokratisch-republikanische *und* sozialistische Partei, deren Aufgabe darin bestehe, die „ganz guten und freiheitlichen Bestimmungen der Reichsverfassung" durch Teilnahme an Regierung und Verwaltung „mit sozialem Geist zu erfüllen".[5]

Grzesinskis Ausführungen bei solchen Gelegenheiten zeigten auch, daß er der Amtsführung seines Nachfolgers Waentig reserviert gegenüberstand. Auf einer Reichsbannerveranstaltung im Berliner Stadion „Neue Welt" mit über 100.000 Teilnehmern verschwieg er nicht, daß er „im Interesse der Staatsautorität auch in Preußen etwas mehr Entschlußkraft und schnelleres Handeln gegenüber politischem Rowdytum für dringend erwünscht und politisch notwendig" hielt.[6] Daß das preußische Innenministerium kurz darauf bedeutende exekutive Maßnahmen gegen die Nationalsozialisten ergriff und preußischen Beamten die Mitgliedschaft in NSDAP und KPD verbot[7], konnte an Grzesinskis grundsätzlich kritischer Haltung gegenüber Waentig nichts ändern. Vor allem das Auftreten bzw. Nichtauftreten Waentigs war eine Belastung für die Sozialdemokratie; jegliche Kampfbereitschaft ging ihm ab. Es mochte noch hingehen, daß der neue Innenminister verfeinerte Lebensart zur Schau trug und sich vornehm kleidete; daß er sich bei Auseinandersetzungen, zumal im Parlament, allzugern ebenso vornehm zurückhielt und seinen Ministerkollegen oder Beamten das Reden überließ, war auf Dauer ein unhaltbarer Zustand. Sein Staatssekretär schrieb rückblickend, Waentig habe starke Rechtstendenzen vertreten und sei „nur mit größter Mühe bei dem demokratischen Kurs der Weimarer Koalition zu halten" gewesen. Damit reklamierte Abegg die unbestreitbaren Verdienste der Ära Waentig (etwa das erwähnte Verbot für preußische Beamte, der NSDAP oder KPD anzugehören) für sich.[8]

1 Zum zweiten Mal Berliner Polizeipräsident (1930-1932)

Waentigs Defizite wurden als besonders belastend empfunden, seit bei der Septemberwahl von 1930 die Nationalsozialisten einen sensationellen Erfolg errungen hatten und mit 107 Abgeordneten in den neuen Reichstag eingezogen waren. Daß der „Stahlhelm" Anfang Oktober ein Volksbegehren zur Auflösung des preußischen Landtags angekündigt hatte, zeigte, daß die nationalistische extreme Rechte für den Sturm auf die preußische Bastion mobil machte. Bereits am Tag der kon-

---

5 Rede auf dem Bezirks-PT der Kasseler SPD. In: Kasseler Volksblatt v. 18.8.1930.

6 Energischer und schneller! In: Berliner Volks-Zeitung v. 11.6.1930. Zur Kritik an Waentig siehe oben Kap. IV 4; vgl. auch Grzesinskis Art. „Wahltag/Zahltag" im Kasseler Volksblatt v. 1.9.1930.

7 Siehe die Runderlasse v. 3.7.1930, in: MBliV, Sp. 599f. sowie das Uniformverbot für die NSDAP und ihre Organisationen v. 11.6.1930, in: Ebd., Sp. 547f. (abgedr. in Staat und NSDAP, Nr. 9 u. 10a).

8 Abegg an Severing, 31.5.1947. BA Koblenz, Kl. Erw. 329, Nr. 8, Bl. 14.

stituierenden Sitzung des neuen Reichstags, dem 13. Oktober 1930, wurde deutlich, daß eine neue Qualität des Terrors bevorstand: Vor dem Reichstag rotteten sich nationalsozialistische Trupps zusammen und verletzten damit die Bannmeile; im Geschäftsviertel zwischen Reichstag und Potsdamer Platz kam es zu organisierten Übergriffen auf jüdische Läden und Passanten. Nach Grzesinskis Einschätzung hatte die Polizeileitung versagt, „ob bereits böswillig oder noch fahrlässig, ist schwer zu sagen."[9] Weil sich der Staat in der immer bedrohlicher werdenden Situation solche Fehlschläge nicht leisten konnte, schrieb Grzesinski einen Brief an den Ministerpräsidenten, in welchem er in seiner charakteristischen Diktion die Ablösung des zuständigen Polizeioffiziers forderte. Auch der Kommandeur der Schutzpolizei, Heimannsberg, und Polizeipräsident Zörgiebel sollten abgelöst werden, falls sie sich vor den verantwortlichen Beamten stellen sollten. „In solchen ernsten Zeiten gilt es hart, eisenhart zu sein [...] Sorglosigkeit heutzutage ist Verbrechen am Staat", fügte Grzesinski hinzu.[10]

Aufgrund dieses Schreibens kam es am 17. Oktober zu einer Besprechung mit Otto Braun im Landtag. Der Ministerpräsident hatte sich von Parteifreunden überzeugen lassen, daß ein Wechsel im Innenministerium nicht mehr aufzuschieben sei. Braun wollte Waentig durch Grzesinski ablösen lassen. Allerdings konnte Grzesinski darauf nicht eingehen, weil Sondierungen des SPD-Fraktionsvorsitzenden Ernst Heilmann ergeben hatten, daß die Bedenken des Zentrums gegen Grzesinskis Person weiterbestanden. Daraufhin bot Braun Grzesinski das in unruhigen Zeiten als wichtig angesehene Amt des Berliner Polizeipräsidenten an, das dieser jedoch ablehnte, weil er keinesfalls unter einem Minister Waentig arbeiten wollte. Auf Vorschlag Grzesinskis kam es schließlich zu der Lösung, daß Severing wieder preußischer Innenminister und Grzesinski Berliner Polizeipräsident werden sollte. Otto Braun widersetzte sich zunächst dem Gedanken, Severing zu berufen, weil er mit ihm in dessen letzten Amtsjahren schlechte Erfahrungen gemacht hatte. Auch Ernst Heilmann warnte Grzesinski vor Schwierigkeiten, die es mit Severing geben werde. Gleichwohl einigte man sich schließlich auf Grzesinskis Personalvorschlag.[11] Im Gegensatz zu Severing, der es zwischen 1926 und 1928 mehrfach abgelehnt hatte, ein preußisches Oberpräsidium zu übernehmen[12], ließ Grzesinski sich in die Pflicht nehmen und stellte die Bedenken, sich als ehemaliger Minister seiner früheren Behörde zu unterstellen, zurück.

Welche Motive haben Grzesinski veranlaßt, trotz seiner Vorbehalte gegen Severing für dessen Ernennung zum Innenminister einzutreten? Es war wohl kaum

---

9 Grzesinski, Im Kampf (Ms.), Bl. 242. Vgl. Severing, Lebensweg II, S. 258 sowie Liang, Berliner Polizei, S. 125 (dort allerdings mit falschem Datum).

10 Grzesinski an Otto Braun, 13.10.1930, zit. nach: Grzesinski, Im Kampf (Ms.), Bl. 243.

11 Tagebuch-Aufzeichnungen Grzesinskis über seine zweite Ernennung zum PP Berlin. IISG Amsterdam, Nl. Grzesinski, Nr. 2017. PP Zörgiebel sollte weggelobt werden und ein Regierungspräsidium in Westdeutschland übernehmen, wurde dann jedoch PP in Dortmund.

12 Vgl. Alexander, Carl Severing, S. 158.

die unrealistische Erwartung, Severing werde sich als „Aushängeschild" benutzen lassen und die konkrete Politik dem Berliner Polizeipräsidenten überlassen[13], als vielmehr die Hoffnung auf effektive und harmonische Teamarbeit. Daneben mag Grzesinski seinen noch vorhandenen Einfluß auf die Ministerialbürokratie überschätzt haben, vielleicht idealisierte er auch im Rückblick die Jahre 1925/26, als er schon einmal Polizeipräsident unter Severing gewesen war. Auf jeden Fall hat Grzesinski den politischen Gestaltungsspielraum, den der Posten des Polizeipräsidenten bot, überbewertet. Das Amt war bedeutend; zur schutzpolizeilichen Aufgabe, die öffentliche Sicherheit in der Millionenstadt Berlin aufrechtzuerhalten, kam die in turbulenten Zeiten bedeutsame Wahrnehmung der Politischen Polizei für ganz Preußen. Aber ein politischer Einfluß des Berliner Polizeipräsidenten war nur denkbar, wenn der vorgesetzte Innenminister diese Ambitionen unterstützte oder zumindest nicht ablehnte. Es sollte sich jedoch erweisen, daß Otto Braun und Ernst Heilmann mit ihren intuitiven Vorbehalten gegen Severings Berufung Recht gehabt hatten: Severing war nicht bereit, Grzesinski als gleichberechtigten Ratgeber zu akzeptieren; er wollte alles alleine machen und lehnte eine Tandemlösung, wie sie Grzesinski vorgeschwebt hat, ab. Während der Amtszeit als Reichsinnenminister der Großen Koalition von 1928 bis 1930 hatten sich Severings „staatsmännische" Züge, seine Harmoniebedürftigkeit und sein Bestreben, die Anerkennung auch und gerade der politischen Gegner zu finden, noch verstärkt. Hinzu mag der Glaube an die eigene Unersetzbarkeit gekommen sein. Seine Konzilianz zur Reichsseite korrespondierte mit einem starken Durchsetzungswillen gegenüber den nachgeordneten preußischen Behörden, den auch Grzesinski zu spüren bekam. Grzesinskis Position wurde zusätzlich dadurch geschwächt, daß sein Förderer, Ministerpräsident Otto Braun, in den Jahren 1931/32 oft krank war und sich von den Ministern Hirtsiefer und Severing vertreten lassen mußte.

In der entscheidenden Phase, als es für die Weimarer Demokratie um Sein oder Nichtsein ging, amtierten im Polizeipräsidium am Alexanderplatz und im Innenministerium Unter den Linden zwei Männer, deren dienstliches Verhältnis nicht nur unter persönlichen Animositäten litt, sondern auch durch gravierende politische Meinungsverschiedenheiten, vor allem bei der Bewertung der nationalsozialistischen Bewegung, in Mitleidenschaft gezogen wurde. Bereits die ersten Amtstage des neuen Innenministers boten einen Vorgeschmack auf kommende Auseinandersetzungen: Severing brüskierte Grzesinski, indem er dessen Ernennung zum Polizeipräsidenten verschleppte und die Zeit nutzte, um personalpolitisch vollendete Tatsachen zu schaffen. Den Berliner Schupo-Kommandeur Heimannsberg (Z), den Grzesinski wegen Versagens bei den Ausschreitungen anläßlich der Reichstagseröffnung abberufen wollte, hielt Severing im Amt und versetzte stattdessen Grzesinskis Kandidaten für Heimannsbergs Nachfolge in die Provinz. Erst als Grzesinski in einem Brief an Ministerpräsident Braun gedroht hatte, den Posten des Polizei-

---

13 Alexander, Carl Severing, S. 183.

präsidenten nicht mehr zu übernehmen, wurde er am nächsten Tag, dem 5. November, von Severing eilig in sein neues Amt eingeführt; aber das Vertrauensverhältnis war gestört.[14] Nach außen drangen die Differenzen, die sich an Grzesinskis verzögerter Ernennung entzündeten, freilich nicht. Die Berufung zweier der profiliertesten preußischen Sozialdemokraten in herausgehobene Staatsämter wurde von der Presse als Beleg für Otto Brauns Regierungskunst und als Demonstration republikanischer Abwehrbereitschaft gewürdigt.[15]

Bei der Amtsübergabe sprach Vizepräsident Dr. Bernhard Weiß über die Freude, die Grzesinskis Berufung im Polizeipräsidium ausgelöst hatte. Weiß war, obgleich kein Sozialdemokrat, sondern Linksliberaler, ein Mann nach Grzesinskis Geschmack, ein fähiger Beamter und kämpferischer Verteidiger der Republik. Da er sich oft an den Brennpunkten der Auseinandersetzung und in der Öffentlichkeit zeigte, repräsentierte er im öffentlichen Bewußtsein die Berliner Polizei weit mehr als sein Chef, Polizeipräsident Zörgiebel. Auch Grzesinski hielt an dieser Arbeitsteilung fest. Um sein umfangreiches Arbeitspensum in Ruhe erledigen zu können, überließ er die Repräsentationspflichten meist dem „Vize".[16] Weil er furchtlos für die Republik und gegen Antisemitismus eintrat, weil er in der Öffentlichkeit präsent war und wegen seiner als „jüdisch" stigmatisierten Physiognomie wurde Weiß als vermeintlicher Repräsentant des Weimarer „Systems" von den Nationalsozialisten (besonders Goebbels) jahrelang mit beispiellosen Schmutzkampagnen überzogen; sein Schmähname lautete „Isidor".[17] Doch Weiß war robust und hielt die Anfeindungen aus; am 20. Juli 1932 wurde er durch v. Papen seines Amtes enthoben.

Grzesinski antwortete auf die freundliche Begrüßung durch Weiß mit einer Ansprache, die verriet, daß er die Manuskripte seiner Amtsantrittsreden vom Mai 1925 und Oktober 1926 gut aufbewahrt hatte: „Was ich als Chef der Behörde verlangen muß, das ist ‚Gehorchen', denn zu ‚befehlen' habe ich [...] Ich habe die Überzeugung, daß wir wie früher wieder sehr gut zusammenarbeiten werden. In meinem Dienstzimmer kann jeder frei reden, wie ihm der Schnabel gewachsen ist. Ich werde ihm allerdings genau so frei und offen antworten."[18]

Im Zusammenhang dieser Untersuchung kann es nicht darum gehen, die polizeilichen Exekutivmaßnahmen des Berliner Polizeipräsidenten zwischen November 1930 und Juli 1932 aufzuzählen und einer Kritik zu unterziehen. Es sei jedoch festgehalten, daß der Personalbestand der total überlasteten Politischen Polizei um

---

14 Grzesinski an O. Braun, 4.11.1930, in: IISG Amsterdam, Nl. Grzesinski, Nr. 2017; vgl. Kohler, The Crisis, S. 136, dort mit falscher Datierung. Grzesinski erinnert sich sehr bestimmt an seine Amtseinführung am 5. und Aufnahme des Dienstes am 6.11.1930. Im Kampf (Ms.), S. 243f.

15 Siehe z. B. Frankfurter Zeitung v. 23.10.1930; Vossische Zeitung v. 22.10.1930.

16 24 Stunden im Dienst Berlins. In: Berliner Volks-Zeitung v. 25.12.1930. Weiß war 1927 von Grzesinski berufen worden, ihm unterstand auch die preußische Politische Polizei (Abt. IA).

17 Siehe dazu die vorzügliche Studie von Bering, Kampf um Namen, bes. S. 70 u. 101f.

18 Grzesinski, Im Kampf (Ms.), Bl. 244.

vierzig Beamte aufgestockt und die Schupo-Führung verpflichtet wurde, an Brennpunkten und Unruheherden „Polizei in möglichst großer Stärke" zu zeigen, um Ansehen und Autorität des Staates zu schützen.[19] Auch auf die sich ständig verschlechternde wirtschaftliche Situation, ein entscheidender Grund für die politische Radikalisierung in den dreißiger Jahren, und die wachsende finanzielle Abhängigkeit Preußens vom Reich soll nur als wichtige Strukturbedingung hingewiesen werden; eine detaillierte Darstellung kann angesichts der vorliegenden umfangreichen Literatur unterbleiben. Ebensowenig ist an eine ereignisgeschichtliche Aufarbeitung der letzten Jahre der Weimarer Republik gedacht. Stattdessen soll gezeigt werden, wie Grzesinski versucht hat, Einfluß auf die „große" Politik zu nehmen, wie er (oft ohne Erfolg) das preußische Innenministerium zu einem strikteren Kurs gegenüber den Feinden der Weimarer Republik gedrängt hat. Dabei erhebt sich die Frage, ob ein besser abgestimmtes Vorgehen der preußischen Staatsführung (im konkreten Fall: Innenministerium und Berliner Polizeipräsidium) nicht dazu hätte beitragen können, der Weimarer Republik einige entmutigende, peinliche und psychologisch fatale Episoden zu ersparen. Es hätte in einigen noch zu schildernden Situationen einen günstigeren Eindruck auf die Bevölkerung gemacht, wenn die Besatzung des bestürmten preußischen Bollwerks mit größerer Konsequenz und Geschlossenheit aufgetreten wäre. Wenn man es, wie Severing, als Ziel seiner Politik bezeichnete, die Psychose vom unaufhaltsamen Aufstieg des Nationalsozialismus und vom unvermeidlichen Untergang der Republik zu bekämpfen, dann reichten schöne Worte des Tenors „Die Republik steht fest!" nicht aus. Es hätte jeder Anschein von Nervosität oder Uneinigkeit in der Staatsführung vermieden werden müssen, um dadurch die Loyalen zu ermutigen und Schwankende vor dem Abgleiten ins radikale Lager zu bewahren. Je weniger der kranke und resignierende Otto Braun in der Lage war, in der wirtschaftlichen und politischen Krise Orientierung und demokratische Führung zu vermitteln, desto deutlicher zeigten sich die Symptome der Staatskrise auch in Preußen. Wenn Braun krankheitsbedingt nicht in Berlin sein konnte, wurden nach Grzesinskis Ansicht „die Zügel der Regierung [...] hin und her gezerrt", was „den armen Staatsgaul ganz widerspenstig und bokkig werden" lasse.[20]

In der preußischen Administration kam es zu Vorfällen, die der von den preußischen Sozialdemokraten stets hochgehaltenen „Staatsautorität" abträglich sein mußten. So konnte es der Öffentlichkeit nicht verborgen bleiben, daß zwischen dem Innenminister und dem Berliner Polizeipräsidenten Meinungsverschiedenheiten darüber bestanden, wie mit illoyalen Staatsdienern umzugehen sei. Es kam so weit, daß Severing scharfe Maßnahmen Grzesinskis wieder aufhob. Hier werden die Grenzen preußisch-sozialdemokratischer Regierungskunst deutlich: Es war

---

19 PP Grzesinski an Polizeioberst Gentz, 24.6.1932. IISG Amsterdam, Nl. Grzesinski, Nr. 1667. Grzesinski: Die politische Polizei in Deutschland (Ms. v. 22.5.1934). LA Berlin, Rep. 200, Acc. 3983, Nr. 1.
20 Grzesinski an Braun, 26.1.1931. IISG Amsterdam, Nl. Grzesinski, Nr. 204.

politisch äußerst bedenklich, zu versuchen, die jeweils eigenen Vorstellungen über Radikalismusbekämpfung per Erlaß durchzusetzen, anstatt sich vorher bei informellen Treffen auf eine gemeinsame Marschroute zu verständigen. Im folgenden soll unter anderem der Frage nachgegangen werden, warum es offensichtlich so schwer war, in dieser Hinsicht gemeinsame Positionen zu finden. Es wird sich zeigen, daß es auch im „gouvernementalen Flügel" der Sozialdemokratie divergierende Ansichten darüber gab, wie die Republik zu sichern und der Kampf gegen ihre Feinde am besten zu führen sei. Der Verfasser möchte bereits an dieser Stelle einräumen, daß er Grzesinskis Positionen zumeist für überzeugender hält.

Die extremen Parteien NSDAP und KPD hatten bei den Reichstagswahlen vom 14. September 1930 erhebliche Stimmengewinne auch unter den Polizeibeamten zu verzeichnen. Der Allgemeine Preußische Polizeibeamten-Verband, der freigewerkschaftlich orientierte sog. „Betnarek-Verband", forderte daraufhin die politische Führung auf, „mit verschärftem Angriffsgeist" republikfeindliche Beamte aus der Polizei zu entfernen.[21] Nach seiner Ernennung zum Berliner Polizeipräsidenten Anfang November 1930 ließ Grzesinski politisch unzuverlässige Beamte versetzen und leitete Untersuchungen gegen Polizeioffiziere ein, die wegen nazifreundlicher Haltung aufgefallen waren. Gleichzeitig setzte er sich beim preußischen Innenministerium für die Beförderung zuverlässiger Beamter ein.[22]

Ein Prüfstein für die republikanische Loyalität der Polizeibeamten war das Volksbegehren für die Auflösung des preußischen Landtags, das von der extremen Rechten ganz bewußt als entscheidender Angriff auf die preußische Bastion angelegt worden war. Preußen sollte den Hebel zu einer grundlegenden politischen Neugestaltung bilden. Denn Reichskanzler Brüning (Z) konnte nur so lange mit der Tolerierung durch die Sozialdemokratie rechnen, wie das preußische Zentrum in der Weimarer Koalition des Ministerpräsidenten Braun (SPD) verblieb. Bei vorgezogenen Landtagswahlen in Preußen, wie sie das Volksbegehren vorsah, hätte die Weimarer Koalition, so wurde befürchtet, ihre Mehrheit verloren. Das wäre nicht ohne Konsequenzen für die Reichspolitik geblieben; stürzte Braun, so konnte sich auch Brüning nicht mehr halten. Hinzu kam, daß die NSDAP ihre Regierungsbeteiligung im Reich von einer Beteiligung an der preußischen Regierung abhängig gemacht hatte: „Es sei [...] nicht angängig, marxistische Politik in Preußen zu dulden und gleichzeitig nationale Politik im Reiche zu führen", hatte der nationalsozialistische Landtagsabgeordnete Kube auf einer Kundgebung in Köln am 7. Januar 1931 erklärt und Ansprüche auf den Posten des preußischen Innenministers erhoben. „Sobald diese Stelle mit einem Nationalsozialisten besetzt sei, würden die Nationalsozialisten auch Reichspolitik mitmachen", fügte er hinzu.[23] Ein denkbares

21 IISG Amsterdam, Nl. Grzesinski , Nr. 1934.
22 Grzesinski, Im Kampf (Ms.), Bl. 246.
23 Bericht des PP Köln an RP Köln, 8.1.1931. GStA Abt. Merseburg, Rep. 77, Tit. 4043, Nr. 10, Bl. 26ff.

Ergebnis eines erfolgreichen Volksentscheids für die Auflösung des preußischen Landtags war also eine NSDAP-Regierungsbeteiligung im Reich.

Daneben verfolgte das vom „Stahlhelm" initiierte Volksbegehren, dem sich nach und nach DNVP, DVP und zuletzt die NSDAP angeschlossen hatten, auch propagandistische Ziele: Die Stärke der politischen Rechten sollte dokumentiert werden. Unter diesem Gesichtspunkt war das Volksbegehren kein Erfolg. Im April 1931 hatten sich über 5 Millionen Wahlberechtigte in die Listen des Volksbegehrens eingetragen. Das reichte, um einen Volksentscheid (am 9. August 1931) zu erzwingen. Dessen Ergebnis war allerdings für die Initiatoren enttäuschend. Obwohl sich in der Zwischenzeit die KPD ganz im Sinne der These vom „sozialfaschistischen" Hauptfeind Sozialdemokratie den rechten „Volksentscheid-Parteien" hinzugesellt hatte, wurde die erforderliche Stimmenzahl von 13,2 Millionen deutlich unterschritten. Nur 9,8 Millionen Stimmberechtigte (rund 37 Prozent) hatten für die Auflösung des Landtages gestimmt.[24]

Im Vorfeld des Volksbegehrens und des Volksentscheids hatte die preußische Regierung, aufgemuntert vom Berliner Polizeipräsidenten[25], nicht ungeschickt agiert. Grzesinski und Staatssekretär Abegg hatten (ohne Beteiligung Severings) die Stahlhelmzeitung bis zum 9. Juli 1931 verboten, so daß der Hauptinitiator des Volksbegehrens in der wichtigen Phase vor den Abstimmungen ohne sein Presseorgan auskommen mußte.[26] Kurz vor der Abstimmung am 9. August 1931 mußten alle preußischen Zeitungen einen scharfen Aufruf der Staatsregierung gegen den Volksentscheid veröffentlichen.[27]

Bei der politischen Aufarbeitung des gescheiterten Volksentscheids offenbarten sich bei Severing und Grzesinski unterschiedliche Vorstellungen. So hatte sich Severing deprimiert und „bitter enttäuscht" darüber geäußert, daß zahlreiche höhere Beamte, darunter auch Leiter von Polizeischulen, am Volksentscheid teilgenommen hatten.[28] Mit der Entlassung der betroffenen Polizeischulleiter und der Strafversetzung einiger anderer Polizeioffiziere sollte es jedoch sein Bewenden haben. Demgegenüber verfolgte Grzesinski in seinem Zuständigkeitsbereich eine andere Strategie, die den betroffenen Beamten offensichtlich wesentlich unangenehmer war als eine Versetzung. Wie andere Polizeipräsidenten auch, hatte Grzesinski am Tag des Volksentscheids, dem 9. August 1931, die Abstimmungslokale überwachen lassen und dabei festgestellt, daß sich 47 der 500 Berliner Schupo-

---

24 IISG Amsterdam, Nl. Grzesinski, Nr. 1513; zum Volksentscheid ausführlich: Schulze, Otto Braun, S. 668.

25 PP Grzesinski an MP Braun, 26.5.1931. IISG Amsterdam, Nl. Grzesinski, Nr. 204.

26 AdR, Kabinette Brüning I u. II, S. 1014f.

27 Darin hieß es: „Vereint wollen [...] Nationalsozialisten und Kommunisten das letzte große Bollwerk, die Zitadelle der Demokratie und Republik in Deutschland: Preußen erstürmen." IISG Amsterdam, Nl. Grzesinski, Nr. 1511; vgl. Schulze, Otto Braun, S. 667f. Der Aufruf wurde allerdings von Reichsregierung und Reichspräsident als Mißbrauch der Presse-Notverordnung angesehen, die daraufhin abgeändert wurde.

28 Niederschrift einer Besprechung mit den OP und RP im PrMdI am 23.9.1931. Staat und NSDAP, Nr. 35, S. 200.

Offiziere am Volksentscheid beteiligt hatten. Diese „Volksentscheid-Offiziere" ließ Grzesinski von der Beförderungsliste streichen.[29] Das war eine angemessene, keineswegs überzogene Reaktion, die auch auf die Psyche der republiktreuen Beamten Rücksicht nahm und ihnen zeigte, daß Renitenz nicht belohnt wurde. Grzesinski ging von der zutreffenden Annahme aus, daß die Mehrzahl der republikfeindlichen Polizeibeamten ihr aktives Auftreten gegen die Republik in dem Moment einstellen werde, wo sich fühlbare persönliche und finanzielle Konsequenzen ankündigten. Grzesinski versuchte auch später noch, Polizeibeamten mit dem (wie die Reaktionen zeigten: probaten) Mittel der Beförderungssperre zu disziplinieren. 1932 wurden Oberwachtmeister trotz bestandener Prüfung nicht zu Polizeioffizieren befördert, wenn sie an nationalsozialistischen Parteiversammlungen teilgenommen hatten. Es war unter anderem diese personalpolitische Maßnahme, die schließlich im Sommer 1932 von den Deutschnationalen als Vorwand genutzt wurde, um immer lauter nach einem Reichskommissar für Preußen zu rufen.[30]

Da Beförderungssperren als wirksames Mittel zur Disziplinierung der Polizeibeamten angesehen werden konnten, war es um so erstaunlicher, daß nach Protesten der Polizeioffiziersvereinigung und ihres Vorsitzenden, des Polizeiobersten a. D. Dillenburger, Innenminister Severing Grzesinskis Anordnung am 20. November 1931 kassierte und die Beförderungssperre für die „Volksentscheid-Offiziere" aufhob. Damit desavouierte er den Berliner Polizeipräsidenten, der vehement, aber erfolglos protestierte.[31] Severings Motiv war, sich durch einen Akt der Großzügigkeit die Loyalität der Polizeioffiziere für die erwarteten schweren Auseinandersetzungen im Zusammenhang mit den Reichspräsidenten- und Landtagswahlen im Frühjahr 1932 zu sichern. Diese Spekulation ging jedoch nicht auf, das Nachgeben wurde eher als Schwäche ausgelegt. Auch die Beziehungen zur konservativen Polizeioffiziersvereinigung („Dillenburger-Verband") besserten sich nicht, sondern erreichten im Dezember einen neuen Tiefpunkt, als diese eine Art förmlichen Mißtrauensvotums gegen Severing formulierte.[32] Erst nachdem Severing alle amtlichen Beziehungen zur Polizeioffiziersvereinigung abgebrochen hatte und auf einer Konferenz leitender Polizeibeamter eine für seine Verhältnisse sehr energische Ansprache gehalten hatte, steckte Dillenburger zurück. Er gab eine bedauernde

---

29 IISG Amsterdam, Nl. Grzesinski, Nr. 1936; Kohler, The Crisis, S. 137; Leßmann, Schutzpolizei, S. 323.

30 Unterredung v. Winterfeld und Borck (beide DNVP/MdPrLT) mit StS Planck am 8.7.1932; vgl. auch Borcks LT-Rede v. 26.6. mit Bezug auf eine entsprechende Entscheidung Grzesinskis vom 11.6.1932 sowie v. Winterfeld (Vors. d. DNVP-Fraktion im PrLT) an RK, 8.7.1932. AdR, Kabinett v. Papen, Nr. 53 u. 54.

31 PP Grzesinski an pr. Innenminister Severing, 4.12.1931. IISG Amsterdam, Nl. Braun, Nr. 300.

32 Abgedr. in: Berliner Börsen-Zeitung v. 9.12.1931. Auslöser war der Fall des Polizeimajors Levit in Berlin, der nach einer Reichsbannerveranstaltung Hochrufe auf die Republik und Otto Braun als Verletzung des Bannmeilengesetzes gewertet hatte und die Hochrufer hatte festnehmen lassen. Daraufhin war er von Severing nach Gleiwitz versetzt worden. Gegen diese Versetzung richtete sich der Protest des „Dillenburger-Verbandes". Leßmann, Schutzpolizei, S. 325-328.

Erklärung ab, woraufhin Severing die Maßnahmen gegen die Vereinigung aufhob.[33] Offensichtlich hatten die Polizeioffiziere ausloten wollen, wie weit sie gehen konnten. Die Lehre hieß: Wenn man sich nicht allzu stark exponierte und etwa öffentlich gegen die Regierung agitierte, wurde Renitenz unter den Polizeioffizieren vom Innenministerium nicht ernsthaft verfolgt oder bestraft. Im Innenministerium herrschte die Meinung, daß die Herausforderungen der näheren Zukunft nicht ohne die alten erfahrenen, wenngleich möglicherweise republikfeindlichen Polizeioffiziere zu meistern seien, und diese Situation versuchten die Polizeioffiziere auszunutzen. Man wird nicht behaupten können, daß Severings Maßnahmen dazu beigetragen haben, die Siegesgewißheit rechtsextremer und nationalsozialistischer Kreise zu dämpfen, obgleich das sein erklärtes Ziel gewesen war.[34]

Ein weiteres Beispiel für widersprüchliches und unsicheres Agieren der preußischen Stellen waren die Vorgänge um das Verbot der „Spartakiade" im Sommer 1931. Es scheint, als sei Innenminister Severing mit seiner selbstgewählten Doppelrolle als preußischer Polizeiminister und als Stütze Brünings zeitweise überfordert gewesen. Zweimal drehte er sich um 180 Grad; so, als habe er es darauf angelegt, das Grzesinskische Spottwort vom armen „Staatsgaul", der „hin und her gezerrt" werde, zu bestätigen.[35] Grzesinski war zu dieser Zeit in Urlaub. Die Reibungen zwischen Polizeipräsidium und Innenministerien beruhten also nicht allein auf der Animosität zwischen Grzesinski und Severing.[36]

Für den 20. Juni 1931 war ein als Sportveranstaltung deklariertes Stadionfest der Nationalsozialisten angekündigt, das allerdings vom Berliner Polizeipräsidium verboten werden mußte, weil am Vorabend ein maßloser Artikel in Goebbels „Angriff" (Überschrift: „Sturm auf das Stadion! Aufbruch des deutschen Berlin!") Gewißheit gebracht hatte, daß die Sportveranstaltung nur den Vorwand für eine politische Kundgebung bilden sollte. Die Entscheidung war sachlich gerechtfertigt, es stellte sich jedoch die Frage, wie man sich gegenüber der für den 4. bis 12. Juli von der KPD geplanten „Spartakiade", die ebenfalls als sportliche Veranstaltung angemeldet worden war, verhalten sollte. Polizeivizepräsident Weiß, der den in Bad Gastein kurenden Grzesinski vertrat, schlug Severing vor, die „Spartakiade" nicht zu verbieten, sondern nur mit einem Verbot zu bedrohen, „um eine Mäßigung der kommunistischen Presse herbeizuführen", wie der Pressereferent im Polizeipräsidium, der Sozialdemokrat Theodor Haubach, seinem Chef in den Urlaub

---

33 Ansprache Severings auf der Konferenz leitender Polizeibeamter am 18.12.1931. AdsD Bonn, Nl. Severing, M. 24; Der Polizeikonflikt beigelegt. In: Vossische Zeitung v. 6.1.1932.

34 Vgl. Staat und NSDAP, Nr. 25, S. 186.

35 Grzesinski an Braun, 26.1.1931. IISG Amsterdam, Nl. Grzesinski, Nr. 204.

36 Über die strukturellen Differenzen zwischen Polizeipräsidium und Innenministerium schrieb PP Grzesinski im August 1931 an den pr. Innenminister Severing: Von seiten des Innenministeriums werde versucht, „meinen Dezernenten, wo es nur geht, am Zeuge zu flicken." IISG Amsterdam, Nl. Grzesinski, Nr. 1653.

schrieb. Severing bestand jedoch auf einem Verbot der „Spartakiade".[37] Allerdings war diese Entscheidung nicht von Dauer, denn nur vier Tage später, am 23. Juni, forderte Severing das Polizeipräsidium auf, das Verbot aufzuheben. Inzwischen hatte Severing nämlich mit Vertretern der KPD konferiert und dabei angeblich „Sicherheiten erhalten, daß die Veranstaltung in ruhigen Formen verlaufen werde".[38] Die Zusicherungen der Kommunisten müssen großen Eindruck auf Severing gemacht haben, denn er setzte sein ganzes Prestige ein, um ein Verbot der Spartakiade durch den Reichspräsidenten nach Art. 48 zu verhindern und drohte für diesen Fall mit Rücktritt.[39] Aber wiederum nur wenige Tage später, am 30. Juni, bestellte Severing den Polizeivizepräsidenten Weiß zu sich, um von ihm jetzt doch das Verbot der „Spartakiade" zu verlangen.[40] Dieser mehrfache Frontenwechsel machte das Chaos perfekt und richtete schweren politischen Schaden an. Den Reichspräsidenten konnte auch die Tatsache, daß die „Spartakiade" letztendlich verboten worden war, nicht beruhigen: Er beklagte sich gegenüber dem ehemaligen Kronprinzen Wilhelm über „die Duldsamkeit und Nachsicht, welche das Preußische Ministerium des Innern den Veranstaltungen der radikalen Linken" entgegenbringe und die sich „augenfällig" von der Strenge der Maßnahmen gegen rechts abhöben.[41] Damit hatte Severing genau das Gegenteil des Beabsichtigten erreicht, nämlich den Reichspräsidenten und die Reichsregierung gegen Preußen aufgebracht, das Berliner Polizeipräsidium, das formal für die Ausstellung der sich widersprechenden Verbotsverfügungen zuständig war, blamiert und nicht zuletzt der Kommunistischen Partei die Unterstützung des Volksentscheides für die Landtagsauflösung erleichtert.[42] Dennoch versuchte Severing im Landtag, seine Verbotspolitik zu einem Beispiel für die Wehrhaftigkeit des Weimarer Staates zu stilisieren, was angesichts des geschilderten Fiaskos überraschend erscheinen muß. Daß „die Kreise, die sich schon eingebildet hatten, daß das ‚absterbende System' ganz

---

37 Haubach an Grzesinski, 25.6.1931. IISG Amsterdam, Nl. Grzesinski, Nr. 1443 (dort auch das Zitat); siehe auch Haubach an Grzesinski, 20.6.1931. Ebd., Nr. 49.

38 So die Darstellung des Reichsinnenministers Wirth anläßlich einer Ministerbesprechung am 29.6.1931. AdR, Kabinette Brüning I u. II, S. 1245. Drastischer drückte es Weiß aus, der davon sprach, im Gespräch mit den Abgesandten der Kommunisten sei Severing „umgekippt". Vize-PP Weiß an PP Grzesinski, 26.6.1931. IISG Amsterdam, Nl. Grzesinski, Nr. 1447. Grzesinski selbst hätte nach eigener Darstellung, wenn er in Berlin gewesen wäre, das Spartakiade-Verbot „niemals aufgehoben". Grzesinski an O. Braun, 27.6.1931 (Entwurf, lt. handschriftl. Vermerk „nicht abgesandt"). IISG Amsterdam, Nl. Grzesinski, Nr. 204.

39 Hirschfeld an Grzesinski, 30.6.1931. IISG Amsterdam, Nl. Grzesinski, Nr. 70; pr. Innenminister Severing an Prälat Kaas (MdR/Z), 27.6.1931. AdSD Bonn, Nl. Severing, M. 240; AdR, Kabinette Brüning I u. II, S. 1244-47 u. 1251-54 (29. u. 30.6.1931).

40 Den Auslöser für den neuerlichen Sinneswandel bildeten kommunistische Ausschreitungen in der Frankfurter Allee und in Charlottenburg, bei denen ein Polizist getötet worden war. Vize-PP Weiß an PP Grzesinski, 1.7.1931. IISG Amsterdam, Nl. Grzesinski, Nr. 1447.

41 Schreiben v. 11.7.1931. AdR, Kabinette Brüning I u. II, S. 1253, Anm. 7.

42 Zu einer etwas abweichenden Würdigung, die m. E. die negativen Folgen des Severingschen Lavierens unterschätzt, kommt Winkler, Der Weg, S. 366.

schwach sei [...] jetzt auch zu der Erkenntnis gekommen sind, daß wir noch da sind und uns unserer Haut zu wehren wissen"[43], ist nicht sehr wahrscheinlich. Viel eher ließen sich die Vorgänge als deutliche Krisensymptome interpretieren.

Nicht an die Öffentlichkeit gelangte ein Vorfall vom Dezember 1931, der zwar nicht entscheidend für das Schicksal der Republik wurde, der aber die vielfältigen Schwierigkeiten, die sich beim Gebrauch der politischen Macht ergeben konnten, recht anschaulich beleuchtet. Trotz guten Willens bei allen Beteiligten kam kein Ergebnis zustande: Mit den herrschenden Vorstellungen von Staatsautorität ließ es sich nicht vereinbaren, daß der „Führer" der NSDAP, Adolf Hitler, sich in Gesprächsrunden mit ausländischen Pressevertretern siegesgewiß als kommender Machthaber gerierte und den künftigen Gang der Regierungspolitik erläuterte – so, als sei die amtierende Reichsregierung keine politische Realität mehr.[44] In seiner Rundfunkansprache zum Erlaß der Notverordnung vom 8. Dezember 1931 ging auch Reichskanzler Brüning, allerdings in maßvollen Worten, auf diesen Mißstand ein: Es sei „ein dem Lande abträgliches Unterfangen" wenn versucht werde, im Ausland den Eindruck zu vermitteln, „als ob es in Deutschland [...] eine Regierung von morgen gäbe, die sich anmaßen dürfte, für das deutsche Volk zu sprechen."[45] Nach dieser Rede Brünings glaubte Grzesinski den Rückhalt der Reichsregierung zu haben, um Hitler weitere Interviews mit ausländischen Pressevertretern zu untersagen und ihn aus Preußen abzuschieben. Als Grzesinski am 11. Dezember gemeldet wurde, daß Hitler in Berlin eingetroffen sei, um trotz Brünings Warnungen in einem Interview mit der amerikanischen Presse auf dessen Rundfunkrede zu antworten, schien die Gelegenheit zu einer aufsehenerregenden Aktion gekommen. Nachdem er sich morgens mit Severing verständigt hatte, formulierte Grzesinski eine Verfügung, die Hitler nicht nur das Interview untersagte, sondern ihn auch als „lästigen Ausländer von landespolizeiwegen" aus Preußen auswies. Preußische Kriminalbeamte sollten Hitler aus der Pressekonferenz herausholen und ihn umgehend in den Zug nach München setzen.[46] Obgleich Hitler mit der Vorbereitung eines neuerlichen Presseempfangs die Mahnung Brünings ostentativ mißachtet hatte, wollte der Reichskanzler die preußischen Pläne jedoch nicht unterstützen, wie sein Staatssekretär Pünder Severing wissen ließ. Aber eventuelle Maßnahmen Preußens sollten auch nicht behindert werden.[47] Wegen der Haltung der Reichsregierung schien Severing die Ausweisung Hitlers aus Preußen nicht opportun; immerhin blieb noch das Verbot des Interviews. In der Zwischenzeit hatte Grzesinski mit Ministerpräsident Braun gesprochen und diesen offensichtlich davon überzeugt, daß es um einen demonstrativen Akt demokratisch-republikanischen Ab-

---

43 SB PrLT, 3. WP, 8.7.1931, Sp. 21584.

44 Z. B. am 4.12.1931. Staat und NSDAP, S. 238, Anm. 3 u. 6.

45 Abgedr. in: Staat und NSDAP, Nr. 45a; Zitat auf S. 238.

46 Entwurf der Verfügung, die sich auf § 14 PVG bezog, ist abgedr. in: Grzesinski, Im Kampf (Ms.), Bl. 259.

47 Aktenvermerk des StS in der Reichskanzlei, Pünder, v. 14.12.1931. Staat und NSDAP, Nr. 50, S. 267.

wehrwillens ging und daß ein Interviewverbot allein diesen Anspruch nicht erfülle. Otto Braun und Grzesinski bestanden auf einer Ausweisung, Severing wollte nur das Interviewverbot, was Braun und Grzesinski wiederum als halbe Maßnahme und „Nadelstichpolitik" ablehnten. So hatten sich die Akteure gegenseitig mattgesetzt, und Severing ließ die ganze Aktion abblasen; nicht einmal das Interview wurde verboten. Gleichwohl zog Hitler, dem der Plan nicht verborgen geblieben war, es vor, nach München zurückzufahren, ohne mit der Presse gesprochen zu haben.

Severing machte für den Fehlschlag Grzesinski verantwortlich. Dadurch, daß Grzesinski mit Otto Braun gesprochen und auf die Möglichkeit der Ausweisung Hitlers aus Preußen hingewiesen habe, habe Braun auf der Ausweisung beharrt. Weil Severing jedoch mit einem Eingreifen der Reichsregierung zugunsten Hitlers rechnen mußte, habe er diesen Weg nicht mitgehen können.[48] Ein genauerer Blick auf die Handlungsoptionen zeigt jedoch, daß der von Grzesinski und Braun vertretene Plan einer Ausweisung Hitlers sehr wohl zu realisieren gewesen wäre. Denn es war äußerst unwahrscheinlich, daß die Reichsregierung eine preußische Ausweisungsverfügung (etwa durch Erlaß einer Notverordnung nach Art. 48) aufgehoben hätte. Bei aller Halbherzigkeit, mit der Reichskanzler Brüning gegen die NSDAP vorging, erscheint es ausgeschlossen, daß er in dieser offensichtlichen Form für Hitler eingetreten wäre.[49] Der mit den Umständen gut vertraute ehemalige Polizei-Vizepräsident Bernhard Weiß warf Severing denn auch im nachhinein „Schlappheit" vor.[50] Die Episode kann als Beleg dafür angesehen werden, wie sehr der preußische Innenminister Severing bemüht war, Konflikte mit dem Kabinett Brüning zu vermeiden. Hier liegt auch der Schlüssel zum Verständnis der zunehmenden Spannungen und Unstimmigkeiten innerhalb der preußischen Exekutive in den Jahren 1930 bis 1932. Severing befand sich in einem Dilemma, als preußischer Minister war er in einer anderen Position als der politische Beamte Grzesinski. Severing, der auch Mitglied des Reichstags war, gehörte zu den energischsten Fürsprechern der sozialdemokratischen Tolerierungspolitik gegenüber dem Zentrumskanzler Brüning. Selbstverständlich unterstützte auch Grzesinski wie die gesamte preußische SPD die Tolerierungspolitik, weil sie die Grundlage für das weitere Bestehen der Weimarer Koalition in Preußen bildete. Severing war allerdings bereit, dem

---

48 Diese Darstellung der fehlgeschlagenen Hitler-Ausweisung, die sich teilweise nicht mit den späteren autobiographischen Schilderungen Beteiligter deckt, ergibt sich aus einem Vermerk, den Grzesinski unmittelbar nach den Ereignissen angefertigt hat: IISG Amsterdam, Nl. Grzesinski, Nr. 1555. Gegenüber dem Reich verschwieg Severing die Differenzen in der preußischen Führung. Vgl. den Aktenvermerk des StS in der Reichskanzlei, Pünder, v. 14.12.1931. Staat und NSDAP, Nr. 50, S. 267.

49 StS Pünder hatte Severing ausdrücklich versichert, daß eine „Spezialnotverordnung gegen den preußischen Polizeiminister [...] natürlich ausgeschlossen" sei. Aktenvermerk Pünders v. 14.12.1931. Staat und NSDAP, Nr. 50, S. 267.

50 Severings apologetische Darstellung (Lebensweg II, S. 316f.) versah Weiß in seinem Privatexemplar mit der Randbemerkung: „Lahme Ausrede für S' Schlappheit". Zitiert nach Bering, Kampf um Namen, S. 100.

Reich besonders weitgehende Konzessionen zu machen, er spielte beinahe die Rolle eines Vertrauensmannes der Reichsregierung im preußischen Staatsministerium.[51] Reichsinnenminister Wirth (Z) lobte seinen sozialdemokratischen preußischen Kollegen Severing gelegentlich dafür, daß er stets bereit gewesen sei, „die schwierige Situation, in der sich die Reichsregierung befinde, nach Kräften zu beheben und auf seine Partei zu drücken."[52]

Die Tolerierung sollte die NSDAP von der Macht fernhalten, gleichzeitig lief aber jede energische preußische administrative Maßnahme gegen die extreme Rechte Gefahr, die Position Brünings gegenüber Reichspräsident von Hindenburg zu erschweren. Weil sich die Länderinnenminister bei ihrem Vorgehen gegen die Nationalsozialisten auf Notverordnungen des Reichspräsidenten stützen mußten, waren sie gezwungen, für ein gutes Verhältnis zur Reichregierung zu sorgen.[53] Hinzu kam, daß Brüning selbst, wie am Beispiel der Personalpolitik gezeigt worden ist, am Kampf gegen den Nationalsozialismus nur am Rande interessiert war, weil er die Option einer Rechtskoalition von Zentrum und NSDAP offenhalten wollte. In diesem Spannungsfeld mußte Severing seine Politik konzipieren, bei jeder Entscheidung hatte er mitzubedenken, ob sie Brüning in Schwierigkeiten bringen werde. Nur so ist es zu erklären, daß Severing sich dem energischeren Vorgehen des Berliner Polizeipräsidenten oftmals hemmend in den Weg stellte.

Severings Beflissenheit gegenüber den Reichsregierungen beschränkte sich nicht auf die Brüning-Regierungen. Sogar Papens „Kabinett der Barone" kam er politisch entgegen, was allerdings nicht mit einer politischen Gegenleistung, sondern mit der Amtsenthebung am 20. Juli 1932 vergolten wurde. In den letzten Tagen seiner Amtszeit plante Severing, den preußischen Staatsministerialbeschluß vom 25. Juni 1930, der Beamten die „Teilnahme" an NSDAP und KPD verbot, faktisch wieder aufzuheben.[54] Es blieb allerdings der Kommissariatsregierung vorbehalten, den erwähnten Beschluß in bezug auf die NSDAP formell außer Kraft zu setzen und damit den preußischen Beamten die Mitgliedschaft in der NSDAP zu erlauben.[55]

Waren die Unstimmigkeiten zwischen Severing und Grzesinski auf der einen Seite durch die sehr weitgehende, spezifisch Severingsche Interpretation der Tolerierungspolitik vorgegeben, so bildete die Beurteilung einer nationalsozialistischen

---

51 Siehe dazu Pünder, Politik in der Reichskanzlei, S. 88 u. 100 (16.2. u. 16.6.1931); Alexander, Carl Severing, S. 182. Neben Severing waren auch die „Preußen" Otto Braun und Ernst Heilmann Reichstagsmitglieder, jedoch ohne großen Einfluß in der SPD-RT-Fraktion.

52 Ministerbesprechung am 29.6.1931. AdR, Kabinette Brüning I u. II, S. 1245.

53 Siehe Pyta, Gegen Hitler, S. 330f. Auch die prekäre Haushaltslage der Länder und ihre wachsende finanzielle Abhängigkeit vom Reich ließen ein gutes Einvernehmen mit der Reichsregierung geraten erscheinen.

54 Pr. Minister des Innern an den Pr. Ministerpräsidenten und die Pr. Staatsminister, 5.7.1932. Staat und NSDAP, Nr. 73. Die geplante, im Staatsministerium am 21.6.1932 erörterte Neuregelung sah vor, daß wegen Zugehörigkeit zu einer politischen Partei gegen Beamte dienststrafrechtlich nicht eingeschritten werden sollte.

55 Runderl. v. 29.7.1932. MBliV 1932, Sp. 773; abgedr. in: Staat und NSDAP, Nr. 74.

Regierungsbeteiligung ein weiteres Konfliktfeld. Vor der für die Nationalsozialisten überaus erfolgreich verlaufenen Wahl vom September 1930 hatte Severing in seiner ostwestfälischen Heimat auf Wahlveranstaltungen erklärt, er wünsche, daß die NSDAP in Fraktionsstärke in den neuen Reichstag einziehe, damit sie in den Ausschüssen zur Mitarbeit gezwungen sei.[56] Dieses unrealistische und naive Konzept einer parlamentarischen Einbindung, das dem Nationalsozialismus die radikale Spitze abbrechen sollte, stand im Gegensatz zu den Ergebnissen amtlicher Untersuchungen, die Severing bekannt sein mußten. Aus Denkschriften des Reichs- wie des preußischen Innenministeriums ging klar hervor, daß die nationalsozialistische „Bewegung" sich gerade nicht als parlamentarische Partei ansah, sondern sich des Parlamentarismus nur bedienen wollte, um eine Diktatur zu etablieren.[57] Zum offenen Konflikt über das sozialdemokratische Verhalten gegenüber der NSDAP kam es nach der preußischen Landtagswahl vom April 1932, als die Weimarer Koalition ihre Mehrheit verloren hatte: Severing hielt einen Rückzug der SPD in die Opposition und eine Regierungsbeteiligung der NSDAP (in einer Rechtskoalition) für nützlich, weil dann die praktische Politik der Nationalsozialisten an ihren Worten gemessen werde. Große Enttäuschungen und entsprechende Wählerverluste würden nicht ausbleiben. Severing vertrat also zu diesem Zeitpunkt eine Position des „Abwirtschaftenlassens" gegenüber der NSDAP.[58] Aber dieses Konzept hatte eine entscheidende Schwachstelle: Niemand konnte sicher sein, daß sich die NSDAP freiwillig von einmal besetzten Machtpositionen zurückziehen werde. Experimente mit ungewissem Ausgang lehnte Grzesinski jedoch ab.[59] Wie Ernst Heilmann war er der Meinung, daß die SPD nichts unternehmen dürfe, um den Nationalsozialisten den Weg nach Preußen und in die Reichsregierung zu öffnen.[60] Diese Haltung setzte sich schließlich in der Partei durch.

Als Grundsatz seiner Politik gegenüber der NSDAP hatte Preußens Innenminister Severing in einer Besprechung mit den Oberpräsidenten, Regierungspräsidenten und den Leitern der staatlichen Polizeiverwaltungen am 19. Februar 1931 ver-

---

56 Rauchschwalbe, Lippische Sozialdemokratie, S. 238.
57 Siehe z. B. die Denkschriften des RMdI v. 12.8.1930 und des PrMdI von Ende Aug. 1930. Abgedr. in: Staat und NSDAP, Nr. 12 u. 13.
58 Interview mit United Press v. 26.4.1932. AdsD Bonn, Nl. Severing, M. 190; Alexander, Carl Severing, S. 194. Severings Stellungnahme war um so erstaunlicher, als er 1929 eine solche Politik (damals gegenüber der DNVP im Reich) noch abgelehnt hatte mit der Begründung, die Zeiten seien dafür zu ernst. Severing, Verpaßte Gelegenheiten, S. 2.
59 Diese Einstellung kam auch in Zusammenhang mit dem Volksentscheid für die Auflösung des preußischen Landtags zum Ausdruck: „Es wäre m. E. verhängnisvoll, die Dinge fatalistisch gehen und treiben zu lassen, und wenn das Unglück geschehen ist, dann erst zu versuchen, aus den Trümmern zu retten, was noch zu retten ist. Vorbauen und vorbeugen ist hier staatspolitisch dringend gebotene Notwendigkeit." Grzesinski an Otto Braun, 26.5.1931. IISG Amsterdam, Nl. Grzesinski, Nr. 204.
60 Grzesinski: Festbleiben! In: Kasseler Volksblatt v. 29.4.1932. Vgl. dazu auch Ehni, Bollwerk, S. 246. Im „Vorwärts" vom 30.4.1932 erschien dann ein Art. Severings („Der Weg der Pflicht"), in dem die Aussagen des UP-Interviews relativiert wurden.

kündet, es gehe darum, die nach der Septemberwahl von 1930 grassierende hysterische Vorstellung eines unaufhaltsamen Aufstiegs des Nationalsozialismus zu bekämpfen.[61] Mit langfristigen Zeitungsverboten, wie sie Grzesinski oftmals gegen das Blatt der Berliner Nationalsozialisten, Goebbels „Angriff", anwandte[62], scharfen Kontrollen nationalsozialistischer Versammlungen und gelegentlichen Hausdurchsuchungen wollte Severing den „Irrtum, die Hypnose des unaufhaltsamen Vordringens der NSDAP" bekämpfen.[63] Dieser Plan beruhte auf einer zutreffenden psychologischen Analyse, es fällt allerdings auf, daß Severing in seiner politischen Praxis, besonders bei der Personalpolitik, nicht immer konsequent nach dieser Einsicht gehandelt hat. So hob er etwa, wie gezeigt wurde, nach Protesten eines Interessenverbandes die von Grzesinski verhängte Beförderungssperre für Polizeioffiziere, die am Volksentscheid für die Auflösung des Landtags teilgenommen hatten, wieder auf.

Es war auch die Frustration über solche Ereignisse, die Grzesinski dazu veranlaßte, bei Massenveranstaltungen einen äußerst kämpferisch-aggressiven Ton anzuschlagen. Besonders auf Veranstaltungen des Reichsbanners und der Eisernen Front war er wegen seines temperamentvollen Auftretens ein gefragter Redner. Am 7. Februar 1932 sprach Grzesinski im Leipziger Volkshausgarten auf Einladung der Eisernen Front vor 20.000 Zuhörern. Nach einer bemerkenswert klarsichtigen Warnung vor den Folgen einer nationalsozialistischen Diktatur und dem Appell zum engen Zusammenschluß aller republikanischen Kräfte in der Eisernen Front, um die Demokratie als Grundlage für den weiteren Aufstieg der Arbeiterklasse zu verteidigen, spielte Grzesinski noch einmal auf die mißglückte Ausweisung Hitlers aus Preußen im Dezember 1931 an: „Die reaktionären Parteien wollen mit demokratischen Mitteln zur Macht, um die Demokratie zu vernichten." Darum sei es „blamabel" für das deutsche Volk, daß der „Ausländer Hitler nicht nur mit der Regierung ernste Verhandlungen über außenpolitische Dinge führen, sondern auch vor Vertretern der ausländischen Presse über Deutschlands Zukunft und Deutschlands außenpolitische Interessen sprechen kann, *ohne daß man diesen Mann mit der Hundepeitsche davonjagt.*"[64] Diese Wendung war auf die Erwartungen eines Massenpublikums zugeschnitten, und wenn man sie auch für nicht sonderlich kultiviert halten mag, so bestand zum Stil nationalsozialistischer Versammlungen doch noch ein deutlicher Abstand. Eine Aufforderung zu Gewalttätigkeiten, wie sie die Nazi-Presse herauslesen wollte, indem sie die „Hundepeitschen-Rede" sinnentstellend zitierte, konnte darin kaum erblickt werden. Gleichwohl gab es Tendenzen in der

61 Abgedr. in: Staat und NSDAP, Nr. 25; siehe besonders S. 185f.

62 Ein- bzw. zweiwöchige Verbote z. B. am 10.11.1930, Anfang Februar 1931, Ende Februar/Anf. März 1931, Juni 1931, Juli 1931 (insges. 9 Fälle). Siehe dazu IISG Amsterdam, Nl. Grzesinski, Nr. 1737, 1741; Reuth, Goebbels, S. 182, 185, 204; Pyta, Gegen Hitler, S. 358.

63 Staat und NSDAP, Nr. 25, S. 186f. Vgl. auch Severing: Offensive gegen den Nationalsozialismus! In: C.V.-Zeitung v. 26.9.1930.

64 Rede abgedr. in: Leipziger Volkszeitung v. 8.2.1932 (Hervorhebg. original).

Reichsregierung, dem Druck von rechts nachzugeben und Grzesinski für die vermeintliche Entgleisung eine offizielle Rüge zu erteilen. Der preußische Innenminister Severing schien geneigt, der Reichsregierung und dem Reichspräsidenten diesen Dienst zu erweisen. Nachdem Grzesinski im Gespräch mit Severing jedoch unmißverständlich klargemacht hatte, daß er einen ministeriellen Verweis nicht akzeptieren, sondern zurückschicken würde, nahm Severing von dem Vorhaben Abstand. Die sozialdemokratischen Beamten und alten Freunde Grzesinskis im Innenministerium, wie Hans Hirschfeld, hatten dem Innenminister dringend abgeraten, der Reichsregierung nachzugeben.[65]

So hatte die Rede, die Grzesinski als Reichsbanner- und Parteimitglied gehalten hatte, keine dienstlichen Konsequenzen für den Polizeipräsidenten. Sie vertiefte allerdings den Haß und die unversöhnliche Feindschaft der Nationalsozialisten; Wahlkampfauftritte Grzesinskis waren bevorzugte Ziele von SA-Störtrupps. Im „Völkischen Beobachter" erschien während des Wahlkampfes 1933 eine Grzesinski-Karikatur mit einer Peitsche und der Überschrift „Niemals vergessen!".[66] Grzesinski berichtet, daß bei der Eröffnung des Preußischen Landtages am 22. März 1933 nationalsozialistische Abgeordnete auf seinem Platz im Plenarsaal eine Hundepeitsche niedergelegt hatten. „Ein Führer der Nationalsozialisten hat sich unter Bezugnahme darauf im vertrauten Kreise später geäußert: ‚Lebend wäre Grzesinski nicht aus dem Landtage gekommen.'"[67]

2 Papens Staatsstreich am 20. Juli 1932: Das Ende der Demokratie in Preußen

Der 20. Juli 1932 markiert das Ende des demokratischen Preußens. An diesem Tage verwirklichte die Reichsregierung des Kanzlers Franz von Papen, eines ehemaligen rechten Flügelmannes und Einzelgängers in der preußischen Zentrumsfraktion, ihren Plan, die preußische Regierung zu entmachten und einen Reichskommissar in Preußen einzusetzen. Damit wurde, ebenso wie mit der Aufhebung

---

65 IISG Amsterdam, Nl. Grzesinski, Nr. 2184 (Vermerk Grzesinskis über das Gespräch mit Severing am 15.2.1932). Vgl. auch das Schreiben Grzesinskis an RK Brüning, 27.2.1932. BA Koblenz, Nl. Pünder, Nr. 174, Bl. 54f.; Grzesinski, Im Kampf (Ms.), Bl. 261ff.; Matthias, Sozialdemokratische Partei, S. 136.

66 Allerdings brachte es das Blatt nicht über sich, Hitler mit der entehrenden „Hundepeitsche" in Verbindung zu bringen und zitierte Grzesinski falsch, er habe Hitler „mit der Reitpeitsche aus Deutschland hinaustreiben" wollen. „Völkischer Beobachter" (A) v. 19./20.2.1933. Zu Störungen von Grzesinskis Wahlkampfauftritten siehe Grzesinski, Im Kampf (Ms.), Bl. 340f. (RT-Wahlkampf 1933) sowie Winkler, Der Weg, S. 543 (LT-Wahlkampf 1932).

67 Grzesinski, Im Kampf (Ms.), Bl. 263.

des SA-Verbotes am 16. Juni[68], den Forderungen entsprochen, die die Nationalsozialisten für eine Tolerierung des „Kabinetts der Barone" aufgestellt hatten. Die preußischen Minister wurden ihrer Ämter enthoben, die Berliner Polizeispitze abgesetzt. Da die Ereignisgeschichte durch eine umfangreiche Literatur erschöpfend behandelt worden ist, kann sich die vorliegende Arbeit darauf beschränken, die Rolle des Berliner Polizeipräsidenten Albert Grzesinski, seine politischen Konzepte und seine Aktivitäten, zu beleuchten. Dabei wird zu fragen sein, ob Grzesinskis Vorschläge zur Abwehr des Staatsstreichs realistisch waren und inwieweit rückblickende Darstellung und tatsächliches Handeln übereinstimmen.[69]

2.1 „Was tut die preußische Staatsregierung?"[70]

Die preußischen Landtagswahlen vom 24. April 1932 hatten das befürchtete Ergebnis gebracht: Stärkste Fraktion wurde die NSDAP, die von 9 auf 162 Mandate hochschnellte und nur einen Sitz weniger hatte, als die bisherigen Koalitionsparteien SPD, Zentrum und Staatspartei zusammen. Wenn man die 57 Sitze der KPD dazuzählte, ergab sich damit eine negative Mehrheit der demokratiefeindlichen Parteien, die jedes Regieren im Land unmöglich machen konnte. In Voraussicht dieses Wahlausgangs hatten die Weimarer Koalitionsparteien unmittelbar vor der Wahl, am 12. April, eine wichtige Änderung der Geschäftsordnung beschlossen: Ein neuer Ministerpräsident war nur dann gewählt, wenn er mehr als die Hälfte der abgegebenen Stimmen auf sich vereinigen konnte. Die alte Regelung, nach der im zweiten Wahlgang die relative Mehrheit ausreichte, wurde abgeschafft. Die politische Absicht war eindeutig: Die Wahl eines nationalsozialistischen Ministerpräsidenten und dessen Zugriff auf den preußischen Verwaltungs- und Polizeiapparat sollte verhindert werden. Nach der alten Geschäftsordnung wäre es zu einer Stichwahl zwischen einem Nationalsozialisten und einem Kandidaten der Weimarer Koalition gekommen, die der Nationalsozialist gewonnen hätte. Zwar wäre dieser Ministerpräsident von einer Mehrheit aus Weimarer Koalition und KPD

---

68 Nachdem bei Durchsuchungen nationalsozialistischer Parteibüros durch die preußische Polizei am 17.3. Umsturzpläne der SA zutage gekommen waren, hatte die Reichsregierung auf starken Druck der Länder von Hindenburg das Verbot von SA und SS per Notverordnung v. 13.4. erwirkt. Staat und NSDAP, Nr. 63-69.

69 Die beinahe unüberschaubare Literatur über Papens Staatsstreich vom 20. Juli 1932 kann nicht im einzelnen nachgewiesen werden. Ausdrücklich hingewiesen sei jedoch auf den dritten Band der Studie Winklers über „Arbeiter und Arbeiterbewegung in der Weimarer Republik", weil dort nicht nur pointiert dargestellt und souverän zusammengefaßt, sondern auch die uns besonders interessierende Haltung Grzesinskis angemessen berücksichtigt wird. Winkler, Der Weg, S. 646-680. Dort auch weiterführende Literaturhinweise.

70 Titel eines unveröff. Grzesinski-Aufsatzes vom Juni 1932. IISG Amsterdam, Nl. Grzesinski, Nr. 2023.

„umgehend wieder gestürzt worden, wäre dann aber geschäftsführend auf unabsehbare Zeit im Amt geblieben."[71] Das galt es zu vermeiden.

Die sozialdemokratischen Minister und Ministerpräsident Braun standen der Änderung skeptisch gegenüber, doch ihre Bedenken waren nicht grundsätzlicher Natur. Sie wollten vor allem den Anschein vermeiden, als klammerten sie sich an ihre Ämter. Braun und Severing wäre es aufgrund ihrer Amtsmüdigkeit auch recht gewesen, wenn die Verhandlungen zwischen Zentrum und NSDAP in Preußen zur Bildung einer Regierungskoalition geführt hätten. Sie hofften, die NSDAP werde in der Regierung „abwirtschaften". Wie gezeigt wurde, bestimmten in dieser Frage jedoch Heilmann und Grzesinski den Kurs der Fraktion, und der hieß, Experimente mit ungewissem Ausgang zu verhindern und die Positionen in Preußen zu behaupten. Noch vor dem Zusammentritt des neuen Landtags am 24. Mai 1932 war das Kabinett Otto Braun zurückgetreten. Da sich das Parlament jedoch nicht auf die Wahl eines neuen Ministerpräsidenten verständigen konnte, blieb die alte Regierung geschäftsführend im Amt.

Wegen des katastrophalen Ausgangs der Wahlen hatten sich Pessimismus und Resignation unter den Ministern ausgebreitet. Braun und Severing glaubten, daß die Regierung mit der Wahl ihre Legitimation verloren habe. Aus diesem Grunde und wegen allgemeiner körperlicher und seelischer Zerrüttung strebten sie aus ihren Ämtern. Severing konnte vom Parteivorstand und von der preußischen Landtagsfraktion zum Bleiben bewegt werden, während entsprechende Appelle bei Otto Braun auf taube Ohren stießen. Am 6. Juni 1932 ging der Ministerpräsident in Urlaub, nachdem er die Geschäfte seinem Stellvertreter, Wohlfahrtsminister Heinrich Hirtsiefer (Z), übergeben hatte. Die Zeitungen meldeten, daß Brauns Abschied aus der Wilhelmstraße endgültig sei. Daß der drei Jahre zuvor noch als „Roter Zar von Preußen" gefeierte Braun so abrupt und resigniert aus der Verantwortung flüchtete, war aufgrund seines sehr angegriffenen Zustandes und des katastrophalen Wahlausgangs begreiflich, gleichwohl wirkte seine Selbstbeurlaubung in der unvorbereiteten Öffentlichkeit wie ein Schock.[72] Daß man in Preußen von normalen politischen Verhältnissen meilenweit entfernt war, erwies auch der Verlauf der parlamentarischen Verhandlungen des neuen Landtags: Bereits in der zweiten Sitzung am 25. Mai kam es zu einer Schlägerei zwischen Nationalsozialisten und Kommunisten. Das war jedoch nur ein äußeres Anzeichen für den Niedergang des Parlamentarismus, ebenso zersetzend wirkte die von den Nationalsozialisten mit besonderem Geschick verfolgte Taktik, verleumderische Behauptungen zum Ge-

---

71 Schulze, Otto Braun, S. 726. Der preußischen Geschäftsordnungsänderung lag der gleiche Gedanke zugrunde wie dem konstruktiven Mißtrauensvotum der Bundesrepublik (Art. 67 GG): Der Regierungschef war erst dann gestürzt, wenn ein neuer mit absoluter Mehrheit gewählt worden war.
72 Schulze, Otto Braun, S. 733; vgl. Vossische Zeitung v. 7.6.1932.

genstand von Anfragen im Landtag zu machen.[73] Der Landtag war, in Otto Brauns Worten, zur „Kaschemme" heruntergekommen, und auch Grzesinski wurde „die Teilnahme an den Parlamentsverhandlungen fast zu einer physischen Qual".[74]

In dieser Lage konnte man sehr wohl zu dem Schluß kommen, daß die Sache der Republik in Preußen und Deutschland verloren sei. Es scheint, als habe der preußische Innenminister Carl Severing dieser Meinung zugeneigt. Seine Amtsführung nach der Aprilwahl 1932 zeugte jedenfalls nicht von Kampfeswillen, Energie oder Optimismus. Severing weigerte sich, in seinem Ministerium Entscheidungen zu treffen und die noch vorhandene Macht einzusetzen. Wie Braun hatte er resigniert[75] und war vor allem darauf bedacht, der Reichsregierung keinen Vorwand für eine Reichsexekution gegen Preußen zu liefern. Dabei übersah er, daß v. Papen und Schleicher zur Beseitigung der Regierung der Weimarer Koalition in Preußen fest entschlossen waren.

Die Mut- und Sprachlosigkeit der preußischen Minister angesichts der Gerüchte über die Einsetzung eines Reichskommissars veranlaßte Grzesinski Anfang Juni zu einem ungewöhnlichen Schritt. Da er mit interner Kritik nicht durchgedrungen war, verfaßte er einen für die Parteipresse bestimmten Aufsatz mit dem Titel „Was tut die preußische Staatsregierung?", in dem er den politischen Hintergrund der Diskussionen um den Reichskommissar beleuchtete. Er hob hervor, daß dessen Einsetzung „das für die Nationalsozialisten unbefriedigende Wahlergebnis vom 24. April korrigieren" solle. Allerdings sei die Voraussetzung für eine Reichsexekution, nämlich die Gefährdung der öffentlichen Ordnung, in Preußen nicht erfüllt. Im Zentrum der Grzesinskischen Argumentation standen handfeste Vorwürfe an die Adresse der preußischen Regierung, weil sie die Öffentlichkeit nicht „von vornherein und mit aller Deutlichkeit" über die Verfassungswidrigkeit der Einsetzung eines Reichskommissars aufgeklärt habe. Es sei „kein ganz erfreuliches Schauspiel, daß im gegenwärtigen Augenblick scheinbar die Rechte Preußens durch die süddeutschen Länder mit größerer Schärfe vertreten werden, als durch Preußen selbst."[76] Mit seiner Kritik wollte Grzesinski die preußische Regierung aufrütteln und sie dazu bringen, der Reichsregierung unmißverständlich ihren Widerstand gegen

---

73 Grzesinski, Im Kampf (Ms.), Bl. 145. Über einen unsagbar infamen Urantrag der NSDAP-Fraktion gegen Vize-PP Weiß v. 6.7.1932 siehe Vorwärts v. 13.7.1932.

74 Braun, Von Weimar, S. 395; Grzesinski, Im Kampf (Ms.), Bl. 144.

75 Eine Severing-Biographie (Alexander, Carl Severing) ist in diesem Punkt widersprüchlich. Auf S. 195 wird die These von Severings Resignation „widerlegt", auf S. 203 wird eben diese Resignation als Motiv für Severings Tatenlosigkeit beim Staatsstreich angeführt. Zu Severings „Vogel-Strauß-Politik" (Tejessy) siehe Schulze, Otto Braun, S. 743.

76 IISG Amsterdam, Nl. Grzesinski, Nr. 2023. Ernst Heilmann wollte den Art. nicht ins „Freie Wort" aufnehmen, „weil es nicht für opportun gehalten wurde, die Frage der Gegenwehr gegen den drohenden Reichskommissar im Wahlkampf Juli 32 öffentlich zu erörtern". Grzesinski an Hirschfeld, 8.4.1933. LA Berlin, Rep. 200, Acc. 3983, Nr. 2. Statt des Aufsatzes erschien im Vorwärts v. 17.6.1932 ein Bericht über eine Unterredung mit PP Grzesinski. Kritik an der pr. Regierung kam darin jedoch nicht vor.

einen Reichskommissar anzukündigen, wie es etwa der bayerische Ministerpräsident Held getan hatte.[77] Doch der preußische Innenminister Severing konnte solch klare Worte nicht finden. Bei einem Gespräch mit Reichsinnenminister von Gayl Mitte Juni über die Haltung Preußens zur Einsetzung eines Reichskommissars war es Severing nicht gelungen, seinem Gegenüber die Ernsthaftigkeit des preußischen Abwehrwillens unmißverständlich klarzumachen. Er hat der Reichsseite keinen entschiedenen Widerstand gegen einen Reichskommissar angedroht[78], und das war es, was Grzesinski mit seinem nicht veröffentlichten Aufsatz kritisieren wollte. Als der Berliner Polizeipräsident seine Gedanken in öffentlichen Reden vertrat und zur „Abwehrrüstung" riet, verpaßte ihm Severing auf Drängen der Reichsregierung einen „Maulkorb". Gewährsleute im Innenministerium berichteten Grzesinski auch davon, daß Severing mehrfach erwogen habe, ihn wegen solcher Reden abzuberufen.[79]

Grzesinski betrachtete die Diskussion um den Reichskommissar in erster Linie politisch. Er wies in der Öffentlichkeit immer wieder darauf hin, daß die Überlegungen der Reichsregierung, einen Reichskommissar in Preußen einzusetzen, nicht eigentlich der Sorge um die öffentliche Sicherheit entsprangen, sondern einem rein machtpolitischen Motiv, nämlich der Beseitigung der Mitte-Links-Regierung in Preußen. Ebenso lenkte er die Aufmerksamkeit auf die Tatsache, daß die Nationalsozialisten längst in einer Schlüsselposition saßen. Ihnen mißfiel es, daß sie sich während des Wahlkampfes für die Reichstagswahl am 31. Juli in Preußen mit einer sozialdemokratisch geführten Regierung und Polizei auseinanderzusetzen hatten, die der nationalsozialistischen Agitation gewisse Beschränkungen auferlegten. „Die Nazis wollten schon im Wahlkampf 1932 das Stimmergebnis durch Terror ihrer SA- und SS-Formationen beeinflussen und darin von der preußischen Polizei nicht mehr behindert werden", schrieb Grzesinski 1933.[80] Daraus erklärte sich auch, warum die Nationalsozialisten im Landtag mehrfach Anträge auf gerichtliche Aburteilung bzw. Entlassung der Berliner Polizeiführung eingebracht hatten und, als diese nicht zum Erfolg führten, die Reichsregierung zum Eingreifen in Preußen aufforderten.[81]

---

77 „Ein Reichskommissar wird über die bayerischen Grenzen nicht kommen", hatte Held unmißverständlich am 11.6.1932 in einer Sitzung der Vereinigten Ausschüsse des Reichsrats in Anwesenheit des Reichskanzlers erklärt. Staat und NSDAP, S. 327.

78 Siehe dazu die widersprüchlichen Erklärungen v. Gayls und Severings vor dem StGH. Preußen contra Reich, S. 110, 221f., 296. Daß Severing einen Reichskommissar für die Polizei (nicht jedoch für die preußische Regierung) befürwortet habe, wurde von preußischer Seite nicht bestritten. Siehe ebd., S. 297 (Aussage MinDir. Brecht).

79 Grzesinski, Im Kampf (Ms.), Bl. 292; vgl. auch Rohe, Reichsbanner, S. 414.

80 Grzesinski, Im Kampf (Ms.), Bl. 290. Ähnlich hatte sich der Berliner Polizeipräsident bereits 1932 geäußert: Vorwärts v. 17.6.1932; vgl. auch Goebbels, in: „Der Angriff" v. 11.6.1932. Zu den Motiven der Reichsregierung vgl. Höner, Zugriff, S. 316.

81 Zu den Anträgen auf Entlassung bzw. gerichtliche Verurteilung der Berliner Polizeispitze am 15.6. u. 8.7.1932 siehe Bracher, Auflösung, S. 576f. sowie Severing, Lebensweg II, S. 343. Goebbels forderte am 15.6.

Grzesinski wollte, daß man in Preußen aus der defensiven Position ausbrach und zumindest in Worten den Ambitionen der Reichsregierung offen und unmißverständlich entgegentrat. Mit dieser Meinung stand er nicht allein. Der hessische Innenminister Leuschner (SPD) hatte nach der Erinnerung Hans Hirschfelds bei einer vertraulichen Lagebesprechung den gemeinsamen, koordinierten Widerstand von Polizei und Eiserner Front gegen die verfassungswidrige Einsetzung eines Reichskommissars angeregt. Severing beharrte jedoch auf seiner Linie, auch bei einer offensichtlichen Verfassungsverletzung der Reichsregierung die Grundlage der Verfassung selbst nicht zu verlassen. Im übrigen bezweifelte er die Erfolgsaussichten der von Leuschner vorgeschlagenen Aktion.[82]

Wie die Ereignisse des 20. Juli 1932 zeigten, waren Grzesinski und Leuschner die realistischeren Politiker, was die Einschätzung der Absichten der Reichsregierung anging. Severing, seit Brauns Abschied die bestimmende Persönlichkeit im Kabinett, ging in leichtgläubiger Weise davon aus, daß die Reichsregierung beim Liebäugeln mit einem Reichskommissar allein die Lösung sachlich-technischer Fragen, etwa auf dem Gebiet der inneren Sicherheit, im Auge hatte. Daß das Reich durch einen Kommissar die Verantwortung für Teilbereiche der preußischen Verwaltung, etwa die Polizei, übernahm, konnte er sich durchaus vorstellen. Nicht vorausgesehen hat er jedoch die Skrupellosigkeit der Papen-Regierung, die gegen jedes Recht auch die preußische Staatsregierung absetzte. Daß es nicht um die öffentliche Sicherheit, sondern um die Macht in Preußen ging, scheint er nicht genügend bedacht zu haben.[83]

Dabei gab es Hinweise auf Papens Pläne. Ein erster Versuch, Preußen finanziell in die Enge zu treiben und die vom Reich provozierten Zahlungsschwierigkeiten als Vorwand für eine Reichsexekution zu benutzen, war durch die preußische Haushaltssanierung (Notverordnung vom 8. Juni 1932) vereitelt worden.[84] Ein neuer Ansatzpunkt bot sich, als nach der Aufhebung des SA-Verbotes in der zweiten Junihälfte die Zahl der politischen Mordtaten und blutigen Straßenkämpfe deutlich anstieg.[85] Die Reichsregierung diskutierte am 11. Juli aber nicht etwa über die Wiedereinführung des SA-Verbots, sondern über vermeintliche Versäumnisse

im „Angriff" das Reichsministerium des Innern auf, „für das Verschwinden der Herren Grzesinski und Weiß zu sorgen", am 18.7. verlangten Hitler und der pr. Landtagspräsident Kerrl (NSDAP) vom Reichskanzler, die Polizeigewalt in Preußen zu übernehmen. AdR, Kabinett v. Papen, Nr. 64 u. 65. Siehe auch Grzesinski, Im Kampf (Ms.), Bl. 290; Ehni, Bollwerk, S. 259f.; Winkler, Der Weg, S. 654.

82 Vgl. Hirschfeld, Preußens Ausklang, S. 86.

83 Vgl. Winkler, Der Weg, S. 631.

84 Preußen war in Etatschwierigkeiten geraten, weil die Papen-Regierung Zahlungsverpflichtungen nicht erfüllen wollte, die das Reich noch unter Brüning gegenüber Preußen eingegangen war. Schulze, Otto Braun, S. 736f.; vgl. Vossische Zeitung v. 7.6.1932.

85 In der ersten Junihälfte, bei bestehendem SA-Verbot, waren 3 Todesopfer bei politischen Zusammenstößen zu beklagen, in der zweiten Hälfte, nach Aufhebung des Uniform- und SA-Verbotes schon 17. Im Juli steigerte sich die Zahl auf 86. Siehe dazu die Ausführungen des pr. Vertreters, MinDir. Brecht, in der Gerichtsverhandlung über die Maßnahmen vom 20. Juli vor dem StGH, in: Preußen contra Reich, S. 15-17.

der preußischen Regierung gegenüber den Kommunisten[86], die angeblich einen Reichskommissar für Preußen erforderlich machten. Ein preußischer Erlaß vom 12. Juli, der die Regierungspräsidenten zu Zurückhaltung bei der Genehmigung von Versammlungen und Aufzügen anhielt, entzog der sofortigen Einsetzung eines Reichskommissars jedoch die psychologische Grundlage.[87] Gleichwohl war das Reichskabinett zum Handeln entschlossen: Bei einem Besuch auf dem ostpreußischen Gut des Reichspräsidenten ließ sich v. Papen am 14. Juli eine Blankovollmacht für eine Notverordnung zur Einsetzung eines Reichskommissars in Preußen sowie die Verhängung des militärischen Ausnahmezustandes über Berlin und Brandenburg ausstellen. Nur das Datum mußte noch eingetragen werden.[88] Schwere Zusammenstöße und Straßenkämpfe in Altona am 17. Juli, dem sog. „Blutsonntag", lieferten dann den noch fehlenden Vorwand für das Eingreifen in Preußen.

In der Stadt Altona, die unmittelbar an Hamburg grenzte, aber zur preußischen Provinz Schleswig-Holstein gehörte, fand an jenem Sonntag ein „Werbeumzug" von 7.000 SA- und SS-Männern statt. Da in der Woche zuvor ein nationalsozialistischer Überfall auf das Gewerkschaftshaus in Eckernförde zwei Todesopfer gefordert hatte, ließ sich der NS-Umzug durch Altona nur als gezielte Provokation interpretieren, zumal die Demonstrationsroute durch kommunistische und sozialdemokratische Hochburgen führen sollte.[89] Was befürchtet werden mußte, eine kommunistische Racheaktion, trat ein: Der Demonstrationszug der Nationalsozialisten wurde aus Häusern und von Dächern beschossen, bei den sich anschließenden Feuergefechten zwischen kommunistischen Heckenschützen und der Polizei kamen mindestens 15 „Zivilpersonen" durch abprallende Geschosse zu Tode, über 60 wurden verletzt.[90]

Ermöglicht wurde der nationalsozialistische Umzug erst dadurch, daß die Papen-Regierung das SA-Verbot, das Uniform- und das Demonstrationsverbot aufgehoben hatte. Aber auch der Altonaer Polizeipräsident Eggerstedt und der Regierungspräsident in Schleswig, Abegg (ein Bruder des Staatssekretärs), trugen Verantwortung für die Eskalation, weil sie es nicht vermocht hatten, den NS-Umzug zu verhindern. Am schwersten wog, daß Eggerstedt, ein SPD-Reichstagsabgeordneter, trotz der angespannten Situation seinen Posten verließ und vom 15. bis 17. Juli auf Wahlkampfreise ging. Auch seinem Stellvertreter gewährte er Dienstbefreiung, so daß ein unerfahrener Regierungsrat im Altonaer Polizeipräsidium die Vorbereitungen leiten mußte und damit offensichtlich überfordert war.[91]

---

86 AdR, Kabinett v. Papen, S. 205.
87 AdR, Kabinett v. Papen, S. 217; Vorwärts v. 13.7.1932.
88 AdR, Kabinett v. Papen, S. 240.
89 Vgl. Höner, Zugriff, S. 319f.
90 Bericht des Schleswiger RP Abegg an pr. Innenminister Severing, 19.7.1932. AdR, Kabinett v. Papen, Nr. 67.
91 Vgl. Höner, Zugriff, S. 324f.

Daß der „Blutsonntag von Altona" für die Reichsregierung der gesuchte Anlaß war, um gegen Preußen einzuschreiten, konnte nicht überraschen. Hans Hirschfeld, Pressechef des preußischen Innenministeriums, erhielt noch am Abend des 17. Juli aus der Umgebung des Reichskanzlers den Hinweis, daß der Reichskommissar jetzt sicher komme. Hirschfeld gab die Nachricht an Severing weiter, der sich in Kiel aufhielt, und informierte den Vorstand der SPD. Auch seinen Freund und ehemaligen Chef Grzesinski rief Hirschfeld an und fragte, was zu tun sei. Dieser antwortete, wenn er Innenminister wäre, würde er den Polizeipräsidenten Eggerstedt und den Regierungspräsidenten Abegg „sofort ihrer Posten entheben und über Altona den Ausnahmezustand verhängen".[92] Dabei bezog Grzesinski sich auf den vierten Absatz des Art. 48 der Weimarer Verfassung, der den Landesregierungen bei „Gefahr im Verzuge" solche einstweiligen Maßnahmen zugestand. Ob durch diesen Plan die Einsetzung eines Reichskommissars für alle Zeiten hätte verhindert werden können, ist nicht sicher. Im Juli 1932 bedeutete Grzesinskis Konzept jedoch die letzte Chance, die Intervention des Reiches noch abzuwenden.[93] Gleichzeitig wären von der Verhängung des Ausnahmezustands durch Preußen auch wichtige psychologische Signale ausgegangen: „Eine solche Tat hätte die republikanische Öffentlichkeit zum Kampf aufgescheucht und die Reaktion in die Abwehr gedrängt." Es ging Grzesinski darum, Preußen vom Objekt wieder zum politischen Akteur zu machen. Da Severing jedoch den Meinungsaustausch mit Grzesinski vermied, fehlten alle Voraussetzungen für eine Realisierung der Pläne.[94]

Bereits mehrere Tage vor der Einsetzung des Reichskommissars am 20. Juli 1932 zeichnete sich ab, daß mit aktivem Widerstand nicht zu rechnen war. Die übereinstimmende Haltung von sozialdemokratischem Parteivorstand, Gewerkschaftsführung und sozialdemokratischen Ministern war, auch bei verfassungswidrigen Schritten der Reichsregierung den Boden der Verfassung nicht zu verlassen und auf die bevorstehenden Reichstagswahlen zu hoffen. „Unsere Antwort: 31. Juli!" lautete eine Schlagzeile im „Vorwärts" am Abend des Staatsstreichs.[95]

Die Ereignisse der dramatischen Tage im Juli 1932 sind gründlich erforscht und brauchen daher nur kurz rekapituliert zu werden: Am 18. Juli erhielten die preußischen Minister Severing, Klepper und Hirtsiefer eine Einladung in die Reichskanzlei. Als sie am 20. Juli um 10 Uhr morgens dort erschienen, teilte ihnen Reichskanzler von Papen mit, daß er aufgrund einer Notverordnung des Reichspräsidenten zum Reichskommissar für Preußen ernannt sei mit der ausdrücklichen Ermächtigung, preußische Minister abzusetzen. Davon habe er Gebrauch gemacht

---

92 Grzesinski, Im Kampf (Ms.), Bl. 296; vgl. Hirschfeld, Preußens Ausklang, S. 90.
93 Vgl. Winkler, Weimar, S. 501.
94 Grzesinski, Im Kampf (Ms.), Bl. 296.
95 Vorwärts v. 20.7.1932 (Abend-Ausg.). Severing berichtete der SPD-Führung am 16. und 18.7. über den bevorstehenden Eingriff des Reiches. Winkler, Der Weg, S. 654f.; Severing an Braun, 17.2.1948. GStA Berlin-Dahlem, I. HA, Rep. 92 Nl. Braun, C I Nr. 276; vgl. auch Hirschfeld, Preußens Ausklang, S. 90; Bracher, Auflösung, S. 595.

und die Minister Braun und Severing ihrer Ämter enthoben. Er selbst habe die Dienstgeschäfte des Ministerpräsidenten übernommen und mit der kommissarischen Leitung des Innenministeriums den ehemaligen Essener Oberbürgermeister Franz Bracht betraut. Die preußischen Minister protestierten gegen Form und Inhalt der Verordnung, vor allem gegen die fehlende Begründung und die Unterstellung, als sei in Preußen die öffentliche Sicherheit besonders gefährdet. Papens Vorgehen sei verfassungswidrig. Severing erklärte, er werde die Amtsgeschäfte nicht freiwillig übergeben, sondern nur der Gewalt weichen. Der Reichskanzler beendete daraufhin die Besprechung, und über Berlin und Brandenburg wurde der militärische Ausnahmezustand verhängt. Die preußische Regierung verzichtete auf gewaltsamen Widerstand und beschloß stattdessen, gegen Papens Vorgehen den Staatsgerichtshof anzurufen. Im Laufe des Tages wurden die übrigen preußischen Minister ihrer Ämter enthoben, weil sie sich geweigert hatten, einer Einladung Papens zu einer Staatsministerialsitzung Folge zu leisten. Am Abend mußte Severing sein Amtszimmer räumen, als der kommissarische Innenminister Bracht in Begleitung von zwei Polizeioffizieren zur Amtsübernahme erschien.[96]

Die Papen-Regierung, die ausdrücklich zwischen der „aufstrebende[n] Bewegung der NSDAP" und den „staatsfeindlichen Kräfte[n] des Kommunismus" unterschied, begründete ihr Vorgehen damit, daß es in Preußen an „Planmäßigkeit und Zielbewußtsein der Führung gegen die kommunistische Bewegung" fehle.[97] Dafür ließen sich zwar keine Beweise beibringen, aber die antikommunistischen Ressentiments der Bevölkerungsmehrheit wurden angesprochen. Statt Beweismaterial für angebliche preußische Versäumnisse zu präsentieren, operierte Papen mit nachweislich unwahren Behauptungen über das Verhalten hoher staatlicher Repräsentanten.[98] Deutlicher ließ sich der Primat der Machtpolitik nicht dokumentieren.

Da Papen zur Begründung seines Eingriffs auch angeführt hatte, „ein preußischer Polizeipräsident" – Grzesinski – habe seine Parteigenossen offen aufgefordert, „man möge die Kreise der Kommunisten nicht stören"[99], konnte es nicht überraschen, daß die Berliner Polizeispitze zu den ersten Opfern der Papenschen „Säuberungen" gehörte. Polizeipräsident Grzesinski, Vizepräsident Weiß und der

---

96 Vgl. AdR, Kabinett v. Papen, Nr. 73 (Aufzeichnung der Reichskanzlei).
97 Amtl. Presseverlautbarung v. 20.7.1932, abgedr. in: Preußen contra Reich, S. 482ff.
98 Ohne Namensnennung wurde StS Abegg unterstellt, er habe seine Hand dazu geboten, „Führern der Kommunistischen Partei die Verschleierung illegaler Terrorabsichten zu ermöglichen". Rundfunkrede v. Papens v. 20.7.1932, 19 Uhr, abgedr. in: Preußen contra Reich, S. 482-484; hier S. 484. In Wahrheit war es in einem Gespräch Abeggs mit zwei Abgesandten der KPD darum gegangen, diese zur Beendigung von Terrorakten und ihrer unnachgiebigen Opposition gegenüber der pr. Regierung zu bewegen. Siehe ebd., S. 24 sowie 8-Uhr-Abendblatt v. 1.11.1932. Abeggs Vorgehen war so eigenmächtig wie politisch schädlich. Durch einen illoyalen Mitarbeiter, ORR Diels, den späteren Gestapo-Chef, wurde das Treffen der Reichsregierung bekannt.
99 Sinnentstellende Wiedergabe einer Magdeburger Grzesinski-Rede durch v. Papen in der Rundfunkrede v. 20.7.1932, 19 Uhr, abgedr. in: Preußen contra Reich, S. 482-484; hier S. 484. Wiederlegung durch die preußische Seite vor dem StGH: Ebd., S. 25.

Kommandeur der Berliner Schutzpolizei, Heimannsberg, wurden abgesetzt.[100] Nach den agitatorischen, aber folgenlosen Vorstößen von NSDAP, DNVP und KPD im Landtag, Grzesinski und Weiß absetzen zu lassen, erfüllte v. Papen damit den radikalen Parteien einen Wunsch, der auf gesetzmäßigem Wege nicht zu verwirklichen gewesen war. Durch Grzesinskis bis zuletzt konsequente, gegen die Unterwanderung der Polizei durch Nationalsozialisten gerichtete Personalpolitik fühlten sich in besonderer Weise die preußischen Konservativen auf den Plan gerufen und machten sich damit zu Sachwaltern nationalsozialistischer Interessen. Vom Reichskanzler hatten sie am 8. Juli „unbedingt ein schnelles Eingreifen des Reichs, und zwar noch vor den Reichstagswahlen", gefordert.[101]

Was den Gang der Ereignisse im Polizeipräsidium am 20. Juli betrifft, so haben neuere gründliche Untersuchungen ergeben, daß bei der Entscheidung, das Polizeipräsidium nicht sofort und widerstandslos zu übergeben, Vizepräsident Dr. Bernhard Weiß eine entscheidende Rolle gespielt hat. Ihm gelang es, seinen Vorgesetzten Grzesinski davon zu überzeugen, daß die gegen 13 Uhr zur Amtsübernahme erschienen Nachfolger (Dr. Melcher als Polizeipräsident, Polizeioberst Poten als Schupo-Kommandeur) nicht ausreichend legitimiert seien.[102] Grzesinski war zunächst bereit gewesen, die Geschäfte zu übergeben, weil es nach seiner Auffassung für Widerstand zu spät war. Morgens, noch bevor Papen den preußischen Ministern ihre Absetzung mitgeteilt hatte, war Grzesinski im Innenministerium gewesen, um Severing in allerletzter Sekunde zu warnen und erneut die Verhängung des Ausnahmezustandes durch Preußen zu fordern, um damit dem Reich zuvorzukommen. Aber Severing war für Grzesinski nicht zu sprechen gewesen. In einem späteren Telefongespräch teilte Severing Grzesinski als Auffassung seines Ministeriums mit, daß der Militärbefehlshaber befugt sei, ihn, den Polizeipräsidenten, abzusetzen.[103] Mit der fehlenden Rückendeckung durch das Ministerium war für Grzesinski jede Grundlage, sich seiner Abberufung zu widersetzen, weggefallen. Ein Telefonat mit dem SPD-Vorsitzenden Otto Wels ergab, daß auch die Parteiführung keine klaren Verhaltensmaßregeln geben konnte.[104] Nach einer ersten

---

100 Daneben waren StS Abegg und MinR Hirschfeld aus dem PrMdI von der ersten Entlassungswelle betroffen. BA Koblenz, R 43 I, Nr. 2280, Bl. 574.

101 Unterredung v. Winterfeld und Borck (beide DNVP/MdPrLT) mit StS Planck am 8.7.1932; zu Borcks Kritik an Grzesinskis Personalpolitik vgl. oben sowie die LT-Rede Borcks vom 26.6. AdR, Kabinett v. Papen, Nr. 53; ebd. Anm. 3.

102 Bering, Kampf um Namen, S. 370-375. Daß sich die Polizeispitze der Amtsenthebung widersetzte, ging also keineswegs auf „gewisse Instruktionen" der SPD oder des abgesetzten Kabinetts zurück, wie es die amtl. Mitteilung über Grzesinskis Verhaftung glauben machen wollte (abgedr. in: Ursachen und Folgen, Bd. VIII, S. 574).

103 Grzesinski, Im Kampf (Ms.), Bl. 298 u. 305.

104 In seiner Autobiographie verneinte Grzesinski telefonische Kontakte mit der SPD-Führung. Ob das ein schlichter Erinnerungsfehler war oder das Bestreben, die Autonomie des eigenen Handelns herauszustellen, läßt sich nicht feststellen. Nach Wels' bestimmter Erinnerung war es ein Anruf Grzesinskis, der die zu einer Besprechung versammelte Partei- und Gewerkschaftsleitung von Papens Staatsstreich in Kenntnis

Phase der Resignation ließ sich Grzesinski von seinem Vizepräsidenten Weiß überzeugen, daß sie auf ihrem Posten zu verbleiben hätten. Die Übergabe der Schutzpolizei sollte so lange wie möglich herausgezögert werden, um reagieren zu können, falls sich das preußische Innenministerium, die demokratischen Parteien oder die Gewerkschaften doch noch zum Widerstand gegen den Staatsstreich entschließen sollten. Um sich nicht ins Unrecht zu setzen, wurde gegenüber den Kommissaren mit Formalien argumentiert.

In der Tat hatte sich die Aktion gegen die Berliner Polizei formal in äußerst fragwürdiger Weise vollzogen. Die erste Mitteilung über seine Absetzung hatte Grzesinski telefonisch vom Kommandierenden General v. Rundstedt, dem die vollziehende Gewalt übertragen worden war, erhalten. Die gegen 13 Uhr nachgereichten Schreiben von Papens Kommissar Bracht trugen kein Aktenzeichen und keinen Briefkopf, sondern nur die maschinengeschriebene Kopfzeile „Der Preußische Minister des Innern". Bracht firmierte als „mit der Wahrnehmung der Geschäfte beauftragt". Der Text lautete: „Hiermit beurlaube ich Sie bis auf weiteres und untersage Ihnen die Ausübung Ihrer Amtsgeschäfte", aber es wurde weder eine Begründung noch die rechtliche Grundlage der Maßnahme angeführt. Eine Ausfertigung war nicht datiert, eine andere nicht unterschrieben.[105] Die formalen Mängel dieser Briefe hielt Grzesinski zunächst nicht für gravierend, er war zur Übergabe der Geschäfte bereit.[106] Offensichtlich war es der Jurist Weiß, der darauf hinwies, daß es unter Umständen eine Amtspflichtverletzung bedeuten könnte, aufgrund solch zweifelhafter Schriftstücke abzutreten, zumal politische Beamte nur durch Staatsministerialbeschluß absetzbar waren. Grzesinski ließ sich von diesem Argument überzeugen. Es wurde ein Schreiben an Bracht aufgesetzt, in dem es hieß: „Nach eingehender Prüfung der Rechtslage kann ich Sie nicht als befugt erachten, mich zu beurlauben und mir die Ausübung meiner Amtsgeschäfte zu untersagen. Ich verbleibe daher auf dem mir vom preußischen Staatsministerium seinerzeit rechtsgültig verliehenen Platz, da ich mich andernfalls einer Amtspflichtverletzung schuldig machen würde."

Ein weiteres Schreiben ging an den Militärbefehlshaber, General v. Rundstedt, in dem Grzesinski mitteilte, daß sowohl er selbst als auch Vizepräsident Weiß und Kommandeur Heimannsberg sich nach wie vor rechtsgültig im Dienst befänden.[107] Mit diesen Antwortschreiben versehen schickte Grzesinski die zur Amtsübernah-

---

setzte. Aufzeichnung Wels, in: Anpassung oder Widerstand, S. 7; Grzesinskis Version: Im Kampf (Ms.), Bl. 301.

105 IISG Amsterdam, Nl. Grzesinski, Nr. 2037. Die telefonische Unterrichtung durch v. Rundstedt erfolgte nach Grzesinskis Erinnerung um 11.20 Uhr (Im Kampf [Ms.], Bl. 298); nach einer anderen Quelle um 10.30 Uhr (Bering, Kampf um Namen, S. 372).

106 Vom Alexanderplatz nach Moabit. Grzesinski über seine Verhaftung und Freilassung. In: Berliner Tageblatt v. 21.7.1932.

107 PP Grzesinski an OB Bracht, 20.7.1932. IISG Amsterdam, Nl. Grzesinski, Nr. 2031. Dieser Brief und das Schreiben an General v. Rundstedt sind abgedr. in: Berliner Tageblatt v. 21.7.1932.

me erschienenen „Nachfolger" Dr. Melcher und Polizeioberst Poten unverrichteterdinge zu Bracht und Rundstedt in die Reichskanzlei zurück. Nach Erhalt der Briefe, gegen 15.15 Uhr, rief General v. Rundstedt noch einmal bei Grzesinski im Polizeipräsidium an, um ihn zum freiwilligen Amtsverzicht zu bewegen, was dieser erneut ablehnte.[108]

Daraufhin wurde ein Reichswehrkommando aus einigen Offizieren und zwölf bewaffneten Soldaten in Marsch gesetzt, das gegen 17 Uhr im Polizeipräsidium eintraf. Obwohl die Soldaten diesmal ein einwandfreies Schreiben v. Rundstedts vorweisen konnten[109], weigerten sich Grzesinski, Weiß und Heimannsberg weiterhin, ihre Plätze zu räumen und gaben entsprechende schriftliche Erklärungen ab; Grzesinski wies darüber hinaus auf seine Immunität als Abgeordneter hin, die ihn vor einer Verhaftung schütze.[110] Trotzdem wurden Grzesinski, Weiß und Heimannsberg gegen 17.30 Uhr auf ausdrücklichen Befehl des Reichswehrministers v. Schleicher in „Schutzhaft" genommen und in eine Militärarrestanstalt nach Moabit gebracht. Der Abschied vom Präsidium erregte großes Aufsehen, wie Grzesinski sich notierte: „Die Beamten stehen dichtgedrängt an den Fenstern und Türen, sie winken und rufen uns zu. ,Freiheit', ,Hoch die Republik' und ,Hoch unsere Chefs' hören wir. Wir grüßen zurück. Ich gehe schnell, um der peinlichen Situation ein Ende zu machen. Ich kenne die Beamten! – Unten grüßen und salutieren die Schutzpolizisten."[111] Unmittelbar danach übernahm die neue Polizeiführung die Geschäfte.[112]

Die „Schutzhaft" dauerte nur kurz, noch vor 20 Uhr waren Grzesinski, Weiß und Heimannsberg wieder auf freiem Fuß. Nachdem die Reichswehr ihren Auftrag, eine neue Polizeiführung einzusetzen, erfüllt hatte, bestand kein Interesse an einer längeren Haft. Die Inhaftierten wurden freigelassen, nachdem sie eine Erklärung unterschrieben hatten, sich jeder weiteren dienstlichen Maßnahme zu enthalten. Diese Erklärung konnten Grzesinski, Weiß und Heimannsberg bedenkenlos abgeben, weil sie ihren Rechtsstandpunkt, zu Unrecht aus dem Amt entfernt worden zu sein, nicht berührte.[113]

---

108 Grzesinski, Im Kampf (Ms.), Bl. 305.

109 IISG Amsterdam, Nl. Grzesinski, Nr. 2036.

110 Abgedr. in: Berliner Tageblatt v. 21.7.1932.

111 Grzesinski, Im Kampf (Ms.), Bl. 308; siehe auch „Wie Grzesinski verhaftet wurde", in: Vorwärts v. 21.7.1932.

112 Die politische Haltung der neuen Führung schätzte der Korrespondent der Vossischen Zeitung folgendermaßen ein: Melcher, der neue PP (ein Korpsbruder Papens und Gayls), stünde dem rechten Flügel der DVP nahe, seine „Toleranz gegenüber den Nationalsozialisten" sei wiederholt Gegenstand von Presseerörterungen gewesen. Mosle, sein „Vize", stehe „politisch der rechten Mitte nahe", Poten, neuer Kommandeur der Berliner Schupo, der „gemäßigten Rechten". „Die Reichswehr im Präsidium", in: Vossische Zeitung v. 21.7.1932.

113 Wortlaut der Erklärung, die auf die Initiative des Leiters der Polizeiabt. im PrMdI, Klausener, zurückging, in: IISG Amsterdam, Nl. Grzesinski, Nr. 2041. Siehe auch Grzesinski, Im Kampf (Ms.), Bl. 309f.; „Wie Grzesinski verhaftet wurde", in: Vorwärts v. 21.7.1932; AdR, Kabinett v. Papen, S. 271.

2.2 Gewaltsamer Widerstand am 20. Juli 1932?

Es ist unter dem Eindruck der nationalsozialistischen Katastrophe von Zeitzeugen und Wissenschaftlern eingehend darüber diskutiert und gestritten worden, ob Papens Staatsstreich vom 20. Juli mit bewaffnetem Widerstand oder einem Generalstreik hätte beantwortet werden sollen. Rückblickend stellte sich Papens Aktion, die „Gleichschaltung" Preußens, als ein wichtiger Schritt auf dem Weg zum „Dritten Reich" dar, und hinter der Diskussion stand unausgesprochen die Einschätzung, daß es zur Machtübertragung an Hitler nicht hätte zu kommen brauchen, wenn Sozialdemokratie und Gewerkschaften am 20. Juli v. Papen widerstanden hätten. Diese Sichtweise war in der deutschen Emigration und dementsprechend in den ersten Jahren nach dem Zweiten Weltkrieg auch in Deutschland vorherrschend: Was auch immer die sozialdemokratische Führung am 20. Juli unternommen hätte, alles wäre besser gewesen als Untätigkeit.[114] Abgesehen von der apologetischen Memoirenliteratur gab es kaum Stimmen, die Verständnis für das Verhalten der Verantwortlichen aufbrachten.[115] Im Kontext der frühen 70er Jahre ist dann besonders auf die vermeintlichen Erfolgschancen „außerparlamentarischer" Aktionen abgehoben worden.[116] Bis zu diesem Zeitpunkt war die Diskussion stark normativ geprägt. Nebenbei bemerkt war die fast einhellige Ablehnung des Verhaltens der preußischen Führung am 20. Juli mit dafür verantwortlich, daß sich die Historiographie erst spät des Weimarer Preußens und seiner Protagonisten erinnern mochte; das unrühmliche Ende hat, so scheint es, auch alles Vorangegangene entwertet.

Der m. E. gewichtigste Einwand gegen die skizzierte, lange Zeit vorherrschende Argumentation lautet, daß sie der Entscheidungssituation des 20. Juli nicht gerecht wird. Die Kritiker unterstellen, daß es für Severing und die anderen Beteiligten vorher- oder absehbar gewesen sei, daß der Verzicht auf Widerstand gegen Papen zur Machtübernahme der Nationalsozialisten führen werde. In der konkreten Situation des 20. Juli war Widerstand jedoch kein Weg, die Hitlerdiktatur zu verhindern. Ein gescheiterter Aufstandsversuch hätte vielmehr gerade das, was man verhindern wollte, zur Folge gehabt: ein autoritär-militaristisches Regime unter Führung der Nationalsozialisten und/oder der Reichswehr.[117]

Insbesondere junge, aktivistische Sozialdemokraten waren nach dem 20. Juli der Meinung, die preußische Polizei hätte, unterstützt von den Verbänden der Eisernen Front, gewaltsamen Widerstand gegen die Reichsregierung leisten sollen. Die Gewerkschaften hätten diese Aktionen durch einen Generalstreik unterstützen

---

114 Matthias, Sozialdemokratische Partei, S. 144, der die kritische, aber abgewogene Argumentation Brachers (Auflösung, S. 599) noch zuspitzt.

115 Eine Ausnahme bildete die 1966 erschienene Studie: Rohe, Reichsbanner.

116 Ehni, Bollwerk, S. 266f.

117 Vgl. Schulze, Otto Braun, S. 754f.; Brecht, Vorspiel, S. 98; ders., Mit der Kraft, S. 212.

müssen. Aufgrund der an der „Basis" vorhandenen Kampfbereitschaft hätte ein solcher Widerstand Erfolgsaussichten gehabt.[118] Nach allem, was heute bekannt ist, läßt sich dieses Argument mit den realen Machtverhältnissen nicht vereinbaren. Daß punktuell die besonders aktiven Teile der sozialdemokratischen Solidargemeinschaft bereit waren, sich für die Republik in die Bresche zu werfen, kann nicht darüber hinwegtäuschen, daß große Massen für einen solchen Kampf nicht zu mobilisieren waren.[119] Ein Generalstreik hatte bei sechs Millionen Arbeitslosen nicht nur geringe Erfolgsaussichten, sondern es bestand die Gefahr, daß die Nationalsozialisten von einer solchen Entwicklung profitieren könnten: Hitler hoffte darauf, daß die Reichswehr zur Niederschlagung des Generalstreiks die Verbände von SA und SS zu Hilfe rufen werde, wofür dann selbstverständlich Kompensationen einzufordern waren.[120] Auch die Kommunisten erhofften von einem Generalstreik Vorteile für sich: das Heranreifen einer revolutionären Situation. Zur Rettung der Republik war von ihnen keine Hilfe zu erwarten, „nach glaubwürdigen Zeitungsberichten" war die Kunde von der Amtsenthebung Brauns und Severings in kommunistischen Versammlungen mit Jubel aufgenommen worden.[121] Auf Hilfe von außen war kaum zu hoffen: Obwohl Papens Gewaltakt die föderale Struktur des Reiches antastete, waren die süddeutschen Staaten lediglich darauf bedacht, selbst ungeschoren zu bleiben.

Ein militärischer Erfolg von preußischer Polizei und republikanischen Wehrorganisationen gegen die Reichswehr, selbst wenn diese nicht durch nationalistische Wehrverbände unterstützt wurde, war völlig ausgeschlossen.[122] Der überlegenen

---

118 Diese Argumentation wird aufgenommen von Ehni, Bollwerk, S. 256-276. Die DDR-Geschichtsschreibung variierte auch in diesem Fall das bekannte Thema vom „Verrat" der rechtssozialdemokratischen „Bonzen", die den an der „Basis" vorhandenen Aktionswillen erstickt hätten. Siehe etwa Lange, Berlin, S. 1034f., die sich an der „parteiamtlichen" Darstellung Albert Nordens (Der 20. Juli 1932. In: Neues Deutschland [B] v. 20.7.1962) orientiert.

119 In diesem Zusammenhang ist die große Bedeutung der Destabilisierung des sozialdemokratischen Milieus durch die Wirtschaftskrise betont worden: Grebing, Flucht, S. 36. An der Kampfbereitschaft der „Massen" läßt auch der vergleichsweise ruhige Verlauf des Tages zweifeln. In Berlin löste Papens Aktion zwar „Unruhe", aber keine „Unruhen" aus, schrieb ein Reporter der „Vossischen Zeitung" (21.7.1932). Vgl. auch AdR, Kabinett v. Papen, S. 271.

120 Grzesinski, Im Kampf (Ms.), Bl. 315 verweist auf eine entsprechende Rede Hitlers in Hamburg am Abend des 20. Juli; vgl. auch Pyta, Gegen Hitler, S. 388f. Daß das Kabinett den Einsatz der SA nicht vorsah (AdR, Kabinett v. Papen, Nr. 59), ändert nichts daran, daß diese Möglichkeit berücksichtigt werden mußte.

121 Braun an v. Papen. Offener Brief, in: Vorwärts v. 28.7.1932. Für die Bildung einer Einheitsfront fehlten alle Voraussetzungen. Vgl. Bahne, Kommunistische Partei, S. 673 sowie Deutsche Staatskrise, S. 100ff. (Diskussionsbeitr. Winkler und Mommsen).

122 Grzesinski verwies darauf, daß für einen Kampf in Berlin zunächst „nur die in den Kasernen befindlichen und in geschlossenen Formationen ausgebildeten etwa 4.000 Schutzpolizeibeamten" zur Verfügung gestanden hätten. Wenn auch die Mehrzahl der Polizeibeamten (nicht jedoch der Offiziere) treu zur Republik stand, so rechnete Grzesinski bei einem Vorgehen gegen eine Verordnung des Reichspräsidenten, deren Verfassungswidrigkeit nicht auf den ersten Blick zu erkennen war, mit einer kampfkraftmindernden Unsicherheit in den Reihen der Schutzpolizei. Grzesinski, Im Kampf (Ms.), Bl. 314.

Macht der Reichswehr entgegenzutreten, wäre allenfalls eine heroische Geste gewesen, die viele Menschenleben gefordert hätte. Es liegt auf der Hand, daß das nicht die Haltung verantwortungsbewußter Politiker sein konnte. Daß ein voller Mißerfolg eines Aufstandes weniger verheerend gewirkt hätte als das Stillhalten[123], ist eine unbeweisbare Behauptung. Viel eher lassen sich Belege für die These beibringen, daß Widerstand oder Generalstreik den Nationalsozialisten genützt hätten. So war es auch unter dem Aspekt der Abwehr des Nationalsozialismus durchaus vernünftig und konsequent, auf gewaltsame Aktionen, die ohnehin nicht in der Tradition der Sozialdemokratie, zumal der preußischen lagen, zu verzichten. Mit mehr oder weniger starken Abweichungen im Detail ist sich die neuere Forschung in dieser Anschauung einig, die einen Perspektivenwechsel in der Bewertung des sozialdemokratischen Verhaltens am 20. Juli 1932 markiert.[124] Was Grzesinski über den 30. Januar 1933 schrieb, galt auch für den 20. Juli 1932: Man konnte nicht jahrzehntelang die Gesetzmäßigkeit als das beste und erfolgverbürgende Mittel zur Überwindung des Gegners anpreisen und dann nach Belieben von diesem Grundsatz abweichen.[125]

Es bleibt die Frage, warum die Erklärungen der Beteiligten, sie hätten am 20. Juli Blutvergießen, Bürgerkrieg und nationalsozialistische Machtergreifung verhindern wollen, lange Zeit nicht ernst genommen worden sind. Hierfür ist m. E. ein Argument verantwortlich, das man als „bürgerlich-liberalen Widerstandsmythos" bezeichnen könnte und das in der Nachkriegshistoriographie aufgenommen wurde. Im Jahre 1947 schrieb der am 20. Juli 1932 seines Amtes enthobene Staatssekretär Abegg, er sei überzeugt, daß *„der aalglatte Conjunkturritter Papen zum Kampf zu feige war, weder er noch Hindenburg hätten gewagt, den Bürgerkrieg auszulösen."*[126] In dieselbe Kerbe hieb ein anderer Demokrat, der ehemalige Kasseler Regierungspräsident Friedensburg: „Wer den leichtfertigen und keineswegs charakterfesten v. Papen kennt, wird durchaus die Möglichkeit, wenn nicht die Wahrscheinlichkeit bejahen, daß die historische Unterredung anders ausgelaufen wäre, wenn Severing entschlossen seine *Kampfbereitschaft* hätte erkennen lassen".[127] Offensichtlich waren diese Kritiker Severings überzeugt, daß es ausgereicht hätte, kämpferische Ent-

---

123 So die einflußreiche These von Matthias, Sozialdemokratische Partei, S. 144.
124 Zusammenfassend: Kolb, Weimarer Republik, S. 206f.; Grebing, Flucht, S. 34ff. Schulze, Otto Braun, S. 746ff.; Höner, Zugriff, S. 342ff.; Winkler, Der Weg, S. 671ff.; Pyta, Gegen Hitler, S. 386ff.; Leßmann, Schutzpolizei, S. 363ff.; Alexander, Carl Severing, S. 203ff. Vgl. auch die frühe Studie von Rohe, Reichsbanner, S. 437ff.
125 Grzesinski an Hirschfeld, 21.4.1933. LA Berlin, Rep. 200, Acc. 3983, Nr. 2.
126 Abegg an Severing, 31.5.1947. BA Koblenz, Kl. Erw. 329, Nr. 8, Bl. 14. Hervorhebg. original.
127 Friedensburg, Lebenserinnerungen, S. 211; Hervorhebg. original. Beispiele für eine ähnliche Sichtweise bieten die von Graf Kessler überlieferten Aussagen des am 20. Juli 1932 ebenfalls amtsenthobenen pr. Finanzministers Klepper: Kessler, Tagebücher, S. 691 (21.9.1932) sowie Kleppers Aufsatz „Das Ende der Republik" (1947). Ebenso eine Aussage Heimannsbergs aus dem Jahre 1957, die Bracher, Auflösung, S. 735ff. zur Stützung der eigenen Argumentation abdruckt.

schlossenheit nur zu demonstrieren. Sie glaubten, daß v. Papen durch die bloße Drohung mit Gegenmaßnahmen bzw. einige symbolische Widerstandsaktionen am 20. Juli 1932 zum Einlenken zu bewegen gewesen wäre. Im Kern läuft diese Argumentation darauf hinaus, daß Severing auf einen Bluff Papens hereingefallen sei. Nach den überlieferten Zeugnissen gibt es jedoch keinen Zweifel an der Bereitschaft des Reichspräsidenten und der Reichsregierung, besonders des im Hintergrund agierenden Reichswehrministers v. Schleicher, auf etwaigen preußischen Widerstand mit dem Einsatz aller Machtmittel zu antworten.[128] Damit werden auch all jene nachträglichen Bewertungen von Historikern fragwürdig, die der preußischen und sozialdemokratischen Führung vorwarfen, nicht wenigstens demonstrativen Widerstand geleistet zu haben.[129] Für „demonstrative" Aktionen bestand genauso wenig Spielraum wie für die „große" Widerstandsoperation von preußischer Polizei, Eiserner Front und Gewerkschaften.

Es wäre nun sozialpsychologisch interessant zu untersuchen, warum diese These gerade im liberalen Bürgertum besonderen Anklang fand. Die harsche Verurteilung des Sozialdemokraten Severing sollte offensichtlich den liberalen Anteil an der Verantwortung für den Untergang der Weimarer Republik bemänteln. Angesichts der Unfähigkeit, die Erosion des eigenen Milieus aufzuhalten (die Zahl der Abgeordneten von DDP/DStP war in Preußen zwischen 1919 und 1932 von 66 auf 2 zurückgegangen), war es bequem, alle Verantwortung bei der Sozialdemokratie und bei Severing abzuladen, der sich nicht zu Unrecht beschwerte, als „Sündenbock" herhalten zu müssen.[130] Auch der Zeitzeuge Arnold Brecht fand es „sonderbar", „daß gewöhnlich nur von der Passivität der Sozialdemokratie, nicht der Bürgerkreise die Rede ist. Sind es immer nur die Arbeiter, die die schmutzige Arbeit tun müssen?"[131]

Mehrmals wurde auch versucht, Grzesinski gewissermaßen als Kronzeugen gegen Severing und für eine Handlungsalternative am 20. Juli aufzubieten.[132] Das mußte mißlingen, weil Selbstzeugnisse und archivalische Überlieferung in diesem Fall ganz eindeutig sind. Grzesinskis Meinung nach war es am 20. Juli, genauer: seit Verhängung des Ausnahmezustandes, für Widerstand zu spät.[133] Für die Zeit *vor* dem 20. Juli hatte Grzesinski jedoch, wie oben gezeigt werden konnte, durchaus realistische Gegenentwürfe zur Politik Severings anzubieten, die sich unter dem Stichwort „Prävention" zusammenfassen lassen: Die Preußische Staatsregierung

---

128 Schulze, Otto Braun, S. 747f. sowie Alan Bullock, in: The New Statesman and Nation v. 15.9.1945. Übersetzung in: AdsD Bonn, Nl. Severing, M. 317. Auch die Verhaftung der Berliner Polizeispitze auf Befehl Schleichers kann als Beleg für die Durchsetzungsbereitschaft des Reiches herangezogen werden.

129 Siehe z. B. Bracher, Auflösung, S. 599.

130 Severing an Amelunxen (OP Westfalen), 17.6.1946 (Abschr.). AdsD Bonn, Nl. Severing, M. 290.

131 Brecht, Mit der Kraft, S. 212.

132 Aussage Heimannsbergs aus dem Jahre 1957, abgedr. bei Bracher, Auflösung, S. 735ff.; vgl. auch ebd., S. 593.

133 Vgl. oben sowie Grzesinski, Im Kampf (Ms.), Bl. 313; Rheinische Zeitung v. 5.9.1932.

hätte sich publizistisch, psychologisch und administrativ, d. h. durch die Verhängung des Ausnahmezustands, gegen die Einsetzung eines Reichskommissars wappnen können und müssen. Gegen die Plausibilität dieser Position werden Argumente schwer beizubringen sein; jeder erfolgversprechende Versuch, die Einsetzung eines Reichskommissars abzuwenden, hätte auf dieser Linie liegen müssen und nicht erst am 20. Juli beginnen dürfen.

2.3 Die Politik der Kommissariatsregierung in Preußen

Auch durch noch so wirkungsvolle Vorkehrungen gegen einen Reichskommissar wären die strukturellen Gründe für den Staatsstreich nicht beeinflußt worden: Auf der Prioritätenliste von Papens „Kabinett der Barone" stand die Beseitigung der preußischen Regierung obenan. Letztendlich verantwortlich für den Fall der preußischen Bastion war nicht sozialdemokratisches Legalitätsdenken, sondern der naive Versuch des preußischen Konservatismus, die „aufstrebende Bewegung der NSDAP" (Papen) für die eigenen Ziele, die Errichtung eines autoritären altpreußisch-konservativen „neuen" Staates, einzuspannen. Mit dieser Bündnisoption war es unvereinbar, daß im größten deutschen Land eine Regierung amtierte, die die Nationalsozialisten im öffentlichen Dienst wie auf den Straßen bekämpfte. Die preußischen Konservativen verbündeten sich mit den Nationalsozialisten gegen die von der katholischen und sozialdemokratischen Arbeiterschaft getragene Republik – „die folgenschwerste politische Fehleinschätzung, die der preußische Konservatismus in seiner an Mißgriffen reichen Geschichte begehen sollte".[134]

In der gleichen Perspektive lassen sich auch die Personalveränderungen in der preußischen Verwaltung betrachten, die Papen und seine Helfer unverzüglich vornahmen. Da es (in den Worten des Reichsinnenministers v. Gayl) darum ging, die „junge, immer weitere Kreise erfassende Bewegung Adolf Hitlers [...] von den ihr unter Brüning und Severing angelegten Fesseln" zu befreien[135], mußten selbstverständlich auch jene Ober-, Regierungs- und Polizeipräsidenten abgesetzt werden, die in ihren Amtsbereichen die Weisungen der Regierung zur Bekämpfung des Nationalsozialismus entschlossen durchgeführt hatten. Daß Papen und Bracht hohe Beamte, die sich zu den Weimarer Parteien bekannten, in großer Zahl zur Disposition stellten, diente also nicht nur zur Befriedigung der eigenen Klientel, sondern auch der Nationalsozialisten, denen die Papen-Regierung sich „in der Hoffnung gefällig erweisen wollte, sie für ihre eigenen politischen Wünsche gefügig zu machen", wie Grzesinski richtig vermutete. Es paßt in dieses Bild, daß die Kommissariatsregierung eine Woche nach Amtsübernahme den Beschluß der

---

134 Schulze, Otto Braun, S. 736.
135 Unveröff. Mskr. v. Gayls, zitiert nach Schulze, Otto Braun, S. 736.

Regierung Braun aufhob, der preußischen Beamten die Mitgliedschaft in der NSDAP verboten hatte.[136]

Die Absetzung von Grzesinski, Weiß und Heimannsberg bildete den Auftakt einschneidender Personalveränderungen. Drei Staatssekretäre, ebensoviele Ministerialdirektoren, vier Oberpräsidenten, drei von der SPD und einer von der Staatspartei, wurden unmittelbar nach dem 20. Juli in den einstweiligen Ruhestand versetzt. Genauso erging es sieben Regierungspräsidenten und elf Polizeipräsidenten. Bei den Neubesetzungen sollte bevorzugt auf „Wartestandsbeamte" zurückgegriffen werden; es kamen also jene Beamten wieder, die von den Kabinetten der Weimarer Koalition, zumeist wegen im Amt bewiesener Gegnerschaft zur Republik, auf Wartegeld gesetzt worden waren. Auffällig viele von ihnen waren ehemalige Korpsstudenten.[137] In allererster Linie trafen die Absetzungen Mitglieder der SPD und der Staatspartei, seltener Zentrums- und DVP-Beamte. Papens „Säuberungen" waren ein Indiz dafür, daß die sozialdemokratischen preußischen Innenminister beachtliche Erfolge beim demokratischen Umbau der Verwaltung vorzuweisen hatten. In mehreren Schüben, die nicht ungeschickt mit Verwaltungsreformen verbunden wurden, etwa der Zusammenlegung von Landkreisen, versetzte die Kommissariatsregierung demokratisch-republikanische Beamte in den einstweiligen Ruhestand. Es ging ganz offensichtlich darum, vollendete Tatsachen zu schaffen, noch bevor die Klage gegen die Rechtmäßigkeit des Eingriffs vom 20. Juli vor dem Staatsgerichtshof zur Verhandlung kommen konnte. Bis zum Beginn des Prozesses am 10. Oktober 1932 waren von 588 politischen Beamten 94 in den einstweiligen Ruhestand versetzt und 11 zwangsweise in Urlaub geschickt worden; hinzu kamen jene, die, wie Otto Brauns Staatssekretär Weismann, ihrer Suspendierung durch Antrag auf Entlassung zuvorgekommen waren.[138]

Das erkennbare Bemühen des Papen/Bracht-Regimes, Fakten zu schaffen, veranlaßte die Führung der Sozialdemokratischen Partei, beim Reichskanzler schriftlich und persönlich zu protestieren und ein Ende der Personalveränderungen zumindest bis zur Entscheidung des Staatsgerichtshofes zu fordern.[139] Besondere Verbitterung hatte die Tatsache ausgelöst, daß nicht nur politische Beamte, sondern auch Beamte der regulären, nicht-politischen Laufbahn von offensichtlich

---

136 Zitat aus: Grzesinski, Die Reaktion in Preußen. In: Rheinische Zeitung v. 3./4.9.1932. Zum Beschluß des PrStMin v. 25.6.1930 siehe oben Kap. IV 3.5; der Beschluß der Kommissariatsregierung v. 27.7.1932 ist abgedr. in: Staat und NSDAP, Nr. 74.

137 WTB Nr. 1540 v. 21.7.1932 (Expl. in: BA Koblenz, R 43 I, Nr. 2280, Bl. 244); Runge, Politik und Beamtentum, S. 237f.; Graf, Politische Polizei, S. 77.

138 Ehni, Bollwerk, S. 276; RK an StS Weismann, 22.7.1932. WTB Nr. 1550 v. 22.7.1932 (Expl. in: BA Koblenz, R 43 I, Nr. 2280, Bl. 247).

139 Wels an RK v. Papen und Reichskommissar Dr. Bracht, 17.8.1932. BA Koblenz, R 43 I, Nr. 2280, Bl. 592f. Daraufhin fand am 23.8. eine (folgenlose) Besprechung zwischen Wels, Stampfer, Bracht und dem RK statt: Ebd. (handschr. Vermerk auf o. a. Schreiben); siehe auch Grzesinski, Die Reaktion in Preußen. In: Rheinische Zeitung v. 3./4.9.1932.

politisch motivierten Maßregelungen betroffen waren. Tatsächlich ergab eine Aufstellung Grzesinskis vom November 1932, daß unter den 84 sozialdemokratischen Beamten, die aus dem höheren Dienst hatten ausscheiden müssen, immerhin 17 Ministerial- und Oberregierungsräte, also nicht-politische Beamte, waren. Auf sozialdemokratischer Seite reagierte man auf deren Entlassung so überaus empfindlich, weil die sozialdemokratischen preußischen Innenminister nur in begründeten Ausnahmefällen in den regulären höheren Dienst eingegriffen hatten. Um so fassungsloser war man, als die neuen Machthaber keinerlei Skrupel zeigten, unter dem Etikett von Sparmaßnahmen auch nicht-politische Beamte, vor allem Anhänger der Weimarer Parteien, in den einstweiligen Ruhestand zu versetzen. Am deprimierendsten war jedoch die Erfahrung, daß in den Kreisen der Beamten und ihrer Verbände niemand gegen die offensichtlich politisch motivierten Personalveränderungen Stellung bezog. Die Beamtenschaft, die gegenüber den demokratisch-republikanischen Regierungen in dreizehn Jahren entschiedene Kritik an jeder Maßnahme geübt hatte, die auch nur entfernt im Verdacht stand, die Prinzipien des Berufsbeamtentums zu berühren, konnte es offensichtlich mit dem Prinzip der lebenslänglichen Anstellung vereinbaren, daß nach Papens Regierungsübernahme nicht nur politische Beamte, sondern auch höhere Beamte des regulären Dienstes in größerer Zahl abgesetzt wurden.[140] Vollends aufgehoben wurden die von den sozialdemokratisch geführten preußischen Regierungen niemals angetasteten Rechtsgarantien des Beamtenverhältnisses durch das zynischerweise so genannte „Gesetz zur Wiederherstellung des Berufsbeamtentums" vom 7. April 1933. Dieses Gesetz erlaubte den Nationalsozialisten Eingriffe in den gesamten Beamtenapparat; es war darauf zugeschnitten, „Außenseiter", jüdische und nach NS-Maßstäben politisch unzuverlässige Beamte aus dem Dienst zu entfernen. Auch Grzesinski, der sich bis dahin im einstweiligen Ruhestand befunden hatte, wurde aufgrund dieses Gesetzes am 24. Juli 1933 aus dem Staatsdienst entlassen; die Versorgungsansprüche verfielen.[141]

Nicht nur in personeller Hinsicht wurde in Preußen seit dem 20. Juli das Rad zurückgedreht. Den Polizeioffizieren wurde wieder das Tragen des Degens zur Uniform erlaubt, Kommandoton und Drill wurden schärfer, und bis zum Ende des Jahres hatten sich einige Polizeioffiziere sogar wieder das Monokel, Inbegriff von wilhelminischem Kastengeist und Standesdünkel, vor das Auge geklemmt; eine Unsitte, die unter Severing und Grzesinski streng verboten war. Angesichts einer solchen Haltung konnte es auch nicht überraschen, daß das Polizeioffizierskorps unter Papen und Schleicher von Personalveränderungen, mit der geschilderten

---

140 Grzesinski, Die Reaktion in Preußen. In: Rheinische Zeitung v. 3./4.9.1932. Aufstellung Grzesinskis über die amtsenthobenen SPD-Beamten vom Nov. 1932 in: IISG Amsterdam, Nl. Grzesinski, Nr. 2087. Unter dem Deckmantel von Sparmaßnahmen wurden am 12.11.1932 weitere 69 Ministerialbeamte, darunter 40 Angehörige der Weimarer Parteien, „abgebaut". Runge, Politik und Beamtentum, S. 238f.

141 RGBl. 1933 I, S. 175ff.; Grzesinski, Im Kampf (Ms.), Bl. 346; Runge, Politik und Beamtentum, S. 241.

Ausnahme Heimannsbergs, verschont blieb. Erst unter den Nationalsozialisten wurden einige Offiziere ausgewechselt (12,8 Prozent).[142] Hier zeigt sich, daß die sozialdemokratischen preußischen Innenminister bei der personellen Umgestaltung des Polizeioffizierskorps erfolglos geblieben waren.

Demgegenüber war man bei der demokratisch-republikanischen Umgestaltung der Politischen Polizei, der Abteilung IA des Berliner Polizeipräsidiums, die einst Grzesinski unterstanden hatte, weiter vorangekommen. Das Papen-Regime hielt hier umfangreiche personelle und organisatorische Veränderungen für erforderlich. Der Abteilungsleiter, Regierungsdirektor Goehrke (DStP), sein Stellvertreter (ein sozialdemokratischer Regierungsrat) sowie vier Referenten, darunter drei Sozialdemokraten, wurden abgelöst und auf weniger wichtige Posten abgeschoben. Darüber hinaus wurden die Aufgaben der Dezernate neu verteilt: Nur noch ein Dezernat war für die Beobachtung der NSDAP zuständig, während sich fünf um die KPD und linksextreme Bestrebungen kümmerten. Vorher war die Ausrichtung gegen rechts und links ungefähr gleichgewichtig gewesen.[143] Die amtliche Mitteilung über die Neuregelung enthielt einen infamen Vorwurf gegen die bisher Verantwortlichen: Durch die neue Geschäftsverteilung werde sichergestellt, „daß die Bearbeitung der sogenannten ‚radikalen Linksbewegung‘ in der Hand von Dezernenten liegt, die in ihrer politischen Überzeugung sich von dieser Bewegung klar absetzen".[144] In der Polizeiabteilung des preußischen Innenministeriums wurde der sozialdemokratische Regierungsrat Heinrich Deist, Referent für Rechtsextremismus, in die Provinz versetzt und später entlassen.[145]

Am 10. Oktober 1932 begann der Prozeß vor dem Leipziger Staatsgerichtshof über die Rechtmäßigkeit des Papenschen Staatsstreichs. In den Wochen zuvor hatten Reichsregierung und (abgesetztes) Preußisches Staatsministerium Erklärungen und Gegenerklärungen mit entsprechenden Anlageheften beim Staatsgerichtshof eingereicht.[146] Die Reichsregierung versuchte ihren Vorwurf zu untermauern, in Preußen sei nicht aktiv gegen die „Linksbewegung" vorgegangen worden, und die preußische Seite wehrte sich dagegen. Bemerkenswert an den Einlassungen der Reichsseite war, daß Umstände, die ihr am 20. Juli überhaupt noch nicht bekannt sein konnten, nachträglich zur Begründung des Eingreifens in Preußen herangezo-

---

142 Kohler, The Crisis, S. 149; Leßmann, Schutzpolizei, S. 372; vgl. auch Grzesinski, Der Verbandstag der Polizeibeamten. In: Vorwärts v. 22.1.1933.

143 Graf, Politische Polizei, S. 75.

144 WTB Nr. 1546 v. 22.7.1932 (Expl. in: BA Koblenz, R 43 I, Nr. 2280, Bl. 247); Runge, Politik und Beamtentum, S. 239.

145 Graf, Politische Polizei, S. 72 u. 340. Deist, Sohn des sozialdemokratischen MP von Anhalt, war (wie Haubach, Pressechef beim Berliner PP) vom national orientierten Jungsozialismus des „Hofgeismarer Kreises" geprägt. Als Wirtschaftsexperte war er nach dem Krieg maßgeblich an der programmatischen Erneuerung der SPD und dem Bekenntnis zur Marktwirtschaft im Godesberger Programm beteiligt. Vgl. Lösche/Walter, Die SPD, S. 114.

146 IISG Amsterdam, Nl. Grzesinski, Nr. 2064-2073.

gen wurden. Grzesinski wurde in den Schriftsätzen des Reiches mangelnde innere Unabhängigkeit gegenüber dem Kommunismus vorgeworfen. Die Unterstellung, er habe die Kommunisten in irgendeiner Weise begünstigt, wies er in seiner Gegenerklärung jedoch als „absurd" zurück und verwies zur Begründung nicht nur auf Einzelmaßnahmen, wie etwa das Verbot des RFB im Jahre 1929, sondern auch auf seine Biographie und politische Laufbahn, aus der hervorgehe, daß er gegen „Störer der öffentlichen Ruhe und Ordnung in allen Fällen mit der gleichen Entschiedenheit vorgegangen" sei, „ohne Rücksicht darauf, ob die Täter den Rechtsparteien, der KPD oder mir politisch nahestehenden Kreisen angehörten". Damit hatte er einen leitenden Gesichtspunkt seiner politischen Praxis benannt, der durch empirische Untersuchungen, etwa der Politischen Polizei, der Abt. IA des Berliner Polizeipräsidiums, gestützt wird.[147] In der Tat waren die Vorwürfe der Reichsregierung ohne Substanz: Ein Zeitungsartikel über eine Grzesinski-Rede, der die Anschuldigungen belegen sollte, war von der Reichsseite sinnentstellend „bearbeitet" und verkürzt worden. Am Beispiel des RFB-Verbots läßt sich zeigen, daß Grzesinski die Ereignisse zutreffend wiedergab und daß die Reichsregierung ihre Vorwürfe lediglich auf die Berichte karrieresüchtiger Beamten stützte, die hofften, sich durch ungünstige Aussagen über ihre ehemaligen Chefs bei den neuen Machthabern beliebt zu machen.[148] Die nachlässige Art, mit der das Reich die juristischen Vorbereitungen betrieb, nährt den Verdacht, als habe man den Prozeß in Leipzig nicht besonders ernst genommen; wichtiger war offenbar, daß in der Zeit bis zum Prozeß, die möglichst ausgedehnt werden sollte, die normative Kraft des Faktischen sich zugunsten der Kommissare auswirkte.

Durch die Entscheidung des Staatsgerichtshofes vom 25. Oktober 1932 konnte sich die preußische Regierung rehabilitiert fühlen, weil Papens schwerwiegender Vorwurf der Pflichtverletzung zurückgewiesen und die Absetzung der Minister als verfassungswidrig bezeichnet wurde. Gleichwohl führte das Kabinett Braun-Severing, dem das Recht der Vertretung Preußens gegenüber dem Reichsrat, dem Landtag und dem Staatsrat zugesprochen wurde, bis zum 25. März 1933 eine unwürdige Kümmerexistenz, weil weder die Papen-Regierung noch ihre Nachfolgerinnen bereit waren, dem alten Kabinett wirkliche Kompetenzen zuzugestehen und weil sich die vom Staatsgerichtshof vorgenommene Unterscheidung zwischen Hoheits- und Kommissariatsregierung als vollkommen unpraktikabel erwies. Auch der persönliche Einsatz Otto Brauns, der in Aussprachen mit Hindenburg und v. Papen versuchte, das Reich zu einer verfassungstreuen Umsetzung des Urteils zu

---

147 So stellte Graf (Politische Polizei, S. 46) fest, „daß sich die republikanische Politische Polizei grundsätzlich um eine objektive Haltung und rechtsgleiche Behandlung des Links- und Rechtsextremismus bemühte"; allerdings war die effektive Bekämpfung des Nationalsozialismus schwieriger, nicht zuletzt wegen der „Legalitätstaktik".

148 Grzesinskis Aussagen sind enthalten im Anlageheft zur „Erklärung des Preußischen Staatsministeriums vom 10. August 1932 auf die Gegenerklärung der Reichsregierung vom 5. August 1932", hier zitiert nach einem Exempl. in: BA Koblenz, Nl. Dietrich, Nr. 261.

bewegen, konnte nichts daran ändern, daß das Reich an einer Verständigung mit dem Braun-Kabinett in keiner Weise interessiert war. Die Unterbringung des Preußischen Staatsministeriums in einem durch Pappwände dreigeteilten Zimmer des Wohlfahrtsministeriums dokumentierte äußerst anschaulich, welchen Stellenwert die Kommissare der Regierung Braun-Severing einzuräumen gewillt waren.[149]

Ausdrücklich hatte der Staatsgerichtshof der Kommissariatsregierung das Recht zu Beamtenernennungen und -versetzungen zugestanden. Damit war für die suspendierten und zwangsbeurlaubten sozialdemokratischen Beamten die Hoffnung geschwunden, mit gerichtlicher Unterstützung doch noch in ihre Ämter zurückkehren zu können. Für den ehemaligen Metallarbeiter-Bevollmächtigten Albert Grzesinski, geprägt vom Gedanken gewerkschaftlicher Solidarität, war es selbstverständlich, sich um die Belange der suspendierten Parteifreunde zu kümmern, ebenso wie er in späteren Jahren für die Interessen seiner exilierten Landsleute eintrat. Als Mitarbeiter der kommunalen Zentralstelle beim Vorstand der SPD richtete er am 17. November 1932 Anfragen an die Organisationen der Sozialdemokratie, ob nicht einige der knapp einhundert gemaßregelten Beamten in der Schulung oder als Lehrkräfte einzusetzen seien. Verglichen mit der großen Zahl potentieller Instruktoren wurde von diesem Angebot jedoch nur in geringem Umfang Gebrauch gemacht.[150] Die untergeordnete Tätigkeit beim Parteivorstand weist auch darauf hin, daß dort an einer weitergehenden Mitarbeit Grzesinskis, womöglich an einflußreicherer Stelle, kein Interesse bestand; „als ich seit dem 20. Juli mitarbeiten wollte, hat sich mir sowohl in der SPD wie beim ADGB ein sehr sichtbarer Wall entgegengestemmt", schrieb Grzesinski einige Monate später. Auch das Kuratorium der Eisernen Front legte keinen Wert auf seine Mitwirkung.[151] Das hatte sicher mit dem notorisch schlechten Verhältnis zwischen preußischer und Reichs-Sozialdemokratie zu tun; hinzu kamen Konkurrenzdenken und die Befürchtung, sich in der Person des eigenwilligen Grzesinski einen Unruhestifter einzuhandeln. Beim ADGB, der sich um eine von der SPD unabhängigere Rolle bemühte, war gewiß auch politischer Opportunismus im Spiel.

Den 20. Juli 1932 zählte Grzesinski „zu den schwärzesten Tagen der jungen Republik". Es habe sich gezeigt, daß die demokratische Republik doch noch nicht fest genug verankert gewesen sei. Durch Papens rechtlose Gewaltmaßnahme seien die Staatsautorität verletzt und die Rechte der Beamtenschaft angetastet worden. Noch gravierender war freilich, daß das große Projekt der preußischen Sozialdemokratie, die Arbeiterschaft durch soziale Reformen und Teilhabe an der Verwaltung an die

---

149 Entscheidung des StGH in: Preußen contra Reich, S. 491ff.; vgl. auch Vossische Zeitung Nr. 512 v. 25.10.1932; „Die Aussprache bei Hindenburg", in: Berliner Tageblatt v. 30.10.1932; Schulze, Otto Braun, S. 767.

150 Schreiben Grzesinskis v. 17.11.1932 gingen z. B. an den ADGB, den Arbeiter-Turn- und Sportbund, das Reichsbanner, den Parteivorstand der SPD, den Zentralverband Deutscher Konsumvereine. IISG Amsterdam, Nl. Grzesinski, Nr. 2087-2103; 2124.

151 Grzesinski an Hirschfeld, 8.4.1933. LA Berlin, Rep. 200, Acc. 3983, Nr. 2.

demokratische Republik heranzuführen, einen Rückschlag erlitten hatte; Papen und seine Handlanger hätten die Arbeiterschaft geradezu „vom Staate weggestoßen".[152] Tatsächlich war am 20. Juli 1932 die Ära demokratisch-republikanischer Regierungen unter sozialdemokratischer Führung in Preußen ebenso zu einem Ende gekommen wie der über lange Jahre gut funktionierende preußische Parlamentarismus. Für die Sozialdemokratische Partei bedeutete dieses Datum eine wichtige Zäsur, weil man mit dem Hinauswurf aus Regierung und Verwaltung im größten deutschen Land in Zukunft auf die Rolle eines politischen Beobachters beschränkt blieb[153], nachdem die Reichstagsmandate schon lange keine wirkliche Macht mehr verbürgten. In dieser Situation entwickelte sich eine breite parteiinterne Diskussion über die Fehler der Vergangenheit und die zukünftigen Aufgaben sozialdemokratischer Politik. Die ideologische Bandbreite der Partei spiegelte sich in den empfohlenen Rezepten, die von einer stärkeren Linksprofilierung und Zusammenarbeit mit der KPD bis zur Propagierung eines populistischen, „nationalen" Sozialismus reichten. Auch über eine Verfassungsreform wurde in der zweiten Jahreshälfte gestritten.[154] Insbesondere bei der jüngeren Generation war die Meinung anzutreffen, daß darüber hinaus auch ein personeller Neubeginn unausweichlich sei. In diesem Zusammenhang wurden besonders Otto Braun wegen seines „Weglaufens" nach der Aprilwahl und Carl Severing wegen des Verzichts auf Widerstand am 20. Juli kritisiert.[155]

Von Grzesinski konnte ein bedeutender schriftlicher Beitrag zur sozialdemokratischen Theoriedebatte nicht erwartet werden; nach der Amtsenthebung sah er seine Hauptaufgabe eher als Versammlungsredner.[156] Immerhin gewähren die überlieferten Redetexte einen Einblick in das politische Denken des ehemaligen preußischen Innenministers in den letzten Monaten der Weimarer Republik. Sein Rezept für die Überwindung der Krise in Deutschland lautete: Rückkehr zur Verfassung von Weimar, und das hieß in erster Linie: Beendigung des Mißbrauchs des Art. 48 und Rückkehr zum parlamentarischen Regierungssystem. Ausgehend von seiner Grundüberzeugung, daß das deutsche Volk „nur in der demokratischen Republik leben und nur auf dieser Staatsgrundlage seinen Wiederaufbau betreiben" könne, definierte er es als Aufgabe der republikanischen Parteien und besonders der Sozialdemokratie, den „wahren Staat von Weimar gegen den gefälschten zu verteidigen". Der „wahre Staat von Weimar" war der Staat der Weimarer Verfassung, der parlamentarisch regierte Volksstaat. Demgegenüber war der „gefälschte Staat von

---

152 Grzesinski: Rede vor der Eisernen Front in Köln. Rheinische Zeitung v. 5.9.1932.

153 Winkler, Der Weg, S. 840.

154 Siehe dazu Winkler, Der Weg, S. 802-809.

155 So hatte Hans Hirschfeld Severing bereits am 22. Juli, also noch unter dem unmittelbaren Eindruck der Papenaktion, ins Gesicht gesagt, daß seine Rolle im politischen Leben ausgespielt sei, ebenso die von Otto Braun. Hirschfeld berichtete Grzesinski am 29.8.1932 über das Gespräch mit Severing. Tagebuch-Aufzeichnung in: IISG Amsterdam, Nl. Grzesinski, Nr. 2045.

156 Grzesinski, Im Kampf (Ms.), Bl. 340.

Weimar" der Staat der Papen, Schleicher und Konsorten, die in ihren Verlautbarungen die Überwindung des Parteiwesens propagierten, in Wirklichkeit jedoch sehr wohl Parteipolitik, nämlich in ihrem eigenen, antirepublikanischen Sinne betrieben. Grzesinski machte deutlich, daß er das Scheitern des Parlamentarismus in Deutschland nicht dem Verfassungswerk von Weimar anlastete, sondern, mit Bezug auf Überlegungen des sozialdemokratischen Justizpolitikers Gustav Radbruch, die Gründe eher in der typisch deutschen Verbindung von Parteienprüderie und Parteifanatismus sah, die Wähler und Politiker daran hinderte, sich auf die Bedingungen eines modernen parlamentarischen Systems, auf Koalitionen und Kompromisse einzustellen.[157] Daß es auch anders ging, hatte das preußische Beispiel gezeigt. Grzesinskis Befund, daß in den Eigenheiten des deutschen Parteiensystems eine Ursache für das Scheitern des Parlamentarismus auf Reichsebene zu suchen ist, wird von der modernen Forschung bestätigt.[158] Da die deutschen Parteien im konstitutionellen System des Kaiserreichs von der Regierung ausgeschlossen waren, entfiel für sie auch der Zwang zum politischen Kompromiß; dafür wurde um so dogmatischer an Prinzipien und Doktrinen festgehalten. In der Weimarer Republik wirkte sich diese Tradition hemmend auf die Koalitionswilligkeit und -fähigkeit der Parteien aus. In der Krise Weimars wirkte die konservativ-obrigkeitsstaatliche Propaganda fort, die, von der Rechtswissenschaft unterstützt, seit dem Kaiserreich einen Antagonismus zwischen „überparteilichem" Staat (repräsentiert durch die alten Eliten) und den partikularistischen, Sonderinteressen vertretenden Parteien konstruiert hatte. Demgegenüber bekannte sich Grzesinski offen und beinahe trotzig zum vielgeschmähten Parteienstaat und den Parteien als den berufenen Vertretern gesellschaftlicher Interessen. Seine Haltung kann durchaus als repräsentativ für die preußische Sozialdemokratie gelten: „Wenn die Staatsgewalt wirklich vom Volke ausgehen soll, dann kann das nur sein, wenn *der Volksstaat ein Parteienstaat* ist."[159]

Das größte Hindernis für eine Rückkehr zur parlamentarischen Regierungsweise sah Grzesinski in der NSDAP, die seit September 1930 jede konstruktive Parlamentsarbeit im Reichstag unmöglich gemacht hatte und damit die Verantwortung für den Übergang zu den Präsidialkabinetten und dem Regieren per Notverordnung trug. Die Fortsetzung des Kampfes gegen die NSDAP war daher eine zentrale Aufgabe für die SPD.[160]

Treue zur Verfassung bedeutete für die Sozialdemokratie, daß die gewählten Kampfmittel die legalen demokratischen Bahnen nicht verlassen durften. Durch „Aufklärung und Propaganda" sowie anhaltende außerparlamentarische prorepu-

---

157 Es lebe die Republik! Albert Grzesinski an die Polizeibeamten Berlins. In: Vorwärts v. 11.8.1932.

158 Vgl. etwa Schulze, Weimar, S. 69; Ritter, Deutsche Parteien, S. 9ff.

159 Es lebe die Republik! Albert Grzesinski an die Polizeibeamten Berlins. In: Vorwärts v. 11.8.1932, Hervorhebg. original.

160 Grzesinskis letzte Wahlrede v. 26.2.1933. IISG Amsterdam, Nl. Grzesinski, Nr. 2161.

blikanische Machtdemonstrationen, zu denen Grzesinski die Parteiführung ermunterte, sollte der politische Umschwung nach links herbeigeführt werden. Dabei
war Grzesinski klar, daß die Erfolgsaussichten der Sozialdemokratie im Kampf
gegen die arbeiterfeindlichen Präsidialkabinette und die gewaltbereiten Nationalsozialisten auf absehbare Zeit gering waren, weil wirtschaftliche Not und Verzweif-
lung viele Menschen nach rechts getrieben hatten. Daß die Arbeiterschaft diesem
Rechtsruck nicht entscheidend begegnen konnte, war für Grzesinski die Schuld der
Kommunisten, die er in mehr als einer Hinsicht für „das Unglück der deutschen
Arbeiterschaft" hielt: Sie wilderten im Wählerpotential der SPD, und sie hatten
Seite an Seite mit rechtsextremen Kräften gegen die demokratischen Regierungen
der Weimarer Koalition gekämpft. In frischer Erinnerung waren noch ihr Verhalten beim Volksbegehren zur Auflösung des preußischen Landtags und das gemeinsame parlamentarische Vorgehen mit Nationalsozialisten und Deutschnationalen,
etwa bei Mißtrauensanträgen. Durch ihr schroffes revolutionäres Gebaren hatten
die Kommunisten den sozialistischen Gedanken bei Angehörigen der „bürgerlichen" Mittelschichten diskreditiert und damit die Öffnungsversuche der SPD in
Richtung einer demokratisch-sozialistischen Volkspartei durchkreuzt.[161] Eine Kundgebung der Eisernen Front in Köln am 4. September 1932, bei der Grzesinski und
der Reichstagsabgeordnete Wilhelm Sollmann sprachen, machte deutlich, welche
Aufgaben der rechte Flügel der SPD für die Zukunft sah: Von der KPD sollten jene
Wähler, die früher sozialdemokratisch gewählt hatten, aber keine überzeugten
Kommunisten waren, zurückgewonnen werden; gleichzeitig sollte die „sozialistische Idee [...] aus dem Industrieproletariat in die neuen proletarischen Schichten, in
die Reihen der Angestellten, der Akademiker, der entwurzelten Mittelschichten
und ihre hoffnungslose Jugend vorgetragen werden" (Sollmann).[162]

Zwischen Juli 1932 und Februar 1933 hatte Grzesinski als beliebter Wahlkampf-
redner auf über 80 Veranstaltungen zu Hunderttausenden von Menschen gesprochen. Immer wieder hatte er sein Thema variiert, daß „nur auf dem Boden der
Verfassung von Weimar [...] Deutschlands Zukunft gesichert" sei.[163] Entsprechend
wurde die SPD als die Partei der Verfassung, der Demokratie und des Sozialismus
präsentiert. Die Stellung zu Verfassung und demokratischer Republik war für Grzesinski das entscheidende Kriterium für die Bewertung politischer Gruppierungen.
Die SPD wurde geradezu mit dem Weimarer Staat identifiziert; mit Feinden der
demokratischen Republik gab es keine Gemeinsamkeiten und keine Zusammenarbeit: „Die Kommunisten sind von den Sozialdemokraten stets als Feinde der de-

---

161 Grzesinski: Rede vor der Eisernen Front in Köln. Rheinische Zeitung v. 5.9.1932; Grzesinski an Wels,
2.8.1932. IISG Amsterdam, Nl. Grzesinski, 2059. Zu den „Öffnungsversuchen" der Weimarer Sozialdemokratie gegenüber nichtproletarischen Schichten siehe Lösche/Walter, Die SPD, S. 21ff.

162 Rheinische Zeitung v. 5.9.1932; vgl. auch Grzesinski, Im Kampf (Ms.), Bl. 320.

163 Grzesinskis letzte Wahlrede v. 26.2.1933. IISG Amsterdam, Nl. Grzesinski, Nr. 2161 (Schallplattenpro-
duktion); Grzesinski, Im Kampf (Ms.), Bl. 340.

mokratischen deutschen Republik und damit ihrer eigenen Bewegung angesehen und behandelt worden – ebenso wie die Nationalsozialisten."[164]

Einen seiner letzten öffentlichen Auftritte absolvierte Grzesinski am 19. Februar 1933 in seiner vorpommerschen Heimat, in Stralsund. In seiner Ansprache vor der Eisernen Front ließ er durchblicken, daß die Sozialdemokratie schweren Zeiten entgegengehe und daß Repressionsmaßnahmen wie Rede- und Versammlungsverbote, die gegen die SPD verhängt worden waren, erst den Auftakt für weitergehende Drangsalierungen bildeten. In dieser Situation forderte Grzesinski von seinen Parteifreunden Standhaftigkeit: „Kameraden, merkt euch das, weicht nicht ab von Demokratie und Sozialismus, wankt nicht in eurem Glauben an diese beiden Grundsätze politischer Staatsführung, trotz Verfolgung, trotz Schikane, trotz Verleumdung und Unterdrückung. *Der Sieg muß unser werden; denn wir allein vertreten die Sache des Volkes, und das Volk wird siegen.*"[165]

Es ist bezeichnend, daß Grzesinski hier in die siegesgewisse und quasireligiöse vulgärmarxistische Rhetorik aus der Zeit vor dem Ersten Weltkrieg zurückfiel. Am Beispiel einer Mairede Grzesinskis von 1912 ist gezeigt worden, daß die demonstrativ verkündete Siegesgewißheit den Zweck hatte, die eigene Machtlosigkeit zu kompensieren.[166] Ähnlich verhielt es sich 1933. Die Wiederbelebung der im Kaiserreich erprobten zukunftsgewissen Parolen („Unser der Sieg trotz alledem!") war eine Reaktion auf die Erfahrung der Machtlosigkeit und – zumal nach der Machtübernahme durch die Nationalsozialisten am 30. Januar 1933 – Ausdruck des Gefühls, daß sich dies auf absehbare Zeit nicht ändern werde.

3 Flucht und Exil

Den Wahlkampf für die Reichstagswahl am 5. März 1933 mußten Sozialdemokraten und Kommunisten bereits unter Auflagen, Schikanen und Terror der Nationalsozialisten bestreiten. Die im vorangegangenen Abschnitt zitierte Ansprache Grzesinskis vor der Eisernen Front in Stralsund war nur mit der Auflage genehmigt worden, daß die Regierung nicht herabgesetzt werde. In anderen Bezirken war Grzesinski das Reden überhaupt verboten worden.[167]

In besonderer Weise waren Veranstaltungen, bei denen Grzesinski als Redner angekündigt war, von SA-Störmanövern betroffen. Während seiner Amtszeit als Innenminister und Polizeipräsident hatte sich Grzesinski als kompromißloser Gegner der Nationalsozialisten deren unversöhnlichen Haß zugezogen. Deshalb wur-

---

164 Grzesinski, Im Kampf (Ms.), Bl. 324f.

165 Vorpommern stand auf! In: Der Vorpommer (Stralsund) v. 23.2.1933.

166 Oben Kap. II 3.

167 Vorpommern stand auf! In: Der Vorpommer (Stralsund) v. 23.2.1933; Grzesinski, Im Kampf (Ms.), Bl. 341.

den seine Versammlungen gestört und gesprengt. Im schlesischen Langenbielau kam es am 22. Februar zu einem tätlichen Angriff durch einen Pulk Nationalsozialisten, ohne daß sich die Polizei blicken ließ. Nach eigener Einschätzung war Grzesinski dabei nur knapp dem Totschlag entgangen, indem er in sein Auto flüchtete.[168] Nach diesem Ereignis sprach Grzesinski noch in den sozialdemokratischen Hochburgen Breslau und Leipzig; seine letzte Versammlung hielt er in Leipzig im Großen Saal des Zoologischen Gartens am Abend des 24. Februar ab. Sowohl aufgrund der zunehmenden persönlichen Gefährdung und mangelnden Schutzes durch die Polizei, als auch wegen der Redeverbote, die etwa in Dortmund, Frankfurt/M., Kiel und Altona gegen ihn verhängt worden waren, sagte er am selben Tag alle weiteren Termine ab.[169] Um trotzdem ein Massenpublikum zu erreichen, ging Grzesinski zwei Tage später ins Tonstudio, um eine Schallplatte aufzunehmen, die bei Versammlungen abgespielt werden sollte. In dieser letzten Wahlrede legte er erneut ein klares Bekenntnis zur Weimarer Verfassung und zur parlamentarischen Regierungsweise ab; nur auf dieser Grundlage sei Deutschlands Zukunft gesichert.[170] Allerdings verlief die tatsächliche politische Entwicklung in Deutschland genau entgegengesetzt: Die Notverordnung „zum Schutz von Volk und Staat", die vom Kabinett Hitler am 28. Februar nach dem Reichstagsbrand beschlossen und von Hindenburg bestätigt wurde, „bedeutete nicht mehr und nicht weniger als die Liquidation des Rechtsstaates in Deutschland".[171]

Der Inhalt der Morgenblätter des 28. Februar ließ Grzesinski keinen Zweifel, „daß nunmehr auch gegen die Sozialdemokraten eine unerhörte Verfolgung einsetzen würde".[172] Göring, der unter Hitler als kommissarischer preußischer Innenminister fungierte, hatte noch in der Nacht des Reichstagsbrandes vom 27. auf den 28. Februar scharfe Maßnahmen angeordnet, die sich in erster Linie gegen die Kommunisten richteten: Alle kommunistischen Abgeordneten und Funktionäre sollten verhaftet werden, die kommunistische Presse wurde verboten. Da gleichzeitig in der wichtigen Phase kurz vor der Wahl sämtliche sozialdemokratischen Zeitungen, Zeitschriften, Plakate und Flugblätter verboten wurden, war absehbar, gegen wen sich die nächsten Schritte richten würden.[173] Daher verließ Grzesinski, gedrängt von Freunden und seiner Frau, Berlin und fuhr nach München, wo noch keine nationalsozialistische Landesregierung amtierte. In Sicherheit wollte er die weitere Entwicklung und den Ausgang der Wahl am 5. März abwarten, wenngleich er von

---

168 Grzesinski, Im Kampf (Ms.), Bl. 342.
169 Schreiben Grzesinkis an mehrere Veranstalter, 24.2.1933. IISG Amsterdam, Nl. Grzesinski, Nr. 2157; vgl. Grzesinski, Im Kampf (Ms.), Bl. 341.
170 Grzesinskis letzte Wahlrede v. 26.2.1933. IISG Amsterdam, Nl. Grzesinski, Nr. 2161. Die Schallplatten kamen aber wohl nicht mehr zum Versand. Grzesinski, Im Kampf (Ms.), Bl. 343.
171 Winkler, Der Weg, S. 881. RGBl. 1933 I, S. 83.
172 Grzesinski, Im Kampf (Ms.), Bl. 344.
173 Vgl. Winkler, Der Weg, S. 880.

deren „schlimmen Ausgang", nämlich einem Sieg der Hitlerregierung, überzeugt war.[174]

Nach der Stimmabgabe am 5. März in München verließ Grzesinski Deutschland. Daß es ein Abschied für immer sein würde, war damals noch nicht abzusehen. Da Grzesinski an Deutschland hing, wie er gegenüber Otto Braun zugab, ist ihm die Flucht nicht leichtgefallen. Gleichwohl war es die richtige Entscheidung, denn nur wenige Tage später wollten die neuen Machthaber seinen Paß einziehen. Wie das Beispiel Heilmanns zeigt, entging Grzesinski durch die Flucht seiner Ermordung.[175] Nationalsozialistische Landtagsabgeordnete hatten offenbar einen Anschlag in der Eröffnungssitzung des Preußischen Landtags am 22. März geplant, der jedoch wegen Grzesinskis Fernbleiben nicht ausgeführt werden konnte. In der Sitzung wurde eine neue Geschäftsordnung beschlossen, die alle Fehlenden für 90 Sitzungstage von den Beratungen ausschloß. Faktisch wurden damit die Emigranten gezwungen, auf ihr Mandat zu verzichten, denn ein Ausschluß von 90 Sitzungen machte dieses Mandat für Partei, Fraktion und den Abgeordneten selbst wertlos.[176]

In schneller Folge trafen Grzesinski weitere Repressalien Nazi-Deutschlands: Am 1. April wurde die Zahlung der Versorgungsbezüge eingestellt, am 24. Juli folgte die endgültige Entlassung aus dem Staatsdienst, und den traurigen Höhepunkt bildete die Ausbürgerung. Eine Bekanntmachung des Reichsinnenministers vom 23. August 1933 enthielt eine Liste von Personen, denen die deutsche Staatsbürgerschaft entzogen und deren Vermögen beschlagnahmt worden war. Neben Grzesinski traf diese erste Ausbürgerungswelle politische Weggefährten (Scheidemann, Stampfer, Weiß, Weismann, Wels, Breitscheid) ebenso wie bekannte Journalisten und Schriftsteller (Georg Bernhard, Lion Feuchtwanger, Alfred Kerr, Heinrich Mann, Kurt Tucholsky). Besonders die Begründung kränkte Grzesinski: „Für die Annahme, daß ich ‚durch mein Verhalten, das gegen die Pflicht zur Treue gegen Reich und Volk verstößt, die deutschen Belange geschädigt habe', wird niemandem der Beweis gelingen, wenn nicht meine bekannte Todfeindschaft gegen das derzeitige kulturlose Gewaltregime in Deutschland schon als Beweis angesehen werden sollte [...] Meine Lebensarbeit, auf die ich stolz bin und glaube, stolz sein zu dürfen, liegt heute großenteils hinter mir. Sie war dem deutschen Volke, in Sonderheit der deutschen Arbeiterschaft, aus der ich hervorgegangen bin, gewidmet. Man hat mich nicht zu beugen vermocht. Hoch erhobenen Hauptes, im Be-

---

174 Grzesinski, Im Kampf (Ms.), Bl. 344.

175 Vgl. Ehni, Bollwerk, S. 288; Grzesinski an Braun, 30.12.1933. LA Berlin, Rep. 200, Acc. 3983, Nr. 3.

176 Grzesinski, Im Kampf (Ms.), Bl. 263; neue Geschäftsordnung in: Handb. PrLT, 5. WP (1933), S. 80ff., bes. § 2; zu Grzesinskis Mandatsverzicht am 6.4.1933 siehe ebd., S. 208 sowie Grzesinski an Hirschfeld, 5.4.1933. LA Berlin, Rep. 200, Acc. 3983, Nr. 2.

wußtsein, wissentlich nie etwas Unrechtes getan zu haben, werde ich unbeirrt meinen Weg weitergehen."[177]

Grzesinski hatte recht, wenn er 1933 vermutete, daß seine Lebensarbeit großenteils hinter ihm lag. Zweifellos war die Zeit der größten politischen Wirksamkeit, die Zeit im Dienste der Weimarer Republik unwiderruflich vorüber. Für die vorliegende Untersuchung, deren Schwerpunkt auf dieser Zeit liegt, folgt daraus, daß Grzesinskis Rolle in der komplexen, teilweise verworrenen Geschichte des deutschen Exils in Frankreich und Nordamerika nicht ausführlich behandelt werden kann. Gleichwohl soll die folgende knappe biographische Skizze einige Anhaltspunkte liefern und das bisher entworfene Bild abrunden.

Nach der Reichstagswahl vom 5. März war Grzesinski von München aus zunächst nach Österreich geflüchtet. Den Grenzübertritt hatte der sozialdemokratische bayerische Reichstagsabgeordnete und nachmalige Ministerpräsident Wilhelm Hoegner arrangiert. Mit dem Auto brachte er Grzesinski in die Nähe der grünen Grenze, wo Grzesinski sich einigen von Hoegner bestellten „Sonntagsausflüglern" anschloß, die wie zufällig einen Abstecher ins Österreichische unternahmen. An einem vereinbarten Treffpunkt in den Salzachauen nahm Hoegner die Gruppe auf österreichischer Seite wieder in Empfang.[178] Am nächsten Tag reiste Grzesinski weiter nach Zürich, wo er für kurze Zeit bei seinem Freund Jacob Zukker unterkommen konnte; eine Woche später folgte Daisy Grzesinski nach. Sie fuhren dann weiter zu Verwandten ins Tessin, wo Grzesinski bis Juli 1933 blieb. Über die finanziellen Engpässe der ersten Zeit, zumal nach der Sperrung der Pension, halfen die Schweizer Gewerkschaften in Bern hinweg. Um durch den Verkauf von Haus, Auto und anderen Wertgegenständen zu Bargeld zu kommen und die persönliche Habe zu retten, mußte Daisy Grzesinski noch einmal nach Deutschland reisen. Da sich im Tessin keine Arbeits- und Verdienstmöglichkeiten boten und die schweizerischen Behörden keine dauernde Aufenthaltsgenehmigung erteilen wollten, entschloß sich Grzesinski, die Schweiz zu verlassen. Auf die Verweigerung des Asyls durch die Schweiz und die fremdenpolizeilichen Belästigungen reagierte Grzesinski umso enttäuschter, als er selbst „stets [...] für ein politisches Asylrecht konsequent eingetreten" war. In Frankreich wollte er einen Neuanfang versuchen. Am 14. Juli 1933, dem französischen Nationalfeiertag, reiste er nach Paris, das für die nächsten vier Jahre sein Aufenthaltsort werden sollte.[179]

Grzesinski wurde nicht nur von seiner Frau, sondern auch von deren Mutter begleitet, so daß zunächst die Sorge um den Lebensunterhalt im Vordergrund

---

177 Grzesinski, Im Kampf (Ms.), Bl. 347; Bekanntmachung des RMdI v. 23.8.1933, in: Reichssteuerblatt 1933, S. 817.

178 Hoegner, Flucht, S. 92f. Ursprünglich hatte auch Breitscheid mitkommen sollen, der dann jedoch noch in München blieb.

179 Zitat aus: Grzesinski, Im Kampf (Ms.), Bl. 339. Zum Vorangegangen siehe Grzesinski an Hirschfeld, 21.4.1933 u. 30.8.1933. LA Berlin, Rep. 200, Acc. 3983, Nr. 2; Grzesinski, Im Kampf (Ms.), Bl. 344-346.

stand. Dabei mußten in der ersten Zeit Freunde helfend einspringen. Einen Funken Hoffnung gewährte die Aussicht, eine polizeiliche Beratertätigkeit in China übernehmen zu können. Entsprechende Anfragen und Angebote, die neben anderen auch Grzesinski und Weiß erhalten hatten, waren jedoch offensichtlich so vage und unsicher, daß Grzesinski und Weiß sich darauf nicht einlassen wollten. Im nachhinein betrachtet war das eine richtige Entscheidung, denn Otto Klepper und Max Brauer, die das Abenteuer gewagt hatten, mußten bei ihrer Ankunft erfahren, daß der Finanzminister, der sie engagiert hatte, zurückgetreten war. Gleichwohl schien es im August 1933, als sich Grzesinskis Chinapläne zerschlugen, „als ob damit der letzte Hoffnungsschimmer entschwunden sei".[180]

Eine Einnahmequelle erschloß Grzesinski, indem er sozial-, wirtschafts- und allgemein politische Aufsätze über Hitlerdeutschland für die Prager Presse verfaßte. Über zwei Jahre lang, bis Ende 1935, bildeten diese Einnahmen seine wirtschaftliche Basis. Bei geschäftlichen Unternehmungen hatte Grzesinski keine glückliche Hand. Import-Export-Transaktionen mit der Tschechoslowakei und die Vorfinanzierung von Patenten erbrachten, wenn überhaupt, nur spärlichen Gewinn, dafür aber menschliche Enttäuschungen. Ein Geschäftspartner und Parteifreund, dem Grzesinski so sehr vertraut hatte, daß er ihm seine Autobiographie zum Korrekturlesen gegeben und 1934 an seiner Berufung als Deutschlandsachverständiger bei CSR-Regierungsstellen mitgewirkt hatte, betrog ihn um Geld.[181]

Erfahrungen dieser Art haben dazu beigetragen, daß Grzesinski in den ersten Pariser Jahren bis Anfang 1936 ein zurückgezogenes Leben führte. Zu Franzosen gab es kaum Kontakte, weil Grzesinski mit der Sprache nicht zurechtkam, und unter den Deutschen waren es lediglich Herbert Weichmann, Ernst Hamburger, Rudolf Breitscheid und Viktor Schiff, mit denen er häufiger zusammentraf. Angesichts der Konsolidierung des nationalsozialistischen Regimes in Deutschland hatte sich eine gewisse Resignation Grzesinskis bemächtigt. Daß sich der Faschismus in Deutschland „in absehbarer Zeit totlaufen" werde, wie er noch 1933 vermutete, dafür gab es immer weniger Anzeichen – die entsprechende Passage wurde deshalb aus der Druckfassung der Memoiren herausgenommen.[182] Stattdessen reifte die deprimierende Erkenntnis, „daß Deutschland mit Sicherheit in den Abgrund treibt und dort völlig zerschellt und daß es davor absolut keine Rettung gibt", wie Grzesinski 1934 hellsichtig an Otto Braun schrieb.[183] Die Überzeugung, daß der deutsche Weg zwangsläufig in den Abgrund führen werde, veranlaßte Grzesinski, sich

180 Grzesinski an Otto Braun, 30.12.1933. LA Berlin, Rep. 200, Acc. 3983, Nr. 3.
181 Grzesinski an Tejessy, 23.2.1936. LA Berlin, Rep. 200, Acc. 3983, Nr. 3. Nach Grzesinkis Angaben handelte es sich bei dem untreuen Geschäftspartner um den ehemaligen Landeshauptmann der Provinz Posen-Westpreußen, Johann Caspari (SPD), der mit einem Kompagnon 16.000 tschech. Kronen, die angeblich Grzesinski zustanden, veruntreut hatte. Vgl. ebd. sowie Grzesinski an Tejessy, 6.1.1936. LA Berlin, Rep. 200, Acc. 3983, Nr. 3. Zu Caspari: Biogr. Handb. Emigration I, S. 109f.
182 Grzesinski, Im Kampf (Ms.), Bl. 275.
183 Grzesinski an Otto Braun, 25.8.1934. LA Berlin, Rep. 200, Acc. 3983, Nr. 3.

bis Frühjahr 1936 von der „Emigrantenpolitik" fernzuhalten. Da er alle Bemühungen der Emigranten, den Sturz des Regimes in Deutschland herbeizuführen, für gänzlich aussichtslos hielt, lehnte er es zunächst ab, sich für dieses Ziel zu engagieren. Anfragen, in Versammlungen politische Vorträge zu halten, beschied er abschlägig.[184]

Die Gründe für Grzesinskis bewußte politische Abstinenz sind auch in Enttäuschungen zu sehen, die von der Veröffentlichung seiner Autobiographie ausgelöst worden waren. Grzesinski war sehr stolz auf das Buch, das im Frühjahr 1934 unter dem Titel „La Tragi-Comédie de la République Allemande" beim renommierten Verlag Plon in Paris erschien. Das Buch, das auch ins Schwedische übertragen wurde[185], sollte Grzesinskis Sicht von Personen und Ereignissen darstellen und damit einen Beitrag zur Beurteilung der Jahre von 1918 bis 1933 leisten. Gleichzeitig konnte der Autor sich alle Frustrationen ohne politische Rücksichten von der Seele schreiben; ein Verfahren, das Grzesinski auch dem depressiven Otto Braun als heilsam empfahl.[186] Die Form der Autobiographie hatte Grzesinski gewählt, um zu zeigen, daß „in der Weimarer Zeit auch der Arbeiter etwas sein konnte." Auf seine Karriere blickte er nicht ohne Stolz zurück.[187]

Die Rezeption des Buches lief allerdings von Anfang an in falschen Bahnen, weil das „Pariser Tageblatt", das Auszüge abdrucken wollte, nicht, wie von Grzesinski vorgeschlagen, eine Passage über Hindenburg brachte, sondern ausgerechnet jenen Abschnitt, in dem sich Grzesinski sehr kritisch mit seinem Amtsvorgänger und Nachfolger Carl Severing auseinandersetzte. Es nützte nichts mehr, daß Grzesinski sich beklagte, der Chefredakteur des „Pariser Tageblattes", Georg Bernhard, habe „höchst unfair gehandelt, als er nur die Stelle über Karl S. brachte und den Eindruck damit erweckte, als ob das Buch nur aus kleinlicher Kritik an einzelnen Personen bestände."[188] Der politische Schaden war angerichtet, denn für die gleichgeschaltete Presse Hitlerdeutschlands war es ein gefundenes Fressen, wenn ein führender Politiker der „Systemzeit" von einem Parteifreund angegriffen wurde. Da Grzesinski nicht nur über Severing, sondern auch über Friedrich Ebert, Gustav Bauer und Hermann Müller kritische Worte gefunden hatte, war es erklärlich, daß sich Grzesinski mit diesem Buch den Zorn der Sopade, des Exilvorstandes der SPD in Prag, zuzog; besonders wütend soll Friedrich Stampfer gewesen sein. Aber das bewies für Grzesinski nur, daß man dort aus der Vergangenheit nichts gelernt hatte und die Wahrheit nicht hören wollte. Sein Konzept von Vergangenheitsbewältigung sah anders aus: Wann, wenn nicht jetzt, nach dem Zusammenbruch, sollte die Vergangenheit aufgearbeitet werden? Die Zeit der übertriebenen Rücksicht auf

---

184 Grzesinski an Tejessy, 23.2.1936. LA Berlin, Rep. 200, Acc. 3983, Nr. 3.

185 I kamp för den tyska republiken. Stockholm 1934.

186 Grzesinski an Otto Braun, 30.12.1933. LA Berlin, Rep. 200, Acc. 3983, Nr. 3.

187 Grzesinski an Tejessy, 4.4.1936. LA Berlin, Rep. 200, Acc. 3983, Nr. 3.

188 Grzesinski an Otto Braun, 25.8.1934. LA Berlin, Rep. 200, Acc. 3983, Nr. 3.

Personen war vorüber: „Schließlich soll man jetzt endlich sagen, was war." Unangenehme Wahrheiten mußten ausgesprochen werden, um aus den Fehlern zu lernen, selbst wenn dadurch das Andenken verdienter Genossen in Mitleidenschaft gezogen wurde.[189]

Die Ablehnung des Buches durch die Sopade hatte zur Folge, daß an eine deutsche Ausgabe, etwa durch einen Verlag in der Schweiz oder den USA, nicht zu denken war. Gleichzeitig war eine gewisse Isolierung Grzesinskis deutlich geworden, die ihn davon abhielt, politisch aktiv zu werden. Sein Auftritt als Zeuge im Londoner Reichstagsbrand-Gegenprozeß 1933 war eine Ausnahme, die zeitlich vor den Mißhelligkeiten mit dem Sopade-Vorstand lag.[190] Bei Grzesinskis rastlosem Naturell war es jedoch vorauszusehen, daß die politische Abstinenz nicht von Dauer sein würde, zumal seine Zeit nicht ausgefüllt war. Über das soziale Engagement in der Arbeiterwohlfahrt, die als Gegengewicht zur kommunistischen „Roten Hilfe" in Paris gegründet worden war, um bedürftige Parteifreunde zu unterstützen, kam Grzesinski wieder in die Politik, in die „Emigrantenpolitik", wie er es nannte: Er kam ins Präsidium der „Fédération des Émigrés d'Allemagne en France", einer Dachorganisation der verschiedenen Vereinigungen der deutschen Emigranten in Paris, die seit November 1935 bestand.[191]

Unter dem Eindruck der französischen Kammerwahlen von April und Mai 1936, die zur Bildung einer Volksfront-Regierung unter Léon Blum führten, und angesichts der taktischen Wendung der Kommunisten, die verstärkt den Kontakt zur sozialdemokratischen Emigration suchten, befürwortete auch Albert Grzesinski, in der Weimarer Republik erbitterter Gegner der KPD, ein gemeinsames Vorgehen gegen den Nationalsozialismus. Er schloß sich dem „Lutetia-Kreis" und dem Komitee zur Vorbereitung der deutschen Volksfront um Heinrich Mann, Georg Bernhard, Willi Münzenberg und Rudolf Breitscheid an. „Zwar wird da noch sehr viel geredet; ich habe aber die Hoffnung, daß man endlich auch zu einer Proklamation kommt, wenn man sich auf das Notwendigste beschränkt. In der Beziehung sind wir mit den Kommunisten einig. Du wirst staunen, aber es ist so", schrieb Grzesinski im Juni 1936 an den angesichts solcher Zeilen mit Sicherheit äußerst erstaunten Otto Braun.[192] Wenige Wochen zuvor hatte Grzesinski nämlich noch ein Eingehen auf die kommunistischen Einheitsfrontangebote abgelehnt und sein

---

189 Grzesinski an Otto Braun, 30.12.1933 u. 25.8.1934. LA Berlin, Rep. 200, Acc. 3983, Nr. 3.

190 Langkau-Alex, Volksfront, S. 55f.

191 Grzesinski an Otto Braun, 25.6.1936. LA Berlin, Rep. 200, Acc. 3983, Nr. 3; Grzesinski an Tejessy, 23.2.1936, ebd.

192 Grzesinski an Otto Braun, 25.6.1936. LA Berlin, Rep. 200, Acc. 3983, Nr. 3. Die Proklamation des Komitees zur Vorbereitung der deutschen Volksfront kam am 21. Dezember 1936 zustande. Zu den Unterzeichnern gehörten neben Sozialisten und Sozialdemokraten wie Grzesinski, Toni Sender, Anna Siemsen, Breitscheid, Schifrin, Aufhäuser, Seydewitz und Willy Brandt auch Künstler (Heinrich Mann, Arnold Zweig, Feuchtwanger, Becher) und kommunistische Politiker (Pieck, Ulbricht, Wehner). Osterroth/Schuster, Chronik, Bd. 2, S. 361.

Desinteresse an jeder politischen Betätigung bekundet.[193] Der Hauptgrund für das Umschwenken ist in der Bildung der Volksfront in Frankreich zu suchen. Die Stimmung im französischen Exil faßte Paul Hertz nach einer Frankreichreise folgendermaßen zusammen: „Die Volksfront in Frankreich beeindruckt unsere Genossen ganz außerordentlich. Die Stimmung ist allgemein, daß das französische Beispiel bahnbrechend für die Internationale ist."[194] Die deutsche Volksfrontbestrebung blieb jedoch nur eine Episode, spätestens 1938 war sie an der Ablehnung durch den Sopade-Vorstand, den kommunistischen Rechtfertigungsversuchen der stalinistischen „Säuberungen" sowie an der Unüberwindlichkeit der politischen Gegensätze im Hinblick auf die Demokratievorstellungen gescheitert. Die Beratungen und ihr Ende spiegelten die Desorientierung und Isolierung wider, die im Exil herrschte.[195]

Im Kontext der Einheitsbestrebungen ist es auch zu sehen, daß auf einer internationalen Konferenz deutscher Emigranten am 19. und 20. Juni 1936 in Paris die „Zentralvereinigung der deutschen Emigration" gegründet worden war. Grzesinski hatte die Statuten entworfen und auf der Konferenz auch ein Referat gehalten. Die „Zentralvereinigung" sollte eine unpolitische Organisation sein und die Interessen der deutschen Emigranten in den verschiedenen europäischen Ländern vertreten. Die personelle Zusammensetzung des Vorstands machte deutlich, daß auch hier der Volksfrontgedanke Eingang gefunden hatte; die Sopade lehnte deshalb eine Mitarbeit ab. Neben den Sozialdemokraten Grzesinski und Breitscheid waren der Liberale Georg Bernhard, der kommunistische Außenseiter Willi Münzenberg sowie als „orthodoxer" Kommunist Kurt Funk (d. i. Herbert Wehner) vertreten. Zum geschäftsführenden Mitglied wurde am 17. Juli 1936 Grzesinski bestimmt, der diese Funktion bis zum 1. November behielt. Die „Zentralvereinigung" wurde im September 1936 durch den Völkerbund offiziell anerkannt und durfte drei Mitglieder in den Beirat des Hohen Kommissars für deutsche Flüchtlingsfragen entsenden.[196] Mit Herbert Wehner arbeitete Grzesinski auch im Herausgeberstab der „Information von Emigranten – für Emigranten" zusammen, einer unregelmäßig erscheinenden, hektographierten Publikation, die erkennbar vom Einheitsfrontgedanken inspiriert war.[197]

Die wichtigsten und nützlichsten Aktivitäten entfaltete Grzesinski jedoch als Präsident des „Comité Consultatif", das dem französischen Innenministerium un-

---

193 Grzesinski an Otto Braun, 8.3.1936. LA Berlin, Rep. 200, Acc. 3983, Nr. 3.

194 13.7.1936. Parteivorstand der SPD im Exil, S. 162.

195 Grzesinski, Inside Germany, S. 175. Ein weiteres Beispiel ist Grzesinskis und Brauns Vorschlag, aus taktischen Gründen ein Votum für die konstitutionelle Monarchie abzugeben, um Hitler „den Wind aus den Segeln zu nehmen" und die Reichswehr auf die Seite einer „antihitlerische[n] Einheitsfront" zu ziehen. Grzesinski an Braun, 16.12.1935. LA Berlin, Rep. 200, Acc. 3983, Nr. 3; vgl. auch Wetzel, Monarchie.

196 Langkau-Alex, Volksfront, S. 38f.; vgl. auch handschr. Notizen Grzesinskis in: LA Berlin, Rep. 200, Acc. 3983, Nr. 1. Vgl. auch Grzesinski an Otto Braun, 25.6.1936. Ebd., Nr. 3.

197 Maas, Handbuch Exilpresse, Bd. 4, S. 493f.

terstellt war. In diesem Ehrenamt konnte er sein Organisationstalent und seine administrativen Fähigkeiten voll entfalten; auf diesem Terrain bewegte er sich sicherer als in der heiklen Volksfront- und Emigrantenpolitik. Das „Comité", im August 1936 gebildet und aus vier französischen und vier deutschen Mitgliedern bestehend, hatte darüber zu befinden, ob einem deutschen Flüchtling der Status eines Flüchtlings im Sinne der Genfer Konvention zukam. Für diesen Fall hatte sich die französische Regierung bereiterklärt, sowohl für legal als auch für illegal nach Frankreich eingereiste Deutsche neue Papiere auszustellen, die ihnen den Aufenthalt oder die Weiterreise ermöglichten. Die praktische Arbeit des „Comité" beschränkte sich in der Regel darauf, die Personalien der Betroffenen aufzunehmen, wofür im Gegenzug der begehrte neue Ausweis von den französischen Stellen ausgestellt wurde. Nach Grzesinskis Angaben profitierten ungefähr 8.000 Deutsche von dieser Regelung.[198]

Als die Arbeit im „Comité" größtenteils abgeschlossen war und er sich die Reise leisten konnte, verließ Grzesinski Frankreich. Er war hier nie heimisch geworden, in Amerika hoffte er auf bessere Arbeits- und Verdienstmöglichkeiten. Die Auslandsorganisation der NSDAP meldete nach Berlin, daß Grzesinski mit Ehefrau und Schwiegermutter auf dem französischen Dampfer „Ile de France" am 27. Juli 1937 in New York eingetroffen sei.[199]

Wie in Frankreich, so führte Grzesinski sich auch in den USA mit einer Buchveröffentlichung ein. Anfang 1939 erschien „Inside Germany", ein Buch, das zur einen Hälfte aus einer nochmals gekürzten Version der Autobiographie bestand, zur anderen jedoch aus neu verfaßten Abschnitten, die dem amerikanischen Leser die Zustände im nationalsozialistischen Deutschland vor Augen führen sollten. Kenntnisreich und sachlich durchweg zutreffend wurden Justiz, Wirtschaft, Kriegsmaschinerie und Außenpolitik des „Dritten Reiches" beschrieben und analysiert. Grzesinski zog das Fazit, daß der Nationalsozialismus ein Synonym für Krieg sei, und kritisierte die appeasement-Politik der Westmächte. Sein scharfer Aufruf zur Bekämpfung des Nationalsozialismus, gleichgültig wie und wo er sich zeige, sowie sein Appell an die freie Welt, den territorialen Ansprüchen Nazi-Deutschlands entschlossen und notfalls mit Gewalt entgegenzutreten, fanden zu Grzesinskis großer Freude auch die Zustimmung Thomas Manns.[200]

In den USA wurde Grzesinski wieder in den Vorständen und Präsidien verschiedener Emigrantenvereinigungen aktiv.[201] Das hatte nicht nur mit Grzesinskis

---

198 Grzesinski, Inside Germany, S. 176; Langkau-Alex, Volksfront, S. 38; Pariser Tageblatt v. 24.8.1936.

199 BA Zwischenarchiv Dahlwitz-Hoppegarten, Reichsarbeitsministerium, PA 303; Datierung nach Grzesinski, Inside Germany, S. 177.

200 Grzesinski, Inside Germany, S. 367f. Daß Thomas Mann Grzesinskis Verleger zur Veröffentlichung des Buches gratuliert hat, wird erwähnt in: Grzesinski an Tejessy, 20.1.1939. LA Berlin, Rep. 200, Acc. 3983, Nr. 3.

201 Social Democratic Federation of America, German Branch; German Labor Delegation; German-American Council for the Liberation of Germany from Nazism; Association of Free Germans; Council for

Umtriebigkeit zu tun, sondern lag vor allem daran, daß es zu den wesentlichen Aufgaben von Emigrantenorganisationen gehörte, Unterstützungsgelder einzuwerben und Sponsoren zu gewinnen. Das gelang besser, wenn man ehemalige hochrangige staatliche Repräsentanten wie Grzesinski vorweisen konnte. Aber die Spekulation, daß Grzesinski sich als reines Aushängeschild benutzen lassen werde, ging nicht immer auf. Am Beispiel der „German Labor Delegation" (GLD), die im März 1939 als Sopade-Vertretung für die USA und als Spendensammeleinrichtung gegründet worden war[202], läßt sich das aufzeigen: Der Exekutiv-Sekretär Rudolf Katz hielt sich selbst für die wichtigste Person, während dem Präsidenten, nämlich Grzesinski, nach amerikanischen Gepflogenheiten „eine mehr dekorative Bedeutung" zugedacht war.[203] Doch Grzesinski war anscheinend mit den amerikanischen Gepflogenheiten nicht vertraut – oder nicht bereit, sich daran zu halten: Wenige Wochen später berichtete ein anderer Beobachter anläßlich des 60. Geburtstages, den Grzesinski am 28. Juli 1939 begangen hatte, daß der Jubilar „sehr tatenlustig" geworden sei und eine Verstärkung der Tätigkeit vorbereite.[204] An eine „dekorative Bedeutung" der Präsidentschaft Grzesinskis war um so weniger zu denken, seit Hitlerdeutschland begonnen hatte, Europa mit Krieg zu überziehen. Die German Labor Delegation war entscheidend daran beteiligt, daß nach dem Fall von Paris eine Rettungsaktion anlief, die viele hundert Sozialdemokraten und Gewerkschafter vor der Auslieferung in deutsche Gefangenschaft bewahrte.[205]

In Amerika bemühte Grzesinski sich verstärkt, die Fühlung zum „bürgerlichen" Lager wiederaufzunehmen. Resultat dieser Anstrengung war die Gründung der „Association of Free Germans" im November 1941, die in der Literatur als Werk Grzesinskis gewürdigt wird, weil es ihm gelang, Personen des amerikanischen öffentlichen Lebens als Förderer zu gewinnen. Wegen ihres überparteilichen Zuschnitts, der ungefähr das Spektrum der ehemaligen Weimarer Koalitionsparteien abdeckte, erhob sie den Anspruch einer deutschen Exilvertretung bei amerikanischen Regierungsstellen und wollte ausdrücklich ihren Beitrag zum Krieg gegen Nazi-Deutschland, für die Zerschlagung des Nationalsozialismus und für die Wiedererrichtung der Demokratie in Deutschland leisten.[206] Die Ambition, offizielle

---

a Democratic Germany. Nur auf die wichtigeren dieser Mitgliedschaften kann im folgenden eingegangen werden. Vgl. Biogr. Handb. Emigration I, S. 252.

202 Siehe dazu die Aufz. Staudingers v. Mai/Juni 1943: „Wir waren demgemäß eine kleine ausgewählte Gruppe von Vertrauensleuten für die Geldsammlung." Mit dem Gesicht, S. 597. Gründungsmitgl. waren neben Grzesinski und Katz Max Brauer, Hedwig Wachenheim, Braunthal, Kaehler und Seger, der auch die „Neue Volkzeitung" in New York herausgab. Später wurden Stampfer, Aufhäuser, Rinner und Sollmann kooptiert. Osterroth/Schuster, Chronik, Bd. 2, S. 377.

203 Katz an Stampfer, 11.3.1939. Mit dem Gesicht, S. 383.

204 Staudinger an Stampfer, 18.8.1939. Mit dem Gesicht, S. 412.

205 Aufz. Staudingers v. Mai/Juni 1943: Mit dem Gesicht, S. 597; Osterroth/Schuster, Chronik, Bd. 2, S. 409.

206 Radkau, Emigration, S. 193; Mit dem Gesicht, S. 567. Vorgängerorganisation der AFG war ein „German-American Council for the Liberation of Germany from Nazism", in dessen „Administrative Board" Grzesinski vertreten war. Ebd., S. 513.

Vertretung der freien Deutschen zu sein, brachte die Association of Free Germans in Verbindung zum State Department[207] und Grzesinski Anfang 1942 in Kontakt zum Geheimdienst: Er belieferte das Office of Strategic Services, eine militärische Vorläuferorganisation der CIA, mit Informationen über die deutsche Emigration. Aufgrund der politischen Zersplitterung im amerikanischen Exil konnte es nicht ausbleiben, daß rivalisierende Gruppierungen (wie etwa „Neu Beginnen", das in einer Konkurrenzbehörde über großen Einfluß verfügte) Anlaß hatten, sich über Grzesinskis Beurteilungen zu beklagen.[208]

Politische Rivalitäten zeigten sich nicht nur unter den verschiedenen Organisationen, sondern es gab auch zahlreiche interne Querelen. So wurde Grzesinski Anfang 1943 als Präsident der German Labor Delegation durch Brauer und Aufhäuser abgelöst. Welcher Art die politischen Vorbehalte gegen Grzesinski waren, läßt sich nicht exakt ermitteln; es spricht jedoch einiges dafür, daß Grzesinski den Plänen der Sopade und Friedrich Stampfers, der als eine Art Vertrauensmann der Sopade in den USA fungierte, im Wege war, die GLD in Richtung einer Union sozialistischer Organisationen nach Londoner Vorbild umzuformen. Es lassen sich zahlreiche Versuche Stampfers nachweisen, Grzesinskis Position durch kritische Berichte an die Sopade zu unterminieren. Der Tenor war, daß Grzesinski sämtlichen Rückhalt verloren habe und dringend abgelöst werden müsse.[209] In dem Moment, in dem die GLD von einem Spendensammelverein zu einer sozialistischen Sammlungsbewegung transformiert werden sollte, war Grzesinski zweifellos der falsche Mann auf dem Präsidentenposten. Die integrative Funktion, die nötig gewesen wäre, um die Basis der GLD innerhalb des sozialistischen Lagers zu verbreitern, konnte er aufgrund seines oftmals undiplomatischen und unsensiblen Vorgehens, das schon während seiner Amtszeit in der Weimarer Republik zu beobachten war, nicht erfüllen. Stampfer wies auf diesen Sachverhalt hin, wenn er über „das unbezähmbare Vorgesetzten-Temperament" Grzesinskis klagte.[210] Offensichtlich fehlte Grzesinski das Gespür dafür, daß eine sozialdemokratische Exilvereinigung einen anderen Führungsstil erforderte als eine widerspenstige preußische Behörde. Gleichwohl trat Grzesinski erst nach erheblichem internen Druck, unter anderem durch Siegfried Aufhäuser, zurück.[211]

---

207 Bei Außenminister Hull hatte sich die AFG als offizielle Vertretung der freien Deutschen gemeldet; Grzesinski war mit den UStS Messersmith und Berle bekannt. Mit dem Gesicht, S. 534; Radkau, Emigration, S. 181.

208 „Neu Beginnen" klagte 1945 darüber, daß Grzesinksi seine „Denunziationen" als „Regierungsbericht" verbreiten könne. Radkau, Emigration, S. 181.

209 Mehrere Schreiben Stampfers an die Sopade zwischen August 1942 und Februar 1943. Mit dem Gesicht, S. 561ff.

210 Stampfer an Sopade, 25.8.1942. Mit dem Gesicht, S. 561.

211 Stampfer an Sopade, 10.1.1943. Mit dem Gesicht, S. 574. Daß der Entschluß zum Rücktritt mit „großen persönlichen Schwierigkeiten" Grzesinkis zusammenhing, wie Stampfers „offizielle" Version im Schreiben an die Sopade v. 10.2.1943 lautete, erscheint als alleinige Erklärung nicht überzeugend. Ebd., S. 581.

Finanzielle Engpässe veranlaßten Grzesinski, im Juni 1943 Arbeit in einer Fabrik anzunehmen. In seinen letzten Lebensjahren, als fast 64jähriger, kehrte Grzesinski wieder in den Beruf zurück, den er 1906 wegen seines Aufstiegs zum Gewerkschaftsbevollmächtigten aufgegeben hatte. Er arbeitete zunächst als Metalldrücker in einer Knopffabrik in New Jersey, dann in einer Schmuckfabrik. Daß es Grzesinski lediglich um ein Berufsalibi für das Einbürgerungshearing gegangen sei, wie ihm der Freund Fritz Tejessy unterstellte, widerlegen zahlreiche Bekundungen beruflicher Zufriedenheit. Erst seit Mitte 1946, als der Verdienst um ein Drittel zurückgegangen war, hatte Grzesinski den Spaß an seiner Arbeit verloren, die er nach einer Erkrankung Anfang 1947 aufgeben mußte. Zu diesem Zeitpunkt hatte er die Arbeit in der Fabrik allerdings „satt bis oben hin"; seit April ging er „stempeln".[212] In dieser Zeit konnte Grzesinski sich durch Artikel für das deutsche, in New York erscheinende Blatt „Staats-Zeitung und Herold" etwas Geld hinzuverdienen.[213]

Auch nach seinem Rückzug aus der Spitze der German Labor Delegation blieb Grzesinski politisch aktiv. Auf einer „Landeskonferenz der deutschsprechenden Sozialdemokraten und Gewerkschafter in den USA", die am 3. und 4. Juli 1943 in New York stattfand, referierte Grzesinski über die staatliche Neugestaltung Deutschlands.[214] Hatte sich die Konferenz noch gegen eine Zusammenarbeit mit den Kommunisten ausgesprochen, so wurde diese Position bald aufgeweicht. Auf Anregung von amerikanischer Regierungsseite und als Reaktion auf die Bildung des Nationalkomitees „Freies Deutschland" in der Sowjetunion wurden Versuche einer überparteilichen Zusammenfassung der Emigration in den USA unternommen. Der Theologe und religiöse Sozialist Paul Tillich verhandelte deswegen auch mit Vertretern der Sozialdemokratie. Als die Hinzuziehung von Kommunisten beschlossen wurde, zog sich die Gruppe um Stampfer jedoch sofort zurück. Demgegenüber hatte Grzesinski seit der Volksfront-Erfahrung in Frankreich seine Berührungsängste gegenüber den Kommunisten abgelegt, wenngleich er die kommunistische Politik und Strategie nach wie vor grundsätzlich ablehnte. Im Tillich-Ausschuß sah er jedoch eine erfolgversprechende Möglichkeit, die schmale politische Basis der bestehenden sozialdemokratischen Exilgruppen zu verbreitern. Daß Grzesinski damit aus der Reihe tanzte, wie Stampfer in einem Schreiben an die Sopade behauptete[215], wird man nicht sagen können, denn neben Grzesinski unterschrieben auch andere Sozialdemokraten wie Aufhäuser, Hertz und Marie Juchacz im Mai 1944 das Programm des „Council for a Democratic Germany". Es enthielt im übrigen nichts, was als Preisgabe sozialdemokratischer Prinzipien gewertet

---

212 Über den beruflichen Werdegang informiert der Briefwechsel Grzesinski-Tejessy aus den Jahren 1943-1947, in: LA Berlin, Rep. 200, Acc. 3983, Nr. 3; das Zitat stammt aus einem Brief Grzesinskis v. 19.4.1947.
213 Grzesinski an Tejessy, 19.4.1947. LA Berlin, Rep. 200, Acc. 3983, Nr. 3.
214 Osterroth/Schuster, Chronik, Bd. 2, S. 408; Mit dem Gesicht, S. 151.
215 Stampfer an Sopade, 9.3.1944. Mit dem Gesicht, S. 643. Zum Vorstehenden siehe auch Radkau, Emigration, S. 194.

werden konnte.[216] Grzesinskis Überlegung war, daß man dem Council nicht einfach fernbleiben dürfe, sondern versuchen sollte, es im Sinne der eigenen Vorstellungen umzugestalten. Seit seiner Offenbacher Zeit vor dem Ersten Weltkrieg ein kundiger Organisationspraktiker, hatte Grzesinski im August 1944 einen Geschäftsordnungsentwurf ausgearbeitet und gefordert, das Council aus Wahlen hervorgehen zu lassen, was ohne Zweifel zur Majorisierung der Kommunisten geführt hätte. Dieser Vorschlag wurde jedoch nicht aufgenommen und nicht zuletzt daran scheiterte Tillichs Projekt: „Weil das Council selbst aus keiner Abstimmung hervorgegangen war, konnte es sich auch nicht mittels Abstimmung über die Opposition der Kommunisten hinwegsetzen."[217]

Für die Mitarbeit im letztlich gescheiterten „Council" hatte Grzesinski einen hohen Preis zu zahlen. Er isolierte sich damit von der einflußreichen Gruppe um Stampfer, Seger, Brauer und Katz, die den Tillich-Ausschuß (in Grzesinskis Augen zu Unrecht) als Moskauer Ableger ansah und in der „New Yorker Volkszeitung", dem maßgeblichen Organ der Sozialdemokratie in den USA, heftig befehdete. Wegen dieses Streits sah sich Grzesinski auch gezwungen, die Mitarbeit in der Association of Free Germans und in der Social Democratic Federation einzustellen.[218] Überhaupt blieben in den Irrungen und Wirrungen der Exilpolitik viele persönliche Beziehungen und Freundschaften auf der Strecke. Mit Ernst Hamburger hatte Grzesinski sich im August 1942 entzweit, als dieser sich geweigert hatte, eine Deklaration der Association of Free Germans zu unterschreiben.[219] Die Freundschaften mit Hans Hirschfeld und Emil Kirschmann waren 1944 an einem absoluten Tiefpunkt angelangt. Lediglich mit Fritz Tejessy und Jacob Zucker verband Grzesinski eine vergleichsweise ungetrübte Brieffreundschaft. Zuweilen war er tief deprimiert, weil er durchaus selbstkritisch einsah, daß es auch an ihm selbst lag, wenn sich alte Bekannte abwandten: „Ich bin eigentlich stets zum Kampfe bereit, manchmal sogar ohne zu überlegen, ob es sich lohnt", schrieb er 1944.[220]

Nach dem Ende des Krieges war es im Jahre 1945 so weit gekommen, daß Grzesinski in Amerika gänzlich isoliert dastand. „Seine Betriebsamkeit und politische Unbeständigkeit hat dazu geführt, daß er im Augenblick ganz ein Eingänger [!] ist", schrieb Hans Vogel an Carl Severing. Grzesinski sei einer der wenigen, die unter allen Umständen zurück nach Deutschland wollten.[221] Es war jedoch nicht nur der Wunsch, die amerikanischen Schwierigkeiten hinter sich zu lassen, die

---

216 Zu den Unterzeichnern gehörten neben dem Initiator Tillich auch Bertolt Brecht, Piscator, Heinrich Mann, Georg Dietrich u. a. Mit dem Gesicht, S. 649ff.

217 Radkau, Emigration, S. 197ff.; Zitat S. 202.

218 Grzesinski an Tejessy, 6.4.1947. LA Berlin, Rep. 200, Acc. 3983, Nr. 3; Biogr. Handb. Emigration I, S. 252.

219 Grzesinski an Hamburger, 13.8.1942. LA Berlin, Rep. 200, Acc. 3983, Nr. 3. Hamburger war jedoch nicht nachtragend, 1947 setzte er sich bei Arnold Brecht, zu der Zeit Professor an der New School of Social Research, für Grzesinski ein. Brecht an Hamburger, 15.12.1947. BA Koblenz, Nl. Brecht, Nr. 31.

220 Grzesinski an Tejessy, 17.9.1944. LA Berlin, Rep. 200, Acc. 3983, Nr. 3.

221 Vogel an Severing, 9.8.1945. AdsD Bonn, Nl. Severing, M. 300.

Grzesinski an eine Rückkehr denken ließen. Es war auch das Gefühl, noch einmal gebraucht zu werden und – nicht zuletzt – Heimweh.[222] Die Hoffnung, nach Kriegsende „mit einem amtlichen USA-Auftrag bedacht zu werden" und nach Deutschland zurückzukehren, ging allerdings nicht in Erfüllung. Auch die Korrespondenz mit dem Parteivorstand in Hannover wegen der Rückkehr zog sich hin. Das lag zum einen daran, daß Grzesinski Bedingungen stellte: Er wollte die Reisekosten ersetzt bekommen und nur eine Tätigkeit akzeptieren, bei der er seinen US-Paß behalten konnte – im November 1945 war Grzesinski amerikanischer Staatsbürger geworden.[223] Zum anderen gab es in der Parteiführung in Deutschland zweifellos auch Vorbehalte gegen Grzesinski, vor allem wegen dessen Mitarbeit in Tillichs „Council".[224]

Geklärt wurden die offenen Fragen während der fünfwöchigen USA-Reise Kurt Schumachers und Fritz Heines im Sommer 1947, in deren Verlauf Grzesinski mehrmals mit den beiden zusammentraf. Auf Schumacher hielt Grzesinski große Stücke und erkannte ihn ohne Vorbehalte als politischen Chef der Sozialdemokratie an. Es wurde verabredet, daß Grzesinski vom Parteivorstand offiziell aufgefordert werden sollte, nach Deutschland zurückzukehren. Im November 1947 akzeptierte Grzesinski Schumachers Offerte aus Hannover, „zurückzukehren und die deutschen Verfassungen zu koordinieren".[225] Damit war offensichtlich gemeint, daß Grzesinski die Mitarbeit der Sozialdemokratie an den Verfassungen der deutschen Länder in Einklang bringen sollte.

Dazu kam es jedoch nicht mehr. Grzesinskis Wunsch, in der Heimat sterben zu können[226], erfüllte sich nicht. Als er am 19. Dezember 1947, zwölf Tage vor seinem Tod, dem alten Weggefährten Otto Braun die Rückkehr nach Europa ankündigte, war er noch voller Hoffnungen, was seine Gesundheit betraf: „Mein augenblicklicher Zustand – auf verflossener Grippe und Überanstrengung, auch Sorge zurückzuführen – ist Arterienkrampf, der absolute Ruhe erfordert, aber durch entsprechende Behandlung völlig beseitigt werden kann und mich wieder zum gesunden Menschen machen wird."[227] Doch der Optimismus fand keine Stütze in der Realität: Grzesinski litt an einer koronaren Herzerkrankung und hatte wohl, ohne selbst davon zu wissen, einen Infarkt erlitten. Am 27. Dezember trat eine charakteristische Komplikation (Lungenentzündung) auf, aber wegen eines Schneesturms war

---

222 Siehe dazu etwa die Briefe an Otto Braun, 27.1.1936 (GStA Berlin-Dahlem, I. HA, Rep. 92 Nl. Braun, C I Nr. 96) und an Tejessy, 19.4.1947 (LA Berlin, Rep. 200, Acc. 3983, Nr. 3).
223 Grzesinski an Otto Braun, 19.12.1947. LA Berlin, Rep. 200, Acc. 3983, Nr. 3.
224 Daß Grzesinski bei Teilen der Parteiführung kein hohes Ansehen genoß, zeigte sich im Herbst 1945: Nachdem Grzesinski einen Personalvorschlag gemacht hatte, schrieb Ollenhauer an Stampfer (13.9.1945): „Wir sind uns der Rolle, die Grzesinski in den letzten Jahren gespielt hat, voll bewußt, wir sind aber bereit, einen sachlichen Vorschlag von ihm sachlich zu prüfen ..." Mit dem Gesicht, S. 713.
225 Grzesinski an Tejessy, 17.11.1947. LA Berlin, Rep. 200, Acc. 3983, Nr. 3.
226 Grzesinski an Otto Braun, 27.1.1936. GStA Berlin-Dahlem, I. HA, Rep. 92 Nl. Braun, C I Nr. 96.
227 Grzesinski an Otto Braun, 19.12.1947. LA Berlin, Rep. 200, Acc. 3983, Nr. 3.

ein rechtzeitiger Transport ins Krankenhaus nicht mehr möglich. Am Silvestermorgen 1947 verstarb Albert Grzesinski im Alter von 68 Jahren; „noch auf dem Krankenbett erzählte er von seinem unerschütterlichen Beschluß, nach Deutschland zurückzugehen, um am Neuaufbau aktiv mitwirken zu können. Sein unbezähmbarer Tatwillen konnte schließlich von einem von geistiger und physischer Arbeit überladenen Herzen nicht länger getragen werden", hieß es in einem Nachruf.[228]

Die Trauerfeier in New York fand „unter großer Beteiligung politischer Delegationen" statt; die Ansprachen hielten Friedrich Stampfer, der den Politiker Albert Grzesinski würdigte, und Hans Hirschfeld, der stellvertretend für die Freunde sprach. In Anbetracht der konkreten Pläne zur Rückkehr war es verständlich, daß Stampfer über „die tiefe Tragik im Leben Grzesinskis" sprach, die darin bestehe, „daß er gerade in dem Moment aus diesem Dasein abberufen wurde, als ein Ruf von seinen Parteifreunden in Hannover zur leitenden Mitarbeit im Neuen Deutschland an ihn ergangen war".[229]

Dabei könnte man es belassen und zum Schluß noch einmal pathetisch „Tragik und Größe"[230] des Protagonisten beschwören. Bei nüchterner Betrachtung der letzten Lebensjahre Albert Grzesinskis, die von vielerlei Enttäuschungen, Irrwegen, politischer Unrast und zunehmender Vereinsamung geprägt waren, erscheint eine andere Interpretation plausibler: Der Tod könnte Grzesinski vor einer letzten großen Enttäuschung bewahrt haben, die ihn vermutlich in Deutschland erwartete. Alte politische Rivalitäten, der Generationenkonflikt, Verdächtigungen wegen der Rolle im Exil, Vorwürfe wegen des Zurückweichens am 20. Juli 1932, Uneinigkeit über den zukünftigen Weg Deutschlands und über die sozialdemokratische Politik – all das wäre auf den dann beinahe Siebzigjährigen in Deutschland zugekommen. Die Erfahrungen Carl Severings zeigten, daß die jüngere Generation keine große Neigung zeigte, alte Sozialdemokraten aufgrund einer zwanzig Jahre zurückliegenden Ministerschaft in einem untergegangenen Staat nun – beim Neuaufbau – als natürliche Autoritäten zu akzeptieren.[231] So gewendet, wird man Grzesinskis Ende nicht als ausgesprochen tragisch ansehen können. Hans Hirschfeld, der als alter Freund und Weggefährte Grzesinski besser kannte als die meisten anderen, ersparte sich in seiner Trauerrede denn auch den naheliegenden Hinweis auf Grzesinskis „Tragik". Vielmehr wies er darauf hin, daß Weinen und Klagen nicht im

---

228 Der Art. stammt vermutlich aus „Staats-Zeitung und Herold" (N.Y.) von Anfang Januar 1948, eine Kopie ist enth. in: LA Berlin, Rep. 200, Acc. 3983, Nr. 8. Zu den näheren Umständen des Todes siehe: Daisy Grzesinski an Otto Braun, 17.1.1948. GStA Berlin-Dahlem, I. HA, Rep. 92 Nl. Braun, C I Nr. 96.

229 „Abschied von Albert Grzesinski", in: „Staats-Zeitung und Herold" (N.Y.), Anfang Januar 1948 (genaues Datum nicht bekannt), enth. in: LA Berlin, Rep. 200, Acc. 3983, Nr. 8. Den gleichen Gedanken enthält auch der Nachruf von Herbert Weichmann in der „Neuen Volkszeitung" (ebenfalls Anfang Januar 1948), in: ebd.

230 Diese Überschrift trägt das letzte Kapitel einer Severing-Biographie. Alexander, Carl Severing, S. 257.

231 Vgl. Alexander, Carl Severing, S. 235ff.

Sine des Verstorbenen gewesen wäre und daß man nicht hadern solle mit dem Schicksal, das ihm Siechtum und erzwungene Untätigkeit erspart habe. Und indem Hirschfeld noch einmal die Zeit der anstrengenden, aber auch befriedigenden gemeinsamen Arbeit im Dienste der ersten deutschen Republik beschwor, setzte er dem Freund ein wahrhaftigeres und schöneres Denkmal, als es alle oberflächlichen Redensarten über angebliche Tragik vermocht hätten: Grzesinskis „seltene Gabe, einzusehen – den Freund zu hören – mit ihm zu beraten – ihm zu vertrauen, das machte die Zusammenarbeit mit Albert Grzesinski so erfreulich, schloß die Bande der Freundschaft enger und fester, so oft auch Meinungsverschiedenheiten und sachliche Differenzen bestanden. Unser Albert war eine starke, selbstbewußte Persönlichkeit, er glaubte an sich, an sein Können. Und er liebte die Arbeit und die Aufgabe, die ihm gestellt wurde und suchte sie zu meistern mit unermüdlicher Zähigkeit und mit nie erschöpfendem Eifer. Im Tempo der Arbeit wie im Tempo des Aufnehmens und Verarbeitens war es nicht leicht, mit ihm Schritt zu halten. Was er auch anpackte, er suchte es zu ergründen, den Kern herauszuschälen – und zu entscheiden. Nichts war ihm mehr verhaßt, als ein langes Hin und Her – ein Unentschlossensein. War etwas beraten und entschieden, dann sollte und mußte es durchgeführt werden – rasch, energisch und durchgreifend. Und diesem seinem Wesen, seiner nie versagenden Energie ist es zuzuschreiben, daß während seiner Ministerzeit in der Republik Preußen auf dem Gebiete der Personalpolitik, der Kommunalreform und der Polizei mehr aktive und positive demokratische Aufbauarbeit geleistet wurde, als in der Zeit vor ihm und nach ihm. Es war eine Lust, wenn auch keine mühelose, mit ihm zu arbeiten.“[232]

---

232 LA Berlin, Rep. 200, Acc. 3983, Nr. 9. Orthographische Eigenheiten sind stillschweigend verbessert.

Niemals vergessen!

MJÖLNIR

S. P. D.-Grzesinski: „Man müßte Hitler mit der Reitpeitsche aus
Deutschland hinaustreiben!"

Jetzt ist die Zeit gekommen, um mit diesen Beschimpfungen des
deutschen Freiheitswillens abzurechnen! Das d e u t s c h e Volk wählt
am 5. März die Liste des Führers,

Liste 1

Titelseite des „Völkischen Beobachters" (Norddt. Ausgabe) vom 19./20.2.1933.

VI. Grzesinski und die Weimarer Republik: eine Bilanz

Nachdem Albert Grzesinski im Februar 1930 vom Amt des preußischen Innenministers zurückgetreten war, unternahm sein Fraktionskollege Dr. Ernst Hamburger in der sozialdemokratischen theoretischen Zeitschrift „Die Gesellschaft" einen ersten Versuch, Grzesinskis Leistungen zu bewerten.[1] Hamburger, der seit 1928 als höherer Beamter im preußischen Innenministerium arbeitete, hob hervor, daß unter Grzesinskis Ägide das Ministerium von der Verteidigung und Bewahrung der demokratischen Errungenschaften zu deren Ausdehnung und Erweiterung übergegangen sei.

In der Tat findet die Beobachtung, daß die Jahre von 1926 bis 1930 nicht durch Sicherung, sondern durch Ausbau des Erreichten geprägt waren und daß die soziale Reformpolitik in Preußen konsequent vorangetrieben wurde, in der vorliegenden Untersuchung eine empirische Stütze. Im zentralen IV. Kapitel über Grzesinskis Ministerschaft konnte gezeigt werden, daß lange verschleppte Verwaltungsreformprojekte, wie die Auflösung der Gutsbezirke, realisiert wurden. Erkennbare Fortschritte hat Grzesinskis Personalpolitik gebracht, was unter den herrschenden Verhältnissen ebenso als politischer Erfolg zu werten war wie die entschlossenen Anstrengungen zum Schutz der Republik vor ihren Gegnern.

Daß die preußische Reformpolitik neuen Schwung bekam, ist auf den vorangegangenen Seiten nicht nur, wie bislang üblich, mit Grzesinskis „energischer" Persönlichkeit erklärt worden, sondern es konnte auch anhand der in der Einleitung formulierten Fragen gezeigt werden, in welchem Maße sein persönlicher, beruflicher und politischer Werdegang, seine Erfahrungen als Metallarbeiter, Gewerkschaftsfunktionär, Parlamentarier und Verwaltungspraktiker auf politische Zielvorstellungen und praktische Politik Einfluß gewonnen haben. Darauf wird in der folgenden Zusammenstellung der wichtigsten Untersuchungsergebnisse eingegangen, die 12 Punkte umfaßt. Die abschließende Diskussion der Ergebnisse wird zeigen, daß eine Untersuchung über einen sozialdemokratischen preußischen Innenminister auch auf die Frage nach dem „Warum" des Untergangs der ersten deutschen Demokratie Antworten zu geben vermag.

(1) **Transformation des Staatsapparates:** Den politischen Möglichkeiten entsprechend, die in Preußen bestanden, war es das große Ziel Grzesinskis wie der preußischen Sozialdemokratie insgesamt, „den errungenen Anteil an der politischen Macht auch in den Positionen der Staatsverwaltung zum Ausdruck zu brin-

---

1 Hamburger, Grzesinskis Leistung.

gen".[2] Dieser Gedanke lag den Ansätzen einer eigenständigen preußisch-sozial-demokratischen Verwaltungstheorie zugrunde, die in Kapitel IV 3.4 freigelegt werden konnten. Der Staatsapparat sollte an die Bedürfnisse der Arbeiterschaft angepaßt werden; die Arbeiterschaft, die den Staat in erster Linie als wilhelminisches Repressionsinstrument kennengelernt hatte, sollte an den neuen „Volksstaat", den Grzesinski sich nur als Parteienstaat vorstellen konnte, herangeführt werden. Ein für allemal sollte mit dem „Klassenkampf von oben" gegen die Arbeiter, an dem auch die obrigkeitsstaatliche Verwaltung beteiligt gewesen war, Schluß gemacht werden. Wenn man weiß, daß Grzesinski im Kaiserreich zweimal aus politischen Gründen zu Gefängnisstrafen verurteilt worden war, wird verständlich, warum er entscheidenden Wert darauf legte, den Staatsapparat so umzuformen, daß er niemals wieder als Instrument gegen die Arbeiterschaft zu benutzen war.[3] Da die Bevölkerung mit dem „Staat" in aller Regel über die Verwaltung in Kontakt trat, herrschte die Hoffnung, daß die Weimarer Republik an Legitimität gewinnen werde, wenn man es schaffte, eine bürgerfreundliche Verwaltung zu installieren und auf diese Weise die Identifikation mit der neuen Staatsform zu fördern.

(2) **Öffnung des Verwaltungsdienstes:** Schon vor dem Ersten Weltkrieg hatte Grzesinski sich intensiv mit Verwaltungsfragen auseinandergesetzt, wie in Kapitel II 3.2 nachgewiesen werden konnte. Dabei war er, in der geistigen Auseinandersetzung mit Lassalle und Karl Liebknecht, zu dem Ergebnis gekommen, daß die Macht des Obrigkeitsstaates vor allem auf der Verfügungsgewalt über Armee und Verwaltung beruhte. Hinzu kamen Erfahrungen aus der Kriegszeit in Kassel: Die einseitige Personalauswahl des Kaiserreiches hatte nicht nur politisch rückständige, sondern – entgegen dem eigenen Anspruch – auch fachlich überforderte und sozial unsensible Beamte in leitende Positionen gebracht. Für Grzesinski war die logische Folge aus diesen Beobachtungen die politische Forderung, den Verwaltungsapparat nach der Zäsur von 1918 auch mit Vertrauensleuten jener Schichten zu besetzen, die bisher von der Exekutive ausgeschlossen waren, also mit Sozialdemokraten und Linksliberalen, Katholiken und Juden. Grzesinski ließ sich davon leiten, „daß die Staatsgewalt, wie es die Verfassung verlangt, nur dann erst wirklich vom Volke ausgeht, wenn alle Teile des Volkes auch an der Ausübung der Gewalt teilhaben, und wenn nicht nur eine aus dem alten, undemokratischen und unsozialen Regime übernommene, privilegierte Beamtenschicht das Volk beherrscht und es nur als Objekt der Gesetzgebung und Verwaltung betrachtet."[4] Das Element des Vertrauens in die Beziehung zwischen Bevölkerung und Staat einzuführen, dafür kämpfte Grzesinski, seit er in der Revolution zu einigem Einfluß gekommen war.[5] Es ging

2 Grzesinski, Verwaltungsarbeit im neuen Staat, S. 33.
3 Grzesinski, Verwaltungsreform in Preußen. In: Volksstimme Frankfurt/M. v. 26.10.1929.
4 Grzesinski, Im Kampf (Ms.), Bl. 213.
5 Vgl. Grzesinkis Ausführungen im Zentralrat der deutschen sozialistischen Republik v. 23.1.1919 (Zentralrat, S. 453) und auf der Bez.-Konferenz der Kasseler Räte. Volksblatt Kassel v. 4.6.1919.

ihm um Transparenz, klare Kodifikation der Verwaltungsvorschriften, aber vor allem um eine Öffnung des exklusiv-konservativen Verwaltungsdienstes für Angehörige der republikanischen Parteien und in Einzelfällen auch für Bewerber ohne die laufbahnrechtlichen Voraussetzungen. Da Grzesinski selbst im Jahre 1922 als „Außenseiter" in die preußische Verwaltung gekommen war und seine Arbeit als erfolgreich ansah, verwundert es nicht, daß während seiner Ministerzeit ein Anstieg der „Außenseiter"-Berufungen zu verzeichnen war.

(3) **Organisationsreformen:** Es reichte nicht aus, die richtigen Personen in die Institutionen zu berufen; die Institutionen selbst mußten eine den Aufgaben adäquate Organisationsform erhalten. Auch hier setzte Grzesinski Erfahrungen aus der Vorkriegszeit um: Die Organisationsreformen, die Grzesinskis politische Karriere begleiten, etwa im Reichsabwicklungsamt oder im Ministerium des Innern, gingen zurück auf entsprechende Einsichten, die er als junger Gewerkschaftsfunktionär in Offenbach und später in Kassel gewonnen hatte. Vor wie nach dem Krieg ging es ihm bei seinen Organisationsreformen darum, klare Zuständigkeiten und durchschaubare Verwaltungsabläufe zu schaffen.

(4) **Koalitionspolitik:** Um die Institutionen den eigenen Vorstellungen anzupassen, mußte man sie von innen reformieren. Auch diese Haltung war bereits in der Kriegszeit in Kassel anzutreffen: Um konkrete Verbesserungen für die eigene Klientel zu erreichen, nahm Grzesinski jede Chance wahr, sich an staatlichen, kommunalen und privaten Einrichtungen zu beteiligen (Kap. II 4). Die Zusammenarbeit und Auseinandersetzung mit „bürgerlichen" Vertretern schreckte ihn dabei nicht. Ähnlich war seine Haltung gegenüber der Koalitionspolitik in Preußen: Grundvoraussetzung jeder konkreten Verbesserung, jeden Schrittes auf dem Weg zur gesicherten Demokratie und zur personell wie organisatorisch volksnahen Verwaltung war die Beteiligung an der preußischen Regierung. Da die Sozialdemokratie allein nicht stark genug war, um die Regierung zu stellen, mußten Koalitionen gebildet werden. Der Wille zur Teilhabe an der Macht, die Fähigkeit zum politischen Ausgleich und zum Kompromiß waren hierfür unabdingbare Voraussetzungen. Koalitionen wurden, wie das Kapitel über Grzesinski als Parlamentarier erwiesen hat, nicht ideologisch überfrachtet, sondern als befristete Arbeitsgemeinschaften zur Erreichung konkreter gemeinsamer politischer Ziele aufgefaßt.

(5) **Parlamentarismusverständnis:** Auch in der preußischen Regierungskoalition spielten Orientierungen und Handlungsmuster aus der Vorkriegs-Arbeiterbewegung eine Rolle. Das Handeln eines soliden Blocks ehemaliger Partei- und Gewerkschaftsfunktionäre im preußischen Parlament, zu dem auch Grzesinski gehörte, wurde von der vor dem Ersten Weltkrieg eingeübten Disziplin und Solidarität bestimmt. Diese Gruppe von handwerklich ausgebildeten Arbeitern dominierte in der preußischen SPD-Fraktion, war aber auch im Zentrum stark vertreten. Den Ministern wurde das Vertrauen entgegengebracht, daß sie ihre Politik im Sinne der Fraktionen und am Maßstab der parlamentarischen Durchsetzbarkeit orientierten. In diesem Fall legten die Fraktionen keinen Wert darauf, an allen Details

der Regierungspolitik beteiligt zu werden, und sahen es als ihre Aufgabe an, der Regierung im Landtag den Rücken freizuhalten. Der Verzicht auf einen Fraktions-absolutismus hatte sein Korrelat im Bemühen der Regierungsseite, den Rat der Fraktionen zu hören und zu berücksichtigen. Auf diese Weise wurde im preußi-schen Landtag jene verhängnisvolle, spezifisch deutsche, im Konstitutionalismus des Kaiserreichs wurzelnde Parlamentarismussicht überwunden, die Parlament und Regierung in erster Linie als Kontrahenten und Gegenspieler ansah. Mit ihren erfolgreichen Bestrebungen, ein enges, kooperatives Verhältnis zwischen Regierung und Mehrheitsfraktionen zu etablieren, zeigten vor allem die Sozialdemokratie und das Zentrum in Preußen, daß sie sich auf die Bedingungen der parlamentarischen Demokratie eingestellt hatten, daß in ihren Reihen, im Gegensatz zu den Reichs-tagsfraktionen, ein funktionales Parlamentarismusverständnis herrschte, wie in Kapitel III 2 gezeigt werden konnte.

(6) **Staatsverständnis:** War das Parlamentarismusverständnis der preußischen Sozialdemokratie vergleichsweise modern, so traf dies für das vorherrschende Staatsverständnis nicht in gleichem Maße zu. Der Staat sollte seinen Bürgern in einer zeitgemäßen Form gegenübertreten, an seiner Autorität sollten jedoch keine Zweifel gelassen werden. In der Gedankenwelt Grzesinskis, Brauns, Severings und der meisten preußischen Sozialdemokraten war der Gedanke der „Staatsautorität" geradezu ein Schlüsselbegriff und wurde oftmals zur Begründung freiheitsbe-schränkender Maßnahmen angeführt, etwa bei Vereins- oder Versammlungsver-boten. Zweifellos waren weder Grzesinski noch Otto Braun echte Liberale, sie wollten einen starken, wehrhaften Staat auf demokratischer Grundlage.[6]

Die Option der im Kaiserreich aufgewachsenen preußischen Sozialdemokraten für eine wehrhafte Demokratie und eine entsprechend organisierte Polizei beruhte nicht so sehr auf einer unreflektierten Übernahme von Maßstäben des Obrigkeits-staates, sondern sie war vor allem durch die beinahe permanente hochgradige Bedrohung der Weimarer Republik begründet. Mit dem Ziel, die Demokratie zu sichern, steuerte Grzesinski einen harten, autoritär erscheinenden Kurs. Die Wei-marer Republik, als „ein um seine Existenz noch ringender Staat", könne sich Libe-ralität beim Kampf gegen seine Feinde, die der demokratischen Verfassung und ihren Freiheitsrechten die Todfeindschaft geschworen hatten, nicht leisten.[7] Das richtete sich, wie in Kapitel IV 3.5 ausgeführt wurde, in gleicher Weise gegen Na-tionalsozialisten und Kommunisten, wenngleich Grzesinski die Kommunisten für zu schwach hielt, um den Umsturz mit Aussicht auf Erfolg wagen zu können.

---

6 Vgl. SB PrLT, 3. WP, 16.10.1929, Sp. 8444 (Grzesinski). So war es kein Zufall, daß Sozialdemokraten wie Theodor Haubach (Pressechef des Berliner Polizeipräsidiums) oder Heinrich Deist (Referent im preußischen Innenministerium), die vom national orientierten Jungsozialismus des „Hofgeismarer Kreises" geprägt waren, hier ihr Wirkungsfeld suchten.

7 Grzesinski, Im Kampf (Ms.), Bl. 225; vgl. SB PrLT, 3. WP, 13.5.1929, Sp. 6908 u. 6916 (Grzesinski).

(7) Durchsetzung politischer Ziele und demokratische Führung: Bei der praktischen Umsetzung seiner Politik wählte Grzesinski einen geraden, klaren, aber rigide erscheinenden Weg. Das war, wie die Untersuchung gezeigt hat, während der Ministerzeit nicht anders als vorher oder nachher. Sein Leben war durch den politischen Kampf geprägt. Schon in den ersten Jahren der Republik verfestigte sich seine Ansicht, daß neben fachlicher Kompetenz und politischem Weitblick auch kämpferische Durchsetzungsfähigkeit zur Grundausstattung eines erfolgreichen Politikers gehörte. Als „Außenseiter" des Kaiserreiches war er aus bescheidensten Verhältnissen an die Spitze der Partei- und Gewerkschaftsorganisationen in Kassel gekommen und hatte es schließlich bis zum Preußischen Staatsminister gebracht. Ob mit konservativen Verwaltungsbürokraten und politischen Gegnern oder mit Koalitionspartnern und Parteifreunden, Grzesinski ging keinem Streit aus dem Weg. Wenn es um den Bestand der Republik und die Festigung der Demokratie ging, verfocht Grzesinski eine unnachgiebige Linie und schreckte auch vor scharfer Kritik an Parteifreunden nicht zurück. In der Sozialdemokratischen Partei, auch in der preußischen Landtagsfraktion, war Grzesinski deshalb nicht sonderlich beliebt, wegen seiner Fähigkeiten und Kenntnisse aber akzeptiert, wie im Kapitel über die Ernennung zum Innenminister deutlich geworden ist.

Hier stößt man auch auf die Grenzen des Politikers Albert Grzesinski: Wenngleich die eindimensionale Verkürzung seiner Person und seiner Politik auf den Aspekt der Rücksichtslosigkeit oder des bedenkenlosen Zupackens den Tatsachen nicht gerecht wird, so verließ ihn doch ab und zu das Fingerspitzengefühl, wann die kämpferische Tonart angebracht war und wann flexibleres Agieren gefragt war. Dafür war ein schwach entwickeltes Einfühlungsvermögen verantwortlich, und damit hatte es auch zu tun, daß Grzesinski es nicht verstand, in öffentlichen Auftritten für seine politischen Ziele und seine Person zu werben. Wie Ernst Hamburger konstatierte, fehlte Grzesinski die Gabe, „seine Arbeit gewandt zu interpretieren, für sie innerlich zu erwärmen".[8] Im Gegensatz zu Severing, der bei seinen Auftritten oftmals rednerischen Glanz verbreitete, besaß Grzesinski kein großes rhetorisches Talent. Er, der unermüdliche und rastlose Tatmensch, glaubte, seine Leistungen sprächen für sich und bedürften nicht der beredsamen Hervorhebung oder der wortgewaltigen Interpretation.

Im privaten Umgang, zumal mit guten Freunden, war Grzesinski ein zugänglicher Mensch. Er war allem Neuen gegenüber aufgeschlossen, technik- und fortschrittsbegeistert, dabei dem „guten Leben" nicht abgeneigt. Er zog jedoch die kleine gesellige Runde der großen Abendgesellschaft vor, wenngleich er auch auf diesem Parkett bestehen konnte.[9] Wer ihn bei solchen Gelegenheiten kennengelernt hatte, mochte nicht glauben, in welch rücksichtsloser Weise er die Durchsetzung getroffener Entscheidungen in seinen Ämtern verfolgte. Dort stellte er ein

---

8 Hamburger, Grzesinskis Leistung, S. 301.
9 Vgl. Berliner Tageblatt v. 26.6.1927.

autoritäres Verhalten zur Schau, er wollte der „Chef" sein und verlangte Gehorsam. Das schroffe Auftreten war, wie seine Ansprachen bei Amtsübernahmen gezeigt haben, ein bewußt eingesetztes Mittel, um keine Zweifel an seinem Durchsetzungswillen aufkommen zu lassen. Dieses Ziel hatte Priorität, Grzesinski wollte auf keinen Fall zu einem Opfer der Bürokratie werden. Vorbild war dabei Reichsfinanzminister Erzberger, als Negativbeispiel diente die Amtsführung des preußischen Innenministers Wolfgang Heine (1919/20).[10] Aber auch von Severings „staatsmännischer" Attitüde, sich durch Großzügigkeit die Unterstützung der Bürokratie zu sichern, wandte Grzesinski sich als Innenminister ab, weil sie allenfalls Severings Beliebtheit, nicht aber politischen Erfolg verbürgt hatte. Nicht zuletzt wegen des selbstverschuldeten Mangels an zuverlässigen Beamten im Innenministerium wollte und mußte Severing im Ministerium vieles selbst in die Hand nehmen und brach deswegen schließlich unter einer übergroßen Arbeitslast zusammen.

Demgegenüber war Grzesinskis Arbeitsstil darauf gerichtet, die politische Leitung fest in der Hand zu haben, die Detailarbeiten jedoch zu delegieren. Darum brauchte er einen zuverlässigen festen Stamm von jungen und begeisterungsfähigen linksliberalen und sozialdemokratischen Beamten, die er z. T. selbst berufen hatte und auf deren persönliche Gefolgschaft er deshalb rechnen konnte.[11] Von den allenfalls vernunftrepublikanischen alten Bürokraten verlangte Grzesinski Gehorsam; er führte sie gleichsam am kurzen Zügel. Wenn man weiß, daß Severings Großzügigkeit oftmals als Schwäche ausgelegt wurde, hatte Grzesinskis Vorgehen unbestreitbare Vorteile, denen gegenüber die Gefahren einer Polarisierung innerhalb der Beamtenschaft gering zu erachten sind. Aber es steht auch fest, daß die Methode, eine widerständige Bürokratie auf Kurs zu bringen, nicht ohne weiteres auf andere Situationen im politischen Leben zu übertragen war. Sein „Vorgesetzten-Temperament" (Stampfer) hatte Grzesinski nicht immer im Griff.[12] Dadurch blieben ihm Anfeindungen und Mißverständnisse nicht erspart, und es gehörte zur Bitterkeit der letzten Lebensjahre, daß er politisch mehr und mehr vereinsamte.

(8) **Wahrung der Staatsautorität:** Wenn Grzesinski als Polizeipräsident und Innenminister stets eine Linie der massiven Polizeipräsenz bei politischen Umzügen verfocht, so war das Ausdruck der Überzeugung, daß die Straßen nicht den Feinden der Republik überlassen werden dürften. Er hatte erkannt, daß besonders die Nationalsozialisten mit ihren Aufmärschen und gewaltsamen Übergriffen die Bevölkerung terrorisieren und einschüchtern wollten, um sie von einer entschiedenen

---

10 Grzesinski, Im Kampf (Ms.), Bl. 93f.; Grzesinski an SPD-Fraktion in der PrLV, 9.5.1919. IISG Amsterdam, Nl. Grzesinski, Nr. 439.

11 Zu nennen sind Hirschfeld, Badt, Kempner, Tejessy, Kirschmann, Simons, Steinbrecher, Hamburger, Deist, Menzel, später im Polizeipräsidium auch Haubach und Weiß. Auch an StS Abegg und MinDir. v. Leyden ist zu denken. Siehe dazu Kapitel IV 2 und 3.4.

12 Stampfer an Sopade, 25.8.1942. Mit dem Gesicht, S. 561.

Parteinahme für die Republik, deren Ende nach nationalsozialistischer Lesart unmittelbar bevorstand, abzuhalten. Die Botschaft von der baldigen Herankunft des „Dritten Reiches" und vom unmittelbar bevorstehenden Untergang der Republik sollte in den Köpfen der Menschen verankert werden. Die Eroberung der Straße war somit gleichzeitig Symbol und Testfall für die Eroberung der Staatsmacht. Ein Staat, der die Straßen seinen Gegnern überließ, damit diese dort die Suggestion, am Vorabend der „Machtergreifung" zu stehen, verbreiten konnten, war nach Grzesinskis Meinung jedoch dem Untergang geweiht. Lange bevor sich in der Sozialdemokratischen Partei nach den Wahlerfolgen der NSDAP im Jahre 1930 die Erkenntnis durchsetzte, daß ein entschiedener Einsatz staatlicher Machtmittel den Mythos vom unaufhaltsamen Aufstieg der NSDAP bekämpfen könne, hatte Grzesinski erkannt und, wie in Kap. IV 3.5 gezeigt worden ist, bei seiner Politik berücksichtigt, daß energisches staatliches Durchgreifen nicht nur defensive Repressionspolitik war, sondern auch einen wichtigen politisch-psychologischen Beitrag zur Überwindung des Nationalsozialismus leisten konnte.[13] Polizeiliche Präsenz und energisches staatliches Durchgreifen gegen Republikfeinde, ob auf der Straße oder im Staatsapparat, sollten den Behauptungswillen der Weimarer Demokraten dokumentieren, die loyalen Republikaner ermutigen und Unschlüssige vom Übergang ins radikale Lager abhalten.

(9) **Reformpolitik und Republikschutz:** Die vorangegangenen Überlegungen machen deutlich, daß sich der Schwerpunkt der preußischen Politik in der existentiellen Krise der Republik von der Reformpolitik auf den Schutz der Republik verlagern mußte. Die Strategie, der Republik durch personelle, institutionelle und soziale Reformen zu Legitimität und Ansehen bei der Bevölkerung zu verhelfen, war auf lange Zeiträume berechnet. Sie appellierte an den Verstand und die Vernunft der Menschen und erwartete von ihnen Geduld und Verständnis dafür, daß komplexe Probleme nicht in kurzer Zeit mit voluntaristischen Gewaltakten zu lösen waren. Doch genau das, die Lösung aller Probleme mit einem Schlag, versprachen die Nationalsozialisten, und ein großer Teil der Menschen hatte mit seiner Wahlentscheidung deutlich gemacht, daß er das rauschhafte Aufgehen in der „Volksgemeinschaft" der trocken-rationalen Ansprache durch die Politiker der Republik vorzog. Gegen Erlösungsversprechen waren Reformerfolge keine starken Argumente. Umso mehr war jetzt auf seiten der überzeugten Verteidiger der Republik und aufrechten Demokraten exekutiv-polizeiliches Handeln gefragt, und der Wechsel Grzesinskis ins Berliner Polizeipräsidium im Herbst 1930 veranschaulicht diese Akzentverschiebung.

(10) **Nationalsozialismus und preußischer Konservativismus versus demokratische Republik:** Das Konzept der Sozialdemokratie, durch exekutives Durchgreifen den Nationalsozialismus auch politisch zu überwinden, konnte sich nicht ent-

---

13 Zum Konzept der SPD, seit 1930 durch entschiedenes staatliches Vorgehen den Nationalsozialismus sowohl polizeilich abzuwehren als auch politisch zu überwinden, siehe Pyta, Gegen Hitler, S. 265ff.

scheidend auswirken, weil ihm von verschiedenen Seiten entgegengearbeitet wurde. Während jedes Vorgehen gegen gewalttätige kommunistische Gruppierungen die zumeist ungeteilte Zustimmung von Sozialdemokraten, Liberalen und Konservativen fand, waren die Reaktionen auf Maßnahmen gegen Organisationen, die sich in irgendeiner Weise auf ein vermeintlich „nationales" oder „vaterländisches" Anliegen beriefen, völlig anders. Jeder entschlossene Schritt gegen solche Verbände wurde von einer konservativen Fronde, an der sich von Fall zu Fall und in wechselndem Zusammenspiel der Reichspräsident, die Reichswehr, die Gerichte, die Reichsregierung und einflußreiche konservative Einzelpersonen beteiligten, konterkariert. Am Beispiel von Grzesinskis „Stahlhelm"-Verbot aus dem Jahre 1929, gegen das der Reichspräsident in verfassungsrechtlich fragwürdiger Weise anging, ist das ebenso deutlich geworden, wie an den Versuchen der Justiz, das preußische Vorgehen gegen NSDAP-Mitglieder im Staatsdienst zu behindern, und am Widerstand der Reichsregierung gegen die von Grzesinski geplante Ausweisung Hitlers aus Preußen im Dezember 1931.[14] Als stärkste rechtsextreme Gruppe profitierten die Nationalsozialisten in besonderer Weise davon, daß ihre scheinbar „nationale" Grundeinstellung und ihr Wunsch, die Republik zu beseitigen, in bürgerlich-konservativen Kreisen Sympathie erweckte. Über das gewalttätig-anmaßende Auftreten sah man nicht nur hinweg, sondern im „bürgerlichen" Lager scheint eine gewisse Einmütigkeit darüber bestanden zu haben, daß außerstaatliche Gewalt (oder im Falle des 20. Juli 1932: der Staatsstreich) zum Zwecke des Systemwechsels nicht grundsätzlich abzulehnen sei.[15] Im Staatsstreich des Reichskanzlers von Papen gegen die verfassungsmäßige preußische Regierung am 20. Juli 1932 fand das Zusammenspiel von preußischem Konservativismus und Nationalsozialismus einen Höhepunkt und sinnfälligen Ausdruck. Um sich die Hilfe der NSDAP bei der Errichtung des autoritär-konservativen „neuen" Staates zu sichern, wollte man die NSDAP von den Fesseln befreien, die ihr nicht zuletzt die preußische Regierung angelegt hatte. Eine der ersten Maßnahmen der Kommissariatsregierung war daher die Aufhebung jenes Beschlusses der Regierung Braun, der den preußischen Beamten die Mitgliedschaft in der NSDAP verboten hatte.[16]

(11) **Die „bolschewistische Gefahr":** Papen versuchte seinen Staatsstreich mit den gleichen Argumenten zu rechtfertigen, mit denen heute von neokonservativer Seite versucht wird, die Option weiter „bürgerlicher" Kreise für den Nationalsozialismus zu rechtfertigen, nämlich mit der „bolschewistischen Gefahr". Wie in Kapitel IV 3.5 gezeigt worden ist, läßt sich Grzesinski jedoch nicht als Kronzeuge für

---

14 Siehe dazu Kap. IV 3.5 sowie Kap. V 1.
15 Vgl. Weisbrod, Gewalt, S. 404.
16 27.7.1932. Staat und NSDAP, Nr. 74. Siehe dazu Kap. V 2.3.

eine behauptete größere Gefährlichkeit des Kommunismus (gegenüber dem Nationalsozialismus) in Anspruch nehmen.[17]

(12) Handlungsalternativen: Die Feststellung, daß für den Untergang des demokratischen Preußens und der Weimarer Republik letztendlich nicht sozialdemokratisches Legalitätsdenken verantwortlich war, sondern das Bündnis von Teilen des Bürgertums mit der NSDAP gegen die Republik, soll nicht bedeuten, daß es zur Politik der Sozialdemokratie keine Alternative gegeben habe oder daß ihr keine politischen Fehler unterlaufen seien. Vor allen anderen hatte Albert Grzesinski zwischen 1918 und 1921 immer wieder auf Fehlentwicklungen hingewiesen. Er kritisierte, daß die sozialdemokratischen Regierungen im Reich wie in Preußen keine durchgreifende Personalpolitik betrieben, daß die Partei sich nicht um eine den Bedürfnissen der Republik angepaßte Reichswehr kümmerte und daß kein ausreichendes Republikschutzgesetz zustande kam. Grzesinski hatte damit wichtige Versäumnisse aus der Formationsphase der Republik angesprochen, allerdings war er zu dieser Zeit noch „ein kleiner Funktionär aus der Provinz", dessen Vorschläge ignoriert wurden.[18] Seine politische Hellsichtigkeit bewahrte Grzesinski nicht davor, Fehler zu begehen. Hier ist in erster Linie an die verfehlte Personalpolitik im Polizeioffizierskorps und an das Festhalten am Demonstrationsverbot für den 1. Mai 1929 zu denken (Kap. IV 3.5). Daß es in den Jahren 1930 bis 1932 Severing als preußischem Innenminister und Grzesinski als Berliner Polizeipräsidenten unter den Bedingungen der Tolerierungspolitik nicht gelang, eine konsequente gemeinsame Linie gegen Nationalsozialisten im Polizeidienst oder bei der Vorbeugung gegen den Reichskommissar zu finden, gehört ebenfalls in diesen Zusammenhang. Wenngleich in der Rückschau Grzesinskis Positionen zumeist plausibler erscheinen, hat die konstatierte Uneinigkeit in der Öffentlichkeit zweifellos schädlich gewirkt.

Doch auch wenn bestimmte Fehler vermieden worden wären: Gegen das Zusammenspiel republikferner konservativer Eliten mit völkischen Massen waren die aufrechten Demokraten machtlos. Sie hätten nur dann eine Chance gehabt, wenn nicht in beinahe sämtlichen Institutionen des politischen Systems der Weimarer Republik Menschen gesessen hätten, denen an der Erhaltung der Republik nichts lag.[19] Unter den geschilderten Bedingungen muß man sich eher darüber wundern, wie lange die Republik dem vereinten Ansturm ihrer Gegner widerstanden hat.

---

17 Eine aus der Ernst-Nolte-Schule stammende Arbeit (Striefler, Kampf) versucht in methodisch fragwürdiger Weise, die im Herbst 1930 auch in der SPD anzutreffenden Illusionen über den nationalsozialistischen „Legalitätskurs" zu verallgemeinern. Danach habe Grzesinski den „Bolschewismus" für die eigentliche Gefahr gehalten. Siehe dazu oben Kap IV 3.5.

18 Grzesinski an Hirschfeld, 8.4.1933. LA Berlin, Rep. 200, Acc. 3983, Nr. 2.

19 Pyta (Gegen Hitler, S. 515) wandelt in diesem Zusammenhang ein altes Schlagwort ab und nennt die Weimarer Republik „eine Republik ohne Republikaner in den politischen Machtzentren".

Wenn man einen Politiker durch alle Phasen seines Lebens begleitet hat, stellt sich zum Abschluß die Frage nach der Bilanz. Was bleibt von Albert Grzesinski? Kann man etwas lernen?

Die Arbeit hat Sensibilität dafür geweckt, daß es sich lohnen kann, auch bei jenen Politikern nach den politischen Zielvorstellungen zu fragen, denen der Ruf eines „Pragmatikers" oder „Machers" vorauseilt. Im Falle Grzesinskis ergab sich: Obwohl Grzesinski sich stets gegen die Fixierung detaillierter politischer Programme gewandt hat, um sich Handlungsmöglichkeiten nicht von vornherein zu verbauen, war sein politisches Handeln durchaus an klaren politischen Zielen und sozialen Grundüberzeugungen ausgerichtet; er war kein opportunistischer Machtpolitiker. Selbst sein autoritäres Auftreten entsprach nicht nur seinem Charakter, sondern es war – so konnte gezeigt werden – auch und vor allem ein bewußt eingesetztes Mittel im Dienst seiner politischen Zielsetzungen, wie z. B. Anpassung der Republik an die Bedürfnisse der arbeitenden Bevölkerung und Heranführung der Arbeiterschaft an die parlamentarische Demokratie durch Reformpolitik.

Nicht in das gängige Bild vom theorielosen Pragmatismus paßt auch die Erkenntnis, daß die sozialdemokratische Reformpolitik in Preußen wie auch das Bemühen um die wehrhafte Demokratie unter einer strategischen Perspektive stand. Für Grzesinski, Heilmann und Braun war die „bürgerliche" Republik nicht – wie für viele sozialdemokratische Theoretiker – einfach eine Durchgangsstation zum Sozialismus, sondern sie hatte einen Eigenwert. Die demokratische Republik war die Basis, die unanfechtbar ausgestaltet werden mußte, bevor an das Fortschreiten zum Sozialismus gedacht werden konnte. Dabei sollte die Sozialdemokratie die historische Aufgabe des liberalen Bürgertums übernehmen: Weil es in Deutschland keine fortschrittlich-bürgerlichen Reformparteien von Bedeutung gab, mußte die Sozialdemokratie die liberale Reform von Verwaltung, Schulwesen, Justiz und Polizei durchführen und sich dadurch selbst die Grundlagen für die Entfaltung des Sozialismus schaffen.[20]

Das Andenken Albert Grzesinskis sollte in Ehren gehalten werden, weil er in der Weimarer Republik das Vorbild eines reformorientierten und machtbewußten sozialdemokratischen Ministers, eines bedeutenden Parlamentariers und eines mutigen Verteidigers der Republik abgegeben hat. Vieles von dem, was er über die parlamentarische Demokratie und ihr Funktionieren gesagt und geschrieben hat, erscheint uns heute selbstverständlich. Dabei darf jedoch nicht übersehen werden, daß in der Weimarer Zeit beispielsweise das unbedingte Ja zum Parteienstaat noch lange nicht zum Allgemeingut geworden war.

Für eine angebliche „Selbstpreisgabe" der Weimarer Demokratie bieten Grzesinskis Denken und Handeln keine Anhaltspunkte. Obwohl die preußische Sozialdemokratie mit der unbedingten Wahrung der „Staatsautorität" ein erfolgverspre-

---

20 Grzesinski: Bereit sein ist jetzt alles. Kasseler Volksblatt v. 7.4.1930; SB HA PrLT, 3. WP, 11.3.1931, Sp. 23 (Heilmann); Hamburger, Neue Wege, S. 201; vgl. Lösche, Ernst Heilmann, S. 113.

chendes Konzept besaß, den gewalttätigen politischen Radikalismus nicht nur polizeilich zu bekämpfen, sondern auch politisch zu überwinden, und obwohl es nicht viele Situationen gab, in denen man unter den gegebenen Umständen eine plausible Handlungsalternative zu Grzesinskis tatsächlicher Politik formulieren konnte, gelang es nicht, die parlamentarische Demokratie zu retten. In der ökonomischen und politischen Krise am Ende der Weimarer Republik, als eine Bevölkerungsmehrheit von der Vorstellung Abschied genommen hatte, daß politische Ziele ausschließlich auf friedlichem Wege zu verfolgen seien, waren die Mittel der Politik an ihr Ende gekommen. Die Weimarer Republik ging in letzter Konsequenz nicht am politischen Dissens über die Staatsform zugrunde, sondern am fehlenden Grundkonsens darüber, in welchen Formen politische und gesellschaftliche Konflikte ausgetragen werden sollten – und das war weniger eine politische als eine ethisch-sozialmoralische Frage. Selbst die Prügelszenen in den Parlamenten, Terrorüberfälle auf den Straßen, grausame politische Morde und die extrem gehässige und lügnerische Propaganda der Nationalsozialisten konnten Papen und das konservative Bürgertum nicht daran hindern, das Bündnis mit der zutiefst menschenverachtenden NS-Bewegung, die den Fememörder Schulz in den Preußischen Landtag entsandt hatte[21], zu versuchen. Nach dem Absterben des politischen Liberalismus in Deutschland hielten nur noch die Sozialdemokratie und der politische Katholizismus an den Ideen des demokratischen Verfassungsstaats, des sozialen Rechtsstaats und des gewaltfreien Austrags von Interessengegensätzen fest. Nicht zuletzt deshalb wurden sie am 20. Juli 1932 gewaltsam aus ihrer preußischen Bastion vertrieben.

---

21 Handb. PrLT, 4. WP (1932), S. 486.

Albert Grzesinski um 1930.

© Landesbildstelle Berlin

Plenarsaal des Preußischen Landtags.
Das Foto zeigt vermutlich eine Sitzung der Preußischen Landesversammlung um 1920.

Der Preußische Landtag, Bezirk Mitte, Prinz-Albrecht-Straße.

VII. Anhang

1 Quellen- und Literaturverzeichnis

I. Quellen

1. Archivalien

Bundesarchiv (BA), Koblenz
R 43 I: Akten der Reichskanzlei
R 45 III: Deutsche Demokratische Partei
Nachlässe Arnold Brecht, Hermann Dietrich, Wolfgang Jaenicke, Erich Koch-Weser, Hermann Pünder.
Kl. Erw. 144: Albert Grzesinski, Im Kampf um die deutsche Republik. Lebensweg eines heute Staatenlosen. Manuskript (masch. mit handschr. Korrekturen), Paris 1933. 4°, 361 Bl. [zit. als: Grzesinski, Im Kampf (Ms.)]
Kl. Erw. 329: Teil-Nl. Abegg

Bundesarchiv (BA), Abt. Potsdam
25.01: Deutsche Reichsbank

Bundesarchiv (BA), Zwischenarchiv Dahlwitz-Hoppegarten
Reichsarbeitsministerium, PA 303 (Personalakte Grzesinski)

Geheimes Staatsarchiv Preußischer Kulturbesitz (GStA), Berlin-Dahlem
I. HA, Rep. 77: Preußisches Innenministerium
I. HA, Rep. 90: Preußisches Staatsministerium
I. HA, Rep. 90 Annex A: Sitzungsprotokolle Preuß. Staatsministerium
I. HA, Rep. 92: Nl. Otto Braun

Geheimes Staatsarchiv Preußischer Kulturbesitz (GStA), Abt. Merseburg (jetzt ebenfalls in Berlin)
Rep. 77: Preußisches Innenministerium

Landeshauptarchiv (LHA), Potsdam
Pr. Br. Rep. 30 Berlin C: Polizeipräsidium Berlin

Landesarchiv (LA), Berlin
Rep. 200, Acc. 3983: Teil-Nl. Grzesinski

Internationales Institut für Sozialgeschichte (IISG), Amsterdam
Nachlässe Albert Grzesinski, Otto Braun

Archiv der sozialen Demokratie (AdsD), Bonn
Nachlaß Carl Severing

Deutsches Rundfunkarchiv (DRA), Frankfurt/M.
Band-Nr. 59 U 11 (Grzesinski, 1925)
Band-Nr. 75 U 3326/6 (Grzesinski, 1929)

2. Gedruckte Quellen
(Amtliche Veröffentlichungen, Sitzungsberichte, Protokolle, Editionen)

Abwickelungs-Verordnungsblatt. 1.-2. Jg. (1920-1921), Berlin 1921.
Akten der Reichskanzlei (AdR). Weimarer Republik.
– Das Kabinett Scheidemann, bearb. v. Hagen Schulze. Boppard 1971.
– Das Kabinett Bauer, bearb. v. Anton Golecki. Boppard 1980.
– Das Kabinett Müller I, bearb. v. Martin Vogt. Boppard 1971.
– Das Kabinett Fehrenbach, bearb. v. Peter Wulf. Boppard 1972.
– Die Kabinette Luther I und II, bearb. v. Karl-Heinz Minuth. 2 Bde., Boppard 1977.
– Die Kabinette Marx III und IV, bearb. v. Günter Abramowski. 2 Bde., Boppard 1988.
– Das Kabinett Müller II, bearb. v. Martin Vogt. 2 Bde., Boppard 1970.
– Die Kabinette Brüning I und II, bearb. v. Tilman Koops. 3 Bde., Boppard 1982-1990.
– Das Kabinett von Papen, bearb. v. Karl-Heinz Minuth. 2 Bde., Boppard 1989.

Anpassung oder Widerstand? Aus den Akten des Parteivorstands der deutschen Sozialdemokratie 1932/33. Hrsgg. u. bearb. v. Hagen Schulze, Bonn-Bad Godesberg 1975 (AfS, Beiheft 4).
Geschäftsordnung für den Preußischen Landtag vom 24. November 1921. Amtl. Ausgabe, Berlin Juni 1928.
Preußische Gesetz-Sammlung. Berlin 1918ff.
Handbuch für den Preußischen Landtag. Ausgabe für die 1./2./3./4./5. Wahlperiode (von 1921/1925/1928/1932/1933 ab). Hrsgg. vom Büro des Preuß. Landtages, bearb v. E. Kienast. Berlin 1921-1933.
Handbuch über den Preußischen Staat. Hrsgg. vom Preußischen Staatsministerium. Berlin, 131. Jg. (1925) - 137. Jg. (1931).
Allgemeiner Kongreß der Arbeiter- und Soldatenräte Deutschlands. Vom 16. bis 21. Dezember 1918 im Abgeordnetenhause zu Berlin. Stenographische Berichte, Berlin o.J.
II. Kongreß der Arbeiter-, Bauern und Soldatenräte Deutschlands am 8. bis 14. April 1919 im Herrenhaus zu Berlin. Stenographisches Protokoll. Hrsgg. u. verlegt v. Zentralrat, Berlin o.J.
Der preußische Landtag 1921-1924. Handbuch für sozialdemokratische Wähler, hrsgg. v. Vorstand der SPD, o.O. u. J. [Berlin 1924].
Ministerial-Blatt für die Preußische innere Verwaltung. Hrsgg. im Preußischen Ministerium des Innern. 79. Jg. (1918) - 94. Jg. (1933).
Mit dem Gesicht nach Deutschland. Eine Dokumentation über die sozialdemokratische Emigration. Aus dem Nachlaß v. Friedrich Stampfer, ergänzt durch andere Überlieferungen. Düsseldorf 1968.
Der Parteivorstand der SPD im Exil. Protokolle der Sopade 1933-1940. Hrsgg. v. M. Buchholz u. B. Rother, Bonn 1995 (AfS, Beiheft 15).
Preußen contra Reich vor dem Staatsgerichtshof. Stenogrammbericht der Verhandlungen v. Okt. 1932. Berlin 1933.
Preußentag der Sozialdemokratischen Partei Deutschlands am 14.2.1928 in Berlin, hrsgg. v. Vorstand der SPD, o.O. u. J. [Berlin 1928].

Protokoll der 8. ordentlichen Generalversammlung des Deutschen Metallarbeiter-Verbandes 1907 in München. Stuttgart 1907.

Protokoll der 11. ordentlichen Generalversammlung des Deutschen Metallarbeiter-Verbandes 1913 in Breslau. Stuttgart 1913.

Protokoll der Reichskonferenz der Sozialdemokratie Deutschlands, 21.-23.9.1916, hrsgg. v. Parteivorstand der SPD, o.O. u. J.

Protokoll über die Verhandlungen des Parteitages der Sozialdemokratischen Partei Deutschlands:
1899 in Hannover, Berlin 1899.
1902 in München, Berlin 1902.
1906 in Mannheim, Berlin 1906.
1911 in Jena, Berlin 1911.
1913 in Jena, Berlin 1913.
1924 in Berlin, Berlin 1924.

Protokoll über die Verhandlungen des Parteitages der Sozialdemokratischen Partei Preußens in Berlin:
1910, Berlin 1910.
1913, Berlin 1913.

Der Prozeß gegen die Hauptkriegsverbrecher vor dem Internationalen Militärgerichtshof. Nürnberg 14. 11. 1945 - 1. 10. 1946. Nürnberg 1947, Bd. 9.

Reichs-Gesetzblatt. Berlin 1919ff.

Schultheß' Europäischer Geschichtskalender, München 1919ff.

Sammlung der Drucksachen des Preußischen Landtags. 1.-4. Wahlperiode, Berlin 1921-1933.

Sitzungsberichte der Verfassunggebenden Preußischen Landesversammlung. Berlin 1919-1921.

Sitzungsberichte des Preußischen Landtags. 1.-4. Wahlperiode, Berlin 1921-1933.

Sitzungsberichte des Hauptausschusses des Preußischen Landtags. 1.-4. Wahlperiode, Berlin 1921-1933.

Staat und NSDAP 1930-1932. Quellen zur Ära Brüning, eingel. v. Gerhard Schulz, bearb. v. Ilse Maurer u. Udo Wengst. Düsseldorf 1977 (Quellen zur Geschichte des Parlamentarismus und der politischen Parteien, Dritte Reihe, 3).

Ursachen und Folgen. Hrsgg. v. Herbert Michaelis u. Ernst Schraepler, Bd. VIII, Berlin o.J.

Verhandlungen des Reichstags. Stenographische Berichte, Bd. 346.

Verfassung des Deutschen Reichs vom 11. August 1919. RGBl. 1919, S. 1383ff.

Verfassung des Freistaats Preußen vom 30. November 1920. GS 1920, S. 543ff.

Der Zentralrat der deutschen sozialistischen Republik. Bearb. v. Eberhard Kolb u. Reinhard Rürup, Leiden 1968 (Quellen zur Geschichte der Rätebewegung in Deutschland 1918/19; 1).

3. Zeitgenössische Schriften, Tagebücher, Erinnerungsliteratur

Abegg, Wilhelm: Die Große Polizeiausstellung 1926. Anlaß, Anordnung und Ziel. In: Deutsche Presse, Nr. 41, 9.10.1926, S.2f.

Abegg, Wilhelm: Die preußische Verwaltung und ihre Reform, Länder und Reich. Berlin 1928.

Braun, Magnus Freiherr von: Von Ostpreußen bis Texas. 2. Aufl. Stollhamm 1955.

Braun, Otto: Von Weimar zu Hitler. 2. Aufl. New York 1940.

Braun, Otto: Deutscher Einheitsstaat oder Föderativsystem? 2., durchges. Aufl. Berlin 1927.

Brecht, Arnold: Die Geschäftsordnung der Reichsministerien. Berlin 1927 (Schriftenreihe d. DIWIV, 1).

Brecht, Arnold: Mit der Kraft des Geistes. Lebenserinnerungen, Zweite Hälfte 1927-1967. Stuttgart 1967.

Brecht, Arnold: Vorspiel zum Schweigen. Wien 1948.

Cohen, Max: Der Rätegedanke im ersten Revolutionsjahr. In: Der Zentralrat. Mitteilungsblatt des Zentralrates der deutschen Arbeiterräte, 1. Jg., Nr. 10, 1.12.1919, S. 1-4 u. Nr. 11, 15.12.1919, S. 1-3.

Drews, Bill: Grundzüge einer Verwaltungsreform. Berlin 1919.

Drews, Bill: Preußisches Polizeirecht, 1. Bd., Allgemeiner Teil. 3. Aufl. Berlin 1931.

Feder, Ernst: Heute sprach ich mit... Tagebücher eines Berliner Publizisten 1926-1932. Hrsgg. v. C. Lowenthal-Hensel u. A. Paucker, Stuttgart 1971.

Franke, Heinz: Korruptionssumpf Preußen. Berlin o.J. [1932].

Friedensburg, Ferdinand: Lebenserinnerungen. Frankfurt/M., Bonn 1969.

Fries, Fr.: Die preußische Personal-Abbau-Verordnung. Hagen i.W. o.J. [1924].

Gerlach, Hellmut von: Meine Erlebnisse in der preußischen Verwaltung, Berlin 1919.

Goebbels, Joseph: Die Tagebücher. Sämtl. Fragmente, hrsgg. v. Elke Fröhlich im Auftr. d. Institus f. Zeitgeschichte in Verbindung mit d. Bundesarchiv. Teil 1, Aufzeichnungen 1924-1941, 4 Bde., München 1987.

Goslar, Hans: Politik und Parlament. Berlin o.J. [1928] (Du und der Staat, 1).

Große Polizei-Ausstellung Berlin 1926. Amtlicher Katalog, hrsgg. im Auftrage des PrMdI und des Berliner Messeamtes von der Ausstellungsleitung. Berlin 1926.

Grzesinski, Albert: Beamtenschaft und Verwaltungsreform. In: Der Beamte, 1929, H. 1, S. 7-10.

Grzesinski, Albert: Die Bedeutung der Polizei für den Staatsgedanken. In: Die Polizei, 25. Jg. (1928), Nr. 7, S. 185f.

Grzesinski, Albert: Dienst und Schulung des Schutzpolizeibeamten. In: Die Polizei, 26. Jg. (1929), Nr. 5, S. 104f.

Grzesinski, Albert: Ein Geleitwort. In: Die Polizei, 25. Jg. (1928), Nr. 18, Sondernummer Polizei, Technik und Verkehr, S. 553.

Grzesinski, Albert: Inside Germany. New York 1939.

Grzesinski, Albert: Vor 10 Jahren. In: Zehn Jahre Revolution in Kassel. Hrsgg. v. d. SPD Kassel, 1928, S. 32-38.

Grzesinski, Albert: I kamp för den tyska republiken. Stockholm 1934.

Grzesinski, Albert: Das Polizeiverordnungswesen in Preußen. In: Die Polizei, 25. Jg. (1928), Nr. 1, S. 1-5.

Grzesinski, Albert: Polizeiverwaltungsreform und einheitliches Polizeirecht in Preußen. In: Die Polizei, 27. Jg. (1930), Nr. 15, S. 351-355.

Grzesinski, Albert: Republik und Beamter. In: Das Beamtentum im neuen Staat. Zwei Vorträge von Grzesinski, Preußischer Minister des Innern und Dr. Völter, Vorstandsmitglied des ADB auf dem Mitteldt. Beamtentag in Magdeburg am 1.12.1929. Berlin 1930, S. 3-18.

Grzesinski, Albert: La Tragi-Comédie de la République Allemande. Paris 1934.

Grzesinski, Albert: Verwaltungsarbeit im neuen Staat. Berlin 1928.

Grzesinski, Albert: Im Zeppelin nach Amerika. Notizen aus dem Tagebuch des preußischen Ministers des Innern Albert Grzesinski. Berlin 1929.

Hamburger, Ernst: Betrachtungen über Heinrich Brünings Memoiren. In: IWK, H. 15 (1972), S. 18-39.

Hamburger, Ernst: Ein Staatsideal der Bureaukratie. In: Die Gesellschaft 6 (1929), Bd. 1, S. 138-153.

Hamburger, Ernst: Grzesinskis Leistung. In: Die Gesellschaft 7 (1930), Bd. 1, S. 296-301.

Hamburger, Ernst: Neue Wege preußischer Verwaltungsreform. In: Die Gesellschaft 6 (1929), Bd. 1, S. 198-210.

Hamburger, Ernst: Zum Selbstverwaltungsgesetz für Berlin. In: Das Freie Wort, 2. Jg. (1930), H. 24, S. 12-17.

Handwörterbuch der Verwaltungspraxis. Hrsgg. v. Walther Gaertner et al., Berlin 1930.

Haußmann, Hermann: Büroreformen in der Preußischen Staatsverwaltung. In: Büroreformen in einzelnen Verwaltungen. Berlin 1927 (Schriftenreihe d. DIWIV, 2).

Hawel, Walter: Preußen nach dem Weltkriege. Köln 1931.

Heilmann, Ernst (E.H.): Preußische Personalpolitik. In: Das Freie Wort, 2. Jg. (1930), H. 13, S. 6-9.

Heller, Hermann: Das Berufsbeamtentum in der deutschen Demokratie. In: Die Neue Rundschau, 41. Jg. der Freien Bühne, 1930, Bd. 2, S. 721-732.

Herz, Carl: Die Verwaltungsreform als Aufgabe der Demokratie. Berlin 1927 (Schriftenreihe des ADB, 13).

Hirsch, Paul: Der Weg der Sozialdemokratie zur Macht in Preußen. Berlin 1929.

Hirschfeld, Hans E.: Ein Blick in die Verwaltung. Berlin o.J. [1928] (Du und der Staat, 3).

Hirschfeld, Hans E.: Preußens Ausklang. In: Jb. Preußischer Kulturbesitz 6 (1968), S. 75-95.

Hirschfeld, Hans E.; Karl Vetter (Hrsg.): Tausend Bilder. Große Polizei-Ausstellung Berlin 1926. Berlin 1927.

Hoegner, Wilhelm: Flucht vor Hitler. München 1977.

Kempner, Robert M. W.: Ankläger einer Epoche. Lebenserinnerungen. Frankfurt/M., Berlin, Wien 1983.

Kessler, Harry Graf: Tagebücher 1918-1937. Hrsgg. v. W. Pfeiffer-Belli. Frankfurt/M., Wien, Zürich 1971.

Klausener, Erich; Christian Kerstiens; Robert Kempner (Bearb.): Das Polizeiverwaltungsgesetz vom 1. Juni 1931. Textausg. mit Quellenmaterial. 3., vermehrte Aufl. Berlin 1931.

Klepper, Otto: Das Ende der Republik. In: Die Gegenwart 2 (1947), Nr. 17/18, S. 20-22.

Kommunal-Politisches aus Offenbach am Main. Hrsgg. v. Wahlkomitee der Sozialdemokratischen Partei, Offenbach 1907.

Krüger, Franz: Diktatur oder Volksherrschaft? Berlin 1920.

Lassalle, Ferdinand: Gesammelte Reden und Schriften. Hrsgg. und eingel. v. E. Bernstein, 12 Bde., Berlin 1919.

Leyden, Viktor von: Preußische Verwaltungsreform. Berlin 1929 (Verein f. Kommunalwirtschaft und Kommunalpolitik. Vereinsschriften, 34).

Lüdicke, Wolfgang: Die sozialdemokratische Mißwirtschaft in Preußen. Berlin 1921.

Meißner, Otto: Grundriß der Verfassung und Verwaltung des Reichs und Preußens. Berlin 1922 (Die Selbstverwaltung in Wissenschaft u. Praxis, 1).

Menzel, Hans: Carl Severing. Berlin 1932.

Mierendorff, Carl: Gesicht und Charakter der nationalsozialistischen Bewegung. In: Die Gesellschaft 7 (1930), Bd. 1, S. 489-504.

N. N. [wohl Ernst Heilmann]: Um Albert Grzesinski. In: Das Freie Wort, 2. Jg. (1930), H. 10, S. 1-5.

Noske, Gustav: Erlebtes aus Aufstieg und Niedergang einer Demokratie. Offenbach/M. 1947.

Preußen 1928. Politik in Stichworten, hrsgg. v. d. Pressestelle d. Preuß. Staatsministeriums, Berlin 1928.

Preußen 1932. Politik in Stichworten, hrsgg. v. d. Pressestelle d. Preuß. Staatsministeriums, Berlin 1932.

Preußen unter der Koalitionsregierung. Zum Großwahltag am 20. Februar [1921], hrsgg. v. USPD-Bezirksverband Berlin-Brandenburg, Berlin o.J.

Preußenwahl 1932. Eine Materialzusammenstellung der sozialdemokratischen Landtagsfraktion, hrsgg. von der SPD, o.O. u. J. [Berlin 1932].

Pünder, Hermann: Politik in der Reichskanzlei. Aufzeichnungen aus den Jahren 1929-1932. Stuttgart 1961 (Schriftenreihe d. VfZ, 3).

Riege, Paul: Die preußische Polizei. Berlin 1929.

Scheidemann, Philipp: Memoiren eines Sozialdemokraten. 2 Bde., Dresden 1928.

Schiffer, Eugen: Ein Leben für den Liberalismus. Berlin 1951.

Schrader, Ernst: Nochmals die Bedeutung der Berufsschule für die Schutzpolizei. In: Die Polizei, 26. Jg. (1929), Nr. 15, S. 374-376.

Severing, Carl: Die Große Polizeiausstellung Berlin 1926. Ein Geleitwort. In: Die Polizei, 23. Jg. (1926), Nr. 18 (Sondernr. v. 20.9.1926).

Severing, Carl: Mein Lebensweg. 2 Bde., Köln 1950.

Severing, Carl: Verpaßte Gelegenheiten. In: Sozialistische Monatshefte, 1929, I, S. 1-4.

Tejessy, Fritz: Beamte und Volksbegehren. In: Das Freie Wort, 1. Jg. (1929), H. 4, S. 23-25.

Ulrich, Carl: Erinnerungen des ersten hessischen Staatspräsidenten. Hrsgg. v. Ludwig Bergsträsser. Offenbach 1953.

van den Bergh, Ernst et al.: Die preußischen Polizeibeamtengesetze. Berlin 1929.

van den Bergh, Ernst: Aus den Geburtsstunden der Weimarer Republik. Das Tagebuch des Obersten Ernst van den Bergh. Hrsgg. v. Wolfram Wette. Düsseldorf 1991 (Quellen zur Militärgeschichte; A, 1).

Wachenheim, Hedwig: Vom Großbürgertum zur Sozialdemokratie. Memoiren einer Reformistin. Hrsgg. v. Susanne Miller. Berlin 1973.

Weiß, Bernhard: Polizei und Politik. Berlin 1928 (Die Polizei in Einzeldarstellungen, 3).

Wrobel, Ignaz [d. i. Kurt Tucholsky]: Bettschnüffler. In: Die Weltbühne, 1930, Nr. 11 v. 11.3.1930, S. 388ff.

4. Filme

„Ritter von Kiekebusch kämpft um Preußen". Filmedition G 186 des IWF, Göttingen 1979; Beratung M. Hagen. Publikation von M. Hagen, Publikationen zu wissenschaftlichen Filmen, Sektion Geschichte/Publizistik, Ser. 5, Nr. 2/G 186 (1980).

Kampf um Preußen – Ministerpräsident Otto Braun und Innenminister Carl Severing zu den Preußischen Landtagswahlen vom 24. April 1932. Filmedition G 195 des IWF, Göttingen 1979; Beratung H. Schulze. Publikation von M. Hagen, Publikationen zu wissenschaftlichen Filmen, Sektion Geschichte/Publizistik, Ser. 5, Nr. 12/G 195 (1982).

II. Literatur

Alexander, Thomas: Carl Severing. Sozialdemokrat aus Westfalen mit preußischen Tugenden. Bielefeld 1992.

Arndt, Fritz: Die Politik der preußischen Regierung während der beiden Brüning-Kabinette (März 1930 bis Mai 1932). Phil. Diss. Berlin/DDR, 2 Bde. 1966.

Bahne, Siegfried: Albert Grzesinski. In: Neue Deutsche Biographie, Bd. 7, Berlin 1966, S. 246f.

Bahne, Siegfried: Die Kommunistische Partei Deutschlands. In: Erich Matthias; Rudolf Morsey (Hrsg.): Das Ende der Parteien 1933. Unveränd. Nachdr. Düsseldorf 1979, S. 655-739.

Behrend, Hans-Karl: Zur Personalpolitik des preußischen Ministeriums des Innern. In: Jb. f. d. Geschichte Mittel- u. Ostdeutschlands 6 (1957), S. 173-214.

Berger, Horst: 100 Jahre – Gewerkschaftliche Organisation der Arbeitnehmer der Metallindustrie und des Metallhandwerks Offenbach a. M. 1863-1963. Frankfurt/M. 1963.

Berghahn, Volker R.: Der Stahlhelm. Düsseldorf 1966 (Beiträge zur Geschichte d. Parlamentarismus u. d. politischen Parteien, 33).

Bering, Dietz: „Geboren im Hause Cohn". Namenpolemik gegen den preußischen Innenminister Albert Grzesinski. In: Ders. et al.: Fremdes und Fremdheit in Eigennamen. Heidelberg 1990 (Beiträge zur Namenforschung, N.F. Beih. 30), S. 16-53.

Bering, Dietz: Kampf um Namen. Bernhard Weiß gegen Joseph Goebbels. 2. Aufl. Stuttgart 1992.

Bernstein, Eduard: Die Berliner Arbeiterbewegung von 1890 bis 1905. Berlin 1924.

Bieber, Hans-Joachim: Gewerkschaften in Krieg und Revolution. 2 Tle., Hamburg 1981 (Hamburger Beiträge zur Sozial- und Zeitgeschichte, XV).

Bracher, Karl Dietrich: Die Auflösung der Weimarer Republik. 4., unverä. Aufl. Villingen 1964.

Büsch, Otto: Festungsstadt und Industrie. In: Jb. f. d. Geschichte Mittel- u. Ostdeutschlands 20 (1971), S. 161-182.

Caplan, Jane: Government without Administration. State and Civil Service in Weimar and Nazi Germany. Oxford 1988.

Deuse, Klaus Dieter: Verwaltungsabbau und Verwaltungsreform in Preußen von 1909 bis 1932. Phil. Diss. Bochum 1985.

Die deutsche Staatskrise 1930-1933. Hrsgg. v. H. A. Winkler unter Mitarb. v. E. Müller-Luckner, München 1992 (Schriften d. Historischen Kollegs; Kolloquien, 26).

Ditt, Karl: Probleme gewerkschaftlicher Organisierung in der Metall- und Textilindustrie Bielefelds 1890-1914. In: Dieter Langewiesche; Klaus Schönhoven (Hrsg.): Arbeiter in Deutschland. Paderborn 1981, S. 221-239.

Ehni, Hans-Peter: Bollwerk Preußen? Preußen-Regierung, Reich-Länder-Problem und Sozialdemokratie 1928-1932. Bonn-Bad Godesberg 1975 (Schriftenreihe d. Forschungsinstituts d. Friedrich-Ebert-Stiftung, 111).

Ehni, Hans-Peter: Zum Parteienverhältnis in Preußen 1918-1932. In: AfS 11 (1971), S. 241-288.

Eimers, Enno: Das Verhältnis von Preußen und Reich in den ersten Jahren der Weimarer Republik (1918-1923). Berlin 1969 (Schriften zur Verfassungsgeschichte, 11).

Epstein, Klaus: Matthias Erzberger und das Dilemma der deutschen Demokratie. Berlin, Frankfurt/M. 1962.

Erger, Johannes: Der Kapp-Lüttwitz-Putsch. Düsseldorf 1967 (Beiträge zur Geschichte d. Parlamentarismus u. d. politischen Parteien, 35)

Euchner, Walter: Sozialdemokratie und Demokratie. Zum Demokratieverständnis der SPD in der Weimarer Republik. In: AfS 26 (1986), S. 125-178.

Feldman, Gerald D.: Armee, Industrie und Arbeiterschaft in Deutschland 1914-1918. Berlin, Bonn 1985.

Fenske, Hans: Bürokratie in Deutschland. Berlin 1985 (Beiträge zur Zeitgeschichte, 15).

Frenz, Wilhelm; Heidrun Schmidt: Wir schreiten Seit' an Seit'. Geschichte der Sozialdemokratie in Nordhessen. Marburg 1989.

Glees, Anthony: Albert C. Grzesinski and the politics of Prussia, 1926-1930. In: English Historical Review 89 (1974), S. 814-834.

Graf, Christoph: Politische Polizei zwischen Demokratie und Diktatur. Berlin 1983.

Groh, Dieter: Negative Integration und revolutionärer Attentismus. Die deutsche Sozialdemokratie am Vorabend des Ersten Weltkrieges. Frankfurt/M., Berlin, Wien 1973.

Biographisches Handbuch der deutschsprachigen Emigration nach 1933. Hrsgg. unter d. Gesamtltg. v. Werner Röder u. Herbert A. Strauss, Bd. 1, München 1980.

Hasenberg, Peter Josef: Joseph Heß (1878-1932) (II). In: Unitas, 99. Jg. (1959), S. 93-97.

Hemkemeier, Reinhard: Bereit sein ist alles. Die ostwestfälisch-lippische Sozialdemokratie im Kampf gegen den Faschismus 1929-1933. Hamburg 1987 (Schriftenreihe zur Geschichte der ostwestf.-lippischen Arbeiterbewegung).

Hömig, Herbert: Das Preußische Zentrum in der Weimarer Republik. Mainz 1979 (Veröffentlichungen d. Kommission f. Zeitgeschichte; B, 28).

Höner, Sabine: Der nationalsozialistische Zugriff auf Preußen. Bochum 1984 (Bochumer Historische Studien. Neuere Geschichte, 3).

Höpken, Jürgen: Die Geschichte der Kasseler Arbeiterbewegung 1914 bis 1922. Darmstadt, Marburg 1983 (Quellen u. Forschungen zur hessischen Geschichte, 49).

Huber, Ernst Rudolf: Deutsche Verfassungsgeschichte. 7 Bde. + 1 Registerbd., Stuttgart, Berlin, Köln 1957-1990.

Huber, Rudolf Günter: Sozialer Wandel und politische Konflikte in einer südhessischen Industriestadt. Kommunalpolitik der SPD in Offenbach. Darmstadt, Marburg 1985 (Quellen u. Forschungen zur hessischen Geschichte, 60).

Ilsar, Yehiel: Im Streit für die Weimarer Republik. Stationen im Leben des Hermann Badt. Berlin 1992.

Jasper, Gotthard: Der Schutz der Republik. Tübingen 1963 (Tübinger Studien zur Geschichte u. Politik, 16).

Jasper, Gotthard: Zur innerpolitischen Lage in Deutschland im Herbst 1929. In: VfZ 8 (1960), S. 280-289.

Knaack, Rudolf; Otto Rückert: Ein Weg zur Gewinnung der Spandauer Arbeiter. In: Beiträge zur Geschichte d. Arbeiterbewegung 6 (1973), S. 999-1003.

Kohler, Eric D.: The Crisis in the Prussian Schutzpolizei 1930-32. In: George L. Mosse, Police Forces in History. London, Beverly Hills 1975, S. 131-150.

Kohler, Eric D.: The Successful German Center-Left: Joseph Hess and the Prussian Center Party, 1908-32. In: Central European History 23 (1990), S. 313-348.

Kolb, Eberhard: Die Arbeiterräte in der deutschen Innenpolitik 1918-1919. Düsseldorf 1962 (Beiträge zur Geschichte d. Parlamentarismus u. d. politischen Parteien, 23).

Kolb, Eberhard: Die Weimarer Republik. München, Wien 1984 (Oldenbourg-Grundriß der Geschichte, 16).

Kolb, Eberhard: Zur Sozialbiographie einer Führungsgruppe der SPD am Anfang der Weimarer Republik: Die Mitglieder des „Zentralrats" 1918/19. In: Herkunft und Mandat. Franfurt/M., Köln 1976 (Schriftenreihe der Otto-Brenner-Stiftung, 5), S. 97-109.

Kuczynski, Jürgen: Der Ausbruch des Ersten Weltkrieges und die deutsche Sozialdemokratie. Berlin/DDR 1957.

Kurt, Alfred: Wahlen und Wähler im Wahlkreis Offenbach. Offenbach 1966 (Offenbacher Geschichtsblätter, 16).

Kurz, Thomas: „Blutmai". Berlin, Bonn 1988.

Lange, Annemarie: Berlin in der Weimarer Republik. Berlin/DDR 1987.

Langkau-Alex, Ursula: Volksfront für Deutschland? Bd. 1, München 1977.

Lehnert, Detlef: Reform und Revolution in den Strategiediskussionen der klassischen Sozialdemokratie. Bonn-Bad Godesberg 1977 (Theorie und Praxis der deutschen Sozialdemokratie).

Lehnert, Detlef: Sozialdemokratie zwischen Protestbewegung und Regierungspartei 1848-1983. Frankfurt/M. 1983 (Neue Historische Bibliothek).

Lepsius, M. Rainer: Parteisystem und Sozialstruktur. Zum Problem der Demokratisierung der deutschen Gesellschaft. In: Wirtschaft, Geschichte und Wirtschaftsgeschichte. Festschrift f. F. Lütge, Stuttgart 1966, S. 371-393.

Lern- und Arbeitsbuch deutsche Arbeiterbewegung. Hrsgg. unter der Leitung von Thomas Meyer, Susanne Miller und Joachim Rohlfes. 2., um einen 4. Bd. ergänzte Aufl. Bonn 1988.

Leßmann, Peter: Die preußische Schutzpolizei in der Weimarer Republik. Düsseldorf 1989.

Leugers-Scherzberg, August Hermann: Felix Porsch 1853-1930. Mainz 1990 (Veröffentlichungen der Kommission f. Zeitgeschichte; B, 54).

Liang, Hsi-Huey: Die Berliner Polizei in der Weimarer Republik. Berlin, New York 1977 (Veröffentlichungen d. Historischen Kommission zu Berlin, 47).

Lösche, Peter: Der Bolschewismus im Urteil der deutschen Sozialdemokratie 1903-1920. Berlin 1967 (Veröffentlichungen d. Historischen Kommission zu Berlin, 29).

Lösche, Peter: Ernst Heilmann (1881-1940). In: Ders. et al. (Hrsg.): Vor dem Vergessen bewahren. Lebenswege Weimarer Sozialdemokraten. Berlin 1988, S. 99-120.

Lösche, Peter: Rätesystem im historischen Vergleich. In: Politische Vierteljahresschrift, Sonderh. 2 (1971), S. 70-85.

Lösche, Peter; Franz Walter: Die SPD: Klassenpartei-Volkspartei-Quotenpartei. Darmstadt 1992.

Maas, Lieselotte: Handbuch der deutschen Exilpresse 1933-1945. 4 Bde. München, Wien 1976-1990.

Matthias, Erich: Die Sozialdemokratie und die Macht im Staate. In: Der Weg in die Diktatur. München 1962, S. 71-93.

Matthias, Erich: Die Sozialdemokratische Partei Deutschlands. In: Ders.; Rudolf Morsey (Hrsg.): Das Ende der Parteien 1933. Unveränd. Nachdr. Düsseldorf 1979, S. 101-278.

Michels, Robert: Die deutsche Sozialdemokratie. I. Parteimitgliedschaft und soziale Zusammensetzung. In: Archiv f. Sozialwissenschaft u. Sozialpolitik 23 (1906), S. 471-556.

Miller, Susanne: Burgfrieden und Klassenkampf. Die deutsche Sozialdemokratie im Ersten Weltkrieg. Düsseldorf 1974 (Beiträge zur Geschichte d. Parlamentarismus u. d. politischen Parteien, 53).

Miller, Susanne: Der Erste Weltkrieg und die Spaltung der Arbeiterbewegung. In: Lern- und Arbeitsbuch deutsche Arbeiterbewegung, hrsg. unter d. Ltg. v. Thomas Meyer et al., 2., erg. Aufl. Bonn 1988, Bd. 2, S. 301-334.

Miller, Susanne: Die Bürde der Macht. Die deutsche Sozialdemokratie 1918-1920. Düsseldorf 1978 (Beiträge zur Geschichte d. Parlamentarismus u. d. politischen Parteien, 63).

Möller, Horst: Ernst Heilmann. In: Jb. d. Instituts f. Deutsche Geschichte, Univ. Tel-Aviv XI (1982), S. 261-294.

Möller, Horst: Die preußischen Oberpräsidenten 1918/19-1933. In: Klaus Schwabe (Hrsg.), Die preußischen Oberpräsidenten 1815-1945. Boppard 1981 (Deutsche Führungsschichten in der Neuzeit, 15), S. 183-217.

Möller, Horst: Parlamentarismus in Preußen 1919-1932. Düsseldorf 1985. (Handbuch der Geschichte des deutschen Parlamentarismus).

Mommsen, Hans: Die Stellung der Beamtenschaft in Reich, Ländern und Gemeinden in der Ära Brüning. In: VfZ 21 (1973), S. 151-165.

Mommsen, Hans: Staat und Bürokratie in der Ära Brüning. In: Gotthard Jasper (Hrsg.): Tradition und Reform in der deutschen Politik. Gedenkschrift für Waldemar Besson. Frankfurt/M., Berlin, Wien 1976, S. 81-137.

Opel, Fritz: Der Deutsche Metallarbeiter-Verband während des ersten Weltkrieges und der Revolution. 2., durchges. Aufl. Hannover, Frankfurt/M. 1962 (Schriftenreihe d. Instituts f. Wissenschaftliche Politik in Marburg/Lahn, 4).

Orlow, Dietrich: Preußen und der Kapp-Putsch. In: VfZ 26 (1978), S. 191-236.

Orlow, Dietrich: Weimar Prussia 1918-1925. The unlikely Rock of Democracy. Pittsburgh, Pa. 1986.

Orlow, Dietrich: Weimar Prussia 1925-1933. The Illusion of Strength. Pittsburgh, Pa. 1991.

Osterroth, Franz; Dieter Schuster: Chronik der deutschen Sozialdemokratie, Bd. 2. 2., neubearb. Aufl. Berlin, Bonn 1975 (Internationale Bibliothek, 4).

Pikart, Eberhard: Berufsbeamtentum und Parteienstaat. In: Zeitschrift für Politik, N. F. 7 (1960), S. 225-240.

Pikart, Eberhard: Die Rolle der Parteien im deutschen konstitutionellen System vor 1914. In: E.-W. Böckenförde (Hrsg.): Moderne deutsche Verfassungsgeschichte (1815-1918). Köln 1972 (Neue Wissenschaftl. Bibliothek, 51), S. 258-281.

Pikart, Eberhard: Preußische Beamtenpolitik 1918-1933. In: VfZ 6 (1958), S. 119-137.

Pyta, Wolfram: Gegen Hitler und für die Republik. Düsseldorf 1989 (Beiträge zur Geschichte d. Parlamentarismus u. d. politischen Parteien, 87).

Radkau, Joachim: Die deutsche Emigration in den USA. Düsseldorf 1971 (Studien zur modernen Geschichte, 2).

Rauchschwalbe, Karl: Geschichte der lippischen Sozialdemokratie. Bielefeld o.J. [um 1979].

Reuth, Ralf Georg: Goebbels. München 1990.

Ribbe, Wolfgang (Hrsg.): Slawenburg-Landesfestung-Industriezentrum. Untersuchungen zur Geschichte von Stadt und Bezirk Spandau. Berlin 1983.

Rintelen, Karlludwig: Der David-Kreis und die linke Minderheit. In: IWK 26 (1990), S. 14-34.

Ritter, Gerhard A. (Hrsg.): Deutsche Parteien vor 1918. Köln 1973. (Neue Wissenschaftl. Bibliothek, 61).

Rohe, Karl: Das Reichsbanner Schwarz Rot Gold. Düsseldorf 1966 (Beiträge zur Geschichte d. Parlamentarismus u. d. politischen Parteien, 34).

Rosenberg, Arthur: Entstehung der Weimarer Republik. 12. Aufl. Frankfurt/M. 1970.

Rückert, Otto: Zur Geschichte der Arbeiterbewegung im Reichstagswahlkreis Potsdam-Spandau-Osthavelland (1871-1917) unter bes. Berücksichtigung der Tätigkeit Karl Liebknechts. 3 Tle., Potsdam 1965.

Runge, Wolfgang: Politik und Beamtentum im Parteienstaat. Die Demokratisierung der politischen Beamten in Preußen zwischen 1918 und 1933. Stuttgart 1965.

Ruppel, Hans-Georg; Otto Schlander: Offenbacher Regesten 1901-1989. Offenbach 1990 (Offenbacher Geschichtsblätter, 37)

Scheer, Bernhard; Hans Trubel: Preußisches Polizeiverwaltungsgesetz. 6. Aufl. Hamburg 1961.

Schenck, Friedbert: Die Einstellung der deutschen Beamten zur Weimarer Republik. Jur. Diss. Mannheim, 2 Bde. 1984.

Schneider, Werner: Die Deutsche Demokratische Partei in der Weimarer Republik 1924-1930. München 1978.

Schönhoven, Klaus: Die Freien Gewerkschaften zwischen Reichsgründung und Weltkrieg: Organisationsentwicklung, Strukturprobleme und Programmatik. In: Erich Matthias; Klaus Schönhoven (Hrsg.): Solidarität und Menschenwürde. Etappen der deutschen Gewerkschaftsgeschichte. Bonn 1984, S. 39-56.

Schönhoven, Klaus: Expansion und Konzentration. Studien zur Entwicklung der Freien Gewerkschaften im Wilhelminischen Deutschland 1890 bis 1914. Stuttgart 1980 (Industrielle Welt, 30).

Schreiner, Klaus: Der Kampf der Werktätigen Vorpommerns gegen den militaristischen Kapp-Putsch und die daran anschließenden Aktionen im März 1920. Phil. Diss. Rostock 1963.

Schulz, Gerhard: Deutschland am Vorabend der Großen Krise. Berlin, New York 1987 (Zwischen Demokratie und Diktatur, II).

Schulz, Gerhard: Die Periode der Konsolidierung und Revision des Bismarckschen Reichsaufbaus 1919-1930. Berlin, New York 1963 (Zwischen Demokratie und Diktatur, I).

Schulz, Gerhard: Von Brüning zu Hitler. Der Wandel des politischen Systems in Deutschland 1930-1933. Berlin, New York 1992 (Zwischen Demokratie und Diktatur, III).

Schulz, Gerhard: Verfassung, Regierung und politisches System der Republik. In: Ders. (Hrsg.): Ploetz Weimarer Republik. Freiburg, Würzburg 1987, S. 32-43.

Schulze, Hagen: Otto Braun oder Preußens demokratische Sendung. Frankfurt/M., Berlin, Wien 1977.

Schulze, Hagen: Stabilität und Instabilität in der politischen Ordnung von Weimar. Die sozialdemokratischen Parlamentsfraktionen im Reich und in Preußen. In: VfZ 26 (1978), S. 419-432.

Schulze, Hagen: Weimar. Deutschland 1917-1933. Berlin 1982 (Die Deutschen und ihre Nation, 4).

Siemann, Joachim: Der sozialdemokratische Arbeiterführer in der Zeit der Weimarer Republik. Ein Beitrag zur Soziologie der Eliten in der modernen Parteigeschichte. Phil. Diss. Göttingen 1955.

Steffani, Winfried: Die Untersuchungsausschüsse des Preußischen Landtags in der Zeit der Weimarer Republik. Düsseldorf 1960 (Beiträge zur Geschichte d. Parlamentarismus u. d. politischen Parteien, 17).

Steinberg, Hans-Josef: Die deutsche Arbeiterbewegung. Vom Ende des Sozialistengesetzes bis zum Ersten Weltkrieg. In: Lern- und Arbeitsbuch deutsche Arbeiterbewegung, hrsgg. unter d. Ltg. v. Thomas Meyer et al., 2., erg. Aufl. Bonn 1988, Bd. 1, S. 179-200.

Steinberg, Hans-Josef: Sozialismus und deutsche Sozialdemokratie. Zur Ideologie der Partei vor dem 1. Weltkrieg. 2. Aufl. Hannover 1969 (Schriftenreihe d. Forschungsinstitus d. Friedrich-Ebert-Stiftung).

Striefler, Christian: Kampf um die Macht. Kommunisten und Nationalsozialisten am Ende der Weimarer Republik. Berlin 1993.

Sühl, Klaus: SPD und öffentlicher Dienst in der Weimarer Republik. Opladen 1988 (Schriften d. Instituts f. Sozialwissenschaftl. Forschung d. FU Berlin, 53).

Süle, Tibor: Preußische Bürokratietradition. Göttingen 1988 (Kritische Studien zur Geschichtswissenschaft, 81).

Summa, Rudolf: Kasseler Unterschichten im Zeitalter der Industrialisierung. Darmstadt, Marburg 1978 (Quellen u. Forschungen zur hessischen Geschichte, 34).

Ullrich, Volker: Kriegsalltag und deutsche Arbeiterschaft 1914-1918. In: GWU 43 (1992), S. 220-230.

Weisbrod, Bernd: Gewalt in der Politik. Zur politischen Kultur in Deutschland zwischen den beiden Weltkriegen. In: GWU 43 (1992), S. 391-404.

Wette, Wolfram: Gustav Noske. Eine politische Biographie. Düsseldorf 1987.

Wetzel, Jürgen: Monarchie gegen Hitler. Aus der Korrespondenz Otto Brauns mit Albert Grzesinski 1934 bis 1936. In: Der Bär von Berlin. Jb. d. Vereins f. d. Geschichte Berlins 26 (1977), S. 7-14.

Winkler, Heinrich August: Von der Revolution zur Stabilisierung. Arbeiter und Arbeiterbewegung in der Weimarer Republik 1918 bis 1924. 2., völlig durchges. u. korr. Aufl., Berlin, Bonn 1985.

Winkler, Heinrich August: Der Schein der Normalität. Arbeiter und Arbeiterbewegung in der Weimarer Republik 1924 bis 1930. Berlin, Bonn 1985.

Winkler, Heinrich August: Der Weg in die Katastrophe. Arbeiter und Arbeiterbewegung in der Weimarer Republik 1930 bis 1933. Berlin, Bonn 1987.

Winkler, Heinrich August: Weimar 1918-1933. München 1993.

2 Abkürzungsverzeichnis

Abg.	Abgeordnete(r)
abgedr.	abgedruckt
Abt.	Abteilung
ADB	Allgemeiner Deutscher Beamtenbund
ADGB	Allgemeiner Deutscher Gewerkschaftsbund
AdR	Akten der Reichskanzlei
AdsD	Archiv der sozialen Demokratie
AFG	Association of Free Germans
AfS	Archiv für Sozialgeschichte
A.K.	Armeekorps
ALR	Allgemeines Landrecht
AOK	Allgemeine Orts-Krankenkasse
APP	Amtlicher Preußischer Pressedienst
AR	Arbeiterrat
Art.	Artikel
Ausg.	Ausgabe
AuSR	Arbeiter- und Soldatenrat
Ausz.	Auszug, Auszüge
BA	Bundesarchiv
Bd.	Band
Bez.	Bezirk
Bl.	Blatt
Bsp.	Beispiel
dat.	datiert
DDP	Deutsche Demokratische Partei
ders.	derselbe
Diss.	Dissertation
DIWIV	Deutsches Institut für wirtschaftliche Arbeit in der Verwaltung
DMV	Deutscher Metallarbeiter-Verband
DNVP	Deutschnationale Volkspartei
Dok.	Dokument
DRA	Deutsches Rundfunkarchiv
Drucks.	Drucksache(n)
DVP	Deutsche Volkspartei
Ebd.	ebenda
ehem.	ehemals
enth.	enthalten
Erl.	Erlaß
Expl.	Exemplar
GLD	German Labor Delegation in the U.S.
GS	Preußische Gesetzsammlung
GStA	Geheimes Staatsarchiv Preußischer Kulturbesitz
GWU	Geschichte in Wissenschaft und Unterricht
HA	Hauptausschuß

Handb.	Handbuch
Handwb.	Handwörterbuch
Hrsg./hrsgg.	Herausgeber/herausgegeben
IISG	Internationales Institut für Sozialgeschichte
IWF	Institut für den wissenschaftlichen Film
IWK	Internationale Wissenschaftliche Korrespondenz zur Geschichte der deutschen Arbeiterbewegung
Jb.	Jahrbuch
Jg.	Jahrgang
Kap.	Kapitel
kgl.	königlich
KPD	Kommunistische Partei Deutschlands
LA	Landesarchiv
LaPolA	Landespolizeiamt
LR	Landrat
lt.	laut
M.	Mappe
Mat.	Material
MBliV	Ministerial-Blatt für die Preußische innere Verwaltung
MdI	Ministerium des Innern
mdl.	mündlich
MdPrLT	Mitglied des Preußischen Landtags
MdR	Mitglied des Reichstags
MinDir.	Ministerialdirektor
MinDirig.	Ministerialdirigent
MinR	Ministerialrat
MP	Ministerpräsident
Ms.	Manuskript
MSPD	(Mehrheits-) Sozialdemokratische Partei Deutschlands
N.F.	Neue Folge
Nl.	Nachlaß
NSDAP	Nationalsozialistische Deutsche Arbeiterpartei
NV	Nationalversammlung
OB	Oberbürgermeister
OP	Oberpräsident
ORegR	Oberregierungsrat
PP	Polizeipräsident
pr.	preußische(r/s)
Präs.	Präsident
PrLT	Preußischer Landtag
PrLV	Verfassunggebende Preußische Landesversammlung
PrMdI	Preußisches Ministerium des Innern
Prot.	Protokoll
PrStMin.	Preußisches Staatsministerium
PT	Parteitag
PVG	Polizeiverwaltungsgesetz
RArbMin.	Reichsarbeitsministerium
RdErl.	Runderlaß
RegDir.	Regierungsdirektor

RegR	Regierungsrat
Rez.	Rezension
RFB	Roter Frontkämpfer-Bund
RGBl.	Reichsgesetzblatt
RK	Reichskanzler
RM	Reichsmark
RMdI	Reichsministerium des Innern
RP	Regierungspräsident
RSG	Republikschutzgesetz
RT	Reichstag
S.	Seite
s.	siehe
SA	Sturm-Abteilung
SB	Sitzungsberichte
Slg.	Sammlung
Sp.	Spalte
SPD	Sozialdemokratische Partei Deutschlands
Sten. Ber.	Stenographische Berichte
StGH	Staatsgerichtshof
StS	Staatssekretär
USPD	Unabhängige Sozialdemokratische Partei Deutschlands
UStS	Unterstaatssekretär
Vf.	Verfügung
VfZ	Vierteljahreshefte für Zeitgeschichte
vgl.	vergleiche
Vors.	Vorsitzende/-r
WP	Wahlperiode
WRV	Verfassung des Deutschen Reichs v. 11.8.1919
WTB	Wolffsches Telegraphen-Büro
Z	Zentrum
ZAuSR	Zentral-Arbeiter- und Soldatenrat
ZR	Zentralrat der deutschen sozialistischen Republik

4 Danksagung

Ich danke all jenen, die Anteil daran hatten, daß die Arbeit zustande gekommen ist. Dem Land Niedersachsen und der Göttinger Universität danke ich für ein Promotionsstipendium, Frank Borchert (Berlin) und Martin Bendrich (früher Bonn) für ihre Gastfreundschaft. Großer Dank für ihre Hilfsbereitschaft gebührt auch zahlreichen Mitarbeiterinnen und Mitarbeitern der beteiligten Archive und Bibliotheken. Dem Forschungsinstitut der Friedrich-Ebert-Stiftung und Herrn Prof. Dr. Michael Schneider danke ich für die Aufnahme der Arbeit in die Schriftenreihe.

Professor Dr. Franz Walter hat mein Interesse am Weimarer Preußen geweckt und die schwierige Entwurfsphase kritisch und geduldig begleitet, Professor Dr. Peter Lösche hat als Betreuer der Arbeit den Entstehungsprozeß in vielfacher Hinsicht, vor allem durch kritische Ermutigung, gefördert; ihnen gilt mein besonderer Dank.

5 Zum Autor

Thomas Albrecht, geb. 1963, Dr. disc. pol., studierte in Göttingen und Wien Mittlere und Neuere Geschichte, Politikwissenschaft und Deutsche Philologie. 1990 M.A. am Fachbereich Historisch-Philologische Wissenschaften, 1996 Promotion am Fachbereich Sozialwissenschaften der Universität Göttingen. Graduiertenförderungsstipendium des Landes Niedersachsen.

Veröffentlichungen: Wirtschaftsgeschichte des Solling im späten Mittelalter und in der frühen Neuzeit, Duderstadt 1995; sowie verschiedene Aufsätze zu wirtschaftshistorischen Themen.

Seit 1995 arbeitet Thomas Albrecht als Fachbereichsleiter für EDV in einem Handelsunternehmen.